判例総合解説

# 生命侵害の
# 損害賠償

田井義信 著

信山社
SHINZANSHA
5669-01011

# はしがき

　この「総合判例解説」シリーズには，すでに，平野裕之『間接被害者の判例総合解説』（2005年），藤村和夫『交通事故Ⅰ（責任論）』（2012年）などが公刊されている。それらは本書と関連する点もあるが，本書が「生命侵害の損害賠償」というタイトルのため，いささか視点を異にしている。

　第一に，明治以来，公刊された判例・裁判例約1700件程度を調べた上で，死亡被害者の逸失利益（判例・通説では財産損害）の算定や，その過失相殺と中間利息の控除割合に関する判例，葬儀費用の認容額などの判例と，慰謝料（非財産的損害）の算定に関する判例を中心に，特に「算定額に着目して」可能なかぎり多数紹介することにした。事故類型は，交通事故が圧倒的に多く，それに医療事故，学校事故が続いている。

　ただ，地裁関係者の話では，現実問題として，公刊された書物から得られる裁判例は，主に，東京，名古屋，大阪圏等に偏っており，それらは全国総判決の2～3割程度にとどまっているとのことである。それでも，公刊されたものだけで「全国的な損害賠償額」の大方の傾向は把握できていると考える。

　第二に，理論的問題点として，本書のタイトル上，民法711条が最も密接に関連するため，第1章で，民法711条の制定の経緯，第2章と第3章で慰謝料の算定等にまつわる幾つかの理論的問題にも触れ，第4章で，慰謝料請求権の相続性の有無等についての重要な最高裁判決の論理を紹介し，相続性肯定の多数意見と否定する少数意見の鋭い論争を，長文であっても詳しく引用して資料的利用に資するようにした。

　加えて，学説上は，論理整合性面の長所もあって相続否定説が比較的有力であるが，判例がなお頑として相続肯定説を維持する理由は何か等も，判決中の反対意見（相続否定説）を詳しく紹介することによって，読者の思考と判断の一助にした。

　第三に，慰謝料請求権者の範囲についても，第5章で，711条の「父母・配偶者・子」以外の請求権者として判例で認められている者の事例を数多く取り扱った。

　第四に，また，生命侵害そのものではないが，それに匹敵する重篤な身体傷害の事例も極めて重要であるので，「同じくその論理と金額両面に着目して」第6章で取り扱った。

　本書が，本シリーズの他書と叙述スタイルが異なっている点は，主に上記のような理由によることを御理解いただければ幸いである。

　2015（平成27）年11月

田　井　義　信

CONTENTS

判例総合解説シリーズ

# 生命侵害の損害賠償

## 〈序論〉対象の限定 — 3

## 〈第1章〉民法711条制定の沿革 — 5

1-1 旧民法の立場（慰謝料否定論） — 5

1-2 現行民法起草者の初期原案（719条と731条。制約的慰謝料論） — 5

1-3 原案に追加された条文（732条。全面的慰謝料許容論） — 6

1-4 現行民法711条の意義と学説の理解 — 6

## 〈第2章〉生命侵害と財産的損害の賠償請求 — 7

2-1 総　説 — 7

2-2 積極的損害の種類 — 7

2-2-(1) 物的損害 — 7

2-2-(2) 遺族の扶養利益の侵害 — 8

2-2-(3) 葬儀費用等の賠償 — 13

（ア）概　説 — 13

（イ）近時（平成元年以降）の事例での認容額の例 — 15

（ウ）否定例および香典返し等に関する否定例 — 17

2-2-(4) 弁護士費用の賠償 ……………………………………………………… 17
2-2-(5) 生存事例における介護費用等の認定基準 ……………………………… 18

## 2-3　逸失利益　18

2-3-(1) 総　説 ……………………………………………………………………… 18
2-3-(2) 逸失利益の算定 …………………………………………………………… 18
2-3-(3) 国家賠償法事例 …………………………………………………………… 134

## 2-4　関連する諸点　135

2-4-(1) 逸失利益性の有無の判断 ………………………………………………… 135
2-4-(2) 相続できる逸失利益と相続できない逸失利益 ………………………… 137
2-4-(3) 逸失利益と過失相殺・過失相殺能力 …………………………………… 138

## 2-5　控除費目　140

2-5-(1) 中間利息の控除割合 ……………………………………………………… 140
2-5-(2) 特別な控除費目（養育費など） ………………………………………… 141
2-5-(3) 損益相殺（各種保険金・養育費など） ………………………………… 142

## 2-6　判例の計算式　144

# 〈第3章〉死者の非財産的損害と賠償内容　145

## 3-1　総　説　145

## 3-2　慰謝料の意義・性質　145

## 3-3　事故態様（交通事故・医療過誤・国賠事例等）　147

3-3-(1) 故意不法行為による死亡と慰謝料請求 ………………………………… 147
3-3-(2) 被控訴人ら固有の慰謝料 ………………………………………………… 147
3-3-(3) 過失不法行為による死亡と慰謝料請求 ………………………………… 148
　（ア）交通事故等 …………………………………………………………………… 148
　（イ）医療過誤等 …………………………………………………………………… 151
　（ウ）国家賠償法事例等 ………………………………………………………… 156

## 3-4　慰謝料の算定基準等に関する諸判例　158

| 3-5 | 慰謝料と過失相殺（重要事例のみ） | 160 |
| 3-6 | 724条の期間制限に関する判例 | 162 |
| 3-7 | 損益相殺（生命保険金，社会保障給付など） | 163 |

## 〈第4章〉死者の慰謝料請求権の相続性の有無 — 165

| 4-1 | 総　説 | 165 |
| 4-2 | 大審院時代 | 165 |
| 4-3 | 最高裁時代（前期） | 167 |
| 4-4 | 最高裁大法廷判決（昭和42年11月1日）の登場 | 170 |
| 4-5 | その後の最高裁判決の展開 | 176 |
| 4-6 | 相続性の是非に関する下級審裁判例 | 178 |
| 4-7 | 最高裁判例の多数意見・反対意見の論拠と諸学説の対応 | 184 |
| 4-7-（1） | 歴史的展開 | 184 |
| 4-7-（2） | 相続肯定説とその論拠 | 185 |
| 4-7-（3） | 相続否定説とその論拠 | 185 |
| 4-7-（4） | 近時の議論と小括 | 186 |
| 4-7-（5） | 慰謝料算定の実務 | 186 |

## 〈第5章〉慰謝料請求権者の範囲 — 189

| 5-1 | 総　説 | 189 |
| 5-2 | 711条所定の者（父母・配偶者・子） | 189 |
| 5-3 | その他の者への類推適用の可否 | 228 |
| 5-3-（1） | 内縁配偶者・重婚的内縁配偶者 | 228 |
| 5-3-（2） | 事実上の親子 | 231 |
| 5-3-（3） | 兄弟姉妹 | 232 |

5-3-(4) その他の親族等 …………………………………………………………… 237

## 〈第6章〉被害者の生存と近親者固有の慰謝料請求の可否 ── 241

6-1 総　説 ──────────────────────────── 241

6-2 「死にも比肩すべき精神的苦痛」概念使用判例 ───────── 241

6-3 「死にも比肩すべき」以外の概念・用語の使用判例 ──────── 263

## 〈第7章〉債務不履行と遺族固有の慰謝料 ── 275

7-1 総　説 ──────────────────────────── 275

7-2 具体例 ──────────────────────────── 275

判例集等略称

| | | | |
|---|---|---|---|
| 大　判 | 大審院民事部判例 | 新　聞 | 法律新聞 |
| 最　判 | 最高裁判所判決 | 東高民時報 | 東京高等裁判所判決時報 |
| 高　判 | 高等裁判所判決 | | （民事） |
| 地　判 | 地方裁判所判決 | 判決全集 | 大審院判決全集 |
| 支　判 | 支部判決 | 交民集 | 交通事故民事裁判例集 |
| 家　審 | 家庭裁判所審判 | 労民集 | 労働関係民事裁判例集 |
| 民　録 | 大審院民事判決録 | 金　法 | 旬刊金融法務事情 |
| 民　集 | 大審院民事判例集 | ジュリ | ジュリスト |
| | 最高裁判所民事判例集 | 判　時 | 判例時報 |
| 高民集 | 高等裁判所民事判例集 | 判　タ | 判例タイムズ |
| 下民集 | 下級裁判所民事裁判例集 | 法　時 | 法律時報 |

# 生命侵害の損害賠償

判例総合解説

# ◆序論◆ 対象の限定

　本書の対象は「生命侵害の損害賠償」という広汎な意味内容を持つが、その焦点は「民法711条に関する諸問題」である[1]。したがって、被害者死亡事例を原則とし、被害者生存事例や他の人格的利益侵害は709条・710条の問題になる。ただ、生存事例でも、いわゆる「死にも比肩すべき重大な損害」を受けた事例が多数存在する上に、これらは711条の「類推適用」事例として処理されているので、第6章で詳しく取り上げる。さらに、不法行為全体の中で、714条や715条に関する行為者と責任負担者の乖離、717条、718条、719条特有の責任負担者の確定や競合など、いわゆる「特殊な不法行為」に直接関係するものは除外する。また、間接被害者に関するものも本シリーズで他稿が既に出版されているのでそれに譲る[2]。なお、あらゆる場合の慰謝料請求権の諸問題については、小川栄治著『慰謝料請求権の総合判例解説』が本シリーズで別途用意されているが、それとの一部重複を承知の上で、生命侵害に関する慰謝料に関する限り、本書でも詳しく扱う。

　そのため、本書では、生命侵害による被害者の財産損害・非財産損害両方の認定と合理的制限方法はもちろんのこと、それに加えて、多数の事例では被害者が死亡しているので、それらの者の相続人の範囲に関する諸問題、711条所定の遺族（父母・配偶者・子）の範囲の拡大の可否、遺族固有の非財産損害の賠償の認否等の紹介が主な課題になる。

　ただ、問題はことほどさように簡単な話ではなく、訴訟受理件数の増加に加えて、財産損害一つを取り上げても、具体的には、逸失利益の算定方式の定型化、過失割合の認定基準の策定、葬儀費用の額の認定、生存・重症事例での介護費用の算定など、実務・理論両面で数多くの論点・課題がある。「生命侵害の損害賠償」については、これまで、極めて有益な学術書・実務書が数多く出版されていて、昭和30年代以降の判例の動きを主として追跡する本書は、まさに「屋上屋を重ねるもの」になる危険性が大であるが、上記の先行研究の成果に大きく依拠しながら、「判例解説シリーズ」という本書の目的にできるだけ沿って、存在する

---

1) 本書のテーマと同じ問題意識による先人の丹念な研究として、谷口知平＝植林弘「生命侵害による遺族の損害賠償請求」『総合判例研究叢書・民法⑿』5～99頁（有斐閣・1959年）があり、1950年代半ばまでの判例と学説の詳細な紹介・分析が既になされている。本書は基本的にはこの研究の「時代的な後編」を担当させていただくものというべきものであり、多くをこの研究に依存しながら、その後の判例の展開を追跡し、それらの骨格等を紹介しようとするものである。ただ、上記の本の出版後、出版社、編集要領も変わり、書物の題名も『総合判例研究叢書』から『判例総合解説』に変わったので、本書もそれに合わせて叙述を変え、事故の詳しい事実関係、沿革や学説の詳しい紹介・分析等は極力抑制して、最近の約50年余の期間の最高裁判例や下級審裁判例の判旨、その変遷の紹介に重点を置くことにした。判例の引用も、直接引用であっても全文ではなく「要旨」と思われる重要部分の引用に止める。その理由は、「生命侵害の損害賠償」という本書の性格上、千数百件に上る判例集等への掲載判例（地裁等での実際の判決の半数にも満たないものしか公刊されていないのが実態であるが）が交通事故と医療事故に関するものが中心であり、各事件での事実関係および事実の小異をすべて紹介すると夥しい文字数になることと、損害賠償額の算定等に比較的重点を置く本書の目的にとって、判旨に比べて「事実」の細かい相違点の重要性はそれほど高くないと思われるからである。なお、本書の各判例や裁判例の出典として、2013年（平成25年）12月末までに公刊された、最高裁判所民事判例集（民集）、交通事故民事判例集（交民集）、判例時報（判時）、判例タイムズ（判タ）はもちろん、その検索には、（株）第一法規出版の判例体系と法情報総合データベース、TKCの法律情報データベースを原則として利用させていただいた。2015年3月に国会提出済の『債権法改正案』はまだ審議もなされていないため、どうしても必要な場合にのみ内容に言及した。また、本書で直接引用していないが、709条、710条、711条、722条の全体について、本書の関心と重複する分野で、本書よりもさらに詳しく理論・実際両面にわたる解説として、能見善久＝加藤新太郎編『論点体系・判例民法7（不法行為Ⅰ）【第2版】』（第一法規・2013年）があることも特記しておきたい。

2) 平野裕之『間接被害者の判例総合解説』（信山社・2005年）参照。

## 〈序論〉対象の限定

公刊判例のできるだけ多数の紹介，50余年に渉る裁判所（特に下級審裁判所）の努力に関心を持とうとするものである。

そこで，叙述の対象として，主たる損害である逸失利益と慰謝料を中心に，若干の事例で葬儀費用にもふれる[3]。介護費用は個別事例毎に大きく異なるため，総論的紹介に止める。なお，逸失利益や葬儀費用については近時の裁判実務が一定の定型化を実現しつつあるのでそれを紹介する。

理論的問題としては，現在では大きな意味が薄れつつある問題であっても，歴史的に大論争が展開されてきた慰謝料請求権の相続性の有無に詳しく触れる必要があるので，第4章で，判例の歴史的展開と下級審裁判例の実状，それに対する学説の応接状況を詳述した。その他，慰謝料の定額化の是非，定期金賠償の可否，慰謝料請求権者の範囲の決定基準，加害者側の範囲の決定基準等の問題にも，必要な範囲で若干触れる。

---

3) 第2章1-(3)参照。

## ◆第1章◆ 民法711条制定の沿革

### 1-1　旧民法の立場（慰謝料否定論）

　人身事故について，フランス民法に倣ったとされる旧民法は，母国法と同じく，生命侵害はもちろん，人身傷害の場合についても，損害賠償に関する何らの規定も置かなかった。すなわち，フランス民法は財産損害・非財産損害ともその肯否は判例に全面依存していたわけである。しかし，ボアソナードは非財産的損害の賠償としての慰謝料は否定するが，財産損害の賠償は肯定する意図を有していた[1]。この場合の財産損害とは，死亡事故では父母・配偶者・子が得べかりし扶養料の喪失を指し，負傷の場合にはその治療費や休業等による得べかりし利益の損失を意味していた[2]。

### 1-2　現行民法起草者の初期原案（719条と731条。制約的慰謝料論）

　現行民法典起草者は，旧民法の考え方を否定して，財産的損害・非財産的損害の賠償の双方を認める方針を採った（719条。現行709条の土台になった）。しかし，賠償範囲が拡がりすぎることを懸念して歯止めとなる条文を置くことにしたが，非財産的損害についての慰謝料を認めるか否かは裁判所が裁量で決めることとしていた（731条1項[3]。現行710条の土台になった条文）。

　すなわち，穂積陳重起草委員は，719条の存在を大前提として731条があるとし，731条の存在理由は，719条の「権利ノ侵害」の範囲の不明瞭さを補うこと，財産損害がなければ非財産的賠償を認めないとか，財産損害に限って賠償を認めるべきとかの主張や混乱を避けるためであるという[4]。

　これは，他人の権利の侵害という要件を厳格に判断することを主張して，生命侵害の場合には保護される

---

1) 野村好弘「人身被害の損害賠償額の算定」不法行為法研究会編・日本不法行為法リステイトメント70頁（有斐閣・1988年）参照。
2) このような沿革を有する日本民法711条につき，その丹念な研究に，淡路剛久「生命侵害の損害賠償」民法講座第6巻323頁，好美清光「生命侵害の損害賠償請求権とその相続性について」田中誠二古稀記念・現代商法学の諸問題675頁2）以下等がある。また，長大で詳細な近時の本格的研究に，大澤逸平「民法七一一条における法益保護の構造(一)，同(二)――不法行為責任の政策的加重に関する一考察」法協128巻1号156頁，同128巻2号452頁がある。また，実務の実態について研究者による分析を通して「理論」を抽出・整理しようとしたものに，斉藤修編『慰謝料算定の理論』（ぎょうせい・2010年）があり，さらに，実務書として，千葉県弁護士会編『慰謝料算定の実務（第2版）（ぎょうせい・2013年）をはじめ，実務家による多くの極めて有益な書物があり，本書も各所でそれらのうちの上記の文献に絞って参照し，その都度，当該箇所で引用・注記させていただいていた。
3) 731条「生命，身体，自由又ハ名誉ヲ害シタル場合ト財産権ヲ害シタル場合トヲ問ハス裁判所ハ財産以外ノ損害ニ対シテモ其賠償ヲ為サシムルコトヲ得」。
4) 法典調査会・民法議事速記録（学振版）41巻204丁以下参照。さらに，広中俊雄＝星野英一編『民法典の百年Ⅲ（吉村良一執筆）』638頁以下（有斐閣・1998年），淡路剛久「生命侵害の損害賠償」民法講座第6巻326～330頁（有斐閣・1985年）など参照。

権利の範囲が狭くなるべきとする横田国臣委員の見解に対応（反対）するものであり，穂積委員はまず，生命侵害の損害は扶養の侵害であることを明らかにし[5]，次いで，諸外国とも比較して，719条という大原則はそのまま置くが，それに加えて上記の理由から731条を置くべきことを主張した。結局，議論の末に，731条1項の「財産以外の損害」についても権利としての取り扱いをすることになった。

## 1-3 原案に追加された条文（732条。全面的慰謝料許容論）

財産以外の損害のうち，生命侵害に限って，まだまだ残された問題があり，それが穂積委員により，修正案として，732条（現711条）として提案された。内容は「他人ノ生命ヲ害シタル者ハ被害者ノ父母，配偶者及ヒ子ニ対シテモ其損害ヲ賠償スルコトヲ要ス[6]」というものであった。これに対しても，文言の表現や条文の位置等をどうするかについて議論が生じたが，梅謙次郎起草委員がそれらについてよく考えるということで引き取り，条文の意味内容自体には異論が出なかった。

そこで，結果的には，原案の719条，731条1項，732条は，それぞれ現行の709条，710条，711条として立法化された。

このような立法の経緯のなかで，注目しておくべき点は，（イ）731条1項は719条に比し，「自分の権利」を害された場合を重視していること，（ロ）732条は719条とは少し異質であり，この条文の存在により，被害者の父母，配偶者，子の権利（非財産的損害）の賠償が認められたこと，などである。

## 1-4 現行民法711条の意義と学説の理解

通説は，生命侵害の場合に一定の近親者に固有の慰謝料請求権を認めて，それを規定したのが現行711条であると理解している。これに対し，少数反対説は711条を相続人の範囲を定めたものと考え，「被害者自身の取得すべかりし損害賠償請求権を親子夫婦に限って認めたものと解したい[7]」とする。しかし，少数説には沿革上と文理上の2つの難点がある。すなわち，沿革上は，民法典起草者が，生命侵害の場合に，いかに近親者といえども他人の生命について「権利」を持つことは考えられず，したがって，近親者自身が709条の損害賠償請求権を持たないことを大前提とし，その上で，709条の例外として，711条によって「一定の近親者にかぎって」賠償を認めることにした点[8]であり，文理上は，ドイツ民法823条とは異なり，日本民法では709条を受けてそこに本来含まれているものを抜き出して独立項目とした710条が「生命侵害」を含むような規定になっていないため，死者（被害者）自身の取得すべきものという「精神損害」がそもそも観念できないのではないかという点である。

ただ，711条の意義を通説のように理解するとしても，いわゆる慰謝料請求権の相続性の問題を考察する前段階として，死者自身の損害と近親者固有の損害との関係を明らかにする必要があり，そのためには，711条からはみ出す問題であるが，近親者自身が支出したり，近親者自身に生じたりした「財産的損害」の賠償請求権についても裁判例の骨格だけは見ておく必要がある。以下の第2章でそれに関する裁判例を簡単に紹介する。

---

5） 法典調査会・民法議事速記録40巻154丁表
6） 法典調査会・同41巻228丁表
7） 中川善之助「家族の感情利益と慰謝料」我妻還暦記念『損害賠償責任の研究（上）』324頁（有斐閣・1957年）。
8） 法典調査会民法議事速記録41巻228・229丁。森島昭夫『不法行為法講義』349-351頁（有斐閣・1987年）など参照。

〈2-2〉積極的損害の種類

# ◆第2章◆ 生命侵害と財産的損害の賠償請求

## 2-1 総　説

　生命侵害の損害賠償では，慰謝料などの非財産的損害の賠償が特に注目されることになり，それは当然のことであるが，それとは別に，家，家具，衣服，車などの物的損害を被った場合の賠償，死者の被扶養者が被る扶養利益の侵害，葬儀費用の賠償なども実生活では大変重要である。さらに加えて，重要項目である「逸失利益」は，判例・通説では財産損害と捉えられているので，その算定方法，特に，一括払いの場合の中間利息の控除などを中心に，各種の控除項目に留意する必要がある。また，葬儀費用は最近まで120万円以下が通常の「相場」であったが，現在では150万円が水準になっている。以下，順次，上記の各事項に関する判例・裁判例を出来るだけ数多く紹介し，その実状や傾向についての判断材料の一助になればと考える。

## 2-2 積極的損害の種類

### ◆ 2-2-(1) 物的損害

＊札幌地判昭和28・3・23下民集4巻3号415頁……交通事故死の夫Aの入院治療費および葬式費用を出した妻Bはそれを加害者Yに請求できる。
＊和歌山地判御坊支判昭和32・10・16不法行為下級民集昭和32年度（上）247頁……幼児Aが交通事故で余病を併発して2年後に死亡した事故で，余病治療のために数回の入院，手術，葬式等の費用をAの父Bが支払った場合，Bは加害者Yにその金額を請求できる。
＊東京地判昭和32・10・22訟務月報3巻12号47頁……幼児Aが交通事故で入院し，その後死亡した場合，商売を休業して付き添った父母B・Cはその得べかりし利益の損害賠償請求ができる。
＊東京地判昭和40・5・24下民集16巻5号893頁……Aの交通事故による死亡で，遺族による訴訟で要した弁護士費用の賠償を認容。
＊神戸地判平成1・6・27交民集22巻3号750頁……A（61歳・女）の受傷21日後の死亡事故で，子Bによる付添看護料の請求を認容。
＊東京地判昭和44・8・13判タ239号184頁……ロス・アンゼルス居住の長男Bが事故被害者である日本居住の親Aの葬儀参列，残務処理のために支出した東京・ロス間の航空往復運賃は事故と相当因果関係があり，Bは加害者Yにそれを賠償請求できる。
＊東京地判平成3・9・27判時1424号75頁，判タ774号247頁……日本での医療事故で死亡したフランス人A（60歳・男）のフランス在住日本人妻Bについて，A死亡後は身辺整理をして日本に帰国したことも考慮して，Bの仏・日間の往復渡航費を事故と相当因果関係のある損害と認定して賠償請求を認容。
【否定例】
＊大判大正4・10・6民録21輯1612頁……事故で死亡した養子Aから稼業の補助を受けるべきBの「得べかりし利益」が侵害されたとしても，その利益は民法416条の債務不履行の賠償範囲にも入らず，単なる徳義上の義務であって，不法行為法である民法711条にいう「財産上の損害」ともいえないとされた事例。
【判　旨】
　「民法711条ハ「其文理ヨリ見レハ同条ニヨル損害ハ財産上ノ損害ナルト精神上ノ損害ナルトニ論ナク財産権ノ侵害ニ基クコトヲ要セサルコト洵ニ明カナルノミナラス立法上ノ理由ヨリ考察スレハ同条ハ直接賠償権利者ノ権利ヲ害スルコトヲ要セス為セルモノニシテ「財産権ヲ害セラレサリシ場合」トアルハ結局「権利

## 〈第2章〉生命侵害と財産的損害の賠償請求

ヲ害セラレサリシ場合」ト同一意義ニ解スヘキモノナリト信ス蓋シ同条ハ生命権ヲ害セラレタルモノヽ近親ハ之ニヨリ精神上非常ノ痛苦ヲ受ケ又之カ為メニ財産上ノ損害ヲ蒙ムルコトアルハ社会ノ状態ニ照シ一点疑ナキトコロナリ然ルニ一般ノ原則ニヨリ之ヲ律センカ直接生命権ノ侵害ヲ受ケタルモノハ常ニ権利ノ主体タルコトヲ得又其親族等ハ死者ノ生命ニ対シ何等ノ権利ヲモ有セサルヲ以テ権利ノ侵害ヲ受クルコトナケレハ結局親族等カ如何ニ精神上財産上甚大ノ損害ヲ蒙ムルモ遂ニ救済ヲ受クルノ途ナキコトトナルヘシ之レ法ノ公平ヲ失シ保護ノ均勢ヲ破ルモノナルヲ以テ一般ノ原則ニ対シ特ニ同条ヲ以テ例外ヲ認メ死者ノ親族等ハ権利侵害ヲ受ケサル場合ト雖モ損害ノ賠償ヲ求ムル権利アリト為セルモノナリ又立法ノ体裁ヨリ見ルモ死者ノ親族等ニシテ権利侵害ヲ受ケタル場合ハ同条ニ拠ルコトナク第七百九条不法行為ノ原則ニ則リ其損害ノ賠償ヲ求ムルコトヲ得ヘキヲ以テ特ニ第七百十一条ヲ設クルノ要ナシ然ラハ即チ前段ノ見解ハ誤レリ又前示後段ノ論拠ニヨリ上告人ノ請求ヲ排斥セルモノトセンカ原判決ハ不法行為ニ基ク損害賠償範囲ニ関スル法則ヲ誤解セル違法ヲ免カレス元来民法ハ不法行為ノ条章ニ於テ損害賠償ノ範囲ニ付キ特ニ明文ヲ設ケスト雖モ問責ノ寛厳，因果ノ法理等ヨリ類推シテ此場合ニ於テハ債務不履行ニ基ク損害賠償ニ関スル民法第四百十六条ノ規定ヲ準用スヘキモノト為ササルヲ得ス蓋シ同条ハ我カ民法ノ採用セル損害賠償ノ範囲ヲ定ムル原則ニシテ又最モ公平且ツ法理ニ適合スルトコロナレハナリ然ラハ即チ不法行為ノ損害賠償範囲ハ不法行為ニヨリ通常生スヘキ損害及ヒ予見シ又ハ予見スルコトヲ得ヘカリシ特別ノ損害ニ及フモノトス而シテ損害ハ現実ノ損害ト将来得ヘカリシ利益ノ喪失ヲ包含シ将来得ヘカリシ利益ノ喪失ハ物ノ通常ノ成行ニヨリ得ヘカリシ利益ノ喪失（通常損害）及ヒ予見シ又ハ予見シ得ヘカリシ特別ノ事情ニヨリ享有シ得ヘカリシ利益ノ喪失（特別損害）ニシテ利益ハ特ニ権利トシテ得ヘカリシモノタルコトヲ要セス即チ必然得ヘカリシ利益タルコトヲ要セサルナリ（横田博士債権総論第11版326頁乃至338頁挙示実例参照）左レハ苟クモ損害ニシテ不法行為ニ基因シ而モ通常ノ成行ニヨリ得ヘカリシ利益ナランニハ不法行為者ハ之カ賠償ノ義務アルヤ明カナリ然リ而シテ上告人ノ養子Aカ其養父タルBニ対シ稼業上ノ補助ヲ与ヘBヲ利スヘキハ孝道ヲ以テ道義ノ第一歩トセル我国情ニ照シ又実際社会ノ実情ヨリ観察シテ通常ノ成行ニシテ漠然タル希望ト混同スヘカラス然ルニ原判決カ前摘記ノ如ク権利トシテ得ヘキ利益ニアラスンハ以テ損害賠償ノ責ナシトセルハ違法ナリト云フニ在リ

然レトモ他人ノ生命ヲ害シタル者カ被害者ノ父母，配偶者及ヒ子ニ対シテ財産上ノ損害ヲ加ヘタルカ為メ民法第711条ニ依リ之カ賠償ヲ為スヘキ場合ニ於テ其財産上ノ損害ナルモノハ死亡者ヨリ扶養ヲ受クル権利ノ如ク親子若クハ配偶者ノ身分ニ附著シ法律上当然発生スル利益ヲ失フモノナルコトヲ要シ本件Bカ養子Aノ死亡ニ因リ其稼業ノ補助ヲ受クルニ依リテ得ヘカリシ利益ノ如キ親子間ニ於ケル徳義上ノ関係ニ基キ発生ヲ希望スヘキモノヲ包含ス可キモノニ非」ず。

[高裁]

＊東京控判大正5・6・15新聞1154号21頁……被害者Aの死亡によって，営業上，雇い人を増加しなければならなくなった損害は，Aの死亡と直接必然の損害ではない。

＊東京高判昭和40・6・10判タ180号129頁……死亡被害者Aのための死亡診断書の交付を受けるのに要した費用は通常損害ではない。

[地裁]

＊大阪地判昭和31・10・22不法行為下級民集1号246頁……交通事故被害者Aの父Bが，加害者Yとの示談交渉のため，代理人Cに支払った費用，内容証明郵便発送費用およびそのため勤務を欠勤したため喪った額は，事故により通常生じる損害とは認められない。

＊東京地判昭和44・7・16判時574号46頁，判タ239号255頁……次男Cの妻Aが交通事故で死亡し，Aは長男Bの背広を仕立てるなど洋裁の技術を修得していたことによる損害をDは主張するが，Aの仕事量はそれほど大きくなく，またA死亡後に衣類購入額の増加の証明がない以上，Aの父Dには財産損害が認められない。

＊京都地判昭和44・10・27判タ242号215頁……母Aが交通事故で死亡し，その子Bが会社を辞めて家事に従事せざるをえなくなり，従来の給与所得を喪失したとしても，Aの逸失利益の賠償が認められている以上，Bの請求はこれと重複することになり認められない。

＊東京地判昭和46・10・26判時661号66頁，判タ271号231頁……子Aの事故死により母Bが健康阻害や入院治療を受けたとしても，それらの損害は慰謝料の項目で算定されるべきものであり，財産的損害ではない。

◆ 2-2-(2) 遺族の扶養利益の侵害

【肯定例】

[最高裁]

＊大判大正3・10・29民録20輯834頁……父Aの事故による死亡によって幼女Bが扶養を受けることができなくなるのは財産上の損害である。

しかし，Aの損害がBの扶養も考慮に入れて算定されたときは，すでに他の扶養義務者および事実上Bを扶養すべき地位にある家族らの情状をも参酌したと認められる。

〈2-2〉積極的損害の種類

＊**大判大正5・9・16民録22輯1796頁**……Aが死亡し，その妻Bは自己の推定生存期間の，子B等は成年に達するまでの，扶養料相当の損害の賠償を求めることができる。
【判　旨】
「B等ハ扶養料ノ損害及慰藉料ヲ請求スルモノナルカ故ニ扶養料ニ関スル損害額ヲ断定スルニ当テハ扶養義務者タルX並ニ扶養料権利者タルB等ノ生存年齢ヲ認定スルノ必要ナルヲ言ヲ須サル所ナリ然ルニ原院ハAノ生存年齢ヲ54歳ト判示シタルノミニテ扶養ヲ受クヘキB等ノ生存年齢ニ付キ何等判示スル所ナク漫然Aノ生存中ハ生存シ得ルモノノ如ク認定シ該期間中ノ扶養料損害金ノ支払ヲ命シタルハ失当ニシテ此間B等カ仮令死亡スルモ上告人X尚ホ其責ヲ免ルル事能ハス之ヲ理由不備且ツ扶養料ニ関スル法則ヲ誤レル不当ノ裁判ト云ハサルヘカラスト云フニ在リ
然レトモ原判決ハ被害者Aノ死亡当時39歳ナリシコトヲ認定シタル上明治45年発表ノ死亡生存ニ関スル内閣統計局第二表ヲ参照シテ右39歳ニ達シタル男子ノ推定的年齢ハ通常54歳ナルヲ以テAハ大正15年9月13日マテ生存シ得ヘキモノナルコトヲ判示シアリ而シテAノ遺妻タルBハA死亡当時尚ホ33歳八箇月ナルヲ以テ特別ナル事由ナキ限リハ少クトモ前記大正15年9月13日マテ生存シ得ヘキモノナルコトハ判文上自ラ明カナリ其他Aノ遺子タルC等ノ生存年齢ニ付キテハ当事者間ニ何等争ナキ所ナルノミナラス此等未成年者カ特別ナル事由ナキ限リハ通常成年ニ達スルコトヲ得ルハ実験法則上明白ナルヲ以テ原院カC右等カ成年ニ達スルマテヲ限度トシテ同期間内ニ受クヘキ扶養料ニ相当スル損害ノ賠償ヲ命シタルハ相当ナリ」。

＊**大判昭和3・3・10民集7巻152頁，新聞2838号6頁**……Xに対して扶養義務を負担するAをYが不法行為で死亡させ，Xの扶養請求権を失わせた場合，XはYに対し，その喪失によって被った損害を定期金給付の方法で賠償請求ができる。
【判　旨】
「不法行為ニ依リ他人ノ労働能力ニ欠陥ヲ与ヘタル者ハ其ノ欠陥ノ存続スル間被害者ニ対シ定期金ヲ給付シ以テ労働能力ノ欠陥ヲ填補スルハ損害賠償ノ方法トシテ最モ適当ナルモノニ属ス吾現行法ノ下ニ於テモ亦斯カル方法ノ採ルヲ得可キハ言ヲ俟タス何者損害賠償ハ必スヤ一括シタル金円ヲ支払ハサル可カラスト云フ何等ノ法規モ法理モ之ヲ発見スルニ由無ケレハナリ」。

＊**大判昭和7・10・6民集11巻2023頁**……Y₁会社の電車の運転手Y₂の過失により轢かれて死亡した被害者Aと，その内縁の妻BおよびA・B間の子C（事故時は胎児）は，Aの生存による自己の得べかりし利益（扶養利益）の賠償を請求することができる。胎児の損害賠償請求権について，明確に「停止条件説」を採った判決として重要。
【判　旨】
「Y₁会社ノ雇人Y₂ノ過失ニ依リAヲ死ニ致シタル為上告人BハAノ内縁ノ妻トシテ同人ヨリ扶養ヲ受ケツツアリシ関係将来Aト正式ニ結婚ヲ為シ同人ノ妻トシテ幸福ナル生涯ヲ送ルコトヲ得ヘキ財産上精神上ノ一切ノ関係（仮ニ此ノ関係ヲ婚姻ノ予約権ト称ス以下同シ）ヲ侵害セラレ又上告人Cハ其ノ出生前父母ノ婚姻ニヨリAノ嫡出子トシテ出生シ同人ヨリ愛育セラルル状態ニ在ル一切ノ関係（仮ニ此ノ関係ヲ認知権ト称ス以下同シ）ヲ侵害セラレタルカ為民法不法行為ノ規定ニ依リ之カ損害ノ賠償ヲ求ムト謂フニアリ而シテ斯ル婚姻予約権並認知権ノ侵害セラレタル場合ニ於テモ損害賠償請求権ノ存在スルコトハ嘗テ御庁大正14年（オ）第625号事件ニ於テモ判示セラレタルカ如ク抑民法第709条ノ規定ハ故意過失ニ依リ法規違反ノ行為ニ出テ他人ノ利益ヲ侵害シタル者ハ之ニ因リテ生シタル損害ヲ賠償スル責ニ任スト云フ広汎ナル意味ニシテ其ノ侵害ノ対象ハ或ハ所有権地上権債権無体権財産権名誉権等所謂一ノ具体的権利ナルヘク或ハ之ト同一程度ノ厳密ナル意味ニ於テハ未タ目スルニ権利ヲ以テスヘカラサルモ而モ法律上保護セラルル一ノ利益ナルコトアルヘク詳シク言ハハ吾人ノ法律観念上其ノ侵害ニ対シ不法行為ニ基ク救済ヲ与フルコトヲ必要ト思惟スル一ノ利益ナルコトアルヘシ之ヲ要スルニ吾人ノ法律観念上或ル侵害ニ対シ救済ヲ与フルコトヲ以テ正当トスヘキヤ否ニ依リ不法行為アリヤ否ヲ決スヘキモノナルヲ以テナリ然ラハ上告人Bト訴外亡Aトノ間ノ関係ハ法律上其ノ保護ヲ与フルコトヲ以テ正当トスヘキヤ否ニ付テ按スルニ上告人Bト亡Aトハ我国ノ従来ノ慣習ニ従ヒ夫婦トナリシモノニシテ一般社会ノ認メテ夫婦トナスモノナリ只吾民法カ従来ノ慣習ニ反シ戸籍吏ニ届出スルコトヲ以テ婚姻ノ成立要件ト為シタル為ニ法律上夫婦ト云フコト能ハサルモ斯ノ如キ男女間ノ結合ハ単ナル私通野合ノ関係ト其ノ趣ヲ異ニシ公序良俗ニ反セサルノミナラス我国ノ現在ニ於テハ期間ノ長短コソアレ法律上正当ノ婚姻ヲ為ス一段階トシテ一般ニ認メラル所ノモノナルヲ以テ其ノ男女間ノ結合ニ依テ生スル財産上精神上ノ権利並利益ノ関係ニ法律上相当ノ保護ヲ与フルヲ以テ正当トスヘク若シ不法ニ之等ノ権益関係ヲ侵害スルモノアルトキハ之ニ対シ相当ノ救済ヲ与フヘキモノナルコトハ吾人ノ社会観念上又法律観念上正当ノコトニ属スト云ハサルヘカラス（大正8年（オ）第47号同年5月12日判決大正5年勅令第993号工場法施行令第8条同第13条第3号御参照）又上告人Cハ上述シタル法律上保護セラルヘキ関係ニアル亡Aト上告人Bトノ結合ノ結果懐胎セラレタルモノニシテ吾人ノ経験則ニ照ストキハ亡Aニシテ生存シ

## 〈第2章〉生命侵害と財産的損害の賠償請求

タランニハ上告人Cノ出生前ニ於テA・Bハ婚姻ノ届出ヲ為スヘク随テ上告人CハAノ嫡出子トシテ出生シ同人ノ慈愛ノ下ニ其ノ扶養ヲ受クルニ至ルヘキモノナルコトハ之ヲ認ムルニ難カラス而シテ斯ノ如キ原告CトAトノ間ニ生スヘキ財産上精神上ノ権利並利益カ不法ニ侵害セラレタル場合ニ之ニ対シ相当ノ救済ヲ与フヘキコトハ吾人ノ法律観念上又民法第721条ノ規定ノ精神ヨリスルモ前記工場法施行令第8条第12条ノ規定ヨリスルモ当然ノコトナリト信ス原判決ハ上略「仮ニ控訴代理人主張ノ如キ所謂婚姻予約権並私生子認知請求権カ被控訴会社使用人ノ為ニ同会社業務ノ執行ニ付侵害セラレ夫々控訴代理人主張ノ如キ損害カ与ヘラレタリトスルモ侵害者タル被控訴会社ノ使用人ニ於テ控訴代理人主張ノ如キ権利即法律上保護セラレタル利益ヲ侵害スヘキ故意又ハ過失ヲ認ムヘキ何等ノ資料存セサルヲ以テ侵害者ニ故意過失カ認メラレサル限リ民法第709条第710条ニ基ク損害賠償ノ請求モ亦失当ナリ」トノ理由ヲ以テ上告人等ノ請求ヲ排斥シタリ然レトモ家庭的生活ヲ営ムヲ以テ本則トスル人ハ苟モ相当ノ年齢ニ達セルモノニハ妻子アルヲ以テ原則トシ此等ノ者ヲ死ニ致ストキハ其ノ死亡ニ依リ妻子ノ精神上財産上ノ権利利益ヲ侵害シ其ノ妻子ニ対シ損害ヲ与フルニ至ルヘキコトハ何人モ予見シ得ヘキコトニ属シ此ノ予見シ得ヘキ事実ヲ予見セサリシトスレハ$Y_2$ニ過失アリト謂ハサルヘカラス而シテ上告人等ハ法律上Aノ妻子ト謂フニ能ハサルモ社会通念上Aノ妻子タリ上告人等ノ主張スル婚姻予約権認知権ト称スルモ畢竟スルニ社会通念上妻子トシテノ権利ヲ侵害セラレタルコトヲ主張スルニ外ナラス工場法施行令第8条ノ如キモ亦上告人ト同一状態ノ者アルヘキコトヲ予想シ職工ノ死亡当時其ノ収入ニ依リ生計ヲ維持シタル者云々ト規定シ此等ノ者ヲモ遺族ト看做シ遺族扶助料ヲ支給スヘキコトトセリ之ヲ要スルニ権利侵害ノ結果ノ認識ニ付テハ具体的ニ何人ノ如何ナル権利ト云フカ如キ精細ノ認識ヲ必要トセス概括的ニ或種ノ権利ト云フ程度ニテ足ルモノナリ例ヘハ人ヲ死ニ致ス場合ニ於テ概括的ニ其ノ人ノ家族関係ニ基ク何等カノ権利ヲ侵害スル結果ヲ生スルヤモ知レストイフ程度ノ認識ヲ以テ十分ナリ而シテ上告人等ノ主張スル権利モ亦広キ意味ニ於テ一種ノ家族関係ニ基ク権利ニシテ苟モ相当ノ年齢ニ達スル人ニハ法律上正当ノ妻子アルカ若シ法律上ノ妻子ナキモ内縁ノ妻子アルヤモ知レストハ常識アルモノノ何人モ想見スル所ニ属スルヲ以テ之ヲ想見セサリシトスレハ$Y_2$ニ過失アリト謂ハサルヘカラス加之本訴ニ於テ上告人等カ請求スル損害ハ被上告人会社ノ使用人ノ過失ニ依リ亡Aヲ死ニ致シタルコトニ因テ発生シタルモノニシテ斯ノ如キ損害ハ事物通常ノ状態ニ依リ当然ニ発生スヘキ性質ノモノナルヲ以テ被上告人ニ於テ之カ賠償ノ責任アリト謂ハサルヘカラス而シテ被上告会社ニ於テ本訴ノ損害賠償ノ義務アリヤ否ノ問題ハ上告人等ノ主張スル権利侵害ニ対スル故意過失ノ問題ニアラスシテ被上告会社ノ使用人ノ過失ニ依リAヲ死ニ致シタルコトト本訴損害発生トノ間ニ相当ノ因果関係アリヤ否ノ問題ナリ而シテ上告人ハAノ致死ト上告人等ノ受ケタル損害トノ間ニハ相当ノ因果関係アリト看做スニ十分ナリト信スルヲ以テ婚姻予約権並認知権侵害ニ対スル故意過失等ノ問題ヲ論究スル迄モナク因果関係ノ法則ニ因リ被上告会社ニ其ノ責任アリト謂ハサルヘカラス民法第711条ノ規定ハ被害者ノ父母配偶者及子ニ対シ精神上ノ苦痛ヲ慰藉スル為ノ損害賠償ヲ規定シタルモノニシテ此等ノ者ト雖財産権（例ヘハ扶養ヲ受クルノ権利）侵害セラレタル事ヲ理由トシテ損害賠償ヲ請求スル場合ハ民法第709条ノ規定ニ拠ルヘキモノナルコトハ学者間ニ異論ナキ所ニ属ス」。（中略）「上告人Cハ原判決カ認メテ示談契約成立シ示談金ノ交付アリタリト称スル当時ニ於テハ未タ胎児タリ胎児ハ不法行為ニ依ル損害賠償ノ請求ニ付テハ既ニ生レタルモノト看做ス旨ノ規定アルモ這ハ胎児カ後ニ出生シタル場合ニ出生ノ日ヲ不法行為当時ニ遡及セシムル意味ノ擬制ノ規定ニ過キス従テ胎児ハ不法行為ニ依ル損害賠償ニ付テモ胎児タル間ハ法律行為ノ当事者タルコト能ハサルモノナルコト明ナリ原判決ハ「BカCヲ懐姙セル点ヲモ考慮ニ加ヘテ金1000円ヲ交付スルコト同人等ハ爾後該事故ニ関シ$Y_1$会社ニ対シ何等ノ請求ヲ為ササルコトヲ約定シ」云々ト判示セルモ上告人Cハ当時斯ノ如キ示談契約ニ付キ権利能力行為能力ヲ共ニ有セサリシモノナリシヲ以テ仮ニ斯ノ如キ約定カ$Y_1$会社ト D, B 等ノ間ニ存在シタリトスルモ上告人Cハ該約定ニ拘束セラルヘキモノニ非ス然ルニ原判決ハ胎児タリシ上告人Cモ亦前記示談契約ニ拘束セラルルカ如ク判示シタルハ法則違背ノ不法アリテ破毀ヲ免レサルモノト信ス云フニ在リ」。（中略）「Cハ右Eカ被上告人ト和解ノ交渉ヲ為シタル際未タ出生セスBノ胎内ニ在リタルモノニシテ民法ハ胎児ハ損害賠償請求権ニ付キ既ニ生レタルモノト看做シタルモ右ハ胎児カ不法行為ノアリタル後生キテ生レタル場合ニ不法行為ニ因ル損害賠償請求権ノ取得ニ付キテハ出生ノ時ニ遡リテ権利能力アリタルモノト看做サルヘシト云フニ止マリ胎児ニ対シ此ノ請求権ヲ出生前ニ於テ処分シ得ヘキ能力ヲ与ヘントスルノ主旨ニアラサルノミナラス仮令此ノ如キ能力ヲ有シタルモノトスルモ我民法上出生以前ニ其ノ処分行為ヲ代行スヘキ機関ニ関スル規定ナキヲ以テ前示Eノ交渉ハ之ヲ以テCヲ代理シテ為シタル有効ナル処分ト認ムルニ由ナク又仮ニ原判決ノ趣旨ニシテEカ親族ノB等ヲ代理シ又ハ自ラ将来出生スヘキCノ為ニ叙上ノ和解契約ヲ為シタルコトヲ認メタルニアリト解スルモ被上告人ハCノ出生後同人ノ為ニEノ為シタル処置ニ付キCニ於テ契約ノ利益ヲ享受スル意思ノ表示セラレタル事

〈2-2〉積極的損害の種類

実ヲ主張セス原審モ亦此ノ如キ事実ヲ認定セサリシモノナルヲ以テEノ為シタル前記和解契約ハ上告人Cニ対シテハ何等ノ効力ナキモノ云ハサルヘカラス仍テ上告人Cカノ死亡当時既ニ出生シ居リタリトセハAノ死亡ニ因リ損害賠償請求権ヲ取得シ得ヘキ地位ニ在リタルヤ否ニ付キ審究スルニ上告人BハAノ内縁ノ妻ニシテ且Aハ本件事故ニ因リ死亡シCヲ私生子トシテ認知シタルモノニアラサレハCハ遂ニAノ子トシテノ地位ヲ取得スルニ由ナカリシ者ナルヲ以テ同人ノ身分ハ民法第711条列挙ノ何レノ場合ニモ該当セサルカ故ニ同条ニ基ク上告人Cノ慰藉料請求ハ之ヲ認シ得サルモノナリト雖上告人ノ主張スル如クBニシテ果シテAノ内縁ノ妻トシテ同人ト同棲シタル者ニシテ上告人Cハ其ノ間ニ生マレタル者ナリトセハCハ尠クモAノ収入ニ依リ生計ヲ維持スルヲ得可カリシ者ニシテCハAノ死亡ニ因リ如上ノ利益ヲ喪失シタルモノト云フヲ得可シ而シテ民法第709条ニ依リ損害賠償ハ厳密ナル意味ニ於テハ権利ト云フヲ得サルモ法律上保護セラルヘキ利益ニ該ルモノノ侵害アリ其ノ侵害ニ対シ不法行為ニ基ク救済ヲ与フルヲ正当トスヘキ場合ニ於テハ之ヲ請求スルヲ得ルモノニシテ（大正14年11月28日言渡当院同年（オ）第625号判決参照）CカAノ生存ニ因リ有シタル右利益ハ民法第709条ニ依リ保護ヲ受ク可キ利益ナリト認ムルヲ相当トスルノミナラス他人ヲ傷害シタル場合ニ於テ其ノ者ニ妻子或ハ之ト同視スヘキ関係ニ在ル者ノ存シ如上行為ノ結果此等ノ者ノ利益ヲ侵害スヘキコトアルハ当然之ヲ予想スヘキモノナルヲ以テ本件ニ於テ被上告人ハ其ノ被用者カAヲ傷害シタルカ為上告人Cノ利益ヲ侵害シタルニ因リ上告人ノ被ル可キ損害ヲ賠償スヘキ義務アルコト多言ヲ要セスシテ明ナルカ故ニ若被上告人ニシテAノ死亡ニ付キ其ノ責ヲ負フ可キモノトセハ原審ハ尠クトモ財産上ノ利益ノ損失ニ関スル上告人Cノ請求ハ之ヲ容認ス可カリシモノ謂ハサル可カラス」。

[高裁]

* 大阪控判大正7・3・6新聞1386号19頁……農業等に従事して収入をえていたAの死亡によって，未成年者Bが扶養の権利を害されたという損害は，Bが満17歳になるまでを限度として積算すべきである。
* 東京控判大正9・3・13新聞1692号15頁……死亡被害者A自身に損害賠償請求権が成立しなくても，Aの遺族は扶養料を受ける権利の侵害による損害賠償請求権を有する。

[地裁]
【肯定例】
* 大阪地判大正6・3・8新聞1258号20頁……Y鉄道会社の被用者Zの過失によって夫Aが死亡し，妻Bが自活する資産と技能を有しない場合，YはBがAから扶養を受けることができなくなった損害を賠償する義務がある。
* 東京地判昭和36・4・25下民集12巻4号866頁，家裁月報13巻8号96頁，判時261号24頁……Bの内縁の夫AがYの不法行為で死亡した場合，扶助を受けるべき利益を侵害されたとしてYへのBの損害賠償請求権を認容。
* 神戸地判昭和39・11・20下民集15巻11号2790頁……内縁の夫Aの死亡後，その内縁の妻Bが要扶養状態になかった場合は扶養請求権侵害による損害賠償請求はできないが，これを余り厳格に解すべきではなく，将来そのような状態が起こる確実な予見可能性がある場合等も含めるべきであり，やむをえない事情によりそのような自体が発生した場合も扶養請求権侵害による損害賠償請求を認めてもよい。
* 仙台地判昭和43・2・7判時521号74頁……先天性白内障のため兄Aから扶養を受けていた弟Xは，Aが交通事故死した場合，その加害者Yに扶養権侵害による損害の賠償を請求できる。
* 東京地判昭和43・12・10判時544号3頁，判タ229号102頁，家裁月報21巻6号88頁……妻Bと子Cおよび重婚的内縁の妻Dのある死亡被害者Aが，B・Cを何ら扶養していなかったとしても，Dへの扶養侵害の計算には，まずB・Cになされるべきである扶養額を斟酌・控除することが必要である。

【判　旨】

「内縁の夫が不法行為により死亡した場合，内縁の妻には加害者に対して扶養請求権侵害による損害賠償請求権が発生する。けだし，民法752条や同法760条は，準婚としての内縁の夫婦間にも準用せられるべきであり，内縁の配偶者は，法律上婚姻関係にある場合と同様に，相手方に対し，同居および協力扶助ならびにいわゆる婚姻費用（内縁の生活から生ずる費用）の分担を期待し，要求しうるのであるから，かかる意味における扶養請求権が第三者の不法行為により侵害された場合には，その故意による行為たると過失による行為たるとを問わず，よつて，喪失した扶養に相当する額を損害として加害者に対し賠償を請求しうること，法律上の配偶者の場合と異ならない筈であるからである。（法律上の配偶者が，普通このような扶養喪失による損害を主張しないのは，死亡配偶者のいわゆる逸失利益による損害賠償請求権を相続するとの理論構成により主張するところが事実上右の扶養喪失による損害主張を覆い，その必要なからしめているからに過ぎない。）重婚的内縁関係にある妻についても，右の意味での扶養請求権はこれを認めるべきであり，従つて，その侵害により損害を生じたとして加害者に対し賠償を請求することもこれを肯定するべきである。ただ，

〈第2章〉生命侵害と財産的損害の賠償請求

扶養喪失の額を算定するに際し、戸籍上の妻子が存在することを斟酌して相当の減額をなすべきものと考える。」
【否定例】
＊大阪地判昭和41・8・20下民集17巻7＝8合併号709頁、判タ195号150頁……交通事故死したAの父Bの妻Cは姻族一親等の身分関係にある者であって、法律上当然には扶養請求権を有するものではない。
【判　旨】
「原告Cは亡Aの父Bの妻であり、Aとは姻族一親等の身分関係にある。であるから、同原告は、亡Aに対し法律上当然に扶養請求権を有するものではなく、将来Aの扶養可能状態と同原告の扶養必要状態とが併存するに至つたときに、家庭裁判所へ審判を申立て、かつ同裁判所が扶養すべき特別事情があると判断したときにはじめて扶養請求権が発生するものにすぎず、かつその扶養の程度・方法も将来定められるにすぎない。すると原告Cが亡Aの死亡当時に同人に対して扶養請求権を有していたことは肯認すべき証拠がなく、かつ前記身分関係にあることおよび原告Bの供述より、審判をまつて扶養請求権の有無・程度・方法を宣言されうる期待権ないし期待利益を原告Cが有することは窺えるものの、右期待権は将来現実化されることがあるという抽象的可能性にとどまり、かつ、その程度・方法も将来なされる審判により形成されるものであるから、具体的数額としての把握は不能のものであり、結局右期待権は原告Cの慰藉料発生の事情として斟酌さるべきものにとどまる。」
＊徳島地判昭和45・2・12判時594号86頁……不法行為死亡被害者Aの遺族X等が扶養請求権を侵害されたというための要件を判示。
【判　旨】
「一般に不法行為によって扶養請求権を害された遺族はその生存可能期間に限り扶養義務者の稼働利益の範囲内においてその扶養利益に相当する損害の賠償を請求することができると言われているが、右の扶養請求権があると言い得るためには、扶養関係当事者（これは法律上の関係のみならず、内縁の妻、未認知の子など事実上の関係でもよい。）において、不法行為の被害者たる者が扶養可能の状態にあるとともに、その遺族が要扶養の状態にあることが必要であり、しかもそれは双方に抽象的にその可能性があるだけでは足りず、現実に一方が扶養可能であり、他方が貧困その他の事情で扶養を要する状態になければならないと解するのが相当である。前記四項認定の事実によれば、原告BとCとはDを介して法定の直系血族の関係にあるから、法律上相互に扶養義務を負い、これを請求できる関係にあることは言うまでもないが、その実際において、Aは他の商店に勤務して給与を得ていて自活能力がなくはないにしても、事故当時は成人後間もないうえその給与も僅かなものであって、家族を扶養する能力があったとは認めがたく、他方原告Bも一応右Aの養育の任務を終えたといえても、その営業で自己の生活費を支弁するに足りる利益を得ていたと認めることができるから、要扶養の状態にあったとみることはできない。Bは、Aが原告の営業を手伝っていた事実をとらえ、これにかわる人を雇ったとすれば月額最低20,000円を要するとし、右金額をAの扶養料支払にたとえるが、Aは家族として自己の勤務と原告営業の手伝とを相伴させて稼働していたもので、仮に右Aの手伝がないため食堂営業が困難になった事実があるとしても、それをもって直ちにAが原告を扶養する関係にあったと認めることはできない。
　従って、原告に法律上Aから扶養を受ける権利があり、いずれ近い将来年令、健康上の理由で扶養を要する状態に立ち至ることが必要であって、その期待権が侵害されたと認め得るとしても、現実に前示の扶養可能、要扶養の状態にあったと認められない以上原告に扶養請求権があるということはできず、右権利の侵害を前提とする損害賠償の請求は失当として排斥を免れない。」
＊横浜地判昭和47・11・9判タ298号407頁……被害者Aの遺族Xが扶養請求権侵害による損害賠償請求権を取得するには、AがXを扶養できる状態にあったことと、Xが自己の財産または労働によって生活できないという要扶養状態にあったことが必要であるが、本件は要扶養状態になかったとしてXの請求を棄却。
＊東京地判昭和48・11・22交民集6巻6号1839頁……交通事故死亡被害者A（26歳・男）の内縁の妻B（韓国籍）の扶養喪失に基づく財産的損害賠償請求（否定）。
【判　旨】
「日本民法の定める不法行為に基づく損害賠償制度は、不法行為によって直接権利侵害を受けた者の損害を補填することを原則としており、したがって、被害者死亡の場合には、被害者に生じた損害を金銭的に評価し、これを正当な権利受継者が取得するものとしていると解すべきところ、内縁の妻であった訴外Bが、日本ないし大韓民国民法の下で、そのような正当な権利受継者と認めなければならない根拠を見出し難い。（中略）或者が事故死した場合において、内縁の配偶者は、被害者が事故にあわず、なお生存すれば、民法760条に基く費用支弁その他、享受し得たはずの財産上の利益を失うことが通例であろうし、場合によっては生計の資にことかく事態となろう。
　しかし、そのことだけでは、残された内縁配偶者が不法行為上の保護を受け得ることとならないことは、

## 〈2-2〉積極的損害の種類

間接被害者一般の問題と同様であって、そのうち、いかなる範囲で保護を与えるかは、法の選択に委ねられているところ、死亡者本人の稼働能力喪失による損害、すなわち逸失利益に限っていえば、わが民法でも、大韓民国のそれでも、相続人（受遺者を含む）以外の保護を与えないものと法定しているのである。すなわち、誰が法定相続人となるかや法定相続分如何は、被相続人がなお生存する場合や死亡した場合における近親者の受けるべき財産上の利益、生計上の必要や、被相続人の財産処分に対する意図を一般的類型的にとらえ、それを法定化したものであり、ただ、それは被相続人の遺言により個別的に修正されることがあるにすぎない。そうだとすると、死亡被害者の損害として評価され、相続人に承継取得される逸失利益の損害賠償も、その例外を許さないとしても、一個の合理性を有するものといわねばならない。」

＊東京地判昭和49・7・16判時769号65頁……死亡被害者A（34歳・男）の内縁の妻Xからの扶養喪失による財産損害及び慰謝料請求のいずれも否定した事例（内縁としての実質的生活関係の存在そのものを否定）。

【判 旨】

「Aと原告Xとは昭和45年12月15日すぎ頃から3カ月余りの間東京都葛飾区金町のアパートにおいて同居していたことは明らかであるが、その生活費は双方の勤労収入によるものであり、しかもAの収入の方が原告Xより多いとはいえ、Aの従前の生活態度に照らし、そのうち、共同の生活費にあてる額が原告Xより多いとは断定できず、結局原告XがAから事故前現に扶養されていたとはいい難い。また同原告が将来において扶養を受ける可能性をみると、Aは事故の数日前から前橋市内の前妻被告B方に泊り就職先を探し、かつ第三者に対し同市内に居住していると称していたことなどからみれば、Aは当分の間東京を離れ前橋市内で就労する意向であったことが窺われるのであって、この一事から直ちにAと同原告との共同生活が解消したとまでは断定できないにせよ、その共同生活の永続性に疑問をもたせるものである。

そうすると、原告Xが将来にわたりAの収入によって扶養を受けることができた筈であったとは認められないから、原告Xの扶養利益の喪失によって損害を蒙ったとの主張は採用することができない。」

◆ 2-2-(3) 葬儀費用等の賠償
(ア) 概 説

葬儀費用や墓碑建設費等については、本シリーズの平野裕之著『間接被害者の判例総合解説』（信山社・2005年）の19頁～23頁でも紹介・分析がなされており、重複するものもあるが、本書のタイトルおよび対象が『生命侵害の損害賠償』であることから、本書でも、葬儀費用の性格付けだけを述べた判例も含めて、関連する判例の幾つかについて、裁判所の考え方と認容金額等をここで簡単に紹介することにする。

葬儀費用については、昭和時代中期には数十万円の例が多かったが、その後、100万円を超えるものも散見され、平成に入り、120万円程度の事例が多数出現し、現在では成人の死亡事故で150万円程度が増加してきており、これが「相当性のある金額（相場）」と言える状態になっている[1]。本書で取り上げた各種裁判例でも150万円までが圧倒的多数であり、特殊事例として168万円余と200万円が各1件あるだけである。各種の実務書での記述も大きく異ならないが、裁判例での認容額として130万円～170万円と紹介するもの[2]が多い。葬儀費用の額の主張・立証責任は被害者側にあり、実際の葬儀費用が上記のような金額を下回る場合は実際の支出限度額でしか賠償が認められない。また、いわゆる「香典返し」は損害として認められていない。

以下では、葬儀費用の賠償認否の根拠等を主として示した、大審院・最高裁・高裁判決や、特に具体的考慮要素等について判示した地裁判決等の代表的なものの幾つかを紹介する。

[最高裁]

＊大判明治44・4・13刑録17輯569頁……殺人被害者の葬式費用は殺人行為によって生じた損害そのものに含まれており、葬式費用を別途認容する必要はない。

＊大判大正13・12・2民集3巻522頁……Y₁鉄道会社の従業員Y₂の過失によりAが列車と衝突して死亡した事故で、Aの肢体運搬および葬式の費用は生命侵害による損害そのものに属する。

＊最判昭和43・10・3判時540号38頁……被害者Aの遺族の出した葬儀費用は、それが社会観念上不相当なものでない限り、人の死亡によって生じた必要出費として加害者側が賠償すべき損害と解するのが相当であり、人が早晩死亡すべきことをもって、この賠償を免れることができない。

＊最判昭和44・2・28民集23巻2号525頁、判時547号3頁、判タ232号108頁……不法行為被害者Aの祭祀を主宰すべき立場の遺族Bが、墓碑を建設し仏壇を購入したときは、そのために支出した費用は、社会通念上相当と認められる限度において、不法行為により通常生ずべき損害と認めるべきである。

---

1) 北河隆之『交通事故損害賠償法』111頁（弘文堂・2011年）参照。
2) 宮崎直巳『交通事故損害賠償の実務と判例』107頁（大成出版社・2011年）。

〈第2章〉生命侵害と財産的損害の賠償請求

[高裁]

＊東京控判大正14・6・5新聞2444号9頁……被害者Aの殺害者Yに対して被相続人Xが有する葬式費用の賠償はAの死期を早められたために損害を被った限度において求めることができる。

＊高松高判昭和32・6・26下民集8巻6号1182頁……交通事故死した息子Aのために親Xが支出した葬式費・墓碑建設費は事故によって被った損害ということができる。

＊名古屋高判平成1・10・31交民集22巻5号1242頁……死亡したA女は、夫Bとの間が破綻し、AはC男と10年以上同棲していた。Aの死亡により、自己が葬儀費用を支出していないのにBが葬儀費用名目で加害者Yから50万円を受け取っていた場合、B自身の慰謝料はもうそれによって填補されたとされた事例。

[地裁]

＊東京地判昭和25・7・7下民集1巻7号1042頁……父母B・Cが被害者である息子Aの葬儀費用を出した場合、加害者Yに求償できるのは全額ではなく「相当なものである」金額についてである。

＊東京地判昭和34・5・27下民集10巻5号1064頁、判時189号10頁……加害者Yが被害者Aのために仮の葬式を営み、Aの遺族もこれに参加したとしても、遺族がさらに郷里でAの葬式を行うことは葬祭慣行上当然のことであるから、そのための支出もYに賠償を求めうる。

＊仙台地判昭和35・9・6下民集11巻9号1837頁、判時240号27頁……葬儀費用、仏壇購入費用、布施供養料等が被害者Aの社会的地位および職業等に相応した葬儀を営むに要する費用またはこれに付随する費用の範囲内と認められるときは加害者Yにその賠償を請求できる。

＊岐阜地高山支判昭和36・9・5交通事故不法行為下級民集昭和36年度404頁……葬儀費用はいずれは相続人等において負担すべき費用であるが、不法行為によってやむなく支出を余儀なくされたような場合には、それを加害者に負担させるのが公平の原則に合致する。

＊東京地判昭和37・12・12判タ144号126頁……故意または過失によって人の生命を害した者は、その葬儀費用を損害として賠償すべきで、遺族が香典を受領しているからといって、それを葬儀費用の額から控除すべきではない。

＊東京地判昭和44・4・23判時568号62頁、判タ236号175頁……賠償されるべき葬儀費用は事故と相当因果関係のある範囲内に限られるべきで、単にその各費目についてのみ判断されるものではなく、全般について考えるべきで、被害者Aが平均的な給料生活者の場合、Aの交友関係が普通人より広かったことを考慮に入れても、葬儀費用は30万円とするのが相当である。

＊東京地判昭和44・7・16判時561号26頁、判タ238号167頁……交通事故死亡者Aの葬儀費用と墓石建設費に93万円を要した場合でも、それらの賠償額はAの社会的地位、身分、境遇、年齢、家族構成等から判断されるもので、総額40万円が相当である。

＊高松地判昭和44・8・27判タ239号201頁……女児Aが死亡し、その墓碑建設費用に9万円を要したが、これも事故によって生じた損害である。

＊東京地判昭和44・9・17判時574号53頁、判タ240号171頁……交通事故で死亡した娘Aの葬祭につき、Aの勤務地での密葬と郷里での本葬をやむなく行った場合、両葬と旅費宿泊費の合計50万円が相当性のある葬儀費用である。

＊長野地判昭和45・3・24判時607号62頁……事故死したAの葬儀費用として、葬祭具の使用料（7,120円）、斎場使用料（1,100円）、読経料（11,000円）、葬儀用写真代（2,000円）、通信費（900円）、葬儀後のお斎の際に出した折詰代（8,400円）、清酒代（5,000円）の計35520円の賠償を認容。

＊大阪地判昭和45・4・30判タ252号258頁……葬儀費用の賠償は、その地域、宗教、社会的地位等に応じ、一体としてその総額について最も適切に判断されるべきであるとして、30万円の範囲で賠償を認容。

＊横浜地判昭和45・7・30判タ256号245頁……原告方が葬儀屋であることなどを考慮して、葬儀費用を10万円と認定。

＊東京地判昭和45・9・9判時614号69頁、判タ255号175頁……交通事故被害者Aの葬儀費用30万円の中に、遺族のためにも利益のある仏壇購入費や、弔問客接待用テーブル代など11万円が含まれている場合は、5万円を減額して総計25万円の賠償が相当と認容。

＊東京地判昭和47・1・19判タ276号325頁……実際は340万円程度葬儀に要したが、そのうち、25万円が事故と相当因果関係があるとして、25万円の賠償を認容。

＊大阪地判昭和47・2・15判タ276号206頁……A（12歳・女）の葬儀費用として、葬祭費用、初七日費用、満中陰費用、石碑建立費用の計34,8701円の賠償を認容。

＊名古屋地判昭和48・3・12判タ306号228頁……不法行為被害者である息子Aの葬儀や墓碑建立等のため、父Bが総額115万円ほどの費用を支出したが、そのうち60万円余を相当な葬儀費用の賠償と認容。

＊東京地判昭和48・3・15判時715号82頁……業務中に自動車事故死したAにつき、葬儀費用等はAの勤務するB会社が負担したが、その後、遺族が郷里に遺骨

〈2-2〉積極的損害の種類

を持ち帰り，仏式でそれ相応の葬儀・法要を営んだ場合に，その費用のうち20万円をさらにB会社の負担額だったと加算して認容。
＊東京地判昭和50・2・4判時793号68頁……法律上，加害者に賠償を求めうる葬儀費用は，事故と相当因果関係のあるものに限られる。相当とは，その地域，宗教，社会的地位等に応じ，葬儀上必要とする費用をいい，それは葬儀全般について判断されるべきであるとして20万円を認容。
＊前橋地判昭和59・5・7交民集17巻3号644頁……死亡した尺八加工業者A（39歳・男）の葬儀費用として90万円を認容。
＊東京地判昭和59・10・26交民集17巻5号1447頁……A（11歳・男）の葬儀費用として80万円を認容。
＊横浜地判昭和60・5・14判時1168号99頁，判タ562号173頁……美術学校生A（21歳・男）の葬儀費用として30万円を認容。
（イ）近時（平成元年以降）の事例での認容額の例
＊大阪地判平成1・12・14交民集22巻6号1404頁……専門学校生A（19歳・女）の葬儀費用として80万円を認容。
＊東京地判平成2・4・26交民集23巻2号513頁……交通事故死亡被害者A（21歳・男。大学4年生で(株)S工業に就職内定済み）の葬儀費用として100万円を認容。
＊大阪地判平成2・4・26交民集23巻2号539頁……交通事故死亡被害者A（60歳・女。会社員）の葬儀費用として100万円を認容。
＊神戸地判平成2・6・21交民集23巻3号732頁……交通事故死亡被害者A（53歳・男。B社勤務の大工）の葬儀費用として100万円を認容。
＊横浜地判平成2・10・25交民集23巻5号1310頁……交通事故死亡被害者A（20歳・男。会社員）の葬儀費用として100万円，仏壇と墓地建立費用として100万円の計200万円を認容。
＊名古屋地判平成3・3・26交民集24巻2号432頁……交通事故死亡被害者A（19歳・男。大学生）の葬儀費用として100万円を認容。
＊名古屋地判平成3・8・30交民集24巻4号1001頁……交通事故死亡被害者A（33歳・女。主婦兼パートタイム労働者）の葬儀費用として，AがPTA役員で会葬者が増えた等の理由で，葬儀費用として150万円を認容。
＊東京地判平成3・9・19交民集24巻5号1063頁……交通事故死亡被害者A（16歳・男）の葬儀費用として100万円を認容。
＊静岡地判平成4・4・22交民集25巻2号512頁……

交通事故死亡被害者A（20歳・男。大学2年生）の葬儀費用として100万円を認容。
＊東京地判平成3・10・16判タ792号195頁……殺人被害者Aが芸能人で，郷里の実家がその名とともに知られていた時期があったが，その事実だけで東京と郷里の二度の葬儀を執行することが相当とは認められないとして，金額の大きい郷里（松江市）の分168万円余に限り賠償を認容。
＊名古屋地判平成4・7・10交民集25巻4号809頁……交通事故で重傷を負い，5日後に死亡したA（15歳・女。喫茶店・ガソリン・スタンド等のアルバイト）の葬儀費用として90万円を認容。
＊京都地判平成4・10・30判時1475号125頁……医療過誤死亡被害者A（71歳・女。主婦）の葬儀費用として60万円を認容。
＊静岡地浜松支版平成6・2・7判時1502号129頁，判タ855号232頁……強姦殺人事件被害者（24歳・女。H医大生）の葬儀費用として120万円を認容。
＊大阪地判平成5・2・18交民集26巻1号203頁……交通事故死亡被害者A（67歳・女。主婦兼農業従事者）の葬儀費用として120万円を認容。
＊仙台地判平成5・3・25交民集26巻2号406頁，判タ846号233頁……交通事故死亡被害者A（13歳・女。中学1年生）の葬儀費用として100万円を認容。
＊京都地判平成6・3・29交民集27巻2号457頁……交通事故死亡被害者A（49歳・女。新聞配達店経営）の葬儀費用として120万円を認容。
＊神戸地判平成6・10・25交民集27巻5号1471頁……交通事故死亡被害者A（20歳・男。高等専門学校5年生）の葬儀費用として120万円を認容。
＊東京地判平成6・12・8交民集27巻6号1786頁……交通事故死亡被害者A（15歳・男。高校1年生）の葬儀費用として100万円を認容。
＊東京地判平成7・6・20交民集28巻3号902頁……故障車を路上で押していた夫婦A・B（46歳・男。パブスナック経営と34歳・女。同店手伝い）が前方不注意の車に衝突されて死亡した事故で，葬儀費用計120万円を認容。
＊大阪地判平成7・3・24判時1558号67頁，判タ881号222頁……医療事故死亡被害者A（53歳・男。会社代表取締役）の葬儀費用として120万円を認容。
＊前橋地判平成7・6・20判タ884号215頁……医療事故死亡被害者A（32歳・女。会社員）の葬儀費用として120万円を認容。
＊東京地判平成7・9・27交民集28巻5号1425頁……交通事故死亡被害者A（20歳・男。会社員）の葬儀費用として180万円を認容。

## 〈第 2 章〉生命侵害と財産的損害の賠償請求

＊東京地判平成 7・10・18 判時1572号82頁，判タ909号224頁……医療事故で呼吸停止・昏睡状態になり，その数年後に書房したＡ（22歳・男。職業不詳）の葬儀費用として100万円を認容。

＊東京地判平成 8・1・31交民集29巻1号190頁……交通事故で重傷を負い，入院後に敗血症で死亡したＡ（71歳・男。無職）の葬儀費用として120万円を認容。

＊大阪地判平成 9・1・31判時1620号104頁……交通事故で重傷を負い，病院に運ばれて腹膜破裂によって死亡したＡ（17歳・男。無職）の葬儀費用として100万円を認容。

＊東京地判平成 9・2・18交民集30巻1号231頁……交通事故死亡被害者Ａ（58歳・男。国家公務員）の葬儀費用として120万円を認容。

＊大阪地判平成 9・4・23判時1630号84頁，判タ968号224頁……同級生による集団暴行でＡ（15歳・女。中学3年生）が死亡。葬儀費用として100万円を認容。

＊浦和地判平成 9・8・12交民集30巻4号1146頁……交通事故死亡被害者Ａ（9歳・男。小学3年生）の葬儀費用として120万円を認容。

＊神戸地判平成 9・12・16交民集30巻6号1743頁……交通事故死亡被害者Ａ（72歳・男。土地改良区の事務局長兼年金受給権者）の葬儀費用として120万円を認容。

＊前橋地判平成10・2・18交民集31巻1号222頁……交通事故死亡被害者Ａ（45歳・男。衛生施設組合主事）の葬儀費用として120万円を認容。

＊大阪地判平成10・3・5交民集31巻2号310頁……交通事故死亡被害者Ａ（25歳・男。大型貨物自動車運転手）の葬儀費用として100万円を認容。

＊大阪地判平成10・6・30交民集31巻3号979頁……交通事故死亡被害者Ａ（28歳・女。ゴルフ場のキャディー。ブラジル国籍で日本人の夫と結婚して来日）の葬儀費用として120万円を認容。

＊東京地判平成10・8・31交民集31巻4号1293頁……交通事故死亡被害者Ａ（18歳・男。大学1年生）の葬儀と仏壇の購入費用計150万円を認容。

＊千葉地判平成10・12・25交民集31巻6号1981頁……交通事故死亡被害者Ａ（29歳・女。大手コンピューター会社情報開発部門副主任）の葬儀費用（遺体運搬費も含む）として160万円を認容。

＊名古屋地判平成11・3・26交民集32巻2号556頁……交通事故死亡被害者Ａ（21歳・男。4年制専門学校生兼4年制大学（通信教育課程）4年生）の葬儀費用として120万円を認容。

＊大阪地判平成11・5・11交民集32巻3号754頁……交通事故死亡被害者Ａ（6歳・男。小学1年制）の葬儀費用として100万円を認容。

＊神戸地判平成11・9・22交民集32巻5号1446頁……交通事故で重傷を負い，2年後に死亡したＡ（25歳・男。市役所職員）の葬儀費用として150万円を認容。

＊浦和地判平成12・3・15判時1732号100頁……県立高校の合宿登山中に熱射病で死亡した山岳部員Ａ（17歳・男。高校生）につき，引率教諭の過失と国賠法1条の県側の責任を認め，葬儀費用として150万円を認容。

＊東京地判平成12・6・27交民集33巻3号1039頁……交通事故死亡被害者Ａ（73歳・女）の葬儀費用として120万円を認容。

＊大阪地判平成12・9・21交民集33巻5号1550頁……交通事故死亡被害者Ａ（58歳・男。女子短期大学教授兼4年制他大学非常勤講師）の葬儀費用として150万円を認容。

＊東京地判平成13・2・22交民集34巻1号253頁……交通事故死亡被害者Ａ（32歳・女。地方公務員）の葬儀費用として120万円を認容。

＊東京地判平成13・6・27交民集34巻3号791頁……交通事故死亡被害者Ａ（16歳・男。農林高校生）の葬儀費用として120万円を認容。

＊神戸地判平成13・6・27交民集34巻3号806頁……交通事故死亡被害者Ａ（7歳・女。小学生）の葬儀費用として120万円を認容。

＊大阪地判平成13・7・10交民集34巻4号881頁……交通事故死亡被害者Ａ（6歳・男。小学生）の葬儀費用として120万円を認容。

＊神戸地判平成13・8・10交民集34巻4号1038頁……交通事故死亡被害者Ａ（20歳・男。短大生）の葬儀費用として140万円を認容。

＊大阪地判平成14・3・15交民集35巻2号366頁……交通事故死亡被害者Ａ（61歳・男。無職）の葬儀費用として120万円を認容。

＊東京地判平成16・7・12交民集37巻4号943頁……交通事故死亡被害者Ａ（16歳・男。高校2年生）の葬儀費用として150万円を認容。

＊東京地判平成17・7・12交民集38巻4号938頁……交通事故死亡被害者Ａ（49歳・女。主婦兼労働者）の葬儀費用として150万円を認容。

＊横浜地判平成17・9・22交民集38巻5号1306頁……交通事故死亡被害者Ａ（21歳・女。会社員）の葬儀費用として150万円を認容。

＊名古屋地判平成17・11・30交民集38巻6号1634頁……交通事故死亡被害者（20歳・男。大学1年生）の葬儀費用として175万円を認容。

＊名古屋地判平成19・2・28交民集40巻1号301頁

……交通事故死亡被害歩行者Ａ（55歳・男。職業不詳）の葬儀費用として150万円を認容。
＊東京地判平成19・6・27交民集40巻3号805頁……交通事故死亡被害者Ａ（24歳・男。税理士試験受験中で無職）の葬儀費用として150万円を認容。
＊東京地八王子支判平成19・9・19交民集40巻5号1186頁……交通事故死亡被害者Ａ（8歳・男。小学生）の葬儀費用として150万円を認容。
＊千葉地判平成19・10・31交民集40巻5号1423頁……交通事故死亡被害者Ａ（12歳・女。中学1年生）の葬儀費用として150万円を認容。
＊大阪地判平成21・12・11交民集42巻6号1620頁……交通事故死亡被害者Ａ（78歳・女。夫Ｂの内縁の妻でＢ経営のふぐ料理店女将）の葬儀関係費用として150万円を認容。
＊大阪地判平成21・12・14交民集42巻6号1630頁……交通事故死亡被害者Ａ（44歳・女。パート勤務）の葬儀関係費用として150万円を認容。
＊東京地判平成24・1・17ＴＫＣ法律情報データベース25491273……自動車同士の交通事故でＡ（17歳・男。建設作業員）が死亡。葬儀費用として132万1113円を認容。
＊東京地判平成24・3・14ＴＫＣ法律情報データベース25492950……車との交通事故で自転車のＡ（事故時55歳・男）が負傷2年2ケ月後に死亡。葬儀費用として150万円を認容。
＊東京地判平成24・3・27交民集45巻2号422頁……Ｙ車のセンターライン超えの衝突事故で対向車のＡ・Ｂ夫婦が死亡。2人の葬儀費用として150万円を認容。
＊横浜地判平成24・4・26交民集45巻2号521頁……Ａ（30歳・女。研究所勤務）の交通事故死。葬儀費用として150万円を認容。
＊大分地判平成25・3・21判時2197号89頁……部活で熱中症で倒れ、高校側と病院の過失で死亡したＡ（17歳・男。高校2年生）の葬儀関係費用として150万円を認容。

（ウ）否定例および香典返し等に関する否定例
［高裁］
＊東京控判昭和8・5・26新聞3568号5頁……葬儀執行・墓碑建立等の支出による損害は相当範囲内のものであるが、「香典返し」は損害とはいえない。
＊東京高判昭和44・10・8交民集2巻5号1434頁、判タ244号264頁……香典は損益相殺にいう「益」の概念に該当せず、「香典返し」は香典に対応する概念として、香典に対する返礼の意味をもち、香典の額を超えない範囲内において香典供与者に提供されるのが通常であって、損益の観念で律すべきものでないから、香典返しは加害者Ｙに賠償させる筋合いのものではない。
［地裁］
＊東京地判昭和38・12・23判時364号35頁、判タ156号214頁……心付け、香典返し、葬儀参列のための子供の服代金等の支出は、交通事故による損害の範囲には入らない。
＊東京地判昭和40・5・10下民集16巻5号829頁、判時415号33頁、判タ176号136頁……Ａの交通事故死を契機に、墓地の使用、管理料および墓石代を「一家のためのものとして設置・建設した場合」は、事故と相当因果関係に立つ損害とはいえない。
＊山口地下関支判昭和44・4・22判タ234号160頁……交通事故死者のＡが死亡時に実母Ｂおよびその夫Ｃと生活していて、Ｃとも実の父子同然の生活をしていたとしても、Ａの葬儀費用を出したＣは、Ｂが生存する限り、Ｃの名において遺族として加害者Ｙにその賠償を求めることができない。
＊東京地判昭和46・5・29判時635号128頁、判タ266号206頁……香典返しは香典の返礼としてなされるものであり、香典よりも低額のものがなされるのが顕著なことから、事故と相当因果関係を有する損害とはいえない。

◆ 2-2-(4) 弁護士費用の賠償
　弁護士費用の賠償として、一般論として、裁判例は概ね損害賠償認容額の1割程度を目安に認める傾向にあるといわれている[3]。下記の最高裁判例がリーディング・ケースと考えられている。弁護士が自賠責保険を保険会社に直接請求する場合も同様である。
＊最判昭和45年2月26日裁判集民99号255頁……「不法行為の被害者が、自己の権利擁護のため訴を提起することを余儀なくされ、訴訟追行を弁護士に委任した場合には、その弁護士費用は、事案の難易、請求額、認容された額その他諸般の事情を斟酌して相当と認められる額の範囲内のものにかぎり、右不法行為と相当因果関係に立つ損害として、その賠償を求めうるものと解すべきことは、当裁判所の判例とするところである（昭和41年（オ）第280号、同44年2月27日第一小法廷判決、民集23巻2号441頁参照）。原審も、これと同趣旨の見解に立ち、後見人選任の申立を含め、本件事故により被つた損害の賠償を請求するための手続の遂行を弁護士に委任し、その報酬として支払いもしくは支払を約した費用のうち、被上告人両名につきそれぞれ金72万5000円づつを、本件事故により通常生ずべき

---
[3] 北河隆之『交通事故損害賠償法』112頁（弘文堂・2011年）参照。

〈第2章〉生命侵害と財産的損害の賠償請求

損害として，上告会社をして賠償の責に任ぜしめるのを相当としたものと解せられ，その判断は正当である。そして，右判断にあたつては，その斟酌した事情を逐一具体的に説示しなければならないものではない。」

◆ 2-2-(5) 生存事例における介護費用等の認定基準

①付添看護費……入院付添費は原則として医師の指示があれば認められる。指示がなくても，付き添い看護の必要性があれば認められる[4]。通院付添費も幼児や高齢者など付き添いの必要のある者には認められる。1日3000円〜4000円程度である。

②入院雑費……入院中に支出が必要な日用品購入費，通信費などを意味し，1日千数百円程度で計算されている。

③通院交通費……被害者の病院への通院等の交通費は，原則として公共交通機関を利用した場合を基準に認められる。重症等でタクシーが必要な場合などは例外的にそれが認められる。

その他の費用（車椅子・備品の購入費等）の話は省略する。

## 2-3 逸失利益

◆ 2-3-(1) 総説

逸失利益は，財産損害のうちの消極損害と捉えられる。そのような事故に遭遇しなければ得たであろう収入（得べかりし利益）の喪失を指す。具体的には，①死亡による逸失利益であるが，生存事例の場合は，②休業による逸失利益，③後遺障害による逸失利益も考えられる。その計算は，判例では，いわゆる「差額説」に立った上で，通常の就労可能年齢を67歳までとしている。すなわち，近時では，逸失利益 ＝ 基礎収入×（1 －生活費控除率）×就労可能年数に対応したライプニッツ係数で計算されている。

ただ，給与生活者以外の自営業者などについては複雑な計算が必要となる場合もある。

◆ 2-3-(2) 逸失利益の算定

逸失利益の算定には，①交通事故の増大による多数の事件の迅速な処理の必要性，②裁判官の主観や恣意の排除，③被害者相互間の公平，④判決の予測の容易性，等の要請から，昭和30年代以降，その定型化・定額化が叫ばれてきた[5]。さらに，その当時以降，幼児の逸失利益の算定方式や加害者・被害者の過失割合の認定基準，弁護士費用等についても重要な判例理論の展開があった。幼児につき特に重要なものは，下記の最三小判昭和39・6・24民集18巻5号874頁である。下記の判決の要旨は，①男子被害者Aの逸失利益につき，20歳から55歳までの35年間を「昇給可能性を無視して算定してはならない。②生活費控除も35年間「不変」と考えるのはおかしいこと，③世帯主になる可能性のある男性Aにつき，世帯員と同じ基準で算定するのはおかしい，という点にあった。しかし，その後の裁判実務は長い間，下級審を含めて必ずしもこれに従ってこなかったという点に注目する必要がある。

そこで，平成11年11月24日に至って，東京・大阪・名古屋の地裁三庁による「交通事故による逸失利益の算定方式についての共同提言」[6]がなされ，以後の判決に大きな影響を与えた[7]。その内容の骨子は，①幼児・生徒・学生・専業主婦の場合や，比較的若年の被害者で生涯を通じて全年齢平均賃金または学歴別平均賃金程度の収入を得られる蓋然性がある場合には，それに依ることにし，それ以外の場合には事故前の実収入額に依る。②特段の事情のない限り，中間利息の控除は年5分の割合によるライプニッツ方式で計算する。③これらは，平成12年1月1日以後に口頭弁論を終結した事件から実施する，というものであった[8]。

上述のように，逸失利益は財産損害のうちの消極的損害と位置付けられているが，その算定には多くの論点を含んでいる[9]。現在では，逸失利益は，被害者の

---

[4] 宮崎・前掲94頁〜106頁参照。
[5] 倉田卓次編『民事交通訴訟の課題』6頁〔吉岡進執筆〕（日本評論社・1960年），篠田省二「倉田卓次先生の業績」第45回日本交通法学会定期総会（2014年5月17日）報告レジュメ8〜9頁など参照。本書も特にこの篠田省二報告レジュメに多くのことを教えられた。なお，当日の篠田報告は，2015年2月10日刊行の日本交通法学会編『交通法学の生成と展開』21頁〜36頁（交通法研究第43号・有斐閣）に口述方式でそのまま掲載されている。
[6] 判タ1014号62頁参照。
[7] 篠田・前掲レジュメ9頁参照。
[8] 判タ・前掲61頁参照。
[9] 宮崎・前掲137頁以下，北河・前掲86頁以下，北河隆之＝八島宏平＝川谷良太郎『詳説・後遺障害——等級認定と逸失利益算定の実務』1頁以下（創耕舎・2014年）など参照。

## 〈2-3〉逸失利益

基礎収入×労働能力喪失率×喪失期間に対応するライプニッツ係数で算定されているが，以下のようないろいろな算定要素が考慮されている。

すなわち，多くの裁判例が，①稼働能力喪失説に立っていること，②就業者の基礎収入は現在の収入を基準に算定するものが多いこと，③就業者でない「幼児，生徒・学生，専業主婦，失業者，無職者など」には，基礎収入につき，労働者の平均賃金を用いる場合が多いが，男女別か全労働者かにつき，裁判例が分かれてきた歴史があること。自営業者等の基礎収入の判断には前年度の「確定申告額」が基準とされている[10]。確定申告をしていない者が被害者の場合は収入額について被害者側の積極的立証が必要になる。④被害者が専業主婦の場合は，女子労働者の平均賃金が基準になっていること，⑤後遺障害逸失利益は症状固定時を基準に未来に向かって算定し，中間利息の控除も症状固定時説がほぼすべてで，控除率も，一部学説からの強い批判を浴びていて，現在のように超低金利が何十年も続いている時代にあっても，少数の例外を除いて，将来の利率の不確定性を理由に，長期間にわたってなお民法404条の年5分の計算での控除を貫き通しており，被害者側にとって実際にはかなり不利な結果になっている[11]。そのため，債権法改正案では，404条の改正論として，とりあえず年3分にして数年毎の見直しをするとの提案がなされている。

公的年金には，国民年金，厚生年金，共済年金の3種類があり，国民年金にはさらに細分化されていて，高齢者で一定の要件を満たせば支給される「老齢基礎年金」，傷害等級2級以上の者に支給される「障害基礎年金」，死亡した者によって生計を維持されていた配偶者や子達が一定の要件を満たせば支給される「遺族基礎年金」等がある。

これらのうち，判例は，老齢基礎年金と障害基礎年金には逸失利益性を認め，遺族基礎年金にはそれを否定している。さらに，これとは別の年金である障害厚生年金についてもその基本部分については逸失利益性を認めている[12]。

[高裁]
＊最三小判昭和39・6・24民集18巻5号874頁……事故により死亡した幼児A（8歳・男・小学生）の逸失利益の算定は可能。経験則と良識を活用して，できる限り客観性のある額を算定すべきであり，一概に算定不可能として損害賠償請求を否定することは許されない。

【判　旨】
「不法行為により死亡した年少者につき，その者が将来得べかりし利益を喪失したことによる損害の額を算定することがきわめて困難であることは，これを認めなければならないが，算定困難の故をもつて，たやすくその賠償請求を否定し去ることは妥当なことではない。けだし，これを否定する場合における被害者側の救済は，主として，精神的損害の賠償請求，すなわち被害者本人の慰藉料（その相続性を肯定するとして）又は被害者の遺族の慰藉料（民法711条）の請求にこれを求めるほかはないこととなるが，慰藉料の額の算定については，諸般の事情がしんしやくされるとはいえ，これらの精神的損害の賠償のうちに被害者本人の財産的損害の賠償の趣旨をも含ませること自体に無理があるばかりでなく，その額の算定は，結局において，裁判所の自由な裁量にこれを委ねるほかはないのであるから，その額が低きに過ぎて被害者側の救済に不十分となり，高きに失して不法行為者に酷となるおそれをはらんでいることは否定しえないところである。したがつて，年少者死亡の場合における右消極的損害の賠償請求については，一般の場合に比し不正確さが伴うにしても，裁判所は被害者側が提出するあらゆる証拠資料に基づき，経験則とその良識を十分に活用して，できうるかぎり蓋然性のある額を算出するよう努め，ことに右蓋然性に疑がもたれるときは，被害者側にとつて控え目な算定方法（たとえば，収入額につき疑があるときはその額を少な目に，支出額につき疑があるときはその額を多めに計算し，また遠い将来の収支の額に懸念があるときは算出の基礎たる期間を短縮する等の方法）を採用することにすれば，慰藉料制度に依存する場合に比較してより客観性のある額を算出することができ，被害者側の救済に資する反面，不法行為者に過当な責任を負わせることともならず，損失の公平な分担を窮極の目的とする損害賠償制度の理念にも副うのではないかと考えられる。要するに，問題は，事案毎に，その具体的事情に即応して解決されるべきであり，所論のごとく算定不可能として一概にその請求を排斥し去るべきではない」。

＊最二小判昭和43・8・2民集22巻8号1525頁……企業主Aの逸失利益は，企業収益中に占めるAの労務その他企業に対する個人的寄与に基づく収益部分の割合によって算定すべきである（下記の広島高岡山支判昭

---

[10] 宮崎・前掲144頁など参照。
[11] 下記引用の幾つかの下級審裁判例の「判旨」には，生活費控除率5分の是非について詳細に検討したものが含まれている。
[12] 第2章3-(3)「損益相殺」欄参照。宮崎・前掲184〜5頁参照。

〈第2章〉生命侵害と財産的損害の賠償請求

和37・1・22の上告審判決。一部破棄差戻し）。
【判　旨】
　「企業主が生命もしくは身体を侵害されたため，その企業に従事することができなくなつたことによつて生ずる財産上の損害額は，原則として，企業収益中に占める企業主の労務その他企業に対する個人的寄与に基づく収益部分の割合によつて算定すべきであり，企業主の死亡により廃業のやむなきに至つた場合等特段の事情の存しないかぎり，企業主生存中の従前の収益の全部が企業主の右労務等によつてのみ取得されていたと見ることはできない。したがつて，企業主の死亡にかかわらず企業そのものが存続し，収益をあげているときは，従前の収益の全部が企業主の右労務等によつてのみ取得されたものではないと推定するのが相当である。
　ところで，原審の確定した事実によれば，Aの営業収益額は昭和27年から同31年までの5年間の平均で年間978,044円であり，同人死亡後その営業を承継した被上告人らがあげた同33年度の営業収益は208,318円であるというのである。したがつて，被上告人らのあげた同34年度以降の営業収益が右同33年度の営業収益と同額であるとすれば，特段の事情のないかぎり，右説示に照らして，Aが生命を侵害されて企業に従事することができなくなつたことによつて生ずる昭和33年度以降の一年あたりの財産上の損害額は右978,044円から208,318円を差し引いた額であると推定するのが相当である。しかるに，原判決は右損害額の算定の基準として，なんら特段の事情を示すことなく，Aが従前取得していた収益全額をもつてすべきものとしているのである。しからば，原判決には，判決に影響を及ぼすことの明らかな法令の違背および被上告人らの同34年度以降の営業収益について審理を尽さない違法があるものというべく，論旨はこの点において理由があるに帰する。原判決はこの点に関して破棄を免れない。」

＊**最二小判昭和43・12・20裁判集民93号739頁**……将来において得るべき全利得を損害賠償として一時に支払いを受ける場合とホフマン方式の是非（慰謝料をホフマン方式で算定することは最二小判昭和37・12・14民集16巻12号2368頁で明示済み）。
【判　旨】
　「将来一定期間に得べき利得を損害賠償として一時に支払を受ける場合の損害の額の算定においては，ホフマン式計算法により，原判示のように計算する方法によることができることは，すでに当裁判所の判例（昭和34年（オ）第213号，同37年12月14日第二小法廷判決，民集16巻12号2368頁）の趣旨とするところであり，これと異なる見地に立つて原判決を非難する論旨は，採ることができない。」

＊**最一小判昭和56・10・8裁判集民134号39頁**……交通事故死亡被害者A（8歳・女。小学生）の逸失利益を，パートタイム労働者を除く女子全労働者・産業計・学歴計の平均給与額を基準として，ライプニッツ方式で算定しても不合理ではないとした事例。
【判　旨】
　「交通事故により死亡した幼児（当時満8歳の女児）の将来の得べかりし利益の喪失による損害賠償額を算定するにあたり，賃金センサスによるパートタイム労働者を除く女子全労働者・産業計・学歴計の表による各年齢階級の平均給与額を基準として収入額を算定したとしても，交通事故により死亡した幼児の将来の得べかりし収入額の算定として不合理なものとはいえないこと，及び右得べかりし利益の喪失による損害賠償額を算定するにあたり右平均給与額の5割相当の生活費を控除したとしても，不合理なものといえないことは，いずれも当裁判所の判例の趣旨とするところであり（前者につき最高裁昭和54年（オ）第214号同年6月26日第三小法廷判決・裁判集民事127号129頁，後者につき同昭和43年（オ）第656号同年12月17日第三小法廷判決・裁判集民事93号677頁各参照），ライプニッツ式計算法が交通事故の被害者の将来の得べかりし利益を現在価額に換算するための中間利息控除の方法として不合理なものとはいえないことも当裁判所の判例とするところであつて（最高裁昭和50年（オ）第656号同53年10月20日第二小法廷判決・民集32巻7号1500頁），これと同旨の原判決に所論の違法はない」。

＊**最三小判平成5・9・21判時1476号120頁，判タ832号70頁，裁判集民169号793頁**……交通事故で死亡したA（64歳・男，死亡時は建設会社社員）が受給していた普通恩給及び国民年金（老齢年金）は逸失利益としてAの相続人らが請求できる。
【判　旨】
　「公務員であった者が支給を受ける普通恩給は，当該恩給権者に対して損失補償ないし生活保障を与えることを目的とするものであるとともに，その者の収入に生計を依存している家族に対する関係においても，同一の機能を営むものと認められるから（最高裁昭和38年（オ）第987号同41年4月7日第一小法廷判決・民集20巻4号499頁参照），他人の不法行為により死亡した者の得べかりし普通恩給は，その逸失利益として相続人が相続によりこれを取得するものと解するのが相当である（最高裁昭和57年（オ）第219号同59年10月9日第三小法廷判決・裁判集民事143号49頁）。そして，国民年金法（昭和60年法律第34号による改正前のもの。）に基づいて支給される国民年金（老齢年金）もまた，その目的・趣旨は右と同様のものと解されるから，他人の不法行為により死亡した者の得べかりし

〈2-3〉逸 失 利 益

国民年金は，その逸失利益として相続人が相続によりこれを取得し，加害者に対してその賠償を請求することができるものと解するのが相当である　公務員であった者が支給を受ける普通恩給は，当該恩給権者に対して損失補償ないし生活保障を与えることを目的とするものであるとともに，その者の収入に生計を依存している家族に対する関係においても，同一の機能を営むものと認められるから（最高裁昭和38年（オ）第987号同41年4月7日第一小法廷判決・民集20巻4号499頁参照），他人の不法行為により死亡した者の得べかりし普通恩給は，その逸失利益として相続人が相続によりこれを取得するものと解するのが相当である（最高裁昭和57年（オ）第219号同59年10月9日第三小法廷判決・裁判集民事143号49頁）。そして，国民年金法（昭和60年法律第34号による改正前のもの。）に基づいて支給される国民年金（老齢年金）もまた，その目的・趣旨は右と同様のものと解されるから，他人の不法行為により死亡した者の得べかりし国民年金は，その逸失利益として相続人が相続によりこれを取得し，加害者に対してその賠償を請求することができるものと解するのが相当である。」

[高裁]

＊広島高岡山支判昭和37・1・22下民集13巻1号53頁……交通事故死亡被害者A（48歳・男。卸小売商）の逸失利益を過去5年の営業収益の平均値により算定（本件は，上記の最二小判昭43・8・2民集22巻8号1549頁の控訴審判決（過失相殺7割5分）。最高裁で修正された）。控訴棄却。即死の慰謝料請求権について最判昭和42年11月1日が出る前に「当然相続説」を採用している点に注意。

【判　旨】

「亡Aが畳表及びその材料の卸，小売業を営んでいたことは当事者間に争いがなく，（中略）同人の営業収益（所得決定額）は，昭和27年度は金97万714円，昭和28年度は金114万1,105円，昭和29年度は金65万5,300円，昭和30年度は金87万260円，昭和31年度は金125万2,843円であることが認められる。そこで右5ケ年の平均値をとつてAの本件事故後において得べかりし年間営業収益を金97万8,044円と見積るのを相当とする。しかしてこれを基礎として年間の純利益を算出するには右金額より年間生活費を控除すべきは勿論であるが，更に諸税の額をも差引くべきかどうかについては疑問の余地がある。

損害賠償はその原因たる不法行為ないし債務不履行がなかったならば存在したであろう財産状態に復帰せしめることを目的とするのであるから，生命侵害の不法行為において得べかりし利益の喪失による損害額を算定するにあたつては将来被害者が生存し営業収益をあげる限りこれに必然的に随伴するであろう支出を控除すべきである。しかして税金は営業収益あるところ必然的に賦課徴収せられるものであるから，生計費と共に必然的の支出として営業収益より控除すべきものといわねばならない。従つて年間営業収益より年間生活費及び諸税の額を差引いた残額が忠義が生存すれば取得すべかりし純利益となるものというべきである。

更に，この点に関し前記Aの畳表及びその材料の卸小売経営による収益はその全部が一身専属的のもの即ち同人の特技によるものではなく，同人の死亡後も同人の家族等によつて継続して挙げ得べきものも含まれているのであるから同人はこれを全部喪失したとはいえないものであり同人死亡後において家族の経営により挙げ得た収益と比較しこれより大なる部分をもつてAの死亡により喪失した利益とすべきであるとの見解のあり得るところであつて，原判決もかような見地に立つているものと言い得る。しかし，個人企業は会社企業等と異り，経営者個人を離れて別個独立の存在を持つものではなく，あくまでも経営者個人に従属するものであるから，経営者個人がその企業を通じて挙げ得る利益は総て経営者個人に帰属し，将来の得べかりし利益の喪失についてもその理を異にしない。もつとも老舗等の固定した基盤を有する個人企業にあつては一見経営者の変更交替等にかかわりなく企業が継続して行くように見えるけれども，この場合においてもなお企業は経営者個人の完全支配に服しているものであつて従つて結局においては経営者個人の手腕力量に依存しているというに妨げないから前主の喪失した得べかりし利益と後主の挙げ得る利益とは必ずしも重複するものということはできない。従つて前記の見解は採用し難い。

ところでAの年間生活費については，成立に争いのない甲第16号証によれば，昭和32年度の東京を基準の100とした3人世帯の標準生計費は月額2万5,635円で岡山の府県別指数は95.6であることが認められ，この事実に前認定にかかる年間営業収益の金額，本件口頭弁論の全趣旨を綜合すれば，Aの本件事故当時における生計費は年額18万円であると認めるのを相当とする。控訴人は生計費は年27万6,600円と主張しているが，これを認めるに足る立証はない。

次に控除すべき税額につき按ずるに，近時税額はおゝむね年を逐うて減少の傾向にあることは顕著な事実であるから，もし本件事故当時の年度即ち昭和32年度における税制により当該年度の前記年間営業収益97万8,044円に対する税額を算出しこの税額を以て爾後毎年の純益を算出するにあたり前記年間営業収益より控除すべき税額として取扱うときは，控除すべき税額が不当に過大となるおそれがあるから，むしろ右年間営業収益に対する前記昭和32年度より本件口頭弁論終結の年である昭和36年度までの各年度の税額を算出し

〈第2章〉生命侵害と財産的損害の賠償請求

これらの平均値を出してこれを以て本件事故当時以後に毎年控除さるべき税額として取扱うのを相当とする。しかして被控訴人BがAの妻であり被控訴人CがAの長女（一人子）であつたことは当事者間に争いがなく、右争いのない事実に原審における被控訴人B本人の供述を綜合すれば、A死亡当時被控訴人等がAの扶養家族であつたことを認め得べく、被控訴人Cが昭和9年12月16日生であることは成立に争いのない甲第1号証により明らかであり、Aの職業が畳表及びその材料の卸小売であつたことは当事者間に争いがないからこれらを基礎として各年度の税金を算出すると、年間営業収益97万8,044円に対し、所得税額は昭和32年度金19万3,400円同33年度金16万5,000円同34年度金15万8,000円同35年度金15万6,250円同36年度金12万3,750円であり、事業税額は昭和32年度同33年度各金5万8,640円同34年度ないし同36年度各金5万2,240円であり、住民税額は昭和32年度金7万5,650円同33年度金7万4,210円同34年度金7万1,450円同35年度金6万8,580円同36年度金7万250円であることは各関係法令により明白である。そこでこれら各税額の右5年間の平均値を算出すると、所得税は金15万9,280円、事業税は金5万4,800円住民税は金7万2,028円となること計算上明白である。

そこで前記年間営業収益97万8,044円より右認定にかかる年間生計費金18万円前記諸税金（右5年間の平均値）合計28万6,108円を控除した残額金51万1,936円が1ケ年の純益金となるべきである。

次にAの余命年数が本件事故の当時より22.88年であることは当事者間に争いがないところ、当裁判所は右争いのない事実に前顕甲第1号証により認め得るAが明治41年11月1日生であること前記のAの職業その他諸般の事情を綜合し、その稼働年数は本件事故の当時より起算し22年間であると認める。

そこで前記の1ケ年の純収益51万1,936円を基礎としてAの前記稼働年数22年間に得べかりし利益を前記事故の日に一時に受領すべき金額に換算するためホフマン式計算法により年5分の中間利息を控除して計算すると金746万4,026円となること算数上明白である。」
＊東京高判昭和39・7・3下民集15巻7号1716頁……交通事故重傷（後遺障害等級5級）被害幼児A（3歳・男）の逸失利益（生存事例）。
【判　旨】
「昭和35年度の30人以上の労働者を常用する産業の常用労働者の平均月間現金給与額が金2万4,375円であるから、同被控訴人が前記のような身体障害を受けなければ、20才から62才になるまでの42年間稼働して少くとも毎月右平均給与額の収入を得ることができたと認めるのが相当である。ところで、同被控訴人は足関節以上で右下腿を切断しており、この身体障害は労働基準法施行規則別表身体障害等級表の第5級に当り、同法により790日分の平均賃金の支給を受け得るものであつて、死亡による全労働能力を喪失し遺族補償として1,000日分の平均賃金が支給されることと対比すれば、100分の79の労働能力の喪失があるとされていること明らかであるから、同被控訴人が少くとも3割の労働能力を喪失したと認められる。したがつて、42年間毎月平均給与額の3割に当る金7,312円50銭（年間金8万7,750円）の割合により収入を喪つたとみられる。この42年間の喪失した収入から年5分の中間利息を複利の計算（ライプニッツ式）により控除すれば金153万640円となる（42年間の年5分の複利年金現価の倍率17.4432を金8万7,750円に乗ずる。円未満切捨。ホフマン式計算により単利年金現価の倍率22.2930を乗ずると、金195万6,210円で、同金員の年5分の利息は金9万7,810円となつて、右年間の喪失収入額を超過し、しかも元本は永遠に残る計算となり、不合理であるからホフマン式計算方法は採用しない）。しかも右金額は20才のときの現価であり、これから3才3月までの16年9月の年5分の中間利息を控除した金67万8,945円（16年の年5分の複利現価率0.45811と17年の同現価率0.43630の差0.02181の3分の2の0.01454を16年の現価率から控除した0.44357を金153万640円に乗ずる。円未満切捨）が事故当時の現価である。」
＊東京高判昭和44・3・28交民集7巻4号971頁……交通事故死亡被害者A（6歳・女・小学1年生）について結婚までの逸失利益を肯定。
【判　旨】
「Aは本件事故当時私立K学園附属小学校1年在学中であつたこと、被控訴人らには、Aのほか長女B（昭和27年4月8日生）、二女C（昭和30年1月15日生）の二子女があり、被控訴人Yは、N株式会社鶴見製鉄所に旋盤工として勤め、月収5万円余を得ているほかアパートを経営し、その収入が1ケ月10万円弱あり、被控訴人らとしては、Aを少くとも高等学校までは進学させたい希望を持つており、被控訴人らの資力及びAの学力からみてそれが可能であつたことが認められ、厚生省大臣官房統計調査部の統計によると、神奈川県下における昭和37年度の女子の平均初婚年令（挙式時のもの）は、25年であり、成立に争いのない甲第8号証の1によれば、昭和40年4月におけるわが国全企業の女子労働者の平均年令は28.1年、平均勤続年数は3.9年であることが認められるから、被控訴人らの前記家庭事情からして、Aは本件事故がなかつたならば、昭和52年3月高等学校を卒業し、同年4月から前記平均初婚年令25年に達する昭和58年11月まで就職し、結婚と同時に離職するものと認めるのが相当であり、成立に争いのない甲第8号証の2によれば、昭

〈2-3〉逸失利益

和40年4月におけるわが国全企業の女子労働者の1ケ月の平均給与は，18年の者の初任給1万5,100円，勤続1年の19年の者金1万6,400円，勤続2年の20年の者金1万7,900円，勤続3年，4年の21年ないし22年の者金1万8,700円，勤続5年，6年の23年ないし24年の者金1万9,400円であり，一方Aの必要経費の支出についてみるに，同女は結婚までは両親と生活を共にし，少くとも住居費及び光熱費等は負担しないと考えるのが相当であり，成立に争いのない甲第9号証によれば，昭和39年度における全国平均1ケ月の消費支出は，4.28人の世帯人員の場合食料費は1万8,139円，被服費は金5,683円，雑費は金1万7,138円であることが認められるので，1人当りの右費用は金1万443円となり，従ってAは右の統計を基準にすると高等学校卒業後年令25年で結婚するまで別表記載の純益を得ることができたものと認むべく，この純益を同女の死亡時に一時に請求する場合，その額はホフマン方式により年5分の中間利息を控除して計算すると別表記載のとおり金34万772円（円位未満四捨五入）となり，これが，Aの本件事故により控訴会社に賠償を求め得る得べかりし利益の喪失であり，被控訴人らはAの両親としてその半額金17万386円宛の損害賠償請求権を相続により取得したこととなる。」（中略）「次に本件事故発生についての被害者側の過失についてみるに，さきに認定したように本件事故はAが横断歩道を歩行中に惹起したものであり，しかも当時横断歩道を挟む道路の両側には，加害車以外の車が一時停止していたのであるから，Aが右横断歩道を横断したについてはなんらとがめるべきものはなく，従って被害者Aには過失はなかつたものというべきである。」

＊東京高判昭和44・10・8交民集2巻5号1434頁……交通事故により死亡したA（6歳・女）について，「香典返し」の法的性質にも言及した上で，その逸失利益を女子労働者の平均給与額によって算定。

【判　旨】

「香奠返しのごとき費用は本来喪主等において任意負担すべきものであって，加害者等に賠償させるべき筋合いのものではないから（なんとなれば，香奠は元来損失補償の趣旨をもって供与されるものではなく，従って損益相殺にいう益の概念に該当せず，香奠返しは香奠に対応する概念として，香奠に対する返礼の意味をもち，香奠の額を超えない範囲内において香奠供与者に提供されるのが常例であって，およそ損益の概念をもって律すべき性格のものではないといえるからである。）右支出をもって被控訴人Bの損害とすることはでき」ない。（中略）「本件事故により死亡したAが死亡当時満6歳の女児であったことは当事者間に争いがなく，厚生省発表の生命表によれば，同女は統計上本件事故後なお60年余の余命年数を有するものと認められる。そこで，同女が本件事故によって生命を侵害されなかったならば，将来成長して稼働可能年齢に達したのち収入を得たであろうと解すべきか否か，仮りに収入を得たであろうとしてその額をいかに算定すべきかにつき按ずるに，〈証拠〉によれば，Aの父被控訴人BはM大学を卒業して鉄工業を経営しており，純益として1カ月約30万円を得ていること，Aの母被控訴人C（以下被控訴人Bという）は高校を卒業していること，被控訴人両名は健康で親族には長命者もあること，被控訴人ら夫妻の子は，本件事故当時はAとその弟1名で，本件事故後さらに男子1名が出生していること，Aは，生前，その身体になんらの障害がなかつたもので，将来ピアノ奏者となる希望を表明し，被控訴人らはAに短大卒業程度の教育を施し音楽教師にさせる意向であったこと，以上の諸事実が認められるが，Aが死亡当時満6歳に過ぎなかったことに徴すると，右認定の諸事実のうち，同女がその身体になんらの障害のなかつた女児であること以外は，同女の将来を予測するに役立つ資料たり得ないものといわなければならない。しかし，かように将来における収入の有無，収入源の種類，収入の額等の具体的予測が不可能である故をもって，得べかりし利益を算定不能とすることは一般人の素朴な法感情に反し，損失の公平な負担を窮極の目的とする損害賠償制度の理念にも合致しないというべきであり一方女子の労働力人口比率（15歳以上の女子人口に対する女子労働力人口の割合）は昭和41年度において50.9パーセント（総理府統計局編・日本統計月報による。），また，同年度における女子就業者中有配偶者の占める割合は57.3パーセントであること（労働省婦人少年局編婦人労働の実情1966年版による。），しかも右の各比率は年々増大しつつあり，将来ますます増大はしても減少はしないものと予想される態勢にあることに鑑みると，本件の場合Aが将来稼働可能年齢に達したとき，なんらかの労働に従事してこれによる収入を収得すべかりしものとするのを相当とする。そして，Aの就業期間及び収入額を左右することを予測させるに足る特段の事情が認められない以上，同女の労働可能期間は少くとも満20歳から55歳までとするのを相当とすべく，またその取得すべかりし収入は，わが国の女子労働者の平均月間給与額によって算定するのが相当である。（中略）そして，収入の増大に伴い収入を得るのに必要な経費も増大するのを通例とするから，労働可能期間を通じ，Aが収入を得るに必要な生活費として支出する割合は全収入の6割とみるのが相当である。」

＊東京高判昭和46・3・30判時629号64頁……交通事故死亡被害者A（9歳・女・小学生）の逸失利益を高校卒で就職するとして計算（過失相殺2割）。

【判　旨】

〈第2章〉生命侵害と財産的損害の賠償請求

「第12回生命表によれば，満9才の女子の平均余命は65.60年であることが当裁判所に顕著であるから，亡Aの稼働期間は20才から満60才であると認定する。（中略）昭和43年度の東京都における高等学校への進学率は公立中学校の卒業者だけでも90.3パーセントで9割をこえ，昭和44年度の全国平均では女子の進学率が僅かながら男子の進学率を上廻っていること，第1審原告両名も亡Aを将来は高等学校に入学させるつもりでいたことを認めることができる。この事実によれば，亡Aが将来高等学校に進学し卒業したであろう蓋然性は極めて高いものといわなければならない。したがって，前記認定の稼働期間内における収入の算定についても，亡Aが高等学校を卒業したものとして取り扱うのが相当である。

3，現在の社会経済状況によれば，女子の職場進出は今後盛んになることはあっても衰えることはないだろうということは十分に予測できることであるから，亡Aは控え目にみても，成立に争いのない甲第5号証の1，2（労働省労働統計調査部作成の賃金センサス「賃金構造基本統計調査」）記載の企業規模10人以上（1,000人未満）の中小企業に就職したであろう蓋然性が高いと認めるのが相当である。（中略）第1審原告らは，前記の稼働期間内における収入の算定にあたっては，将来の昇給および退職金をも考慮すべきであると主張する。

被害者が死亡当時すでに就職し一定の収入を取得している場合には，死亡の前月に受けた給与の額を基準とし，死亡後の一定期間は，同一企業に勤務する被害者と同程度の学歴，能力を有する者の毎年の現実の昇給と同一の割合で逐次昇給する蓋然性が高いし，また，それ以後も一定の年令に達するまでは死亡後の一定期間の昇給額の平均値の割合で昇給を続け，さらには退職時に前記昇給額を基準とした退職金を取得する蓋然性が高いのであるから，このような場合には，被害者の逸失利益の算定にあたり将来の昇給ないし退職金の額をも考慮することが，あるいは許されるかも知れない。しかしながら，本件事案においては，前記と異なり，被害者亡Aは死亡当時いまだ満9才の少女であって，将来いかなる職業につくか，またどのような企業に就職するかについても，全く見通しすらつかない情況にあるのである。したがって，被害者が死亡当時すでに就職している前記の場合と異なり，本件においては，前記のような蓋然性をもって将来の昇給率を予測し退職金および賞与等の特別給与の額を予測することは到底不可能であるといわなければならない。第1審原告等は将来の昇給率ないし退職金の額を算定すべき資料として《証拠略》を提出しているが，これらの資料によって亡Aの将来の昇給率ないし退職金の額を蓋然性をもって予測することは，到底できない。

以上の理由により，当裁判所は，亡Aの逸失利益の算定については，将来の昇給率ないし退職金・賞与等の額を考慮すべきではないと考える。

5，第1審被告らは，本件逸失利益の損害賠償請求権を取得した第1審原告両名は，他面において，亡Aの死亡により，同女が収入を取得するにいたるまでの養育費教育費等の支出を免れて利得をしているから，損益相殺の法理により，亡Aの逸失利益を算定するにあたっては前記の養育費教育費等を控除すべきであると主張する。

しかしながら，損益相殺により差し引かれるべき利得は，被害者本人につき生じたものでなければならないと解されるところ，本件逸失利益の損害賠償請求権は被害者亡英子本人について発生したものであり，第1審被告ら主張の前記利得は被害者本人について生じたものでないことが明らかであるから，本件逸失利益の算定にあたりこれを差し引くべきいわれはない。のみならず，一般社会感情，国民感情からみても，死亡した実子の逸失利益を算定するに際し前記の養育費教育費等を控除すべきであると解するのは相当でないから，第1審被告らの前記主張は採用のかぎりではない。

6，亡Aは満20才から60才までの間前記認定3の収入を得たものと認められるところ，同女の生活費は右収入の5割と認めるのが相当であるから，これを控除して計算すると，別紙統計表（1）のとおり，同女の満20才から24才までの各1年間の純収入は67万2,000円，25才から29才までのそれは76万8,000円，30才から34までのそれは81万9,000円，35才から39才までのそれは89万1,000円，40才から49才までのそれは193万8,000円，50才から59才までのそれは215万4,000円，60才の1年間の純収入は18万7,800円となる。そして，11年後から51年後までの前記各年間宛の純収入から年毎に年5分の中間利息をホフマン式計算法により控除して死亡時における現価を求めると（中略）金297万7,620円となる。

よって，当裁判所は，これに前記認定の過失割合を斟酌し，亡Aが本件事故により取得した逸失利益の損害賠償請求権の額は238万2,096円であると認定する。」
＊高松高判昭和49・11・27判時764号49頁，判タ318号255頁……小学校の児童間の傷害事故でのA（11歳・男。小学生）の逸失利益（生存事例）。

【判　旨】

「1審原告Aは，本件事故による受傷をしなければ，18才から45年間に亘り，年間少なくとも金37万6,700円を下らない収入を得られたものと推認される。ところが，《証拠略》によれば，1審原告Aは，本件事故のため左眼角膜腐蝕，瞼球癒着の傷害を受け，そのために左眼の視力が0.01に低下し，この視力は将来も回復する見込がなく，その点後遺症として残ることが認

〈2-3〉逸失利益

められ，右認定を左右するに足る証拠はない。そして一眼の視力が0.01の後遺障害は，労働基準法施行規則別表第2の第8級に該当し，その労働能力の喪失割合は，昭和32年7月2日付基発551号の労働省労働基準局長通達の労働能力喪失率表によれば，45パーセントであることが認められる。しかし，1審原告は，本件事故当時満11才の少年であったから，通常の成人に比し，環境に対する順応性に富み，左眼の視力は0.01となって，失明に近い状態になったけれども，将来就職する場合の職業の選択如何によっては，左眼の不自由な点はある程度克服し得ることは，経験則上明らかであって，現に，《証拠略》によれば，1審原告Aの父親である1審原告Bは，1審原告Aを，その左眼が失明に近い状態であっても，将来大して支障のない職業に就かせるよう心がけていることが認められるし，また，《証拠略》によれば，1審原告Aは，本件事故後，長時間の勉強をしなければならないときには，左眼の視力が0.01であることに多少の不便不自由を感じているけれども，それ以外の通常の日常生活は従前と大差なく送っており，現に，昭和49年4月には，高校の普通科に進学していることが認められる。しかして，以上の諸事実からすれば，1審原告Aの左眼の視力が0.01となったための労働能力の喪失割合は，30パーセントと認めるのが相当であるところ，右労働能力を30パーセント失ったことによる1審原告Aの前記稼働可能期間中の逸失利益の現在価額をホフマン方式により年5分の中間利息を控除して計算すると，その額は，金219万900円となる。」

＊大阪高判昭和56・5・29交民集18巻2号304頁……信号機に瑕疵があった交差点上での交通事故で死亡したA（68歳・男。鉄工業経営）の逸失利益をあと5年間就労可能として算定。

【判　旨】

「加害車及び被害者はいずれも信号に従って本件交差点に進入したが，本件信号機に前説示のとおりの瑕疵があったため，加害車が被害者に衝突し本件事故が発生したもので，その間に相当因果関係が存在すると認めるのが相当である。

右認定事実に基づいて亡Aの逸失利益を考えるに，本件事故当時における年間営業収益は，他に反証がない本件においては，前記課税総所得金額の金312万7,773円を下らないと推認できるところ，およそ個人企業の営業主が生命を侵害されたことによる逸失利益は，原則として，営業収益中に占める営業主の労務その他企業に対する個人的寄与に基づく収益部分の割合によって算定すべきであり，営業主の死亡により廃業のやむなきに至った場合等特段の事情の存しない限り，営業主生存中の従前の収益の全部が営業主の右労務等によってのみ取得されていたとみることはできず，営業主の死亡にかかわらず企業そのものが存続し，収益を挙げているときは，従前の営業収益の全部が営業主の右労務等によってのみ取得されたものではないと推定するのが相当である（最高裁判所昭和43年8月2日判決・民集22巻8号1525頁）。

そうすると，特段の事情がない以上，控訴人ら主張のように前記営業収益の全部が亡Aの個人的寄与に基づくものではないといわざるをえないが，（1）亡Aは事故時まで35年余にわたって右営業に従事してきたこと，（2）その業種は肉体的労働を主体とする鉄工業であること，（3）業態は従業員（亡A生存中の従業員の数について確証はないが，前認定事実からすると，10人前後ではないかと推認される。）を雇用し妻とともに自宅で営業する家内工業であること。（4）亡A死亡後の営業継続については，控訴人金子の努力，力量もさることながら，亡夫の生存中に形成された右営業の物的・人的設備，信用，のれん等に負うところが大きいと考えられること，その他前記諸般の事情を併せ考えると，亡Aの個人的寄与に基づく収益部分は全体の7割5分であったものと認めるのが相当であるから，同人が本件事故で死亡したことにより失った営業上の収益は金234万5,829円（円未満切捨。以下同じ。）となる。

そして当裁判所に顕著な厚生省簡易生命表による68歳男子の平均余命は11.42年であるから，事故当時の亡常雄の健康状態，職業等からすると，同人は本件事故に遭わなければ，右余命の範囲内で控訴人ら主張のとおり事故後5年間は事故当時と同等の就労が可能であったものと推認することができ，また亡常雄の年齢，家族構成に照らすと，生活費として控除すべき金額の収入に対する割合は，控訴人ら主張のとおり35パーセントと認めるのが相当である。そこで以上の事実に基づき，亡常雄の得べかりし利益の事故時における現在価額をホフマン式計算によって算出すると，（中略）金665万4,178円となる。」

＊名古屋高判昭和56・10・14交民集14巻5号1023頁……幅員2メートルの路地で普通貨物自動車に轢かれて死亡したA（2歳・女）の逸失利益の算定につき，男女間格差を慰謝料額で補完すべきとの原告の主張を否定した事例。

【判　旨】

「控訴人らは，女児の逸失利益と男児の逸失利益との間に格差があることは合理性があるとはいえないから，慰謝料額でもって右格差を補完すべきである旨主張する。しかしながら，逸失利益の損害賠償は被害者が将来得たであろう収入が補塡せんとするものであるから，その算定当時における諸事情を基礎にできるだけ合理的に算出すべきである。従って，男女間に不合理な要素による差別（例えば就労可能年数で不当に差

別したり、同種同等の職種につきその収入に不当な差別を設けたりする等）を認めることは許されないが、現実の実態として統計上男女の収入に格差が認められ、右格差をもたらす要因が一概に不当なものとはいえないこと、右格差が将来縮小されるか否、又縮小されるとしてもその巾如何を現在合理的に推認しうる資料も存しないこと等に照らすと、右格差を無視して女児の逸失利益を算定することは、かえつて不合理な結果を招来するものであり首肯しがたいところである。それゆえ、慰謝料の額をもつて右男女格差を是正するのは、逆に慰謝料額の算定につき男女差を設けることになりかねないというべきであつて、いずれにせよ控訴人らの右主張は採用することができない。」

＊東京高判平成1・3・29交民集22巻2号308頁……車同士の衝突交通事故で死亡したA（20歳・男。私大工学部3年生）の逸失利益をライプニッツ方式で算定した事例。

【判　旨】

「Aは、本件事故当時満20歳9か月の健康な男性で、N大工学部3年生であつたことが認められるので、本件事故により死亡しなければ、同大学卒業後満22歳から67歳に達するまでの45年間稼働可能であり、その間、昭和58年度の賃金センサス第1巻第1表に掲げる企業規模計及び産業計の新制大学卒男子労働者の全年齢平均給与額（月額金29万1,000円、特別給与額年額金123万1,900円、合計年額金472万3,900円）を下廻らない額の収入を得られたものと推認されるから、これから生活費として収入の無い学生について一般に相当とされている5割（本件において特に4割とすべき合理的理由は認められない。）を控除することとし、さらに右のような全年齢全平均給与額を基準として中間利息を控除して逸失利益を算出する場合には、ライプニッツ係数を用いるのが一般的には相当とされているので、この方式により同人の逸失利益の現価格を算定すると、その合計額は金3,807万8,425円となる」。

＊福岡高判昭和57・6・14交民集15巻3号603頁……ダンプカーを運転中にバスと衝突して死亡した被害者A（23歳・男。会社員（ダンプカー運転手））の死亡による逸失利益について定期昇給を前提とした算定を否定した事例（過失相殺2割）。

【判　旨】

「被害者Aは、本件事故当時満23歳に達していた健康な男子であつて、妻である被控訴人B、長女である被控訴人Cの両名と生計をともにしていたこと（中略）、Aは昭和51年頃から3年間程長崎市所在の西彼酒類卸小売協同組合に自動車運転手として勤務し昭和53年には年間168万9,500円の給与所得をえていたが、より高額の給与をうる目的で、昭和54年3月12日から長崎県西彼杵郡時津町所在の有限会社Tにダンプカーの運転手として就職し、同年4月は16万2,340円、5月は14万8,666円、6月は14万4,112円の給与の支給を受けていたことが認められ、右認定を覆すに足る証拠はない。甲第18号証中には、有限会社Tにおいては、従業員に対し年2回（8月及び12月）に亘り勤務年限に応じた賞与を支給する規定が定められていた旨の記載がなされているけれども、成立に争いのない乙第3、第4号証、第5号証の1ないし31に照らすと、右甲第18号証をもつてにわかに同社において年2回賞与を支給する規定が定められ実施されていたことを認めさせる証拠とはなし難く、他にAが前記の給与の支給に加えて更に賞与の支給を受けることのできる法令または契約上の地位を有していたことを肯認するに足る証拠はない。

したがつて、Aの死亡当時の年間所得額は前示の昭和54年4月から6月まで3か月間の給与合計額45万5,118円の4倍の額である182万472円と認めるが相当である。

しかして、Aについては、その死亡時の年齢、家族構成等に照らし、67歳まで44年間就労し同額の収入をうることが可能であつたものとし、同人の生活費として3割5分を控除してその逸失利益を算定するのが相当であるので、ホフマン式により年5分の割合による中間利息を控除してその現価を求めれば、（中略）2,712万5,000円となる。

なお、甲第19号証中には、有限会社Tにおいては、従業員に対し毎年1回1月分より年1割の割合により定期昇給させる旨昇給規定が定められていた旨の記載があるけれども、（中略）右甲第19号証をもつて同社において同記載のとおりの昇給規定が定められていたことを肯認できる証拠とはなし難く、他にAがその給与について定期昇給を受けうる法令または契約上の地位を有していたことを肯認するに足る証拠はない。そうすると、本件の場合、Aの将来における就労可能年数の期間中、一定の回数および数額をもつて一定の昇給がなされることを、相当の確かさをもつて推定できる場合とはいえないから、右昇給を理由とする得べかりし利益の主張は採用できない。

なお、被控訴人らは、Aについてその逸失利益を算出するについては、昭和55年度賃金センサス全企業規模計、全年令平均年間給与額340万8,800円に5パーセントのベースアップ分を加味した357万9,240円を基礎として算出すべき旨主張するので、付言するに、前判示のとおり本件においてはAの死亡当時における現実の所得額が明らかであるから、これを基礎としてその逸失利益額を算出するのが相当であると考えられ、被控訴人らの右主張は採用することはできない。」

＊東京高判昭和61・3・26判タ612号118頁……父親の

## 〈2-3〉逸失利益

経営する会社に将来は入社する予定だった大学生A（21歳・男。大学工学部4年生）の交通事故死と逸失利益。

【判旨】

「Aは、将来控訴人Cと協力して控訴人Bの事業を受け継ぐため大学の工学部電子工学科に入学し、コンピュータ部門を専攻していたものであつて、大学卒業と同時に控訴人B経営の企業に技術者として入社することが既定の事実となつていた。

（4）一方、控訴人Bは、Aの入社後早ければ5年、遅くとも10年位のうちに企業経営者としての地位を控訴人C及びAの両名に譲り、自らは控訴人Dと共に取締役を退任して隠棲する方針であつて、Aの技術知識を生かすため昭和57年秋ごろから製造分野を従来の音響部門から逐次コンピューター部門に切り替えたが、Aが死亡したため、T電子工業株式会社以外の3社はその後再び音響部門に復帰した。

（5）控訴人Bの経営する企業の昭和48年度から昭和59年度（営業年度は各社とも毎年3月1日に始まり翌年2月末日に終わる。）における営業成績は別表第1掲記のとおりであり、控訴人B及び控訴人Dが昭和48年から昭和59年にかけてこれら各社から支給を受けた役員報酬の合計額は別表第2掲記のとおりである。

以上のように認められるのであるが、控訴人B及び同Dは、Aの入社後11年以降の分の年収は1,000万円を下らない旨主張するので、その当否について考えると、別表第1によつて明らかなように、控訴人Bの経営する企業が、特に良好な経営状態にあるとまではいえないとしても、競争激烈な電子機器製造業界にあつて、控訴人B夫妻に対し別表第2掲記の役員報酬を支払つても経営の破綻を来さない程度の業績を挙げてきたことは、経営者である控訴人Bの個人的な才幹と手腕に負うところが多大であると推認されるところ、控訴人Cは控訴人Bを補佐し社長見習として研さん中であるが、控訴人Cの経営上の才幹、手腕がどの程度のものであるかを窺知し得る証拠は見当たらず、ましてAの会社経営者としての能力は一切未知数である。

このことと、電子機器産業が貿易事情その他の要因による景気変動の影響を受けやすく、好況時と不況時における業績の較差が著しい業種であることを併せ考えると、Aの入社後遅くとも10年以内に控訴人CとAの両名が控訴人Bから企業経営者の地位を譲られたとしても、それ以後前記各社がどの程度の収益を挙げることができるか、また、同人らに対し合計2,000万円以上の役員報酬を支払うことが可能であるかどうかを前示認定の諸事実から推測することは、ほとんど不可能というほかはなく、結局、前示認定の諸事実によつては、Aが入社後遅くとも10年を経過した後は役員報酬として毎年1,000万円を下らない収入を得るであろうことを現段階において相当程度の蓋然性をもつて予測することはできないものというべきであり、他に控訴人B及び同Dの前示主張を肯認するに足りる証拠はないので、右主張は採用し難い。してみると、Aの逸失利益の算定は賃金統計を基礎として行うのが相当である。

昭和58年賃金センサス産業計・企業規模計・男子労働者旧大・新大卒の平均年収は472万3,900円であるところ、Aは大学卒業時の22歳から67歳まで45年間稼働し得るものと考えられるので、生活費控除割合を5割とし、ライプニッツ方式により年5分の割合による中間利息を控除して同人の将来の得べかりし利益の本件事故当時における現価を計算すると、（中略）3,998万2,381円となる。」

＊高松高判平成1・1・23交民集24巻6号1348頁……居眠り運転のY車が中央線をはみ出して走行したため衝突・死亡したA（27歳・男。地方放送会社勤務）の逸失利益（定年までは大卒男子労働者の平均賃金として新ホフマン方式で中間利息を控除して算定（上告審の最二小判平成3・11・8で棄却・確定）。

【判旨】

「S放送は、従業員80余名の優良企業であり、従業員の定年は役員を除き57歳であること、従来からS放送の給与は民間企業全体の水準より高く、これは昭和61年度における賃金センサスとS放送における平均賃金、モデル支給額、賃金支給の具体例からも窺えること、同年度におけるS放送の平均給与額は557万1,378円であることが認められ、右認定に反する証拠はない。

ところで、右平均給与額は、その調査の対象となる従業員の数が少ないため、その年度における従業員の年齢構成等によつてその数値が変動し易いことなどからみて、これを亡Aの逸失利益の算定の基準とすることは適当でなく、前記認定のとおり、S放送の給与は民間企業全体の水準より高いことからみて、同人は、事故当時から57歳の定年までの30年間は、少なくとも賃金センサス男子労働者、旧大・新大卒、企業規模計の平均給与を、定年後67歳までの10年間は、同60歳ないし64歳の平均給与を得べかりしであつたものと推認できるので、これらによるべきであり、生活費は、同人が独身であつたことにより、給与額の50パーセントとすべきである。

右生活費の控除につき、控訴人らは本件被害者は独身であつたとはいえ、既に27歳で婚姻を間近にし、一家の支柱となることが確実視されていたものであるから右控除率は40パーセントが相当である旨主張する。しかし、仮に本件被害者について右事情があつたとしても、いまだ婚姻が現実となつていない以上、右婚姻を前提として生活費の控除率を定めるものは相当でない。

〈第2章〉生命侵害と財産的損害の賠償請求

そして，賃金センサスは，本件事故時である昭和62年度のものによることにする（なお，原判決は，亡Aの逸失利益の算定にあたり，事故前の年収額（338万2,391円）を基準としている。S放送における同人の将来の昇給について，その具体的時期，金額等を確定することは困難であるが，昇給自体は確実であり，かつ，S放送の給与水準が前記のようなものであることからみて，逸失利益算定の基準を事故前の年収額とすることは相当でない。）そうすると，亡Aの逸失利益は，5,979万4,070円となる。」

＊高松高判平成1・12・25交民集24巻6号1363頁……交通事故死亡被害者A（21歳・男。大学1年生）の逸失利益につき，新大卒25歳〜29歳の平均賃金を基礎に新ホフマン方式により算定（最三小判平成3・11・19裁判集民163号487頁で被告に過失はなかったとして，この原判決を最高裁が破棄自判）。

【判　旨】

「Aは本件事故当時21歳9か月で，原審控訴人B本人尋問の結果によると，本件事故当時O理科大学1年であつたことが認められ，約3年後の平成元年3月大学を卒業し就職できたものとみて，就労可能年数は右就職時から67歳まで42年，その収入は就職可能時に近い昭和63年度賃金センサス第1巻第1表新大卒25−29歳368万8,600円，生計費は実額統計値をも考慮し40パーセントを控除し，新ホフマン方式により中間利息を控除後の現在額は4,536万9,116円（中略）となる。」

＊東京高判平成4・12・18高民集45巻3号212頁，判時1445号3頁，判タ807号78頁……予防接種による死亡および傷害事故につき事故回避措置について厚生大臣側の過失を認め，国に国賠法上の責任を肯定（A，B，Cの3ランクの生存被害児にも逸失利益を認めたが，以下の判旨では，本書の目的上，死亡被害児の算定基準のみを紹介する。東京予防接種禍集団訴訟控訴審判決）。

【判　旨】

「死亡した各被害児が，本件各接種によって本件各事故にあわなければ，18歳から67歳までの49年間就労できたはずである。

そして，それぞれ18歳時から本件口頭弁論終結時である平成4年における満年齢時までについては，毎年，それぞれの18歳時の年の賃金センサスの第1巻第1表の産業計，企業規模計，学歴計の男女別全年齢労働者平均賃金と平成2年賃金センサスの第1巻第1表の産業計，企業規模計，学歴計の男女別全年齢労働者平均賃金とを平均した額程度の収入を取得することができたにもかかわらず，これを喪失したものと推認し，右額を基礎として，生活費控除を男子5割，女子3割とし，ライプニッツ式計算法により後記遅延損害金の起算日である本件各接種時点までの年5分の割合による中間利息を控除して，右期間の得べかりし利益の喪失額の現価を求めることとする。

また，右時点以降満67歳時までは，平成2年賃金センサス第1巻第1表の産業計，企業規模計，学歴計の男女別全年齢労働者平均賃金程度の収入を取得できたにもかかわらず，これを喪失したものと推認し，右額を基礎として，生活費控除を男子5割，女子3割とし，ライプニッツ式計算法により後記遅延損害金の起算日である本件各接種時点までの年5分の割合による中間利息を控除して，右期間の得べかりし利益の喪失額の現価を求めることとする。」

＊広島高判平成6・3・16判時1503号74頁，判タ857号235頁……市立中学校の柔道部の練習中に上級生に技をかけられて頭部から転倒し，死にも比肩すべき脳の器質変化による精神障害を負ったA（13歳・男。中学1年生）の逸失利益。市の安全配慮義務違反を認定（生存事例）。

【判　旨】

「控訴人Aは，本件事故当時，13歳の健康な男子であったところ，本件事故により，前記認定のとおり日本体育・学校健康センター法施行規則別表の障害等級第3級の認定を受けており，労働能力を100パーセント喪失したと認められる。

そうすると，控訴人Aは，高校卒業予定の18歳から67歳までの49年間就労可能であったというべきであり，昭和62年度の男子労働者の新高卒者の平均年収は賃金センサスによると420万9,100円であるので，ライプニッツ係数（67歳から13歳を引いた54年の係数から，18歳から13歳を引いた5年の係数を控除する。）を用いて中間利息を控除すると，同控訴人の本件事故当時における逸失利益の現価は，（中略）5,991万9,484円（1円未満切捨て。）となる。」

＊東京高判平成7・7・18交民集28巻4号974頁……小雨の降る深夜に酩酊して路上に寝ていたA（18歳・男。専門学校生）が在日米軍のY運転の車に轢かれて死亡した事故でのAの逸失利益（過失相殺5割）。

【判　旨】

1審判決（東京地判平成6・9・29）の「Aの逸失利益は賃金センサス平成2年第1巻第1表による産業計高卒男子労働者全年齢の平均年収480万1,300円を基礎として算定するのが相当であると思料されるから，右金額を基礎に，ライプニッツ方式により年5分の中間利息を控除して，同人の逸失利益の現価を計算すると，次の計算式のとおり4,133万550円（円未満切捨て）となる。」をそのまま認容。

＊福岡高判平成8・9・12判時1597号90頁……病院職員Yが担当医師Zの指示と異なる薬を勧め，催奇性の

## 〈2-3〉逸失利益

ある抗がん剤を妊婦Bが服用し，その結果と推認される先天性障害が胎児A（0歳・男）に生じた場合の逸失利益（生存事例）。
【判旨】
「控訴人Aの障害の程度は，成長して通常ならば就労可能といわれる満18歳に達しても，労働能力はまったくなく，その後の改善も見込まれないということができる。そこで，次の資料に基づきその逸失利益を算定する。
　イ　年収　422万8,100円
　但し，昭和60年度賃金センサス第1巻第1表・産業計，企業規模計，学歴計の男子全年齢平均賃金額
　ロ　就労可能年数　18歳から67歳
　ハ　中間利息控除　ライプニッツ式採用
　18歳の係数　11.6895
　67歳の係数　19.2390
　ニ　計算式
　422万8,100円×（19.2390－11.6895）＝3,192万40円」。

＊大阪高判平成8・12・12判時1603号76頁……未熟児で生まれた新生児A（0歳・女）に医師の過失により核黄疸による脳性麻痺の後遺症が残った場合の逸失利益。死にも比肩すべきと認定（生存事例）。
【判旨】
「控訴人Aは，核黄疸による脳性麻痺の後遺症により，強度の四肢の運動機能障害が存し，筋緊張が強く，不随意運動もあるため，日常生活に必要な動作が一切できないことが認められ，右認定事実によれば，控訴人Aは，その生涯を通じて労働能力を100パーセント喪失したものと認められる。
　そして，前記認定のとおり，控訴人Aは，昭和48年9月20日に出生した女性であるが，昭和48年簡易生命表の同性，同年代（生後1か月）の者の平均余命が76.42歳であること（当裁判所に顕著な事実）から，同控訴人は，少なくとも18歳から67歳に達するまでの49年間稼働することができるものと推認することができ，また，労働省（統計情報部）発行の昭和48年度賃金センサス第1巻第1表産業計学歴計女子労働者の全年齢平均の年間給与額が金87万1,800円であること（当裁判所に顕著な事実）から，控訴人Aは，右稼働期間中の労働により右金額程度の収入を得ることができたものと推認することができる。
　したがって，これらの数値を前提にして，新ホフマン方式を用い年5パーセントの中間利息を控除して，控訴人Aの後遺症発生時である昭和48年当時の同控訴人の逸失利益の現価を計算すると，（中略）金1,431万4,258円となる。」

＊東京高判平成10・6・24交民集31巻3号642頁……エンストした軽四貨物車を後部からA・B・Cの3人で押していたところ，後続の大型貨物車が激突して，A・B夫婦（46歳・男。34歳・女。ともにパブスナックを経営。9歳の娘Cと6歳の息子Dあり）が死亡した事故でのA・Bの逸失利益。
【判旨】
「Aは（中略）事故当時満46歳。今後21年間稼動可能であり，当時パブスナックを経営し，昭和63年度の取得は，Bの専従者給与を加え（Bの収入としては後記のとおり家事労働分のみを評価），364万7,993円であった（中略）。生活費控除を30パーセントとして逸失利益を計算すると，3,273万9,642円となる。Aの平成2年の所得は明らかでないが，産業計・企業規模計・学歴計の45〜49歳の男子労働者の平均年間給与額が685万円余であることを考慮すると，右の所得額によって算定することが相当である。」（中略）「Bは（中略）事故当時満34歳（甲1）。今後33年間稼動可能で，夫Aの経営するパブスナックを手伝いながら，C及びDを養育し，家事労働にも従事していた。そこで，平成5年賃金センサス第1巻第1表・産業計・企業規模計・女子労働者学歴計・全年齢平均の年収額296万300円を基礎に，生活費控除を40パーセントとして逸失利益を計算すると，2,842万4,208円となる。」

＊仙台高判平成10・8・5判時1678号91頁……先天性の水頭症の治療を受けていたA（2歳・男）が病院側の過失により著しい弱視の後遺障害を負い，死にも比肩すべきと認定された医療事故の逸失利益（生存事例）。
【判旨】
「逸失利益　4,372万3,127円。就労開始年齢を満18年，稼動終期年齢満67年，本件事故時年齢満2年とし，就労を開始しうべき平成7年における賃金センサスによる産業計・企業規模計・男子労働者学歴高卒の年間給与額525万3,100円を基礎とし，ライプニッツ係数を，65年係数19.1610から16年の係数10.8377を差し引いた8.3233として算出。」

＊大阪高判平成10・10・22判時1695号87頁……医療事故で死亡したA（34歳・女。主婦）の逸失利益。
【判旨】
「Aは，死亡当時34歳で，本件事故がなければ67歳までの33年間家事労働に従事することができたものであり，これを平成元年度賃金センサス「産業計・企業規模計・女子労働者・学歴計34歳」の給与額を基礎として右期間中のAの生活費として40パーセントを控除し（前記説示によれば，Aは，死亡当時，必ずしも完全な健康体ではなかったことが窺われるから，通常の健康な主婦に比較して若干多めに生活費を控除することとする。），新ホフマン係数により中間利息を控除して逸失利益を計算すると，3,379万円（1万円未満切

〈第2章〉生命侵害と財産的損害の賠償請求

\*東京高判平成13・1・31交民集34巻1号1頁……交通事故死亡被害者A（9歳・女。小学4年生）の逸失利益（過失相殺2割）。

【判　旨】

「逸失利益　335万1,500円×（1－0.3）×（18.8195－7.1078）＝2,747万6,233円（円未満切捨て。以下同様。）

　ア　基礎年収　335万1,500円

　被控訴人らは，基礎年収を平成10年賃金センサスによる産業計・企業規模計・学歴計の全労働者の平均年収の額である503万900円とすべきである旨主張する。しかしながら，証拠（甲13）及び弁論の全趣旨によれば，Aは本件事故当時小学校4年に在学する9歳の女性であることが認められるのであるから，Aの死亡による逸失利益の算定に当たっては，基礎年収を賃金センサス平成8年第1巻第1表女子労働者産業計・学歴計・全年齢計平均の額である335万1,500円とすることが相当であって，被控訴人らの前記主張は失当であり，他に被控訴人らの前記主張を認めるに足りる証拠はない。

　イ　生活費控除　30パーセント

　ウ　中間利息控除の率及び方式　年5パーセントの割合によるライプニッツ方式

　被控訴人らは，中間利息控除の率は年4パーセントが相当である旨主張する。しかしながら，逸失利益の算定における中間利息の控除については，これを著しく不合理，不公平であるとすべき顕著な事由が存在しない限り，民法において定める年5分の法定利率によってするのが相当であると解すべきところ，我が国の金利動向は，昭和61年ころまでは長期間にわたり定期預金の年利率が年5パーセント前後の水準で推移してきたものの，最近の約10年間は顕著な低金利の状態が続いていることは公知の事実であるが，将来にわたりこのような状態が永続するものと判断することはできず，本件における逸失利益は50年間以上にわたる得べかりし収入に係るものであって，このような遠い将来にわたっての金利等の推移を的確に予測することはできないというほかなく，本件において，将来50年間以上にわたる中間利息の控除割合を現時点で民法の定める年5パーセントとすることが著しく不合理，不公平であるとする顕著な事由があると認めるに足りる証拠はない。この点に関する被控訴人らの主張は，独自の見解であって，採用することはできない。」

\*東京高判平成13・6・13交民集34巻3号562頁……交通事故被害者A（症状固定時30歳・男。）の重傷後に結果として死亡した場合の逸失利益。1審では後遺障害9級10号とされたが，実際は病院の診断通り2級程度の重さであるとした上で，その算定に当たり，中間利息の控除割合について，現在の低金利の状況下にあっても民事法定利率の年5％を採用するのが相当であると詳しく説明した上で，年3％とした1審判決を変更。

【判　旨】

「被控訴人らは，Aの後遺障害による逸失利益の額を算定するに際し，将来利益を得られるであろう時のその価格から控除されるべき中間利息の割合を，民事法定利率である年5％ではなく，これより減額した年3％にすべきであると主張するので，この中間利息の割合について検討する。

　後遺障害による逸失利益の請求については，定期金賠償の方法によるのでない限り，将来支払を受けるべき金員を現在請求するのであるから，これを現在の価格に換算する必要を生ずるが，現行の法体系上，金員は常に果実としての利息を生み得るものと観念されているので，損害賠償の基準時から将来利益を得られたであろう時までの利息相当額を控除する，すなわち，将来利益を得られたであろう時のその価格から中間利息を控除するという方法でこの換算が行われているのである。そして，交通事故等による損害賠償請求訴訟の実務においては，将来の逸失利益の額を算定するのに，この控除すべき中間利息の割合を民事法定利率である年5％（民法404条）とする運用が定着している。

　ところで，我が国経済界の実際の金利動向は，全国銀行の貸出約定金利をみると，いわゆるバブル崩壊の後間もない平成4年ころまではほとんど年5％を上回っており，長期の定期預金金利をみても，平成4年ころまでは年5％台を維持しており，したがって，中間利息の割合を年5％とすることと現実の金利動向とが大きく食い違うことはなかったのであるが，バブル崩壊により，平成7年以降は，全国銀行の貸出約定金利は2％台で終始し，長期の定期預金金利も1％を下回るなど低金利の状況となっており，かつての高度成長の時期あるいはバブル景気の時期とバブル崩壊後とではその金利情勢が著しく異なる様相を呈しているものということができる。そうすると，現状では被害者が受け取った賠償金を現実に運用しても，その運用利率が年5％に達することは困難であるから，このような状況の下においては，この控除すべき中間利息の割合を民事法定利率である5％より引き下げるべきではないかとの疑問を生ずるところであり，そのような主張も十分理解し得るところである。

　しかし，民事法定利率の規定は，法律の規定に基づいて発生する利息，当事者間に利率に関する合意のない場合の利息，法定利率を超える利率の約定がされていない場合の遅延損害金などについて統一的に適用されるものであり，そのため，将来の請求権の現価評価に関する現行法の他の規定をみても，破産法46条5号，

〈2-3〉逸失利益

会社更生法114条，民事再生法87条1項1,2号（廃止前の和議法44条ノ2，44条ノ3も同様）などは，いずれも民事法定利率により将来の請求権の現価評価をするよう定めているのである。そうすると，現行法は，将来の請求権の現価評価に当たっては，法的安定及び統一的処理の見地から，一律に法定利率により中間利息の控除をすることが相当であると考えているものということができる。逸失利益の中間利息控除についての前記の訴訟実務も，このような趣旨によるものであって，その合理性を首肯し得ないものではない。

そして，その利率が年5％と定められたのは，民法制定当時のヨーロッパ各国及び我が国の一般的な貸付金利が5％であったことを踏まえて，金員の一般的な運用利率を長期的に展望したことによるものであり（法典調査会における穂積陳重政府委員の答弁を参照），金利動向の短期的な変動によって頻繁に利率を変更することが予定されているものではないが，法定利率と実際の金利情勢との著しい乖離が長期間継続することが見込まれる場合には，法定利率を変更することをも考慮されるべきである。しかし，そのためには民法404条の改正という立法上の手当がされる必要がある。

なお，仮に中間利息控除の割合を民事法定利率によらないとするならば，これを証拠により認定するほかないのであるが，中間利息を控除すべき期間が相当長期にわたる場合があることを考慮すると，この利率を算出することは極めて困難であり，また，事案によりその数値にばらつきがでることは，交通事故訴訟の統一的処理という見地からみても相当とは言い難い。

そうすると，交通事故被害者の逸失利益の算定における中間利息の控除割合については，従前の訴訟実務の大勢に従って民事法定利率を採用することが，交通事故訴訟の統一的処理という見地からも相当なのであって，本件における中間利息の控除も，民事法定利率である年5％によることが不相当であるということはできない。

なお，逸失利益の損害賠償を請求する被害者は，これを不満とするのであれば，一時金による賠償ではなく，中間利息の控除という問題を生じない定期金による賠償（民事訴訟法117条参照）を請求するという方法も採り得ることを付言する。」

＊東京高判平成13・6・27交民集34巻3号572頁……交通事故によって死亡したA（30歳・女。主婦）の逸失利益。

【判　旨】

「Aは，昭和37年12月2日生まれ（死亡時満30歳）の主婦であるから，賃金センサス平成5年第1巻第1表の女子労働者学歴計・企業規模計による年収357万3,900円を基礎とし，生活費控除割合を3割，満67歳に達するまでのライプニッツ係数16.7112により逸失利益を算定すると，Aの逸失利益は，4,180万6,910円（中略）となる。なお，被控訴人らは，AがHエンジニアリング株式会社においてキャドによる自動車の設計業務を行っていたことなどを理由として，Aの年収は，全労働者学歴計・企業規模計を基礎として算定すべきである旨主張するが，本件当時，Aは，同社を退職し専業主婦になっていたものである上，Aが，将来的に再就職することを考えていたとしても，その時期は被控訴人B及び被控訴人Cが小学校を卒業後というのであるから，現時点において，Aが再就職することが確実であると認めることはできず，結局，年収の算定に当たっては，女子労働者学歴計・企業規模計によるのが相当であるといわざるを得ない。

また，被控訴人らは，中間利息の控除につきライプニッツ係数を用いるのであれば，利率は年4パーセント以下とすべきである旨主張するが，中間利息の控除については，その時々の金利動向の高下にかかわらず，これを民法において定める年5分の法定利率によって行うことが長年にわたり定着しているところであり，これが不合理，不公平であるとすべき特段の事由が存しない限り，民法において定める年5分の法定利率により，中間利息を控除することは違法でないというべきところ，最近の我が国の金利動向が，著しい低金利の状態にあることを考慮しても，中間利息の控除割合を年5パーセントの割合によるものとすることが，不合理，不公平であるとすべき特段の事由が存するものとは認められないから，この点での被控訴人らの主張は，採用することができない。」

＊東京高判平成13・9・12判時1771号91頁……Y精神病院で睡眠鎮静剤の投与を受けた患者A（42歳・男。酒類等販売業配達）が急死した事故の逸失利益。

【判　旨】

「Aは，死亡当時，42歳の男子であり，家業である酒類等販売業に従事し，主として配達等をしていたものであるが，昭和49年ころから精神分裂病に罹患し，本件病院に過去5回入院し，今回が6回目の入院であり，今後とも治療を要する状態であったこと，平成7年の同人の給与支払額（Aの収入金額）は252万円として納税申告されていたことを認めることができ，他にこれを上回る収入があったことを認めるに足りる証拠はないから，Aの逸失利益の計算の基礎としての年収は252万円（なお，この額は，平成7年賃金センサスの男子労働者学歴計の年収額559万円の45％である。）と認めるのが相当である。そして，Aは，存命していれば67歳までの25年間は就労可能であったものというべきであるが，前記のように難治性の精神分裂病に罹患していたことにかんがみ，生活費として60％を控除し，中間利息の控除につきライプニッツ式計算法（ライプニッツ係数は14.0939）を用いて死亡時に

おけるAの逸失利益を算定すると，その合計額は，（中略）1,420万6,651円となる。」
＊名古屋高判平成14・10・31判タ1153号231頁……Y病院側が患者A（52歳・女。主婦）のくも膜下出血を発見できなかった結果，Aが死亡した事故の逸失利益。
【判　旨】
「Aは，死亡当時52歳であり，67歳に達するまでの15年間は家事労働に従事することが可能であり，その家事労働は，女子労働者の平均賃金額に等しいものと評価されるところ，Aの年収額は，348万2,000円と評価され（賃金センサス平成7年第1巻第1表産業計，企業規模計，学歴計，52歳の平均賃金）とし，生活費として3割を減じ，中間利息をライプニッツ方式により控除して金額を算出すると，（中略）逸失利益は2,529万9,000円（1,000円未満切捨）となる」。
＊東京高判平成15・2・13交民集36巻1号6頁……加害者Yの飲酒・大幅スピード違反等の悪質な交通事故により死亡したA（17歳・男。高校生）の逸失利益。
【判　旨】
「Aの高校第1学年時の成績は必ずしも優れたものではなかったものの，勉学，特に英語の勉強に対する意欲があり，家庭環境においても，大学へ進学するのを当然とする環境にあって，控訴人B及び控訴人Cは，Aが大学に進学することを希望し，Aも担任教員に大学進学の意思を明確にしていたのである。このような事情からすると，Aが本件事故により死亡しなければ，大学に進学していた蓋然性が高いということができる。したがって，Aの逸失利益の算定に当たっては，男子大学卒業者の全年齢平均年収額を基準とするのが相当である。
そうすると，Aは，大学卒業時の23歳から67歳までの44年間にわたって，賃金センサス・産業計・企業規模計・男子労働者・大卒・全年齢の平均年収である680万9,600円の収入を得ることができたものと推認することができる。そして，Aの死亡時の生活状況によれば，その生活費として50パーセントを控除すべきであり，また，中間利息をライプニッツ方式により控除すべきである（係数は，本件事故当時からAが67歳になる就労終期までの50年間に対応するライプニッツ計数18.2559から，本件事故時から就労始期までの6年間に対応するライプニッツ計数5.0756を差し引いた13.1803となる。）。これによると，Aの本件事故時における逸失利益の現価は，（中略）4,487万6,285円となる。」
＊東京高判平成15・7・29判時1838号69頁……Yの飲酒運転による交通事故で脳挫傷等の重傷を負い，植物状態になったA（症状固定時42歳・女。主婦）の逸失利益（生存事例。なお，将来の介護費用の支払いにつき，定期金賠償の是非（定期金賠償を認容）が重要な争点になった事例なのでその点も下記に掲載する）。
【判　旨】
「Aは，本件事故当時41歳，症状固定時42歳であったから，本件事故がなければ，42歳から67歳までの25年間就労可能であった。そこで，本件事故時の前記（6）の年収額377万5,500円を基礎に，労働能力喪失率を100パーセントとしてライプニッツ方式により中間利息を控除して（41歳から67歳までのライプニッツ係数14.3751から，41歳から症状固定時年齢42歳までのライプニッツ係数0.9523を差し引いた13.4228を乗じる。）算定するのが相当である。（中略）なお，被控訴人Aの将来の生活に必要な費用については，植物状態の寝たきり者についても，でき得る限り良好な，一般人と同様の環境下での治療，介護を行うべきであり，被控訴人Aが完全介護状態にあることを考慮して20パーセントの割合による生活費控除をするのが相当である。」
【以下は，将来の介護費用等についての定期金賠償の是非についての判断】
「Yは，将来介護費用の損害賠償について，被害者保護を確保することを当然の前提として，損害の衡平な分配という不法行為法の理念を失わずに賠償義務を加害者に負わせる方法として定期金賠償の方法によるべきであると主張する。
確かに，介護費用はもともと定期的に支弁しなければならない費用であり，植物状態となった被控訴人Aの推定的余命年数については少なくとも現時点から20年ないし30年と推認することは困難であるものの，この推定余命年数は少ない統計データを基礎にするものであり，現実の余命と異なり得るものであることはもちろん，被控訴人Aの身体状態，看護状況，医療態勢や医療技術の向上の一方で，思わぬ事態の急変もあり得ることなどを考慮すると，概ねの推定年数としても確率の高いものともいい難い。そうすると，推定的余命年数を前提として一時金に還元して介護費用を賠償させた場合には，賠償額は過多あるいは過少となってかえって当事者間の公平を著しく欠く結果を招く危険がある。このような危険を回避するためには，余命期間にわたり継続して必要となる介護費用という現実損害の性格に即して，現実の生存期間にわたり定期的に支弁して賠償する定期金賠償方式を採用することは，それによることが明らかに不相当であるという事情のない限り，合理的といえる。
これに対し，被控訴人Aは，損害賠償請求権利者が訴訟上一時金による賠償の支払を求める旨の申立てをしている場合に，定期金による支払を命ずる判決をすることができないとし，その理由として，これを命ずることについての問題点とされていた，〔1〕貨幣価

〈2-3〉逸失利益

値の変動等の事情変更があった場合の対処方法がないこと，〔2〕賠償義務者の資力悪化の危険を被害者に負わせることになることの内，〔1〕の点は平成8年法律第109号として制定された民事訴訟法117条において，定期金による賠償を命じた確定判決についての変更を求める訴えの制度が設けられて解決したといえても，〔2〕の点は，未だ問題として残されたままではあることを指摘する。しかし，一時金による将来介護費用の損害賠償を命じても，賠償義務者にその支払能力がない危険性も大きいし，賠償義務者が任意に損害保険会社と保険契約を締結している場合には，保険会社が保険者として賠償義務を履行することになるから，不履行の危険性は少なくなるものといい得る。《証拠略》によれば，控訴人は，自動車事故による損害を填補するため，富士火災と任意に損害保険契約を締結していたことが認められるから，控訴人の損害賠償義務は保険者である富士火災が履行することになると推認される。もっとも，《証拠略》を併せると，富士火災は平成13年9月中間決算期に経常損益が赤字であるなど経営状況が安定しているとはいい難く，近年は保険自由化が進み，保険会社間の競争も激化し，下位の損害保険会社の中には倒産したものがあったことが認められるが，富士火災が将来破産など倒産するとまで予測することはできない。そうであれば，被控訴人Aの将来介護費用の損害賠償債権は，その履行の確保という面では一時金方式であっても定期金賠償方式であっても合理性を欠く事情があるとはいえないし，民事訴訟法117条の活用による不合理な事態の回避も可能であるから，将来の介護費用損害に定期金賠償方式を否定すべき理由はない（なお，被控訴人Aは，介護費用についても定期金による賠償について反対しているものの，第1審における2002年5月17日付け準備書面において，その試算を前提に定期金による賠償も魅力的なものとの意見を示していた。）。以上によれば，被控訴人Aの将来の介護費用損害については，被控訴人Aの請求する将来の介護費用損害を超えない限度で，控訴人に対し，定期金による賠償を命ずるのが相当である。

そして，その期間については，被控訴人Aの推定余命期間が確定したものではないから，平成15年6月25日から被控訴人花子が主張通常の平均余命までの期間を超えない限度で，これが確定する死亡又は平均余命の84歳に達するまでのいずれかの時期までとし，支払方法については，毎月24日限り前月25日からの1か月分を支払うこととするのが相当である。」
＊東京高判平成16・2・26交民集37巻1号1頁……酒気帯び・居眠り運転のYの車に，犬を散歩中のA（63歳・女。主婦兼パート従業員）が衝突され死亡した事故による逸失利益（63歳から65歳まではパート収入と家事労働分の合算を認容）。
【判　旨】

「Aの逸失利益については，1,350万5,535円と認められ」る。(中略)，控訴人らは，〔1〕現在の労働環境をめぐる社会情勢の変化の状況を無視して男女差別の結果の反映ともいえる賃金センサスの平均賃金の差をそのまま女子の逸失利益の算定に反映させることは現時点では不合理であることは明らかであって，Aの逸失利益算定にあたっては，賃金センサスの全労働者の産業計の年齢別平均賃金を採用すべきであり，〔2〕中間利息控除の割合を年5％とすることは現在の超低金利時代における実勢金利とあまりにも乖離しており，現在の実勢金利である年1％を中間利息の控除割合とすべきであると主張する。

しかし，逸失利益の算定は，本来稼働可能期間において現実に得られたはずの収入を基礎とするものであり，主婦については，家事労働として上げられる財産上の収益を推定するものであって，現在の社会情勢等とAの稼働可能年数を考慮すると，女子労働者の年齢別平均賃金を採用するのが相当であり，全労働者の産業計の年齢別平均賃金を採用することは困難といわざるを得ない。

次に，中間利息控除については，現実の金利の高低にかかわらず，民事法定利率を中間利息控除の割合とすることが確立した実務であり，不法行為に基づく損害賠償債権については不法行為の日から民事法定利率の割合による遅延損害金が付されることをも考慮すると，中間利息控除の割合は民事法定利率によるべきである。」
＊福岡高判平成16・3・23判時1867号63頁，判タ1163号266頁……AとBの2人乗りの原動機付自転車がコンクリート塀に衝突してAが死亡した事故で，Bが運転者はAであったと主張したが，Bが運転者で無免許であったと認定した上での，A（16歳・女。高校生）の逸失利益。
【判　旨】

「Aの死亡による損害は次のとおりと認められる。女性労働者の全年齢平均賃金（年収）は345万3,500円，生活費控除は3割とそれぞれ認められる。就労可能年数については，A（昭和56年3月9日生）が本件事故が起こった平成9年4月26日当時16歳であり，就労開始年齢を18歳とし67歳まで就労可能とすれば就労可能年数は49年間となる。

就労可能年数を49年間としてライプニッツ方式で中間利息を控除して次のとおり算定すると，Aの逸失利益は3,983万9,576円となる。」
＊仙台高判平成16・5・28判時1864号3頁（山形マット死事件）……同級生達のいじめによるマット室での

〈第2章〉生命侵害と財産的損害の賠償請求

A（13歳・男。中学1年生）の死亡事件でのAの逸失利益。
【判旨】
「Aは，本件事件によって死亡した当時，健康な13歳の男子であった。したがって，18歳から67歳まで稼働できる可能性があり，その間，男子の平均賃金程度の収入を得ることができたといえる。
　上記稼働可能期間中の労働能力喪失による逸失利益の現価を，平成5年賃金センサス第1巻第1表産業計企業規模計学歴計男子労働者年齢平均年収額549万1,600円を基礎に，生活費を50パーセント控除し，ライプニッツ係数を用いて年5分の割合による中間利息を控除して算定すると，その額は3,908万8,385円となる。」

＊大阪高判平成17・9・13判時1917号51頁……母の帝王切開出産の際にY病院側の措置に過失があった結果，脳性麻痺の後遺障害を負った新生児A（0歳・男）の逸失利益（生存事例）。
【判旨】
「Aは，被控訴人病院医師の不法行為（中略）により，脳性麻痺の後遺障害を残し，労働能力を100％喪失している。よって，就労可能年数を18歳から67歳までの49年間とし，平成4年度の賃金センサス産業計・企業規模計・学歴計・男子労働者の年収額544万1,400円を基準とし，年5％の割合による中間利息をライプニッツ方式（0歳の幼児の場合，19.2390（67年の係数）－11.6895（18年の係数）＝7.5495）によって控除して計算すると，4,107万9,849円（中略）となる」。

＊東京高判平成19・3・27判夕1250号266頁……Y産婦人科病院で子Bを出産したA（28歳・女。専業主婦）が，Y₂医師の過失により2日後に死亡した場合のAの逸失利益。
【判旨】
「Aは，（中略）本件当時満28歳の健康な女性であり，専業主婦であったことが認められるところ，本件医療事故当時である平成14年の賃金センサス第1巻第1表産業計企業規模計学歴計の女子労働者の年収額は351万8,200円であり，生活費の控除割合を30％として，満67歳までの39年間につき，ライプニッツ式により年5分の割合による中間利息を控除して逸失利益の現価を算定すると，4,190万円（1万円未満切り捨て）となる。」

＊大阪高判平成19・4・26判時1988号16頁……交通事故重傷（後遺障害5級2号）被害者A（13歳・女。中学生）の逸失利益（生存事例）。
【判旨】
「基礎収入は，症状固定当時に控訴人Aが義務教育過程に就学していたことやその性別等に加えて，同控訴人が5級2号に該当する高次脳機能障害を後遺症として残しながらも，学校での勉学・部活動に励み，高校・大学に進学し，現在も懸命に大学での就学に努力していることから窺われる同控訴人の本来有していた能力，意欲，家族の支援からすれば，本件事故に遭わなければ大学を卒業して就職し得たであろうことが容易に推認されること等に照らせば，控訴人Aの主張にかかる全労働者平均賃金を基準とするのが相当であって，直近の平成16年賃金センサス第1巻第1表・産業計・企業規模計・学歴計の全労働者・全年齢の平均賃金の年収485万4,000円を基準とするのが相当であるというべきである。
　ウ　控訴人Aは，症状固定時13歳であったから，中間利息控除係数は，13歳から67歳までの54年のライプニッツ係数18.5651から13歳から18歳までの5年のライプニッツ係数4.3294を控除した14.2357が相当であり，逸失利益額は6,219万79円（中略）となる。」

＊大阪高判平成20・3・26判時2023号37頁……A（生後7ケ月。男）を診察したY医師が先天的緑内障を疑うべきであるのにそれを怠り，Aの両親B・Cも，Aが1歳7ケ月の時に視力障害を疑わせる行動があったのに眼科医の診察等を受ける行動を怠り，Aが5歳3ケ月で失明するに至った事例の逸失利益（生存事例）（過失相殺5割）。
【判旨】
「逸失利益　5,229万773円。逸失利益の認定（5歳基準時）は，原判決（奈良地判平成19・2・7）が（中略）示すとおりであるから，これを引用する。」
　（奈良地判平成19・2・7の判旨）「原告Aは，経過観察のためF眼科の受診を継続し，平成16年4月5日，G医師から，症状は固定しているとして，両眼先天緑内障，両眼視神経萎縮，視力は両眼光覚弁（暗室にて被検者の眼前で照明を点滅させ，明暗が弁別できる視力をいう。）との診断を受け，同月9日，身体障害者等級表による等級1級，視覚障害1級（視力，右光覚，左光覚）という内容の身体障害者手帳の再交付を受けたものであるところ，G証人は，上記同月5日の診断内容について，明るいか暗いか分かるぐらいの視力は残っているのではないかと推測するが，失明である旨証言していることをも踏まえると，原告Aの後遺障害は，「両眼が失明したもの」（労働者災害補償保険法施行規則14条1項，別表第1障害等級表第1級1）に該当するということができ，原告Aの労働能力喪失率は100パーセントと見るのが相当である。
　そして，賃金センサス平成16年第1巻第1表産業計・企業規模計・男性労働者・学歴計の平均賃金542万7,000円を基礎に計算する。
　さらに，原告Aは，上記症状固定日において5歳で

〈2-3〉逸失利益

あることが認められ，原告Aは18歳に達してから67歳に達するまで就労が可能であると考えられるので，年5パーセントの割合による中間利息を控除するため，62年に対応するライプニッツ係数19.0288から，13年に対応するライプニッツ係数9.3935を控除した9.6353を乗じる。

そうすると，542万7,000円に100パーセントを乗じ，さらに，9.6353を乗じることにより，原告Aの後遺症による逸失利益の現価は5,229万773円（中略）と算定される。」

[地裁]
【肯定例】
＊東京地判昭和29・6・28下民集5巻6号965頁……就職のために上京して交通事故で死亡したA（17歳・女。無職）の逸失利益。

【判旨】
「亡Aが死亡当時無職であつたことは原告の自陳するところであるが同人は前記認定の如く東京都内に於て働く希望で上京したのであるから遠からず就職するであろうことは想像し得るところである。従つて同女が就職し得た場合には同性，同年齢，同学歴，同地域の者の得る月間平均収入額と同額の収入を得ることができたものと考えるのを相当とするところ，労働大臣官房労働統計調査部作成の職業別賃金調査結果報告によれば京浜地区における昭和26年10月当時の高等小学校卒業の満18歳乃至満19歳の女子36人についてその平均月間収入額が金6,687円であることは被告の争わぬところであり，これを亡Aの場合に比すると，同女は右統計の場合よりも年齢において低いけれども，学歴において高く，且統計の時よりも10月後として平均賃金額の増額も見込まれてよいから，右統計による数字を同女が就職し得た場合における同女の月収額として推定することは極めて相当である。又生活費が月間収入の何パーセントになるかについては一律には云い難いところであるけれども総体的に東京都内において満17歳の女性が肉親と同居し住居費の支出を要せず6，7,000円程度の月収ある場合には食費，衣服費その他の雑費を合せ概算3,003,400円を要し且つこれを相当とすることは顕著な事実というべきであるから，前記月間収入金6,687円に対し右生活費を5割と見てこれを控除し，それに労働可能年数34.55年を乗じ，それにより年5分の割合による中間利息をホフマン式計算により控除すると，計数上金78万4,506円となることは明らかである」。

＊旭川地判昭和40・5・19下民集16巻5号869頁……交通事故で死亡したA（3歳3ケ月・男）の逸失利益（民法828条ただし書の規定を考慮して算定した事例）。

【判旨】
「Aが死亡の当時満3歳3月余の男子であつたことは既に述べたとおりであるが，この年齢の男子の平均余命が原告ら主張のとおり61年以上であることは当裁判所に顕著な事実である。而して原告C本人の供述によれば，Aは健康な男子であつたことが認められるから，同人は若し本件事故に遭わなかつたとすれば，原告主張のとおり，向後なお61年間即ち満64歳余になるまで存命し，その間少くとも満20歳から満60歳に達するまでの40年間は何らかの職業に就いて稼働し収入を挙げることができたものと推測される。（中略）原告C本人の供述によれば，Aは歳の割に記憶力の勝れている子であつたと認められること等からすれば，Aは義務教育は勿論恐らくはそれ以上の教育をも受けてから就職したであろうと推測されるから，同人の就く職業は，少くとも労働の能力と意志を持つて企業に継続して雇傭されている男子労働者（以下これを通常の一般男子労働者という）の得る平均収入と同程度の収入を挙げることのできるものであつたろうと考えられる（中略）。そうだとすると，Aが将来稼働して挙げ得べかりし収入は，原告ら主張のとおり月平均にして，少くとも20歳から25歳になるまでの5年間は1万円，25歳から30歳になるまでの5年間は1万5,000円，30歳から35歳になるまでの5年間は2万円，35歳から40歳になるまでの5年間は2万5,000円，40歳から60歳になるまでの20年間は3万円合計金にして1,140万円に達したものと推測される。他方Aは右の収入を挙げるには，前示稼働期間に亘つて自分の生活費を自分で支出しなければならなかつたものと考えられるから同人は本件事故で死亡したことにより右生活費の支出を免れたものと云うべく，従つて同人が前示稼働期間に亘つて得べかりし純収入を算出するには前示収入額から前示稼働期間の生活費を控除しなければならない。而して同人の右生活費を適確に判定すべき証拠はないが，同人の収入額が前示の程度のものであることからすれば，同人が25歳頃に結婚して世帯主になるものとしても，右生活費としては月平均して同人が20歳から30歳に達するまでの10年間は1万円，その後60歳に達するまでの30年間は1万5,000円合計金にして，660万円とみれば，充分と考えられる。従つてこれを前示収入額から控除すると，Aが20歳から60歳までの間稼働して得べかりし純収入は480万円ということになり，これがAが本件事故で死亡したことによつて喪失した将来得べかりし利益の金額である。（中略）ところで，満3歳3月余の幼児であつたAが，本件事故に遭わなかつたとして20歳から60歳まで稼動して前示の如き収入を挙げるには，両親たる原告らの養育を受けて成長し，20歳になるまでに労働能力を身につけることが不可欠の前提条件であり，従つてそれまでに要する同人の養育費は，同人が前示収入を挙げるための必要出費とみなければならない。しかし右養育費の負担義務者は固

〈第2章〉生命侵害と財産的損害の賠償請求

よりAの両親たる原告らであつてAではないから，Aが本件事故で死亡してその養育費が不要になつたとしても，これを以つて直ちにAの被つた前示損害と損益相殺をすることはできない（前掲最高裁判決参照）。しかしながら若しAが本件事故で生命は侵害されないが将来労働能力を取得することはできないような心身の障害を遺す重傷を受け，将来の稼働によつて得べかりし利益として前判示と同額のものを失つたものと仮定し（これはAの死亡直前の状態として想定することも可能である），これを本件事故時現在の価額に換算した前判示の125万847円を現に生じた損害としてその賠償請求権を取得したものとすると，右損害賠償請求権ないしその行使によつて取得する金銭等からなる右同額の財産はAの親権者たる原告らが管理し，Aが成人に達して原告らが財産管理の計算をする際それまでに右財産から生じた収益（この総価額は前示125万847円に対し本件事故の時からAが満20歳に達するまでの16年8月半の間に生ずる年5分の割合による利息の合計額と考えられる）は，民法第828条但し書の規定により，原告らの支出した養育費及び右財産の管理費（これは右養育費に較べれば徴々たるもので無視できるほどのものであろう）と相殺したものとみなされ，Aとしては原告らに対して右収益の返還請求をすることはできず，それを失うことになる筋合いである（Aが成年に達する前に稼働を始めて収入を得，原告らの養育費負担を軽減させ，ないしは免れしめることになつたであろうと推測されるような証拠は本件では全く存しない）。そうだとすれば，Aが死亡し向後養育を受けることがなくなつたに拘らず同人が将来稼働して得べかりし利益を本件事故の時現在の価額に換算したものを以つて直ちに同人の被つた純損害と為すことは，同人が若し死亡しなかつたとすれば，成年に達した時に失うことになつたであろう前示収益を，死亡したために失わないことになつたという事実即ち同人に生じた利益（この利益の価額は，前示収益の総価額がAの成人に達すべかりし時点で存在するものと前提し，これをホフマン式計算方法により年5分の割合の中間利息を控除して本件事故の時現在の価額に換算したものに相当すると考えられる）を全く無視することになつて不当であるから（若し右の事実を無視するときは右の利益は，亡Aの相続人としてその財産上の地位を承継することになる原告らがそのまま承継することになる），本件事故によつてAの被つた，財産上の純損害としては，前示の得べかりし利益の本件事故時換算価額から前示収益の喪失を免れたことによる利益の本件事故時換算価額を控除した残額と解するのが相当である（右の控除は，叙上説示したところによつて明らかのとおり，現に収入のない未成年の被害者についても将来の稼働によつて得べかりし利益の喪失による損害を現に生じたものとして即時にその賠償請求を為すことを認めることから生ずる被害者死亡の場合の被害者に生ずる利益を控除するものであつて，本来の損益相殺とは趣を異にするものであり，これは即時の損害賠償請求を認めることを前提として，右のような未成年者たる被害者が死亡したことを度外視して算出した損害額に対し適正な損害額を見出すため被害者の死亡したことに因る減額修正を施すために行うものである），これを計算すると，（中略）68万1,660円（円未満切捨）となる。」

＊＊大阪地判昭和41・5・31判時465号52頁，判タ196号137頁……タンクローリー車と市電双方の過失による事故で死亡した市電乗客A（25歳・女。主婦）の逸失利益（60歳までの35年間分を認容）。

【判旨】

「Aは，死亡時25才であり，その余命の範囲内でなお35年間は主婦として家事労働に従事し得たと解するのが相当である。（中略）Aの逸失利益の現価をホフマン式算定法（年5分の中間利息控除）により算出すると1,108,286円となる（但し，円未満切捨）。」

＊大阪地判昭和42・4・19下民集18巻3・4号400頁……交通事故死亡被害者A（2歳・女）の逸失利益（15歳から25歳まで認め，その後の結婚後を専業主婦と想定し，慰謝料の補完的作用で計算することはあつても，逸失利益として認めるのは正当でないとされ，また，逸失利益算定にライプニッツ方式を採用し，ホフマン方式とのいずれを採用するかは裁判所の専権事項であるとした事例）。

【判旨】

「他に特別の事情の認められない本件においては，右の家庭環境等から判断し，亡Aが生存していれば，中学校卒業とともに肉体労働者として稼働し，おそくとも25才に達するまでに結婚したであろうと推認される。

ところで，一般に女子は結婚と前後して退職し，主婦として家事労働に従事するのが通常であるから（最近では共かせぎ家庭も少なくはないが，いまだ一般的とはいいがたい），特別の事情の認められない本件においては，亡Aの右稼働期間は結婚までと認めるのが相当である。

なお，主婦にも逸失利益を認める見解があるけれども，一般に逸失利益と呼ばれるものは，被害者が有していた稼働能力の抽象的価値自体の喪失による損害ではなくして，被害者が稼働能力を喪失したために将来収得することができたはずの収入を喪失したことによる損害を意味するのであるから，家事労働にのみ従事し独自の収入を得る見込のほとんどない主婦につき，逸失利益を肯定するのは正当でないと考える。またか

〈2-3〉逸失利益

ような意味での逸失利益ではなくして，稼働能力の抽象的価値自体の喪失による損害を財産的損害とみてこれを逸失利益と同様に取り扱うべきであるとする見解もあるが，稼働能力の抽象的価値自体の喪失から生ずる損害の本質は，非財産的なものと解するのが相当であるから，この見解も採用できない。ただ，以上のように主婦の逸失利益を否定すると，同じ幼児の死亡・傷害について，男児と女児とでは逸失利益が異なるからという理由で損害賠償額に差をつけることとなつて妥当でないという反論が予想されるけれども，逸失利益額に差を認めることは，現実における男女の労働態様の相違からしてやむを得ないことであるのみならず，このように逸失利益額の算定に不利な取扱いを受けざるを得ない女児に対しては，男児に対するよりも多額の慰藉料を与えることにより，損害賠償総額において均衡を保たせることができると解する。なぜなら，慰藉料請求権は，被害者が財産的損害の賠償として取得した金銭で償われない精神的損害について発生すると解すべきところ（慰藉料の補完的作用），一般に逸失利益の算定に不利な取扱いを受ける女児は，男児に比較し，財産的損害賠償により償われない精神的損害が大きく，慰藉料の額もそれに応じて多額となるはずだからである。（中略）逸失利益の現価計算に通常用いられるのは年ごと式ホフマン法である（中略）が，ホフマン法（単利割引法）は，貨幣資本額が一定期間単利法で利殖されることを前提として，現在から一定期間後の貨幣資本額の現在価格（現価）を求める方法であつて，実務上1年以内の短期間の現価計算にだけ使用すべきもので，長期の現価計算には適しないとされており，また，現代においては，各種の利殖方法が普及し，現実には複利の運用が行なわれているのであるから，長期間にわたる逸失利益の現価を算定するのにホフマン法を採用すべき合理的な理由は見出しがたい。よつて，より合理的なライプニッツ法（複利割引法）を採用した（算定方式は特別の経験則であるから，いずれを採用するかは，当事者の主張に拘束されず裁判所の専権に属するものと解する）。」

＊東京地判昭和43・1・25交民集1巻1号50頁……交通事故死亡被害者A（38歳・女。バーホステス）の逸失利益。

【判旨】

「Aは，当時バーBにホステスとして勤務し，本給として月額平均3万円以上（日額は1,000円であり日曜，祭日も無休であつた。），他にドリンク（客の負担により同女が飲食した場合のリベート），チップ等により月額平均3万円以上を得ていたので，同女の1か月の平均収入額は少なくとも6万円を下らなかった。同女は昭和2年9月13日生まれの女子で当時38才2か月であり，その後少なくとも50才に達する頃までは，同種のバーホステスもしくはバーマダムとして勤務することが可能であって，その間右収入額程度の収入を得続けたであろう。その間の同女の生活費は収入額の6割を超えることはないから，1か月の同女の純収益は2万4,000円を下らなかったであろうと考えられる。

Aは本件事故に遭遇して死亡したことにより右の純収益の11年10か月（142か月）分に相当する金額と同程度を失ったと考えるべきところ，ホフマン式計算法により年5分の割合による中間利息を毎月控除して，Aの死亡時における現価を求めると268万5,000円余となる。」

＊横浜地判昭和43・8・8交民集1巻3号920頁……交通事故死亡被害者A（43歳・女。寮監兼炊事婦）の逸失利益（20年間就労可能，生活費控除割合5割とした事例）（過失相殺約2割弱）。

【判旨】

「Aの事故当時の年令が43才で訴外会社の寮監並に炊事婦をしていた職務内容からすると，就労可能年数は今後20年間と推認するのが相当であり，又，Aの収入金額に，間代，光熱費，水道費が無償であること，食事作成費が割安であること，原告B，原告Cがほどなく独立し，それぞれAに仕送りをはじめることなど諸般の事情を綜合して考えると，Aの生活費は収入の5割と算定するのが合理的である。

（1）そうすると，Aの喪失した得べかりし給料賞与合計の利益は，別表（3）のとおり，昭和40年9月16日に1時に請求するものとしてホフマン式計算方法により年5分の割合による中間利息を控除して算出すると，金3,041,326円となる。

（2）Aの退職金600,000円を昭和40年9月16日に一時に請求するものとして，ホフマン式計算方法により年5分の割合で中間利息を控除して算出すると，金300,000円となる。

（3）原告らは，Aの慰藉料請求権を金3,000,000円と評価し主張するが，これは本来一身専属性のもので相続性をもたないものであるから，ここに損害額として計上しない。

よつて，Aの得べかりし利益の喪失額は合計金3,341,326円となる。

（二）しかしながら，前記認定のとおり，Aが本件道路を横断するにあたり左右を注視せず漫然小走りで横断をはじめたことは，Aに過失があり，その過失が本件交通事故発生の一因となつたものといわざるを得ない。従つて，これが過失を右損害額の算定につき斟酌すると，被告らに責を負わすべき賠償額は金2,800,000円が相当である。」

＊仙台地判昭和43・9・25交民集1巻3号1078頁……Yが不注意で車をバックさせて車後部に衝突させ幼児A（5歳・男）を死亡させてしまった事故の逸失利益

〈第2章〉生命侵害と財産的損害の賠償請求

（父母の学歴を斟酌して稼働開始年齢を判断した事例）。
【判　旨】
　「Aは昭和37年10月23日生れの健康な男子であつたので第10回平均余命表によればその平均余命は63.27年であるから向後約59年は生存するものということができ，平均的勤労者としては満20才から59才まで向う40年その収入をあげることが可能であつたということができる。
　しかもAの父Bは高等学校卒，（母）Cは短期大学1年中退の学歴を有しているからAも少なくとも高等学校を卒業して右平均的勤労者として収入をあげる蓋然性を有するべきである。そして旧制中学・新制高校卒の男子労働者に平均月間きまつて支給する現金給与額を労働省労働統計調査部編昭和41年賃金センサス第1巻第2表，全産業，全企業規模平均によるときは20才から24才まで2万6,800円，25才から29才まで3万5,100円，30才から34才まで4万3,000円，35才から39才まで4万9,100円，40才から49才まで5万6,500円，50才から59才まで5万7,500円となる。
　したがつて右収入のうちから同人の生計費5割を控除するときはその残余の純収入がすなわち剛の将来うべかりし利益であるということができる。そこでこれを本件事故発生時点において算出するため，右得べかりし利益をホフマン式計算方法により別紙第1計算書記載の方法によつて民法所定の年5分の法定利率による中間利息を控除して算出すると金394万円となり，Aは本件事故により右同額の財産的損害を受けたということができる。」
＊神戸地判昭和44・3・27交民集2巻2号399頁……交通事故で重傷を負ったA（31歳・男。会社の販売員）の逸失利益（生存事例）。
【判　旨】
　「Aは（中略）事故前は極めて健康であつたことが認められ，また第11回生命表によれば満31才の男子の平均余命は39.16年であるから，Aが事故に遭わなければ少くとも昭和42年4月1日以降昭和66年3月31日までの24年間は訴外会社の販売員として稼働し，その間右割合の収入を得られたものと認められる。ところが（証拠）によると，昭和42年4月1日から同年12月31日までの給料は合計金46万4,488円，賞与は合計金14万4,368円であり，昭和43年の年間給料は金50万4,000円，賞与は金31万2,000円であることが認められるから，昭和42年4月1日から昭和43年3月31日までの1年間に金31万6,144円，昭和43年4月1日以降昭和66年3月31日までは年間金31万3,000円の割合による減収をきたしたものと認められる。そこでその間の喪失利益をホフマン式計算方法により年5分の割合による中間利息を控除して事故発生当時の現価に換算すると金440万7,609円となる。」

＊東京地判昭和44・11・12交民集2巻6号1638頁……交通事故死亡被害者A（9歳・女。小学生）の逸失利益と両親の養育費の控除（積極）。
【判　旨】
　「満9歳の女子の平均余命は65.60年であり，（中略）昭和43年における企業規模5ないし29人の事業所の女子の全産業常用労働者の平均賃金は，月収2万5,663円であることが認められる。
　Aは，満20歳に達した頃から満60歳に達する頃までの40年間，右程度の金額の収入を得たであろうと考えられ，同人の生活費としては右収入の5割と認めるのが相当であるからこれを控除すると，同人の年間の純収入は15万3,978円となり，11年後から51年後までの純収入から毎年に年5分の中間利息をホフマン式計算法により控除して死亡時における現価を求めると，（中略）Aは，本件事故により252万4,241円の損害を蒙つたことになる。（中略）死亡という同一の原因により，遺族は逸失利益喪失による損害賠償請求権を取得すると共に，養育等の出費を免れるものといい得るのであり，したがつて，損益相殺の法理を適用すべきことになる。そこで，その額が問題となるが，諸般の事情を勘案し，Aの養育費・教育費は成人までの年月を平均して月額5,000円年額にして6万円程度とみるのが相当である。20歳に達するまでの総額から年5分の割合による中間利息を前同様ホフマン式計算法によつて控除すると，（中略）（両親の）負担割合は，他に特段の事情のない本件においては，各2分の1とみるのが相当であるから，控除すべき額は，それぞれ25万7,703円となる」。
＊東京地判昭和44・11・27判タ242号212頁……交通事故死亡被害者A（14歳・男。中学生）の逸失利益の算定と養育費の控除（積極）（過失相殺2割）。
【判　旨】
　「Aは本件事故に遭遇しなければ，爾後その平均余命である55.9年（厚生省発表第12回生命表による。）は生存し，その間すくなくとも20歳から60歳までの40年間は稼働して，その全稼働期間を通じて毎月全産業常用労働者の月間平均賃金である金4万3,236円（中略）を下ることのない収入を挙げ得たであろうと推認すべく，しかもその間に要する同人の生計費は，原告らが自陳するとおり収入の5割を出ないものと認めるのが相当であるから，これに基づいてAの死亡による逸失利益を計算し，かつこれからホフマン式計算法（複式・年別）によつて年5分の割合による中間利息を控除して現価に換算すれば，その合計額が金497万円（1万円未満切捨）となることは，計算上明らかである。（中略）そして，本件事故の発生につきAにも過失があつたことは前記のとおりであるから，この寄与過失の割合（2割）をもつて過失相殺すれば，被害

者Aの死亡による逸失利益の損害は金397万6,000円となる。」
　3　権利の承継と養育費の控除
「被告らの損益相殺の主張について見るに，（両親）BとCがAの扶養義務者であつたこと，したがつてAの死亡によりその扶養の義務をまぬかれたものであることは弁論の全趣旨によつて明らかであり，かように被害者の死亡による逸失利益の損害賠償請求権を相続した者が，同時に被害者の扶養義務者でもあり被害者の死亡によつて扶養義務をまぬかれた場合にあつては，その相続にかかる損害賠償額から扶養義務をまぬかれなければ支出すべかりし養育費を控除すべきものと解するを相当する（当庁昭和44年2月24日判決，判時550号50頁参照）。そしてAが前記のとおり稼働開始するまでの間，被告らが主張するように毎月金1万円程度の養育費を要するものであることは，原告らの明らかに争わないところであるから，これに基づき，Aの稼働開始までの養育費からホフマン式計算法（複式・年別）によつて年5分の割合による中間利息を控除して積算すれば，その合計は，つぎの計算が示すとおり金52万円（1万円未満切捨）となる」。「したがつて，訴外Dおよび原告Eの前記相続にかかる逸失利益の賠償債権額は，前記金397万6,000円から右金52万円を控除した金345万6,000円の各2分の1となる」。

＊長野地松本支判昭和45・4・23交民集4巻1号50頁……交通事故死亡被害者A（62歳・女。農業）の逸失利益。48万円余を認定。

＊大阪地判昭和45・10・8交民集3巻5号1502頁……交通事故死亡被害者A（18歳・男。高校生）の逸失利益（大学進学の可能性を認定し，男子大卒初任給を基礎に算定）（過失相殺2割）。

【判　旨】
「亡Aは，事故当時18才，兵庫県立B高校3年生で健康にして成績優秀であつた。将来法曹となることを志し，大学へ進学することは確定であつた。
　（1）昭和42年度大学卒業者の平均賃金は月収48,3000円，年間　特別給与額200,400円
（労働省労働統計調査部編，賃金センサス）
　（2）生活費控除　40％
　（3）就労可能年数　40年
　（4）ホフマン係数　21.643－4.363＝17.28右（1）ないし（4）を基礎に正勝の逸失利益を算出すると，
　（48,300×12）＋200,400＝78万円
　78万円×0.6×17.28＝8,087,040円」となる。

＊岡山地判昭和46・3・31交民集4巻2号555頁……県職員に内定していたが交通事故に遭い，事故後2日目に死亡したA（22歳・男。大学4年生）の逸失利益（過失相殺5割）。

【判　旨】
「被害者は少なくとも，（中略）順次，岡山県の慣例上の退職（勧しよう退職）年令である満55才までの33年間，毎年昇給していき，更に，期末手当および勤勉手当に関する規則（昭和38年人事委員会規則第23号）に規定する期末手当，勤勉手当として少なくとも年間合計4ケ月分を受給しえたとするのが相当であり，また，前記退職の際には，岡山県職員の退職手当に関する条例第5条に規定する退職金を貰いえたといわなければならない。しこうして，被害者の生活費については，事故当時被害者は独身であり，その後家族構成に変動をみるであろうことや，職場における役職の向上，給与の増額等に伴ない増加するであろうことなどの事情も考慮し，また被害者は自宅から通勤しえたことをも考慮すると，被害者の生活費は前記給料表6等級9号給にいたるまで，月1万8,000円，5等級7号給以降は給与の2分の1として，前記給与額から控除するのが相当である。そうすると，被害者が退職するにいたるまでの逸失利益からホフマン式計算法による年5分の割合による中間利息を控除した本件事故当時の逸失利益は（中略）1,037万7,900円となる」。

＊東京地判昭和46・5・29判時635号128頁，判タ266号206頁……交通事故死亡被害者A（11歳・女・小学5年生）の死亡による逸失利益（中間利息の控除方式につき，ライプニッツ方式を採用）。

【判　旨】
「亡Aは年間金18万円の純収益を満20才より40年に亘り挙げると判断できる。ところでこれが現在価値を算出する方式であるが，現今貨幣資本はすべて複利で運用されている実態と，期間が長期の場合元金は永久に残存し，年利息が年収益より多額となる結果を生ずる場合があるホフマン方式の不合理性よりして，ライプニッツ方式に則るべきであるので，その計算式は次のとおりとなる。
　18万円×（18.1687〔49年のライプニッツ複式指数〕－7.1078〔9年のライプニッツ複式指数〕）＝199万962円」。

＊名古屋地判昭和47・5・10交民集5巻3号663頁……交通事故でB運転の車に同乗していて死亡したA（22歳・女。会社事務員）の逸失利益（55歳まで稼働可能として算定）。

【判　旨】
「亡Aは，C女子高等学校を卒業のうえ，株式会社Mオート名古屋に事務員として勤務（亡Aが本件事故当時右会社に事務員として勤務していたことは当事者間に争いがない。）し，本件事故当時，1か月平均金2万7,500円の給料のほかに，6月と12月の年2回にそれぞれ2.6月分ずつの賞与合計金14万3,000円程度の

〈第2章〉生命侵害と財産的損害の賠償請求

支給を受けていたから，右給料と賞与を合算すると，同人の年収額は金47万3,000円程度となるが，もし，本件事故に遭遇しなければ，同人は少くとも55才までなお33年間は就労が可能で，その間は少くとも毎年右年収額と同程度の収入を得ることができ，したがつてこれからその2分の1に相当する年間の生活費を差し引いた残額金23万6,500円が同人の1年間の純益であることが認められる。されば，亡Aは右就労可能の33年の期間中は引き続き1年につき少くとも右金23万6,500円の割合による利益を挙げ得たはずであるのに，本件事故によつて死亡したため，この利益を喪失し同額の損害を被つた筋合であるが，いま，ホフマン式計算法により右期間の中間利息を控除して計算すると，その額は金453万円（中略。1万円位未満の端数切り捨て）となる。」

＊甲府地判昭和52・10・17交民集11巻6号1590頁……交通事故死亡被害者A（73歳・男。有限会社代表取締役）の逸失利益。

【判　旨】

「給与の逸失利益（訴外亡専始）　金555万1,176円。（中略）訴外亡Aの可働期間は4年，生活費は30パーセントとみるを相当とする。さらに，原告主張のとおり，賃金の上昇を考慮することが相当であるので，（中略）1年の上昇率は少くとも8.8パーセントであることが認められる。当裁判所は中間利息の控除についてはライプニッツ年金式によるを相当と考える。」

＊東京地判昭和53・2・27交民集11巻1号276頁……交通事故死亡被害者A（49歳・女。地方公務員）の逸失利益（過失相殺1割）。

【判　旨】

「亡Aは本件事故にあわなければなお67才まで18年稼働可能であったと推認されるが，その間の収入については，60才までの11年間は杉並区に勤務して前記程度の収入をあげることができたはずであると推認し得るが，60才をこえると同区への勤務を継続することは次第に困難になり，途中で退職して稼働を止めるか他に転職を余儀なくされることも予想されるので，60才以降の収入は平均して前記収入の60パーセント程度と推認するのが相当である。そこで，右収入を基礎に生活費として収入の50パーセントを控除し，ライプニッツ式計算法により年5分の割合による中間利息を控除して亡Aの逸失利益の現価を計算すると別紙逸失利益計算表記載のとおり2,642万79円（円未満切捨，以下同じ）となる。」

＊千葉地佐倉支判昭和54・9・3交民集12巻5号1264頁……高速道路上でスピード違反のY車がX車に追突した結果，X車が暴走し，X車に同乗のA（17歳・男）が死亡し，同じくB（16歳・男）が重傷（後遺障害1級）を負った事故での，AおよびBの逸失利益。

【判　旨】

Aの「逸失利益　金1,390万1,780円。（中略）訴外Aは本件事故当時，17歳の健康な男子であり，高校中退後家業の農業に従事しつつ，将来自動車運転の業務に就くべく自動車教習所に通つていたものであり，同人が本件事故により死亡しなければ，18歳から67歳に達するまでの49年間稼働して相当額の収入を得られたものであるところ，昭和48年度賃金センサス第1巻第2表産業計企業規模計によれば，我国の新中卒男子全年齢平均年収額は153万300円であるから，右年収額より生活費を50パーセント控除し，右稼働年数に対応するライプニッツ係数（18.1687）により中間利息を控除して，訴外Aの得べかりし利益を算定すると，その額は金1,390万1,780円となる。」（中略）「原告Bに於て控除されるべき収入は零として，同原告の将来の逸失利益を算定すると原告B本人尋問の結果によれば，同原告の学歴は高校中退であり，昭和48年度賃金センサス第1巻第2表，産業計，企業規模計によると，我国の新中卒男子全年齢平均給与額は年収金153万300円と認められるから，原告Bも本件事故にあわなければ，右収入額を下らない収入を得られたものというべく，前記後遺症状の固定時である19歳から67歳に達するまでの稼働年数は48年間であるから，その中間利息をライプニッツ方式（係数18.0771）で控除すると，原告Bの得べかりし利益の現価は金2,766万3,386円となるものである。」

＊東京地判昭和55・4・8判時971号81頁……商店街の道路でY運転のバスに跳ねられ視力障害等を負った歩行者A（年齢不詳・女。ロープ類訪問販売）の逸失利益（生存事例）。

【判　旨】

「原告Aは本件事故当時ロープ類等の訪問販売を営み，これにより毎月平均金20万円以上の収入を得ていたことが認められる（右認定を左右する証拠はない。）ところ，《証拠略》によれば，本件事故による前記受傷のため，昭和51年6月5日までの1か月間休業を余儀なくされ，その間収入を得ることができなかったと認めるのが相当である。したがって，本件事故による同原告の得べかりし利益喪失による損害は金20万円とみるべきである。」

＊鹿児島地判昭和56・6・30交民集14巻3号754頁……交通事故死亡被害者A（12歳・女。中学1年生）の死亡による逸失利益（18〜67歳までの49年間を18歳・19歳の女子労働者の平均賃金を基礎にホフマン方式で算定）。

【判　旨】

「亡Aは本件事故当時満12歳の健康な女子であつた

〈2-3〉逸失利益

ことが認められるから，同人は満18歳から67歳まで49年間稼働可能であつたものと認められる。ところで，同人の得べかりし利益の算出の根拠として，原告両名は，亡Aの満18歳時の収入を年間金210万円としているが，右算出の根拠は客観性を欠くものであり採用し得ない。そこで，客観性を有する資料中最新のものである昭和54年度賃金センサス第1巻第1表の産業計，企業規模計，学歴計の女子労働者18歳ないし19歳の給与額によるのが相当である。ところで，男子平均給与額に比し女子の平均給与額は低額であるが，女子の場合には家事労働を斟酌してその生活費の控除を45パーセントに留め，もつて，損害額の男女差を縮少するのが相当である。そして，新ホフマン方式によって，年5分の割合による中間利息を控除することとして，逸失利益を算出すると，（中略）亡Aの逸失利益は金1,441万円とするのが相当である。」

＊福岡地判昭和56・8・28判時1032号113頁，判タ449号284頁……放課後担任教師の許可を得て居残り学習中のA（10歳・男。小学5年生）が同級生の投げた画鋲付紙飛行機により目を負傷した事故でのAの逸失利益（生存事例）。

【判　旨】

「逸失利益は，《証拠略》によれば，昭和52年度高卒者の全年令平均賃金は月額16万800円であることが認められるから，10才で受傷したAが18才で就労し67才まで稼働するとして，その49年間の得べかりし収益を年別複式ライプニッツ方式により中間利息を控除して算出すれば，矯正視力0.7の労働能力喪失率を労働基準法施行規則別表身体障害等級表第13級相当の9パーセントとして，金213万5,598円となる。」

＊新潟地判昭和56・10・27判時1053号150頁，判タ457号153頁……卵巣腫瘍摘出手術でY医師の術後管理の過失を認め，A（11歳・女。小学生）が出血性ショックで死亡した事故でのAの逸失利益。

【判　旨】

「Aは死亡当時11才であったからその稼働期間は67才までの49年間，年収は昭和54年版「賃金センサス」第1巻第1表の女子労働者の産業計，企業規模計，学歴計，年令計欄の「きまって支給する現金給与額」金11万4,900円および「年間賞与その他特別給与額」金33万5,000円，生活費は年収の2分の1として，ライプニッツ方式により年5分の割合による中間利息を控除して，生存していたならば，右期間中にAが得るであろう純収入のその死亡時における現在価額を算出すると，（中略）金1,106万円である。」

＊東京地判昭和56・10・27判時1043号81頁，判タ462号143頁……担当のY医師が充分な抗生物質の投与を怠ったという過失があって，患者A（32歳・女。主婦）が分娩・止血処置の際に細菌感染で敗血症になり死亡した場合の逸失利益。

【判　旨】

「Aは，本件死亡当時満32歳の女子であり，本件分娩前は健康であった。厚生省第14回生命表によれば，満32歳の女子の平均余命が46.42年とされていることは当裁判所に顕著であるから，Aは，本件事故がなければ，少なくとも満67歳に達するまでの35年間稼働可能であったものと推認するのが相当である。そこで，労働大臣官房統計情報部作成の「賃金構造基本統計調査報告」（賃金センサス）昭和50年版第1巻第1表「年令階級別きまって支給する現金給与額，所定内給与額及び年間賞与その他特別給与額」産業計（サービス業を除く）企業規模計学歴計によれば，同年度における30歳ないし34歳の女子労働者の平均給与額が月収8万5,000円，年間賞与その他の特別給与額が27万7,800円，年間収入が合計129万7,800円であることは当裁判所に顕著であるから，これに従って計算することとし，Aの生活費を4割とみ，年別ホフマン複式計算方法によって年5分の中間利息を控除すると，Aの逸失利益の現価は次のとおり1,550万8,969円（円未満切捨）となる。」

＊東京地判昭和56・11・26交民集14巻6号1366頁……交通事故被害者A（事故時61歳・女。主婦兼出版業手伝い）の後遺障害と死亡との逸失利益（重傷後に1,571日入院して死亡。ライプニッツ方式で算定）。

【判　旨】

「訴外亡Aは，昭和54年8月11日後遺症が固定したけれども，同後遺障害のため100パーセントの労働能力を喪失し，同56年4月27日には死亡するに至り，本件事故に遭遇しなければ，昭和54年8月11日から同56年4月27日まで及び，死亡日の後，平均余命の範囲内で70歳まで稼働して前同様の財産的利益を得，この間，その利益の50パーセントを超えない生活費を要する高度の蓋然性が認められ（後遺症逸失利益の算定期間中，訴外亡Aは自己の生活費を支弁しなければならないが，この点は，前記認定の後遺症固定後のいわゆる治療費，付添費及び後記入院雑費の各項目下で斟酌したのであるから，本件事故がなければ支出すべかりし生活費は得べかりし利益の50パーセントを超えないものとして控除すべきこととなる。），他に右認定を左右する証拠はない。

以上によれば，訴外亡Aの後遺症及び死亡による逸失利益の現価は，右認定事実を基礎としてライプニッツ式計算法により年5分の割合による中間利息を控除すると金421万9,853円（1円未満切捨）となる。」

＊佐賀地判昭和57・5・14判時1067号95頁，判タ477号186頁……医師の過失により時期を失してしまい，核黄疸に罹った新生児A（女）の逸失利益（生存事例）。

〈第2章〉生命侵害と財産的損害の賠償請求

【判　旨】
「原告Aは昭和47年11月28日出生の女児であるが、Aと同性、同年代の者（生後1月未満）の平均余命が75.92年であることは当裁判所に顕著な事実であるところ、Aは満1歳から満65歳までは稼働可能であるとみうるから、昭和47年当時における全産業常用女子労働者（学歴計）の年間給与等総額69万2,500円（これも当裁判所に顕著である。）と、前記5認定の事実よりAの労働能力喪失率をA主張どおり50％とみるのを相当と解し、これらの事実を基に、年5分の割合による中間利息の控除につきホフマン式（係数28.5599－12.6032＝15.9567）によりAの昭和47年12月6日当時の逸失利益の現価を算出すると552万円（万未満切捨て）となる。」

＊東京地判昭和57・9・30交民集15巻5号1296頁……赤信号で交差点に車で入って他の車と衝突・死亡したA（25歳・男。会社員）の逸失利益（ライプニッツ方式で算定）（過失相殺7割）。

【判　旨】
「亡Aは、（中略）S電機工業株式会社に勤務し、昭和55年1月から7月27日まで（入社1年目の後半から2年目にかけての期間）に金126万7,800円の収入を得ていたこと、本件事故がなければ、25歳から67歳までの42年間就労可能であり、その間大学卒業男子のその年齢に応じた平均給与額程度の収入を得る蓋然性があつたこと、がそれぞれ認められ、他にこれを左右するに足りる証拠はない。

そこで、昭和55年賃金センサス第1巻第1表産業計・企業規模計・大学卒業男子の全年齢平均給与額である金410万8,700円を基礎とし、生活費としてそのうち5割を控除し、ライプニッツ式により年5分の割合による中間利息を控除して、亡Aの逸失利益の死亡時における現価を算定すると、（中略）金3,579万2,940円となる。」

＊神戸地判昭和57・9・30交民集15巻5号1313頁……交通事故死亡被害者A（21歳・男。大学4年生）の逸失利益（新ホフマン方式で算定）。

【判　旨】
「亡Aは、本件事故当時、K大学4年に在学中であつたが、本件事故により死亡しなければ、昭和55年3月15日同大学を卒業し、同年4月1日Iハム栄養食品株式会社に就職し、同年7月20日までの試用期間を経て同月21日から本採用に登用が予定され、試用期間中は月額金13万8,130円の、本採用後は月額金14万4,430円の給与が支給され、毎年、基本給の6か月分を下らない賞与が支給され、毎年4月昇給率6パーセントを下らない昇給が見込まれていることが、確実であるとはいえないにしても、相当程度の蓋然性があるといえなくはないのであるから、これらを斟酌して亡Aの昭和55年度賃金センサス第1巻第1表の企業規模計・男子大学卒の各年齢層別の給与額に照応する給与額を試算して比較してみると、右賃金センサスによる給与額を下回るものではないことが認められる。

そこで右賃金センサス第1巻第1表の企業規模計・男子大学卒の給与額を基礎として、亡Aの控え目な逸失利益を算出することとするが、この場合、各年齢層別の給与額を基礎とすることも相当として是認すべきであるから（最高裁昭和43年12月17日三小法廷判決参照）、亡Aの就労可能期間を昭和55年4月1日（満22歳）から昭和100年3月31日（満67歳）までとし、その全期間を通じて収入の5割を生活費として控除して、各年齢層別の年間の純収入を求め、これにより昭和55年4月1日現在の一時払額を算出するため、新ホフマン係数によつて中間利息を控除して合算すると金5,391万3,629円となる。」

＊大阪地判昭和58・2・25交民集16巻1号253頁……犬に引っ張られて車道上に出て来たA（78歳・男。金網製作業者）がY（16歳・高校2年生。免許有り）の自動二輪車に跳ねられて5日後に死亡した事故の逸失利益（新ホフマン方式で算定）（過失相殺1割）。

【判　旨】
「Aの事故当時の年齢が78歳であることからすると、Aの就労可能年数は3年と認めるのが相当である。

そこで、Aの家業における労働価値評価分年収223万1,000円から生活費として4割を控除し、これに就労可能年数3年に対応する新ホフマン係数2.731を乗じて得た365万5,716円がAの逸失利益と認めることができる。」

＊横浜地判昭和58・9・30判時1097号91頁、判タ516号168頁……鉗子分娩を実施したY医師に分娩を遅延させた過失があり、新生児A（女）が仮死状態で出生した場合のAの逸失利益（生存事例）。

【判　旨】
「原告Aは、労働能力を100パーセント喪失し、終生これを回復することが不可能である。

そこで、原告Aの就労可能年数を満18歳から満67歳までの49年間とし、昭和56年度賃金センサスの産業計、企業規模計、学歴計、年齢計の女子労働者の年間平均給与額を基準として、ライプニッツ係数を用いる方式により、同人の得べかりし利益の現価を計算すると次のとおりとなる。

195万5,600円×(19.2390－11.6895)＝1,476万3,802円」。

＊横浜地判昭和59・2・20交民集17巻1号172頁……交通事故死亡被害者A（31歳・男。スーパー店員）の逸失利益。

【判　旨】
「Aは、勤務成績良好であり、株式会社C屋が近い

〈2-3〉逸失利益

将来解散してしまうなど、Aが職を失うことを予測させる資料は見当たらないから、同社において定年である60歳に至るまで、降格、降給などされることなく稼働し続け、定年後も、退職時の給与に近い収入を挙げるとは予測し難いものの、大学卒業者中同年齢の者の平均賃金と同額の収入は得ると推認しうる。そこで、本給については少なくとも、昭和56年4月1日から実施された本給表に基づいて、年毎に昇給し、職能給も毎年少なくとも4,200円ずつ昇給し、役職手当、家族手当、住宅手当は減額されることがないものと推定すべきである。（中略）そこで、本給、家族手当、住宅手当、役職手当について、60歳までの分の事故時現価を求めると、別紙計算書のとおり、2,554万4,811円となり職能給について、60歳までの分の事故時現価を求めると、別紙計算書のとおり、2,927万6,899円となり、その後Aの稼働可能年齢と認める67歳までの分を、昭和55年賃金センサスから、産業計、企業規模計、大学卒男子労働者のうち60歳を含む年齢帯の平均年収476万6,900円を採って、事故時現価にすると670万831円となる。計算上、中間利息の控除は、年5分の割合によるライプニッツ式により、（中略）Aの逸失利益はこのようにして6,152万2,541円と計算された。そしてこのうちから生活費として3割5分（《証拠略》よれば、Aは未だ独身であったが、長男として家計を支え、同居の原告Bや、稼働能力のない原告Cの生活がAの収入にかかり、同人もこれを弁えていたことが認められ、この事実を考慮すると右の割合が相当である。）を減ずると、3,998万9,651円となる。」

＊神戸地判昭和58・2・28交民集16巻1号274頁……Yがマンションの駐車場の近くで左折した際に、飛び出してきた被害者A（1歳9ヶ月・男）に気付かず折衝・転倒・轢過し、周囲の大人がそれを知らせたが気付かず、後進して再び轢過してAを死亡させてしまった事故の逸失利益（ホフマン方式で算定）（過失相殺1割）。

【判　旨】

「亡Aは、昭和52年9月16日生れで、満1歳9月であるから、満18歳から満67歳まで就労可能として、昭和54年度賃金センサス第1巻第1表の企業規模計、産業計、男子労働者学歴計の「18歳～19歳」の年間平均賃金142万4,300円を基礎とし、生活費控除を50パーセントとして亡Aの逸失利益を算定すると金1,190万4,299円〔1,424,300円×（1－0.5）×16.716（ホフマン係数）＝11,904,299円〕となる。」

＊前橋地判昭和59・5・7交民集17巻3号644頁……路上停車中のY車のドアが突然開き、走行中の自転車のA（39歳・男。尺八用の竹の販売業者）がドアに衝突・転倒し、対向車線走行のZ車に轢かれて死亡した事故でのAの逸失利益（ホフマン方式で算定）（過失相殺1割5分）。Zは自賠法3条ただし書により免責。

【判　旨】

「亡Aは、昭和17年1月7日出生の健康な男子であり、生前に尺八用の竹の販売及び尺八の製造販売を営んでいたが、昭和54年度における年間所得金額は570万円で、昭和55年度のそれは600万円であったことが認められる。

したがって、右両年度の所得金額の平均値である年額585万円を基準とし、その生活費割合を35パーセントとみて、年毎のホフマン式計算法によって稼動可能年数28年間の逸失利益を算定すると、6,548万2,852円（円未満切捨）となる。」

＊東京地判昭和59・6・29交民集17巻3号883頁……交差点で赤信号無視・制限速度超過の大型トラックに衝突されて死亡した自動二輪車のA17歳・男。中卒有職者））の逸失利益（ライプニッツ方式で算定）（過失相殺4割）。

【判　旨】

「亡Aが死亡当時中学卒の独身男子有職者であり、年齢満17歳であったことは前段認定の事実及び成立に争いのない甲第4号証と原告B本人尋問の結果によってこれを認めることができ、右認定を左右すべき証拠はない。したがって、亡Aの逸失利益は次の式により計算されるべきである。

（一）〔（23万3,200円×12）＋64万4,500円〕＝344万2,900円。（57年センサス産業計・企業規模計・学歴別（小・中学卒）男子労働者全年齢平均賃金）」

＊岡山地笠岡支判昭和59・9・5交民集17巻5号1234頁……自転車同士の衝突事故で死亡したA（74歳・男。家族で農業）の逸失利益（農業への寄与度7割・稼働可能年数4年と認定）（過失相殺6割）。他に、加害者Bが12歳11ヶ月なのでBの責任能力を否定してBの両親に714条責任を認定。

【判　旨】

「家族で農業を営んでいたことが認められるから、Aの寄与率を7割と評価すると、同人の年収は年51万2,561円となる。（中略）就労可能年数　4年と認めるのが相当である。なおホフマン係数は3.564となる。

生活費控除　35パーセントと認めるのが相当である。逸失利益は左のとおりである。

512,561×（1－0.35）×3,564＝1,187,398」円。

＊京都地判昭和59・9・27交民集17巻5号1364頁……Yの貨物自動車との正面衝突で死亡した普通自動車運転のA（52歳・男。会社員）の逸失利益（転職前の収入を含めず、転職後3ヶ月の収入の平均を基礎に算定）。

【判　旨】

〈第2章〉生命侵害と財産的損害の賠償請求

「Aの逸失利益の算定の基礎となる収入額は原告主張のように昭和57年度の退職前のユニチカからの収入とS合成株式会社からの収入の合計額436万4,108円ではなく、事故当時勤務していたS合成株式会社からの確実性の高い昭和57年12月より同58年2月までの収入の平均月額28万9,555円（《29万6,805＋27万6,930＋29万4,930》÷3）によるのが相当である。

ところで同人は本件事故により死亡しなければ満67歳まで15年間稼働でき、その間少なくとも1か月右金額程度の収入を得ることができたものと推認でき、これを基礎として右稼働期間を通じて控除すべき生活費を3割とし、中間利息の控除につき新ホフマン式計算法を用いて死亡時における同人の逸失利益の現価を求めると（中略）金2,670万8,669円となる。」
＊大阪地判昭和59・12・25判タ550号190頁……学校の休み時間のプロレスごっこで右眼を失明したA（13歳・男。中学2年生）の逸失利益（生存事例）。
【判　旨】
「原告Aは、本件事故当時満13歳の男子であつて、A本人の供述によればAは少なくとも高校卒業後就職し稼働を開始したい意向を有することが認められ、67歳に達するまで十分稼働しうるものと考えられる。

そして、〈証拠〉によれば、Aの受傷した昭和58年度の賃金センサス第1巻第1表の産業計、企業規模計、男子労働者学歴計の年令別年間合計額の18歳の項の賃金の年額は、171万100円であることが明らかである。

そして、前記認定によれば、Aの後遺症は、自動車損害賠償保障法施行令第2条別表の後遺障害等級第7級に該当するものと考えられ、労災補償の実務のための通達（労働基準監督局長基通牒昭和32年7月2日基発第551号）によれば、労働能力喪失率は100分の56である。

そこで、Aの後遺症による逸失利益を年別ホフマン式計算法により年5分の割合による中間利息を控除して本件事故当時の現価を算定すると2,053万3,389円となるが、主張どおり1,991万6,873円の限度でこれを認めることとする。」
＊＊東京地判昭和60・5・10交民集18巻3号691頁……Bの交通事故車に同乗の妻A（38歳・女。主婦兼七宝焼教室経営）の重傷と逸失利益（過失相殺の類推適用で4割減額）（生存事例）。
【判　旨】
「原告Aは、昭和10年2月18日生で、短期大学を卒業したのち24歳で原告Bと結婚し、家庭の主婦として家事に従事するかたわら本件事故当時は七宝焼の教室を開設していたもので、本件事故により受傷しなければ少なくとも症状固定時（昭和52年8月4日）の満42歳から満67歳までの25年間稼働可能であり、その間昭和52年から昭和57年までは各年度の、昭和58年以降は昭和58年度の賃金センサス第1巻第1表産業計・企業規模計・学歴計の女子労働者全年齢平均給与額と同額の収入を得られたはずであるところ、本件事故により等級表第1級に該当する後遺障害を被り、その労働能力を100パーセント喪失したことが認められ、右認定を覆えすに足りる証拠はない。

よつて、右認定の収入を基礎としてライプニッツ式計算法により年5分の割合による中間利息を控除してAの逸失利益の症状固定時における現価を算定すると、その合計額は、（中略）金2,800万2,254円となる。」
＊横浜地判昭和60・5・14判時1168号99頁、判タ562号173頁……Yが知り合ったばかりのA（21歳・男。美術学校生）を事故のバイクの後部座席に乗せて走行中に事故を起こし、Aを死亡させた場合のAの逸失利益。
【判　旨】
「満21歳の男子の平均余命は51.53年であるから、亡Aは、本件事故に遭遇しなければ、前記美術学校卒業後満25歳から満67歳に達するまでの42年間に毎年前記平均年間給与額より生活費としてその5割を控除した残額81万2,100円の収益を得ることができたとみるのが相当であり、いまライプニッツ方式（ライプニッツ系数14.334116）により本件事故当時の現価を算出すると、1,164万735円となることが計数上明らかである。」
＊佐賀地判昭和60・7・16交民集18巻4号993頁……A（症状固定時29歳・男。会社員）がタクシーから降車して、さらに後部座席で泥酔している友人Bを降ろそうとしていたところに、後続のY車がタクシーに衝突し、飛ばされて、AがY車の下敷きになり、瀕死の重傷で植物状態になった事故の逸失利益（生存事例）。
【判　旨】
「原告Aは症状固定とされた昭和59年6月30日現在29歳の健康な男子であり、本件事故がなければ少なくとも67歳までの38年間は稼働可能であり、年収256万6,272円程度の収入を得ることができたと考えられるところ、本件事故による後遺障害のため労働能力を生涯にわたつて全部喪失したことが認められるので、その間の逸失利益をホフマン式計算法により年5分の中間利息を控除して事故当時の現価を算出すると（中略）5,076万3,940円となる（事故後2年から40年までとして算出）。」
＊神戸地判昭和60・9・17判タ588号84頁……下水道工事現場を自転車に子Bを乗せて通行中のA（27歳・女。主婦）がパワーショベルと壁の間に挟まれて顔面や頭部に重傷を負い、顔の外貌・身体の神経等に回復不能な重度の後遺障害が残った悲惨な事故でのAの逸失利益（生存事例）。

## 〈2-3〉逸失利益

【判旨】
「後遺症による逸失利益，金3,422万円。前記1掲記の証拠及び当裁判所に顕著な事実によると，請求原因3（三）（3）記載のとおりであると認められる。（211万200円（年収）（S・58・賃金センサス）×0.8（労働能力喪失率）×20.275（新ホフマン係数）＝3,422万7,444円）」。

＊名古屋地判昭和60・11・15交民集18巻6号1498頁……乳母車を押して道路を横断中，Y車に衝突され死亡したA（72歳・女。農業，園芸店員および家事手伝い）の逸失利益（6年間の稼働能力を認め，新ホフマン方式で算定）（過失相殺1割5分）。

【判旨】
「Aは老齢ではあるが原告方の農業，園芸店及び家事手伝いに従事していたことが認められ右労働は家事使用人としての労働及び家事労働と目すべきものであり，その逸失利益額は昭和58年賃金センサス女子労働者65歳以上の平均賃金の年間合計金199万5,600円を基準とするのが相当である。（中略）Aは格別病気もしておらず，健康であつたことを認めることができ，本件事故以降，72歳の平均余命12.87年の約2分の1である6年間は，右の財産上の利益をあげることができたとするのが相当である。従つてAの逸失利益の本件事故時における現価は右金額を基礎とし，生活費控除の割合を収入額の50パーセントとして，中間利息を新ホフマン式計算によつて控除して算出した金512万2,306円とするのが相当である。」

＊福島地判昭和60・12・2判時1189号85頁，判タ580号34頁……昭和46年10月出生の未熟児A（男）の網膜症罹患と逸失利益（生存事例）。

【判旨】
「Aが本件診療における酸素投与によって本症に罹患し両眼失明の傷害を受けたことは前記のとおりであり，Aの労働能力喪失率は100パーセントであると言うべきである。そして，Aは，右失明に至らなかったならば，満18歳から満67歳までの49年間稼働し，平均的な男子労働者と同様の収入を取得しうることが推認される。

当裁判所に顕著な労働大臣官房労働統計調査部編集の昭和46年賃金構造基本統計調査報告第1巻第1表産業計，企業規模計，学歴計，男子労働者全年令平均給与額は月額7万6,900円，年間賞与その他の特別給与額は24万9,400円であるから，これらを基礎に新ホフマン係数によってAの逸失利益を算出すると，全1,924万6,586円となる。」

＊＊長野地上田支判昭和61・3・7労働判例476号51頁……生コン製造会社で危険な業務に従事する社員A（20歳・男。会社員）の死亡事故での逸失利益。

【判旨】
「Aは，被告Y会社に昭和57年2月入社したが，Yの賃金体系ははっきりせず，基本給，賞与の基準，昇給の基準等すべてが曖昧である。（中略）本件事故当時のAの収入は著しく低額であり，これを基準に将来の逸失利益を計算することは合理性に欠ける。無職者あるいは年少者につき一般になされている逸失利益の計算方法との均衡の点からしても，男子の全年令平均年収から生活費割合を控除し新ライプニッツ係数を乗ずる計算方法が本件の如き事案においては最も合理性を有する。

従って，昭和58年賃金センサス男子全年令平均年収金392万3,300円を基準とし，生活費の割合を40パーセントとして0.6を乗じ，さらに20才の新ライプニッツ係数17.981を乗じる計算方法により算定された金4,232万6,914円がAの逸失利益というべきである」。

＊東京地判昭和61・5・22交民集19巻3号640頁……道路左端を歩行中，後部からY車に衝突されて死亡したA（29歳・女。主婦兼看護婦）の逸失利益。

【判旨】
「亡Aの死亡時の本給は，月額11万9,500円であったことが認められるが，前示の昭和59年度の賃金センサス第3巻第3表，職種看護婦（女），企業規模計の全年齢平均給与額における「きまつて支給する現金給与額のうち所定内給与額」が月額19万円であり，同賃金センサスの満60歳ないし満64歳の平均給与額におけるそれが月額21万2,100円であることを考慮すると，亡Aの退職金算定にあたつて基礎とすべき本給額は，原告ら主張にかかる月額19万3,700円をもつて相当と認めることができる。

したがつて，右月額を基礎とし，これに満60歳までの勤続年数である36年を乗じ，生活費として35パーセントを控除したうえ，ライプニッツ式計算法により年5分の割合による中間利息を控除して，亡Aの退職金の逸失利益の現価を算定すると，（中略）99万8,980円（1円未満切捨）となる。」

＊千葉地判昭和61・7・25判時1220号118頁，判タ634号196頁……Y救急病院が医師法19条1項の応召義務違反による診療拒否をし，結果として気管支肺炎で死亡した救急患者A（1歳・女）の逸失利益。

【判旨】
「Aは，死亡当時1歳1か月の女児であったので，稼働年数は49年と認めるのが相当である。そしてAが死亡した昭和54年度の賃金センサス第1巻第1表全国性別・学歴別・年令別平均給与表によれば，18ないし19歳の女子労働者がきまって支給される現金給与額が月9万4,700円で，年間特別給与額が11万5,200円であるから，1年間の平均収入は125万1,600円であり，右期間を通じて控除すべき生活費を5割とするのが相当

## 〈第2章〉生命侵害と財産的損害の賠償請求

であるから、中間利息の控除につきライプニッツ式年別複利式計算法を用いて死亡時における順子の逸失利益の現価額を算定すれば、(中略)金1,136万9,986円となる。」

＊福岡地小倉支判昭和61・9・1交民集19巻5号1215頁……スイミングクラブの送迎バスから降りた際、忘れ物をしたのでバスに再度乗ってそれを取ろうとしたA(9歳・女。小学生)の手を挟んだままバスが発車してしまい、Aが路上に振り落とされ、バスに轢かれて死亡した事故のAの逸失利益。

【判　旨】

「公刊されている昭和49年簡易生命表によれば、Aは本件事故により死亡しなければ、なお71年生存したと認められ、この間22歳から67歳までの45年間稼働できたと推認することができる。

そこで、Aの年収を原告ら主張の額(但し、ベースアップについては不確定で予測し難いから認めない)とし、生活費控除割合を35パーセント、現価はライプニッツ式によるものとしてAの逸失利益を算出すると次のとおりとなる。算式 (19万6,500×12+65万5,700円)×(1－0.35)×9.426＝1,846万4,638円(円未満切捨)」

＊長野地判昭和61・9・9判時1208号112頁、判タ622号173頁……Yの車とBの自動二輪車の衝突事故で、B車の後部に同乗していたA(15歳・女)が投げ出され頸椎骨折により死亡した事故でのAの逸失利益。

【判　旨】

「Aが死亡当時満15歳であったことは当事者間に争いがなく、《証拠略》によればAは健康な女子であったことが認められる。そうすると、Aは、満18歳から満67歳までの49年間稼働しえたはずであり、年間平均、昭和59年賃金センサスによる産業計、企業規模計、学歴計の女子労働者の年収額218万7,900円と同額の収入を得ることができたであろうと推認されるから、これを基礎として、右稼働期間を通じて控除すべき生活費を35パーセントとし、ライプニッツ計算法により中間利息を控除して(ライプニッツ係数15.695)死亡時におけるAの逸失利益の現価を算定すると2,232万408円となる。」

＊津地判昭和61・12・25判時1233号127頁、判タ627号232頁……昭和55年8月出生の未熟児A(女)が、Y病院の過失により網膜症に罹り、右眼失明左眼視力0.02になった場合の逸失利益(生存事例)。

【判　旨】

「原告Aに生じた後遺症(右眼失明、左眼視力0.02)に照せば、Aは将来にわたりその労働能力の100パーセントを喪失したとみるのが相当である。そして、18歳から67歳までの就労可能期間49年間の得べかりし労働収入は、昭和55年度賃金センサスによる全女子労働者の平均年間給与額183万4,800円を基準として、原告美佳の労働能力喪失による逸失利益の現価をライプニッツ方式により年5分の中間利息を控除して算定すると、(中略)1,385万1,822円となる。」

＊大阪地判昭和61・12・25判時1247号111頁、判タ642号217頁……承諾殺人被害者A(41歳・男)の逸失利益(過失相殺8割)。

【判　旨】

「Aは、大学卒であつて、死亡当時41歳の健康な男子であつたことが認められるので、本件不法行為により死亡しなければ、67歳までなお26年間就労可能であり、そうすると、労働省統計情報部作成の昭和57年度賃金センサスによれば、産業計、企業規模計、新大卒男子労働者の41歳の平均年収は、原告主張の金469万1,800円以上であるから、Aも右同額の収入を得られたものと推認され、更にAの右稼働期間を通じて控除すべき生活費は5割が相当であるから、以上を基礎にホフマン式計算法を用いて年5分の割合による中間利息を控除の上訴外人の死亡時の逸失利益を計算すると、原告主張のとおり金3,842万1,150円(中略)となる。

そして、前記1に認定の事実によれば、Aの死亡については、Aの承諾が存したことが認められるのであるから、Aが死亡するに至つたことについては同人自身にも過失の存したことは明らかであるというべきであり、右事実のほか本件にあらわれた一切の事情を考慮すると右損害については過失相殺の法理によりAの過失割合を8割と認めて賠償額を算定するのが相当である。」

＊金沢地判昭和62・6・26判時1253号120頁……注文者の支配する場所では注文者が請負人A(56歳・男。金網張替業)の死亡に対して責任を負う場合の逸失利益(過失相殺7割)。

【判　旨】

「Aは(中略)少なくともあと11年は就労可能であったこと、当時年間180万8,000円を下らない額の純収入を得ていたことが認められる。そこで、生活費控除を30パーセントとして新ホフマン方式により年5分の割合による中間利息を控除して(11年の新ホフマン係数は8.59)計算すると(中略)Aの死亡による同人の逸失利益は、(中略)1,087万1,504円となる。」

＊静岡地沼津支判昭和62・10・28判時1272号117頁、判タ671号187頁……中学校の課外部活動でテニスコートを整備中にローラーに轢かれて死亡したA(12歳・男。中学生)の逸失利益(過失相殺3割)。

【判　旨】

「亡Aは(中略)本件事故により死亡しなければ、満18歳から満67歳までの49年間は稼働し得たものと推

〈2-3〉逸失利益

認される。そして、賃金センサス（昭和60年度）第1巻第1表によれば、産業計、企業規模計、男子労働者学歴計、年齢計の平均年間給与額は422万8,100円とされているから、亡Aは18歳から67歳まで年間平均右と同額の収入を得ることができたであろうと推認でき、これを基礎として、右稼働期間を通じて控除すべき生活費を5割とし、中間利息の控除につきライプニッツ式計算方法を用いて死亡時における亡Aの逸失利益の現価額を算定すれば、（中略）金2,866万1,867円となる」。

＊東京地判昭和62・12・21判時1287号95頁……飲酒した交通事故被害者A（38歳・男。靴職工）が搬送されたY病院の過失もあって死亡した事故の逸失利益（過失相殺の類推適用により5割を減額）。

【判　旨】

「亡Aは死亡当時38歳の男子であって、死亡当時、自営の靴職工であったこと、死亡前年の年収（専従者である原告Bの給与分を除く。）は、230万円であったことが認められる。そして、亡Aは存命しておれば、満67歳まで29年間は就労可能であったものというべきであるから、生活費として30パーセントを控除し、ライプニッツ式計算法により年5分の割合による中間利息（ライプニッツ係数は15.1410）を控除して亡Aの逸失利益の現価を算定すると、（中略）その合計額は、2,437万7,010円となる。」

＊大阪地判昭和63・6・27判時1294号72頁、判タ681号142頁……野犬に噛み殺されたA（4歳・女）の逸失利益。

【判　旨】

「昭和57年簡易生命表によると、4歳の女子の余命が76.26年であることは弁論の全趣旨から認められるから、Aは少なくとも18歳から67歳までは就労可能であって、この間女子労働者の平均収入に相当する収入を得ることができたと考えられる。そこで、当裁判所に顕著である昭和57年賃金センサスの産業計・企業規模計・女子労働者18歳の平均収入に基づき、かつ、収入の2分1の生活費を要するものとして、Aの得べかりし利益の現価を新ホフマン式により計算すると、1,271万6,669円になることが認められる。」

＊東京地判昭和63・9・16判タ686号226頁……Y産科医院で夜間インターホンが切られていたため、産婦Xが連絡を取れず、新生児A（男）を墜落分娩してその後しばらくしてAが死亡した事故でのAの逸失利益。

【判　旨】

「Aは（中略）本件事故により死亡しなければ、満18歳に達した18年後から満67歳に達する67年後までの49年間就労し、この間、全労働者の平均的収入を得られたはずであることを認めることができるから、Aの死亡当時における逸失利益の額を計算すると、（中略）金1,596万20円となる。」

＊大阪地判平成1・3・10交民集22巻2号353頁……鈴鹿サーキットで、レース用のオートバイでスポーツ走行中、後続車と接触・転倒して死亡したA（18歳・男。高校3年生）の逸失利益（過失相殺5割）。

【判　旨】

「Aは、本件事故当時満18歳の健康な男子で、大学進学率の高い府立高校に3年生として在学中で、共通一次試験受験の手続も終えて大学受験の準備中であり、Aの父母である原告らはAを大学に進学させる十分な資力を有していたことが認められるから、Aは、本件事故に遭わなければ、大学を卒業する22歳から67歳までの45年間就労可能であり、その間毎年少なくとも昭和62年賃金センサス第1巻第1表、産業計、企業規模計、旧大・新大卒の20歳ないし24歳の男子労働者の平均賃金年額254万7,000円程度の収入を得ることができるはずであったと推認することができ、その間のAの生活費は右収入の2分の1であると認めるのが相当である。そこで、右年収を基礎に、生活費として収入の2分の1、ホフマン式計算法により年5分の割合による中間利息をそれぞれ控除して、Aの逸失利益の死亡時における現価を算出すると、2,655万4,894円となる。」

＊京都地判平成1・3・17交民集22巻2号398頁……交通事故死亡被害者A（32歳・男。1級建築士）の逸失利益。

【判　旨】

「Aは事故前1年間に金817万円の収入を得ており、就労可能年数は35年であるから、金817万円に19.91745（35年に相当する新ホフマン係数）を乗じ、経費としてその2割を控除し、残額から生活費としてその3分の1を控除すると、Aの逸失利益は（中略）金8,678万6,968円となる。」

＊浦和地判平成1・3・24判時1343号97頁、判タ714号91頁……市管理の水路への幼児A（5歳・女）の転落死の逸失利益（保護責任者である両親の過失相殺4割）。

【判　旨】

「Aは、（中略）本件事故にあわなかったならば満18才から満67才までの49年間は稼働し、少なくとも昭和61年「賃金センサス」第1巻第1表の産業計・企業規模計・学歴計女子労働者の年間平均賃金238万5,500円の収入額を得ることができたものと推認されるので、右の額を基礎として、右稼働期間を通じて控除すべき生活費を3割とし、中間利息の控除につきライプニッツ式計算式を用いて死亡時におけるAの逸失利益の現価を算定すると、（中略）1,608万9,004円となる。」

〈第2章〉生命侵害と財産的損害の賠償請求

＊静岡地判平成1・10・16交民集22巻5号1138頁……
交通事故死亡被害者A（18歳・男。定時制高校生兼レストランのアルバイト）の逸失利益。
【判　旨】
「亡Aは，本件事故にあわなければ，右高等学校卒業後48年間（19歳から67歳まで）就労することが可能であり，その間少なくとも原告ら主張の年収金額442万5,800円の収入を得ることができたものと推認するのが相当であり，右金額を基礎とし，右金額から生活費として5割を控除し，ライプニッツ方式により年5分の割合による中間利息を控除して，亡Aの逸失利益の死亡時における現価を計算すると，（中略）金4,000万2,814円（円未満切捨て）となる。」

＊名古屋地判平成1・10・31交民集22巻5号1242頁
……交通事故死亡被害者A（53歳・女。N交通局協力会勤務）の逸失利益（新ホフマン方式で算定）。
【判　旨】
「亡Aは，（中略）死亡前1年間の給与は169万1,244円であつたことが認められ，また，亡Aが原告Bと同棲して家事にも従事していたと認められることは前記認定によつて明らかである。
　従つて，亡Aの逸失利益は，右給与及び家事労働の対価を合算すると，53歳の女子年齢別平均給与年額である233万1,600円を下回ることはないと認められる。そこで，亡Aの就労可能年数は14年であるから，これに対応する新ホフマン係数は10.409であり，生活費40パーセントを控除すると，その逸失利益は1,456万1,774円となる。」

＊大阪地判平成1・10・30判時1354号126頁，判タ718号165頁……Y病院で頸椎固定術の手術を受け，病院側の過失で四肢麻痺等の後遺障害（等級2級）が残ったA（51歳・男。職業不詳）の逸失利益（生存事例）。
【判　旨】
「原告Aの第1回手術前の年収は金247万8,000円であると認められる。（中略）右障害による原告Aの労働能力喪失の割合は80パーセントと認めるのが相当である。
　そこで，原告Aの逸失利益を算定するに，右認定の金247万8,000円に原告Aの労働能力喪失割合である80パーセントを乗じ，さらに原告Aの障害年金年間受給額である金97万3,200円を控除したものに，原告Aの症状固定時である昭和55年8月18日当時の原告Aの年齢51歳の就労可能年数16についての新ホフマン係数11.536を乗じた金1,164万2,131円が，原告Aの逸失利益となる。」

＊神戸地判平成1・11・15交民集22巻6号1306頁……
交通事故死亡被害者A（27歳・女。クラブホステス。B男と同棲中）の逸失利益（ホフマン方式で算定）（過失相殺4割）。
【判　旨】
「Aがクラブホステスとして稼働していたことを考慮すると，他にAの将来の得べかりし利益について主張立証のない本件においては，同人は，経験則に照らし，27歳から67歳までの40年間平均して賃金センサス第1巻第1表集計の学歴計・産業計・企業規模計による女子労働者の27歳平均賃金と同程度の収入を得ることができたものと推認するのが相当であり，右認定を左右するに足る証拠はない。
　そこで，昭和61年度における右平均賃金256万2,800円を基礎とし，生活費を40パーセント控除し（前記(1)で認定の事実によると，Aは，主婦に準ずるものとして扱うのが相当である。），新ホフマン式計算法により年5分の割合による中間利息を控除して逸失利益の現価を算出すると次のとおり金3,327万9,393円（円未満切捨て）となる。」

＊＊東京地判平成1・11・21交民集22巻6号1322頁
……妻Bが中心で経営している割烹料理店の経営者A（42歳・男）が交通事故死した事故でのAの逸失利益。
【判　旨】
「亡Aの逸失利益は，同人が本件事故当時，給与等として現実に得ていた400万円を基礎とし，就労可能年数を67歳までの25年，生活費についてその収入の40パーセントとして，ライプニッツ方式（係数14.0939）により中間利息を控除して本件事故時における現在価額を算定するのが相当であるから，3,382万5,360円となる。」

＊仙台地判平成1・11・30交民集22巻6号1363頁……
車同士の衝突交通事故で脳損傷を負い翌日に死亡したA（30歳・女。主婦兼パート勤務）の逸失利益（新ホフマン方式で算定）（シートベルト付着用等による過失相殺5割5分）。
【判　旨】
「本件のように時間給による収入のある主婦の逸失利益を算定するにあたつては，一般に無職の主婦が，女子労働者の平均賃金を基礎として損害賠償を請求しうることとの権衡からして，右時間給による収入が平均賃金を下回る場合には，平均賃金を基礎として算定し，その平均賃金は，全国平均によるのが相当である。
　そうすると，賃金センサス昭和60年第1巻第1表女子労働者学歴計年齢別平均給与額から30歳の年収額が金256万5,300円であることは当裁判所に顕著であり，それに生活費控除を4割行ない，新ホフマン式計算法により中間利息を控除し（新ホフマン係数20.6254），本件事故当時の原価に引き直すと亡Aの逸失利益は3,174万6,203円となる。」

＊横浜地判平成1・12・21交民集22巻6号1438頁……

〈2-3〉逸失利益

交通事故死亡被害者A（2歳・男）の逸失利益（ライプニッツ方式で算定）（過失相殺3割）。
【判 旨】
「訴外Aは（中略）本件事故に遭遇しなければ18歳から67歳に至るまで就労可能で，その間少なくとも昭和62年度賃金センサス男子労働者産業計，学歴計，全年齢平均額である442万5,800円を下らない年収を得ることができたから，これから生活費として50パーセントを控除し，ライプニッツ方式による年5分の割合による中間利息を控除すると，その現価は，（中略）1,841万8,630円にな」る。
＊東京地判平成1・12・25交民集22巻6号1466頁……交通事故死亡被害者A（58歳・女。看護師）の逸失利益（過失相殺4割）。
【判 旨】
「右得べかりし利益を喪失したことによる本件事故時における損害の現価を算定するに当たつては，右（2）の退職金差額を除くその余の得べかりし利益については生活費として収入の40パーセントを控除するのが相当であり，また，本件事故時と右各収入を得べき時との間の中間利息を控除すべき筋合いであるが，計算がいたずらに煩雑となるからこれを控除しないこととし，但し原告らに右中間利息相当分の利得を得せないために本件事故の日からの遅延損害金はこれを付さないこととする。そうすると，Aの逸失利益は，計算上2,264万5,159円となる。」
＊静岡地判平成2・2・26交民集23巻1号172頁……交通事故死亡被害者A（69歳・女。無職）の逸失利益。
【判 旨】
「亡Aの逸失利益の死亡時における現価は，年収額を金200万円とし，右金額から生活費として5割を控除し，就労可能期間5年間に対応する新ホフマン係数4.3643を用いて年5分の割合による中間利息を控除して次の計算式により算出される金436万4,300円と認めるのが相当である。」
＊浦和地判平成2・2・27交民集23巻1号185頁……自転車で走行中のA（51歳・男。検察事務官）が飲酒運転のY車に轢かれて死亡した事故でのAの逸失利益。
【判 旨】
「給与に関する逸失利益　金3,278万3,108円。
（1）本俸及び昇給・昇格について
（中略）亡Aは，本件事故当時，（中略）本俸月額33万9,900円を受けていたことが認められる。この事実と右一般職の職員の給与に関する法律8条及び人事院規則9−8第34条の2とを併せ考えれば，満56歳に至る平成4年までの間は毎年1回1号俸ずつ本俸給表の7級18号俸まで昇給し，満56歳に達した日以後は平成5年及び平成7年7月に各1回1号俸ずつ右俸給表の7級20号俸まで昇給していくものと認められる。（中略）しかしながら，昇格は，その時の定数等との関係もあり，また昇給と趣を異にし将来に向けた諸々の人事上の判断に依存すると考えられるから，亡Aが存命であれば昇格したであろうという前提で逸失利益を計算することは相当でないと考える。
（2）諸手当について
（中略）亡Aは，本件事故当時，右本俸のほかに，1か月当たり，調整手当金3万4,440円，扶養手当金4,500円及び住居手当金1,000円を受けていたことが認められ，（中略）亡Aが退職するまで本俸及び扶養手当の合計額の100分の10の調整手当，前記同額の扶養手当及び住居手当をそれぞれ受け得たものと認めることができる。また，（中略）期末手当として，前記本俸及び調整手当並びに扶養手当の合計額に，毎年3月には100分の50，同6月には100分の140，同12月には100分の190を乗じた額を，勤勉手当として前記本俸及び調整手当並びに扶養手当の合計額に，毎年6月には100分の50，同12月には100分の60を乗じた額を支給されることとされているので，亡Aは退職するまで，右同額の期末手当及び勤勉手当を受け得たものと認められる。
（3）物価変動に伴ういわゆるベースアップについて
（中略）国家公務員一般職の給与のベースアップについては（中略）社会・経済の変動に左右される面が強く，今後も少なくとも年2パーセントのベースアップがあると推断することは困難である。
（4）生活費控除
（中略）亡Aの被扶養者は原告ゑい1人であつたことが認められ，右事実によれば亡Aの逸失利益算定に際しての生活費控除は4割が相当である。
（5）以上の事実を総合し，亡Aが昭和61年8月以降定年退職する平成8年3月31日に至るまでの各1年間に受領し得うべき金額を計算すると，別表7「給与等所得額計算表」に記載のとおりの金額となり，この金額からホフマン式計算法により年5分の中間利息を控除して本件事故当時における現価を，生活費控除を4割として算定すると，別表7「給与に関する逸失利益計算表」に記載のとおり金3,278万3,108円となる。
（二）退職金に関する逸失利益　金48万7,974円
亡Aは，前記認定のとおり，本件事故にあうことなく右検察庁に勤務して平成8年3月31日定年退職したならば，国家公務員として通算36年5か月間勤務し得ることが認められ，したがつて，国家公務員等退職手当法5条1項及び昭和48年5月17日法律30号附則5,6,7項により，右定年退職時の退職金は，（中略）金1,635万4,704円になる。ところで，（中略）亡Aは死亡退職金として既に金1,586万6,730円を受領している

〈第2章〉生命侵害と財産的損害の賠償請求

ので，右現価から右既受領の死亡退職金を差引いた残金48万7,974円が亡Aの退職金に関する逸失利益である。

　(三)　退職後67歳に至る間の逸失利益　金948万1,678円

　(中略)亡Aが検察庁を定年退職した後再就職して満67歳になる平成15年7月31日までの間は，退職前年の年収の5割を下回らない収入を得られたものと認めるのが相当であり，亡Aの生活費は収入の4割とみるのが相当であるから，ホフマン式計算法によつて年5分の中間利息を控除して，本件事故当時における現価を算定すると，(中略)金948万1,678円となり，これが亡Aの退職後67歳に至る間の逸失利益である。

　(四)　退職共済年金に関する逸失利益　金1,279万8,895円

　(中略)国家公務員等共済組合法に基づき退職後平成8年4月から平成25年7月までの17年間にわたり，年額234万9,000円の退職共済年金を受給し得たことが認められ，その合計金額につきホフマン式計算法によつて年5分の中間利息を控除し，生活費はその4割とみるのが相当であるから，その生活費を控除して，本件事故当時における現価を算定すると，(中略)金1,279万8,895円となる。」

＊東京地平成2・3・8交民集23巻2号273頁……交通事故死亡被害者A（17歳・男。職業不詳）の逸失利益（男子全労働者平均賃金を基礎にライプニッツ方式で算定）（過失相殺3割）。

【判旨】

　「Aは（中略）本件事故に遭わなければ満18歳から満67歳までの間稼働することができ，その間の逸失利益は昭和61年度賃金センサス第1巻第1表の産業計・企業規模計・学歴計の男子全年齢平均賃金である434万7,600円を基礎とし，生活費の割合を5割とし，ライプニッツ式により年5分の割合による中間利息を控除して事故時の現価を求めると，3,761万5,435円（中略）となる。」

＊東京地判平成2・4・10交民集23巻2号436頁……交通事故死亡被害者A（30歳・女。会社員）の逸失利益（過失相殺3割）。

【判旨】

　「被害者は，(中略)年間261万3,152円の収入を得ていたものと認められるから，67歳までの37年間につき少なくとも右収入を得ることができたものと推認し，生活費を右年収の40パーセントとしてライプニッツ方式（係数16.7112）により中間利息を控除して被害者の本件事故時の逸失利益の現価を算定すると，(中略)2,620万1,343円となる」。

＊東京地判平成2・4・26交民集23巻2号513頁……交通事故死亡被害者A（21歳・男。大学4年生でS工業株式会社に就職内定済み）の逸失利益（過失相殺2割5分）。

【判旨】

　Aの逸失利益は「むしろ，賃金センサス昭和63年第1巻第2表F製造業，旧大・新大卒，男子全年齢平均，勤続年数計の賃金のうちの企業規模1,000人以上である575万円を基礎とするほうが妥当と言うべきである。

　そこで，前記の575万円を基礎とし，生活費の割合を5割とし，満22歳から満67歳までの間就労することができると考えられるから，ライプニッツ式により中間利息を控除して事故時における現価を算出すると，4,866万8,000円となる。」

＊横浜地判平成2・4・26交民集23巻2号526頁……交通事故死亡被害者A（18歳・男。工業高校3年生）の逸失利益。

【判旨】

　「逸失利益　4,134万円。(中略)亡Aは，(中略)本件事故にあわなければ，満18歳から稼働することができたものと認められる。昭和63年賃金センサス第1巻第1表の産業計・企業規模計・学歴計，全年齢平均の男子労働者の平均賃金である455万1,000円を基礎とし，就労可能期間は，満18歳から67歳までの49年間，生活費控除率を50パーセントとし，年5分の割合による中間利息の控除をライプニッツ式計算法で行うと，亡Aの逸失利益は，(中略)右金額となる。」

＊大阪地判平成2・4・26交民集23巻2号539頁……交通事故死亡被害者A（60歳・女。会社員）の逸失利益。

【判旨】

　「本件事故に遭遇しなければ，亡Aはなお，昭和61年簡易生命表に基づく60歳女子の平均余命の半分にあたる12年間就労可能であり，その間毎年少なくとも年間146万5,231円と同額の収入を得ることができるはずであつたと推認することができ，またその間の同女の生活費は，同女の年齢，家族関係，恩給法に基づく普通扶助料が支給されていたこと等の事情を考えれば，収入の4割と認めるのが相当であるから4割を控除することとし，ホフマン式計算法により年5分の割合による中間利息をそれぞれ控除して（その係数は9.215），同女の死亡による逸失利益の現価を計算すると810万1,262円となる。」

＊神戸地判平成2・6・21交民集23巻3号732頁……交通事故死亡被害者A（53歳・男。B社勤務の大工）の逸失利益（過失相殺3割5分）。

【判旨】

　亡Aの「就労可能年数を53歳から67歳までの14年間，算定基礎年収を金595万9,632円（49万6,636円×12＝595万9,632円），生活費を右収入の4割，中間利息を

〈2-3〉逸失利益

新ホフマン計数10.409により控除すると，亡Aの逸失利益は，（中略）金3,722万285円（円未満切捨て）となる。」

＊横浜地判平成2・10・25交民集23巻5号1310頁……車同士の衝突事故でA（20歳・男。会社員）の車が川に転落し，再就職1ケ月のAが溺死した事故の逸失利益（過失相殺4割）。

【判　旨】

「逸失利益　1,951万5,678円。Aは，（中略）平成元年6月1日，有限会社Mに入社したが，1カ月も経たないうちに，本件事故にあつたことが認められる（甲12）。そうすると，同社の給与に基づいて，Aの生涯の収入を計算するのは合理的といえず，むしろ，賃金センサスによる方が妥当であると思料される。したがつて，賃金センサス昭和63年第1巻第1表，企業規模計，産業計，男子労働者，新高卒の平均賃金による年収額434万1,400円を基礎とし，生活費割合を5割，就労可能年数47年としてライプニッツ方式により逸失利益を算定すべきである。」

＊大阪地判平成2・12・17交民集23巻6号1491頁……交通事故で脳挫傷等の重傷を負い，18日後に死亡したA（21歳・男。会社員）の逸失利益。

【判　旨】

「Aは本件事故に遭わなければ67歳まで46年間は就労可能で，その間毎年少なくとも本件事故当時の年収（訴外T株式会社からの給与及び賞与額201万1,419円にアルバイト収入月額6万5,600円の12か月分を加算した279万8,619円）程度の収入を得られるはずであつたと推認することができる。

そこで，右年収を基礎収入とし，右認定事実によれば，Aの生活費は収入の3割とみるのが相当であるからこれを控除し，ホフマン式計算法により年5分の割合による中間利息を控除して，同人の死亡による逸失利益の右死亡当時の現価を計算すると，（中略）4,610万3,301円となる。」

＊福島地いわき支判平成2・12・26判時1372号27頁，判タ746号116頁……いじめにより自殺したA（14歳・男。中学校3年生）の逸失利益。

【判　旨】

「Aは自殺当時満14歳の健康な男子であったことが認められるから，死亡しなければ，通常満18歳から満67歳まで就労可能であり，この間，少なくとも昭和60年賃金センサス男子高卒初任給年額184万9,600円の収入を得られたものと考えられる。

したがって，右年収をもとに，この間の生活費を5割控除し，中間利息年5パーセントをホフマン方式により控除して逸失利益の現価額を算出すると，184万9,600円（年収）×0.5（生活費控除）×（25.535（53年のホフマン係数）−3.564（4年のホフマン係数））＝2,031万8,780円となる。」

＊名古屋地判平成3・3・26交民集24巻2号432頁……交通事故死亡被害者A（19歳・男。大学生）の逸失利益（新ホフマン方式。「逆相続の場合は控えめに算定すべき」と判示）（過失相殺1割5分）。

【判　旨】

「亡Aの逸失利益算定の基礎となる収入は，賃金センサス（最新の時点の平成元年度のものを採用）第1巻第1表産業計企業規模計新大卒の年収によることとし，亡Aが大学卒業後，22歳から24歳までの2年間については当該年齢の平均年収279万7,200円，その後28歳（平均婚姻年齢）までの4年間については当該年齢の平均年収387万3,500円，それ以降就労可能と認められる67歳までの39年間についても控え目に右平均年収387万3,500円と認めるのが相当である。また，生活費控除率は，独身男性の場合として5割が相当であり，新ホフマン方式により年5分の割合による中間利息を控除して，亡Aの逸失利益の死亡時（19歳）の現価を求めると，（中略）4,055万8,386円となる。」

＊名古屋地判平成3・3・26交民集24巻2号440頁……Yがシンナーを吸いながら運転して交通事故を起こし，助手席の好意同乗者A（20歳・男。自衛官）がそれを止めずにいてそのまま事故死した場合のAの逸失利益（新ホフマン方式で算定）（過失相殺3割5分）。

【判　旨】

「訴外Aは，本件事故当時20歳の独身男子であり，学歴は高校中退で，本件事故当時自衛官として勤務していたことが認められるので，原告ら主張の賃金センサス第1巻第1表中卒男子20歳の年収258万6,300円を基礎とし，生活費として5割を控除し，新ホフマン方式により年5分の割合による中間利息を控除して，就労可能な67歳までの逸失利益の死亡時の現価を算定すると，（中略）3,081万8,350円となる。」

＊名古屋地判平成3・8・30交民集24巻4号1001頁……交通事故死亡被害者A（33歳・女。主婦兼パートタイム労働者）の逸失利益。

【判　旨】

「Aの逸失利益は，平成元年賃金センサス第1巻1表産業計・企業規模計・学歴計の30歳ないし34歳の女子労働者の平均年間給与額293万5,900円を基礎として計算するのが相当であり，就労可能年数を右33歳から67歳までの34年間，生活費控除割合を30パーセントとすると，Aの逸失利益は（中略）4,018万5,600円となる。」

＊東京地判平成3・9・19交民集24巻5号1063頁……Yの大型トレーラーの横を走っていたA（16歳・男。職業不詳）の自動二輪車がバランスを崩して転倒し，

〈第２章〉生命侵害と財産的損害の賠償請求

Ｙ車の後輪に轢かれて死亡した事故でのＡの逸失利益（過失相殺９割）。
【判　旨】
「亡Ａは，（中略）本件事故で死亡しなければ18歳から67歳までの間稼働して，少なくとも年収額382万1,900円を得れるものと認めるのが相当であるから，同人の逸失利益を右年収額382万1,900円を基礎に，生活費控除率を５割として，ライプニッツ方式，係数16.4795で現価を算定すると3,149万1,500円となる。」
＊浦和地判平成３・10・25判時1406号88頁，判タ780号236頁……遠足先の講演の崖から転落して死亡したＡ（９歳・女。市立小学校４年生）の逸失利益（県２割と市５割で併せて過失相殺７割）。
【判　旨】
「Ａの逸失利益算定の基礎となる収入は，同人が死亡した昭和62年の賃金センサス（女子労働者の産業計・企業規模計・学歴計の平均賃金）によるのが妥当である。右によれば，年収は247万7,300円である。
そしてＡは死亡時９歳であり，18歳から67歳までの49年間就労可能であったと考えられ，その間の生活費を30パーセント，中間利息をライプニッツ方式によりそれぞれ控除すると（ライプニッツ係数は11.7117），その逸失利益は2,030万9,376円となる。」
＊浦和地判平成３・11・８判時1410号92頁……人口池公園で溺死した幼児Ａ（５歳・男）の逸失利益（過失相殺５割５分）。
【判　旨】
「Ａの逸失利益の算定の基礎となる収入は，同人が死亡した昭和63年の賃金センサス（男子労働者の産業計・企業規模計・学歴計）によるのが妥当である。右によれば，年収は455万1,000円となる。
そしてＡは死亡時５歳であり，18歳から67歳までの49年間就労可能であったが，その間の生活費を50パーセント，中間利息をライプニッツ方式によりそれぞれ控除すると（中略）Ａの逸失利益は，原告ら主張の2,132万1,292円を下らないことが認められる。」
＊岐阜地判平成４・２・12判時1450号116頁，判タ783号167頁……幼児Ａ（４歳・男）が，手術中にＹ医師の過失により不適当な麻酔薬の投与を受け，重度の脳障害になり，常時介護を必要とするに至った場合の逸失利益（生存事例）。
【判　旨】
「原告Ａの労働能力は，その全てが喪失したと認められるから，原告主張の賃金センサスによる産業規模計全労働者の18歳の平均給与年額169万4,200円，９歳時における就労可能期間を18歳から67歳までとしたホフマン係数19.5734を基に原告の逸失利益を算出すると，3,316万1,254円となる。」

＊横浜地判平成４・３・５判時1451号147頁，判タ789号213頁……県立養護学校における水泳の授業中のＡ（16歳・男。高等部２年生）の溺死事故によるＡの逸失利益。
【判　旨】
「Ａの卒業後の進路としては，地域作業所に進む蓋然性が最も高いと認められるから，Ａの死亡による逸失利益の算定に当たっては右作業所入所者の平均収入を基礎とすべきである。（中略）そして，神奈川県内の地域作業所における障害者１人当たりの年間平均工賃は，昭和60年度において７万2,886円であったことが認められるから（〈書証番号略〉），右金額を前提とし，ライプニッツ方式により中間利息を控除してＡの18歳から67歳までの逸失利益の本件事故当時の現価を求めると，120万1,161円となる。」
＊静岡地判平成４・４・22交民集25巻２号512頁……交通事故死亡被害者Ａ（20歳・男。大学２年生）の逸失利益（全年齢男性平均年収額を基礎にライプニッツ方式で算定）（過失相殺３割）。
【判　旨】
「Ａは，本件事故時満20歳の健康な大学２年生であり，大学卒業後の満22歳から満67歳まで45年間稼働可能であつたから（中略），平成２年度賃金センサス第１巻第１表の大学卒・全年齢平均の男子労働者の年収額である612万1,200円を基準に，生活控除割合50パーセント，中間利息の控除をライプニッツ方式（係数16.122）を用いて逸失利益を算出した4,934万2,993円が相当である。」
＊札幌地判平成４・５・14労働判例612号51頁……個人経営の配線作業従事者Ａ（31歳・男。自営業）の感電死事故での逸失利益（Ａが配線工事を請負ったＢ社と雇用関係があったと認め，Ｂ社の安全配慮義務違反を肯定。Ｂ社によるＡの過失相殺の抗弁をすべて排斥）。
【判　旨】
「Ａは，本件事故当時，31歳で普通の健康体であったこと，同人は，Ｙ電設の名称で，従業員を２名程度使用して電気請負工事業を営み，昭和55年において412万3,254円の所得があり，昭和56年において405万9,314円の所得があったことが認められ，この認定を覆すに足りる証拠はない。
そうすると，Ａは，本件事故がなければ，その当時から67歳に至るまでの36年間嫁働を続け，その間少なくとも年間405万9,314円の収入を上げることができたものと推認することができるところ，本件事故により死亡し，右の額収入を得ることができなくなった。この得べかりし利益を喪失したことによる損害を金銭に見積もると，（中略）5,761万1,813円となる。（Ａは一

## 〈2-3〉逸失利益

家の支柱として原告ら家族を扶養していたことから，生活費として3割を控除し，これに31歳の者の新ホフマン係数20.275を乗ずる。）」。

＊東京地判平成4・5・26判時1460号85頁，判タ798号230頁……妊娠中毒症により死亡したA（32歳・女。家事従事）の逸失利益。

【判　旨】

「Aは，死亡時32歳の家庭の仕事に従事していた既婚女性であり，その死亡により同年齢の女性の平均的収入に相当する額の得べかりし利益を喪失したものと認められる。（中略）Aが死亡した昭和63年32歳の女性の平均年収は266万5,000円であり，残存稼働年数は35年間であると認められ，他に右認定を覆すに足りる証拠はない。

ウ　そこで，右年収から生活費として3割を控除した金員を基礎に，中間利息の控除に係るライプニッツ方式により，32歳のライプニッツ係数16.3741として，逸失利益の現在価額を算定すると，（中略）3,054万5,883円となる。（中略）なお，右額は，原告らが主張する逸失利益の額を超えるが，（中略）損害賠償額総額は原告らが請求する総額を超えないから，右のように認定することは妨げられない。」

＊名古屋地判平成4・7・10交民集25巻4号809頁……交通事故で脳挫傷等の重傷を負い，5日後に死亡したA（15歳・女。喫茶店・ガソリン・スタンド等のアルバイト）の逸失利益（女子労働者の平均賃金のみで算定）（過失相殺1割5分）。

【判　旨】

「Aの家事労働・将来の正式就職の可能性等も考慮に入れれば，同女の死亡による逸失利益を算定するにあたつては，生活費控除の割合を40パーセント，就労可能年数を右15歳から67歳までの52年間とし，1，そのうち15歳から18歳までの3年間につき，本件事故の年である平成2年の賃金センサス第1巻第1表産業計・企業規模計・新中学校卒業の17歳以下の女子労働者の平均年間給与額148万700円の50パーセントを基礎とし，2，18歳から67歳までの49年間につき，平成2年の賃金センサス第1巻第1表産業計・企業規模計・新中学校卒業の18歳から19歳までの女子労働者の平均年間給与額177万600円の90パーセントを基礎として計算するのが相当であり，年5分の割合による新ホフマン係数を使用してこれを本件事故発生時の現価に引き直すと，（中略）2,275万4,992円となる。」

＊浦和地判平成4・8・10交民集25巻4号927頁……Y（16歳・男）の起こした交通事故により脳挫傷・四肢麻痺等により寝たきり（後遺障害1級）になったA（年齢不詳・男。高校卒業後4ケ月の予備校生）の逸失利益（大卒平均賃金をライプニッツ方式で算定）（生存事例）。

【判　旨】

「本件事故に遭遇しなければ，原告Aは平成3年4月19日で大学に入学し，平成7年3月大学を卒業して，就労可能となつたはずである。

そこで，年間収入を賃金センサス平成元年第1巻第1表のうち新大卒男子労働者の年間平均賃金580万8,300円，就労可能期間を23歳から67歳までの44年間，労働能力喪失率を100パーセントとして，ライプニッツ方式により年5分の割合による中間利息を控除して（係数17.6627），原告亭が右就労可能期間中に得るであろう収入の本件事故当時における現在価額を算出すると，（中略）1億259万260円である」。

＊松山地判平成4・9・25判時1490号125頁，判タ815号205頁……分娩事故で死亡した胎児A（0歳・女）の逸失利益。

【判　旨】

「亡Aが18歳に達するのは更に後年であるから，弁論終結時に刊行されていた平成2年当時の賃金センサス女子学歴計18,19歳の賃金（182万7,100円）を基準とし，生活費5割を控除し，新ホフマン係数（16.4192）により中間利息を控除すると，その逸失利益は，次の算式のとおりとなる。182万7,100円×（1－0.5）×16.4192＝1,499万9,760円」。

＊浦和地判平成4・9・29交民集25巻5号1167頁……宅配便車両に轢過されて死亡したA（1歳7ケ月・男）の逸失利益（母にも過失相殺否定。男子全労働者の平均賃金で算定）。

【判　旨】

「Aが本件事故当時1歳7か月の心身とも健康な男児であつたことは弁論の全趣旨により明らかである。

そこで，年間収入を賃金センサス昭和62年第1巻第1表・男子労働者の全年齢平均賃金442万5,800円，就労可能年数を18歳から67歳までの49年間，収入中に占める稼の生活費の割合を全期間を通じて平均40パーセントとして，ライプニッツ方式により年5分の割合による中間利息，（係数7.927）を控除して，右就労可能期間中におけるAのうべかりし利益の本件事故当時における現在価額を算出すると，（中略）2,104万9,989円である。」

＊東京地判平成4・10・16判時1470号96頁……仮死状態で出生し，脳障害を惹起し，1年後に死亡したA（1歳・女）の逸失利益。

【判　旨】

「Aが（中略）出生当時，体重1,974グラム，アプガースコア2点であったことは，前記1及び21認定のとおりであるが，他に先天的な疾患を有していたというような事実は認められず，《証拠略》によれば，右

〈第2章〉生命侵害と財産的損害の賠償請求

の程度の出生体重及びアプガースコアで出生した場合でも，適切な蘇生措置が行われて低酸素状態が早期に改善されれば多くは正常に発育することが認められるから，Aが成長した場合の労働力は健常人と同様に解するのが相当であり，したがって，Aは，本件がなければ，18歳から67歳まで49年間就労可能であったものと推認され，この間，昭和60年度賃金センサスによる全労働者全年齢平均年収額である金363万円程度の収入を得ることができたと考えられるから，右の額から生活費として収入の4割を控除した上，年別のライプニッツ方式により年5分の割合による中間利息を控除して右逸失利益の死亡時における現在価額を算出すると，金1,726万5,006円となる」。

＊浦和地判平成4・10・28判夕811号119頁……県立高校内で，Bに対して被害者A（18歳・男。高校生）の方が因縁をつけたり暴行したりして高校生同士の喧嘩になり，Bにナイフで刺殺されたAの逸失利益（過失相殺4割）。
【判　旨】
「Aは平成2年3月に吉川高校を卒業して就職する予定であったことが認められるから，Aの逸失利益算定の基礎となる収入は，同人が死亡した平成元年の賃金センサス（男子労働者の産業計・企業規模計・旧中，新高卒の学歴計の平均賃金）によるのが相当であり，原告らの右主張金額の限度内で右平成元年の賃金センサスによる年収455万2,300円を基準に逸失利益を算定すべきである。
右によれば，Aは今後18歳から67歳までの49年間就労可能であると考えられ，平成元年の右賃金センサスによる年収455万2,300円を基準に，その間の生活費として50パーセント，中間利息をライプニッツ方式によりそれぞれ控除すると（ライプニッツ係数は18.1687），その逸失利益は4,135万4,686円となる。」

＊京都地判平成4・10・30判時1475号125号……胃摘出手術後，縫合不全を看過した医師Yの過失により，患者A（71歳・女。主婦）が死亡した事故の逸失利益。
【判　旨】
「Aは，本件縫合不全による死亡がなければ少なくともあと5年間は就労が可能であり，右期間中毎年，昭和61年賃金センサス第1巻第1表産業計・企業計・学歴計・女子労働者65歳以上の平均年収額228万5,000円の収入を得ることができたものと推定され，右期間中の生活費控除割合は40パーセントとみるのが相当であるから，ライプニッツ式計算方式で年5分の中間利息を控除して（5年のライプニッツ係数は4.3294である。），5年間の逸失利益の死亡時の原価を求めると，593万5,607円となる」。

＊大阪地判平成5・2・18交民集26巻1号203頁……交通事故死亡被害者A（67歳・女。主婦兼農業従事者）の逸失利益（過失相殺3割）。
【判　旨】
「Aは，（中略）長男の妻と共に家事労働をする傍ら畑作等の農業にいそしむ者であつたところ，本件事故の年である平成3年の賃金センサス第1巻第1表産業計・企業規模計・学歴計・女子労働者の65歳以上の平均賃金が275万6,100円であることは当裁判所にとつて顕著な事実であるので，同女の本件事故当時の労働能力を評価すると，右記金額を下回らないものと評価するのが相当である。また，本件事故当時の67歳女子の平均余命及びAの職業，家族環境等を考慮すると，Aは原告らが主張する9年は稼働することができたものと認めるのが相当であり，かつ，生活費控除の割合は4割と認めるのが相当である。以上をもとに，ホフマン方式により中間利息を控除しAの逸失利益を算定（中略）すると，少なくとも原告らが主張する1,161万9,317円を下回らないものと認めるのが相当である」。

＊大阪地判平成5・2・22交民集26巻1号233頁……駐車車両の陰からYの車の前を横断しようとしたA（2歳・男）がY車に衝突されて死亡した事故でのAの逸失利益（過失相殺2割）。
【判　旨】
「Aは，本件事故に遭遇しなければ，18歳から67歳まで49年間は就労可能であり，その間毎年，少なくとも，平成2年賃金センサス第1巻第1表産業計・企業規模計・男子労働者・学歴計・18歳から19歳までによる平均年収額217万6,500円程度の財産上の収益をあげることが可能であったものと推認することができる。
そこで，右認定金額を算定の基礎とし，また，その間の生活費割合に関し，被害者の年令，家族関係からして相当と認められる5割を控除し，ホフマン式計算法により中間利息を控除してAの逸失利益の現価を算出すると，（中略）1,852万5,932円となる」。

＊仙台地判平成5・3・25交民集26巻2号406頁，判夕846号233頁，……Y車が無理な運転で滑り，歩廊内に乗り上げ，歩道を歩行中のA（13歳・女。中学1年生）に衝突しAが死亡した事故のAの逸失利益（親や親族に高学歴者が多いので，蓋然性によって大卒女子の平均賃金を逸失利益と認定）。
【判　旨】
「Aは，（中略）非常に勉強熱心で，県下の中学生全員を対象とした新教育テストでは仙台市北学区の生徒9,400人中30番に入るなど，成績も極めて優秀であった。また，小学校1年生から2年生まで両親とともにアメリカで暮らしていたため，英語も流暢に話すことができた。そして，近親者にも高学歴者が多く（Aの父である原告Bは，T大学の大学院を卒業し，現在T

〈2-3〉逸失利益

H大学流体科学研究所助教授の地位にあり、また、Aの祖父など近親者に医者が多い。)、両親もAを大学まで進学させるつもりであつたし、A本人もそれを望み、T大学医学部を目指していた。

右認定事実にかんがみれば、Aが大学にまで進学する蓋然性は極めて高いと認められる。

そこで、右の点及びその他本件において認められる諸般の事情を考慮して、Aの本件事故による逸失利益は、平成3年の賃金センサス中大卒女子の平均賃金を基準とし、生活費控除率を平均30パーセント、稼働可能期間を22歳から67歳までとし、ライプニッツ方式により中間利息を控除して、次のとおり算定する。(中略)3,206万6,000円」。

＊東京地判平成5・6・14判時1498号89頁……Y病院側の過失で、経過観察中に状態が悪化して急性出血性膵炎で死亡したA（32歳・男。会社員）の逸失利益（Aの起因力を3割として減額）。

【判　旨】

Aは「独身であったと認められるから、その逸失利益（死亡時における現価）は、原告ら主張の昭和61年の賃金センサス第1巻第1表による産業計、企業規模計、学歴計の男子労働者全年齢平均の年収額434万7,600円を基礎として、生活費50パーセントを控除し、これに32歳から67歳までの就労可能年数35年に相当するライプニッツ係数16.3741を乗じる方法で中間利息（年5分の割合）を控除することによって、（中略）3,559万4,018円と算出される。」

＊奈良地判平成5・6・30判時1498号111頁、判タ851号268頁……喘息で入院していたA（11歳・男。小学生）が担当医師らの注意義務違反もあって死亡した場合の逸失利益。

【判　旨】

「既に認定した死亡前におけるAの疾患、それについての長期に亘る治療経過、前掲乙4によって認定できるAのN病院に入院中の生活状況及びその間の就学状況等からみると、Aが前記のように人工呼吸の実施により救命されたとしても、満18歳に達するまでにその重篤であった喘息の疾患が安定して、通常の労務に就労し得たか、さらには就労後においても一般労働者と同様にその勤務を継続しえたかが疑問として残るといわざるを得ない。この点から直ちにその逸失利益を否定することは相当でないとしても、その認容額については予測できる範囲に就労期間を限定して控え目に算定する他ない。この見地から考えると、本件における逸失利益の額は前記の算定額の約3分の1に当たる金538万円とみるのが相当である。」

＊東京地判平成5・7・27交民集26巻6号1378頁……交通事故死亡被害者A（18歳・男。入社3ケ月の運転助手）の逸失利益。

【判　旨】

「Aは、本件事故にあわなければ、その後49年間にわたり稼働可能であり、右稼働可能の期間中平成3年賃金センサス第4巻第1表都道府県別の北海道の企業規模10ないし99人の男子労働者の平均賃金396万5,000円を下らない年収を得ることができ（入社3か月なので、実収入で逸失利益を算定するのは相当でない。）、全期間について生活費として収入の5割を必要とし、年5分の割合による中間利息の控除はライプニッツ方式によるのが相当であるから、以上を基礎とし、本件事故当時の原価を算出すると3,601万9,447円（中略）となる。」

＊大阪地判平成5・9・17交民集26巻5号1209頁……タクシーの交通事故で死亡した乗客A（59歳・女。共同組合事務員）の逸失利益。

【判　旨】

「逸失利益　1,150万440円。亡Aは、（中略）平成元年には年189万3,000円の収入を得ていたものであるが、そのかたわら、同居していた原告B及び亡A方住居が手狭なため同居ができず、止むなく自宅の近隣で1人暮らしをしていた原告Cの食事、洗濯等の世話を行い、家事労働にも従事していたと認められるから、亡Aは、当裁判所に顕著な、平成2年賃金センサス産業計・企業規模計女子労働者学歴計55歳から59歳までの平均年収である290万9,000円を、67歳までの8年間得ることができたと推認でき、該当する新ホフマン係数（6.589）によつて中間利息を控除し、生活費の控除を40パーセントとすると（中略）右記のとおりとなる。」

＊青森地判平成5・9・28判時1505号127頁、判タ857号139頁……高校漕艇部の練習中にボート転覆事故で死亡したA（16歳・男。高校生）の逸失利益（過失相殺5割）。

【判　旨】

Aは「本件事故がなければ少なくとも18歳となった平成4年には学校を卒業し得たと認められるから、同高校卒業時の18歳から67歳まで49年間就労可能であったというべきである。

そこで、平成2年度賃金センサス第1巻第1表産業計企業規模計学歴計男子労働者平均給与額を基礎として、その平均年収を計算すると金506万8,600円（1か月当たりの所定内給与額を12倍したものに年間賞与その他特別給与額を加えた額）となるところ、右稼働期間中の生活費は収入の50パーセントと認められるから、これを控除したうえ、ライプニッツ方式（中略）により中間利息を控除してAの逸失利益を計算すると金4,176万3,996円」となる。

＊福岡地判平成5・11・25判タ857号214頁……嘔吐物

〈第2章〉生命侵害と財産的損害の賠償請求

誤飲による気道閉塞に対して，Y病院が適切な措置を怠り，結果として死亡したA（43歳・女。パート従業員）の逸失利益。

【判　旨】

「Aは，（中略）原告Bと結婚し，原告Cを出産し，昭和52年ころから本件事故直前まで，スーパーでパートとして勤務し，時には残業もこなしながら週休1回で働くほか，通常の家事労働に従事するなどの健康な状態にあったこと，事故当時からなお24年間は就労可能であったこと，賃金センサス昭和62年第1巻第1表の「企業規模計，学歴計」における40才ないし44才の女子労働者の年間平均給与額は269万7,200円であることなどを算定資料とし，年5パーセントのライプニッツ係数によりかつ生活費の控除割合は35パーセントを相当と認め，これらにより逸失利益を計算すると，（中略）2,419万1,000円となる」。

＊静岡地沼津支判平成5・12・1判時1510号144頁……患者A（44歳・男。会社の工場長）を他の病院に転送中，Y病院の過失で急性上気道炎が重症化して死亡したAの逸失利益。

【判　旨】

「Aは，N通信株式会社の御殿場工場に工場長として勤務し，年額580万600円の給与所得を得ていたことが認められる。右事実によれば，Aは，本件医療事故がなければ，少なくとも60歳までの16年間右同額の年収を得られたものと推認されるところ，生活費として30パーセントを控除し，年毎に年5分の中間利息を控除するライプニッツ方式（中略）によりA死亡時の逸失利益の現価を算定すると，4,400万5,613円（中略）となる。」

＊静岡地浜松支判平成6・2・7判時1502号129頁，判タ855号232頁……Y不動産会社の従業員Y₂（営業課長）が自社で鍵を管理しているアパートに暴行目的で侵入し，賃借人A（24歳・女。医学部学生）を殺害した事件でのAの逸失利益（Y社の使用者責任も肯定）。

【判　旨】

「Aは，昭和40年7月3日生まれの女性で，本件犯行当時24歳であったこと，Aは，平成2年4月に行われた第84回医師国家試験に合格し，本件犯行により死亡しなければ，同年5月から1年間，H医大の有給の研修医となり，その終了後は勤務医となることが見込まれていた事実を認めることができる。

そうすると，Aの就労可能年数は67歳までの43年間であると認められ，《証拠略》によると，平成2年当時の医師の平均年収は1,105万2,300円であると認められるので（男性医師と女性医師の年収とを区別すべき事情は認められない。），これに，就労可能年数43年のライプニッツ係数である17.5459を乗じ，うち30パーセントを生活費として控除すると，Aの逸失利益は，1億3,574万5,785円となる。」

＊京都地判平成6・3・29交民集27巻2号457頁……夜明け前の早朝，新聞配達中のA（49歳・女。新聞配達店経営）が，飲酒の上，大幅な速度違反のY車に跳ねられ即死した事故でのAの逸失利益（過失相殺2割）。

【判　旨】

「逸失利益（中略）2,140万9,319円。（中略）Aは，（中略）夫とともに新聞販売店を経営し，自ら新聞配達等の仕事を行っていた上，糖尿病である夫の世話を含む家事全般に従事していたことが認められる。したがって，Aは，本件事故当時平成2年賃金センサス第1巻第1表・企業規模計・産業計・女子労働者45〜49歳の平均年収程度の収入は得ていたものと認めるのが相当であり，本件事故がなければ，向後18年間にわたり，右収入を得ることが可能であったと考えられるので，右平均年収である305万2,500円を基礎とし，その間の生活費控除は4割とし，ライプニッツ方式により年5分の中間利息を控除して，逸失利益を算定すると，右金額となる」。

＊大阪地判平成6・5・26交民集27巻3号701頁……歩道上の縁石に腰かけて車道側に足を少し出していた被害者A（14歳・女。中学生）にYの脇見運転の車が衝突し，Aが死亡した事故でのAの逸失利益（過失相殺否定）。

【判　旨】

「平成5年の賃金センサス第1巻第1表産業計・企業規模計・学歴計・女子労働者の18歳から19歳までの平均賃金が202万3,300円であることは当裁判所にとって顕著な事実であるから，Aが満18歳に達し，稼働を開始した場合の年収は右額を下まわらないものと認められる。（中略）同女は，満67歳まで稼働することが可能であり，生活費控除率は5割とみるのが相当であるから，ホフマン方式を採用して中間利息（53年の係数から4年の係数を差し引いた数値）を控除し，同女の本件事故当時の逸失利益の現価を算定すると，（中略）2,222万6,962円となる」。

＊横浜地判平成6・6・6交民集27巻3号744頁……A（72歳・女。主婦）がバスを降りる際に，運転手Yが下車完了と判断を誤って急にバスを発進させたために大腿骨頚部骨折等の傷害（後遺障害7級）を受けたAの逸失利益（生存事例。比較的軽傷）。

【判　旨】

Aは「65歳以上の女子労働者の平均賃金を基準とするのが相当であり，症状固定時は平成2年であるから，賃金センサス平成2年第1巻第1表の産業計，企業規模計，学歴計，65歳以上の女子労働者の平均賃金であ

〈2-3〉逸 失 利 益

る261万3,300円（年額）とするのが相当である。労働能力喪失率は，後遺障害等級は7級と認定されており，鑑定によっても「軽度の障害」（7級）として差し支えないとされているから，56パーセントとするのが相当である。労働能力喪失期間は，平均余命年数の2分の1である。中間利息の控除については右期間に対応するライプニッツ係数5.076を適用するのが相当である。したがって，逸失利益は，（中略）742万8,462円とするのが相当である。」

＊神戸地判平成6・8・25交民集27巻4号1095頁……計6人でZ運転の車に同乗中，飲酒運転のY車に衝突された交通事故死亡被害者A（22歳・男。左官工）の逸失利益（好意同乗減額2割5分）。

【判　旨】

「Aは，平成3年には，年額金519万6,000円（日当金1万8,000円の割合。交通費を除く。）の収入を得ており，その頃には既に1人前の職人として，父原告Bよりも中心的に働いていたことが認められ，この認定を覆すに足りる証拠はない。（中略）Aは，本件事故によって死亡することがなければ，労働可能とされる満67歳までの間の45年間にわたって右年収額と同程度の収入を上げ得たものと推認し得るというべきである。

この点について，被告らは，Aの前記金額による年収が今後45年間にわたって維持される蓋然性は低いから，同人の死亡による逸失利益算定に当たっては，控え目な算定方法を採るべきであるとして，年齢別平均賃金によるべきである旨主張している。

しかしながら，Aの年収について将来低減化が生じ得るとする被告らの主張を具体的に裏付けるに足りる証拠はなく，前記認定の事実関係に基づいて考えると，被告らの右主張を直ちに採用することはできない。

（3）そこで，前記年収額を基礎とした上，生活費控除率を5割とし，新ホフマン計算方式を用いて中間利息を控除してAの死亡による逸失利益の現価額を算定すると，（中略）金6,035万3,359円」となる。

＊東京地判平成6・8・30交民集27巻6号1913頁……青信号で横断歩道を渡っていて，急に右折したYのトラックに跳ねられて死亡した被害者A（67歳・女。Z会社代表取締役）の逸失利益。

【判　旨】

「Yらは，労働者一般の就業率等から稼働期間を70才，または4年間に限定すべきであると主張するが，右統計をAのような会社役員にあてはめることは適切ではないし，Aが代表取締役を交代するとか，仕事から引退する話が出ていたとの証拠は皆無であって採用できない。また税金を控除すべきであると主張するが，不法行為により死亡した被害者の得べかりし利益の喪失によって被った損害額を算定するに当たっては被害者の収入に対して課せられるべき所得税その他の税額を控除するのは相当でないと解される（最判昭和45年7月24日民集24巻7号1,177頁）。

右事実によれば，Aは本件事故にあわなければ，9年間にわたり稼働可能であり，右稼働可能の期間中2,697万4,000円の6割を下らない年収を得ることができると認められる。Aはその地位に相応しい社会生活を営むため多くの支出を余儀無くされること等考慮すると，全期間について生活費として収入の4割を必要とし，年5分の割合による中間利息の控除はライプニッツ方式によるのが相当であり，以上を基礎として，本件事故当時の現価を算出すると6,326万9,513円」となる。

＊神戸地判平成6・10・25交民集27巻5号1471頁……交通事故死亡被害者A（20歳・男。高等専門学校5年生）の逸失利益（過失相殺1割5分）。

【判　旨】

「Aは（中略）Y大学工学部の編入試験に合格し，昭和63年4月から同大学に編入学する予定であったことが認められる。したがって，同人の死亡による逸失利益を算定するには，同人が満22歳から満67歳まで，賃金センサス平成2年度（同人の就職予定の年度）第1巻第1表の産業計，企業規模計，男子労働者，旧大・新大卒，20～24歳に記載された金額（これが年間金294万3,900円であることは当裁判所に顕著である。）を得る蓋然性が高いものとして，これを基準に生活費割合として50パーセントを控除したうえ，中間利息の控除につきホフマン方式によることとする。

そして，これを算定すると，（中略）同人の死亡による本件事故当時における逸失利益の原価は，金3,234万213円となる」。

＊東京地判平成6・11・11判夕881号244頁……吸引分娩の方法の選択にY病院の過失を認め，それにより生まれたA（0歳・男）が脳性麻痺の後遺症を負った事故の逸失利益（生存事例）。

【判　旨】

「原告Aは，労働能力を100パーセント喪失していると認めることができる。そして，Aが（中略）満18歳から満67歳まで49年間の就労が可能であること，労働省発行の平成3年度賃金センサスによれば，男子労働者学歴計の年収額が金533万6,100円であることは明らかであるので，Aの逸失利益の現価総額は，金4,028万4,886円となる。」

＊水戸地土浦支判平成6・12・27判時1550号92頁，判夕885号235頁……高校の野球部のコーチや監督に過失があり，部の練習中にA（16歳・男。高校1年生）が倒れ，心不全で死亡した事故でのAの逸失利益。

【判　旨】

「Aは，死亡当時16歳で，父B本人尋問の結果によ

〈第2章〉生命侵害と財産的損害の賠償請求

ると、4年制大学への進学を予定していたことが認められるので、生存していれば、22歳から67歳まで45年間就労して収入を得たであろうと認められる。そして、平成元年賃金センサスによれば、産業計・企業規模計の新大卒男子労働者の平均年収額は580万8,300円であることが明らかであるので、その間の生活費控除を原告ら主張のとおり5割とするのが適当であると認め、右収入額を基礎にAの得べかりし利益の死亡当時の現価をライプニッツ方式により、ライプニッツ係数13.2633（中略）を基に計算すると、3,851万8,612円」となる。

＊東京地判平成7・1・31判タ903号202頁……大学病院で小脳部腫瘍の手術を受けた後、植物状態になり、その後死亡したA（事故時62歳、死亡時65歳・女。同族会社役員）の逸失利益。

【判　旨】

「本件医療過誤がなければ、Aは、当裁判所に顕著な平成元年度簡易生命表の平均余命19.95年を生き、9年間は就労可能であったと推認されるから、死亡後の生活費控除割合を30パーセント（死亡前は控除せず）として、新ホフマン方式により年5分の割合による中間利息を控除して、Aの休業損害及び逸失利益を計算すると、（中略）1,771万6,182円となる」。

＊横浜地判平成7・3・14判時1559頁、判タ893号220頁……Y病院で出産した新生児A（0歳・男）が呼吸障害により重度の後遺障害を残した事故での逸失利益（生存事例）。

【判　旨】

「原告Aは労働能力を100パーセント喪失し、今後これを回復する見込みはないものと考えられる。したがって、本件後遺症によるAの逸失利益は、賃金センサス平成4年男子全年齢平均年収額の544万1,400円を基礎に、労働能力喪失率を100パーセント、労働能力喪失期間についてライプニッツ係数により年5分の割合の中間利息を控除して（中略）算定すると、4,107万9,849円となる。」

＊大阪地判平成7・3・22交民集28巻2号437頁……交通事故で重傷と後遺障害を負ったA（22歳・男。大手製パン会社勤務）の逸失利益（生存事例）。

【判　旨】

「原告Aが主張するベア上昇分を考慮しない平成4年1月から原告Aが定年となる60才までのY製パンでの得べかりし給与であるが、24才時の年収は平成4年の、25才時は平成5年の、それ以降は平成6年の標準給与表に基づき、これに原告Aの今後の加令、前記のとおり見込まれる昇格を対応させて基本給を計上し、諸手当についても、残業手当については35時間を前提にする（H証言）など確実に支給が見込まれるものを計上しているもので、右によれば、原告Aは別紙（2）の給与所得をあげる蓋然性が高いものと認めることができる。また、（中略）賞与の原告A主張額についても右と同様であるから、これを認めることができる。（中略）そうすると、原告Aの退職までの給与・賞与の現価は（中略）1億3,481万9,379円となるから、前記喪失率を乗じると、右の分の逸失利益の現価は1億2,403万3,828円となる。」

「原告Aは退職の際、退職金の支払を受けていないことが認められ、さらに、Y製パンの就業規則には退職金規程が設けられ、退職金は57歳時の月額基本給に、基準支給率15.625を乗じ、これに支給係数（定年であれば1.00）を乗じて算出されるところ、前記によれば57歳時の基本給は、少なくとも37万6,260円となる蓋然性が高いから、退職金は587万9,062円となることが認められ、年5分の割合による中間利息を控除すると、退職金の現価は、206万2,374円となり、これに前記喪失率を乗じると、右の分の逸失利益の現価は189万7,384円となる。」。「原告Aは、本件事故にあわなければ、定年退職後も就労する蓋然性が認められ、賃金センサス平成3年度産業計・企業規模計・男子労働者・高専・短大卒60ないし64才の年間賃金が514万7,000円であり、同じく65才以上の年間賃金が463万7,700円であるから、その間のうべかりし給与は、（中略）1,133万8,631円となるので、これに前記喪失率を乗じると、右の分の逸失利益の現価は、1,043万1,540円となる。」

＊大阪地判平成7・3・24判時1558号67頁、判タ881号222頁……S状結腸癌の切除手術後の縫合不全に起因する敗血症による死亡者A（53歳・男。会社代表取締役）の逸失利益。

【判　旨】

「亡Aは、（中略）死亡するまでN株式会社代表取締役として、年額780万円の収入を得ていたことが認められる。そして、前記判示事実によれば、亡Aは、本件縫合不全に基づく敗血症で死亡しなければ、以後、少なくとも5年間は稼働可能であり、その間前記年収と同額の収入を得られたものと推認することができる。そこで、右年収額を基礎に、生活費として3割を控除したうえ、ホフマン方式により年5分の割合による中間利息を控除して、亡Aの逸失利益の現価を算定すると（中略）その合計額は、2,382万7,440円となる。」

＊東京地判平成7・4・11判時1548号79頁……子宮筋腫摘出手術を受けたA（39歳・女。主婦）がY病院の過失で死亡した事故でのAの逸失利益。

【判　旨】

「労働省発行の賃金センサスにおける女子の企業規模計、新高卒、各年齢別の平均賃金は、別紙記載のとおりであることは当裁判所に顕著な事実であり、これをAの年齢にあてはめた上、ライプニッツ係数により

〈2-3〉逸失利益

中間利息を控除し，生活費として3割を控除した金額がAの死亡による逸失利益となると認められるところ，これによればAの逸失利益は（中略）総額金4,857万8,978円となる。」

＊前橋地判平成7・4・25判時1568号107頁，判タ890号206頁……妊娠中に悪阻の治療中，Y医師のビタミン剤投与の懈怠により脳障害に陥り，後遺障害2級に陥ったA（33歳・女。主婦）の逸失利益（生存事例）。

【判旨】

「原告Aは，本件の後遺障害（身体障害者等級2級・労働能力喪失率100パーセント）がなかったならば，同1年齢の女子労働者の所得と同額の所得が可能であったとみられるが，その金額は（中略）5,171万5,689円と算定される。」

＊前橋地判平成7・6・20判タ884号215頁……産婦A（32歳・女。会社員）の出産後の大量出血による死亡事故の逸失利益。

【判旨】

「亡Aは昭和34年4月8日生の主婦であり，かつ，その当時，株式会社H商会従業員として相応の収入を得ていたから，亡Aは，本件事故がなければ，67歳までの35年間家事労働に従事する傍ら自らも会社従業員として稼働し，その間，家事労働の評価額及び従業員としての収入を合計して平成4年度の賃金センサス第1巻第1表産業計企業規模計学歴計女子労働者全年齢平均給与額を下らない額の収入を毎年得ることができたものと推認するのが相当であり，右年収から生活費として4割の割合による金額を控除し，以上を基礎にライプニッツ方式により年5分の割合による中間利息を控除して算定すると，亡Aの逸失利益は次のとおりとなる。（中略）3,038万7,054円」。

＊東京地判平成7・6・20交民集28巻3号902頁……故障した車を押していてYの後続車に衝突されて死亡したA₁（46歳・男。パブスナック経営者）と妻であるA₂（34歳・女。パブスナック手伝い）の2人の逸失利益。

【判旨】

「亡A₁は，（中略）パブスナックを経営し，昭和63年度の所得は，亡A₂の専従者給与90万円を加えて364万7,993円であつた（中略），これに生活費控除を30パーセントとして逸失利益を計算すると3,273万9,642円となる。（中略）亡A₂は，（中略）A₁の経営するパブスナックを手伝いながら，原告らを養育し，家事労働にも従事していたから，平成5年賃金センサス第1巻第1表・産業計・企業規模計・女子労働者学歴計・全年齢平均の年収額296万300円を基礎に，生活費の控除を40パーセントとして逸失利益を計算すると2,842万4,208円となる」。

＊大阪地判平成7・6・22交民集28巻3号926頁……Yの車に好意同乗していて，車の転落により植物状態になったA（18歳・男。大学1年生）の逸失利益（生存事例。好意同乗減額1割5分）。

【判旨】

Aは「平成4年賃金センサス第1巻第1表の産業計，企業規模計男子労働者大卒20歳ないし24歳の年間平均賃金である319万8,200円を得る蓋然性が認められるところ，前記障害によつて，労働能力を100パーセント喪失したと認められるから，前同様に中間利息を控除して，本件事故時の現価を求めると，左のとおりとなる。

3,198,200×(24.416－3.564)＝66,688,866」円。

＊大阪地判平成7・8・31交民集28巻4号1241頁……交通事故死亡被害者A（事故時73歳・死亡時74歳・女。夫と畑作業従事）の逸失利益（過失相殺7割）。

【判旨】

「亡Aは（中略）生前は前記認定のとおりBと2人で暮らしており，子供達も独立しているのであるから，一家の主婦として子供達を養育する働きはなく，夫の世話はあるものの，右は独自の逸失利益として算定する程のものでもないから，原告の請求は理由がない。

亡Aが死亡前に厚生年金保険金45万5,200円，国民年金17万7,300円を受給していたことが認められ（甲9の1乃至2），亡Aは死亡により右各年金の将来の給付が失われたのであるから，右年金合計額63万2,500円を逸失利益とし，生活費控除を60パーセントとし，平均余命13年として新ホフマン係数により損害の現価を算定すれば，（中略）248万4,713円となる。」

＊東京地判平成7・9・27交民集28巻5号1425頁……自転車で道路を走行中にふらついて倒れ，中央線をはみ出して走行してきたYの対抗車と衝突して死亡したA（20歳・男。会社員）の逸失利益（過失相殺2割）。

【判旨】

「Aは，N高校卒業後，1年間の調理専門学校の履修を経て株式会社Nに就職し，N清瀬店の地下惣菜係に配属され月収手取り17万円ないし18万円を得ていた20歳の青年であるところ，同人の逸失利益を算定するに当たつては，将来，年功序列型賃金体系によつて徐々に収入が上がつていくことが予想されることからすると，前記実収を基礎収入として逸失利益を算定することは相当ではなく，原告ら主張のとおり，賃金センサン平成3年第1巻第1表産業計・企業規模計・学歴計，全年齢平均の年収である533万6,100円を基礎収入とし，生活費控除率を50パーセント，労働可能年数47年のライプニッツ係数17.9810とすると，（中略）4,797万4,207円」となる。

＊東京地判平成7・10・18判時1572号82頁，判タ909

〈第2章〉生命侵害と財産的損害の賠償請求

号224頁……Y病院で下顎骨形成手術を受けた後に呼吸停止・昏睡状態になって，ついには数年後に死亡するに至った患者A（22歳・男。職業不詳）の逸失利益。
【判　旨】
「Aは，平成3年2月7日死亡したが，同年3月2日に満23歳の誕生日を迎えるはずであったから，本件事故によって遷延性昏睡状態となり数年間生存した後死亡するに至らなければ，満67歳までの約44年間にわたり稼働することができたものと推認される。この間，Aは，少なくとも当裁判所に顕著な平成元年賃金センサス第1巻第1表産業計，企業規模計，新高卒の男子労働者全年齢の平均給与年額455万2,300円と同程度の収入を得ることができたと認めるのが相当である。そして，その間の生活費は収入の5割と考えられるから，中間利息をライプニッツ方式により控除して計算すると，次の計算式のとおり，Aの死亡による逸失利益は，3,472万9,041円（円未満切捨て）となる。」
＊那覇地判平成7・10・31判夕893号198頁……医療事故で腹腔内出血を生じて死亡したA（47歳・男。既に障害等級1級で障害年金受給者）の逸失利益（障害年金の喪失は逸失利益か等について詳細に判示【積極】）。
【判　旨】
「第1に，障害年金は，当該障害者に対して損失補償ないし生活保障を与えることを目的とするものであるとともに，その者の収入に生計を依存している家族に対する関係においても，同一の機能を営むものと認められるから，右年金の受給権者が支給実施機関との関係においては当該障害者に限られるという意味では一身専属的権利といい得るものの，右年金の生活保障としての機能は障害者の一身に専属するものではない。
　第2に，逸失利益といい得るためには，不法行為法上保護に値する財産権といい得るものでなければならないところ，障害年金は，生涯にわたって法令で定められた額を継続的に支給される権利であって，受給の蓋然性が高度であり，かつ，内容も一定であるから，不法行為法上保護に値するというべきである（これに対し，生活保護受給権は，生活保護法4条，61条，77条等の規定から明らかなように，生涯にわたる受給の蓋然性が高度とはいえず，その内容も常に変動する性格のものであるから，逸失利益性を認めるのは困難であろう。）。
　このような障害年金の受給権が他人の違法な行為によって喪失させられた以上は，死亡した障害者の得べかりし障害年金は逸失利益として当然に賠償の対象になると解すべきである。
　したがって，相続人は相続により右損害賠償請求権を取得し，加害者に対して右賠償を請求することができると解するのが相当である。（中略）国民年金法及び厚生年金保険法によれば，障害年金の受給者の相続人が遺族年金の受給権を取得した場合においても，その者の婚姻あるいは死亡などによって遺族年金の受給権の喪失が予定されているから（国民年金法40条，厚生年金保険法63条），既に支給を受けることが確定した遺族年金については，現実に履行された場合と同視しうる程度にその存続が確実であるということができるとしても，支給を受けることがいまだ確定していない遺族年金については，現実に履行されたと同視しうる程度にその存続が確実であるということはできない。
　そして，国民年金法及び厚生年金保険法によれば，年金は支給すべき事由が生じた月の翌月から支給を停止すべき事由が生じた月まで支給することとされており（国民年金法18条，厚生年金保険法36条），原告らについて遺族年金の支給を停止すべき事由が発生した旨の主張のない本件においては，第1審口頭弁論終結の日である平成7年8月8日現在で（原告はこれを平成7年7月11日とするが，同年8月8日であることは本件記録上明らかである。），原告らが同年8月分までの遺族年金の支給を受けることが確定していたといえる。
　したがって，本件においては，支給が開始された平成4年8月分から平成7年8月分までの遺族年金を請求債権額から控除すべきところ，前掲の甲第4号証及び原告Bの本人尋問の結果並びに弁論の全趣旨を総合すれば，その額は合計金536万683円であることが認められ（右認定を左右するに足る証拠はない。），よって，これを請求債権額から控除すべきこととなる。
　（3）以上を総合すると，本件の逸失利益は，（中略）金1,790万2,781円となる。」
＊東京地判平成7・11・4交民集28巻6号1573頁……交通事故重傷被害者A（26歳・男。道路公団職員）の逸失利益（事故後28月間会社から給与を支給されていた額を逸失利益の損害賠償から控除するが，その後の労災保険給付額については予め損害賠償から控除してはならないとされた事例）（生存事例）。
【判　旨】
「原告Aは，労働能力が100パーセント喪失したものの，平成7年2月末までは，現実に職場から賃金等を得た以上，これによる逸失利益が生じていないものというべきである（中略）。Aが，平成7年3月から横浜工事事務所に通勤できず，賃金を得ていないことも参酌すると，Aが将来職場復帰して収入を得ることまで推定するのは困難であるというほかはない。（中略）そうすると，Aは，本件事故の結果，平成7年3月から67歳に達するまで，原告ら主張の平成3年度賃金センサス男子労働者年収533万6,100円を基礎として，ライプニッツ方式により中間利息を控除した額の逸失利益を損害賠償として請求できるものというべきである。

〈2-3〉逸失利益

同金額は，症状固定日も斟酌すると，(中略) 8,008万9,524円となる。」

＊**大阪地判平成7・11・15交民集28巻6号1592頁**……交通事故で死亡したA（82歳・女。無職）の老齢年金・遺族年金等の逸失利益（前者を肯定・後者を否定）。

【判　旨】

「Aは本件事故当時，昭和60年改正前厚生年金保険法に基づく老齢年金につき年額58万9,615円，同法に基づく遺族年金につき年額89万1,488円を各受給していたことが認められる。

右各年金につき被告はその逸失利益性を争うのでこれについて判断するに，老齢年金は，一定の稼働上の地位にあったこと及び右稼働状態・稼働能力を反映している保険料の払込を前提として給付されるもので，当該受給権者に対して稼働能力の減退に対する損失補償ないし生活保障を与えることを目的とするものであるとともに，その者の収入に依存している家族に対する関係においても，同一の機能を営むものと認められる。他人の不法行為により死亡した者の得べかりし同年金は，その者の死亡時における稼働能力の評価と直接結び付かないとはいうものの，その性質上稼働上の地位や過去における稼働能力と密接不可分の関係にあるものとして，逸失利益性が肯定でき，相続人が相続によりこれを取得し，加害者に対してその賠償を請求することができものと解するのが相当である。

これに対して，遺族年金は少なくとも受給権者自身の労働対価性や保険料の払込対価性がないものと言える。もちろん，遺族年金は老齢年金等の転化したものとも考えられるから，一定限度で右対価性は維持されてはいるものの，遺族年金受給権者の死亡によりさらにその遺族としての年金の受給権が法律上認められていないことを考えると，受給権者個人の生活の維持という社会保障的性格が強い。婚姻によってもその受給権が消滅することも，遺族年金の社会保障的性格が強いことを根拠とするものであると考えられる。

したがって，遺族年金は，老齢年金と純粋な生活保障制度例えば生活保護の給付金の中間的な性格を持ちながらも，後者により近いものであって，生活保護の給付金が受給権者の所得を構成し，その家族の生活保障の役割を果たしていたとしても，その逸失利益性が肯定できないのと同様，遺族年金の逸失利益性を肯定することはできない。

更に，遺族年金がその性格上本来的には逸失利益性を肯定できると仮定しても，前記の婚姻による受給権の消滅の制度からして，その存続の確実性には疑問があり，受給金額の認定が不可能であるから，損害としては評価できない。最高裁平成5年3月24日大法廷判決が，退職年金受給者の死亡による逸失利益の算定につき，口頭弁論終結時において支給を受けることが確定していない遺族年金の額を控除していないのは，同年金の存続上の不確実性を根拠としたものと考えられる。

結局，法的性格，存続の確実性といういずれの観点からみても，遺族年金の逸失利益を求める原告らの請求は理由がない。

3　以上から，逸失利益としては，前記老齢年金の喪失に限られるもので，その場合，前記Aの生活状況や年金の多くが自己の生活の維持にあてられるのはその性質上明らかであるから，生活費控除率は，60パーセントとするのが相当である。また，平成4年簡易生命表によれば，82歳の女性の平均余命は7.69歳であるから，Aは本件事故に遭わなければ，少なくとも7年間は同年金を受給することができたものと推認できる。そこで，ホフマン方式により7年に相応するホフマン係数5.874を基礎に，本件事故時の逸失利益の原価を計算すると，138万5,359円」となる。

＊**大阪地判平成7・12・11交民集28巻6号1728頁**……交通事故で後遺障害1級3号を負ったA（事故時16歳，症状固定時17歳・女。高校生）の逸失利益（生存事例）。

【判　旨】

「原告Aは，(中略) 18歳から稼働年齢である67歳までの49年間就労し，少なくとも，同原告主張の平成4年産業計，企業規模計，女子労働者の学歴計18ないし19歳の年間平均賃金である202万3,300円を得る蓋然性が認められるところ，前記障害によって，労働能力を100パーセント喪失したと認められるから，ホフマン式計算法によつて年5分の中間利息を控除して本件事故時の現価を算出すると，(中略) 46,783,147円」となる。

＊**横浜地判平成8・1・22交民集29巻1号73頁**……交通事故死亡被害者A（69歳・女。主婦兼麺製造販売）の逸失利益（過失相殺2割）。

【判　旨】

「Aは，主婦として家庭を守り，夫の面倒を見る傍ら，夫とともに麹の製造販売に従事していたのであるが，(中略) なお，8年間はこれを継続できるので，女子労働者の平均賃金（賃金センサス平成5年第1巻第1表女子労働者学歴計67歳以上）である年収284万2,300円から生活費として半額を控除し，ライプニッツ係数6.4632を用いて当時の時価を算出すると，918万5,000円（中略）となる。更に，Aは，生前老齢国民年金を年額38万8,200円受領しており，平均余命年数の16年間取得の継続が可能であつたから，生活費半額を控除し，ライプニッツ係数10.8377を使用して当時の現価を算定すると，210万3,000円（中略）となる。したがつて，逸失利益の合計額は，1,128万8,000円と

〈第2章〉生命侵害と財産的損害の賠償請求

＊**大阪地判平成8・1・25交民集29巻1号125頁**……タクシーの乗客として交通事故に遭い，意識障害・四肢運動障害等で後遺障害等級1級3号になり，事故から2年半後に死亡した夫と2人暮らしの主婦A（事故時68歳，死亡時71歳・女。主婦）の逸失利益。

【判　旨】

「原告らが予備的に主張する右期間における280日間分の後遺障害逸失利益は認められるが，その基礎収入は，前記3の休業損害の収入（平均賃金の5割程度）を前提とすべきであり，また，生活費控除は，Aが前記した状態であっても生存している以上，控除すべきでない。したがって，以上の前提に後遺障害逸失利益を算定すると，（中略）100万8,466円となる。（中略）A（死亡時71歳）は，前記3の平均賃金の5割程度の収入を71歳から就労可能年数78歳（平均余命15.33年の2分の1の7年間）まで得る蓋然性が認められるところ，本件事故により死亡したのであり，生活費控除率は，前記のとおりAが夫と2人暮らしであったことから5割とするのが相当であるから，ホフマン式計算法で中間利息を控除して右逸失利益を算定すると，（中略）380万8,114円となる。」

＊**東京地判平成8・1・31交民集29巻1号190頁**……交通事故重傷被害者A（71歳・男。無職）が，入院後に敗血症になって死亡した場合の逸失利益。

【判　旨】

「原則として，稼働していない無職者については稼働に係る逸失利益を認めることはできないというべきであり，ただし，その者が本件事故当時現実に就労していなかったとしても，将来において具体的に就業の機会を得て稼働収入を得られたであろうにもかかわらず，当該事故によってそれが実現しなかったと認定することができる場合には，その稼働収入をもって逸失利益を算定することは当然に許容されるべきである。（中略）Aは，昭和61年10月23日にS建設株式会社を定年退職し，その後は就職して稼働することがなかったこと，本件事故の前年である平成4年のAの所得は少なくとも老齢厚生年金による収入317万1,166円，不動産賃貸による収入186万9,807円，雑所得162万8,374円，計666万9,374円であったこと，Aの自宅の住宅ローンは既に支払済みであったことが認められ，以上の事実を総合すると，Aが現実に仕事を見つけて収入を得なければならない切迫した経済的事情も認められず，また，たとえ，仮に，Aがシルバー銀行や職業安定所等の職業斡旋のための施設に行っていたり，日常生活で家事に係わる作業を担当したりしていたことが認められるとしても，具体的に就労の機会を得られる高度の蓋然性を認めるに足りる証拠がなく，また，Aが家事の一部を担っていたとしても，それは，人が生きるために必要な生活行為であるから，これを稼働収入の得られる労働として評価するのは相当ではない以上，同人に稼働収入に係る逸失利益を認めることは，かえって，衡平な観点からの適正な損害の回復を妨げることになり相当ではない。（中略）Aは生前年間325万8,400円の老齢厚生年金を受給していたことが認められ，Aが本件事故時71歳（中略）であることからすると，同人は，平成5年簡易生命表によると少なくとも15年の余命があると認めるのが相当であるから，15年のライプニッツ係数を10.380とすると，右年金に係る逸失利益は以下のとおりとなる（遺族厚生年金については，原告Bのみが受給しているので，損益相殺的調整は同人についてのみ行うこととなる。）。

なお，生活費控除率については，Aが右年金以外にも相当程度の収入を得ていたが，（中略）Aは，同居する原告Bのみならず，月収5万円程度で家計には一切金銭を入れていない原告C（中略）の生活を維持していかなければならず，また，会社員である原告D（中略）も家計に月8万円宛程度を入れているのみであり，原告Dの生活維持のためにも一定程度の出費を余儀なくされていたと推認されるところ，そのために右年金以外の収入もかなりの部分が費消されたと考えられるから，右年金に対するA自身の生活のための依存の程度は相当程度高かったものと認められ，以上の事情を勘案して，同人の生活費控除率は，少なくとも50パーセントを下回らないものとするのが相当である。325万8,400円×（1－0.5）×10.380＝1,691万1,096円」。

＊**東京地判平成8・2・13交民集29巻1号213頁**……交通事故で死亡した米軍海兵隊員A（30歳・男。軍人）の逸失利益（過失相殺否定）。

【判　旨】

「逸失利益　3,982万7,706円。（中略）Aは，1962年12月5日生まれの米軍沖縄第3支援大隊本部所属の海兵隊員であり，死亡当時30歳で年額2万1,714.9ドルの給与を得ていたこと，1970年代においては，米国の連邦政府公務員の給与は年平均6パーセント上昇していたこと，米国海兵隊本部の司令部経理中隊は，Aがその階級に関係なく毎年最低2.6パーセントの昇給が見込まれたと証明していることが認められる。

そうすると，原告主張の年平均6パーセントの昇給は，その参照とする資料の年代が古くて将来確実ということができないが，毎年最低2.6パーセントの昇給については，米軍の証明もあり，確実であるということができる。

そこで，原告ら主張の方式に従い，30歳から67歳までの中間年齢である48歳において被害者が得るであろう給与である3万4,461ドル（2万1,714.9ドルに1.026の18乗である1.587を乗じた額）を基礎に被害者の逸失利益を算定することとする。

〈2-3〉逸失利益

生活費控除については、被害者の家族構成に鑑み、30パーセントとするのが相当である。この点、原告らは、被害者が軍人であるから控除率を20パーセントに止めるべきであると主張するが、本件全証拠によるも特別配慮すべき事由は見出せない。そして、ライプニッツ方式により中間利息を控除し、原告ら主張のとおり1ドル当たり98.80円として換算すると、（中略）Aの逸失利益は、前示金額となる。」

＊横浜地判平成8・2・15交民集29巻1号230頁……交通事故で植物状態になる重大な後遺症を負ったA（症状固定時21歳・男。専門学校生）の逸失利益（生存事例。過失相殺1割）。

【判　旨】

「Aは、症状固定時は21歳であったから、その年収相当額は、賃金センサス平成5年第1巻第1表、産業計・企業規模計・学歴計・男子労働者全年齢平均賃金によると549万1,600円である。また、無酸素脳症による四肢麻痺の程度からみて、労働能力喪失率は10割であり、事故当時は、専門学校の1年生であったから、卒業予定時の20歳から67歳までの47年間の逸失利益を計算することとする。症状固定日までの休業損害と、その後の逸失利益を含めて、ライプニッツ係数16.3093を用いて計算すると、Aの逸失利益は8,956万4,151円となる」。

＊岡山地判平成8・2・19交民集29巻1号241頁……Y車の一方的過失の交通事故により母C（29歳・女。主婦）が受傷し、帝王切開により未熟児Aを仮死状態で出産し、その後Aが未熟児による呼吸不全で死亡した事故でのAの逸失利益。

【判　旨】

「原告Cが亡Aを早産し、亡Aが未熟児による呼吸不全で死亡した原因は、Cが早産し易い身体的素因を有していたこと及び本件事故による心身に対する衝撃が競合して生じたものであつて、このことと、生存率が極めて低い段階の未熟児であつたこと、本件事故は、被告が時速70～80kmで蛇行運転したという、被告の一方的過失によつて生じたものであることなどを考慮すると、亡Aの逸失利益は、次のとおり、377万4,675円と算出するのが相当である。

死亡時0歳、平成4年賃金センサス女子労働者学歴計～17歳年収164万2,100円、生活費控除30％、新ホフマン係数16.4192（就労可能年数49年）の20％」。

＊徳島地判平成8・2・27判時1615号116頁、判タ937号230頁……分娩遅延・長時間経過観察にY病院の過失を認め、新生児A（0歳・男）が脳性麻痺の後遺症を負った事故でのAの逸失利益（生存事例）。

【判　旨】

Aの「労働能力喪失率は100パーセントであって、回復の見通しはないと認めるのが相当であり、就労可能年数を18歳から67歳までの49年間とし、平成5年賃金センサス産業計・企業規模計・男子労働者学歴計の年間平均給与額549万1,600円を規準にしてライプニッツ式計算法（零歳の係数7.5495）により年5分の割合による中間利息を控除して、右期間の得べかりし利益の出生時における現価を求めると、その額は4,145万8,834円となる。」

＊浦和地判平成8・2・28判時1615号124頁、判タ927号218頁……Y病院の過失で新生児仮死の状態でA（0歳・男）が出生し、脳機能障害を残した事案でのAの逸失利益（生存事例）。

【判　旨】

「原告Aの負った後遺障害の程度が、（中略）Aが労働能力を100パーセント喪失し、且つその回復の見込みもないことは優に推認し得るところであるから、就労可能年数を18歳から67歳までの49年間とし、昭和59年の賃金センサス産業計、企業規模計、学歴計男子労働者の年間平均給与額（407万6,800円）を基礎として、ライプニッツ方式により逸失利益の総額を算出すると、（中略）3,077万7,801円となる。」

＊大阪地判平成8・3・21交民集29巻2号443頁……Y運転の車が料金所に衝突し、Y車の後部座席に座って同席のBと雑談をしていたA（20歳・女。化粧品会社美容部員）が死亡した事故でのAの逸失利益。

【判　旨】

「Aは、右に認定した本件事故前1年間の年収である279万8,162円を67歳までの47年間にわたり得られたものと認めるのが相当である。なお、退職金については、在職年数を明確にできないことや退職時の退職金規程を予測できないこと等に照らし、逸失利益として算定することはできないので、慰謝料算定の一事情として考慮することとする。（中略）Aは会社に世帯主である旨届けていないことが認められる。右事実に照らすと、Aは、母の原告Cを助けていたとしても、一家の支柱とまでは認められないから、生活費控除率は5割とするのが相当である。

以上により、ホフマン式計算法により年5分の中間利息を控除してAの逸失利益の本件事故時の現価を計算すると次のとおりとなる。

279万8,162円×0.5×23.832＝3,334万2,898円」。

＊高知地判平成8・3・26交民集29巻2号488頁……交通事故で重傷を負い、後遺障害2級3号になったA（事故時16歳・女。高校2年生）の逸失利益（生存事例。過失相殺5割）。

【判　旨】

「原告Aは、高知県立K高等学校普通科2年生在学中の高校生であったこと、同原告の父である原告Bは、

## 〈第2章〉生命侵害と財産的損害の賠償請求

国立K大学農業工学科に進学している（なお、家業の都合で中退している）こと、BやAは、Aが大学に進学することを当然と考えていたこと、Aの右高校での成績はクラスで常に上位3分の1ないし4分の1程度に入るもので、本件事故後復学してからは、クラスで2番の成績をとるなど、優秀な成績で右高校を卒業していること、右高校は県内でも1,2を争う進学校であることが認められ、これらの事実に照らすと、本件事故に遭わなければ、Aは、大学に進学し、その後相応の職業に就職できた可能性が極めて高かったというべきである。

したがつて、その逸失利益を算定するには、平成6年度の産業計・企業規模計・女子労働者の旧大・新大卒の全年齢平均賃金額に、22歳から67歳の45年間の就労可能年数に対応するライプニッツ係数を乗じて算出するのが相当である。433万6,900円×100％（労働能力喪失割合）×17.7740＝7,708万4,060円」。

＊**東京地判平成8・3・27交民集29巻2号510頁**……交通事故重傷（後遺障害等級3級）被害者A（症状固定時23歳・女。会社員）の逸失利益（生存事例）（過失相殺1割5分）。

【判　旨】

「原告Aが症状固定後もなお継続して就労していたからといつてそれをもつて直ちに同人の将来にわたる継続的な労働能力が一部でも回復していると判断するのは相当ではなく、また、前記後遺症によつて訴外会社の退職を余儀無くされた原告Aが労働の対価を得られる具体的な就労の機会を容易に得られることを被告らが立証し得ない以上、単に、座つて事務作業が可能であるとか、単独歩行や自動車の運転が可能であることのみをもつて労働能力があるということはできないというべきである。

したがつて、原告Aの労働能力喪失率は、同人が前記のとおり後遺障害3級の認定を受けたことにかんがみ、100パーセントと評価するのが相当である。

（3）逸失利益の算定の基礎となる労働可能期間は、原告Aが訴外会社を退職した平成6年9月末日時における年齢である26歳から67歳までの41年間として算定するのが相当である。

（4）以上によれば、原告Aの逸失利益は以下のとおりとなる。

312万7,600円×1×17.294＝5,408万8,714円」。

＊**東京地判平成8・3・28交民集29巻2号538頁**……交通事故で重傷を負い、車椅子生活になったA（15歳・男。中学3年生）の逸失利益（生存事例）（過失相殺3割）。

【判　旨】

「原告Aは、（中略）その労働能力を100パーセント喪失したと認められ。（中略）本件事故に遭わなければ、中学校を卒業してから67歳に達するまで52年間、少なくとも賃金センサス平成5年第1巻第1表・男子労働者・新中卒・全年齢平均の年収額を得ることができたものと推認される。右年収額を基礎として、ライプニッツ方式により中間利息を控除して、52年間の逸失利益の本件事故時の現価を求めると、右金額となる。487万5,900円×18.4180＝8,980万4,326円」。

＊**高松地判平成8・4・22判夕939号217頁**……Y病院の過失により、両下肢の機能全廃という重度の後遺障害を負ったA（症状固定時66歳・男。職業不詳）の逸失利益（生存事例）（過失相殺3割）。

【判　旨】

「原告Aは、後遺障害により労働能力を全く喪失したというべきである。（中略）Aは、前記症状固定当時66歳であって、同年齢者の平均余命が15.38年であることに徴し、なお7年（本件医療事故発生時からは8年となる。）は就労し、前記年収額を下らない収入を得たはずであると推認できる。したがって、Aの逸失利益の本件医療事故発生時の現価は、316万8,000円×5.6363（8年のホフマン係数6.5886から1年の同係数0.9523を控除したもの）の計算式により、金1,785万5,798円となる。」

＊**千葉地判平成8・4・24交民集29巻2号606頁**……スピードの出し過ぎ等で正面衝突の交通事故を起こし、死亡したA（55歳・男。会社代表取締役）の逸失利益（過失相殺9割）。

【判　旨】

「Aは、同人が満67歳に達するまで12年間稼働して右年収と同額程度の収入を取得し得たものということができ、その間の生活費は右収入の4割と認めるのが相当である。そこで、右の逸失利益の本件事故発生時における現価をライプニッツ係数を用いて算出すると、右現価は、4,469万1,799円となる。そして、その1割は446万9,179円である。」

＊**横浜地判平成8・4・25交民集29巻2号620頁**……飲酒し、スピードの出し過ぎでカーブを曲がりきれずに信号柱に衝突したY運転の車に同乗していたA（26歳・男。司法試験受験生）の逸失利益（過失相殺2割）。

【判　旨】

「逸失利益　5,753万8,867円
（1）年収　　　　665万4,200円
平成5年の賃金センサス男子大卒全年齢の平均年収
（2）生活費控除割合　50パーセント
（3）就労可能期間　41年
（4）ライプニッツ係数　17.294
（計算式）
665万4,200×17.294×0.5＝5,753万8,867円」

〈2-3〉逸失利益

＊神戸地判平成8・5・14交民集29巻3号719頁……自転車で走行中に赤信号を無視して交差点に進入したY車に衝突され死亡した被害者A（19歳・女。大学2年生）の逸失利益（過失相殺否定）。
【判旨】
「当裁判所は，未就労者の逸失利益を算定するに当たつては，原則として，いわゆる初任給固定方式を採用するのが相当であると解する。その理由は次のとおりである。未就労者の逸失利益を算定するに当たつては，その職業，収入，余命など，将来の不確定要素を秘めた事項についてあえてそれを予測して将来の収入を推計する必要がある。

また，不法行為による損害賠償請求において，損害賠償請求をする当事者に，損害額の立証責任（中略）があることはいうまでもない。

したがつて，右不確定要素については，裁判所に顕著な諸種の統計表及び当事者から証拠として提出された資料に基づき，経験則と良識とを活用して，できる限り客観性のある額を算定すべきであつて，一概に算定不可能としてこれを否定することの許されないことは言うまでもないが，個々具体的な事件において，右のような考慮を払つてもなお存否不明の状態におちいつた場合には，これによる不利益は立証責任を有する当事者が負うべきであつて，これを一般的な統計資料又は確率論に基づく推測に解消すべきではないことも明らかである。

なお，この問題については，全年齢平均収入（原告のいう単純平均値ではなく，賃金センサス記載の加重平均値）を採用するいわゆる東京地裁方式と，固定された初任給を採用するいわゆる大阪地裁方式とが実務の大勢であり，他にも各種の方式があることは当裁判所に顕著である。そして，これらの方式は，その1個のみが論理的に正しく，他は誤つているという関係に立つものではなく，それぞれ独立した裁判所（官署としての裁判所ではなく，裁判機関としての裁判所）が，個々具体的な事件の解決に当たり，右に述べた観点から不合理が生じないように良心にしたがつて取捨選択すべきであるというべきである。

また，右に述べた不合理の有無の判断に当たつては，単に収入の基礎となる金額の選定だけではなく，中間利息の控除方法，稼働可能期間，生活費控除の割合等をも総合的に考慮すべきである。

そして，本件においては，当裁判所は，次に述べる金額を超える心証を得ることはできず，結果として，いわゆる初任給固定方式を採用したものである。（中略）亡Aは，死亡時，満19歳であり，O市立大学生活科学部生活環境学科2回生に在学中であつたこと，将来，1級建築士になる希望を有していたこと，亡Aの父母である原告らがいずれも大学院に進学していたこともあつて，亡Aも大学院に進学することも視野に入つていたこと，亡Aの同性の同級生の多くは，平成7年4月には就職し，男性とそれほど変わらない収入をあげていること，亡Aは友人からの人望に厚く，現在でも，原告らは亡Aの同級生等との関係を保つていることが認められる。

そして，右認定事実及び右に述べた観点から本件を検討すると，当裁判所は，亡Aは，大学を卒業する満22歳から満67歳までの間は，1年間につき，少なくとも，賃金センサス平成6年第1巻第1表（平成5年調査分）の産業計，企業規模計，男子労働者，旧大・新大卒，20〜24歳に記載された金額（これが年間金322万7,100円であることは当裁判所に顕著である。）と，同表の産業計，企業規模計，女子労働者，旧大・新大卒，20〜24歳に記載された金額（これが年間金304万3,600円であることは当裁判所に顕著である。）との単純平均値である金313万5,350円を得る蓋然性が高いとの心証を得ることができたものの，本件にあらわれた全証拠によつても，これを超えて，より高額の金額を得る，又は，これを超える期間にわたつて収入を得るとの心証を得ることができなかつた。

また，同様に，生活費控除としては，少なくとも収入の40パーセントは必要である蓋然性が高いという心証を得ることができたものの，これを下回る生活費で足りるとの心証を得ることはできなかつた。

したがつて，本件事故時における現価を求めるため，中間利息の控除につき新ホフマン方式によると（3年の新ホフマン係数は2.7310,48年の新ホフマン係数は24.1263），亡Aの死亡による逸失利益は，（中略）金4,024万9,052円となる」。

＊神戸地判平成8・5・23交民集29巻3号765頁……交通事故重傷被害者A（事故時86歳，死亡時87歳・女）が，約1年後に肺炎等により死亡した場合の逸失利益（3割の素因減額済み。5％の過失相殺）。
【判旨】
「死亡による逸失利益　金109万3,681円。（中略）亡Aの健康状態，生活状況及び高齢を総合考慮し，死亡後2年間は平成4年度賃金センサスの65歳以上女子労働者平均賃金の5割にあたる額の収入を得，その生活費は40パーセントを要するものとみるのが相当である。

そこで，ホフマン式計算法により中間利息を控除し，本件事故時における亡Aの逸失利益の現価を求め，前記素因の寄与割合の3割を減ずると，（中略）頭書金額となる。」

＊神戸地判平成8・7・8判時1626号106頁，判タ935号197頁……狭心症の患者A（62歳・男。会社代表取締役）がY病院の過失により低酸素脳症になり植物状態になった事故でのAの逸失利益（生存事例）。
【判旨】

〈第2章〉生命侵害と財産的損害の賠償請求

「Aは、(中略)平成元年12月退職し、訴外会社の退職金支給規定に基づき、合計4,000万円の退職金の支給を受けたこと、訴外会社の「取締役退職慰労金支給規定」によれば、社長並びに代表取締役の場合は、退任当時の月額報酬の4倍(4か月分)に勤続年数を乗じた金額と定められているところ、昭和63年度の就労可能年数表によれば、満62歳の男性の就労可能年数は7年とされていること、Aは、本件により死亡しなければ満69歳までの8年間訴外会社の代表取締役として稼働でき、その場合にはさらに退職金として少なくとも(在任期間が6年間であったとしても)2,880万円(120万円×6年×4=2,880万円)を得ることが可能であったこと、以上の事実が認められる。(中略)そして、右Aの逸失退職金につき、ホフマン係数(0.7692)を用いてその現価を求めると(中略)2,215万2,960円となる。(中略)Aは受傷時満62歳で、当時(昭和63年度)少なくとも1,220万390円の年収を得ていたことが認められるところ、Aの就労可能年数は死亡時から6年、生活費は収入の40パーセントと考えられるから、Aの受傷後死亡まで及び死亡による逸失利益を年別のホフマン式により年5分の割合による中間利息を控除して算定すると、次のとおりとなる。(中略)

(a) 受傷後死亡まで　　　　3,733万6,535円
(労働能力喪失率)100パーセント
(休業期間)6年
(計算式) 12,200,390×(100÷100)×(1,117÷365)=37,336,535

(b) 死亡後就労可能年齢まで　3,757万9,153円
(6年間に対するホフマン係数5.1336)
12,200,390×(1−0.4)×5.1336=37,579,153」。

＊東京地判平成8・9・11交民集29巻5号1353頁……交通事故死亡被害者A(41歳・男。会社員)の逸失利益(過失相殺7割)。

【判　旨】
「訴外Aは、本件事故時、訴外株式会社W製作所(中略)に勤務し、665万3,446円の年収を得ていたところ、訴外Aは、本件事故時41歳であつたので、訴外会社の退職年齢である満60歳までの19年間は、毎年右665万3,446円の得べかりし利益を喪失したものと認められる。その間の、訴外Aの逸失利益は、右の665万3,446円に、生活費を30パーセント控除し、19年間のライプニッツ係数12.0853を乗じた額である金5,628万6,223円と認められる(中略)。次に、訴外Aは、訴外会社を退職後は、退職金を受領することに鑑みて、訴外会社に勤務中の年間665万3,446円と同額の年収を得る蓋然性は認め難く、訴外Aの収入として蓋然性が認められるのは、賃金センサス平成6年第1巻第1表男子労働者学歴系60歳ないし64歳の平均賃金である452万500円と認められる。したがつて、訴外Aは、満60歳から労働可能な年齢である満67歳まで9年間は、毎年の452万500円得べかりし利益を喪失したものと認められる。その間の訴外Aの逸失利益は、右の452万500円に、生活費を30パーセント控除し、26年間のライプニッツ係数14.3751から19年間のライプニッツ係数12.0853を減じた2.2898を乗じた額である金724万5,728円と認められる。よって、訴外Aの給与分の逸失利益は、右の合計6,353万1,951円と認められる。

(2) 退職金分
甲7によれば、訴外Aの推定退職金は1,103万1,300円と認められるところ、これに、生活費を30パーセント控除し、60歳までの19年間の現価を算出するためライプニッツ係数0.3957を乗じた額である金305万5,559円から、甲7により認められる訴外Aの死亡時に支給された297万9,000円の退職金を控除した差額7万6,559円が、退職金に関する逸失利益と認められる。
(3) 合計　　6,360万8,510円」。

＊大阪地判平成8・10・22交民集29巻5号1522頁……交通事故重傷(後遺障害等級1級3号)被害者A(71歳・男。短大非常勤講師)の逸失利益(生存事例)(過失相殺1割5分)。

【判　旨】
「後遺障害の内容、程度等に照らせば、Aは、自動車損害賠償保障法施行令2条別表後遺障害等級表1級3号(神経系統の機能又は精神に著しい障害を残し、常に介護を要するもの)に該当することは明らかであり、労働能力喪失率は100パーセントと認めるのが相当であるところ、Aは、本件事故がなければ、その年齢等に照らし、前記認定した24万4,400円(年収32万5,866円)程度を少なくとも今後2年程度得られたものと認められるから、ホフマン方式により中間利息を控除して後遺障害逸失利益を算定すると、(中略)60万6,566円となる。」

＊東京地判平成8・10・29交民集29巻5号1544頁……交通事故死亡被害者A(17歳・男。高校生)の逸失利益(過失相殺7割)。

【判　旨】
「亡Aは、(中略)本件事故に遭遇しなければ、その後18歳から67歳に達するまで就労が可能であり、その間、毎年、賃金センサス平成4年男子労働者学歴計・全年齢平均の年収額544万1,400円を得ることができ、生活費として50パーセントを控除すべきであると解するのが相当である。そこで、亡Aの本件事故当時における逸失利益の原価は、ライプニッツ方式により中間利息を控除すると、次のとおりとなる。
5,441,400×0.5×(18.2559−0.9523)=47,077,904」円。

〈2-3〉逸 失 利 益

＊大阪地判平成8・11・28交民集29巻6号1755頁……交通事故死亡被害者A（1歳3ヶ月・女）の逸失利益（被害者側の過失として相殺1割5分）。
【判旨】
「Aは，本件事故当時，1歳3か月の女子であつたが，本件事故により18歳から就労可能年数である67歳まで少なくとも女子の賃金センサスによる平均年収210万4,800円（平成6年度の産業計・企業規模計・女子労働者の学歴計18歳ないし19歳）程度の収入程度を失つたことが認められ，生活費控除率を50パーセントとしてホフマン式計算法で中間利息を控除して逸失利益を算定すると，（中略）1,759万1,918円となる。」

＊東京地判平成8・12・4交民集29巻6号1767頁……交通事故死亡被害者A（33歳・女。主婦）の逸失利益（過失相殺3割）。
【判旨】
「Aは，主婦で家事に従事していたので，その労働の対価は賃金センサス平成6年第1巻第1表女子労働者学歴計平均の324万4,400円に相当すると解すべきである。訴外Aは，本件事故時33歳であつたので，本件事故によつて，労働可能な年齢である67歳まで34年間の得べかりし利益を喪失したものと認められる。したがつて，訴外Aの逸失利益は，右の324万4,400円に，生活費を30パーセント控除し，34年間のライプニッツ係数16.1929を乗じた額である金3,677万5,371円と認められる」。

＊東京地判平成8・12・10判時1589号81頁，判タ925号281頁……A（10ケ月・女）が痙攣を起こし，Y病院で治療を受けたが病院側に過失があり，Aが1級の後遺障害を負った事故の逸失利益（生存事例）。
【判旨】
「Aの障害は重篤であり，後遺障害別等級表の1級に該当し，労働能力喪失率は100パーセントであるものと認められる。これによるAの逸失利益は，次のとおりである。
本件不法行為時である平成5年の賃金センサス女子労働者学歴計の賃金は，年額315万5,300円である。
本件不法行為時のAの年齢（1歳）における就労可能年数（18歳から67歳まで）の全期間のライプニッツ係数が7.9270（中略）であるから，本件不法行為によるAの逸失利益（得べかりし収入）は2,501万2,000円」である。

＊東京地判平成8・12・24交民集29巻6号1839頁……Yの車に衝突されたX車に同乗していて死亡したA（52歳・女。主婦）の逸失利益
【判旨】
「亡Aは，死亡当時52歳の主婦であった。そこで，基礎収入として平成6年賃金センサス女子労働者学歴計全年齢の平均年収額，就労可能期間として15年（ライプニッツ係数を採用），生活費控除率を30パーセントとして計算すると，以下のとおりとなる。
3,244,400×（1−0.3）×10.3796＝23,572,901」円。

＊大阪地判平成9・1・23交民集30巻1号92頁……交通事故死亡被害者A（68歳・男。建築業者）の逸失利益（過失相殺2割）。
【判旨】
「Aは本件事故に遭わなければあと7年間は就労することが可能であつたと認められる。そこで，前記のとおりのAの収入を基礎とし，生活費として3割を控除し，右期間に相当する年5分の割合による中間利息を新ホフマン式により控除すると，Aが就労できなくなつたことによる逸失利益の本件事故当時の現価は582万6,420円となる。（中略）Aは，本件当時老齢年金として1年間に33万9,334円の受給を受けていたことが認められるが，右年金の性格及びその金額に照らすと，生活費としてこれをすべて費消したものと推認され，Aが死亡して年金受給権を喪失したことをもつて逸失利益と認めることはできない」。

＊大阪地判平成9・1・31判時1620号104頁……自動二輪車で走行中のA（17歳・男。無職）が停車中の車両に接触・転倒，全身強打で病院に運ばれたが，その後，腹膜破裂により死亡した事故でのAの逸失利益。
【判旨】
「当時未就労であったAについて，本件事故がなければ，平成6年賃金センサス産業計・企業規模計・学歴計・男子の18歳ないし19歳の平均年収である金244万5,600円を前記稼働可能期間を通じて得られたものと認めるのが相当であるから，50パーセントの生活費控除をしたうえ，ホフマン式計算法によって年5分の中間利息を控除して（中略）Aの逸失利益の現価を計算すると（中略）29,041,010円」となる。

＊東京地判平成9・2・18交民集30巻1号231頁……Yのトラックの通過後に道路上に倒れているのがZ車によって発見され，「助けてくれ」と言ったのでZが救急車を呼んだが結局死亡した交通事故死亡被害者A（58歳・男。国家公務員）の逸失利益（Y車が轢いたと認定）。
【判旨】
「労働収入分　1,872万8,342円。（中略）平成5年賃金センサス第1巻第1表企業規模計産業計男子労働者学歴計60歳ないし64歳の平均年収額439万1,500円を基礎とし，またAの本件事故当時の家族構成（原告B，同C，同D）に鑑みると，生活費控除率は，扶養者1名の場合の40パーセントとするのが相当であり，9年間の逸失利益をライプニッツ方式（係数7.1078）により算定すると，（中略）18,728,342」円となる。「年金

〈第2章〉生命侵害と財産的損害の賠償請求

収入分　1,303万849円。（中略）Aが支給される年金額は，平成5年8月から平成11年7月までは，国家公務員等共済組合から退職共済年金として233万9,000円，平成11年8月から死亡時までは，同共済組合から162万300円及び国民年金保険から老齢基礎年金として71万8,700円（合計233万9,000円であり，総支給額は変わらない。）であるから（中略）右金額を基礎とし，また，A定年時の60歳男子の平均余命は20年であり（中略），その生活費控除率は，前記（1）で述べたことから，当初の7年間は40パーセントとするので相当であるが，その後は，収入が年金だけとなるから，生活費控除率は，60パーセントとするのが相当である。右を前提として，Aの20年間の逸失利益をライプニッツ方式により算定すると，（中略）13,030,849」円となる。

＊大阪地判平成9・3・10交民集30巻2号403頁……交通事故死亡被害者A（64歳・男）の逸失利益（保険会社から受け取った金額が，内縁の妻Bと他の相続人達にどう帰属させるべきかという形で，家族間で争われた事例）。

【判　旨】

　「亡Bは，亡Aの相続人ではないけれども，亡Aが本件事故で死亡するまで24年間亡Aと準婚関係にあつたものであり，亡Aの死亡当時，亡Bは満75歳の高齢で，身体が相当弱つており，内縁の妻として，11歳年下の亡良一から扶助を受ける権利を有し，現に扶助を要する状態にあつたのであるから，亡Aの逸失利益は先ず亡Bの扶助に充てられるべきものであつたというべく，亡Aの相続人たる被告らにおいて請求し得る亡Aの逸失利益の範囲は，右扶助に充てられるべき部分を控除した残額の部分に限られるものと解するのが相当であり，かかる法理は，本件のように，亡Aの死亡を原因として既に支払われた保険金中の逸失利益に該当する部分についても同様に妥当するものというべきである。これを本件についてみると，亡Bが要扶養状態にあつたことは前記認定のとおりであり，一方，亡Aが稼働能力を有していたことは本件保険金の給付の事実に照らして明らかであるから，扶養可能状態にあつたものと認められるところ，扶養可能期間は，亡Aの死亡時点における亡Aの稼働可能年数と扶養権利者である亡Bの推定生存期間の重なる期間である9年（中略）を限度とすべきであるから，結局，本件保険金のうち逸失利益部分である金1,738万7,000円（中略）の3分の2に相当する金額（亡Aの生活費と同様に逸失利益の4割相当分）の金1,159万1,000円（1,000円未満切捨）が，亡Bの扶助に充てられるべき部分に該当するものと認めるのが相当であり，したがつて，被告らが相続し得る部分は，金1,738万7,000円から金1,159万1,000円を控除した残額の金579万6,000円となる。」

＊福島地いわき支判平成9・3・12判時1636号127頁，判タ961号245頁……医療事故死亡被害者A（44歳・男。職業不詳）の逸失利益。

【判　旨】

　「Aは，死亡当時，44歳で，弁論の全趣旨によれば，年間631万800円の給与所得を得られるだけの労働能力を有しており，その後少なくとも23年間の就労が可能であったことが認められるから，生活費控除率を30パーセントとし，中間利息の控除をライプニッツ式係数により13.4885とすると，その逸失利益は，（中略）5,958万6,258円となり，少なくとも5,950万円を認めることができる。」

＊名古屋地判平成9・3・12交民集30巻2号427頁……歩道の縁石に立っていたA（事故時7歳，症状固定時13歳・女。小学生）が車道に飛び降り，その側方を走っていたY車に衝突され重傷（後遺障害等級4級）を負った事故でのAの逸失利益（過失相殺5％）

【判　旨】

　「原告Aは，本件事故当時7歳であつたから，就労可能な18歳から67歳までの49年間にわたつて，その労働能力の92パーセントを喪失したものというべきであり，また，本件事故がなければ，右期間中，少なくとも症状の固定した平成3年の賃金センサス第1巻第1表・産業計・企業規模計・女子労働者・高卒の18歳から19歳までの年収額（194万3,700円であることは公知の事実）に相当する収入を得ることができるものと推認することができるから，これに基づいて，Aの逸失利益の本件事故当時の現価を計算すると，適用すべき新ホフマン係数は60年の係数から11年の係数を控除したものとなるので，（中略）3,355万4,932円となる。」

＊大阪地判平成9・4・25交民集30巻2号601頁……交通事故で重傷を負い労働能力をほぼ喪失したA（30歳・男。社会人）の逸失利益（生存事例）。

【判　旨】

　「原告Aは本件事故による後遺障害によつてその労働能力の92パーセントを喪失し，これは生涯継続するものと認められる。（中略）就労可能年齢を67歳としてホフマン方式によりその逸失利益の事故時の現価を算定すると（中略）9,368万7,973円」となる。

＊大阪地判平成9・5・23交民集30巻3号745頁……Yのトラックに衝突され，自己の乗用車内で焼死したA（54歳・女。主婦）の逸失利益。

【判　旨】

　「Aは（中略）家庭で主婦業を営んでいたことが認められる。右事実によれば，Aは平成5年度賃金センサス産業計・企業規模計・学歴計，女子労働者50歳から54歳までの平均年収335万2,600円に見合う労働をし

〈2-3〉逸失利益

ていたことが認められる。そこで，右年収を基礎とし，その生活費割合を4割，就労可能年齢を67歳とみて，ホフマン方式により，逸失利益を算定すると（中略）1,975万5,530円」となる。

＊大阪地判平成9・5・29交民集30巻3号788頁……交通事故重傷（後遺障害等級1級）被害者A（症状固定時18歳・男）の逸失利益（生存事例）（過失相殺5割）。

【判　旨】

「原告Aは，将来は父Bの経営する株式会社N製作所に勤務する予定であつたところ，本件事故に遭わなければ，少なくとも1か月当たり17万9,600円の収入を得ることができたと認められる。そして，原告Aの後遺障害の程度に照らせば，原告Aは，本件事故により症状の固定した18歳から就労可能と認められる67歳までの間，労働能力の100パーセントを喪失したものと認められるから，右収入を基礎とし，右期間に相当する年5分の割合による中間利息を新ホフマン方式によつて控除すると，原告Aの逸失利益は5,262万1,363円となる。」

＊東京地判平成9・6・25交民集30巻3号861頁……交通事故重傷被害者A（症状固定時17歳・男。高校2年生）の逸失利益（生存事例）（過失相殺2割）。

【判　旨】

「原告Aは，本件交通事故当時，都立Y商業高校2年生であつたところ，病院を退院後，平成5年9月復学したが，1年留年して平成7年3月卒業し，平成8年4月に現在の勤務先であるN区立中央図書館に地方公務員として就職した。仕事は，書類作成等の事務作業であり，外来者との対応はしていない。

N区立中央図書館において現在は給料・待遇の面で健常者と差はないが，昇進で差があるかは明らかでなく，後遺障害により，本棚の整理の際に高い棚に本を上げられない，職場の旅行等に参加できないといつた不利益がある。（中略）原告Aの右勤務条件によると，現在において健常者と同一の給料を得ているから，原告Aが主張するように賃金センサスの平均賃金全額に基づき逸失利益を算定するのは相当ではない。

もつとも，後遺障害の程度（中略）からすると，原告Aは，N区立中央図書館の勤務において特段の努力をしていると認められる上に，できる仕事に制限があるため将来的に昇進等で差が出る可能性があることも併せ考えると，被告D火災海上保険株式会社が主張するように逸失利益がないとするのも相当ではない。

そして，原告Aの右勤務条件，右後遺障害の程度を総合すると，385万4,100円の収入を喪失したとするのが相当である。したがつて，逸失利益は，（中略）6,669万1,346円となる。」

＊岡山地判平成9・7・10交民集30巻4号969頁……交通事故重傷（後遺障害2級3号）被害者A（3歳・男）の逸失利益（生存事例）（被害者側の過失として相殺2割）。

【判　旨】

「逸失利益　　4,318万690円。（中略）原告Aは，本件事故による受傷で，右片麻痺（右上・下肢運動障害，歩行障害等），言語・知能障害等の後遺障害が残り，自賠責保険後遺障害別等級表第2級第3号（神経系統の機能又は精神の障害のために，随時介護を要するもの）に該当すると認定されたこと，症状固定時は平成6年7月7日であり，右時点で同人は満5歳であったこと，その後も時々通院してリハビリ治療を受けているものの，症状に著明な変化はみられないことが認められる。

そうすると，原告Aは，本件事故によって，平均就労可能年齢である18歳から67歳までの49年間，得べかりし収入の100パーセントを喪失したことになるから，同原告の逸失利益は，次のとおりになる（新ホフマン式計算法により年5分の割合による中間利息を控除）。

239万5,600円（平成5年度賃金センサス第1巻第1表，産業計・企業規模計・学歴計男子労働者18歳ないし19歳の平均給与額）×18.025（満5歳に適用すべき新ホフマン係数）＝4,318万690円」。

＊浦和地判平成9・8・12交民集30巻4号1146頁……停車中の母B搭乗の自転車に同乗していたA（9歳・男。小学3年生）が後退してきたYの貨物自動車に衝突されて死亡した事故の逸失利益（過失相殺否定）。母Bの負傷関係についてはここでは除外。

【判　旨】

「Aは，前記のとおり本件交通事故当時9歳であり，（中略）原告B（父）は，大学を卒業して会社に勤務しており，Aも将来大学に進学させる心づもりであり，Aは健康で学校における成績も良好であったと認められるから，同人は，本件交通事故に遭わなければ大学に進学したものと推認される。そして，平成3年賃金センサス第1巻第1表の産業計・企業規模計の全国大学卒の男子労働者の平均賃金は年間642万8,800円であるから，これら事実によれば，Aは，本件交通事故に遭わなければ，大学を卒業後22歳から67歳まで46年間就労することができ，その間右平均賃金である1か年642万8,800円を下回らない収入を得ることができた筈であると推認することができ，またその生活費は50パーセントと認めるのが相当であるから，ライプニッツ方式により年5分の割合による中間利息を控除して，その現価を算定すると，Aの逸失利益は3,029万8,934円（中略）となる。」

＊東京地判平成9・8・29交民集30巻4号1232頁……交通事故死亡被害者A（5歳・男。幼稚園児）の逸失

〈第2章〉生命侵害と財産的損害の賠償請求

利益（過失相殺3割）。
【判旨】
　「平成7年賃金センサス第1巻第1表，産業計，企業規模計，学歴計，男子労働者，全年齢平均の年収額559万9,800円を基礎収入とし，生活費50パーセントを控除し，18歳から67歳まで就労可能として，その間の中間利息を控除して逸失利益の事故時の現価を算出すると，2,697万7,876円となる。
　なお，被告は本件事故が平成6年であり，逸失利益の算定に当たっては同年の賃金センサスによるべきと主張するが，Aは5歳であり，就労可能年齢まで13年間あること，現実の就労可能時には年収額は更に上昇していると推測されることを勘案すると，口頭弁論終結時において利用可能な最新の資料により算定することも許容されると考える」。
＊大分地判平成9・10・17交民集30巻5号1495頁……Y車からいわれのない追跡を受けて逃げる途中，防波堤に激突して死亡したA（23歳・男。会社員）の逸失利益。
【判旨】
　「Aは，（中略）本件事故当時，S林業株式会社中国支店に勤務し，同社から1か月平均28万4,600円の給与を得ていた事実が認められるから，死亡による逸失利益は，右給与額を基礎として，生活費控除割合を50パーセント，就労可能期間を67歳までの44年間とし，中間利息をホフマン方式（係数22.923）により控除して算出した3,914万3,314円をもって相当と認める」。
＊神戸地判平成9・12・16交民集30巻6号1743頁……車同士の衝突による交通事故死亡被害者A（72歳・男。土地改良区の事務局長兼年金受給権者）の逸失利益（過失相殺5割）。
【判旨】
　「（1）給与収入　（中略）亡Aは，（中略）給与収入は年額で少なくとも金268万4,713円あったことが認められる。
　また，（中略）同人の死亡による右給与収入の逸失利益を算定するにあたっては，同人が本件事故後も3年間はなお右収入を得られた蓋然性が高かったものとして，生活費の控除を30パーセントとし，中間利息の控除につき新ホフマン方式によるのが相当である（3年間の新ホフマン係数は2.7310）。したがって，右給与収入の逸失利益は，（中略）金513万2,365円となる（中略）。
　（2）地方公務員等共済組合法による退職共済年金（中略）逸失利益は，金2,009万1,498円となる（中略）
　（3）厚生年金保険法による老齢厚生年金　（中略）逸失利益は，金271万3,109円となる（中略）
　（4）厚生年金保険法による老齢厚生年金（中略）逸失利益は，（中略）金45万3,382円となる（中略）。
　（5）小計　（1）ないし（4）の合計は，金2,839万354円である。」
＊東京地判平成10・1・28交民集31巻1号111頁……道路横断中に車に跳ねられ死亡したA（58歳・男。有限会社代表取締役）の逸失利益（有限会社自体の損害賠償請求は否定）（過失相殺7割）。
【判旨】
　「Aと原告有限会社Gとは経済的に一体をなしているから，AがGから受けていた報酬は，すべて労務の対価と認められる。
　そのため，逸失利益を算定する際の収入は，Aが死亡する前年にGから受けていた報酬の実額840万円（甲第5号証）によるべきである。
　（2）また，Aの死亡時の年齢が58歳（中略）であるからその後9年間就労可能であったと認められる。
　（3）したがって，逸失利益は，（中略）4,179万3,864円となる。」
＊横浜地判平成10・2・17交民集31巻1号209頁……交通事故死亡被害者A（43歳・男。新聞の拡販・集金・配達等の仕事）の逸失利益（Aが本件事故に遭遇しなければ，67歳に達するまでの24年間にわたって年収582万9,324円を得ることができたものと推認されるので，右金額を基礎として，生活費控除率を50％，ライプニッツ方式により中間利息を控除して算定（4,021万8,255円））。
【判旨】
　「Aは本件事故当時，M新聞海老名専売所において，新聞の拡販，集金及び配達等の業務に住み込みで従事していたこと，Aの平成4年1月から本件事故直前の同年9月までの収入の合計金額は437万2,000円であることが認められ，右事実からすると，Aは月額48万5,777円，年収582万9,324円を得ることができたものと認められる。
　そして，Aが本件事故後死亡するまで17か月余の間，新聞配達員として稼働し得なかったことが認められることから，Aの本件事故による休業期間17か月の休業損害は825万8,221円と認められる。（中略）Aは，（中略）本件事故に遭遇しなければ，67歳に達するまでの24年間にわたって前記のとおりの年収額を得ることができたものと推認されるので，右金額を基礎として算定することが相当である。そして，右金額から生活費割合として5割を控除し，ライプニッツ方式計算法により24年間の中間利息を控除すると，直生の逸失利益は4,021万8,255円が相当である。」
＊前橋地判平成10・2・18交民集31巻1号222頁……交通事故死亡被害者A（45歳・男。衛生施設組合主事）の受傷・死亡事故による逸失利益。

〈2-3〉逸失利益

【判　旨】
「(1) 給与収入等　5,066万9,013円。(1) 亡Aは，(中略) 本件事故に遇わなければ，満60歳に達した後の年度末である平成23年3月末日まで同組合に勤務することができた。(中略) 亡Aが本件事故にあわなければ，平成8年4月から定年退職する平成23年3月までの間の給与月額，扶養手当及び期末勤勉手当の総額として別表(1)の年間支給総額欄記載の給与(各種手当を含む。)の支給を受けることができたものと推認することができ，また，亡Aは，平成7年度の農業収入として26万5,200円を得ていたので，少なくとも平成23年3月までは同額の収入を得ることができたものと推認される。(中略) そこで，右給与等及び農業収入額から，生活費として3割を控除し，中間利息の控除につき，対応する新ホフマン係数を用いて本件事故当時の原価を算出すると，(中略) 5,066万9,013円となる」。他に退職手当差額金　782万9,300円と，退職後の収入等　738万8,924円を加算。

＊東京地判平成10・2・25判時1662号98頁，判タ984号135頁……スキーコース途中の橋から転落・死亡したスキーヤーA(21歳・男。大学3年生)の逸失利益(過失相殺2割)。

【判　旨】
「Aが本件事故により死亡しなければ満22歳から67歳まで稼働可能であったことが推認されるから，平成6年賃金センサス第1巻第1表産業計，企業規模計，学歴新大卒の男子労働者全年齢平均年間給与額674万0,800円を基礎とし，控除すべき生活費を5割とし，ライプニッツ式計算法により年5分の割合による中間利息を控除して逸失利益の現価を算出すると，(中略) 5,705万3,120円(円未満切捨て)となる(なお，原告らは，中間利息の控除につきホフマン式計算法を用いるべきであると主張するが，右主張は採用の限りでない。)。」

＊大阪地判平成10・3・5交民集31巻2号310頁……A車がZ車を追い越そうとしたところ，追い越し車線を逆走してきたY車に衝突された事故での交通事故死亡被害者A(25歳・男。大型貨物自動車運転手)の逸失利益。

【判　旨】
「亡Aは，(中略) 本件事故がなければ，67歳になるまで42年間にわたって，少なくとも本件事故当時の収入である年収437万8,508円を取得できた蓋然性が高いと認められる。そして，亡Aは，死亡時，単身であったから，生活費控除率を50パーセントとし，中間利息の控除につき新ホフマン方式を採用して，亡Aの死亡逸失利益を算定すると(中略) 4,880万5,039円」となる。

＊大津地判平成10・3・31交民集31巻2号536頁……交通事故死亡被害者A(32歳・男。会社員)の逸失利益(過失相殺7割)。

【判　旨】
「死亡による逸失利益　5,768万9,737円。(中略) 当時の年収は572万3,756円であること，勤務先のKの定年は満60歳で定年に達した直後の3月31日をもって退職するものと規定されていること，被害者の妻Bも就労しており，子供はなかったこと，以上の事実が認められるので，生活費控除を5割とし，稼働年数を60歳までの28年間は右年収の全額，61歳から67歳までの7年間はその半額の収入を得ることができたものと認めるのが相当であり，新ホフマン係数により算定すると，計5,768万9,737円となる」。他に，退職一時金　1,856万4,000円(Bに対する既払いの200万円の残額)，退職年金1,204万2,581円を認容。

＊神戸地判平成10・4・24交民集31巻2号607頁……交通事故死亡被害者A(19歳・男。予備校生)の逸失利益(過失相殺2割)。

【判　旨】
「亡Aは，本件事故がなければ大学へ進学し，卒業後就職したはずであるところ，本件事故により死亡したために，満23歳から44年間の得べかりし利益を喪失するに至ったというべきである。
　そして，右逸失利益を算定するにあたっては，賃金センサス平成6年度第1巻第1表の産業計，企業規模計，男子労働者，旧大・新大卒，20～24歳に記載された金額(これが年間金324万8,000円であることは当裁判所に顕著である。)を基準に，生活費として50パーセントを控除し，本件事故時の現価を求めるための中間利息の控除につき新ホフマン方式によるのが相当である(48年の新ホフマン係数は24.1263，4年の新ホフマン係数は3.5643。)。よって，亡Aの死亡による逸失利益は，(中略) 金3,339万2,688円となる。」

＊大阪地判平成10・5・18交民集31巻3号666頁……体調不良で病院に行くのに，姉Bの車の助手席に乗っていて，交差点で前方不注意のY車に衝突されて常時介護が必要な後遺障害(1級3号)を負ったA(事故時18歳，症状固定時19歳・女。高校3年生)の逸失利益(生存事例)。

【判　旨】
「原告Aは本件事故により後遺障害等級1級の後遺障害を残し，その労働能力を就労可能な67歳までの間にわたり100パーセント喪失した事実を認めることができる。(中略) 平成4年4月1日以降の原告Aの月収は13万8,000円を下ることはないので，右13万8,000円の12か月分である165万6,000円を基礎年収として，19歳から67歳までの48年間の中間利息を新ホフマン方

〈第2章〉生命侵害と財産的損害の賠償請求

式によって控除して原告Aの本件事故と相当因果関係を有する後遺障害逸失利益を算定すると，（中略）3,995万2,656円となる。」

＊前橋地判平成10・5・21交民集31巻3号691頁……路側帯を少しはみ出して停車していたA（6歳・男。小学1年生）の自転車に大型トラックが衝突し，Aが死亡した逸失利益（過失相殺否定）。

【判　旨】

「Aは，（中略）本件事故により死亡しなければ，満18歳から67歳までの49年間，少なくとも平成7年度賃金センサス第1巻第1表男子労働者学歴計平均年収559万9,800円の収入を得られたものと認められる。そこで，右認定事実を基礎に，生活費控除率を5割とし，ライプニッツ方式により年5分の割合による中間利息を控除して逸失利益の現価を算定すると，原告主張のとおり2,832万6,588円となる。」

＊大阪地判平成10・6・29交民集31巻3号929頁……交通事故重傷（後遺障害等級1級）被害者A（症状固定時15歳・女。中学生）の逸失利益（生存事例）。

【判　旨】

「原告Aは平成6年3月26日に症状固定（症状固定時15歳）となった事実，原告Aは本件事故により後遺障害別等級表1級の後遺障害を残し，その労働能力を就労可能な67歳までの間にわたり100パーセント喪失した事実を認めることができる。そこで，平成6年賃金センサス産業計・企業規模計・学歴計・女子労働者（18歳から19歳）の平均年収は210万4,800円であるから（当裁判所に顕著），右年収を基礎として19歳から67歳までの48年間の中間利息を新ホフマン形式によって控除して本件事故と相当因果関係を有する原告Aの後遺障害逸失利益を算定すると（中略）4,624万4,560円となる（原告Aの主張の通り）。」

＊大阪地判平成10・6・30交民集31巻3号979頁……大型貨物車に同乗していて交通事故に遭い，車外に放り出されて死亡したA（28歳・女。ゴルフ場のキャディー）の逸失利益（ブラジル国籍。日本人である夫Bの配偶者として来日）。

【判　旨】

「Aは，本件事故に遭わなければ，本件事故時以降も10年間は在留期間の更新を受けながら，日本で就労を続けた蓋然性が高いといえるが，それ以降も日本で就労したであろうと認めるには十分とはいえない。（中略）原告Bもしばらく日本で就労した後，ブラジルに帰国し，そこでAの霊を弔うことを意図しているものと推認される。これらの点に照らすと，Aが就労可能年齢まで日本において就労したであろうということを前提とする原告Cの主張を採用することはできない。

以上からすると，Aの逸失利益は，本件事故後，10年間については，日本における本件事故前3か月間の平均収入（月額30万2,138円）を基礎収入とするが，その後の28年間は，右収入の3分の1程度である月額10万円を基礎収入として算定するのが相当である（Aがブラジルにおいて得ていた収入を示す証拠はないし，ブラジルにおける平均賃金，賃金格差の実態等も不明であるが，Aが出稼ぎ目的で日本に来た以上，ブラジルでは日本における右収入よりもかなり少ない収入しか得られない前提であったと認められる。）。

そこで，右金額を基礎にし，Aと原告Bが共稼ぎであったことを考慮して生活費控除率を4割とし，新ホフマン式計算法により，年5分の割合による中間利息を控除して，右期間内の逸失利益を算出すると，（中略）26,661,502」円となる。

＊神戸地判平成10・8・28交民集31巻4号1268頁……道路左端を歩いていたA（42歳・女。ホームヘルパーの市職員）が後方から走行してきた飲酒運転のY車に衝突されて死亡した事故でのAの逸失利益（過失相殺否定）。

【判　旨】

「亡Aは，（中略）昭和55年ころからK市のホームヘルパーの仕事をしていたこと，平成4年ころから，正式にK市役所に採用されたこと，亡Aの平成7年1月分から12月分までの収入は合計金540万3,663円（中略）であったことが認められる。

そして，これらによると，亡Aの死亡による逸失利益を算定するにあたっては，右金540万3,663円を逸失利益の算定の基礎となる年間収入とし，生活費控除を30パーセントとし，右金員を今後25年間得る蓋然性が高いものとして，事故時における現価を求めるため中間利息の控除を新ホフマン方式によるものとするのが相当である（中略）。よって，亡Aの死亡による逸失利益は，（中略）金6,030万9,580円となる」。

＊東京地判平成10・8・31交民集31巻4号1293頁……交通事故死亡被害者A（18歳・男。大学1年生）の逸失利益（過失相殺4割）。

【判　旨】

「Aは，本件事故に遭わなければ，大学を卒業する満22歳から満67歳まで45年間働くことができ，その間，少なくとも原告が主張する年間680万2,400円（平成8年度賃金センサス第1巻第1表産業計・企業規模計・大卒・男子労働者の全年齢平均賃金である年間680万9,600円（甲117）を上回らない額）を下らない収入を得ることができたと判断するのが相当である。そして，その間の生活費として50パーセントを控除するのが相当であるから，ライプニッツ方式（係数18.1687－3.5459＝14.6228）により年5分の割合による中間利息を控除し，Aの死亡時における逸失利益の現価を算

〈2-3〉逸失利益

出すると4,973万5,067円」となる。
＊大阪地判平成10・10・19交民集31巻5号1543頁……交通事故死亡被害者A（28歳・女。ホステス経験5ケ月）の逸失利益（過失相殺2割5分）。
【判　旨】
　「亡Aは，（中略）平成6年（同年9月30日からの収入）には39万2,042円の，平成7年には158万2,686円の，平成8年（同年4月25日までの収入。ホステスとして得た収入を除く。）には18万6,862円のそれぞれの収入を得ていたこと，平成8年4月30日に協議離婚し，原告の親権者を亡Aと定めたこと，同年5月17日から，株式会社JのP店に，ホステスとして勤務し，本件事故が発生するまで約5か月間勤務し，その間，362万3,000円（1日当たり2万3,679円）の収入を得ていたことなどが認められる。
　これらの事実によれば，亡Aの逸失利益は，次の（1）と（2）の合計額5,576万6,955円と認めることが相当である。
　（1）ホステスとして得ていた1日あたりの収入2万3,679円の年収864万2,835円から，経費として20パーセントを控除し（控除後691万4,268円），また生活費として40パーセントを控除し（控除後414万8,560円），中間利息を控除したうえ，ホステスとしての就労可能年数5年（ホフマン係数4.3643）を乗じた1,810万5,560円
　（2）賃金センサスによる年収370万4,300円（平成8年，産業計，企業規模計，女子労働者，学歴計，30歳ないし34歳）から，生活費として40パーセントを控除し，中間利息を控除したうえ就労可能年数34年（39年のホフマン係数21.3092から5年のホフマン係数4.3643を控除した係数16.9449）を乗じた3,766万1,395円」。
＊東京地判平成10・10・29交民集31巻5号1582頁……交通事故死亡被害者A（9歳・男。小学生）の逸失利益（過失相殺2割）。
【判　旨】
　「Aは，本件事故に遭わなければ，18歳から67歳までの49年間にわたり，平成7年賃金センサス第1巻第1表産業計・企業規模計・学歴計による男子労働者の全年齢平均賃金559万9,800円と同程度の収入を得ることができたものと推認するのが相当であるから，右金額及び期間を算定の基礎とし，生活費を50パーセント控除し，ライプニッツ方式により年5分の割合による中間利息を控除して，逸失利益の現価を算定すると，（中略）3,279万1,588円（円未満切捨て）となる」。
＊仙台地判平成10・11・30判時1674号106頁，判タ998号211頁……Yの息子Y₂（精神分裂病による心神喪失状態）に刺殺されたA（48歳・男。会社役員）の逸失利益。
【判　旨】
　「本件殺人事件がなかったならば，亡Aが少なくとも満60歳まではB及び株式会社Cに役員として勤務して平成7年度と同程度の収入を得ていたことが推認されるし，その後も満67歳まで就労して，少なくとも原告の主張する月額39万500円と同程度の月収を取得することができたものと認められる。
　以上によれば，亡Aの本件殺人事件による逸失利益は，（中略）原告主張の計算のとおり，9,499万5,345円を下らないものと認められる。」
＊大阪地判平成10・11・30交民集31巻6号1789頁……交通事故重傷（後遺障害等級1級3号）被害者A（症状固定時20歳・男。浪人生）の逸失利益（生存事例）（過失相殺2割）。
【判　旨】
　「原告Aは本件事故当時K大学文学部の受験準備中で，本件事故当時も勉強をするために夕陽丘の図書館に向かっている最中であったこと，原告Aの妹である原告Dは大学へ進学したこと，原告Cは学校の教師であることが認められる。以上の事実からすると，原告Aは，本件事故がなければ平成5年（19歳）には大学に進学し，4年後に23歳で卒業した可能性が高いというべきであるから，原告の後遺障害逸失利益を認定するに際しては，右の前提に立って判断する。
　（1）アルバイト分　　　　　　　　　61万3,080円
　前記争いのない事実等（第2の1）記載のとおり，原告Aには後遺障害等級1級に該当する後遺障害が残り，その労働能力を生涯にわたり100パーセント喪失したところ，本件事故当時スーパーマーケットでアルバイトをしており，平成4年10月分の給料は3万2,180円であったことが認められるところ（甲41の1ないし3），原告Aが，本件事故当時浪人生でありながらアルバイトをしていたことに照らせば，大学入学後もアルバイトを行った可能性が高いというべきであり，原告Aは症状固定後少なくとも2年間は，1か月3万円程度の収入は得られたものと認められる。したがって，右2年間及び事故から症状固定した平成6年までの2年間の年5分の割合による中間利息を新ホフマン方式によってそれぞれ控除し，原告Aの後遺障害逸失利益のアルバイト分の事故時における現価を算出すると，（中略）61万3,080円となる（中略）。（2）大学卒業後67歳までの分　6,678万5,376円
　前記争いのない事実等（第2の1）記載のとおり，原告Aには後遺障害等級1級に該当する後遺障害が残り，その労働能力を生涯にわたり100パーセント喪失したところ，前記認定のとおり，原告Aは本件事故がなければ23歳で大学を卒業して就職したものと認められるので，原告Aは23歳以降67歳までの間は，少なく

〈第2章〉生命侵害と財産的損害の賠償請求

とも平成6年度賃金センサス（産業計・企業規模計・旧大、新大卒・男子労働者・20歳から24歳）の平均賃金である324万8,000円程度の収入は得られたものと認められる。
　以上より、原告Aの後遺障害逸失利益のうち23歳以降の分については、右324万8,000円を基礎収入とし、23歳から67歳までの期間及び事故時から原告Aが23歳になるまでの期間に対応する年5分の割合による中間利息を新ホフマン方式によってそれぞれ控除し、原告Aの23歳以降の後遺障害逸失利益の事故時における現価を算出すると（中略）6,678万5,376円となる。」
＊千葉地判平成10・12・25交民集31巻6号1981頁……スリップしたY車が道路脇に立っていたA（29歳・女。大手コンピューター会社情報開発部門副主任）に衝突し、Aが死亡した事故でのAの逸失利益。
【判　旨】
　「Aは、本件事故がなければ、将来にわたり、毎年定期昇給をしていた蓋然性がかなり高いことが認められる。そして、（中略）Aの本件事故前年の年収は576万9,177円であり、右年収額は、平成7年賃金センサス旧大新大卒・企業規模計の男子労働者25ないし29歳の年収額454万4,900円よりもかなり高く、同年の賃金センサス旧大新大卒・金融保険業・1,000人以上の男子労働者25ないし29歳の年収額539万9,400円が比較的近い値であること、この金融保険業・1,000人以上の同年の全年齢平均年収額は、36.8歳で850万9,700円であるが、この額は、35歳から39歳、40歳から44歳、45歳から49歳、50歳から54歳、55歳から59歳の年収額をいずれも下回っていることを認めることができる。
　したがって、Aの逸失利益の算定に関しては、60歳までは、定期昇給の蓋然性を考慮し、平成8年賃金センサス旧大新大卒・金融保険業・1,000人以上の男子労働者の全年齢平均年収額876万500円を基礎収入とし、生活費控除率を50パーセントとして、ライプニッツ式計算法により、年5分の割合の中間利息を控除して逸失利益の現価を算定すると6,830万362円となる。（中略）次に、定年後は、少なくとも67歳に達するまで7年間は稼働することができ、その間、平成8年賃金センサス旧大新大卒・金融保険業・1,000人以上の男子労働者60歳から64歳の平均年収475万500円の収入を得ることが出来たと認めることができるから、右収入を基礎収入とし、生活費控除率を50パーセントとして、ライプニッツ式計算法により、年5分の割合の中間利息を控除して逸失利益の現価を算定すると302万8,443円となる。」
　他に、原告が強く主張する中間利息控除率3％を排斥して5％を適用し、退職金の逸失利益324万3,180円も認容。
＊大阪地判平成11・1・22交民集32巻1号149頁……交通事故死亡被害者A（67歳・男。身体障害者で障害年金受給者。身体障害者作業施設労働者）の逸失利益（過失相殺2割）。
【判　旨】
　「亡Aは、本件事故当時、身体障害者であり、身障者作業施設であるS福祉作業所で働き、平成7年には33万7,541円の収入を得ていたこと、亡Aは、平成7年に、障害年金として105万5,464円の支給を受けていたことが認められる。
　（2）したがって、亡Aは、工賃として、33万7,541円から、生活費として50パーセントを控除し、就労可能年数として平均余命15.51の半分の7年（ホフマン係数5.8743）を乗じた99万1,408円の逸失利益がある。
　また、障害年金として、105万5,464円から、生活費として50パーセントを控除し、受給可能年数として平均余命15年・51（ホフマン係数10.9808）を乗じた579万4,919円の逸失利益がある。」
＊奈良地葛城支判平成11・2・1判時1730号77頁……市立中学校で他の生徒から知的障害があることなどのためにいじめや暴行を受けて負傷し、障害を負ったA（14歳・男。中学3年生）の逸失利益（生存事例）（素因減額7割）。
【判　旨】
　「原告Aは後遺障害を遺してはいるものの、ある程度軽易な労務には従事し得るものと判断されるのであって、同原告が本件後遺障害によって喪失した労働能力率は50パーセントであると判断する。
　そこで、同原告が本件暴行にあわなければ（中略）賃金センサスによる中卒男子18歳の給与額と同額の給与を満18歳から67歳に至るまでの49年間得られたとして、新ホフマン係数を用いて同原告の本件後遺障害による逸失利益を算定すると、（中略）2,959万6,096円（中略）となる。」
＊東京地判平成11・2・26交民集32巻1号347頁……交通事故重傷（四肢完全麻痺等の後遺障害）被害者A（症状固定時29歳・女。給与所得者）の逸失利益（生存事例）（過失相殺6割5分）。
【判　旨】
　「原告Aは、就労可能期間において女子の大卒平均賃金を得られる蓋然性があるから、症状固定時である平成3年の女子大卒の全年齢平均賃金である年収399万8,200円を基礎収入とし、症状固定時の29歳からの就労可能年数38年のライプニッツ係数（年5パーセント）16.8678を乗じると6,744万837円となる。」
＊名古屋地判平成11・3・26交民集32巻2号556頁……交差点での出会い頭の車同士の交通事故で死亡した被害者A（21歳・男。4年制の専門学校生兼4年制大学（通信教育課程）4年生）の逸失利益（過失相殺

## 〈2-3〉逸失利益

9割）
【判　旨】
「逸失利益（中略）3,750万3,642円。（中略）Aは本件事故当時21歳で，4年制の専門学校及び4年制大学（通信教育課程）の4年生在学中で就職活動中であったことが認められる。
　そこで，平成9年（平成10年版）賃金センサス第1巻第1表，産業計・企業規模計・大卒・20〜24歳男子労働者平均年収の322万8,800円を基本とし，生活費控除率を5割，就労可能年数を45年（22歳から67歳まで，新ホフマン係数23.2307）として算出すると頭書金額となる。」

＊名古屋地判平成11・4・8判時1734号90頁，判タ1008号192頁……医療事故死亡被害者A（53歳・女。店員）の逸失利益。
【判　旨】
「Aは，夫Bの経営するC商店において麺製造，販売，経理の業務に従事し，年間金522万円の収入を得ていた。Aは，死亡当時満53歳であり，本件で死亡しなければその後67歳まで14年間にわたり稼働することができ，その間の同人の生活費はAの年間収入を考えると，年収の3割と考えるのを相当とする。
　そこで右金額を基礎として新ホフマン方式により，年5分の割合による中間利息を控除してAの死亡時における逸失利益を計算すると（年収金522万円×（1−0.3）×新ホフマン係数10.409），金3,803万4,486円となる。」

＊大阪地判平成11・5・11交民集32巻3号754頁……前方不注意の自動二輪車のYが横断歩道を歩行中のA（6歳・男。小学1年生）に衝突してAが死亡した事故でのAの逸失利益（過失相殺否定）。
【判　旨】
「Aは，本件事故に遭わなければ，18歳から67歳まで稼働することができたと認められるから，平成8年賃金センサス産業計・企業規模計・学歴計男子労働者（18から19歳）の平均賃金である年額244万4,600円（当裁判所に顕著）を基礎とし，生活費控除率を5割として，新ホフマン式計算法により，年5分の割合による中間利息を控除して，右稼働期間内の逸失利益の現価を算出すると，2,247万4,430円となる。」

＊大阪地判平成11・5・11交民集32巻3号760頁……道路をバックしてきたトラックに轢かれて死亡したA（9歳・女。小学3年生）の逸失利益（過失相殺否定）。
【判　旨】
「Aは，本件事故に遭わなければ，18歳から67歳まで稼働することができたと認められるから，原告らの主張する平成8年賃金センサス産業計・企業規模計・学歴計女子労働者（18から19歳）の平均賃金である年額210万8,700円（右平均賃金が年額210万8,700円であることは当裁判所に顕著である。）を基礎とし，生活費控除率を4割5分として，新ホフマン式計算法により，年5分の割合による中間利息を控除して，右稼働期間内の逸失利益の現価を算出すると，2,270万1,631円となる。」

＊東京地判平成11・5・13交民集32巻3号764頁……交通事故死亡被害者A（48歳・男。指圧師）の逸失利益。
【判　旨】
「逸失利益　4,060万6,608円。（中略）亡Aの平成7年度の給与所得は480万円であることが認められ，亡Aの年齢等を考慮して，右額を基礎収入とするのが相当である。また，（中略）亡Aが原告らを扶養していたと認められること等を考慮して，生活費控除率を30パーセントとするのが相当である。そこで，亡Aの逸失利益としては，死亡時（満48歳）から67歳までの19年間分を，ライプニッツ方式により中間利息（年5分）を控除して現価を算定した頭書金額と判断する。」

＊東京地判平成11・5・17交民集32巻3号780頁……交通事故死亡被害者A（21歳・男。在日米軍基地所属米国人）の逸失利益（過失相殺3割）。
【判　旨】
「Aは，本件事故当時21歳であり，本件事故に遭わなければ，24歳までの3年間は少なくとも年間1万9,299ドル60セント（既に認定した平成11年3月1日の為替相場の換算率によれば，229万8,582円（1円未満切捨て）となる。），その後67歳までの43年間は少なくとも年間4万2,077ドル（右と同様に円に換算すると，501万1,370円（1円未満切り捨て）となる。）の収入を得ることができたというべきである。そして，Aの年齢，身上関係などに照らすと，生活費控除として50パーセントを控除するのが相当であるから，右の基礎収入及び生活費控除割合を前提に，ライプニッツ方式（中略）により中間利息を控除しAの逸失利益を算定すると，4,110万7,915円」となる。

＊神戸地判平成11・6・16交民集32巻3号908頁……レッカー車で，横転したトラックの引き起こし作業中の事故で死亡したA（46歳・男。レッカー作業員）の逸失利益。
【判　旨】
「Aは，賃金センサスによる，高卒男子労働者の46歳の平均賃金である661万1,800円程度の収入を挙げることができたものとして，その逸失利益を計算するのが相当である。
　そして，Aが，16歳を頭に3人の子を抱えていた（甲3）が，妻Bもパート勤務をしていたことからすると，右収入に対するA自身の生活費の割合は，40

〈第2章〉生命侵害と財産的損害の賠償請求

パーセントを下らないものと認めるのが相当である。
　してみると，同人の死亡による逸失利益は，労働可能年齢を67歳までとして，新ホフマン方式により中間利息を控除すると，（中略）5,595万1,696円となる。」
＊東京地判平成11・6・24交民集32巻3号925頁……交通事故重傷（後遺障害1級）被害者A（症状固定時41歳・男。会社員）の逸失利益（生存事例）（過失相殺1割5分）。
【判　旨】
　「後遺症逸失利益　1億1,590万5,625円。（中略）原告Aには前記認定のとおりの重度の後遺障害が残ったこと，事故当時勤務していた会社を退職せざるを得なくなったこと等が認められ，原告Aは労働能力を100パーセント喪失したものということができる。原告Aの逸失利益は，原告Aが症状固定時41歳で，その後26年間にわたり稼働が可能であったといえるから，原告Aの年齢等を考慮すると，右（12）の事故前の年収を基礎としてライプニッツ方式により中間利息（年5分）を控除して現価を算定した頭書金額とするのが相当である。」
＊大阪地判平成11・6・28交民集32巻3号940頁……登校中の女児A（7歳・女。小学1年生）が雪道でチェーンもつけずに走行してきたY車に跳ねられて死亡した事故での逸失利益（過失相殺否定）。
【判　旨】
　「逸失利益1,976万7,051円。（1）賃金センサス高卒18歳　210万6,800円。（2）生活費控除50パーセント（×50パーセント）。（3）7歳のホフマン係数18.765」
＊名古屋地判平成11・7・19交民集32巻4号1145頁……交通事故重傷（後遺障害1級3号）被害者A（事故時17歳，症状固定時18歳・男。高校2年生）の逸失利益（生存事例）（過失相殺2割）。
【判　旨】
　「原告Aは本件事故がなければ高校卒業後の平成7年4月ころから就労し，高卒男子労働者の該当年齢層の平均賃金と同額程度の収入を得ることができたものというべきである（なお，原告Aが将来大学を卒業する蓋然性については，本件全証拠によってもこれを認めるに足りない。）。したがって，平成7年度賃金センサス第1巻第1表産業計・企業規模計・旧中，新高卒・男子労働者の該当年齢層の平均賃金244万400円を基礎とし，就労可能年数を49年，労働能力喪失率を100パーセントとして，新ホフマン方式により中間利息を控除して，原告Aの逸失利益の本件事故当時の現価を求めると，5,795万8,523円」となる。
＊神戸地判平成11・7・19交民集32巻4号1137頁……交通事故死亡被害者A（23歳・女。モデル・コンパニオン）の逸失利益。

【判　旨】
　「本件全証拠によるも，亡Aの本件事故当時の収入額を確定するに足りない。（2）そうすると，亡Aの逸失利益の算定には，平均賃金によるほかはなく，しかも亡Aは本件事故当時23歳の高卒女子（中略）であるから，平成9年の賃金センサス産業計・企業規模計・女子労働者・高卒の20歳ないし24歳の平均賃金（以下，本件算定という。）によるほかはないものというべきである。
　ところで，原告ら（両親）は，亡Aの逸失利益の算定について，亡Aの基礎収入は女性の将来収入の増加見込み及び男女間の収入面での均等化を考慮し，平成9年版賃金センサス高校卒男女平均年収，462万9,800円を採用すべきであると主張するが，逸失利益の算定はそもそも被害者の将来の予測に基づいて行われるものであり，社会の現状を重視すれば，将来必ず高校卒男女の平均年収が同一になると断定することに躊躇を覚えるので，右のとおり本件算定によるほかはないものというべきである。（3）そこで，本件算定を基に亡Aの逸失利益を算定すると，（中略）3,160万8,524円となる。」
＊横浜地判平成11・7・30判時1714号112頁，判タ1051号293頁……医療事故死亡被害者A（21歳・男。大学3年生）の逸失利益。
【判　旨】
　「亡Aは平成7年2月当時，B大学に3年生として在籍する男子であり，現実の収入は認められないが，大学を卒業する翌年から67歳になるまで45年間稼働し，その収入は平成6年賃金センサスによれば年間金324万8,000円（20ないし24歳の大卒男子労働者平均賃金）を下らないと推認でき，他方，亡Aの家族構成（有職者の父，主婦の母がおり，未婚である。）を考慮するとその生活費控除は5割とするのが相当である。したがって，亡Aの逸失利益額は次の計算のとおり中間利息（新ホフマン年式）を控除すると金3,667万円」となる。
＊神戸地判平成11・8・4交民集32巻4号1270頁……交通事故死亡被害者A（70歳・男。建設作業員）の逸失利益と老齢基礎年金・老齢厚生年金権喪失による逸失利益（過失相殺6割）。
【判　旨】
　「亡Aは死亡時70歳であったが，現に株式会社Mに建築作業員として勤務しており，平成8年度の給与収入は316万8,500円であったことが認められる。なお，建設作業員が一般的に肉体労働で，ある程度の体力を要する仕事であるとはいえ，（中略）亡Aが健康に日頃から気を使う人物で死亡時に特に持病がなかったと認められるから，簡易生命表による70歳の平均余命13年の，およそ半分の7年（新ホフマン係数は5.874）

〈2-3〉逸失利益

程度は，就労可能であったとするのが相当である。
　また，（中略）亡Aは3人の子があるがいずれも独立しており，妻たる原告B（無職）と2人暮らしであったことが認められ，後記の年金収入及びこれに対する生活費控除をも考慮すると，右稼働期間中の稼働収入に対する亡Aの生活費控除割合は40パーセントとするのが妥当である。
　以上をもとに計算すると，給与所得の喪失による逸失利益は1,116万7,061円である」。「亡Aは老齢基礎年金・老齢厚生年金を合わせて年70万3,494円を受給していたことが認められ，また，平均余命は前記のとおり13年（新ホフマン係数は9.821）である。そして，右年金額からすると，年金はその大部分が自身の生活費として費消されると考えられるので，生活費控除割合を80パーセントと考えるのが妥当である。以上をもとに計算すると，年金受給権喪失による逸失利益は138万1,802円となる。」

＊奈良地葛城支判平成11・8・20判時1729号62頁……スイミングスクールのプールで逆飛び込みをして頭部を打ち，稼働能力をすべて喪失した受講生A（23歳・男。会社員）の逸失利益（生存事例）（過失相殺否定）。
【判旨】
「原告Aは，本件事故当時23歳であり，本件事故に遭わなければ満67歳までの44年間稼働可能であって，その間，男子労働者の平均程度の収入を上げ得たが，本件後遺障害によりその収入を100パーセント喪失した。
（2）同原告の逸失利益算定の基礎収入は，平成7年度の賃金センサス第1巻第1表旧大新大卒男子労働者の平均給与年額677万8,900円とするのが相当である。
（3）右各事実を基礎として，同原告の本件後遺障害による逸失利益の現価額を，ライプニッツ方式により中間利息を控除して算定すると1億1,973万3,677円となる。」

＊松山地判平成11・8・27判時1729号75頁，判タ1040号135頁……水泳の授業中に逆飛び込みをして重大な後遺症を負ったA（11歳・女。小学6年生）の逸失利益（生存事例）（過失相殺4割）。
【判旨】
「原告Aは，本件事故に遭わなければ，満18歳から満67歳まで49年間の就労が可能であったと考えられるところ，前記後遺障害により，その期間の労働能力を100パーセント喪失したと認められる。そして，（中略）右後遺障害は，平成6年2月1日症状固定したと認められるから，平成6年度賃金センサスにより，産業計・企業規模計・学歴計・年齢計女子労働者の平均年収額324万4,400円を基礎にライプニッツ方式により中間利息を控除して右逸失利益の現価を算出すると，4,398万6,926円となる。」

＊大阪地堺支判平成11・9・10判タ1025号85頁……学校給食を食べて0157に感染して死亡したA（12歳・女。小学校6年生）の逸失利益（慰謝料の補完的作用についても明言）。
【判旨】
「Aは，死亡当時，12歳であり，平成8年の賃金センサス・産業計・企業規模計・学歴計・女子労働者の18歳ないし19歳の平均賃金は210万8,700円である。したがって，就労可能な期間を18歳から67歳までの49年間として，新ホフマン方式を用いて中間利息を控除し，生活費控除を30％として，死亡時の現価を求めると，Aの逸失利益は，（中略）3,090万6,372円」となる。（中略）「なお，両親B・Cは，A及びB・Cの希望で，Aを大学に進学させたいと考えていたから，女子4年制大学卒業平均賃金を基準に逸失利益の計算を行うべきであると主張するが，逸失利益の計算において，初任給（18歳ないし19歳の平均賃金）を基準にすることが特段不合理であるとはいえず，B・Cが主張するところは，未だ当裁判所の採用するところではないが，A及びB・Cの慰謝料算定の際に考慮することとする。」

＊神戸地判平成11・9・22交民集32巻5号1446頁……自転車で走行中のA（25歳・男。市役所職員）が前方不注意のY車に追突されて重傷を負い，2年後に死亡した事故でのAの逸失利益。
【判旨】
「Aは本件事故に遭わずに，K市職員として定年まで勤務した場合には，定年時退職金として2,958万8,130円を支給されたであろうと言えるところ，これを，右同様に，生活費控除割合を50％，35年のホフマン係数0.3636を乗じて算出すると，537万9,122円となる。Aは本件事故により僅か2年で死亡退職したことによりこれを失い，原告らにおいて58万6,112円を受領したに止まる（中略）から，退職金の逸失利益は，479万3,010円となる。」

＊名古屋地判平成11・10・22交民集32巻5号1612頁……渋滞で停車中のD運転の車にY車が追突し，D車に同乗のA（27歳・女。無職）が死亡した事故でのAの逸失利益（A・Dは婚約者であったと主張するがAの父Bに反対されていて婚姻の実現可能性は不明確で，その関係の家電購入等の損害も本件では除外と判断）。
【判旨】
「亡Aは平成2年に専門学校を卒業して一時医療機関に勤務したもののまもなく退職し，本件事故当時は無職であり，調理師免許を取得して両親の経営する居酒屋から月額8万円の給料の支払いを得ていたものの，勤務時間も定まっておらず同居の家族として夜間の忙しい時に数時間手伝いをするという程度の働きであっ

〈第2章〉生命侵害と財産的損害の賠償請求

たこと，原告Dと結婚を前提に4年間ほど交際していたものの，未だ同居もしておらず，本件事故当時，亡Aの父である原告Bは結婚に反対しており，結婚の日取り等につき具体的な計画はなかったことが認められ，これらに照らすと，亡Aについて同年齢の賃金センサスによって逸失利益を算出するのは相当ではなく，死亡した平成8年の高専・短大卒賃金センサスによる平均年収363万5,100円の3分の1にあたる121万1,700円をもって逸失利益算出の基礎とするのが相当である。そこで生活費控除割合を30パーセント，労働可能期間67歳まで40年間の新ホフマン係数21.643とすると，逸失利益は1,835万7,376円となる。」

＊大阪地判平成11・11・8交民集32巻6号1762頁……交通事故重傷（後遺障害1級6号）被害者A（19歳・女。短大生）の逸失利益（生存事例）（シートベルト付着用で1割の過失相殺。心因的要素等があり，過失相殺の類推適用で4割，合計5割の減額）。

【判　旨】

Aは「本件事故がなければ，平成3年4月から年額264万2,900円（平成4年賃金センサス女子短大卒20歳平均賃金）を得られたものと認められ，20歳から67歳までの47年間（新ホフマン係数23.832）就労可能であったと認められる。労働能力喪失率は100％と認められるが，平成3年4月から同年9月まで107万5,732円の給料を得ているため，この金額を控除する。（計算式）264万2,900円×23.832－107万5,732円＝6,190万9,860円」

＊千葉地判平成11・12・6判時1724号99頁……市立小学校で水泳の授業中に他の児童との衝突により脳梗塞を発症して結果として死亡したA（10歳・女。小学生）の逸失利益（当初の担当医師と市の責任を肯定）。

【判　旨】

「亡Aは，平成元年7月当時，10歳の健康な女子で，本件事故により死亡することがなければ，満18歳から満67歳までの49年間稼働しえたものと推認される。

ところで，このように将来にわたって得べかりし利益を侵害された者の損害額の算出は，被害者に生じた損害賠償請求権の金銭的評価の問題であり，また損害賠償制度が被害者が被った損害の完全な賠償を目的とするものであることからすれば，その評価を，証拠上その蓋然性が認められる限りにおいて不法行為時や債務不履行時以後の適宜の時期における損害額に関する資料に基づいて行うことも許されるものと解すべきであり，この意味で本件で平成9年度の賃金センサスを用いて逸失利益を算定すべきであるとする原告らの主張は理由があると認められる。そこで，平成9年度賃金センサス第1巻第1表によれば，女子労働者産業計，企業規模計，学歴計全年齢平均年収額は340万2,100円であるから，これを基礎として右稼働期間を通じて控除すべき生活費の割合を3割とし，中間利息の控除につきライプニッツ式計算法を用いて（10歳に適用するライプニッツ係数12.2973）亡Aの逸失利益を算定すれば，（中略）金2,928万5,651円となる。」

＊東京地判平成11・12・20交民集32巻6号1958頁……青信号で走行中のA（32歳・男。医師）の車に，飲酒運転で事故を起こしてスピード違反で逃走中のY車が衝突しAが死亡した事故のAの逸失利益。

【判　旨】

「Aの就労可能年数については，32歳から67歳までの35年間と認めるのが相当である。原告らは，医師という職業は，平均余命中就労が可能であるから，Aの就労可能年数は32歳から77歳までの45年とすべきであると主張するが，原告らの右主張は将来の予測にすぎず，Aが平均余命まで就労可能であったという点について高度の蓋然性を認めるに足りる証拠はないから，原告らの右主張は採用することができない。

（3）また，Aは本件事故当時独身であるから，その生活費控除率は50パーセントと認めるのが相当である。原告らは，原告らが高齢であることを理由に一家の支柱としての生活費を控除すべきであると主張するが，（中略）原告Bは株式会社Kの代表取締役として収入を得ていることが認められ，原告らがAに扶養されていたということはできないから，原告らの右主張は採用することができない。

（4）そこで，1,394万7,810円を基礎収入とし，生活費控除割合を50パーセントとして，年別のライプニッツ方式により年5分の割合による中間利息（32歳から67歳までの35年間の就労可能年数に対応するライプニッツ係数は16.3741）を控除して，Aの逸失利益を算定すると，（中略）1億1,419万1,417円」となる。」

＊岡山地判平成12・2・3交民集33巻1号219頁……交通事故死亡被害者A（76歳・女。主婦）の逸失利益（過失相殺否定）。

【判　旨】

「逸失利益　（1）主婦労働分　737万2,095円。（中略）Aは（中略）本件交通事故当時76歳の主婦であり，通院加療中の夫原告Bの世話や同居の長男原告Cの食事洗濯等の世話など家事全般に携わっていたほか畑仕事をしていたことが認められる。そうすると，平成9年賃金センサス女子労働者学歴計65歳以上の平均賃金年収296万4,200円の7割に相当する207万4,940円を基礎年収とし，労働能力喪失の期間を平成8年簡易生命表による76歳の女性の平均余命12.67歳の2分の1の6年とすることが相当と認める。そして，Aが生存していたならば支出したであろう生活費を控除すべきところ，その率についてはAが専業主婦だったことに鑑みて30パーセントとして，6年のライプニッツ係数

〈2-3〉逸失利益

5.0756を乗じて中間利息を控除すると，主婦労働分の逸失利益は右金額になる（中略）。（2）国民年金老齢年金分　202万5,241円。（中略）Aは国民年金老齢年金として年額45万7,000円の給付を受けていたことが認められる。生活費控除の率は老齢年金の性格に鑑みて50パーセントとするのが相当であり，前記平均余命12年に該当するライプニッツ係数8.8632を乗じて中間利息を控除すると，国民年金老齢年金分の逸失利益は右金額になる」。

＊**大阪地判平成12・2・28交民集33巻1号329頁**……交通事故で四肢麻痺等の1級の後遺障害を負った幼児A（6歳・女。小学生）の逸失利益（生存事例）。

【判旨】

「本件事故による原告Aの労働能力喪失率は100％と認められる。原告Aは，18歳から67歳まで，年間206万4,900円（平成5年度女子労働者産業計・企業規模計・学歴計18歳から19歳平均賃金）の収入が得られたものと認められる。事故当時原告Aは6歳であり，67歳までの期間（新ホフマン係数27.60170602）から，18歳までの期間（新ホフマン係数9.21511077）を除いた期間について，就労可能であったから，原告の逸失利益は，（中略）3,796万6,480円」となる。

＊**東京地判平成12・2・29交民集33巻1号384頁**……車に好意同乗して事故死したA（27歳・男。T芸術大学大学院修士課程修了者）の逸失利益（好意同乗減額事由なしと判断した事例）。

【判旨】

「亡Aは，平成4年3月にT芸術大学を卒業し，平成6年3月に同大学大学院の修士課程を修了したと認められる。なお，平成5年から，S美術学院に勤め平成5年の年間給与は，118万2,350円（甲16号証の2），平成6年は138万2,917円（甲16号証の3，但し，10月31日まで）と認められる。これはアルバイト的な収入と評すべき性質のものとも考えられ，これを基礎収入として亡Aの逸失利益を考えるべきでないことはいうまでもないが，亡Aは修士課程修了後に新宿美術学院の勤務を継続していたのは事実であり，修士課程中の平成5年より修了後の平成6年の方が若干，収入が増加しているものの，これは大卒男子の同年代の平均賃金（461万9,200円，但し，平成9年）ばかりか，同年代の学歴計の平均賃金（330万8,500円）と比較しても低い額となっている。そして，亡Aについて他に就職先が内定していたような事実は窺われない。これらを考慮すると，亡Aが生涯を通じて大卒男子の全年齢平均賃金を得る蓋然性については，これを認めることができない。

しかしながら，亡Aが若年であることを考慮すると，生涯にわたっては学歴計の男子全年齢平均賃金程度の収入を得る蓋然性があると認められるので，基礎収入を平成9年度の男子全年齢平均賃金（575万800円），生活費控除率を50パーセントとし，これに労働能力喪失期間である40年（67歳まで）に相当するライプニッツ係数（17.1590）を乗じて算定すべきである。（計算式）575万800円×（1－0.5）×17.1590＝4,933万8,988円」

＊**浦和地判平成12・3・15判時1732号100頁，判タ1098号134頁**……山岳部員で夏山登山合宿中に，引率教諭の過失もあって熱中病で死亡したA（17歳・男。高校生）の逸失利益（過失相殺否定）。

【判旨】

「Aは，本件事故による死亡当時17歳であって，高校卒業後67歳までは稼働しうるものと考えられるから，その間平成6年賃金センサス第1巻産業計・企業規模計・学歴計・男子労働者計の年収額557万2,800円の年収を得られたと推認することができる。その間のAの生活費割合は5割とみるのが相当である。したがって，これらを基礎にライプニッツ方式により中間利息を控除して求められたAの逸失利益は，（中略）4,821万4,751円となる。」

＊**東京地判平成12・3・31交民集33巻2号681頁**……車同士の交通事故で植物状態になり，その6年後に死亡したA（事故時18歳，死亡時24歳・男。会社員。独身）の逸失利益（過失相殺3割5分）。

【判旨】

「後遺障害逸失利益（生存中）金890万8,523円。

亡Aの（中略）基礎収入は，逸失利益の算定期間が亡Aの18歳から23歳までの間であり，亡Aが本件事故当時高校を卒業して稼働していたこと（乙第8号証）を考慮すれば，平成4年の賃金センサスの男子高校卒の20歳から24歳までの平均賃金である322万8,100円とし，前述のとおり生活費控除割合を30パーセントとし，対象期間を4年半として，年5パーセントのライプニッツ係数を用いて中間利息を控除すると，890万8,523円となる」。

「後遺障害逸失利益（死亡後）　金6,135万634円。

亡Aの基礎収入は，平成9年賃金センサスの高校卒男子全年齢である，539万600円とするのが相当である。前述のとおり生活費控除割合を20パーセントとし，算定期間は死亡後から67歳までとして，前項と同様に中間利息を控除する」。

＊**東京地判平成12・5・31交民集33巻3号907頁**……荷積用のコンテナを運搬先の倉庫に荷下ろし作業中，コンテナの下敷きになって負傷（後遺障害1級3号）したA（症状固定時46歳・男。運送業務従業員）の逸失利益（労災給付を受けたときはその限度で損害賠償請求権が消滅するとした事例）。（生存事例）（過失相殺5割）。

〈第2章〉生命侵害と財産的損害の賠償請求

【判　旨】

「逸失利益5,817万9,587円に，原告Aの過失割合である50パーセントに相当する額を控除すると，2,908万9,793円（1円未満切り捨て）となる。ところで，被告は，労災法附則64条に基づく履行猶予の抗弁を主張するので，以下，この点について検討する。

原告Aの障害等級は1級であり，障害補償年金の給付基礎日額は1万475円であるから（甲20），原告Aの障害補償年金前払一時金の最高限度額は，1,340日分で1,403万6,500円となる（労災法附則59条2項，58条1項）。原告Aは平成10年12月31日に症状が固定したから，この時点を「前払一時金給付を受けるべき時」とすると，損害が発生した本件事故当時から2年と128日経過しているから，ライプニッツ方式により，その間の中間利息を控除して，右前払一時金の最高限度額の損害発生時（本件事故当時）の現価，すなわち履行猶予額を算出すると，左記の計算式のとおり，1,251万2,479円（1円未満切捨て）となる（労災法附則64条1項1号）。

したがって，原告Aの損害賠償請求権のうち，逸失利益に関する部分は，右の履行猶予額の限度で未だ期限が到来していないということになるから，原告Aに請求が求められる逸失利益の額は，過失相殺後の2,908万9,793円から，右の履行猶予額を控除した1,657万7,314円になる」

＊東京地判平成12・5・31交民集33巻3号920頁……交通事故で重傷を負い，片足を切断したA（19歳・男。大学生）の逸失利益（過失相殺5割）。

【判　旨】

「原告Aは，本件事故に遭わなければ，平成11年4月（22歳）から就労することができ，67歳までの間に，少なくとも平均して原告が主張する年間677万8,900円を下らない収入（平成8年賃金センサス第1巻第1表企業規模計・産業計・大卒男子労働者の平均賃金である年間680万9,600円を下回らない額）を得ることができたということができる。これと（1）の労働能力喪失率を前提に，ライプニッツ方式により年5分の割合による中間利息を控除して（中略）原告Aの逸失利益を算定すると，7,285万7,786円（1円未満切捨て）となる。」

＊名古屋地判平成12・6・1判時1734号102頁，判タ1105号187頁……専門学校で寮生活をしていたA（20歳・男。専門学校生）が安全設備の不備な塔屋屋上から転落死した事故の逸失利益。

【判　旨】

「平成9年度の賃金センサスによると，男子労働者学歴計の給与額の年収額は金575万800円であるから，Aが被告を卒業する満20歳から67歳までの就労可能期間中の生活費として収入の50パーセントを控除して，ライプニッツ方式により中間利息を控除して算定される金4,689万7,774円をもってAの逸失利益と認められる。」

＊東京地判平成12・6・27交民集33巻3号1039頁……道路横断中に車に轢かれて死亡した被害者A（73歳・女）の逸失利益（過失相殺1割5分）。

【判　旨】

「Aが，退職共済年金として年間347万7,100円，老齢厚生年金として年間14万7,100円の合計年間362万4,200円を受領できたことは，当事者間に争いはない。右年金は，性質上Aの生存中は受領できるのであるから，平成8年当時のAの平均余命である14年間は継続して受領できる一方，年金が主として年金生活者の生活を維持するために給付されるものであることを考慮すると，生活費控除割合は60パーセントとするのが相当である。したがって，年5パーセントのライプニッツ係数を用いて中間利息を控除すると，（中略）1,434万9,802円となる。」

＊大阪地判平成12・7・24交民集33巻4号1213頁……交通事故重傷（後遺障害1級3号）被害者A（事故時16歳，症状固定時18歳・男）の逸失利益（生存事例）（過失相殺2割5分）。

【判　旨】

「原告Aは，本件事故により後遺障害別等級表1級3号に該当する後遺障害を残し，労働能力を100％喪失したものと認められる。原告Aは，本件事故当時16歳であったところ，本件事故に遭わなければ，18歳から67歳までの49年就労可能であり，年収575万850円（平成9年賃金センサス産業計・企業規模計・学歴計の男子労働者の全年齢平均年収額）を得ることができたと認められるので，ライプニッツ方式により年5％の中間利息を控除して逸失利益を算定すると以下の計算式のとおりとなる。

なお，被告らは生活費を控除すべきと主張するが，原告Aは今後も生命維持のための生活費の支出を要することは明らかであるから，逸失利益の算定に当たり，生活費を控除すべき理由はなく，被告らの主張は採用できない。

（計算式）575万850円×（18.339－1.859）＝9,477万4,008円」。

＊前橋地桐生支判平成12・7・26交民集33巻4号1241頁……交通事故死亡被害者A（18歳・男。専門学校生）の逸失利益（原告側の中間利息の控除を4％にすべきとの主張を排斥し，専門学校生中の家業の手伝いによる収入も逸失利益ではなく慰謝料の算定で考慮するとしてともに排斥）（過失相殺1割）。

【判　旨】

「Aの前記認定のとおりの生活歴，死亡時年齢等を

〈2-3〉逸失利益

総合勘案すると，同人の逸失利益は，賃金センサス平成7年，第1巻，第1表産業計，男子労働者学歴計全年齢平均年間収入559万9,800円を基礎収入とし，専門学校卒業時である20歳から満67歳まで47年間就労可能とし，生活費控除の割合を0.5とし，この間の中間利息の利率を年5分としてライプニッツ係数（17.981）により右逸失利益額の現価を算定するのが相当であり，これによると5,034万5,000円（中略）となる。」

＊東京地判平成12・7・28交民集33巻4号1278頁……道路横断中にY車に衝突されて死亡したA（68歳・女。職業不詳）の逸失利益（過失相殺否定）。

【判旨】

Aの「逸失利益　1,458万6,184円。
（1）基礎収入

基礎収入のうち，稼働による収入は104万円，年金収入は217万7,200円として算定するのが相当である（中略）。

（2）算定期間

本件事故当時のAと同年齢の平均的な女性の余命を考慮し，年金収入は17年間（ライプニッツ係数は11.274）を，稼働による収入は右17年間のうちの当初の8年間（ライプニッツ係数は6.463）をもってそれぞれ算定するのが相当である。

（3）生活費控除率

Aの養女であるBは，既にAの元から離れて独立して生計を営んでおり，Aの年齢などからすると，その稼働による収入のうち相当額が自らの費消に当てられるものと考えられること，年金が受給者の生活維持のために主として費消されることなどを勘案し，当初の8年間については50パーセント，残りの9年については60パーセントとして算定するのが相当である。」

＊大阪地判平成12・8・25交民集33巻4号1343頁……赤信号に変わったのに交差点でY車が加速して極めて悪質な運転をしてA（20歳・男。大学2年生）に衝突・死亡させた事故でのAの逸失利益（原告による年5％以下の中間利息控除の主張を排斥）（過失相殺否定）。

【判旨】

Aの「基礎収入は，賃金センサス（男子，大学卒，全年齢，平成9年）687万7,400円によることが相当である。

2　生活費控除

生活費控除は，50％が相当である。

3　期間

期間については，22歳から67歳までの45年とすることが相当である。

中間利息の控除の方法は，ライプニッツ係数によることが相当である。

控除すべき利息の利率については，確かに，原告らが主張するとおり，現在の預金金利がきわめて低い金利となっていることが認められるとともに，逸失利益の算定における中間利息の控除と遅延損害金の利率は直接の関連性がないことを考えると，現在の金利の実情も考慮して控除すべき利率を認定する必要があると思われる。

しかし，原告らの主張によっても，金融機関の利率が5％以下になったのは平成4年前後からであり，それから本件の口頭弁論終結時までに10年弱しか経過していない。これに対し，本件では，前記のとおり，これから45年間の逸失利益を認定しなければならないのであるから，現在の金利（長期の金利も含む。）を検討したとしても，その期間の利率を予測することはきわめて困難であり，いまだ原告らが主張するように年1.5％で控除することが相当であるとの心証を持つことができない。

したがって，年5％の割合で中間利息を控除することとし，ライプニッツ係数は，就労の終期67年から死亡時20年までのライプニッツ係数17.9810から就労の始期22年から死亡時20年までのライプニッツ係数1.8594を控除した16.1216と認めることが相当である。」

＊大阪地判平成12・8・30交民集33巻4号1400頁……Y車がセンターラインを超えてAの車に正面衝突し，被害者A（症状固定時67歳・男）が重傷（後遺障害等級1級）を負った事故でのAの逸失利益（生存事例）。

【判旨】

「原告Aの年齢を考慮すると，原告の基礎年収は賃金センサス等を考慮し，年300万円と認めるのが相当であり，就労可能年数7年（ライプニッツ係数5.7863）として，逸失利益の現価を求めると，次の計算式のとおり1,735万8,900円となる。

300万円×5.7863＝1,735万8,900円

なお，原告Aが四肢麻痺で食事以外全介助の状態であるからといって，生活費を生じないものではないことは明らかであり，これに損害費目としては掲げられない費用を要することは容易に推認可能であることも考慮すると，逸失利益の算定に当たっては，生活費控除はすべきではない。」

＊大阪地判平成12・8・31交民集33巻4号1439頁……交通事故死亡被害者A（82歳・女。無職（公的福祉による生活者））の逸失利益（過失相殺2割5分）。

【判旨】

「亡Aは，韓国で出生し，15歳のころ来日して以来，長年，工員，土木作業員などをして生計を立ててきたが，本件交通事故当時は無職で，公的福祉による援助を受けながら，1人暮らしをしていた健康な82歳の女性であったことが認められる。上記のような生活状況

〈第2章〉生命侵害と財産的損害の賠償請求

に鑑みると，亡Aは，死亡した当時の平成8年賃金センサス産業計・企業規模計・女子労働者・学歴計65歳以上の平均賃金297万1,200円の8割程度の額を平均余命の約2分の1に当たる4年間にわたって得ることができたと考えるのが相当である。そこで，生活費控除を4割とし，ライプニッツ方式により年5分の割合で中間利息を控除して本件交通事故当時の現価を算定すると，505万7,077円となる。」
＊東京地判平成12・9・13交民集33巻5号1488頁……交通事故死亡被害者A（61歳・男。給与所得者）の逸失利益（過失相殺1割）。
【判　旨】
　「亡Aが生存していれば，その収入のうち，すでに認定した扶養権侵害の損害に相当する分を原告B（内縁の妻）の扶養に費やしたといえる。したがって，原告C及び原告Dが相続する分は，すでに算定した亡Aの逸失利益の額から，原告Bの扶養権侵害分を控除した残余になるから，948万4,223円となる。」
＊大阪地判平成12・9・21交民集33巻5号1550頁……交差点を横断中の歩行者A（58歳・男，女子短期大学教授兼4年制他大学非常勤講師。独身）にY車が衝突してAが死亡した事故でのAの逸失利益（過失相殺否定）。
【判　旨】
　「生活費の負担の面でも，家事労働の面でも，亡Aが両親の生活を支えていたこと，K女子短期大学の定年は満70歳に達した年の学年末までとされており，亡Aの場合は，定年が西暦2011年3月31日となること，亡Aの同短期大学における平成10年度の年収は1,453万2,937円であったこと，O経済大学における勤務は，同僚の研究者に誘われてのもので，将来も継続的に勤務していくことが予定されていたこと，同大学における給与支給額は概ね年間97万4,400円であったことの各事実を認めることができる。
　以上の事実に基づいて判断すると，亡Aは，死亡当時58歳であったが，K女子短期大学においては定年までの約12年間勤務することが可能であったと認められ，また，O経済大学においても，通常の就労可能年数である67歳までの約9年間程度の勤務は可能であったと考えるのが相当である。そして，上記のような高齢の両親との同居生活の状況や亡Aの収入等を総合的に考慮すると，将来の逸失利益の算定に当たって，3割5分程度の生活費控除を行うのが相当というべきである。そこで，本件交通事故当時の亡Aの上記各大学における収入額を基礎に，生活費控除割合を3割5分とした上，それぞれの就労可能年数に応じてライプニッツ方式により年5分の割合で中間利息を控除した額を合算すると，（中略）8,822万7,208円となる。」
＊東京地判平成12・9・25判時1745号102頁……外国航空機墜落事故で死亡したA（17歳・男。高校生）の逸失利益。
【判　旨】
　「本件の準拠法は法廷地法である日本法とするのが妥当である。したがって，原告は，ワルソー条約17条の規定に基づき，民法709条，711条に規定される遺族固有の損害をも請求できると解するのが相当である。（中略）Aは当時愛知県立T高校2年に在学中であり，本件事故に遭わなければ，高校を卒業して4年制の大学に進学し，大学卒業後は67歳まで就労し，毎年賃金センサス平成4年第1巻第1表・産業計・企業規模計・男子労働者・新大卒の全年齢平均656万2,600円を下らない収入を得ることができたものと認められる。よって，逸失利益は，右金額を基礎として，生活費控除率を50パーセントとし，ライプニッツ方式により中間利息を控除して，事故時の原価を計算するのが妥当である。これを計算すると，同人の逸失利益は4,569万7,024円となる。」
＊岡山地判平成12・10・5交民集33巻5号1618頁……道路横断中にY車に衝突されて死亡したA（56歳・女。内職等に従事。独身。障害等級2種5級の身体障害者）の逸失利益（過失相殺2割）。
【判　旨】
　Aは「日常生活上他の介護を必要とせず自立しており（自宅からT市内の病院まで1人で通院していた。），普段は自宅で撚糸加工の内職に従事したり，週3回は事故現場に近い倉庫で内職をしながら野菜の100円市の店番をしたりするなど稼働していたことが認められるので，従事することの可能な労務の種類・性質は制約されるものの，労働能力を有していたといってよく，その程度については，右の視力障害等の状況のほか，自賠法施行令後別表後遺障害等級第6級（1号）に該当した場合の労働能力喪失率が67パーセントとされていることを参酌するならば，その労働能力は33パーセントとみて56歳から67歳までの11年間につき右の労働能力を喪失したものと認めるのが相当である。そうすると，その間における訴外Aの生活費の割合を40パーセントとみて，女子労働者の55歳ないし59歳の平均賃金335万9,600円（平成8年賃金センサス産業計・企業規模計・学歴計）から右の生活費分を控除した上，労働可能年数に対応するライプニッツ係数8.30641422を乗じて中間利息を控除し，事故当時における現価を算出すると，552万5,433円となる」。
＊東京地判平成12・10・17交民集33巻5号1663頁……歩行者AとY車との交通事故で負傷し，その9ヶ月後に死亡した被害者A（71歳・男。元服地販売業者）の休業損害と逸失利益（過失相殺2割5分）。
【判　旨】

〈2-3〉逸失利益

「A（中略）は，平成8年10月，自営業（服地販売業）を廃業し，以来在庫整理，販売等を行っていたがそれも縮小しつつあったこと，事故の数年前から原告令子がタクシー運転手として稼働し，生計の相当部分を原告Bの収入におっていたことが認められ，右事実にAの具体的収入を証するに足りる証拠も再就職の可能性を窺わせる事情も見あたらないことを合わせると，休業損害及び逸失利益は，賃金センサス第1巻第1表の産業計全労働者72歳の平均年収369万9,400円の50パーセントを上回るものではないと推認でき，したがって，休業損害及び逸失利益としては，323万6,975円と算定するのが相当である」。

＊長野地諏訪支判平成12・11・14交民集33巻6号1855頁……交通事故で負傷し（後遺障害7級4号），その4年後てんかん重積で死亡したA（30歳・男）の逸失利益（後遺障害にはAの心身症的要因が作用しているとして賠償額を2割減額。また，中間利息の控除率を2％とすべき理由を詳細に述べた判決）。

【判　旨】

「〔1〕本件事故時，Aの実収入額は賃金センサスによる高卒の全年齢平均年収額よりも低かったが，事故時29歳，死亡時33歳の若さであり，かつ有限会社T工具（中略）の中心的な存在であったことからみて，将来，右平均年収額を得る蓋然性は充分あったとみるべきである。

よって，年間525万3,100円の収入があるとみて（賃金センサス平成7年），生活費割合を30パーセントと考える。

〔2〕中間利息控除係数

あ　死亡時年齢33歳に対応する就労可能年数は34年である。

い　右に対応するライプニッツ係数は24.498592（控除利率2パーセント）である。

超低金利政策が続く時代にあって，逸失利益を算定するのに年5パーセントの中間利息を控除するのはいかにも不当である。5パーセントを控除するのは，それが法定利率だからとされていたが，被害者は加害者に金銭債務を負っているわけではなく，まして履行遅滞にあるわけでもないからこれを適用する合理的根拠はない。

中間利息を控除する理由としては，現在受け取ることによって将来のある時点までの間，原告らの現在額に利息が発生すると考えられるからである。

したがって，この利息は，被害者が受け取った金額を元本として運用することによって手に入れることが出来るであろう運用利益としての利息である。つまり，控除利率は，金員の期待運用利回りという観点から決定すべきであるから，政府の金融政策（公定歩合など），あるいは金融市場における現実の預金，各金融商品の期待運用利回りなどの資料に基づいて導くべきことになるが，通常の市民が多く利用している1年もの定期預金の金利を重要な指針とするのが相当である。

戦後日本の裁判所で，逸失利益の計算で年5パーセントの中間利息控除の方式が確立していた時期には，1年もの定期預金の金利が年5パーセントを超えていた。このため，当時は，法定利率＝5パーセントを控除することが実質的にみてそれなりの正当性を保持し得た。しかしながら，バブル経済崩壊以降，日本政府による低金利政策が続くようになってからは，各種金利は極めて低い水準が続き，1年もの定期預金の金利は今や大口定期でも年0.25パーセント前後となり，10年もの定期でも約1パーセント前後に過ぎない状況である。このような金融情勢にあっても，なお年5パーセントを控除するというのは余りにも実態に乖離した理論である。以上のことから，本件における控除利率は，大きくても年2パーセントをもって相当と解する。

〔3〕以上を前提に逸失利益を計算すると，（中略）9,008万5,488円となる。」

＊神戸地判平成12・11・16交民集33巻6号1878頁……交通事故死亡被害者A（20歳・男。学生）の逸失利益（過失相殺1割）。

【判　旨】

「Aは，本件事故当時20歳の大学生であり，本件事故に遭わなければ，大学卒業後の満22歳から満67歳まで稼働することができたものと認められる。平成11年版賃金センサス第1巻第1表の産業計・企業規模計・大卒・全年齢平均による収入金額金689万2,300円を基礎とし，就労期間は，満22歳から67歳までの45年間，生活費控除率を50パーセントとし，年5分の割合による中間利息の控除をライプニッツ式で行うと，その係数は17.774であるから，6,125万1,870円となる。」

＊大阪地判平成12・12・22判タ1073号177頁……Y精神病院内で巡回中の保安員A（51歳・男。保安員）が入院患者Y₂の暴行により死亡した事故でのAの逸失利益。

【判　旨】

「被告らは，それについて，死亡当時の実際の賃金を基準とすべきであると主張するものの，その額について主張・立証をしない。したがって，本件において，逸失利益の根拠となる賃金については，原告主張の平均賃金を基準とするほかない。そうすると，平成6年の賃金センサスによれば，満51歳の男子労働者の平均給与収入721万4,600円であり，Aには，妻である原告Bと，当時成人になったばかりの娘Cと未成年の娘Dがいたから，控除すべき生活費等を4割としてこれを差引き，さらに就労可能年数（16年）に対応するライプニッツ係数10.8377を積算すると，逸失利益は，

〈第2章〉生命侵害と財産的損害の賠償請求

4,691万3,802円と認めるのが相当である。」

＊東京地判平成12・12・27判夕1080号192頁……看護師による医療事故で死亡したA（21歳・男。放送大学3年生）の逸失利益（都立広尾病院事件）。

【判旨】

「Aは，今後も週2回程度の透析（1回当たり透析に要する時間は4時間）を継続していく必要があることからすれば，健常者と比較してその時間だけ就労時間が短くならざるを得ないのであって，この点を勘案すると，健常者の収入の7割をもってAの収入とするのが相当である。

（3）以上を前提とすると，Aの逸失利益は，次のとおり4,016万2,914円となる。

〔1〕年収 474万5,230円。

Aは，死亡時放送大学の3年生であったから，平成7年度の賃金センサスによる大学卒男子労働者の全年齢平均年収677万8,900円（当裁判所に顕著な事実）の70％（1円未満切捨て，以下同じ。）

〔2〕生活費控除 50％

〔3〕就労可能年数 46年（大学卒業時の22歳から67歳まで）

〔4〕中間利息の控除 ライプニッツ係数16.9277

46年に対応するライプニッツ係数17.8800から就労に至るまでの1年間の係数0.9523を控除

（計算式）〔1〕×（1－〔2〕）×〔4〕＝4,016万2,914円」。

＊千葉地判平成13・1・26交民集34巻1号75頁……交通事故死亡被害者A（22歳・男。会社員）の逸失利益。

【判旨】

「逸失利益 6,051万6,915円。（中略）Aの逸失利益を考えるに当たっては，同人の死亡時の実収入（これについては具体的な立証がない）を基準にするのではなく，平成8年賃金センサスによる産業計，企業規模計，大卒男子労働者平均賃金による年収680万9,600円を基準にすることが相当である（中略）。具体的には，前記年収に，生活費控除50パーセント，67歳までの就労可能年数45年（甲3により認められるAの事故時の年齢は22歳）に対応するライプニッツ係数17.774を乗じて得られる前記の金額がAの逸失利益となる。」

＊奈良地判平成13・1・31交民集34巻1号165頁……深夜に自転車のAと原付自転車の衝突交通事故で死亡した被害者A（24歳・女，スナック勤務）の逸失利益（中間利息の控除率を4％にすべきであるとの原告側の主張を排斥して民法所定の5％で算定）（過失相殺2割）。

【判旨】

「逸失利益の算定の際に基礎とすべき生活費控除の割合について，原告らはこれを3割と主張するのに対して，被告Y₁，同Y₂はこれを5割とすべきものと主張する。本件において事故被害者が若年の女子であるのに鑑みるときは，生活費控除の割合はこれを3割とするのが相当である。

〔3〕逸失利益の現価算定のためには中間利息の控除を行う必要があるところ，その計算においてはいわゆるライプニッツ方式によってこれを行うのが相当である。

ところで中間利息の控除計算を行う場合においてその基礎とすべき中間利息の割合は，これを年5分として扱うのが一般的である。しかるところ原告らは，現行の低金利に鑑みるときは中間利息を年5分とするのは高率に過ぎ，被害者に酷であるとして，これを年4分とすべきものと主張するので，この点について判断する。

中間利息の控除計算をするにあたって，その中間利息の割合はこれを年5分とする扱いが一般であるのは既に見たところであるが，このことは民法404条が法定利率を年5分と定めていることとの均衡を理由とすると解せられるのであって，それなりの合理性を有するものであると認められる。この点に関し，原告らは年5分というのは交通事故による遅延損害金の割合であって，制裁的意味を持つ遅延損害金と控除される予定利率である中間利息とを同列に扱うことは理由がない旨の主張をするが，元々年5分という割合が民事法定利率として定められたものであることからすれば（民法419条1項によれば，金銭債務不履行の場合の損害賠償額は法定利率によるのが原則とされる），原告らの主張は正鵠を射るものとは解せられない。」

＊東京地判平成13・2・22交民集34巻1号253頁……交通事故死亡被害者A（32歳・女。地方公務員。独身）の逸失利益（過失相殺4割）。

【判旨】

「逸失利益 4,967万6,361円。（1）給与の逸失分4,659万8,792円。（中略）亡A（中略）は，（中略）本件事故当時，C村役場の主幹の地位にあったことが認められる。その職業としての安定性を考慮すると，亡Aは，本件事故に遭わなければ，定年に達する60歳までC村役場での勤務を継続したものと認められる。（中略）亡Aは，本件交通事故に遭わなければ，死亡した翌月の平成8年6月から同年12月までは，月額27万6,700円の給与（住居手当を含む。）が支給され，平成9年以降は，定年退職する平成36年までの間，C村職員の給与に関する条例及び昇格基準（内規）により昇給・昇格し，別表2の「月収」欄に記載のとおりの月額給与を支給されたものと認めるのが相当である。

（中略）C村職員の給与に関する条例により，年間，勤勉手当1.2か月を含む5.2か月分の賞与が支給されていることが認められる。（中略）勤勉手当は，毎年6

## 〈2-3〉逸失利益

月1日及び12月1日（基準日）にそれぞれ在職する職員に対し，基準日以前6か月以内の期間における職員の勤務成績に応じて支給される性質のものであり（C村職員の給与に関する条例21条1項），任命権者が100分の40以上100分の90以下の範囲で成績率を定めて支給するものと定められていること（C村職員の給与に関する規則26条），しかし，C村においては，実際には，条例の適用を受ける職員としての在職期間が基準を満たしている限り，支給率に差が設けられておらず，従来，一律に給料の100分の60が支給されてきたこと，勤勉手当を含めた給与等については，人事院勧告により，国に準じて条例を整備して運用されているところ，人事院勧告は，社会情勢全般の動向及び民間給与等の均衡を図ることを基本としていることから，C村における勤勉手当の支給率についても，将来増減があり得ることが認められる。

これらの事実によれば，勤勉手当については将来支給率が減らされる可能性がないではないが，この点は予測し難く，亡Aについては，事故に遭うまでの10年間，継続して勤勉手当として年1.2か月分が支給されてきたことを考慮するならば，将来にわたっても年1.2か月分が支給される蓋然性が相当程度存するものと認められる。

（d）以上の事実によれば，亡Aは，本件事故に遭わなければ，平成36年に定年に達するまで別表2の「年収」欄に記載の収入を得たものと認められる。また，定年退職後においては，67歳に達するまで，平成8年賃金センサス第1巻第1表・企業規模計・産業計による学歴計女子労働者の全年齢平均年収である335万1,500円を下回らない収入を得ることができたものと認められる。原告らは，定年退職後は死亡時の年収を確保できると主張するが，これを認めるに足りる証拠はなく，また，地方公務員を退職した者の場合に賃金センサスの大卒女子労働者の平均収入に準拠するのは，実態に合わないものというべきである。

そして，亡Aは，独身女性であるものの，60歳で定年退職するまでは，地方公務員として男子と同様の給与を得ていたことを考慮して，その生活費控除率を5割とし，61歳から67歳までは，その生活費控除率を3割とし，ライプニッツ方式により年5分の割合による中間利息を控除して亡Aの給与の逸失分の現価を算定すると，（中略）4,659万8,792円となる（中略）。

（2）退職金の逸失分　307万7,569円。（中略）亡Aは，本件事故に遭わなければ，定年に達する60歳までC村役場での勤務を継続し，退職時に約2,700万円の退職金の支給を受けたものと認められる。そこで，ライプニッツ方式により年5分の割合による中間利息を控除して退職金の現価を算定すると，（中略）688万7,528円となる。（中略）これから死亡退職金として支給済みの249万1,000円を控除すると，その差額は439万6,528円となる。そして，退職金が，給与の後払いの性格を有しており，退職後の生活保障の機能をも有していること等を考慮すると，これにつき3割の生活費控除を行うのが相当である。そうすると，退職金の逸失分は，307万7,569円となる。

（3）年金の逸失分。（中略）平成10年8月当時の年金制度を前提に試算をすると，亡Aは，本件事故に遭うことなく退職時までC村役場に勤務していたとすれば，退職後22年間にわたり退職共済年金の支給を受け，その総額は3,605万8,000円になるものと認められる。原告は，この年金受給権の喪失が逸失利益になると主張している。ところで，上記のとおり，亡Aは，昭和61年にC村役場に就職したものであり，退職共済年金の受給資格を取得するには組合員等としてなお十数年の期間を要する（地方公務員等共済組合法78条参照）。しかし，現在，年金制度の改革が進められており，年金額，支給開始年齢や保険料の額のみならず，果して，保険料の拠出を要件とする現行の社会保険方式が今後も維持されるのかどうかも明らかではなく，将来においても年金の逸失利益性が認められるのか否かは不確実というほかない。そうすると，いまだ年金の受給資格を取得していない亡Aについては，将来受給すべき年金を逸失利益として認めることはできず，この点に関する原告の請求は理由がない」

＊大阪地判平成13・5・16交民集34巻3号605頁……Y運転のバスが停止中の大型トラックに追突し，バスの乗客のA（54歳・女。主婦）が死亡した事故でのAの逸失利益。

【判旨】

「亡Aは，（中略）本件事故に遭遇しなければ，67歳に達するまでの13年間家事労働が可能であり，これを金銭的に評価すれば，1年あたり，平成10年（本件事故の年）の賃金センサス第1巻第1表の産業計・企業規模計・学歴計による女子労働者の50歳から54歳の平均年収366万800円に相当するというべきである。生活費控除率については，亡Aが主婦であること等からして30パーセントとするのが相当である。そこで，以上を基礎とし，ライプニッツ方式により年5分の割合による中間利息を控除して（13年のライプニッツ係数は，9.3935）亡Aの逸失利益を算定すると，（中略）2,407万1,407円となる。」

＊岡山地判平成13・6・8交民集34巻3号742頁……交通事故死亡被害者A（51歳・女。主婦兼ピアノ教師）の逸失利益（過失相殺7割）。

【判旨】

「本件事故がなければ，Aは満51歳から満67歳に達するまでの16年間，原告らの主張する平成9年度賃金センサス第1巻第1表の産業計・企業規模計・学歴計

〈第2章〉生命侵害と財産的損害の賠償請求

の50歳から54歳までの女子労働者の平均年収363万7,700円程度の収入を得られたものと推認でき，その生活費として30パーセント程度を要するものとみるのが相当である。そこで，ライプニッツ式計算法により中間利息を控除し，Aの本件事故当時における逸失利益の現在額を算定すると，2,759万7,010円となる。」

＊東京地判平成13・6・27交民集34巻3号791頁……対向車線にはみ出して走ってきたY車とAの原動機付自転車が衝突し，A（16歳・男，農林高校生）が死亡した事故でのAの逸失利益。

【判旨】
「逸失利益 4,357万9,712円。Aは，（中略）本件事故に遭遇しなければ，卒業後18歳から67歳に達するまで就労が可能であり，その間，毎年，賃金センサス平成10年男子高卒全年齢平均賃金である528万8,800円を得ることができるとみるのが相当である。原告らは，学歴計全年齢平均賃金を基礎に逸失利益を算出すべきであると主張するが，Aが，その家庭環境等にかんがみて，大学に進学する可能性があったことは否定できないものの，弁論の全趣旨によれば，Aが，高校卒業後家業である農業に従事する可能性も高く，大学への進学，卒業及びその時期についてはいずれも不確実であるといわざるを得ず，原告らの同主張は採用することができない。そこで，生活費として50パーセントを控除し，ライプニッツ方式により中間利息を控除すると，Aの本件事故当時における逸失利益の現価は，（中略）上記金額となる。」

＊大阪地判平成13・6・27交民集34巻3号794頁……Y車の運転者の過失でA（7歳・男。小学生）を轢き，慌ててバックして再度轢いてしまい，Aが死亡した事故でのAの逸失利益（過失相殺否定）。

【判旨】
「Aは，（中略）本件事故に遭遇しなければ，18歳から67歳まで49年間就労し，その間，年収569万6,800円（原告が主張する平成10年賃金センサス第1巻第1表の産業計・企業規模計・学歴計による男子労働者の全年齢平均年収）を得ることができたから，生活費控除率を50パーセントとして，ライプニッツ方式により年5パーセントの割合で中間利息を控除すると，Aの逸失利益は，（中略）3,025万7,983円となる。」

＊神戸地判平成13・6・27交民集34巻3号806頁……小学校から下校途中のA（7歳・女。小学生）が車に跳ねられ死亡した事案での逸失利益（過失相殺5％）。

【判旨】
「逸失利益とは，被害に遭わなければ将来稼働して得たであろう利益を喪失したことによる損害であるから，その算定に当たっては，当該被害者が被害に遭うことなく稼働した場合にどの程度の利益を得る蓋然性

があるのかが基準となるところ，現時点において男女間に賃金格差が存することは否定できない上，亡Aが本件事故に遭わなければ稼働を開始したであろうころに同格差が解消する蓋然性が高いと認め得る証拠も存しない以上，亡Aの逸失利益については，平成11年賃金センサス第1巻第1表・産業計・企業規模計・女子労働者・学歴計の全年齢平均賃金345万3,500円を基礎収入とした上，生活費控除割合は30％，就労可能年数を18歳から67歳までの49年間（ライプニッツ計数10.623）として算定するのが相当である。

よって，逸失利益の額は，（中略）2,568万571円となる。」

＊東京地判平成13・6・28交民集34巻3号813頁……砂浜に簡易ベッドを敷いて日光浴中のA（49歳・男。大学教員。米国籍）を海の家建設中のYの車がバックして轢いてしまいAが死亡した事故でのAの逸失利益。

【判旨】
「亡Aは，本件事故に遭わなければ，定年に達する70歳までK大学において教員として勤務を続けたものと認めるのが相当である。（中略）

本件事故の前年である平成8年にK大学から亡Aに支払われた給与・賞与は，1,236万7,380円であったこと，K大学における教員の給与体系は4等級に区分され，助手には俸給表の1等級が，専任講師には同2等級が，助教授には同3等級が，教授には同4等級がそれぞれ適用され，号俸に応じて順次昇給する仕組みとなっていたこと，亡AがK大学に採用された後に支払われた給与・賞与の年額は，平成2年が840万3,630円，平成3年が1,044万1,310円，平成4年が1,114万7,790円，平成5年が1,154万8,830円，平成6年が1,211万1,940円，平成7年が1,234万4,540円であったことが認められる。そうすると，亡Aは，本件事故に遭わなければ，K大学において定年に達するまでの21年間，1,236万7,380円を下回らない年収を得ることができたものと認められる。

（3）ところで，死亡による逸失利益を算定するときは，得べかりし収入額から生活費相当分を控除すべきであるが，死亡した者が生存していたならば，将来にわたり，収入のうちどの程度の割合を生活費として費消したのかは，事柄の性質上，これを証拠に基づいて相当程度の確かさをもって認定することは困難である。したがって，生活費控除率は，特段の事情がない限り，被害者の性別，家族構成，年齢など，被害者の死亡当時の事情を基礎として，ある程度類型的に，収入額に対する一定割合をもって定めるのが相当であり，死亡後の事情については，それが具体的に明確になっているような場合を除き，これを考慮することは，損害賠償額算定の方法としては相当でないと考えられる（その結果，例えば，独身男性が死亡した場合には，

〈2-3〉逸失利益

個々の事案において将来扶養すべき家族を持つ蓋然性の存否を問題にすることなく，就労可能期間全体を通じて50％の生活費控除をするのが，裁判実務における一般的な扱いである。）。

そして，本件においても，前記認定のとおり，亡Aが，死亡当時，いわゆる一家の支柱であって，原告両名がこれに扶養されていたこと等にかんがみると，亡Aについては，21年間を通じて，得べかりし収入額から30％の生活費控除をするのが相当である。被告らの主張するように，亡Aの年収は1,236万円余と同年齢の者の平均賃金より高額であるが，このことのゆえに亡Aの費消すべき生活費の割合が他の者より高率になるとは必ずしもいえないし，また，原告Cが亡Aの扶養を受けなくなるという事情の変更が具体的に明確になっているとは認められない。

（4）そこで，ライプニッツ方式により年5％の割合による中間利息を控除して算定すると，亡Aの逸失利益は，（中略）1億1,099万4,391円となる」。

＊大阪地判平成13・7・10交民集34巻4号881頁……横断歩道上を自転車で走行中にYの貨物自動車に轢かれて死亡した被害者A（6歳・男。小学生）の逸失利益（過失相殺否定）。

【判旨】

「平成11年度の大学進学率は49.1パーセントと過去最高を記録していることが認められるけれども，亡Aが死亡当時6歳にすぎなかったことからすれば，上記事実のみをもってして，直ちに，亡Aに大学進学の高度な蓋然性が認められるとまではいうことができないから，亡Aの逸失利益の算定については，平成12年賃金センサスの産業計・企業規模計・男子労働者・学歴計の全年齢平均賃金560万6,000円を基礎収入とするのが相当である。そこで，同基礎収入額をもとに5割の生活費控除を行った上，67歳に達するまで61年間のライプニッツ係数から18歳に達するまで12年間の同係数を引いた係数を乗じて現価を求めると，死亡逸失利益は2,835万7,951円となる。」

＊大阪地判平成13・7・13交民集34巻4号906頁……加害者Yの過失が極めて悪質な交通事故で死亡した被害者A（57歳・男。会社員）の逸失利益（事故後2年間は30％，その後は40％の生活費を控除）。

【判旨】

「（ア）57歳から59歳までの2年間の逸失利益 1,015万2,324円

ライプニッツ係数 1.8594（2年の係数）
780万円×（1−0.3）×1.8594＝1,015万2,324円

（イ）59歳から60歳までの1年間の逸失利益 404万2,584円

ライプニッツ係数 0.8636
3年の係数2.7232−2年の係数1.8594＝0.8636

780万円×（1−0.4）×0.8636＝404万2,584円

（ウ）60歳から68歳までの8年間の逸失利益 1,842万4,560円

ライプニッツ係数 5.5832
11年の係数8.3064−3年の係数2.7232＝5.5832
550万円×（1−0.4）×5.5832＝1,842万4,560円

（エ）常勤監査役退職に伴う退職慰労金分 121万2,775円

ライプニッツ係数 0.8638（3年の係数）
234万円×（1−0.4）×0.8638＝121万2,775円（円未満切捨て）

（オ）以上の逸失利益の合計 3,383万2,243円」。

＊神戸地判平成13・7・18交民集34巻4号937頁……交通事故重傷（後遺障害併合1級）被害者A（症状固定時51歳・男。タクシー運転手）の逸失利益（生存事例）（過失相殺否定）。

【判旨】

「逸失利益 4,422万8,637円（請求金額 4,876万2,139円）。

事故当時の原告Aの年齢は49歳であり，症状固定時の年齢は51歳であるから，18年間のライプニッツ係数から2年間の同係数を引いた数値は9.8301となる。なお，被告は，15％の生活費控除をすべきである旨主張するが，本件においては介護用品の費用を別途請求しているわけでもないから，生活費控除はしない。」

＊東京地判平成13・7・31交民集34巻4号990頁……Y車が前の車を追い越そうと対向車線に出たため，対向車線を走ってきたAの車が衝突を避けようと急制動をしたため横転し重傷（後遺障害1級）を負った被害者A（症状固定時25歳・男。大学生）の逸失利益（生存事例）。

【判旨】

「原告Aは，本件交通事故当時N大学家政学部食物栄養学科管理栄養士専攻に在学中であり，平成11年3月に上記大学を卒業した後は管理栄養士として働くことが決まっていた。

原告Aには脊髄損傷による体幹・両下肢機能障害（第五胸髄以下完全麻痺），門歯折損，左肩関節可動域制限，膀胱直腸機能障害，及び下肢，背部，両胸部醜状障害の後遺障害が残存し，前述のとおり後遺障害第1級の認定を受けており，原告は本件交通事故により労働能力の100パーセントを喪失した。

したがって，平成10年賃金センサス大卒男子の平均給与額689万2,300円に，症状固定時から満67歳までの就労可能年数42年間のライプニッツ係数17.4232を乗じた1億2,008万5,921円が本件交通事故による逸失利益の額である。」

＊東京地八王子支判平成13・8・2交民集34巻4号

〈第2章〉生命侵害と財産的損害の賠償請求

998頁……バイクで走行中のA（24歳・女，会社員）にYの車が追突し，Aを轢いて死亡させた事故でのAの逸失利益。

【判 旨】

「Aは，（中略）訴外株式会社《甲4》に勤務し，年間375万6,664円の収入があったことが認められる。上記事実を前提とすれば，Aは，本件事故にあわなければ，67歳までの43年間稼働可能というべきであるから，生活費控除率を30パーセントとし，中間利息をライプニッツ方式で算出控除すると，Aの逸失利益は，（中略）4,614万98円と認めるのが相当である。」

＊神戸地判平成13・8・10交民集34巻4号1038頁……交通事故死亡被害者A（20歳・男，短大生）の逸失利益（逸失利益につき，男子短大生が絶対数が少ないこと等を理由に，男子労働者・学歴計の全年齢平均賃金を基礎とし，中間利息控除率を5％とすることも不合理・不公平とはいえないと詳述して，4,635万7,198円とした事例。中間利息の控除率5分についても詳述）。

＊岡山地判平成13・9・18交民集34巻5号1281頁……家業の漁業を継いで一家の大黒柱として漁業をしていたA（61歳・男．漁師）が路上の交通事故で死亡した逸失利益（事故当時のAの所得税申告書にある年収は60歳～64歳の中卒男子労働者の年収に近く，妻Bの寄与度を差し引いてもそれに基づく年収を基礎に，71歳までの10年間を稼働年齢とし，生活費控除40％，中間利息を控除してライプニッツ方式で算定して1,751万9,519円を認容）（過失相殺3割）。

＊大阪地判平成13・10・11交民集34巻5号1372頁……交通事故重症（脳挫傷等で植物状態）被害者A（72歳・男。会社役員）の逸失利益（生存事例）（過失相殺1割5分）。

【判 旨】

「後遺障害逸失利益　3,018万1,273円。

原告Aは，本件事故に遭わなければ，症状固定日後も約6年間（ライプニッツ係数5.0756）は就労が可能であったと認められるが，逸失利益算定の基礎収入額としては，症状固定当時の年齢からして，上記期間を通じて上記休業損害における基礎収入額の8割に相当する594万6,346円程度と認めるのが相当である。労働能力喪失率は100パーセントであるが，必ずしも生活費支出を免れるわけではないと考えられるから，生活費控除は行わない。」

＊大阪地判平成13・10・26交民集34巻5号1431頁……赤信号を無視したY車との衝突事故で死亡した原動機付自転車の被害者A（事故時19歳・男，会社員）が死亡した事故でのAの逸失利益（過失相殺否定）。

【判 旨】

「亡Aは，本件事故当時19歳と若年であり，かつ，転職後間もなく（約1か月半後に）本件事故に遭っていることから，事故当時のT航業における現実の収入を逸失利益算定の基礎収入とするのは相当でない。そこで，転職前のW紙工業における収入を見ると，同社からの平均年収は234万1,785円（中略）であり，これは，平成11年賃金センサスの産業計・企業規模計・高卒・18歳ないし19歳の男子労働者の年収247万9,700円とほぼ同程度といえる（約5％下回るに過ぎない。）。

これに，亡Aの年齢，就労状況等を勘案すると，亡Aは将来的に生涯を通じて高卒男子労働者の全年齢平均を得る蓋然性があるというべきである。

以上より，亡Aの逸失利益は，基礎収入を平成11年賃金センサスの産業計・企業規模計・高卒・男子労働者の全年齢平均年収520万4,400円，就労可能年数を48年（ライプニッツ係数18.0771），生活費控除率を50％とし，4,704万229円となる。」

＊横浜地判平成13・10・31判タ1127号212頁……Y病院で鼻腔と副鼻腔の横紋筋肉腫と診断され，放射線治療を受けた患者A（27歳・女。デパート従業員）がその後，Y₂医師の過失により，脳幹の呼吸中枢の障害を起こして死亡した場合の逸失利益（慰謝料に含めて算定）。

【判 旨】

「Y病院が行った放射線治療後にAに横紋筋肉腫が残存したこと，Y病院及びB病院が複数回にわたって行った化学療法によっていったん腫瘍を制御した後も，そのたびにAに横紋筋肉腫が再発したことが認められる。一般に，横紋筋肉腫の予後については，再発後の5年生存率が20パーセント以下とされている（鑑定結果）が，本件のように重ねて行われた化学療法にもかかわらず，繰り返し再発したような場合については，生存率はさらに低いというべきであって，仮にAに放射線による晩発性障害が発生しなかったとしても，最終的に横紋筋肉腫が治癒する可能性は低く，Aは，横紋筋肉腫によって死亡する可能性が非常に高かったといわざるを得ない。したがって，Aの死亡による逸失利益及び葬儀費用については，本件の過失行為による死亡の損害として個別に評価することは相当ではなく，（中略）慰謝料の算定の中で一体的に考慮すべきである。」

＊大津地判平成13・11・26判タ1092号246頁……動脈瘤の治療につき，バルーン塞栓術を受けた際，医師の過失により動脈瘤が破裂してくも膜下出血を起こして死亡した患者A（52歳・男。会社員）の逸失利益。

【判 旨】

「死亡による逸失利益　5,346万2,069円。Aは，平成3年11月当時，52歳であり，少なくとも年間848万

〈2-3〉逸失利益

4,346円の所得があった（甲第6号証）。Aは，67歳までは就労可能であると考えられるところ，60歳までは右所得金額を基礎として，60歳以上はその7割（593万9,042円）を基礎として，それぞれ3割を生活費として控除し，ライプニッツ方式により中間利息を控除して，同人の逸失利益を算定するのが相当である。」

＊大阪地判平成13・12・10交民集34巻6号1592頁……交通事故死亡被害者A（46歳，女。事務職）の逸失利益（過失相殺1割5分）。

【判　旨】

「Aは，（中略）Bと婚姻した後は専業主婦であったが，平成元年9月12日に同人と離婚した後に経理の事務職として稼働しており，平成8年の年収は，平成9年2月に亡くなった実母の看病のため，たびたび休暇を取得したこともあって342万2,582円であったものの，平成7年の年収は351万104円であったことが認められる。Aの平成7年の年収と上記賃金センサスとの差額は約16万円程度ではあるものの，Aの経歴，年齢，職種等からすると，今後，本件事故がなければ就労可能であったと思われる67歳までの21年間を通じて上記賃金センサスの賃金を得る蓋然性があったとまでは認められない。したがって，逸失利益を算定するに当たっての基礎収入は，平成7年の実収入である351万104円とすべきである。

イ　就労可能年数　21年

ウ　中間利息控除係数　12.8211（年5％のライプニッツ係数）。（中略。原告主張の4％を排斥して民法の5％を維持）

エ　生活費控除率　40％

Aは，死亡当時，1人暮らしをしていたのであるが，上記年収額その他諸般の事情を考慮すれば，生活費の割合は収入の40％と認めるのが相当である。

オ　計算

351万104円×12.8211×（1－0.4）＝2,700万2,036円（円未満切捨て）」。

＊大阪地判平成13・12・26交民集34巻6号1709頁……Y車がトンネルを出たところで大雨に遭遇し，Yが慌てて運転を誤り，車が滑り，側壁や後続車に衝突し，同乗していたA（事故時62歳，女。主婦）が死亡した事故でのAの逸失利益（YとAは甥と叔母）（好意同乗減額否定）。

【判　旨】

「逸失利益

（ア）就労対価分　2,142万6,342円。（中略）亡Aは，本件事故当時62歳の主婦であり，（中略）夫である原告Bと2人暮らしであったこと及び原告Bは，かつて会社員であったが平成10年8月に退職し，厚生年金等を年額471万6,202円受給していることが認められ，これらの事実によれば，亡Aの就労対価分の逸失利益算定にあたっては，基礎収入を平成11年賃金センサス産業計・企業規模計・学歴計・女子全年齢平均賃金である345万3,500円，生活費控除率を30％，就労可能年数を12年（平均余命の2分の1）とするのが相当である。

また，将来の運用利益を正確に判断することは困難である一方で，民法上の法定利率は年5分（民法404条）とされていることからすれば，賠償されるべき損害を算定するに当たっての中間利息控除の利率は，年5％とするのが相当である（12年に対応するライプニッツ係数8.8632）。

3,453,500円×（1－0.3）×8.8632＝21,426,342

（イ）国民年金分　542万7,832円

証拠（甲25）によれば，亡Aは，65歳まで保険料を支払えば，65歳から年額81万6,800円の国民年金（老齢年金）を受給できたことが認められるところ，本件事故までに亡Aの保険料が滞納していたとか，本件事故後同保険料の支払が困難であったなどという事情も見当たらないから，亡Aが受給できたはずの国民年金も逸失利益と認められる。

そして，国民年金（老齢年金）は，その性質上，生活費に費消されることが予定されているものであること及び前記のとおり，亡Aの夫である原告Bに収入があることを総合考慮し，生活費控除率は40％と見るのが相当である。

また，受給可能期間は，平均余命（24年）に照らし，86歳までとし，中間利息控除は前記のとおり5％ライプニッツ係数によるものとする（中略）。」

＊東京地判平成14・1・17交民集35巻1号38頁……信号機のない交差点を夜間横断中にYの車に跳ねられ死亡した被害者A（51歳・男，会社員（1級建築士））の逸失利益（60歳までの9年間は事故前年の年収に基づき，その後の7年間はその60％の年収として計算し，生活費控除率35％（妻Bと別居の母Cを扶養していたため），中間利息を控除してライプニッツ方式で算定（7,868万4,020円））（過失相殺3割）。

＊東京地判平成14・1・22交民集35巻1号68頁……交通事故死亡被害者A（77歳・女。家事に従事）の逸失利益。

【判　旨】

「亡Aは，本件事故当時，余暇を利用してゲートボールを楽しむなど77歳の健康な女性であったが，約30年間共同生活をしていた原告Bがツアーコンダクター等の仕事で多忙であったこともあり，家事を担当していたこと（中略），また，亡Aは，浜田喜久磯という芸名（甲26）で民謡師範として，千藤幸磯という芸名で（甲6）三味線師範として，それぞれ活躍し，本件事故当時においても多数の弟子の指導をしていた

## 〈第2章〉生命侵害と財産的損害の賠償請求

こと（中略），さらに，亡Aは，民謡師範としてはK会一門を，三味線師範としてはS会を，それぞれ統率し弟子を育成していたこと（中略）などの事実が認められる。

以上認められる亡Aの生活状況，これまでの就労実績に照らすと，賃金センサス平成11年第1巻第1表企業規模計・中卒・65歳以上の女性労働者の平均賃金年額である293万8,500円を基礎とすることができる。しかしながら，本件においては亡Aの民謡及び三味線師範としての収入につき的確な立証がないこと，亡Aの年齢等を考慮すると控え目に認定せざるを得ず，上記年額の7割5分の220万3,875円を下回らない年収を得ることができたものと認めるのが相当である。

そして，亡Aは，上記のとおり，77歳の女性であったので，その平均余命は，平成11年簡易生命表によれば，12.23年であるので，平均余命の2分の1の年齢に達するまでの6年間にわたり，上記年間220万3,875円の得べかりし利益を喪失したものと認められる。

〔2〕次に，亡Aは，本件事故時，国民年金として，年間51万7,700円を受給していたから（甲25），本件事故によって，国民年金分として，平均余命の歳に達するまでの12年間にわたり，毎年，51万7,700円の得べかりし利益を喪失したものと認められる。

（2）亡Aの逸失利益の算定

以上によれば，亡Aの逸失利益は，以下のとおりとなる。

〔1〕死亡時の77歳から就労可能な83歳までの6年間

年収220万3,875円と年金51万7,700円の合計272万1,575円を基礎収入として生活費を30パーセント控除し，6年間のライプニッツ係数5.0756を乗じて，その逸失利益を計算すると，966万9,538円と認められる。（中略）〔2〕就労可能年齢である83歳を超えた後，平均余命までの6年間亡Aは，上記就労可能期間後は，国民年金のみが収入となるから，年金51万7,700円に，生活費については60パーセントを控除するものとし，12年間のライプニッツ係数8.8632から6年間のライプニッツ係数5.0756を減じた3.7876を乗じて，その逸失利益を計算すると，78万4,336円と認められる。（中略）亡Aの逸失利益の合計は，1,045万3,874円になる。」

＊名古屋地判平成14・1・28交民集35巻1号144頁……交通事故重傷（遷延性意識障害等1級）被害者A（18歳・男）の逸失利益（生存事例）（過失相殺4割）。

【判 例】

「原告Aは，本件事故により自賠法施行令2条別表1級3号記載に該当する後遺障害（神経系統の機能又は精神に著しい障害を残し，常に介護を要するもの）を残し，労働能力を100パーセント喪失したことが認められる。

そして，原告Aは，本件事故当時18歳であったところ，本件事故に遭わなければ，高校卒業後18歳から67歳までの49年間就労が可能であり，少なくとも症状固定時である平成8年賃金センサス産業計・企業規模計・高卒男子労働者の全年齢平均年収額531万2,700円を得ることができたと認めることができる。原告Aの逸失利益の本件事故時の現価をライプニッツ係数により年5分の割合で中間利息を控除して算出すると（中略）9,652万4,852円となる。」

＊大阪地判平成14・2・28交民集35巻1号313頁……横断歩道でない路上で歩行者A（65歳・男。町役場の非常勤運転手）がYの車に衝突され死亡した場合の逸失利益（過失相殺1割5分）。

【判 旨】

「逸失利益2,335万5,541円。（中略）亡Aは，死亡当時65歳で，T町役場に非常勤の運転手として勤務し，本件事故前1年間（平成9年7月ないし平成10年6月）に86万9,075円の給与収入を得ていたこと，国民年金・厚生年金・老齢基礎年金として年間290万4,798円の支給を受ける見込みであったこと，妻である原告Bと母である原告Cとの3人暮らしであったことが認められる。

上記事実によれば，亡Aの逸失利益としては，給与収入分として上記給与額につき稼働可能と考えられる9年間（ライプニッツ係数7.1078）を通じて生活費控除を4割として計算し，年金受給権喪失分として上記年金額につき平均余命17年間（ライプニッツ係数11.2740）を通じて同じく生活費控除を4割として計算するのが相当である」。

＊大阪地判平成14・3・15交民集35巻2号366頁……路上を自転車で走行中に後部からYの車に追突され，死亡したA（61歳・男。無職）の逸失利益（過失相殺否定）。

【判 旨】

「逸失利益 1,051万2,603円。亡Aは，平成5年3月に約40年勤めた印刷会社を55歳で退職し，その後，平成5年7月に公共職業安定所に求職相談に行くなどしていたものの，本件事故に遭うまで7年以上の間，職についていないこと（中略）及び亡Aの年齢（61歳）に照らすと，亡Aに就職の蓋然性があったということはできず，本件事故当時受給していた老齢厚生年金及び大阪府印刷工業厚生年金基金の年間合計額210万8,898円（中略）をもって基礎収入とするのが相当である。

そして，上記年金はその性質上，生活費に費消されることが予定されているものであること及び本件事故当時，亡Aは原告Bと2人暮らしで，水道・光熱費等の公共料金は亡Aが負担していたこと（甲21）等の事

〈2-3〉逸失利益

情を総合考慮し，生活費控除率は，60％と見るのが相当である。

また，受給可能期間は，平均余命である20年（平成12年簡易生命表による。）とするのが相当である」。

＊名古屋地判平成14・3・25交民集35巻2号408頁……交際相手Bの車に好意同乗していて事故に遭った交通事故重傷（後遺障害1級3号）被害者A（21歳・女。アルバイト店員）の逸失利益（生存事例）（好意同乗減額否定）。

【判　旨】

「原告Aは本件事故当時21歳であったこと，原告Aは，専門学校卒業後2か月で本件事故に遭い就労が不能となったこと，原告Aは，本件事故により自賠法施行令2条別表1級3号に該当する後遺障害（神経系統の機能又は精神に著しい障害を残し，常に介護を要するもの。）を残し，労働能力を10割喪失したこと，原告Aは，本件事故当時，訴外有限会社Gにおいてアルバイト店員として服及び靴の販売を行っていたこと，原告Aの本件事故当時のアルバイトによる収入は日給約5,811円であったこと，これは同性，同年代，同学歴の収入の7割3分程度に過ぎないこと，原告Aは，上記アルバイトを継続する意思はなく，むしろ，転職してサーフィン店等のスポーツインストラクターになることを希望していたこと，しかし，新たな就職先は面接を受けることが決まっていただけで正式に採用が決まってはいなかったことが認められる。

そしてこのような原告Aの職歴，収入，将来の希望する職業，その就職の可能性等の事実に照らすと，原告Aが生涯を通じて同性，同年代，同学歴の平均賃金を得られる蓋然性が高いとまで認めることはできない。しかし，原告Aは本件事故当時21歳と若年であり，専門学校卒業後2か月で本件事故に遭い就労が不能となった等の事情を考慮すれば，これから転職等を行うことにより同年代の労働者と同様，その収入が増加する蓋然性は高いと認められる。

そこで，症状固定時である平成7年賃金センサス第1巻第1表産業計・企業規模計・高専，短大卒・女子労働者の全年齢平均賃金の8割相当である289万7,040円をもって原告Aの基礎収入とするのが相当である。

そして，原告Aは，本件事故当時21歳であったところ，本件事故に遭わなければ，本件事故時から67歳になるまでの46年間就労が可能であったのであるから，ライプニッツ係数により年5分の割合で中間利息を控除して原告Aの後遺障害による逸失利益を算定すると以下のとおり5,179万9,075円となる。（中略）ところで，原告らは，原告Aの逸失利益の算定につき，既存の賃金額の男女較差を基礎収入の認定に考慮することが，男女平等の理念に反する旨主張する。

しかし，本件においては，原告Aが本件事故に遭わなければ現実に得べかりし逸失利益を諸般の資料を基礎として算出するのが相当であり，原告らの主張がこれと異なる趣旨をいうのであれば，独自の見解として採用できない。」

＊大阪地判平成14・3・28判タ1131号188頁……Y病院で新生児Bを出産した後に担当医師の過失により死亡したA（27歳・女。主婦）の逸失利益。

【判　旨】

「Aは，（中略）本件がなければ，67歳までの40年間家事労働に従事し，その間，家事労働の評価額として平成7年度の賃金センサス第1巻第1表産業計企業規模計学歴計女子労働者全年齢平均給与額を下回らない額の収入を毎年得ることができたと推認するのが相当であり，同年収から生活費として4割を控除し，以上を基礎にライプニッツ方式により年5分の割合による中間利息を控除して算定すると，Aの逸失利益は3,513万3,052円となる。」

＊大阪地堺支判平成14・4・17交民集35巻6号1738頁……交通事故で重度の肺挫傷を負ってB病院に入院したA（18歳・男。高校生）が転院先のC病院の医師Yの過失により死亡した場合の逸失利益（交通事故と医療過誤の競合事例）（交通事故の過失相殺2割）。

【判　旨】

「Aは，本件事故当時，S市立工業高等学校に在籍する18歳の高校生であったこと，原告Bは自らS製作所を経営しており，原告Bの長男であるAが原告Bの後継者となる可能性は十分に存したこと，原告BのC製作所からの給与は平成6年が880万円，平成7年が870万円であることがそれぞれ認められ，同事実によれば，Aの逸失利益を算定するには，平成7年版賃金センサス第1巻第1表の産業計・企業規模計・学歴計・男子労働者の全年齢平均賃金557万2,800円を基礎収入とするのが相当である。

そして，基礎収入額を557万2,800円，生活費控除率を50％，18歳から67歳までの49年間に対応するライプニッツ係数18.1687としてAの死亡による逸失利益を算定すると，原告ら主張のとおり，5,062万5,265円」となる。

＊東京地八王子支判平成14・6・14交民集35巻3号809頁……交通事故重傷（後遺障害等級1級3号）被害者A（症状固定時21歳・男。アルバイト）の逸失利益（生存事例）。

【判　旨】

「原告Aが，（中略）本件事故前，高校を中退し，株式会社ドラッグストアBにアルバイトとして勤務し，平成9年11月から平成10年1月までの3か月間に，1か月平均7万2,883円の報酬を得ており，同年4月1日にBに入社することが内定していたことが認められ

〈第2章〉生命侵害と財産的損害の賠償請求

る。
　そうすると、原告Aは、本件事故により、本件事故の翌日である平成10年2月24日から同年3月31日までの休業損害として、7万2,883円に28分の33を乗じた金額である8万5,897円の損害を被り、平成10年4月1日から同人が67歳に達するまでの49年間の逸失利益として、平成10年賃金センサスによる産業計・企業規模計・中卒男子労働者全年齢平均年収である497万900円に49年に対応するライプニッツ係数18.17を乗じた金額である9,032万1,253円の損害を被ったものということができる。」
＊大阪地判平成14・7・26交民集35巻4号1028頁……交通事故重傷（後遺障害等級1級3号）被害者A（症状固定時53歳・男。韓国籍）の逸失利益（生存事例）（過失相殺3割）。

【判　旨】
　「原告Aは、韓国籍を有する外国人であるところ、平成9年10月17日、短期滞在（15日）の在留資格で本邦に上陸したにもかかわらず、在留期間を経過後も不法に残留し、同年11月ころからM工務店で解体工として稼働していて、平成11年9月2日本件事故で受傷したことが認められる。
　そうすると、在留期間を越えて不法に本邦に在留し就労する外国人については、退去強制の対象となるのであって、本件事故当時、在留特別許可等により、その滞在及び就労が合法的なものとなる具体的な蓋然性が認められた場合を除き、不法残留外国人の我が国における就労可能期間を長期にわたるものと認めることはできないと言うべきであるから、原告Aの逸失利益の算定に当たっては、本件事故後3年程度（症状固定からは2年）は、我が国における就労によって得ることができたであろう収入を、その後は、韓国に帰国して得ることができたであろう収入を認めるのが相当である。
　この点、原告Aは、本件事故により後遺障害等級1級3号のいわゆる寝たきりの植物人間となり、本国への移動帰国が困難で、生涯日本で入院生活をしなければならないのであるから、逸失利益算出に当たって、母国韓国の生活水準に適合した韓国における収入を基礎に逸失利益を計算することは、著しく不合理、不公平と言うべきであり、日本における収入を基礎にする必要があると主張するが、逸失利益は、本来、本件事故がなければ、得られたであろう収入額を補償するものであることから、原告Aの主張は採用できない。
　イ　症状固定後2年間の我が国における逸失利益
　上記（7）のとおり、原告損害は、本件事故当時、M工務店で解体工として稼働し、本件事故前3か月の給与収入合計額は74万500円であったと認められることから、症状固定後2年間（ライプニッツ係数1.895）の後遺障害逸失利益は、その基礎収入を296万2,000円（74万500円×4）、労働能力喪失100％で算出される550万6,358円（296万2,000円×1×1.859）となる。
　この点原告Aは、ダイナマイト技術者の資格を所持しており、ダイナマイト技術者として就労する蓋然性が高かったものであるから、原告Aの後遺障害逸失利益は、M工務店における収入ではなく、日本の賃金センサス（中略）を用いて算出すべきであると主張し、原告Bは、陳述書（甲第23号証）及び本人尋問において、「原告Aは、従前、株式会社Kに勤務していた日本人、Yなる人物から、日本におけるダイナマイト研究の誘いを受けて来日したもので、同人とは連絡が取れなかったものの、本件事故がなければ、ダイナマイト技術者としての職を得られる予定であった」旨の供述を行う。しかしながら、原告Bの供述内容は、原告Aが株式会社Kを退職した後、半年もの期間があったにもかかわらず、来日前にはYとの連絡も取らないまま夫婦で来日し、来日後、Yとの連絡が取れないにもかかわらず、資格を有する韓国で再就職するべく帰国することもなく、日本において資格を生かすことのできない解体工の仕事に従事していたという不合理なものであって、俄に措信できず、ダイナマイト技術者として就労する蓋然性が高かったとの原告Aの主張は採用できない。
　ウ　韓国における逸失利益
　原告Aの韓国における逸失利益の算定に当たっての基礎収入は、韓国の男子年齢別50歳から54歳の平均年収2,127万741ウォン（甲第18号証）と認めるのが相当である。そうすると、原告Aの後遺障害逸失利益は、症状固定時53歳であることから就労可能年数は14年であり、これから上記イの2年を差し引いた12年（ライプニッツ係数9.899－1.859＝8.04）につき、年収203万1,783円（1円が10.469ウォンであるから（甲第24号証）、2,127万741÷10.469）、労働能力喪失100％で算出される1,633万5,535円（203万1,783円×1×8.04）となる。
　エ　よって、後遺障害逸失利益は、合計2,184万1,893円（550万6,358円＋1,633万5,535円）となる。」
＊青森地判平成14・7・31交民集35巻4号1052頁……親の車を無免許で運転する中学時代の同級生B（16歳・男）の誘いに応じてその車に同乗したA（16歳・男）がBの電柱への衝突事故で死亡した場合の逸失利益（Aに過失相殺規定の類推4割）。

【判　旨】
　「亡Aは、死亡当時16歳であり、健康上の支障はうかがわれないから、生存していれば、満18歳から満67歳までの49年間は稼働し得たものと推定される。また、年収は、賃金センサス平成12年による男性労働者平均によると、560万6,000円である。上記期間を通じて控

〈2-3〉逸失利益

除すべき生活費の割合は5割と認めるのが相当であり，中間利息の控除につきライプニッツ係数を用いて死亡時における逸失利益を算定すると，次のとおり，金4,619万2,038円となる。

560万6,000円×（1－0.5）×（18.3389－1.8594）＝4,619万2,038円」。

＊名古屋地判平成14・8・19交民集35巻4号1077頁……交通事故で寝たきりのいわゆる植物状態になったA（19歳・女。歯科衛生士の専門学校生）の逸失利益（生存事例）（過失相殺否定）。

【判　旨】

「原告Aは，本件事故当時，19歳であったこと，原告Aは，普通科の高校を卒業し，専門学校であるD学院に入学して勉強をしていたこと，D学院は2年制の専門学校であること，原告Aは，本件事故に遭わなければ平成13年3月にD学院を卒業した後，歯科衛生士として歯科医院に勤務することを予定していたこと，しかし，原告Aは本件事故による後遺障害により就労が不可能となったことが認められる。

そしてこれらの原告Aの本件事故時の年齢，本件事故当時の就学状況，卒業後の就職の予定，その職種，原告Aの後遺障害等を考慮すると，原告Aは，本件事故に遭わなければ平成13年3月に上記専門学校を卒業後歯科衛生士として就労し，同年代，同性の高専，短大を卒業した者と同等の収入を得られたはずであるところ，前記後遺障害によりその労働能力を100パーセント喪失したものと認めるのが相当である。そこで，症状固定時である平成12年賃金センサスの産業計・企業規模計・高専，短大卒・女子労働者の全年齢平均賃金377万9,100円を基礎とし，原告Aが67歳になるまでの約47年間就労が可能であったものとして原告Aの逸失利益のを算定するのが相当である。したがって，本件事故時における原告Aの逸失利益の現価は，ライプニッツ方式により年5分の割合の中間利息を控除すると（中略）6,795万1,997円となる。」

＊神戸地判平成14・8・19交民集35巻4号1099頁……父B運転の車に母Cに抱かれて同乗していたA（生後7ケ月・男）が，Bの脇見運転による電柱への衝突事故で死亡した場合の逸失利益。

【判　旨】

「Aは，平成12年3月21日に死亡した当時，生後7ヶ月の男児であったから，基礎収入については，平成12年度賃金センサス第1巻第1表の産業計・企業規模計・学歴計の男子労働者の平均年収額560万6,000円を採用する。就労可能年数を18歳から67歳までの49年間，収入に占める康乃の生活費の割合を全期間を通じて平均50％として，ライプニッツ方式により年5分の割合による中間利息を控除して，右就労可能期間中におけるAの得べかりし利益の本件事故当時における価格を算出すると，（中略）2,116万2,650円」となる。

＊東京地判平成14・8・22交民集35巻4号1137頁……赤信号で横断歩道を渡ったA（29歳・男。日本語教師）がYのバイクに衝突されて死亡した事故の逸失利益（過失相殺7割）。

【判　旨】

「交通事故の被害者が有職者である場合には，逸失利益は原則として事故前の実収入を基礎として算出されるべきものであるが，実収入が賃金センサスの平均賃金以下の場合であっても，将来平均賃金が得られる蓋然性があれば，平均賃金を基礎として逸失利益を算定することが許されるというべきである。そして，（中略）亡Aは，本件事故当時は29歳であったところ，K大学在学中にインドネシア語を習得し，平成元年にS日本語教育研究所から日本語教師の認定を受け，平成2年3月に同大学を卒業した後，同年4月からYMCAの日本語教師として台湾に2年間派遣され，平成4年6月に帰国した後，株式会社S学院に教師として入社し，平成8年4月教務主任を命ぜられていること，上記勤務先において平成8年分の給与所得として409万円を得ていたことが認められる。

上記認定の亡Aの学歴，職歴，稼働状況等諸般の事情に照らせば，生涯を通じてみた場合，賃金センサス第1巻第1表の産業計・企業規模計・学歴別の男子労働者の大卒平均年収（平成9年においては687万7,400円）を得られる蓋然性があるものと認められる。

そうすると，亡Aは，本件事故に遭わなければ，29歳から67歳まで38年間就労し，その間，平成9年賃金センサス第1巻第1表の産業計・企業規模計・学歴別の男子労働者の大卒平均年収である687万7,400円の年収を得ることができたから，生活費控除率を50パーセントとしてライプニッツ方式により年5パーセントの割合で中間利息を控除すると，亡Aの逸失利益は，（中略）5,800万3,303円となる。」

＊大阪地判平成14・8・29交民集35巻4号1178頁……Yが老人施設送迎用ワゴン車で車椅子に座ったA（症状固定時73歳・女）を載せて運転中，前方にスクーターを発見し，急ブレーキをかけたところ，シートベルトをしていなかったAが車の前部に放り出されて消化器等に当たって重傷を負った事故での逸失利益（生存事例）（素因減額4割5分）。

【判　旨】

「逸失利益　691万9,026円。原告Aは，症状固定時73歳であったから，本件事故に遭わなければ7年間（ライプニッツ係数5.7863）は稼働可能であったということができるが，この間の年齢による体力の低下等を考慮すれば，逸失利益算定の基礎収入は上記平均年収298万9,400円の4割と認めるのが相当である。」

〈第2章〉生命侵害と財産的損害の賠償請求

＊神戸地判平成14・8・29交民集35巻4号1189頁……交通事故死亡被害者A（61歳・男。職業不明）の逸失利益とその内縁の妻Bの逸失利益（BにAの半額を認容）。
【判　旨】
「B（中略）は亡Aの内縁の妻として亡Aと昭和60年ころから同居し，亡Aに扶養されていた（平成12年8月時点では，通院中で無職無収入である）と認められる。このような場合，Bは，亡Aが交通事故により死亡したことで扶養利益が侵害されたというべきであるから，加害者である被告に請求しうるのは失われた扶養利益であり，逸失利益の総額とはいえない。（中略）（2）給与支払証明書（甲2の2）及び住民票写し（甲3）によると，亡Aの年収は358万8,692円（本件事故前3か月の平均月収27万7,391円，年間賞与26万円），就労可能年数は10年（亡Aの死亡時の年令61才）であるから，生活費控除30％で算定すると，逸失利益は1,939万8,316円となる。（3）本件においては，扶養利益としては，その半額の969万9,158円であると判断するのが相当である。」

＊東京地八王子支判平成14・9・5交民集35巻5号1207頁……交通事故死亡被害者A（18歳・男。高校3年生）の逸失利益。
【判　旨】
「原告Bは，T興業の株式を100パーセント保有している外，原告B個人とT興業を合わせて，原告Bが給与や顧問料の支払いを受けている訴外株式会社T，訴外Oエンジニアリング株式会社及び訴外有限会社N観光など14社の株式を30パーセントから70パーセントの割合で保有していること，原告Bは，最初に婚姻した訴外Cとの間に長男Dと二男Eがおり，次に婚姻したFとの間に長男Gと二男Hがおり，Aは，原告Bが3番目に婚姻した原告Iとの間の長男であること，原告Bは，上記の子供達のうち，Aが，出生以来ずっと一緒に暮らしていたことや，Aに経営者に必要なバランス感覚が備わっていると考えたことなどから，Aを自分の後継者にしようと考えていたこと，上記のDは，T興業及び株式会社Tの代表取締役並びにOエンジニアリング株式会社の取締役にそれぞれ就任し，Eは，有限会社N観光の取締役となっていること，Aは，本件事故時に私立W高校3年に在学中であり，翌年にM大学法学部に入学する予定であったこと，以上の事実が認められる。

そして，上記事実を前提に判断すると，Aが，賃金センサスによる平均的な収入以上の収入を得る可能性があるか否かは，A自身の能力や技能がどのようなものであるかということよりは，原告Bにおいて，Aを自己の後継者としてその事業を引き継がせる意思があるか否かということにかかっているものといわざるを得ないところ，Aが26歳になった段階で，原告Bの全部事業を承継し，少なくとも原告Bが得ている収入の2分の1の収入を得るようになったか否かについても不確定要因がないとはいえず，さらに，原告BにA以外に子が4人いることを考慮すると，原告らが主張するように，Aが，原告Bが亡くなった後も67歳になるまでの間，原告Bから承継した事業の全てをそのまま維持して原告Bが得ている収入の2分の1の収入を確保することができる可能性は，それほど高くないと判断せざるを得ない。

これに加えて，本件事故によってAが亡くなったとしても，これによって，原告Bの事業による将来の収入がまったく失われてしまうことにはならず，原告Bの事業は，将来，A以外の原告Bの子に引き継がれ，その収入も承継されることになる可能性が高いのであるから，Aが，原告Bの事業を承継することができなかった損害を，本件事故と相当因果関係にある損害として被告に請求することは相当とはいえない。

以上の点を考慮すれば，Aが，本件事故時において，現に就職していない本件においては，賃金センサスによる平均的な収入以上の収入を得る蓋然性があったことを前提として，Aの逸失利益を判断すべきではなく，平成10年賃金センサス男子労働者学歴計の年収額である569万6,800円に基づいてAの逸失利益を算出するのが相当であり，これによれば，その額は，下記のとおり5,175万2,580円となる。」

＊名古屋地判平成14・9・27交民集35巻5号1290頁……Y（14歳・男）が夜間に無灯火の自転車で路上を走行中に歩行者A（77歳・女）に衝突し重傷を負わせ，その後Aが死亡した事故の逸失利益（過失相殺1割5分）。
【判　旨】
「亡Aは，本件後遺障害がなければ，症状固定日から6年間は家事労働に従事し得たはずであるのに，本件後遺障害により，家事等を行うことがまったくできなくなったものと認めるのが相当である。

そこで，前記7と同様に平成7年賃金センサスによる産業計・企業規模計・学歴計・65歳以上女子労働者の平均年収288万3,700円の6割に当たる173万220円を基礎収入とし，本件口頭弁論終結時その算定期間の大半が既に経過していることに鑑みホフマン方式により中間利息を控除して，その逸失利益を算定すると，（中略）888万2,257円となる。」。

＊大阪地判平成14・10・4交民集35巻5号1342頁……交通事故傷害（後遺障害1級3号）被害者A（症状固定時29歳・男）の逸失利益（生存事例）（過失相殺2割5分）。
【判　旨】

## 〈2-3〉逸失利益

「原告Aは，（中略）T工科大学を卒業した後，平成5年4月M電器に入社し，本件事故の前年である平成8年（原告知明27歳）には，453万7,238円の年収を得ていたところ，本件事故後いったんはM電器に復職したものの，上記後遺障害によって，平成13年5月31日（原告A31歳）退職したことが認められる。

これらの事実によれば，原告Aは，27歳時（平成8年）には，平成8年度賃金センサス産業計・企業規模計・大卒男子の25～29歳の平均賃金とほぼ同額の収入を得ていたことが認められ，これによれば，将来的には，大卒男子全年齢平均収入を得る蓋然性が高かったものと認められるので，原告の後遺障害逸失利益の算定にあたっては，その基礎収入として，上記退職時の前年である平成12年度賃金センサス大卒男子全年齢平均年収671万2,600円とするのが相当である。

（イ）労働能力喪失率

上記2に認定の事実によれば，原告Aの労働能力喪失率は100％と認められる。（中略）被告が指摘するように，原告Aは，言語能力，精神能力には全く問題がなく，上肢に関しては自動車運転及びパソコンのキー操作も可能な程度に回復している（原告A本人尋問の結果）。しかしながら，その一方，原告Aは，食事，排尿・排便，入浴も全て他人の介護を要する状態にあることからすると，原告Aが知的活動を自由に行え，パソコンのキー操作が可能であるといった能力が，直ちに，労働対価を期待できるような形で生かせるとは判断し難い。すなわち，障害者の求職活動の困難さもさることながら，上記のような介助による生活は，基本的な身の回りの処理に多くの時間と労力を要するものであり，趣味としての知的活動ではなく，労務の提供として行うことには，かなりの負担となる。その意味では，原告AがM電器に復職し，1年半もの長期にわたって勤務を継続できたことは，M電器の社員に対する福祉的配慮とともに，原告A自身の社会復帰を希求する強い意志に基づく非日常的な努力の結果はじめて実現したものと言わざるを得ず，たとえM電器における勤務よりもはるかに軽い労務であっても，上記障害の上に，将来にわたって，かかる負担の継続を求めることは酷と言うべきである。したがって，被告の上記主張は採用できない。

（ウ）算定

よって，後遺障害逸失利益は，平成12年度賃金センサス大卒男子全年齢平均年収671万2,600円に，労働能力喪失率100％，退職時年齢31歳の就労可能年数である36年に対応するライプニッツ係数16.547を乗じた金額である1億1,107万3,392円となる。」

＊大阪地判平成14・10・21交民集35巻5号1379頁……交通事故重傷（後遺障害等級5級2号）被害者A（27歳・男。父経営のD建設の会社員）の逸失利益（生存事例）（過失相殺1割5分）。

【判　旨】

「原告Aは，本件事故当時27歳で，父親である原告Bが代表取締役を勤めるD建設に取締役として勤務しており，本件事故直前である平成8年の年収は300万円であったこと，父親である原告Bは本件事故当時53歳で，原告Aは，近い将来には，原告Bの跡を継いで，D建設の代表取締役に就任する蓋然性があること，本件事故当時のD建設の取締役は，原告B，原告A，原告Aの弟であるCの3人であり，同人らの平成8年の取締役報酬はそれぞれ，480万円，300万円，120万円であることが認められ，原告Bも早晩引退するであろうことや，原告Aの症状固定時における年齢（29歳）からすれば，原告Aは今後後記労働能力喪失期間を通じて，平成10年賃金センサス・産業計・企業規模計・学歴計・男子労働者全年齢平均賃金569万6,800円の92％である524万1,056円の年収を得られる蓋然性があったものと認められる。

イ　労働能力喪失率

前記認定のとおり，原告Aに残存した後遺障害の程度に鑑みれば，原告Aは本件事故により，後記労働能力喪失期間の全期間にわたり，労働能力の79％を喪失したものと認めるのが相当である。

ウ　労働能力喪失期間

原告Aの症状固定時における年齢（29歳）を考慮すれば，原告Aの労働能力喪失期間は38年（ライプニッツ係数16.8678）と認めるのが相当である。

エ　計算式

524万1,056円×0.79×16.8678＝6,984万16円」。

＊大阪地判平成14・10・30交民集35巻5号1446頁……交通事故死亡被害者A（23歳・男。大学3年生）の逸失利益（過失相殺1割）。

【判　旨】

「亡Aは，（中略）本件事故当時（平成13年1月27日），23歳であり，O工業大学工学部建築学科第3学年に在学中であったことが認められることから，亡Aの逸失利益の算定に当たっては，平成12年度の賃金センサス産業計・企業規模計・大卒男子全年齢平均収入である671万2,600円を基礎収入とするのが相当である。

b　生活費控除率

（中略）亡Aは，平成9年4月，O工業大学に入学後は，島根県松江市の親元を離れて大阪で生活していたが，平成11年1月30日，亡Aの父親が死亡し，母親である甲事件原告が1人暮らしとなったことから，大学卒業後は，松江市内の建築事務所に就職して，甲事件原告と同居することを約し，具体的な建築事務所の紹介を得ていたことが認められ，これによれば，亡Aは，就職後は，甲事件原告を扶養する一家の支柱という立場になることが予定されていたと認められるので，

〈第 2 章〉生命侵害と財産的損害の賠償請求

亡Aの生活費控除率は40％とするのが相当である。
　　c　中間利息の割合
　甲事件原告は、亡Aの逸失利益を算定において、控除される中間利息の割合は、民事法定利率である年5％ではなく、年3％とすべきであると主張し、現時点における将来予測として、被害者が受け取る賠償金の運用利率が年3％程度であることについて、詳細な論述を行う。
　しかしながら、交通事故等による損害賠償請求事件の実務においては、将来の逸失利益の額を算定するに当たって、控除すべき中間利息の割合を民事法定利率である年5％とする運用が定着しているところ、これは、現行法が将来の請求権の現価評価について、法的安定及び統一的処理の見地から、一律に法定利率により中間利息の控除を行う考え方を採用していることに準拠したものと言うべきであって、運用利率の事実認定によるものではない。すなわち、将来の請求権の現価評価に関しては、破産法46条5号、会社更生法114条、民事再生法87条1項1,2号、民事執行法88条2項、労働者災害補償保険法附則64条1項などで、法定利率で控除することが定められているところ、その趣旨は、法的安定及び統一的処理の見地から、一律に法定利率により中間利息の控除をすることが相当であると考えられていることによるものであって、交通事故の逸失利益の算定に当たり、上記規定が適用される請求権と、別異に解さなければならない根拠はないと考えられる。
　なお、甲事件原告は、手形法48条2項が満期前遡求の際の中間利息控除の利率は公定歩合によるとしていることを指摘して、上記現行法の考え方を否定しているので付言するに、これは、手形法が、破産法などと異なり、条約に基づいて制定されたという、やや特殊な沿革を有することによるものであって、上記考え方と整合しないものではない。
　よって、甲事件原告の主張は採用できず、中間利息の割合は法定利率である年5％によると解するのが相当である。
　　d　算定
　（中略）亡Aの就労可能年数44年（67歳－23歳）について、基礎収入額を671万2,600円、生活費控除率を40％とし、ライプニッツ方式によって年5％の割合による中間利息を控除して、亡A死亡時における逸失利益の現価を計算すると、（中略）6,730万2,138円となる。」
＊名古屋地判平成14・11・11交民集35巻6号1519頁……Yの車に同乗していて、Yが居眠り運転で交通事故を起こし、重傷（後遺障害等級1級3号）を負った被害者A（16歳・女、高校生）の逸失利益（生存事例）（過失相殺1割）。
【判　旨】

「原告Aは、義務教育を終了した高校生であり、将来の進路等につき一定程度具体化していること、また、同年代で就労している者が存在し、これらの者の不公平を招くおそれがあることからすれば、義務教育終了以前の者と同様に全労働者平均賃金を用いるべき合理性が高いと認めることはできない。他方、原告Aが本件事故に遭わなければ、上記女子労働者全年齢平均賃金を超える収入を得られた蓋然性が高いことを基礎付ける事実を認めるに足りる証拠はない。（中略）以上により、原告Aは、基礎収入345万3,500円、症状固定後67歳になるまでの約49年間就労が可能であったとして将来得られたであろう逸失利益の事故時の現価につき、年5分の割合の中間利息をライプニッツ方式で控除すると（中略）5,975万7,982円となる。」
＊大阪地判平成14・11・26交民集35巻6号1578頁……交通事故重傷（後遺障害等級1級3号）被害者A（症状固定時57歳・男）の逸失利益（生存事例）（過失相殺1割5分）。
【判　旨】

「原告Aは、平成11年賃金センサス第1巻第1表の産業計・企業規模計・学歴計による男子全年齢平均賃金である562万3,900円の95％に相当する534万2,705円程度の年間収入を得ていたと認めるのが相当である。（中略）原告Aは、後遺障害等級1級3号に該当し、また前述したその具体的な後遺障害の状況に照らして、57歳の症状固定時以降12年間にわたって労働能力を100％喪失したものと認めるのが相当であるから、その間の中間利息を年5分のライプニッツ係数により控除して現価を算出すると、後遺障害逸失利益は、534万2,705円×8.8632＝4,735万3,462円となる。」
＊名古屋地判平成14・12・3交民集35巻6号1604頁……母親Bの乳母車に乗って横断歩道のない道路を横断中にYの車に衝突され死亡した乳児A（0歳・男）の逸失利益。
【判　旨】

「平成11年度産業計・企業規模計・男子労働者の学歴計全年齢平均賃金（562万3,900円）に、A（0歳）に適用されるライプニッツ係数7.5495（19.2390－11.6895）を掛け、これに生活費控除を50パーセントとして計算すると、Aの逸失利益は、2,122万8,816円となる。（5,623,900×【1－0.5】×7.5495）
　（イ）これに対し、原告らは、ここ数年来、定期預貯金の金利は低く抑えられ、この傾向は近い将来も大きく変動することは考えられないことから、逸失利益の算定に当たっては、5パーセントの複利計算により中間利息の控除を行うライプニッツ係数ではなく、5パーセントの単利計算により中間利息の控除を行う新ホフマン係数を用いるべきである旨の主張をする。しかし、本件において中間利息を控除する期間は数十年

〈2-3〉逸失利益

の長期間にわたるものであるところ，この期間にわたり原告らの主張する低金利の状況が継続すると認めることは困難であること，また，現実の資金運用は複利運用がされることからすれば，原告ら主張のとおり，ここ数年来，定期預貯金の金利が低く抑えられていることをもって，逸失利益の計算に新ホフマン係数を用いるべきであるとの原告らの主張は採用できないと言わざるを得ない。」

＊東京地判平成15・1・22交民集36巻1号60頁……交通事故重傷（後遺障害等級1級3号）被害者A（症状固定時28歳・男。給与生活者）の逸失利益（生存事例）（過失相殺2割）。

【判旨】

「原告Aが，専門学校を卒業後，希望どおりの職場で勤務し，本件事故前年である平成6年の年収は408万3,704円であったことが認められるから，原告Aは，本件事故に遭わなければ，就労可能期間において，平均して，賃金センサス第1巻第1表産業計・企業規模計・男性労働者学歴計全年齢平均賃金を得られた蓋然性を認めることができる。原告Aの症状固定時である平成10年の賃金センサス第1巻第1表産業計・企業規模計・男性労働者学歴計全年齢平均賃金は569万6,800円であるから，これを基礎とし，また，症状固定時，原告Aは28歳であったが，そのわずか約3か月後に29歳となり，かつそのころから給与の支給がされなくなったことに照らし，平成11年3月（当時29歳）から67歳まで就労可能年数38年間に対応するライプニッツ係数（年5パーセントの年金現価）16.8678を用いて中間利息を控除すると，（中略）後遺障害逸失利益は9,609万2,483円となる」。

＊大阪地判平成15・2・21交民集36巻1号233頁……交通事故重傷（後遺障害等級1級3号）被害者A（症状固定時27歳・男。会社員）の逸失利益（生存事例）（過失相殺5分）。

【判旨】

「原告Aが，平成10年3月19日，顔面を含む全身に痙性麻痺及び眼球運動，嚥下，発声の障害等の後遺障害等級1級3号に該当する後遺障害を残存して症状固定と診断されたことは当事者間に争いがない。そして，（中略）本件事故時の原告Aの年収541万8,286円，症状固定時の原告Aの年齢は27歳であり，就労可能年数は40年（対応するライプニッツ係数は17.159）であるから，原告Aの後遺障害逸失利益は（中略）9,297万2,369円となる。」

＊東京地判平成平成15・3・20判時1846号62頁，判タ1133号97頁……Y病院で，乳児A（生後3ヶ月・男）の気管切開手術後に，B社製の器具とC社製のホース器具を接続したが回路が閉塞してAが死亡した事故の逸失利益。

【判旨】

「Aは，本件事故当時生後3か月の男児であって，本件事故がなかったならば，18歳から67歳に達するまでの49年間，平成13年賃金センサス男子労働者学歴計（全産業規模計）平均給与年額565万9,100円の収入を得られたものというべきところ，生活費控除率を50パーセントとし，年5パーセントの中間利息を控除するライプニッツ式計算法により，Aの逸失利益の現価を算出すると，2,242万9,842円となる。（中略）ところで，原告らは，逸失利益の現価を算出するに当たり，中間利息の控除は年3パーセントのライプニッツ係数で行うべきである旨主張するので，この点について付言しておく。

逸失利益の算定における中間利息の控除は，被害者が将来の一定の時点で受けるべき利益を被害者の死亡時点等における現価として算定するために，当該将来の時点までの一般的な運用利益に相当する金員を控除する趣旨のものである。なるほど，原告らが主張するとおり，近時わが国では顕著な低金利状態が続いているが，この状態はいわゆるバブル経済の崩壊に伴い生じた深刻な不景気に対する金融政策によるものであって，将来にわたり，かかる低金利状態が永続するものと判断することはできないし，しかも，本件における逸失利益は，Aが生きていれば18歳に達するはずであった，本件口頭弁論終結後約15年経った時点から49年間にわたる得べかりし収入に係るものであって，このような遠い将来にわたる金利等の推移を的確に予測することは困難である。また，金銭債務の不履行に伴う損害賠償として元本に附帯する旨法定されている遅延損害金の利率に関する規定（民法419条，404条）は，金銭債務の弁済期から現実に履行を受けるまでの間の運用利益を考慮して定められているところ，上記規定はこの利率を年5パーセントと定めており，その時々の金利水準によって変動しない建前になっている。これらの事情を考慮すると，逸失利益の算定における中間利息の控除についても，上記民法において定める年5パーセントの法定利率によってするのが相当というべきである。」

＊大阪地判平成15・4・18交民集36巻2号526頁……赤信号無視のYの車による交通事故重傷（後遺障害等級1級3号）被害者A（症状固定時18歳・男）の逸失利益（生存事例）。

【判旨】

「原告Aの後遺障害逸失利益は，本件事故がなければ就労可能であったと考えられる18歳（症状固定時）から67歳までの49年間にわたり，平成12年賃金センサス産業計・企業規模計・学歴計・男子労働者の全年齢平均年収である560万6,000円を基礎として，前記認定

〈第2章〉生命侵害と財産的損害の賠償請求

の後遺障害の程度に照らし100％の労働能力を喪失し，同割合による減収を生じるものと評価して算定すべきであり，（中略）1億185万3,732円となる。」

＊名古屋地判平成15・4・28交民集36巻2号574頁……高速道路上で中央分離帯に接触して停車していたY車にA車が接触し，その後，後続のY₂車，Y₃車等が追突した結果，A車に火災が発生して死亡した被害者A（46歳・女，主婦）と，同じくA車に同乗の死亡被害者B（Aの娘，15歳・女，音楽大学付属高校生）の逸失利益（2人の逸失利益のほかに，A車内のBのバイオリンと弓の焼失の損害900万円も認容）（過失相殺2割5分）。

【判　旨】
【Aの逸失利益】
「逸失利益　金3,053万3,065円。
ア　基礎収入について（中略）Aは，M音楽大学ピアノ科卒業後，公立中学で音楽の講師をした後，ヤマハ音楽教室のピアノ教師，自宅においてピアノ教室を行っていたこと，本件事故当時，Aは，ピアノ教室等の仕事をしておらず，主婦であったことが認められる。
これらの事実によると，Aの基礎収入については，平成9年賃金センサス産業計・企業規模計・学歴計・女子労働者全年齢平均賃金340万2,100円（中略）をもって相当と認める。
イ　就労可能年数及び生活費控除率について
甲第2,12号証の1及び弁論の全趣旨によれば，本件事故当時Aは46歳であったから，就労可能年数は21年間であると認める。
また，前記のとおり，主婦として基礎年収を考える以上，生活費控除率については，3割とするのが相当である。」

【Bの逸失利益】
「逸失利益　金5,082万853円。
ア　基礎収入について
（中略）Bは，昭和56年12月8日生まれで，平成9年4月からT音大付属高等学校に入学していたこと，同高等学校の卒業生の8割から9割強がT音楽大学に入学していることが認められ，これらの事実からすると，Bは，本件事故で死亡することがなければ，大学を卒業して音楽関係の仕事に就職した蓋然性が高いということができる。ただし，同大学を卒業後に演奏家となる蓋然性に関しては，本件全証拠によっても同大学卒業生がいずれも演奏家となっているとは認められないことに照らせば，たやすく肯認できない。そうであるとしても，Bはバイオリン演奏においていわば専門的な技術を有しているのであり，このような職種において男女間に賃金格差があるとは認められないことからすれば，Bの基礎収入の算定においてはそのような事情を考慮するのが相当である。

そこで，Bの基礎収入については，平成9年賃金センサス産業計・企業規模計・大学卒・男子労働者全年齢平均賃金687万7,400円の9割をもって相当と認める。
計算式　6,877,400×0.9＝6,189,660
イ　就労可能年数及び生活費控除率について
そして，上記アのように考えるならば，就労の時期は，大学卒業時の22歳から67歳までの45年間とすべきである。また，上記判示の事情を考慮すれば，生活費控除率は3割5分が妥当である。
ウ　中間利息控除について
上記イに認定するところによれば，Aの逸失利益の算出期間よりもさらに長期間にわたって中間利息を控除するのであるから，上記2（3）ウで述べたとおり，中間利息を年5分の割合のライプニッツ係数により控除するのが相当である。
計算式　6,189,660×（18.4180－5.7863）×（1－0.35）＝50,820,853.3443」円。

＊東京地八王子支判平成15・5・8交民集36巻3号671頁……赤信号で停止しているAの自動二輪車に，飲酒で前方不注意のY車が衝突し，A（19歳・男，専門学校生）が死亡した事故でのAの逸失利益。

【判　旨】
「Aは，本件事故当時，満19歳の学生で，専門学校に通っており，本件事故の翌年の平成15年3月に専門学校を卒業する予定であったことが認められるので，本件事故によるAの逸失利益は，男子学歴計全年齢平均賃金（賃金センサス平成12年第1巻第1表）の560万6,000円を基礎収入とし，生活費控除率を50パーセントとした上で，専門学校を卒業する20歳から67歳までの47年間を稼働期間として，19歳から67歳までの48年間のライプニッツ係数の18.0771から，19歳から20歳までの1年間のライプニッツ係数0.9523を控除した17.1248の係数を用いて中間利息を控除して現価を算定することが相当であり，その額は，（中略）4,800万814円となる。」

＊大阪地判平成15・8・29交民集36巻4号1149頁……車同士の衝突交通事故で死亡した被害者A（23歳・男，大学院生）の逸失利益（過失相殺否定）。

【判　旨】
「亡Aは，本件事故当時，H工業大学大学院在学中の23歳の独身男子であり，特に健康上問題はなかったこと及び翌平成13年3月には同大学院卒業予定であり，本件事故当時は就職活動中で，科学技術系の会社を希望していたことが認められ，これらの事実によれば，亡Aの死亡逸失利益は，平成12年賃金センサス産業計・企業規模計・大卒・男子全年齢平均賃金671万2,600円を基礎収入とし，大学院卒業の24歳から67歳まで43年間就労可能とし，生活費控除率50％として算定し，（中略）5,608万5,115円と認めるのが相当であ

〈2-3〉逸失利益

＊大阪地判平成15・9・24交民集36巻5号1333頁……Y車がセンターラインを超えてX車に衝突し，X者に同乗していて死亡した被害幼児A（2歳・男）の逸失利益（過失相殺5分）。
【判旨】
「亡Aは，平成10年5月20日生（本件事故当時2歳）の男児であるから，その逸失利益は，本件事故の前年である平成12年の賃金センサス産業計・企業規模計・男子労働者・学歴計・全年齢平均の収入である560万6,000円を基礎収入として，生活費控除割合を50％として，就労可能年齢の始期（18歳）から終期（67歳）までの得べかりし利益を死亡時の現価に換算して求めるのが相当である。よって，亡Aの死亡逸失利益は，（中略）2,332万9,369円となる。」

＊東京地判平成15・10・7判時1844号80頁，判タ1172号253頁……帝王切開手術を受けて出産後，心停止になって後遺障害1級を残したA（25歳・女）の逸失利益（将来の介護費用を定期金賠償方式にすることも認容）（生存事例）。
【判旨】
「原告Aは，（中略）後遺症等級が第1級であり，労働能力喪失率は100パーセントであると認められること，原告Aの症状固定日（平成9年1月18日）における年齢は25才であり，労働能力喪失期間を67才までの42年間を認められることから，ライプニッツ係数を17.4232，基礎収入額を上記〔3〕と同じく335万1,500円として，その逸失利益を算定すると，5,839万3,854円（335万1,500円×17.4232×100％。円未満切捨て）となる。」

＊東京地判平成15・11・26交民集36巻6号1483頁……交通事故死亡被害者A（事故時32歳・女。運輸省航海訓練所教官）の逸失利益（過失相殺3割）。
【判旨】
「本件事故当時の俸給体系や支給水準が将来にわたって維持され，かつ，亡Aが原告ら主張のとおり昇格・昇給し続けたであろうとまではいい難い。したがって，原告らが主張するように，亡Aの逸失利益について，本件事故当時の俸給体系・支給水準に基づき，60歳まで昇給し続けることを前提として算定することは困難である。しかし，ある程度の昇格・昇給があり得たはずであり，亡Aが，定年までの全期間を通じて本件事故の前年の収入程度しか得られなかったと解するのは合理的ではない。この点，賃金センサス平成11年第1巻第1表によれば，男性労働者学歴計の30ないし34歳の平均年収は516万9,200円であるのに対し，その全年齢平均年収は562万3,900円であり，全年齢平均年収は，30ないし34歳の平均年収の約8.796332121％増の額となっている。このことに照らし，亡Aは，本件事故に遭わなければ，将来にわたり，平均して，少なくとも，本件事故の前年の収入831万2,001円の約8.796332121％増である904万3,152円（小数点以下切捨て）の収入を得たであろう高度の蓋然性があると認めるべきである。

また，定年退職後においても就労可能であったと解されるが，その際，得られたであろう給与水準は必ずしも明確でなく，大卒男性と同等の収入が得られた高度の蓋然性を認めることは躊躇されるものの，61歳から67歳に達するまで，少なくとも賃金センサス平成11年大卒女性労働者全年齢平均年収445万900円を下回らない収入を得ることができたと認めるべきである。

そして，亡Aが，独身女性であるものの，60歳で定年退職するまでは，男性と同様の給与を得たであろうことを考慮し，その生活費控除率を5割とし，61歳から67歳までは，その生活費控除率を3割とし，ライプニッツ方式により年5分の割合による中間利息を控除して現価を算定すると，（中略）合計7,093万1,039円となる。」

＊大阪地判平成15・12・4交民集36巻6号1552頁……Aの原付自転車とYの普通貨物乗用車の交差点での出会いがしらの衝突事故でA（症状固定時59歳・男。会社員）が重傷を負い，後遺障害1級になったAの逸失利益（中間利息の控除率2％を主張する原告の請求を排斥して5％を維持）（生存事例）（過失相殺3割）。
【判旨】
「後遺障害逸失利益‥2,955万18円。
（ア）基礎収入‥前記カに認定した本件事故直前3ヵ月の実収入額から年収を355万7,500円とみる。
（イ）労働能力喪失率‥100％（後遺障害等級第1級）
（ウ）就労可能期間‥原告洋一は症状固定時において満59歳であり，就労可能期間は11年である。
（エ）ライプニッツ係数
 a 原告らは，中間利息の控除は，年2％の利率によるべきであると主張するので，この点について検討する。
 近年低金利の状態が継続し，今後も当面は被害者が賠償金を年5％以上の利回りで運用することが困難な情勢にあることは当裁判所に顕著な事実である。したがって，このような情勢の下で中間利息を年5％の割合で控除することになれば被害者の救済が不十分なものになるという主張もあながち根拠のないものではない。
 b しかしながら，将来の経済動向の予測は極めて困難であり，したがって低金利の状態がいつまで継続するのかの予測も困難であること，現行法の中には，破産法46条5号，会社更生法114条，民事再生法87条

〈第 2 章〉生命侵害と財産的損害の賠償請求

1項1,2号等が法定利率によって中間利息を控除すべきことを定めていること，民法における遅延損害金の利率が年5％であること等が考慮されるべきである。

年5％の利率によるべきではないとした場合に，それでは何％にすべきかの判断もまた困難な問題である。原告らは，年2％の利率によるべきであると主張するが，その根拠は明らかではない。近時，この問題について年5％よりも低い率によって中間利息を控除した下級審の裁判例もいくつか現れてはいるが，2％，3％及び4％とその採用する利率は区々であり，この問題の困難な面がよく現れている。区々の利率を採用することになれば，同じような被害者を不公平に扱うということにもなりかねないことにも留意すべきである。

c　以上のような諸点を考慮すると，原告らの主張はそれなりに理由がないわけではないが，なお採用することはできない。中間利息の控除は年5％の利率によるべきである。」

＊東京地判平成15・12・16交民集36巻6号1601頁……前方不注意・制限速度を40kmオーバーで対向車線に出たY車とA（31歳・女，主婦兼アルバイト）運転の車の衝突事故で死亡したAの逸失利益。

【判　旨】

「亡Aは，（中略）主婦として家事を切り盛りしていたほか，アルバイトをして稼働していた。亡Aの上記生活状況からすれば，その年収は賃金センサス平成12年第1巻第1表の女性労働者・企業規模計・学歴計全年齢平均の年収額である349万8,200円を下回らない収入を得ることができたものというべきである。そして，亡Aは，少なくとも67歳までは就労可能であり，生活費控除率3割として，36年間の逸失利益の現価を計算すると，4,051万8,811円となる」。

＊東京地判平成15・12・18交民集36巻6号1623頁……交差点で車両同士が衝突し，Y車が故障・制御不能で暴走し，路上の自販機前に立っていたA（9歳・男。小学生）が母Bの前で轢死した事故のAの逸失利益（母BのPTSDの主張否定）（過失相殺否定）。

【判　旨】

「算定の基礎とすべき収入について，平成9年賃金センサス第1巻・第1表における産業計・企業規模計・学歴計男性労働者の全年齢平均賃金である575万800円とすること，亡Aは，本件事故当時，9歳であり，生活費控除率を50％とすること，就労可能年数は，18歳から67歳までとすることについては，当事者間に争いがない。そして，中間利息の控除率は，年5％とするのが相当である（中略）。したがって，逸失利益は，（中略）3,367万5,822円となる。」

＊東京地判平成16・1・20交民集37巻1号88頁……Yの車が第2車線から第3車線に低速で急に車線変更したため，第3車線走行中のAの自動二輪車が急制動を余儀なくされて転倒し，Y車に轢かれて死亡した被害者A（33歳・男，会社員）の逸失利益（過失相殺2割5分）。

【判　旨】

「亡Aは，本件事故当時は33歳であったが，高校卒業後にT工学院専門学校に進み，同専門学校を卒業した後はNデータカード株式会社（中略）に入社し，事故当時は係長として業務管理のプログラム開発を担当していたこと，亡Aは，上記勤務先から平成11年度には給与・賞与として502万6,261円の年収を，平成12年1月から死亡時の5月18日までは給与として174万5,347円の年収を得ていたほか（甲7），株式会社T書房からもコンピューターグラフィックスの業務の委託を受け，平成12年には71万7,110円の収入を得ていたこと（甲8），前年度までの就労実績によれば，平成12年度には上記勤務先等からの給与及び賞与等の合計額として777万1,479円の年収を取得しうる蓋然性があったことなどの事実を認めることができる。そうすると，亡Aは，本件事故に遭わなければ33歳から勤務先の定年退職時の60歳まで27年間就労し，その間，上記年収を得ることができたから，生活費控除率を50パーセントとしてライプニッツ方式により中間利息を控除すると，亡Aの給与等の逸失利益は，（中略）5,689万8,883円となる」。

「〔2〕定年退職した後から就労可能年限の67歳までの逸失利益。（中略）亡Aは，コンピューターグラフィックスなどの才能を有していたのであり（中略），本件事故時の実収入は，（中略）777万1,479円であって，同額は賃金センサス平成12年度第1巻第1表男性労働者・企業規模計・高専・短大卒・年齢別30歳ないし34歳の平均年収額481万6,800円を大幅に超える年収額である。そして，亡Aの有していた上記の才能からすると，亡Aは，定年後もその才能を活かす仕事を続けることができた可能性を否定できない。上記事情によれば，亡Aは，60歳で定年退職した後から67歳までの間について，賃金センサス平成12年度第1巻第1表男性労働者・企業規模計・学歴計・年齢別60歳ないし64歳の平均年収額441万2,200円の収入を得る蓋然性があるものと認めることができ，上記額を亡Aが60歳で定年退職した後から67歳までの逸失利益算定の基礎収入とするのが相当である。

ウ　そうすると，亡Aが60歳で定年退職した後から67歳までの7年分の逸失利益は，生活費控除率を50パーセントとして，ライプニッツ方式により年5パーセントの割合で中間利息を控除すると，（中略）341万9,234円となる。」

＊千葉地判平成16・2・16判時1861号84頁……糖尿病性ケトアシドージスで入院した病院で医師の措置に過

〈2-3〉逸失利益

失があった医療事故で四指麻痺等の後遺障害が残ったA（訴訟提起時18歳・男。高校生）の逸失利益（生存事例）。
【判旨】
「原告Aは、現在でも大学進学を望み、家庭教師による英語の学習をしていることなどからすれば、本件事故による後遺障害を負わなければ、希望どおり、大学に進学した上で就職した蓋然性が高いものと認められる。
　以上を前提にして、平成8年における男子労働者大卒全年齢平均賃金センサスである680万9,600円を基礎収入とし、労働能力喪失率は100パーセント、就労可能年数を67歳まで、就労の始期を22歳からとしてライプニッツ式計算法（係数は18.4934－6.4632＝12.0302）によって中間利息を控除して算定すると、逸失利益は8,192万849円となる。」
＊さいたま地判平成16・3・11交民集37巻2号321頁……飲酒運転のYの車に同乗して事故に遭い、重傷（後遺障害1級）を負った被害者A（症状固定時21歳・女。短大生）の逸失利益（生存事例）（過失相殺1割）。
【判旨】
「原告Aは、本件事故による後遺障害により、症状固定時である21歳から稼働可能年齢である67歳までの46年間にわたり、その労働能力の100パーセントを喪失したものである。そこで、賃金センサス平成13年の高専、短大卒女子全年齢平均賃金の額である年額金379万1,600円として、これに46年のライプニッツ係数17.8800として乗じると、原告Aの逸失利益は6,779万3,808円と算出される。」
＊東京地判平成16・3・22交民集37巻2号390頁……Yの車が不注意で道路左側の街灯の柱に衝突し、助手席に同乗のA（症状固定時57歳・男。日雇い労働者）が重傷（後遺障害等級1級3号）を負った事故でのAの逸失利益（生存事例）（好意同乗減額5分）。
【判旨】
「原告Aは、福岡県立K高校を卒業し、昭和50年代後半には、工場のラインとして仕事をして日給1万2,000円ないし1万5,000円程度で週5日程度稼働し、平成2年初めころから平成5年春ころまでは溶接工として稼働し、同年夏ころからは、所属している政治団体の本部の仕事を任されるようになったため、それまでのように仕事をする時間をとれなくなったが、空調関係や建設関係の日雇いの仕事をしていたこと、収入の厳しい状態が続いたので、政治団体の本部の仕事を辞し、再び就職しようと考えていた矢先に本件事故に遭ったことが認められる。
　そうすると、原告Aが稼働により得ていた具体的金額を裏付ける公的な資料が全くないとはいえ、原告Aの健康状態、就労意欲等に照らし、原告Aが、本件事故に遭わなかった場合において、全く就労する意思も能力もなかったとはいえない。症状固定時57歳から67歳まで10年間を就労可能年数として、この期間を平均すれば、少なくとも、賃金センサス平成13年第1巻第1表産業計・企業規模計高卒男性労働者全年齢平均年収519万7,800円の7割程度の収入があったと認めるのが相当である（なお、原告は休業損害の主張をしないし、就労開始時期も具体的に定まっていたわけではないので、消極損害の算定としては、症状固定後の後遺障害逸失利益としてのみ算定することとする。）。10年に対応するライプニッツ係数を用いて中間利息を控除すると、（中略）2,809万5,096円」となる。
＊大阪地判平成16・3・29交民集37巻2号453頁……酒気帯び運転のYの車がAの乗っていた自転車に衝突し、A（19歳・女、大学生）が死亡した事故でのAの逸失利益（原告は定期金賠償方式を主張したが判決は否定）。
【判旨】
「亡Aは、本件事故により死亡しなければ、後記就労可能期間を通じて、平成13年賃金センサス・産業計・企業規模計・大卒女子全年齢平均賃金である453万100円の年収を得られる蓋然性があったものと認められる。これに対し、原告らは、亡Aの死亡逸失利益を算定するに際しての基礎収入は、平成12年賃金センサス大卒女子全年齢平均賃金と同男子全年齢平均賃金との平均値である559万9,000円によるべきである旨主張するが、原告らの主張する各種法整備が進みつつあることは事実であるとしても、既に大学に入学し、まもなく社会に出るであろう亡Aが、後記就労可能期間を通じて原告らの主張する程度の収入を得られる蓋然性があったものと認めるには足りず、原告らの主張は採用できない。
（イ）生活費控除率　40％
　亡Aは、本件事故当時、大学1年生の独身女子であったことなど諸般の事情を考慮すれば、生活費の割合は40％と認めるのが相当である。
（ウ）就労可能期間　45年
　前記のとおり、亡Aは、本件事故当時19歳で大学1年生であったことを考慮すれば、亡Aは、本件事故により死亡しなければ、22歳から67歳までの45年間にわたり就労することが可能であったと認められる。
（エ）中間利息控除率　年5％
　原告らは、亡Aの死亡逸失利益を算定するに際しての中間利息控除率につき、年3％とすべきである旨詳細に主張し、甲46の1ないし6、47の1ないし4、48の1ないし10の2、49の1.2を援用する。しかしながら、将来の請求権の現価評価に関しては、破産法46条

〈第2章〉生命侵害と財産的損害の賠償請求

5号，会社更生法114条，民事再生法87条1項1.2号，民事執行法88条2項，労働者災害補償保険法附則64条1項等において，法定利率で中間利息を控除することが定められているところ，その趣旨は，法的安定及び統一的処理の見地から，一律に法定利率により中間利息を控除することが相当であると考えられていることによるものと解される。そして，交通事故における被害者の将来の逸失利益を現価評価する場合においても，前記規定の将来の請求権の現価評価の場合と別異に解さなければならない理由はない。

したがって，亡Aの死亡逸失利益を算定するに際しての中間利息控除の割合は年5％（前記就労可能期間に対応するライプニッツ係数は，19歳から67歳までの48年に対応するライプニッツ係数18.0771から19歳から22歳までの3年に対応するライプニッツ係数2.7232を差引いた15.3539となる。）とするのが相当である。
　（オ）計算式
　453万100円×（1－0.4）×（18.0771－2.7232）＝4,173万2,821円」。

＊岡山地判平成16・5・7交民集37巻3号600頁……深夜に泥酔して千鳥足で道路を歩行中に交通事故に遭い重傷（後遺障害等級1級3号）を負った被害者A（症状固定時58歳・男。無職）の逸失利益（生存事例）（過失相殺4割）。

【判　旨】

「本件事故当時，原告Aが無職であったのは，原告Aの年齢や地域性等の事情によって就労機会に恵まれなかったためと解される。しかしながら，少なくとも本件事故当時から症状固定時である平成14年10月まで1年半の求職活動をすれば，前職と同程度の収入を得られた蓋然性は高かったものと解されるから，平成11年度の原告Aの年収328万192円を基礎収入とするのが相当である。（中略）基礎年収を328万192円とし，生活費控除率を15％として，症状固定時の満58歳から就労可能年限67歳までの9年間についての逸失利益の現在額をライプニッツ計算法によって算出すると，1,981万7,706円となる。」

＊東京地判平成16・5・31交民集37巻3号675頁……飲酒して乱暴な運転をしたY車が制御を誤り道路端に停車中のA車に衝突し，車中のA（症状固定時45歳・兼業主婦。後遺障害併合1級）が重傷を負った事故でのAの逸失利益（生存事例）。

【判　旨】

「症状が固定した年である平成14年の賃金センサス第1巻第1表産業計・企業規模計・女性労働者学歴計全年齢平均年収である351万8,200円を基礎として算定するのが相当であるから，症状固定時（45歳）から67歳まで22年間に対応するライプニッツ係数13.1630を用いて中間利息を控除すると，次の計算式により，後遺障害逸失利益は4,631万66円となる（中略）。なお，被告らは，後遺障害逸失利益の項目について，中間利息の控除の基準時を事故時とすべき旨主張するが，中間利息控除の基準時と遅延損害金の起算時を一致させるべき論理的必然性はないし，この項目についてのみ事故時を基準とするのも一貫性がなく，採用できない。」

＊大阪地判平成16・6・10判時1884号94頁，判タ1169号265頁……婚約者Bとともに九州から大阪に来て路上を歩いていたAが，Yらの強盗目的による故意の共同不法行為によって襲われて暴行を受けて死亡した事故でのAの逸失利益（A側は生活費控除率を40％と主張）。

【判　旨】

「Aは，平成13年度賃金センサスによる年収（男子大学卒全年齢平均）に相当する額の収入を得ていたと認められる。そして，Aが死亡時に男子単身者であった以上，その生活費控除率は50％とするのが相当であり，死亡時の年齢26歳から就労可能年齢67歳までの間の民法所定の年5分の割合による中間利息を控除すれば，被告らの暴行と相当因果関係の範囲内にあるAの逸失利益は，次のとおり，5,884万1,970円と認められる。

（計算式）680万4,900円×50％×17.294

これに対し，原告らは，Aが将来配偶者及び親族を扶養する蓋然性が非常に高かったとして，その生活費控除率を一家の支柱に準じた40％にすべきであると主張する。

しかし，Aの収入によって現に生計を営んでいた者がいない上，不法行為によって死亡した者が一家の支柱である場合に，その逸失利益の算定に当たって適用される生活費控除率が低減される根拠は，当該死亡者の収入によって生計を営んでいた者の生活を保護する点にあるのであるから，この点についての原告らの主張は理由がない。」

＊東京地判平成16・6・29交民集37巻3号838頁……交通事故重傷（後遺障害等級1級3号）被害者A（症状固定時27歳・男。大学院生）の逸失利益（生存事例）（過失相殺否定）。

【判　旨】

「原告Aが，平成12年4月にY製薬に入社することは確実であった。
　エ　そして，Y製薬における収入を考慮する場合，原告Aは，同社の賃金体系に従って，昇給・昇進し，同社において少なくとも8等級の次長になる蓋然性は高いものと認めることができる。Y製薬に28歳から60歳まで勤め次長になった場合の生涯賃金によれば，原

## 〈2-3〉逸失利益

告AがY製薬においておおむね得られる蓋然性のある年収は，別紙のとおりであるところ，これと最新の統計資料である平成14年度賃金センサス第1巻第1表・男性労働者・大学卒の年収とを比較すると，原告Aがおおむね得られる蓋然性のある年収は同賃金センサスの当該年齢に対応する年収額の約1.4倍強と解される。

したがって，ここでは，別紙における金額をそのまま採用するわけではないが，その近似値として，少なくとも最新の統計資料である平成14年度賃金センサス第1巻第1表・企業規模計・男性労働者・大学卒・全年齢平均賃金である674万4,700円の1.4倍にあたる944万2,580円を得られるものとして，原告Aの逸失利益を算定することとする。原告Aは本件事故に遭わなければ，平成12年4月（28歳）からY製薬において就労を開始し，60歳までの32年間就労可能であったと認められるところ，前記後遺障害により労働能力を100パーセント喪失したものと認められる。そして，ライプニッツ方式により年5分の割合による中間利息を控除して，症状固定時（27歳）の現価を算定すると，（中略）1億4,210万4,219円となる。」

*東京地判平成16・7・12交民集37巻4号943頁……Zの普通乗用車とYの自動二輪車の衝突事故で，Y車に同乗の友人A（16歳・男。高校2年生）が死亡した事故でのAの逸失利益（Zの過失を否定。Aの好意同乗減額も否定）。

【判　旨】

「亡Aは，本件事故当時，16歳の高校2年生であり，高校を卒業した後の進路は，未だ確定していなかったことが認められるから，基礎となる収入としては，本件事故が発生した平成14年の賃金センサス第1巻・第1表における産業計・企業規模計・学歴計による男性労働者全年齢平均の年収555万4,600円を採用するのが相当である。

（イ）したがって，逸失利益は，生活費控除率を50％とし，就労可能な18歳から67歳までの期間について年5％のライプニッツ係数による中間利息を控除すると，（中略）4,576万8,515」円となる。

*東京地判平成16・7・13交民集37巻4号955頁……交通事故重傷（後遺障害等級併合1級）被害者A（症状固定時18歳・男。事故時の身分不詳）の逸失利益（生存事例）（過失相殺3割5分）。

【判　旨】

「原告Aは症状固定時（平成12年6月28日）18歳であり，平成12年賃金センサス男子労働者高卒計年収519万3,300円を基礎とし，前記のとおり，労働能力喪失率を95パーセントとし，喪失期間49年間，ライプニッツ方式で中間利息を控除して計算する。519万3,300円×0.95×18.1687＝8,963万7,734円」。

*東京地八王子支判平成16・8・27交民集37巻4号1118頁……交通事故死亡被害者A（90歳・男）の逸失利益（過失相殺否定）。

【判　旨】

「Aは，年額198万7,800円の厚生年金を受給していた。Aは当時90歳であり，同年齢の日本人の平均余命は4年間であるので，4年分に相当する年金収入を失ったものと認める。Aは，本件事故当時，90歳で1人暮らしをしていたものであり，その生活状況からして，年金の生活費控除率は80パーセントとすべきである。したがって，逸失利益は以下のとおりとなる。

年金額198万7,800円×4年のライプニッツ係数3.5459×0.2＝140万9,708円」。

*東京地判平成16・12・21交民集37巻6号1721頁……Y車が赤信号を見落として走行した衝突交通事故で重傷（後遺障害等級1級3号）を負った被害者A（事故時32歳・男。銀行員）の逸失利益（症状固定まで1日6,000円の付き添い看護料を損害と認容。被告の定期金賠償の主張を否定）（生存事例）。

【判　旨】

「平成12年度の推定年収は740万5,450円であり，これを基礎収入として，労働能力喪失率は後遺障害等級1級で100パーセント，症状固定した平成12年度（症状固定時34歳）以降，原告Aが定年となる60歳までの26年間の逸失利益を算定すると，以下のとおり，1億645万4,084円となる。740万5,450円×14.3751＝1億645万4,084円。もっとも，原告Aは，症状固定した平成12年5月15日以降給与として382万2,347円の支給を受けていた（原告らが自認している。）ので，これを控除すると，1億263万1,737円となる」。

「原告Aの定年後の逸失利益　1,137万6,990円。原告ら主張の賃金センサス平成12年第1巻第1表産業計・企業規模計・男性労働者・大卒の60歳から64歳までの年収額699万900円を基礎とし，就労可能年数を67歳までの7年間として，33年のライプニッツ係数から26年の係数を減じたものを用いて中間利息を控除すると，（中略）逸失利益は1,137万6,990円となる。」

*東京地判平成17・1・26交民集38巻1号145頁……交通事故死亡被害者A（25歳・男。会社員兼大学通信教育部学生）の逸失利益（過失相殺5分）。

【判　旨】

「逸失利益　7,050万8,554円。（中略）亡Aは，本件事故当時25歳であり，AS飲料株式会社で稼働するとともに，S大学通信教育部の学生でもあったこと，本件事故前の収入は403万6,918円（本件事故時まで）であったことが認められるところ，亡Aの収入は，平成14年賃金センサス大卒男子の25歳から29歳の平均賃金である437万2,200円と同程度の金額であり，亡Aが大

## 〈第2章〉生命侵害と財産的損害の賠償請求

学卒業の資格を得た後は，配置転換，転職で収入が上がる可能性があるから，平成14年賃金センサス大卒男子全年齢の平均賃金674万4,700円によって基礎収入を算定する。

原告Bは，本件事故当時，働いておらず（甲12），亡Aが妻である同原告を扶養家族としていたとみることができるので，生活費控除率は40％とし，就労可能期間は，死亡時の年齢である25歳から67歳までの42年間であるから，同年数のライプニッツ係数を乗じて中間利息を控除すると，逸失利益は上記の金額となる。」

＊大阪地判平成17・2・14交民集38巻1号202頁……交通事故死亡被害者A（51歳・男，会社員）の逸失利益（ホフマン方式かライプニッツ方式かの争点と年金の逸失利益性について特に詳細に判示）。

【判旨】

「原告らは，中間利息控除率が年5％とされる場合には，新ホフマン方式を採用すべきである旨主張する。

しかしながら，現在では，資本を複利で運用することが一般化しており，また，新ホフマン方式（年別・単利・利率年5分）を中間利息の控除方法として採用すると，就労可能年数が36年以上になるときは，賠償金元本から生じる年5分の利息額が年間の逸失利益額を超えてしまうという不合理な結果になるのに対し，ライプニッツ方式（年別・複利・利率年5分）を中間利息の控除方法として採用しても，このような結果は生じない。したがって，亡D夫の死亡逸失利益を算定するに際しての中間利息の控除方法としてはライプニッツ方式を採用するのが相当である。

d 計算式

以上説示したところに従って亡Aの給与収入分の逸失利益を算定すると，次のとおりとなる。8,171,951×（1−0.4）×10.8377＝53,139,092円。

（イ）年金分 284万2,280円。（中略）国民年金法に基づく老齢基礎年金も厚生保険法に基づく老齢厚生年金も，原則として，保険料を納付している被保険者が，受給要件を充足したときに支給されるものであるから（国民年金法26条以下，厚生年金保険法42条以下），いずれも保険料が拠出されたことに基づく給付としての性格を有しているといえる。これらの点にかんがみると，老齢厚生年金の受給権を有する者が不法行為により死亡した場合，同人が受給開始年齢から平均余命までの間に支払を受けるべき年金額は不法行為によって生じた損害と認めることができる。

以上のとおりであるから，亡Aが本件事故により死亡しなかった場合に取得し得た前記老齢厚生年金は同人の逸失利益と認めるべきである。」

＊東京地判平成17・2・24交民集38巻1号275頁……交通事故で重傷を負い，後遺障害1級3号に該当しているA（症状固定時48歳・女。薬剤師として薬局を夫と共同経営）の逸失利益（生存事例）（過失相殺2割）。

【判旨】

「逸失利益 4,666万1,343円。

a 原告Aの症状固定時の年齢は48歳であり，就労可能年数は，67歳までの19年間となる。そして，基礎収入を上記休業損害と同様に386万1,000円，労働能力喪失率100パーセントとし，中間利息5パーセントを控除すると，逸失利益は上記金額となる。

b 被告は，中間利息の控除について事故時を基準にすべき旨主張するが，逸失利益の算定において認められている大きな裁量の幅の中で，現実に不利な年5分という中間利息控除割合の点も考慮すれば，従前の裁判実務のとおり，症状固定時を基準とすべきである。

c また，被告は，生活費控除を主張しているが，そもそも，後遺障害における逸失利益において生活費控除が問題となるのは，原告Aとは異なる遷延性意識障害者に限られるし，被告が問題としている将来雑費は本件事故による後遺障害がなければ一切必要でなかったものである。さらに，被告は，原告Aの「娯楽教養費」が通常人より少なくなると主張するが，そのような主張は原告Aに対する侮辱であり，人格を著しく傷つけるものであり，被告の主張には何ら理由がない。」

＊盛岡地二戸支判平成17・3・22判時1920号111頁，判タ1216号236頁……Yの普通貨物自動車が集団登校中の児童の列に突っ込み，A（7歳・女・小学生）が死亡した事故での逸失利益（原告請求の定期金賠償方式を退け，一時金賠償方式を採用し，中間利息控除を年5％とした事例）。

【判旨】

「Aは，7歳で亡くなったが，生前の健康状態や生育過程に照らしても，本件事故にあわなければ成長して就労し，一般的な収入を得ていたであろうことが認められるので，18歳から67歳まで49年間の逸失利益を損害として認める。Aの将来に関しては不確定要素が多いが，男女とも様々な職業を選択しうる時代に向けて誕生した子であることに鑑み，その基礎収入として，平成12年賃金センサス産業計・企業規模計・学歴計による全労働者の全年齢平均年収497万7,700円を相当とし，生活費控除率は45パーセントとし，ライプニッツ係数（中間利息控除率年5パーセントによる）を乗じて以下のとおり算定する。

497万7,700円×（1−0.45）×10.623＝2,908万2,958円」。

＊東京地判平成17・7・12交民集38巻4号938頁……酒気帯び・前方不注意のYの車が，夜間，交差点を横断していたAの自転車に衝突し，A（49歳・女，主婦兼労働者）が死亡した。AはBと離婚後，働きながら

## 〈2-3〉逸失利益

１人息子Ｃ（17歳・男）を育ててきた。この場合のＡの逸失利益（過失相殺３割）。
【判旨】
「ＡとＢは，平成７年11月17日にＣの親権者をＡと定めて協議離婚し，その後，Ａが，働きながら，Ｃを育ててきたことが認められるところ，本件記録上，Ａの収入額は明らかではないが，少なくとも主婦の家事労働として賃金センサス平成15年第１巻第１表の女性労働者の学歴計・全年齢の平均年収額である349万300円の収入を得られたものとして同額をＡの基礎収入とするのが相当である。そして，Ａは，死亡時49歳であり，67歳までの18年間を就労可能期間とし，生活費控除率を30パーセントとした上，ライプニッツ方式により中間利息を控除してＡの逸失利益の死亡時における現価を求めると，（中略）2,855万9,903円」となる。
＊大阪地判平成17・７・25交民集38巻４号1032頁……赤信号で交差点に進入してきたＹ車と青信号で直進したＡ車が衝突し，Ａ車が転覆したため重傷（後遺障害等級併合１級）を負った被害者Ａ（症状固定時20歳・女。アルバイト）の逸失利益（生存事例）（過失相殺否定）。
【判旨】
「後遺障害逸失利益　4,930万9,296円。原告Ａは，高校１年の時に既往症のアトピーが悪化したため高校を退学したこと，本件事故当時，アルバイト等をしていたが，アトピーはかなり改善し，症状が軽くなっていたことが認められる。そうすると，少なくとも女性労働者中卒の全年齢平均賃金（平成12年のそれは274万2,300円）程度の収入を得られる蓋然性が認められるものとして，後遺障害逸失利益を算定するのが相当である。（中略）そして，原告Ａの前記後遺障害の内容・程度に照らすと，その労働能力喪失率は100％と考えられ，症状固定時の20歳から67歳までの47年間（対応するライプニッツ係数は17.9810）労働能力の制限が継続すると認められるので，原告Ａの後遺障害逸失利益は，（中略）4,930万9,296円となる。」
＊大阪地判平成17・７・27交民集38巻４号1060頁……Ｙ運転の車が路肩の電柱に衝突し，助手席にシートベルト不着用で同乗していたＡ（事故時・高校２年生，症状固定時18歳・女。高校３年生）が重傷（後遺障害等級１級３号）を負った事故でのＡの逸失利益（生存事例）（シートベルト不着用を理由に過失相殺１割）。
【判旨】
「原告Ａは，本件事故当時〇〇高校の２年生であり，少林寺拳法部に所属し，近畿大会に出場したこと（甲６），トリマーになる夢を有していたこと（中略），トリマーになるための専門学校のパンフレットを入手していたこと（中略）等に照らせば，原告Ａは女性労働者の全年齢平均賃金（平成15年のそれは349万300円）相当の収入を得られる蓋然性が高かったものとして，後遺障害逸失利益を算定するのが相当である。
そして，原告Ａの前記後遺障害の内容・程度に照らすと，その労働能力喪失率は100％と認められ，症状固定時の18歳から67歳までの49年間（対応するライプニッツ係数は18.1687）労働能力の制限が継続するものと考えられるから，原告Ａの後遺障害逸失利益は，（中略）6,341万4,213円となる。」
＊名古屋地判平成17・８・24交民集38巻４号1130頁……内縁関係の夫Ｂとの間の子Ｃを養育するために日本に永住する意思を有していたフィリピン人Ａ（34歳・女）の交差点でのＹ車との衝突交通事故での死亡による逸失利益（過失相殺８割）。
【判旨】
「Ａは，本件事故がなければ，子のＣの養育のために，日本に永住する意思を有しており，それが実現する可能性がかなりあったことが認められる。
そこで，Ａの死亡による逸失利益は，死亡時の日本における平均賃金を基礎に算出するのが相当である。
イ　上記認定説示によれば，Ａの家事労働の逸失利益について，女子労働者の平成13年学歴別全年齢平均賃金352万2,400円を基礎収入とするのが相当である。
ウ　就労可能年数は，67歳までの33年間である。33年に対応するライプニッツ係数16.0025を用いて中間利息を控除する。
エ　生活費控除は30パーセントとする。
オ　以上に基づいて計算すると，次のとおりである。
$3,522,400 \times (1-0.3) \times 16.0025 = 39,457,044$」円。
＊東京地判平成17・８・30交民集38巻４号1159頁……Ｙ車が自転車で道路横断中のＡ（９歳・男。小学校４年生）に衝突・死亡させた事故でのＡの逸失利益（過失相殺４割）。
【判旨】
「Ａは，本件事故当時９歳の小学４年生の男子であり，健康であったと認められるところ，就労可能期間中，少なくとも本件事故が発生した平成15年の賃金センサス第１巻第１表の男性労働者の学歴計・全年齢の平均年収額である547万8,100円の収入を得られたものとして同額をＡの基礎収入とするのが相当である。そして，Ａの就労可能期間を18歳から67歳までの49年間とし，生活費控除率を50パーセントとした上，ライプニッツ方式により中間利息を控除してＡの逸失利益の死亡時における現価を求めると，（中略）3,207万8,931円」となる。
＊広島地判平成17・９・20判時1926号117頁……交通事故重傷被害者Ａ（45歳・男。競艇選手）の逸失利益（競艇選手としての特殊性を考慮し，詳細に計算して

〈第2章〉生命侵害と財産的損害の賠償請求

判断）（生存事例）（過失相殺2割5分）。
【判　旨】
「競艇選手としての逸失利益について。
（ア）症状固定日以後の3年間に関して，本件事故前3年間の平均年収を基礎として逸失利益を算定すべきことについては，被告らも争わないところである。
　それ以後の競艇選手としての稼働期間及び期待できた年収については，競艇選手としての職業の特殊性から一義的にこれを予測することは極めて困難である。
（イ）一方，《証拠略》によれば，競艇選手の稼働年齢及び収入並びに原告太郎の稼働状況に関して，次の事実が認められる。
〔1〕競艇選手のうち平成13年廃業者の平均年齢は51歳程度である。一方で，60歳程度まで現役を続ける選手もある。一般に，活躍している選手ほど稼働可能年齢は高くなる（稼働可能期間が長くなる）傾向にある。
〔2〕競艇選手の平均年収（平成13年12月現在，万円単位）は，全平均が約2,172万円であり，40～44歳が2,275万円，45～49歳が1,758万円，50歳以上が1,612万円である。
〔3〕競艇選手の平均年収は，30～34歳時がピークであり，それより年齢が高くなるに従って減少している。
〔4〕上記〔2〕の年収には，必要経費は含んでおらず，競艇選手は個人事業主として各自自己申告している。
〔5〕原告Aは，本件事故当時最上級のA1クラスに属し，全競艇選手の平均よりも明らかに活躍している選手であった。
　原告Aの平成10年から平成12年までの申告所得額（所定の控除前の競艇選手としての収入額，万円単位）は，それぞれ3,455万円，3,502万円，3,276万円であり（平均額は3,411万円），上記〔2〕による40～44歳の平均年収額より約50パーセント多い。
〔6〕上記〔5〕の平均年収額と上記イの（ア）認定の平均所得額から算出される平均経費率は約35パーセントである。
（ウ）上記（イ）認定の事実関係を前提に合理的に判断すれば，原告Aは，症状固定後10年間（55歳まで）程度は競艇選手として稼働でき，その平均収入としては，競艇選手の平均収入より50パーセント高額の年収を期待できたものと認めるのが相当である。そして，上記（イ）の〔2〕からすれば，45歳以上の競艇選手の平均年収は1,685万円と認定できる。（中略）したがって，原告Aの症状固定日から3年経過後の49歳から55歳までの7年間の平均期待可能年収（単位万円）は，以下のとおり1,642万円となる。（中略）（エ）原告太郎の56歳から稼働可能年齢67歳までの逸失利益

は平成14年賃金センサスによる男子労働者の対応年齢の平均年収によって算出すべきである。
（オ）逸失利益の算定（ライプニッツ係数により中間利息を控除する）
〔1〕45歳から48歳まで（3年間）
2,204万9,878×2.7232＝6,004万6,227
〔2〕48歳から55歳まで（7年間）
1,642万×（7.7217－2.7232）＝8,207万5,370
〔3〕55歳から60歳まで（5年間）
645万5,100×（10.3796－7.7217）＝1,715万7,010
〔4〕60歳から65歳まで（5年間）
451万2,400×（12.4622－10.3796）＝939万7,524
〔5〕65歳から67歳まで（2年間）
404万9,700×（13.1630－12.4622）＝283万8,029
（合計）1億7,151万4,160円
エ　会社役員としての逸失利益について
　原告Aが競艇選手としての経験を生かして会社を設立し，これから報酬を得ていたこと，原告Aが本件事故により競艇選手を続けられなくなり，会社も解散せざるを得なくなったことは，《証拠略》により認められる。
　そして，上記認定のとおり，原告Aは，症状固定日から10年程度は競艇選手として稼働できたと認められ，会社からの役員報酬もその時点まで期待できたと考えられるから，本件事故前の平均報酬93万円の10年分（ライプニッツ係数により中間利息控除）718万1,181円が逸失利益となる。」

＊大阪地判平成17・9・21交民集38巻5号1263頁……Zが車を運転しAがそれに同乗していたが，高速道路の路肩で停車した後，走行車線に復帰した際に，後続のY車に追突されA（症状固定時59歳・男。小学校校長）が重傷（後遺障害等級1級1号）を負った事故でのAの逸失利益（生存事例。好意同乗減額否定）。Aの定年は60歳。
【判　旨】
「逸失利益　6,232万2,957円。
ア　定年まで　1,062万8,782円
（中略）原告Aが四肢麻痺の後遺障害を負ったから，労働能力は100％喪失したものと認められる。
（中略）S市の場合中学校の校長は60歳になった次の3月31日まで勤めることができると認められるところ，争いのない事実等のとおり，症状固定が平成15年3月1日で，原告Aが60歳になるのは平成15年12月6日であるから，平成16年3月31日までは勤務が可能であり，少なくとも1年間は事故前の給与が支給されていた蓋然性が高く，事故前の年収1,116万1,170円を基礎収入と認めるのが相当である。中間利息年5％をライプニッツ方式により控除すると，（中略）逸失利益の額は1,062万8,782円となる。（中略）

## 〈2-3〉逸失利益

イ 定年後 5,169万4,175円。

（中略）本件事故当時，原告Aは，S市立小中学校長会の理事を務めていたこと，校長会の理事などの要職を務めていた者のほとんどが，定年後の再就職することができたことが認められるが，どの程度の給与が支給されるかは，就職先によって異なっていて，具体的な額は不明である。しかしながら，本件事故当時，原告Aが男性大卒の同年齢の平均賃金を上回る賃金の支給を受けていたことからすると，平成15年賃金センサス男性労働者大卒60歳から64歳の平均賃金である702万9,300円を基礎収入とするのが相当である。

症状固定の1年後から平均余命の2分の1である11年後まで10年間就労可能であるとして，年5％の中間利息をライプニッツ方式で控除すると，（中略）逸失利益の額は5,169万4,175円となる。」

＊横浜地判平成17・9・22交民集38巻5号1306頁……Y車が制限速度を40km上回る120kmで無謀運転をし，制御不能で中央分離帯のガードレールに衝突し，助手席に同乗していたA（21歳・女，会社員）が死亡した事故でのAの逸失利益（すべてYが悪いとしてAの過失相殺否定）。A側主張の定期金賠償方式を否定。

【判旨】

「亡Aは，本件事故時21歳で，A学院短期大学家政学部卒業後，本件事故の4か月前である平成13年4月にC信託銀行株式会社に一般職として就職し，月額手取り約13万円の収入を得ていたことが認められる。

上記認定の亡Aの本件事故時の年齢，仕事内容からすると，亡A死亡による逸失利益算定の基礎収入は平成11年賃金センサス第1表企業規模計・産業計・女性労働者高専・短大卒全年齢平均年収額である375万800円とするのが相当である。

そして，稼働期間を67歳までの46年間，生活控除率を30パーセントとしたうえ，年5パーセントの割合によるライプニッツ係数17.8800を用いて中間利息を控除して死亡逸失利益の現価を計算すると，その額は4,694万5,012円（1円未満切捨て）になる。」

＊東京地判平成17・10・27交民集38巻5号1455頁……Y車が漫然と運転して対向車線に進入し，慌てて対向車両との衝突を避けようとした結果，道路脇に停車中のA車に衝突してA（症状固定時27歳・男。新聞社支社勤務）が重傷（後遺障害等級1級3号）を負った事故でのAの逸失利益（生存事例）（過失相殺否定）。

【判旨】

「原告Aの逸失利益の基礎収入としては，原告Aの学歴，職歴，従前の年収，読売新聞社における給与制度，同社による試算を総合すると，症状固定時（27歳）から定年（60歳）までの33年間は，平成13年賃金センサス第1巻第1表・男性労働者・大卒・全年齢

平均賃金（680万4,900円）の1.5倍である1,020万7,350円を下らない収入を，また，定年後就労可能な67歳までの7年間は前記平均賃金と同程度の収入を得られる蓋然性があったと認めるのが相当である。（中略）原告Aは症状固定時に27歳であって，なお40年間稼働可能であったものと認められるから，原告Aの後遺障害による逸失利益は，（中略）合計1億5,409万1,686円となる。」

＊岡山地判平成17・11・4交民集38巻6号1517頁……車に同乗していて交通事故で死亡したA（19歳・男。大学1年生）の逸失利益（好意同乗減額なし）。

【判旨】

「Aは，本件事故がなければ，O大学を卒業する平成20年4月から平成65年3月（同年4月に満68歳）までの45年間，賃金センサス平成15年第1巻第1表の企業規模計・産業計・大卒男子労働者の全年齢平均年収658万7,500円を得られた蓋然性が高いから，その金額が本件事故による一郎の逸失利益と解すべきである。その現在額は，生活費控除率を50％として，ライプニッツ計算法により算出すると，（中略）5,057万1,908円となる。」

＊東京地八王子支判平成17・11・16交民集38巻6号1551頁……交通事故重傷（後遺障害等級2級3号）被害者A（事故時39歳，症状固定時43歳・女。主婦）の逸失利益（生存事例）（過失相殺否定）。

【判旨】

「逸失利益 認定額 4,860万4,188円。（中略）原告Aの家事労働を含む就労は将来も困難であるということができ，原告Aは労働能力を100パーセント喪失したものと認められる。

また，原告Aが，本件事故当時，夫と3人の子供を持つ39歳の主婦として家事労働に従事していたこと（前提事実）からすれば，平成13年賃金センサスにおける女子労働者学歴計全年齢平均賃金である352万2,400円を逸失利益算定にあたっての基礎年収とするのが相当である。

そして，原告Aは，症状固定時（43歳）から24年間就労可能であったと認められる。そうすると，原告Aの逸失利益は，352万2,400円に労働能力喪失期間24年に対応するライプニッツ係数13.7986を乗じることにより，上記金額となる。」

＊名古屋地判平成17・11・30交民集38巻6号1634頁……Yの車とAの自動二輪車との衝突事故で死亡したA（20歳・男，大学1年生）の逸失利益（過失相殺否定）。

【判旨】

「逸失利益 4,868万209円。本件事故当時，故Aは，20歳の健康な4年制大学の1年生の男性であったが，

〈第2章〉生命侵害と財産的損害の賠償請求

本件事故に遭わなければ、24歳で大学を卒業して就労することが可能であったと認められる。
　そして、故Aは、将来にわたり平成14年賃金センサスの大卒男性労働者の674万4,700円の収入を得る蓋然性が高かったと認められるので、同額を基礎となる収入とし、就労可能期間を大学卒業時の24歳から67歳までの43年間、その間の生活費控除率を50パーセントとして、43年間に対応するライプニッツ係数14.4351（17.9810【20歳から67歳までの47年間のライプニッツ係数】−3.5459【20歳から24歳までの4年間のライプニッツ係数】）を用いて中間利息を控除すると、故Aの逸失利益は上記金額となる。」
＊東京地判平成18・1・30交民集39巻1号110頁……中央線をはみ出して進行したY車（大型貨物自動車）が交差点でクラクションを鳴らして停止中のA車（普通貨物自動車）に衝突し、A（24歳・男。会社員）が死亡した場合のAの逸失利益（過失相殺否定）。

【判　旨】
　「死亡逸失利益　4,357万6,119円。亡Aは、本件事故当時、第2事件被告Wに勤務して収入を得ていたが、本件事故当時24歳であったから、その死亡逸失利益の計算に当たっては、学生との均衡も考慮し、実収入ではなく、平成12年賃金センサス全労働者・学歴計の全年齢平均賃金（496万7,100円）を採用することとする。（中略）亡Aは、やがて第2事件被告Wを退社して、甲野合板株式会社の経営の跡を継ぐ予定であったと認められることも勘案すると、将来にわたって平成12年賃金センサス全労働者・学歴計の全年齢平均賃金程度の収入が得られる蓋然性があったということができる。（中略）亡Aは、本件事故当時24歳であったから、就労可能年数は43年間（ライプニッツ係数17.5459）であると認められる。亡Aは独身であったから、生活費控除率は50パーセントとするのが相当である。」
＊大阪地判平成18・2・16交民集39巻1号205頁……飲酒の上、無免許で同乗者の赤信号だという注意を無視して進行したY車（普通貨物自動車）に衝突されて死亡した横断歩道上を自転車で走行中のA（17歳・男、高校2年生）の逸失利益（過失相殺否定）。

【判　旨】
　「逸失利益　5,504万6,467円。亡Aは、死亡当時17歳の高校2年生であった。（中略）亡Aは大学進学の可能性が非常に高かったことが認められ、逸失利益の損害の算出においては、平成15年度賃金センサス第1巻、第1表、産業計・企業規模計・男性労働者・大卒・全年齢平均賃金である年収658万7,500円を用い、就労可能年数については、大学卒業後の22歳から就労することを前提として計算するのが相当である。
　また、生活費控除率については、将来一家の支柱となる可能性が認められるので、40％とするのが相当である。
　以上を前提に亡Aの逸失利益を計算すると以下のとおりとなる。
　（ア）基礎収入金額　658万7,500円
　（イ）生活費控除率　40％
　（ウ）17歳から67歳までの年数　50年
　（エ）50年対応ライプニッツ係数　18.256
　（オ）17歳から22歳までの年数　5年
　（カ）5年対応ライプニッツ係数　4.329
　（キ）使用するライプニッツ係数　13.927
　18.256−4.329＝13.927
　（ク）計算式　6,587,500×（1−0.4）×13.927＝55,046,467（端数切捨）
　エ　高校卒業までのアルバイト収入の逸失利益　71万4,000円。
　（中略）亡Aは、本件事故当時、アルバイトによる収入を得ており、本件事故直前の1か月の収入は5万1,000円であったことが認められる。本件事故がなければ、本件事故の翌月である平成15年2月から高校卒業予定の平成16年3月までの14か月間、同様の収入を得ることができたはずであり、以下の計算のとおり、71万4,000円の逸失利益に係る損害が発生したと認められる。51,000×14＝714,000」
＊大阪地判平成18・4・7交民集39巻2号520頁……Yの普通貨物自動車とAの大型自動二輪車の信号機のない交差点内での衝突事故でのA（32歳・男、会社員）の死亡と逸失利益（過失相殺1割）。

【判　旨】
　「亡Aは死亡当時32歳であるから、67歳まで就労可能であるとし、中間利息年5％をライプニッツ方式により控除すると（係数は16.3741）、以下の計算式により、逸失利益の額は5,818万1,434円となる。（中略）
　（2）退職金差額逸失利益」
　（中略）亡Aが生きていたならば得られたであろう退職金の額と実際に支給を受けた退職金との差額139万9,197円については本件事故と相当因果関係にある損害と認められる。
　（1）厚生年金逸失利益
　（中略）将来受給すべき厚生年金について逸失利益は認められないと解するのが相当である。」
＊東京地判平成18・5・10交民集39巻3号631頁……Y車が中央分離帯をはみ出し、A車の後部に衝突し、車内で挟まれて死亡したA（52歳・男、タクシー乗務員）の逸失利益（過失相殺否定）につき、60歳〜80歳までの厚生年金を逸失利益と認め、就労による支給停止分を控除し、生活費控除を60％、賃金センサス年齢別平均賃金を基礎に、稼働収入の逸失利益を3,177万

## 〈2-3〉逸失利益

712円，年金収入の逸失利益を355万1,542円と算定。

* 東京地判平成18・7・28交民集39巻4号1099頁……Yが会社の同僚D，E，Fおよび取引先の社長Gと飲酒し，Y車にF以外の皆を乗せて運転中，仮眠状態に陥り，A（19歳・女，大学生）の車に衝突してAを死亡させた事故でのAの逸失利益（過失相殺否定）。同乗者とともにFにも719条2項の「幇助者」として共同不法行為責任を肯定。Aの逸失利益を，賃金センサス女子労働者大卒平均年収額を基礎に，生活費控除30％，ライプニッツ方式により中間利息を控除して4,868万8,291円を算定。

* 大阪地判平成18・8・31交民集39巻4号1215頁……後続のC車の非常に悪質な煽り行為により前方不注意になり，前のB車に衝突して死亡したA車運転のA（34歳・男。給与所得者）の逸失利益（過失相殺1割）。

【判　旨】

「逸失利益　3,276万6,942円。（中略）亡A（中略）は，N運送サービス有限会社に勤務し，平成14年分で年額409万5,100円の給与を得ており，近く婚約者と婚姻する予定であったが，本件当時は独身であったことが認められる。したがって，逸失利益の算定に当たっては，前記給与額を基礎収入とし，生活費控除率50パーセント，67歳までの33年相当のライプニッツ係数により中間利息を控除するのが相当である。以上に従い逸失利益を計算すると，標記の金額となる。」

* 千葉地佐倉支判平成18・9・27判時1967号108頁……飲酒運転のY車に轢かれて重傷（後遺障害等級1級3号）を負った被害者A（症状固定時61歳・男）の逸失利益（生存事例）（過失相殺否定）。

【判　旨】

「原告Aは，平成5年ないし平成7年の間，各当時の賃金センサス男子労働者学歴計年齢別平均賃金の約7割弱ないし約8割程度の収入を得ていたところ，平成8年から平成13年9月16日までの間は，証拠上就労していたことが窺われないが，平成13年9月17日からは時給790円の勤務を始め，以後も継続して就労する蓋然性があったのであり，かつ，将来的には昇給等も見込むことができるというべきであるから，賃金センサス男子労働者学歴計年齢別平均賃金の8割程度の収入を得る蓋然性があったというべきである。

そうすると，基礎収入としては，本件事故当時の時給790円を前提とする現実収入を基礎収入とするのは相当でなく，平成13年賃金センサス男子労働者学歴計年齢別平均賃金の8割に相当する金額を用いるのが相当であるから，以下の計算式によって算出することとする。

598万600円×0.8×15.1410×1＝7,244万1,811円」。

* 福岡地判平成18・9・28判時1964号127頁……高速道路で車同士の交通事故でAが車外に出て立っていたのに，後続のY車がガラス片等を発見しながら制限速度を超過して走行し，AとAの車に衝突し，重傷（後遺障害等級1級。植物状態）を負ったA（56歳・女。主婦）とAの息子B（症状固定時28歳・男。アルバイト。後遺障害等級3級）の逸失利益（生存事例）（過失相殺否定）。

【判　旨】

「Aは専業主婦であり，（中略）その後遺症逸失利益は，下記のとおり，2,922万3,576円と認める。なお，原告らは，逸失利益の算定における中間利息の控除方式について，最高裁平成16年（受）第1888号同17年6月14日第三小法廷判決・判例時報1901号23頁が民法が定める法定利息の規定を重視していること等を根拠に，ホフマン方式によるべきであると主張する。しかしながら，同判決は，ホフマン方式によるべきことについて判示したものではなく，「交通事故による逸失利益の算定方式についての共同提言（平成11年11月22日）」の趣旨を考慮すれば，なおライプニッツ方式によるのが相当である。

〔計算式〕

症状固定日である平成14年の賃金センサス第1巻第1表の産業計・企業規模計・学歴計・女性労働者の全年齢平均賃金額である351万8,200円×100パーセント×症状固定日から67歳までの期間である11年に対応するライプニッツ係数8.3064＝約2,922万3,576円」。

「Bは，本件事故当時無職であり，再就職先も決定していなかったものの，（中略）Bの本件事故時の年齢は27歳，症状固定日の年齢は28歳と比較的若年である上，大検に合格し，本件事故前は兄Cの勤務先である○○○に正職員として勤務していたほか，介護士となる希望を持ち，平成13年4月から介護福祉専門学校への進学が決まっていた。また，（中略）Bは，同○○○を退職後，複数のアルバイトに従事し，月額10万円程度の収入を得ていたことが認められる。以上の事実にかんがみると，Bには労働能力及び労働意欲があり，上記専門学校卒業後に就労先を得る蓋然性が高いと認められる。

これらの事情を総合的に考慮すれば，Bについては生涯を通じて全年齢平均賃金程度の収入を得られる蓋然性が認められるから，その後遺症逸失利益は，（中略）9,452万2,628円と認める（中略）。

〔計算式〕

症状固定時である平成14年の賃金センサス第1巻第1表の産業計・企業規模計・学歴計・男性労働者の全年齢平均賃金額である555万4,600円×100パーセント×症状固定日から67歳までの期間である39年に対応するライプニッツ係数17.0170＝約9,452万2,628円」。

* 東京地判平成18・10・26交民集39巻5号1492頁……

〈第2章〉生命侵害と財産的損害の賠償請求

Z会社の従業員Yの飲酒運転の車に衝突され死亡した歩行者A（43歳・女。家事従事者）の逸失利益（過失相殺否定）。

【判　旨】

「Aは，主婦として稼働すると共に，損保会社の営業や宅急便のアルバイトをしていたことが認められるところ，Aがアルバイトにより得ていた収入の額は不明であり，主婦としての家事労働の内容や労働対価性は，労働能力喪失期間を通じ，年齢変化に応じた格別の変動があるとは通常認めがたいことを考慮すると，女性労働者の全年齢の平均賃金を基礎収入とするのが相当である。

したがって，平成14年賃金センサス第1巻第1表産業計企業規模計の女性労働者の全年齢の平均賃金である351万8,200円を基礎収入とする。

イ　弁論の全趣旨によれば，Aの逸失利益の算定に当たって，生活費控除率を30％とするのが相当であると認められ，中間利息控除については，死亡当時，Aは43歳であったことから，就労可能年数24年に対応するライプニッツ係数13.7986を用いることにする。

ウ　以上により，Aの逸失利益は，（中略）3,398万2,364円となる。」

＊東京地判平成18・11・15交民集39巻6号1565頁……酒気帯びで普通自動二輪車に乗って走行中のA（20歳・男，大学2年生）が転倒し，その後，Y車とZ車に立て続けに轢かれて死亡した事故でのAの逸失利益（過失相殺2割）。

【判　旨】

「逸失利益　5,436万7,677円。（中略）Aは本件事故時は20歳の○○大学2年生であることが認められる。よって，Aの逸失利益を算定するに当たっては，就労可能年数は，大学卒業時22歳から67歳までの45年間，基礎収入を賃金センサス平成14年第1巻第1表産業計男子大卒平均年収の674万4,700円，生活費控除率を50パーセントとするのが相当である。以上によれば，（中略）Aの逸失利益は上記金額となる。」

＊大阪地判平成18・11・22交民集39巻6号1637頁……酒に酔って信号無視で交差点を横断していたA（40歳・女，韓国籍）に，進行してきたYの車が衝突してAが死亡した事故でのAの逸失利益（過失相殺6割）。

【判　旨】

「亡Aは，大韓民国内ではマンションを借りて暮らしていたが，短期の観光ビザを取得してたびたび日本に渡航し，日本にマンションを借りて生活の本拠とし，歌手として稼働して収入を得ていた。（中略）亡Aは，日本で就労し，相当程度の収入を得ていたと推認されるが，収入を直接裏付けるような証拠は提出されておらず，また，これまで日本に渡航した際は，日本で就労する在留資格を得ておらず，将来にわたって現在の収入を得られるか明らかでないことに照らせば，基礎収入は，平成15年度賃金センサス・産業計・企業規模計・全労働者・全年齢平均賃金488万1,100円の75パーセントにあたる366万825円と認めるのが相当である。」

＊山形地米沢支判平成18・11・24交民集39巻6号1665頁，判時1977号136頁，判タ1241号152頁……飲酒運転で赤信号無視のY車に轢かれて死亡した横断歩道上の歩行者A（20歳・女。大学生）の逸失利益（Y車に同乗のZにも民法719条2項責任を肯定）。

【判　旨】

「Aは，本件事故当時，H大学水産学部への通学の傍ら，函館倶楽部においてアルバイトをしており，平成16年9月30日から同年10月22日までの間に17日勤務して，7万5,000円の収入を得た（甲8号証）。本件では，今後の勤務の継続期間及び毎月の勤務日数について判断する資料に乏しいことは否めないが，少なくとも本格的な研究活動が始まると思われる大学3学年になる前まで（すなわち平成16年11月から平成17年3月まで）は当該アルバイトを継続する蓋然性があったものと考えられ，毎月の勤務日数についても，甲8号証の実績に照らせば少なくとも1か月当たり20日程度はあったものと考えられる。

したがって，Aは，（中略）前記アルバイトにより44万1,176円（1円未満切捨て。また，期間が5か月間にすぎないので中間利息控除の調整はしない。計算式：（7万5,000円／17日）×20日×5か月）の収入を得られたというべきである。そして，このうち逸失利益となるのは生活費控除率を5割として計算した22万588円となる。

（イ）就労可能年数にかかる逸失利益

Aが，海洋関係の研究をし，将来環境に優しい製品の研究開発に携わる希望を持ってH大学水産学部に入学したこと（甲21号証），及び同学部を平成17年度に卒業した女性59名のうち，20名が就職し，31名が進学し，同年度に大学院水産科学研究科の修士課程を修了した女性36名中27名が就職し，4名が博士課程に進学していること（甲27号証）に鑑みれば，Aが同大学を卒業する22歳から67歳までの45年間は，1年間につき少なくとも，（本件事故時の年の賃金センサスである）賃金センサス平成16年第1巻第1表の産業計，企業規模計，男子労働者，大卒記載の全年齢平均賃金657万4,800円と，同女子労働者，大卒記載の全年齢平均賃金437万4,800円との平均賃金である547万4,800円の収入を得る蓋然性があったということができる。

生活費控除率については，基礎収入の認定につき，大卒男性の収入も考慮したこととの均衡から，40パーセントとするのが相当である。

そして，就労可能時期が本件事故時より2年程度後

## 〈2-3〉逸失利益

になることから、22歳から67歳までの間に得べかりし収入を本件事故時における価格に引き直すためのライプニッツ係数（年利5パーセント）は、（20歳から67歳までの）47年に対応する係数17.9810から（20歳から22歳までの）2年に対応する係数1.8594を控除した16.1216となる。

したがって、Aの就労可能年数にかかる逸失利益は、5295万7521円（中略）となる。」

＊大阪地判平成18・12・13交民集39巻6号1703頁……交通事故で負傷し（後遺障害等級7級6号）、病院に入院した後、5階病室から転落死した被害者A（症状固定時25歳・女。無職）の逸失利益（生存事例）（交通事故について7割を「被害者側の過失」として過失相殺、転落事故については4割の過失相殺）。

【判旨】

「原告Aは、本件各事故に遭わなければ、症状固定後の将来にわたり賃金センサス上の産業計・企業規模計・女性労働者・高卒の全年齢平均賃金を取得する蓋然性が高かったと認められ、後遺障害逸失利益に関する基礎収入は、賃金センサス平成16年第1巻第1表産業計・企業規模計・高卒・女子労働者全年齢平均賃金年収312万3,400円を認めるのが相当である。

本件交通事故により生じたと認められる高次脳機能障害に関しては、（中略）原告Aは、意思疎通能力、問題解決能力、作業負荷に対する持続力・持久力、社会行動能力を相当程度制限された状態にあるものと認められるから、「神経系統の機能又は精神に障害を残し、軽易な労務以外の労務に服することができないもの」として後遺障害等級7級6号に該当すると認めるのが相当である。

そうすると本件交通事故による労働能力喪失率は56％となり、本件転落事故後の労働能力喪失率は100％であると認められるから、本件転落事故による後遺障害逸失利益を算定する際の労働能力喪失率は、事故前後の労働能力喪失率の差である44％とするのが相当である。労働能力喪失期間は、症状固定後原告Aが67歳に達するまでの42年間（対応するライプニッツ係数は17.4232）とするのが相当であるから、（中略）本件交通事故による後遺障害逸失利益は3,047万4,988円、本件転落事故による後遺障害逸失利益は2,394万4,634円となる。」

＊大阪地判平成19・1・31交民集40巻1号143頁……交通事故重傷（後遺障害等級1級3号）被害者A（18歳・事故時・高校3年生、症状固定時23歳・女）の逸失利益（生存事例）（過失相殺6割）。

【判旨】

「原告Aは、本件事故に遭わなければ4年制大学を卒業していた蓋然性が相当高いと認められるから、後遺障害逸失利益算定にあたっての基礎収入は、賃金センサス平成14年第1巻第1表、産業計・企業規模計・女性労働者・大卒、全年齢平均年収446万5,000円とするのが相当である。

また、原告Aの後遺障害の内容、程度からすると、労働能力の100％を喪失したと認められ、労働能力喪失期間は、症状固定時の23歳から67歳までの44年間（対応するライプニッツ係数は17.6627）とするのが相当である。

以上より、原告Aの後遺障害逸失利益は、（中略）7,886万3,955円となり、原告らが主張する後遺障害逸失利益8,051万7,997円から前記の休業損害426万6,049円を控除した7,625万1,948円を本件事故と相当因果関係のある損害として認めるのが相当である。」

＊東京地判平成19・2・14交民集40巻1号213頁……交通事故重傷（後遺障害等級2級1号）被害者A（事故時66歳、症状固定時67歳・女）の逸失利益（生存事例）（過失相殺否定）。

【判旨】

「逸失利益　2,369万4,808円。原告Aは、本件事故当時、家事労働に従事していたものであるところ（中略）、原告Aの本件事故当時の年齢（66歳）にかんがみ、基礎収入は賃金センサス平成16年第1巻第1表女性労働者学歴計65歳以上の平均年収306万8,600円をもって相当とする。また、（中略）本件事故に起因する後遺障害があり、平均余命の約半分の期間である10年間（ライプニッツ係数7.7217）にわたり、労働能力は100パーセント喪失したものといえる。」

＊大阪地判平成19・2・21交民集40巻1号243頁……交通事故重傷（後遺障害等級1級3号）被害者A（20歳・女。大学3年生）の逸失利益（生存事例）（過失相殺2割）。

【判旨】

「原告Aは、本件事故当時、O外国語大学地域文化学科南欧地域文化専攻（ポルトガル語）3年に在学し、アルバイトにより月額4万3,000円の収入を得ていたことが認められ（甲30）、本件事故に遭わなければ、大学卒業時までアルバイトを継続し、同程度の収入を得た上で、平成15年3月に同大学を卒業し、その後は、賃金センサス平成13年第1巻第1表、産業計・企業規模計・女性労働者、大卒、全年齢平均賃金である年収453万1,000円を得ていた蓋然性が高かったと認められる。

以上より、症状固定時（本件事故の1年後）から大学卒業時（本件事故の2年後）までの基礎収入は月額4万3,000円、大学卒業時から原告Aが67歳に達するまで（本件事故の47年後）の基礎収入は453万1,000円、労働能力喪失率はそれぞれ100％とするのが相当であり、後遺障害逸失利益は、（中略）7,351万5,032円と

なる。」

\*名古屋地判平成19・2・28交民集40巻1号301頁
……Ｔ字型交差点で前方不注意のＹ車に衝突されて倒れ，それを対向車線のＺ車が轢いて引きずられて死亡した歩行者Ａ（55歳・男。職業不詳）の逸失利益（Ａの過失相殺否定）。

【判　旨】

「Ａは，昭和23年4月21日生で，本件事故当時は55歳であったこと，Ａの年収は718万6,200円であったこと，Ａは，本件事故当時，原告らを扶養していたことが認められる。

したがって，Ａが定年（60歳）退職までの間に得べかりし収入は，上記年収を基礎とした上で，生活費控除率を30パーセントとし，ライプニッツ方式により5年間の中間利息を控除すると，（中略）2,177万6,341円となる。」（中略）「Ａが定年退職後67歳までの就労可能期間に得べかりし収入は，上記年収を基礎とした上で，上記生活費控除率を用い，ライプニッツ方式により13年間の中間利息から5年間の中間利息を控除すると，（中略）2,001万5,855円となる」。

\*名古屋地判平成19・3・27交民集40巻2号428頁
……交通事故重傷（後遺障害等級1級3号）被害者Ａ（事故時18歳・男。大学1年生）の逸失利益（生存事例）（過失相殺6割）。

【判　旨】

「原告Ａが労働能力を100パーセント喪失したことについては争いがないところ，同人は本件事故当時，Ｓ県立大学の大学1年生であったから，症状固定時である24歳から同人が67歳に至るまでの43年間労働能力を喪失し，また，同人の逸失利益算出の前提となる基礎年収は，症状固定時である平成15年の賃金センサス・学歴別平均賃金（大卒）である年収658万7,500円とするのが相当である。よって，後遺障害による逸失利益は，43年に相当するライプニッツ係数により中間利息を控除すると，（中略）1億1,558万3,616円となる。

なお，被告は，逸失利益における中間利息控除の起算点を不法行為時とすべきである旨主張しているようであるが，中間利息控除の問題と遅延損害金の問題とは厳密な関連性を有するとはいえ，逸失利益の中間利息控除の起算点を症状固定時としても直ちに不合理とはいえないから，被告の前記主張は採用できない。」

\*大阪地判平成19・3・28交民集40巻2号453頁……交通事故死亡被害者Ａ（29歳・男。会社員）の逸失利益（過失相殺5割5分）。

【判　旨】

「本件事故当時，亡Ａは29歳であったが，（中略）亡Ａは，平成4年4月に大学に入学したものの，単位を取得できずに平成10年2月に退学したこと，大学在学中の約6年間，マクドナルドでアルバイトとして勤務していたこと，平成10年2月に有限会社○○商事に入社したが，同年10月には同社を退社したこと，更に，同月，株式会社△△商事に入社し，平成14年1月27日まで同社が経営する大阪市阿倍野区所在の喫茶店で店長として勤務したが，同日，同社からリストラのため整理解雇されたこと，その後，失業保険でしばらく生活した後，大阪府寝屋川市内の喫茶店でアルバイトとして勤務していたが，友人の紹介で富山市内の派遣会社である株式会社××の就職面接を受けたところ，採用となったので，平成15年6月27日に富山県へ赴き，同社の寮に居を定めて勤務を始めたことが認められるが，亡Ａの過去の所得実績や本件事故当時の月収額については何ら明らかにされておらず，また亡Ａが勤務していた会社の規模も不明であり，その業態の詳細についても明確ではない。

以上の諸事情に照らすと，賃金センサスの産業計・企業規模計の男子労働者学歴計の平均賃金を亡Ａの基礎収入として用いることは相当ではなく，前記認定による亡Ａの学歴，大学中退後の就労開始年齢，就労歴及び就労形態，本件事故当時の勤務先の業態等一切の事情を考慮し，賃金センサス平成15年第1巻第1表の産業計・企業規模計・男子高卒労働者の全年齢平均賃金497万2,700円をもって基礎収入とする。

ｂ　生活費控除率

本件事故当時の亡Ａの年齢，家族構成等を考慮すると，上記基礎収入から50パーセントの生活費を控除するのが相当である。

この点，原告Ｂは，亡Ａが近い将来一家の支柱になる可能性があったと主張するが，本件事故当時，亡Ａが近い将来結婚する予定があったとは認められない（中略）し，原告Ｂとの関係で一家の支柱になる可能性を考慮することも相当ではないから，同主張は採用しない。

ｃ　亡Ａは，本件事故当時29歳であり，67歳まで就労可能であったと考えられるから，以上を前提にして，亡Ａの逸失利益をライプニッツ方式により年5パーセントの中間利息を控除して算定すると，

497万2,700円×（1−0.5）×16.868＝4,193万9,751円（円未満切捨て）となる。

これに対して，原告Ｂは，中間利息の控除方式について，被害者保護の見地等から新ホフマン方式によるべきであると主張する。しかしながら，現実の資金運用の場面では，複利計算による運用をするのが一般的であり，ライプニッツ方式はかかる実態に合致するものであって，同方式は相応の理論的根拠を有している。また，民法404条，405条等の各規定から，中間利息の控除方式について，当然に新ホフマン方式によることを予定していると解することもできない。なるほど，

## 〈2-3〉逸失利益

被害者保護の見地からすれば，控除すべき額が少なくなる新ホフマン方式を採用すべきとの原告Bの主張も理解できなくはない。とりわけ，近時の金利動向からすると，年5パーセントの複利運用による運用実績を確保することは困難とも思料され，ライプニッツ方式を採用することは被害者に酷に過ぎるとも考えられる。しかし，この先数10年にも及ぶ金利動向を現時点で予測することは困難であるし，中間利息の控除方式という技術的事項について被害者保護という実質的利益考量を持ち込むことが必ずしも相当とは解されない。そして，前記のとおり，ライプニッツ方式は相応の理論的根拠を有しており，平成11年11月のいわゆる三庁共同提言以降，多くの裁判例が年5パーセントの割合によるライプニッツ方式を採用しているところ，法的安定及び統一的処理という実務要請も無視すべきではない。以上のことから，中間利息の控除に当たっては，なおライプニッツ方式を採用しても良いと解する。」

＊東京地判平成19・3・30交民集40巻2号502頁……一緒に飲酒の上，Yの車にシートベルトを付けずに同乗して交通事故死したA（20歳・男。飲食店店長）の逸失利益（好意同乗減額2割5分）。

【判旨】

「逸失利益 4,879万1,443円。亡Aは事故当時飲食店店長として稼働していた（中略）ところ，亡Aは，本件事故当時20歳であった（中略）ことからすると，その基礎収入としては，本件事故当時の平成16年の賃金センサス男子労働者学歴計全年齢平均賃金の542万7,000円を用いるのが相当である。

また，亡Aが事故当時独身であった（甲2，弁論の全趣旨）ことからすると，その生活費控除率は50パーセントとするのが相当である。そして，労働能力喪失期間としては，亡Aの死亡時の年齢20歳から67歳までの47年間とするのが相当である。」

＊名古屋地判平成19・5・8交民集40巻3号589頁……交通事故重傷（後遺障害等級併合2級）被害者A（症状固定時25歳・男。給与所得者）の逸失利益（生存事例）（過失相殺2割5分）。

【判旨】

「原告Aが実質的に使用できる指は右手薬指のみであることから，原告Aは手を使った細かい作業はできないし，記憶障害により，複数の事柄を同時に処理すること，新しいことを学習することは困難であるから，労働能力喪失率は100パーセントに極めて近いということができる。しかし，同人が，前記監査法人に障害者枠で採用され，現在も正社員として就労し，月額12万8,000円の給与を得ていること，不自由ながらも，パソコンのマウスを操作することもできることからすれば，障害者枠での就労が継続することは確実ではないことを考慮したとしても，同人の労働能力喪失率は

90パーセントとするのが相当である。そして，同人は大学を卒業しているから，同人の逸失利益算出の前提となる基礎年収は，症状固定時である平成15年の賃金センサス・学歴別平均賃金（大卒）である年収658万7,500円とするのが相当である。よって，症状固定時である25歳から同人が67歳に至るまでの42年間，労働能力を90パーセント喪失したとし，42年に相当する年5パーセントのライプニッツ係数により中間利息を控除すると，（中略）1億329万7,797円となる。」

＊東京地判平成19・5・30交民集40巻3号720頁……交通事故重傷（四肢麻痺等の後遺障害）被害者A（事故時21歳，症状固定時22歳・女。大学生）の逸失利益（生存事例）（過失相殺否定）。

【判旨】

「原告Aが，本件事故の当時，21歳の大学生であり，本件事故に遭わなければ症状固定時の22歳から少なくとも45年間は就労可能であったところ，後遺障害の結果，その労働能力を100パーセント喪失したことは，当事者間に争いがなく，本件事故と相当因果関係のある逸失利益は，賃金センサス平成12年第1巻第1表による産業計・女性労働者・大卒・全年齢平均年収額を基礎とし，中間利息をライプニッツ方式で控除して，（中略）7,972万3,948円を認めるのが相当である。なお，（中略）交通事故による被害者の将来の逸失利益を現在価額に換算するために控除すべき中間利息は，民法所定の年5分の割合によるべきである。」

＊横浜地川崎支判平成19・6・19交民集40巻3号749頁……原動機付自転車のA（52歳・男。会社の警備員）が近接後続のYの大型貨物自動車に轢かれて死亡した事故での逸失利益（過失相殺3割）。

【判旨】

「Aは本件事故当時満52歳であるから，本件事故によって死亡しなければ，67歳までの15年間就労可能であったと認めるのが相当であり，したがって，これに対応する年5分の割合による中間利息控除のライプニッツ係数は10.3796となる。（中略）以上を前提に，Aの死亡による逸失利益を計算すると，2,719万9,368円となる。」

＊東京地判平成19・6・27交民集40巻3号805頁……交通事故死したA（24歳・男，税理士試験受験中で無職）の逸失利益。

【判旨】

Aは「本件事故の当時，24歳の独身で，祖父母，両親，姉と同居していたことが認められ，本件事故に遭わなければ，67歳まで43年間就労可能であったというべきであるから，本件事故と相当因果関係のある逸失利益は，賃金センサス平成14年第1巻第1表による産業計・男性労働者・大卒・全年齢平均年収額を基礎と

〈第2章〉生命侵害と財産的損害の賠償請求

し，生活費控除率を5割とし，中間利息をライプニッツ方式で控除して，（中略）5,917万915円を認めるのが相当である。」
＊東京地判平成19・6・27交民集40巻3号816頁……信号機のない横断歩道歩行中のA（6歳・女。幼稚園児）がY車に轢かれて死亡した事故でのAの逸失利益（過失相殺否定）。
【判　旨】
「逸失利益　2,959万1,010円。（中略）Aは，（中略）時6歳）本件事故に遭わなければ，18歳から67歳まで就労可能であったというべきであるから，本件事故と相当因果関係のある逸失利益は，賃金センサス平成17年第1巻第1表による産業計・全労働者・全年齢平均年収額を基礎とし，生活費控除率を4割とし，中間利息をライプニッツ方式で控除して，（中略）2,959万1,010円を認めるのが相当である。」
＊大阪地判平成19・7・26交民集40巻4号976頁……交通事故により脳挫傷等の傷害を負い，常に介護を要する重大な後遺症（1級1号）を負った児童A（8歳・男）の逸失利益（生存事例）（過失相殺3割）。
【判　旨】
「逸失利益　6,053万2,758円。（中略）原告Aは，（中略）本件事故による受傷結果として後遺障害別等級表（別表第1）1級1号相当の後遺障害を負ったのであり，終生にわたり労働能力を全部喪失したことが明らかといえる。原告Aは，症状固定時8歳の男児であり（中略）平成16年賃金センサスの男子労働者全年齢平均賃金である年額542万7,000円を基礎収入とし，18歳から67歳までの就労可能期間について労働能力喪失率100パーセントとし，ライプニッツ係数により中間利息を控除して逸失利益を計算すると，標記の金額となる」。
＊東京地八王子支判平成19・9・19交民集40巻5号1186頁……自転車で走行中にY車に跳ねられて死亡したA（8歳・男。小学生）の逸失利益（定期金賠償方式を否定）（過失相殺1割5分）。
【判　旨】
「Aは，本件事故当時8歳であり，生前の健康状態や生育過程に照らしても，本件事故により死亡しなければ将来一般的な収入を得ていたであろうことが認められるので，18歳から67歳まで49年間の逸失利益を損害として認める。逸失利益の計算方法については，その基礎収入は平成16年賃金センサス産業計・企業規模計・学歴計による男性労働者年齢平均年収542万7,000円が相当であると認め，これを基礎に，生活費控除率は50パーセントとし，中間利息の控除は特段の事情のない限り年5パーセントのライプニッツ方式を採用するのが相当であるから（原告B及び同Cの指摘する点は特段の事情とは認められないから，ホフマン係数によるべきであるとの主張は採用しない。），（中略）3,026万6,379円」となる。
＊東京地判平成19・9・25交民集40巻5号1228頁……交通事故重傷（後遺障害等級併合1級）被害者A（事故時・大学4年生，症状固定時25歳・女）の逸失利益（生存事例）（過失相殺1割）。
【判　旨】
「原告Aは書道に関して有していた才能を大学での課程を通じ更に高めて特別な技能として修得するに至っていたことに照らすと，原告Aは，上記の期間を通じ，平成14年賃金センサス第1巻第1表の大学を卒業した女性の労働者の全年齢の平均年収額である446万5,000円に1割を加算した金額に相当する収入を得ることが可能であったと推認することができる。
そうすると，本件事故による原告Aの逸失利益については，（中略）8,557万4,046円と認める。」
＊大阪地判平成19・9・26交民集40巻5号1245頁……交通事故重傷（後遺障害等級2級3号）被害者A（症状固定時21歳・男。大学生）の逸失利益（生存事例）（過失相殺3割）。
【判　旨】
「原告Aは，本件事故当時，大学1年生であり，3年後には大学を卒業する蓋然性が高かったところ，実際に平成17年3月に大学を卒業したことが認められるから，原告Aの最終学歴は大学卒となる。賃金センサスを用いる場合は，症状固定時の年度の統計を用いるのが相当であるから，基礎収入は，平成15年賃金センサス男性労働者大学・大学院卒全年齢平均年収658万7,500円とするのが相当である。原告Aは，症状固定時に21歳で，労働能力喪失期間は大学卒業時である23歳から67歳までの44年間であり，中間利息控除方法について年5％割合でライプニッツ方式を採用すると（係数は21歳から67歳までの係数17.8800から21歳から23歳までの係数1.8594を控除した16.0206），（中略）逸失利益の額は1億553万5,702円となる。」
＊広島地尾道支判平成19・10・9判時2036号102頁……自転車サイクリング競技中のYが歩行者A（63歳・男。K株式会社代表取締役）と衝突し，Aが死亡した事故でのAの逸失利益（過失相殺3割）。
【判　旨】
「Aの平成12年分給与所得の源泉徴収票上の給料・賞与は1,440万円，平成13年分のそれは2,150万円，平成14年分のそれは2,700万円であることが認められる。しかして，Aが死亡しなければ如何なる給与所得をその後も得られたであろうかは，K社のキャラクター商品版権業という特殊な業態等にもかんがみると，容易く予測しがたいものがあり，上記金額等より上昇した

## 〈2-3〉逸失利益

かも知れないし，下落したかも知れないともいい得る（ただし，《証拠略》によると，Aが死亡した平成15年の年度途中のそれでさえ2,300万円であったことが認められることからすると，Aの給与所得は上昇を続けた可能性があると言えないでもないが），結局のところ，証拠上間違いのない死亡前3年間の平均をもって年間収入の計算基礎とするのが穏当なところと思料されるものである。即ち，（1,440万円＋2,150万円＋2,700万円）÷3＝約2,096万6,666円（円未満切捨て。以下同じ。）

イ 次に，Aが，K社の代表取締役であったことから，上記金額の幾ばくにつき労務対価性を肯定すべきかについて検討する。

（ア）《証拠略》によると，K社は，東京都台東区に本社事務所を構える従業員若干名の小規模会社であって，Aが，原告B及び同Cの今後の生活・介護等のために早めに株式会社Tの取締役を退職し，1人で立ち上げた企業であり，得意先のテレビ局や出版社等に自ら出向いて情報の収集や商談の纏めを行う等，Aの信用と行動力なくしては業績を上げ得ないものであって，正に，Aは「代表取締役社長であるとともに，営業部長であり，営業社員」であったもので，現実にもAが死亡した後にはK社の営業成績は大きく落ち込んでいる実態が認められるところである。

このような状況等にかんがみると，Aの前記収入はその全額につきAの労務対価性を肯定すべきである。

ウ 生活費控除率について検討する。

被告Yは，Aが高額所得者であることから，税額控除も検討されなければならないのであって，生活費控除率は45パーセントとすべき旨主張する。

しかしながら，現行の損害賠償実務においては，税金の控除は考慮しないものであることは当裁判所に顕著であり，尚，これにかんがみ，高額所得者については生活費控除率を上げることで調整を図ろうとする下級審裁判例も存するところではあるが，本件においては，前記のとおり，Aの稼働収入は同人が生存していればさらに上昇した可能性があることも否定できないところであるものの，一応控えめに計算して前記のような年収金額を算出しているところであり，ここにおいて更に生活費控除率を被告Y主張の如く高くするとすれば，一層Aの損害を殊更に押さえるに等しく，公正の観点から疑問無しとしない。生活費控除率は，被扶養者2人（原告B及び同C）の場合のものとして，30パーセントとするのが相当である。

エ 63歳における就労可能年数は9年，そのライプニッツ係数が7.108であることは当裁判所に顕著である。

オ 以上により，Aの逸失利益は，以下のとおりとなる。

2,096万6,666円＋（1－0.3）×7.108＝約1億432万1,743円

（2）Aの年金逸失利益について

ア 《証拠略》によれば，Aの満63歳から満65歳までの厚生年金受給額は，年額244万4,300円であることが認められる。

したがって，生活費控除率を50パーセントとし，ライプニッツ方式により満63歳から満65歳までの2年間の中間利息を控除すると，Aの逸失利益の現価は以下のとおりとなる。

244万4,300円×（1－0.5）×1.8594＝約227万2,465円

イ 《証拠略》によれば，Aの満65歳時点での厚生年金受給予定額は251万9,200円であることが認められる。

そして，生活費控除率は老齢化等にかんがみ60パーセントとすることとし，65歳からの平均余命83歳までの間の18年間分の中間利息をライプニッツ方式により控除すると，Aの逸失利益の現価は以下のとおりとなる。

251万9,200円×（1－0.6）×（12.4622－1.8594）＝約1,068万4,229円

ウ 以上により，Aの年金逸失利益の合計は次のとおりとなる。

227万2,465円＋1,068万4,229円＝1,295万6,694円」。

＊名古屋地判平成19・10・16交民集40巻5号1338頁……交通事故重傷（後遺障害1級3号）被害者A（事故時21歳，症状固定時24歳・男。会社員）の逸失利益（生存事例）（過失相殺5分）。

【判 旨】

「原告Aは，平成11年から株式会社Mでアミューズメントパークで警備をする仕事のアルバイトを始め，平成12年からは，正社員として勤務し，平成12年には年間318万6,000円の収入を得ていた。原告Aは事故当時21歳，症状固定時24歳と若年であり今後昇給し，学歴計男子全年齢平均の収入を得る蓋然性が高いと認められる。そこで，逸失利益の算定のための基礎収入としては，平成15年賃金センサス・学歴計男子全年齢平均賃金547万8,100円によるのが相当である。原告Aの後遺障害等級は第1級3号で，その労働能力喪失率は100パーセントであり，労働能力喪失期間は，症状固定時24歳から67歳までの43年間と認められるから，中間利息を43年間のライプニッツ係数によって控除すると，（中略）9,611万8,194円となる。」

＊千葉地判平成19・10・31交民集40巻5号1423頁……交差点を自転車で走行中のA（12歳，女，中学1年生）が窓ガラスにスモークフィルムを貼るなど雇用会社の指示にも従っていないY車と衝突して死亡した事故でのAの逸失利益（Yの重過失を認定しAの過失相殺否定）。

〈第 2 章〉生命侵害と財産的損害の賠償請求

【判　旨】
　「賃金センサス平成16年第1巻第1表産業計全労働者の年収額は485万4,000円であることが認められる。亡Aは12歳であったから、就労可能年数に対応するライプニッツ係数は、67歳までの55年間に対応するライプニッツ係数である18.6334から、18歳までの6年間に対応するライプニッツ係数5.0756を控除した、13.5578となる。そうすると、（中略）亡Aの逸失利益は3,619万5,258円であると認められる。」
＊大阪地判平成19・10・31交民集40巻5号1436頁……交通事故被害者A（症状固定時53歳・男。大工。後遺障害12級と推定）の逸失利益（生存事例）（過失相殺否定）。

【判　旨】
　「原告Aには、前記のとおり、高次脳機能障害は残存していないが、本件事故により、後遺障害等級12級相当の非器質性の精神障害が残存していると認められる。そして、現在の原告Aには、特に記憶障害、注意障害が顕著であること、職場の元同僚がもはや仕事を発注できないと判断していること、再就職して単純作業の部類に属する職種を担当したものの、記憶力の欠如と注意障害から3か月強という短期での退職を余儀なくされていること、他方、本件事故の前年である平成13年は赤字経営であったこと等を総合考慮すると、原告Aの労働能力喪失率は、14％と認めるのが相当である。
　そして、原告Aに残存している後遺障害は、事故後5年以上が経過した現在も継続しており、今後治癒の見込みも乏しいので、労働能力喪失期間は、症状固定時である53歳から67歳に達するまでの14年間と認める。
　前記のとおり、基礎収入を年額404万6,820円、労働能力喪失率を14％とし、就労可能年数を53歳から67歳までの14年間、5％のライプニッツ係数を使用して（対応するライプニッツ係数は9.899）、原告Aの逸失利益を算定すると、（中略）560万8,325円となる。」
＊東京地判平成19・12・17交民集40巻6号1619頁……交通事故死亡被害者A（7歳・女。小学生）の逸失利益。

【判　旨】
　「Aは本件事故時7歳であったことからすると、逸失利益の算定に当たっては、平成17年賃金センサスにおける全労働者の全年齢平均賃金487万4,800円を基礎収入とするのが相当である。
　そして、労働能力喪失期間は18歳から67歳までの49年間であり、生活費控除率は30％とするのが相当である。この結果、逸失利益は、次の算式により、3,624万9,159円となる。（算式）　487万4,800円×（1－0.3）×（18.9293－8.3064）＝約3,624万9,159円」。
＊千葉地松戸支判平成19・12・26交民集40巻6号1723頁……交通事故死亡事故被害者A（29歳・男。駅員）の逸失利益（過失相殺5分）。

【判　旨】
　「逸失利益　6,176万8,861円。（中略）Aの平成15年の年収は523万1,280円であったことが認められる。Aの死亡時の年齢は満29歳であり、その家族は原告らであった。そうすると、Aの逸失利益としては上記金額を認めることができる。計算式＝Aの死亡時の年収523万1,280円×（1－生活費控除率30パーセント）×満29歳から満67歳までのライプニッツ係数16.868」
＊東京地判平成20・1・24交民集41巻1号58頁……交通事故重傷（後遺障害等級併合2級）被害者A（症状固定時40歳・男。トラック運転手）の逸失利益（生存事例）（過失相殺否定）。

【判　旨】
　「原告Aは、群馬県内の工業高等学校を卒業後、就職して自動車整備関係の業務に従事するなどし、本件事故の3年前である平成9年に運送会社に転職して、本件事故の発生した当時はX運輸に勤務していたところ、原告Aの本件事故前の休業損害証明書上の収入は、日額1万228円であり、これを基礎に、365日分につき、夏期及び冬期の賞与を各5万円として計算した合計の年収は、約383万円である（中略）。もっとも、原告Aは本件事故当時40歳で、将来にわたって継続してトラックの運転手として勤務する可能性があったこと、原告Aは、本件事故時に勤務していたX運輸に平成11年9月に就職したばかりであり、今後、収入の増加が見込まれる長距離運送に従事することが期待できたこと（中略）、後述のような労働能力喪失期間の長さ等を考慮すると、原告Aには、将来において、賃金センサス平成15年産業計全労働者平均の年収額である488万1,100円程度の賃金を得る蓋然性があったものと認める。
　イ　労働能力喪失率　100％
　原告Aは、上記2認定のとおりの高次脳機能障害及びそれ以外の障害により、一般就労が極めて困難な状態となっており、本件事故によって労働能力を100％喪失したものというべきである。
　ウ　労働能力喪失期間　24年間
　原告Aは、症状固定時に43歳であり、67歳に至るまで24年間にわたって稼働することができたものと認める。
　エ　よって、逸失利益は、次の計算式のとおりの金額となる。
　（計算式）
　488万1,100円×100％×13.7986（24年間に相当するライプニッツ係数）＝6,735万2,346円」。
＊名古屋地判平成20・1・29交民集41巻1号114頁……交通事故で助手席に同乗のA（事故時27歳、症状

〈2-3〉逸 失 利 益

固定時28歳・男。会社員）が負傷し，後遺障害等級1級を負った事案でのAの逸失利益（生存事例）（722条2項を「類推適用」して2割の減額）。

【判　旨】

「原告Aは，本件事故当時27歳で年収が約430万円程度あり，症状固定時である平成17年3月31日時点でまだ28歳と若年であり今後昇給し，学歴計男子全年齢平均の収入を得る蓋然性が高いと認められる。そこで，逸失利益の算定のための基礎収入としては，平成17年賃金センサス・学歴計男子全年齢平均賃金552万3,000円によるのが相当である。原告Aの後遺障害は四肢の運動知覚の完全麻痺でその労働能力喪失率は100パーセントと認められ，労働能力喪失期間は，症状固定時28歳から67歳までの39年間と認められるから，中間利息を39年間のライプニッツ係数によって控除すると，（中略）9,398万4,891円となる。」

＊甲府地判平成20・2・5判時2023号134頁……日本に観光に来ていたA（21歳・女。大学3年生。中華民国国籍）がわいせつ目的で誘拐され，強姦・殺害された事件でのAの逸失利益。

【判　旨】

「本件被害者のように観光目的で一時的に我が国に滞在し，出国が予定される外国人の事故による逸失利益を算定するに当たっては，予測される我が国での就労可能期間内は我が国での収入等を基礎とし，その後は想定される出国先での収入等を基礎とするのが合理的であり，その際，我が国における就労可能期間は，来日目的，事故の時点における本人の意思，在留資格の有無，在留資格の内容，在留期間，在留期間更新の実績及び蓋然性，就労資格の有無，就労の態様等の事実的及び規範的な諸要素を考慮して，これを認定するのが相当である（最三小判平成9・1・28民集51巻1号78頁参照）。そして，この算定基準は，当該不法行為が加害者の過失に基づく事故である場合と加害者の故意に基づく犯罪である場合とで異なることはないというべきである。

前記前提となる事実及び弁論の全趣旨によれば，本件被害者は，本件事故当時中華民国に所在する私立J大学の3学年に在学中の大学生で，観光目的で短期的に来日し，4泊5日の観光ツアーが終了すれば中華民国に再び帰国する予定であったことが認められる。これによれば，本件被害者は，未だ我が国の会社等に就職していないのであるから，逸失利益算定の基礎となる収入については，中華民国で得られたであろう収入を基礎として算定するのが相当である。

原告らは，本件被害者は，本件事件当時，日本語能力試験2級取得の認定を受けており，在籍していた私立J大学日本語文学科内でもトップクラスの成績を収めるほど日本語に堪能で，同大学を卒業した後は，日本の大学院へ留学し，さらに大学院を卒業した後には日本の企業に就職することを希望しており，その能力も十分あったのであるから，本件被害者の逸失利益の算定に当たっては，日本人と同じ基準によるべきであり，仮に本件被害者が中華民国において就職したとしても，日系企業に就職した可能性は極めて高いのであるから，日本の大学院修士号取得者が中華民国の日系企業に就職した場合の平均年収である約334万4,000円を基礎とすべきであると主張する。確かに，証拠（中略）によれば，本件被害者は，在籍していた日本語文学科において優秀な成績を収め，平成16年2月10日には日本語能力試験2級に合格するなど日本語能力に優れ，将来的には日本の大学院に留学し，その後，日本の企業に就職するか中華民国の日系企業に就職したいとの希望を持っており，本件被害者が在籍していた私立J大学日本語文学科の卒業生の中には日本の大学に留学する者や日本の商社又は日系企業に就職する者も多くいたことから，本件被害者も日本の大学院に進学し，又は日本若しくは中華民国の日系企業に就職した可能性もあったことが認められる。しかしながら，本件事件当時，本件被害者は未だ私立J大学3学年で，同大学を卒業した後，日本の大学院へ留学する具体的な予定があったことを認めるに足りる証拠はなく，また，証拠（甲25及び36）によれば，平成15年（2003年）に同大学日本語文学科を卒業した1期生51名のうち日本の大学院に進学した者は1名にとどまり，本件被害者が上記の者と同様の経歴をたどる相当程度の蓋然性があったとまでは認めるに足りない。したがって，原告の上記主張を採用することはできず，本件被害者の場合には，本来の居住国（母国）である中華民国の収入実績等を基に逸失利益を算定するのが相当である。（中略）中華民国においては，工業及びサービス業労働者の1人当たりの月平均給与額が約4万3,021新台湾ドルであること及び中華民国では1月中旬から2月中旬に2か月分ほどのボーナスが支払われる習慣があることが認められる。そして，証拠（乙26）及び弁論の全趣旨によれば，平成19年7月20日における新台湾ドルの為替換算は1新台湾ドル（台湾元）当たり3.73円であることが認められるので，本件被害者の逸失利益の算定の基礎となる基礎収入額は，（中略）224万6,556円となる。43,021×14×3.73＝224万6,556円

また，原告らは，中華民国における上記平均収入が我が国の平均年収の2分の1程度であるのに比し，中華民国における物価水準が我が国の物価水準の4又は5分の1程度であることを考慮し，生活費控除率は20パーセントを超えないことを前提に算定すべきであると主張する。しかしながら，中華民国における物価水準が我が国の4又は5分の1であることを明確に認める証拠はないが，仮に，中華民国における物価水準が

〈第2章〉生命侵害と財産的損害の賠償請求

原告らの主張するとおりであるとしても，そのことから直ちに生活費控除率を20パーセントとすべきであるとはいえない。したがって，本件では，本件被害者が女子であること等を考慮して，生活費控除率を30パーセントとするのが相当である。

よって，上記金額を基礎収入額とし，生活費の控除に加え，ライプニッツ方式により年5分の割合による中間利息を控除し，稼働期間を45年間として本件被害者の逸失利益を算定すると，（中略）金2,795万1,200円となる。」

＊仙台地判平成20・2・27裁判所ウェブサイト……交通事故で死亡したA（17歳・男。コンビニ店アルバイト）の逸失利益（過失相殺5割）。

【判旨】

「Aは，高校2年の秋に高校を中退し，本件事故当時は，ホームセンターとコンビニエンスストアでアルバイトをしていた（中略）。そうすると，Aには，就労意欲があることが認められ，また，本件事故当時17歳という若年で，その就労能力の向上も十分に見込まれる年齢であったから，本件事故がなければ，就労可能な18歳から67歳に至るまでの49年間を通じて，平成16年賃金センサス第1巻第1表・男性労働者・学歴計に基づく542万7,000円を収入として得ることができたとするのが相当である。男性労働者・中卒・全年齢平均を基礎収入とすべきであるとの被告の主張は採用しない。これに基づき，生活費として5割を控除し，ライプニッツ係数を用いてその逸失利益を計算すると，（中略）4,695万3,318円となる。」

＊＊大阪地判平成20・3・13交民集41巻2号310頁……乗用車の衝突事故で被害車両の後部に同乗していて死亡したA（3歳・女）の逸失利益（過失相殺否定）。

【判旨】

「逸失利益　2,343万1,554円。（中略）亡Aは，死亡時3歳の幼児であり，就労開始時まで相当年数を残すことから，現時点において将来における就労ないし収入状況等を的確に把握するに能わず，逸失利益の算定に当たっては，賃金センサスの平均賃金に拠るべきであり，平成17年賃金センサスの産業計，企業規模計，学歴計，全労働者の全年齢平均賃金487万4,800円を基礎収入とする（中略）。生活費控除率45パーセント，18歳から67歳までの就労可能期間につき年5パーセントのライプニッツ係数により中間利息を控除し，標記の逸失利益を認める」。

＊大阪地判平成20・3・19交民集41巻2号407頁……信号機のない交差点でのA（30歳・女。会社員）の原動機付自転車とYの車の衝突事故でAが死亡した事故での逸失利益（過失相殺6割5分）。

【判旨】

「Aの基礎収入は，444万170円であると認められる。これに，Aが死亡当時30歳の女性であり，原告両親と同居していた事情を考慮して生活費控除率を3割，就労可能年数37年に対応するライプニッツ係数を16.7112とすると，Aの逸失利益は，5,194万398円となる。」

＊神戸地判平成20・3・21交民集41巻2号418頁……対向車線に出て来たY車にB車が衝突され，その衝撃で逆に対向車線にB車が押し出され，Cの大型トラックと衝突し，B車に乗っていたA（5ケ月・男）が死亡した事故の逸失利益。

【判旨】

「死亡による逸失利益（2,084万7,944円）。（中略）
ア　基礎収入（552万3,000円）。（中略）Aが本件事故によって死亡したことによる逸失利益を算定する際の基礎収入は，平成17年の賃金センサスの第1巻第1表の産業計・企業規模計・男性労働者・学歴計・全年齢平均の年収552万3,000円を採用するのが相当である。
イ　生活費控除率（50パーセント）。（中略）Aの年齢及び性別等を勘案すれば，Aが本件事故によって死亡したことによる逸失利益を算定する際の生活費控除率は，50パーセントとするのが相当である。
ウ　中間利息控除係数（7.5495）
19.2390－11.6895＝7.5495
（中略）Aは，死亡した当時，零歳であったから，18歳から67歳まで就労が可能であったと認めることができる。したがって，中間利息控除係数は，零歳から67歳までの67年のライプニッツ係数から零歳から18歳までのライプニッツ係数を控除したものを採用するのが相当である。」

＊千葉地判平成20・3・27判時2009号116頁，判タ1274号180頁……市立幼稚園の園児A（4歳・男）が園敷地脇の用水路に転落して溺死した事故でのAの逸失利益（園長・教頭・教諭の重過失を認定）。

【判旨】

「Aの父の原告Bは，4年制大学を卒業していることが認められるが，Aが4年制大学に進学する蓋然性を判断するには，なお不確定な要素もあるといわざるを得ない。加えて，本件において，原告らは，4年制大学を卒業すると見込まれる22歳からではなく，18歳から就労可能であるとしてAの逸失利益を請求しているのであるから，賃金センサス平成18年第1巻第1表男子労働者学歴計の全年齢平均賃金である555万4,600円を基礎に逸失利益を算定するのが相当である。18歳から67歳までの就労可能年数に対応するライプニッツ係数が9.1765であり，生活費として50％を控除すべきことは，当事者間に争いがないから，本件事故と相当

## 〈2-3〉逸失利益

因果関係がある逸失利益は，2,548万5,893円と算定される。」

＊大阪地判平成20・4・28交民集41巻2号534頁……後続のY車に追突された交通事故で，高次脳機能障害等の重大な後遺障害（併合2級）を残したA（症状固定時26歳・男，給与生活者で給与は比較的低額）の逸失利益（生存事例）。

【判旨】

「原告Aは，高校を卒業後いったん防衛大学校に在籍したのち，大学に再入学したため，大学を卒業して就職したのが遅くなったこと，本件事故当時はE社における在職期間が短かったために，本給，賞与ともに低かったものと認められる。これらに加え，E社が関西における大手企業であることをも勘案すれば，原告Aについては，将来において全年齢平均賃金を得る蓋然性はあったと認めることができる。

ウ 以上によれば，原告Aの逸失利益は，上記基礎収入に労働能力喪失率100％及び症状固定日から67歳までの就労期間41年に対応するライプニッツ係数17.2943を乗じ，1億1,392万6,201円となる。」

＊東京地判平成20・5・8交民集41巻3号561頁……交通事故被害者A（症状固定時30歳・男，契約社員）が後遺障害1級1号に該当し，労働能力喪失率100％とされた事故でのAの逸失利益（生存事例）（過失相殺1割5分）。

【判旨】

「原告Aの労働能力は，本件事故の後遺障害により100パーセント失われたものと評価するのが相当である。

ウ 労働能力喪失期間 37年（年5分の割合による中間利息の控除に係るライプニッツ係数16.7112）

エ よって，原告Aの逸失利益は，（中略）7,417万2,661円（中略）と認められる。」

＊福島地判平成20・5・20判時2019号69頁，判タ1289号211頁……Y病院でBが出産の際に子宮破裂を発症したので，緊急帝王切開で出生したA（事故時0歳，死亡時4歳・女）が重度の脳性麻痺になり，結果として4年後に死亡した事故でのAの逸失利益。

【判旨】

「Aは死亡時4歳であるところ，18歳から67歳までを就労可能期間として，基礎収入に賃金センサス平成12年第1巻第1表産業計・企業規模計・全労働者・全年齢平均賃金（497万7,700円）を用いて，生活費控除率を40％として，中間利息の控除を年5％のライプニッツ方式で計算する。

497万7,700円×（1−0.4）×（19.2390−11.6895）＝2,254万7,487円」となる。

＊松山地判平成20・7・1判時2027号113頁……上司に強く叱責・注意された結果，自殺したA（43歳・男。会社員）の逸失利益（自殺という心因的要因に過失相殺を類推適用して6割の減額）。

【判旨】

「Aの死亡時の年齢は43歳であり（書証略），60歳の定年（書証略）までの就労可能年数は17年である（ライプニッツ係数11.2740）。

（ウ）定年後は67歳まで就労可能であったと思われるから，その間は，平成16年度における産業計・企業規模計・男性労働者の60歳の平均年収443万1,500円程度の収入があったものと考えられるところ，60歳から67歳までのライプニッツ係数は2.5246（24年のライプニッツ13.7986−17年のライプニッツ11.2740である）。

（エ）生活費控除 Aの生活費控除率は30パーセントと認めるのが相当である。

（オ）以上により，逸失利益額は，（中略）8,751万4,165円となる。」

＊大阪地判平成20・7・4交民集41巻4号890頁……交通事故死亡被害者A（23歳・男。会社員）の逸失利益（過失相殺否定）。

【判旨】

「Aは，平成15年6月21日発生した本件事故当時23歳の健康な独身男性であり，同10年3月に高校を卒業し，造船会社，九州のラーメン店で稼働した後，神戸市内の自宅に戻って原告ら両親と同居するようになり，同14年12月から被告会社に勤務するようになったこと，Aは，北海道で牧場を経営する夢を持ち，被告会社で稼働して資金を貯めたいとの考えを持っていたこと，被告会社の給与は，基本給に販売手当等が加算される方式であったが，稼働期間が短いこともあり，平成15年4月度から同年6月度の給与（4月度13万円，5月度17万円，6月度31万3,896円）の月平均額は20万4,632円であったこと，本件事故当時，原告B（昭和27年1月14日生）は51歳であり，運送業を自営していたことなどが認められる。

そうすると，Aの当時の実収入額は，同等の就労経験年数を有する同年齢の高卒男性労働者の平成15年賃金センサスによる平均賃金に達していたとはいい難く，収入の安定性，継続性も未だ明らかとはいい難いものの，若年者であること，健康で稼働能力及び意思があったことは優に認められることを考慮し，逸失利益を算定するうえでの基礎収入としては，平成15年賃金センサスによる産業計・企業規模計・男性労働者・高卒全年齢平均年収497万2,700円とすることを相当と認める。

生活費控除率については，Aが独身男性であったことを考慮し，50パーセントとすることを相当と認める。原告らは，Aが将来原告らを扶養する予定であったから，生活費控除率は40パーセントとすべきであると主

〈第2章〉生命侵害と財産的損害の賠償請求

張するが，Aの年齢及び就労状況，原告Bの年齢及び就労状況等からすれば，本件事故当時，Aの原告らに対する扶養が具体化していたとはいえない。したがって，Aが被扶養者を有していたものとして生活費控除率を認定することは相当ではない。

以上に基づき，基礎年収を497万2,700円，生活費控除率を50パーセント，就労可能年数を67歳までの44年間とし，対応する年5パーセントによるライプニッツ係数17.6628を採用して中間利息控除を行い，逸失利益を算定すると，4,391万5,902円となる。」

＊＊東京地判平成20・7・7交民集41巻4号908頁……サイクリング中のA（男・79歳。年金生活者）の自転車に対する普通乗用車の追突交通事故で，受傷後11日目に死亡したAの逸失利益（過失相殺1割5分）。
【判　旨】
　Aの「基礎収入が332万6,496円であることについては，当事者間に争いがない。そして，Aは本件事故時79歳であったから，労働能力喪失期間として原告ら主張の7年間（ライプニッツ係数5.7864）を認めるのが相当である。なお，生活費控除率については，上記の基礎収入は年金収入であったが，その額や，Aは本件事故時，妻と死別し，原告Bが呼び寄せて，同B及びCと同居していたことなどにも照らすと，50％とするのが相当である。したがって，逸失利益として，962万4,218円を本件事故による損害と認める。」

＊名古屋地判平成20・7・18判時2033号45頁，判タ1292号262頁……新生児Aが重度の後遺障害により労働能力を100％喪失した事例でのAの逸失利益（生存事例）。
【判　旨】
　「原告Aには本件後遺障害より軽度の後遺障害が生じた蓋然性が認められることからすれば，原告Aは労働能力を一定程度は喪失したというべきである。そこで，損害の公平な分担の見地から，被告が負担すべき原告Aの逸失利益は，将来の労働能力を100％喪失したとして算定される金額の5割とするのが相当である。
　ウ　したがって，本件で認められる原告Aの逸失利益は，以下の計算のとおり，2,096万7,226円となる。
　555万4,600円（平成14年賃金センサスによる男子労働者全年齢平均年収）×1（労働能力喪失率100％）×7.5495（0歳時における18歳から67歳までの49年のライプニッツ係数）×0.5＝2,096万7,226円」。

＊大阪地判平成20・7・25交民集41巻4号959頁……横断歩道を歩行横断中のA（34歳・女。主婦兼パート勤務）がY車に追突され死亡した事故でのAの逸失利益（過失相殺否定）。
【判　旨】
　「亡Aは，本件事故当時34歳であり，一家の主婦として家事及び2人の子の育児全般を行っていたこと，平成16年ころから株式会社○○食品流通センターで午前3時から午前6時までのパート勤務をしており，平成18年には88万9,750円の年収を得たこと，パート勤務を増やすことも考えていたことなどが認められる。

以上によれば，パート勤務の内容や継続的就労の意欲を考慮しても，亡Aの稼働内容としては主婦労働を主とするものであり，逸失利益の算定としては，基礎収入を平成19年賃金センサスによる産業計・企業規模計・女性労働者・全年齢平均年収346万8,800円とし，生活費控除率を30パーセントとして，34歳から67歳までの33年間の就労可能期間に対応するライプニッツ係数16.003を用いて中間利息を控除する方法により算出した，3,885万7,844円（中略）とすることとし，上記認定のような亡Aの本件事故当時の生活状況等は，慰謝料において考慮することが相当である。（計算式）346万8,800円×（1－0.3）×16.003＝3,885万7,844円」。

＊東京地判平成20・7・31判時2026号25頁，判タ1295号271頁……ヘリコプターに搭乗して取材中に，同機が墜落して死亡したA（26歳・女。テレビ局記者）の逸失利益。
【判　旨】
　「Aは本件事故による死亡当時26歳であったところ，本件事故がなければ，59歳までは被告信越放送に勤務をし続け，その給与規定に基づいて昇給していったであろうと認められる。また，Aの職業等を考慮すれば，60歳以降67歳までは，59歳当時の70パーセントに相当する収入を得られたはずであるとする原告らの主張も相当であると認めて良い。そして，（中略）これらを前提とした別紙1の将来収入計算は，相当であると認められるから，ライプニッツ方式により中間利息を控除して求めたAの将来収入の現在価値の額は，別紙のとおり9,942万8,405円となることが認められる。この金額に，50パーセントの生活費控除率を適用して算出した4,974万4,202円が逸失利益の額となる。」

＊大阪地判平成20・7・31交民集41巻4号981頁……交差点を自転車で走行中にY車に衝突され負傷した被害者A（症状固定時63歳・男，派遣営業社員）の脊椎損傷等の後遺障害を3級と認め，労働能力喪失率100％，その期間9年として，中間利息を控除してライプニッツ方式で算定し，後遺障害による逸失利益を2,306万3,744円と認容（生存事例）（過失相殺3割5分）。

＊名古屋地判平成20・10・10交民集41巻5号1332頁……交通事故死亡被害者A（37歳・男。会社員）の逸失利益（過失相殺否定）。
【判　旨】
　「Aは，本件事故当時，会社に勤務し，本件事故発

〈2-3〉逸失利益

生の前年（平成15年）には，710万4,102円の給与収入を得ていたことが認められるから，Aの逸失利益算定上の基礎収入としては，上記額とするのが相当である。
　そこで，生活費控除率を0.4とし（争いがない），死亡時の年齢37歳から67歳までの30年間につき，ライプニッツ方式によりライプニッツ係数を15.3725として中間利息を控除して（争いがない。），逸失利益を算定すると，（中略）6,552万4,684円となる。」
＊仙台地判平成20・10・22裁判所ウェブサイト……交通事故で死亡したA（2歳・女）の逸失利益。
【判　旨】
　「本件事故発生当時の労働市場において賃金格差が存在しており，その格差が将来のどの時点において完全に解消されるかということについての予想が不可能であるとすれば，少なくとも交通事故における被害者の逸失利益の算定にあたって，賃金センサスによる男女別平均賃金を基礎収入とするのが相当である。
　したがって，本件におけるAの逸失利益は，平成18年女子学歴計全年齢平均年収343万4,400円を基礎収入とし，生活費控除率について30パーセント，中間利息控除に関してライプニッツ係数8.323によって算出すると2,000万9,158円となる。」
＊仙台地判平成20・10・29交民集41巻5号1382頁……交通事故死亡被害者A（40歳・男。タクシー運転手）の逸失利益。
【判　旨】
　「Aには，本件事故当時，平成19年の秋にはタクシー会社を設立する確実な予定があったと認められるから，逸失利益を算出するに当たっては，この当時務めていたS交通株式会社からの給与収入の額ではなく，このタクシー会社から支払われたと見込まれる役員報酬の額をその基礎収入の額とみるのが相当である。（中略）しかし，（中略）仙台市周辺では，タクシーの台数が，平成19年3月には平成14年の1.5倍に増えていること，国土交通省は，平成19年1月，仙台市について，タクシーの新規参入，増車を禁止することができる緊急調整地域に指定したこと，新規に参入したタクシー会社の中には，営業不振により，1年足らずで，すべての従業員を解雇せざるを得なかったところもあることも認められる。
　イ　これらの事情をもとに検討すると，Aが，タクシー会社を設立できたとしても，仙台市周辺では，本件事故の当時，緊急調整地域に指定されるほど，供給が過剰の状態になっていた。さらに，新規参入が禁止される前に，Aと同じように，介護タクシーを利用する高齢者を当て込んで，別のタクシー会社も参入する可能性もあった。そうすると，介護タクシーを利用すると見込まれる高齢者の数が増加しているし，その料金は通常のタクシーよりも高く設定されているからと

いって，その設立の当初から，その見積もりのとおりの営業収入を得られたとまでは認められない。（中略）このほかに，Aが，タクシー会社を設立できたとしても，その燃料費，固定費が，その見積もりのとおりでとどまるとまでも認められない（例えば，燃料費が1リットル当たり100円に上がったときには，その額は1,650万円に増加する。）ことや，このタクシー会社から支払われたと見込まれる役員報酬はそのすべてが労働の対価ではなく，利益配当の部分も含まれていることや，年齢や男女の違いでこの報酬の額に目立った違いが生ずるとは考えにくいことも考慮すると，Aは，本件事故がなければ，就労可能な67歳までの27年間を通じて，賃金センサス平成17年第1巻第1表の産業計企業規模計学歴計全労働者全年齢の平均収入額である487万4,800円を得ることができたとまでは認められるが，それ以上に，この表の男子労働者学歴計40～44歳の平均収入額である653万1,600円を得ることができたとまではみることはできない。
　（3）（中略）Aは，本件事故の当時，独身で，両親である原告らと同居していたが，その収入のすべてを生活費として家庭に入れるとともに，身体障害者である原告Bの介護の中心的役割を果たしており，一家の支柱であったことが認められる。そうすると，その生活費控除割合は40パーセントにとどまるとみるのが相当である。
　（4）以上によると，Aの逸失利益は，以下の計算式のとおり4,282万9,017円とみるのが相当である。
　（計算式）
　487万4,800円（基礎収入）×14.6430（就労可能期間である27年間に対応したライプニッツ係数）×（1－0.4〔生活費控除割合〕）＝4,282万9,017円」。
＊東京地判平成20・10・29判タ1298号227頁……県立高校の正課授業でのカヌー実習で溺死したA（16歳・女。高校2年生）の逸失利益（過失相殺否定）。
【判　旨】
　「Aは，就労の始期である18歳になってから67歳に達するまでの間，平成17年の女性労働者学歴計全年齢の平均賃金を得られたものと見込まれるから，Aの生活費の割合を30パーセントとして，Aの死亡による逸失利益の本件事故当時における現価を求めると，3,961万8,276円」となる。
＊神戸地判平成20・11・4交民集41巻6号1405頁……交通事故死亡被害者A（2歳11ケ月・男）の逸失利益（過失相殺否定）。
【判　旨】
　「本件事故によってAに2,413万3,853円の逸失利益を生じたことは，当事者間に争いがない。」
＊名古屋地判平成20・12・10交民集41巻6号1601頁……交通事故重傷（後遺障害14級）被害者A（症状固

定時41歳・男。会社役員）の逸失利益。

【判　旨】

「後遺障害逸失利益　280万3,125円。（中略）原告Aは，原告会社の役員報酬として，平成13年分390万円を得，平成14年分同額，平成15年分291万5,000円，平成16年以降0円を得ており，また，（妻）Bも原告会社の役員報酬として，平成13年分153万6,000円を得ていることが認められる。

原告らは，Bの報酬分も原告Aの基礎収入に加算しているが，原告AとBは別人格で，別々に報酬を得ており，別個のものであって，加算することは相当ではない。そして，原告Aが原告会社の代表者であり，事務員が2名いるものの，航空測量の技術者は原告A1名であり（弁論の全趣旨），その報酬金額も併せ考えると，390万円全部を労働の対価として基礎収入とするのが相当である。なお，原告Aは症状固定時41歳であり，その後遺障害は14級であるが，現在も通院しており，労働能力喪失期間としては，67歳まで認めるのが相当である。」

＊大阪地判平成20・12・15交民集41巻6号1624頁……交通事故重傷者A（事故時16歳，症状固定時19歳・男。高校生）の逸失利益（生存事例）（過失相殺否定）。

【判　旨】

「原告Aは，（中略）自賠等級第1第1級1号に該当する後遺障害を残存したものであり，労働能力を100パーセント喪失したものと認められる。

そうすると，原告Aは，症状固定時19歳であり，67歳までの全就労期間48年間（対応するライプニッツ係数18.077）につき100パーセント労働能力を喪失したものであり，基礎収入を同原告の主張する平成15年産業計・企業規模計・学歴計男性労働者全年齢平均賃金547万8,100円とし，上記ライプニッツ係数を用いて中間利息控除を行って算出される9,902万7,613円を後遺障害逸失利益として相当と認める。」

＊東京地判平成20・12・17交民集41巻6号1643頁……夜間に道路を歩行中にYの車に追突されて死亡したA（49歳・男。飲食店経営会社の総料理長）の逸失利益（過失相殺3割）。

【判　旨】

「亡Aは，平成3年ころから多発性膿胞腎を患い，平成16年には一時重篤な状態に陥ったが，その後病状は相当程度回復し，同年5月ころには仕事に復帰し，復帰後3か月ほど経ったころには，勤務先の配慮もあって，大きな支障もなく仕事をしていたことが認められ，平成17年に入ってからは，透析は欠かせないものの比較的安定した状態で継続して勤務していたことが認められることに照らすと，亡Aの稼働収入分については，平成17年1月1日から本件事故日である同年3月20日まで（79日間）の給与額（113万769円，甲18）を基礎として算定するのが相当である。したがって，亡Aの稼働収入分の基礎収入は年額522万4,439円（円以下切捨て）と認めるのが相当である。（中略）そして，亡Aは，死亡当時49歳（甲3の1）であったから，労働能力喪失期間は67歳までの18年（ライプニッツ係数11.6896）とし，生活費控除率を30パーセントとして算定し，亡Aの稼働収入分の逸失利益は4,275万121円（円以下切捨て）と認めるのが相当である。（中略）

年金分

（中略）亡Aは，平成17年2月3日に社会保険庁長官より障害厚生年金として年間110万7,800円（うち加給年金額22万8,600円），障害基礎年金として年間132万7,900円（うち加給金額53万3,400円）の合計243万5,700円が支給される旨の裁定通知を受けたことが認められる。そして，配偶者や子の加給分については，年金としての逸失利益性を認めるのは相当でないというべきである（最高裁平成11年10月22日判決民集53巻7号1,211頁）から，年金分については，障害厚生年金における加給分22万8,600円及び障害基礎年金における加給分53万3,400円を控除した残額の合計167万3,700円を基礎収入とするのが相当である。（中略）なお，原告らは，障害厚生年金及び障害基礎年金の加給分の逸失利益性が否定される根拠は，加給分の加算終了事由が子の婚姻，養子縁組，配偶者の離婚など，その意思いかんにより決定しうる事由により加算が終了するものと定められており，存続が確実なものとはいえないという点にあると理解されるところ，本件においては，原告らには前記婚姻，養子縁組，配偶者の離婚といった事由が考えられず加給分の存続は確実といえるから，これを控除すべきではない旨主張するが，そもそも原告らについて前記終了事由により受給権が消滅することがあり得ないとは考えられず，基本となる障害年金と同じ程度に存続が確実なものとはいえないうえ，障害厚生年金及び障害基礎年金の加給分は，いずれも受給権者によって生計を維持している者がある場合にその生活保障のために基本となる障害年金に加算されるものであって，受給権者と一定の関係がある者の存否により支給の有無が決まるという意味において，拠出された保険料とのけん連関係があるものとはいえず，社会保障的性格の強い給付であることに照らすと，加給分について逸失利益性を認めるのは相当でないというべきであり，原告らの主張は採用できない。

b　そして，一般的には，障害厚生年金や障害基礎年金は本人の生活費に充てられる部分が大きいが，亡次郎の障害厚生年金及び障害基礎年金に関しては，亡Aは，本件事故当時，ほかに稼働収入として年額522

〈2-3〉逸失利益

万4,439円に相当する給与を得ており，本人の生活費に充てられる部分は比較的小さかったと考えられるから，年金部分の生活費控除率は，就労可能年齢の上限である67歳までは50パーセントとし，67歳以降は60パーセントとするのが相当である。

また，年金喪失期間は平均余命までの31年（ライプニッツ係数15.5928）として算定するのが相当である。以上を前提に亡Aの年金分の逸失利益について算定すると，（中略）Aの年金分の逸失利益は合計1,239万5,555円とするのが相当である。」

＊福岡地判平成21・1・9判時2047号147頁……腎臓摘出手術中の癌患者A（45歳・男。職業不詳）がY病院側の医療過誤で3日後に死亡した事故での逸失利益。
【判旨】
「Aは，死亡時45歳であったが，前記（1）認定説示のAの癌の所見やAの予後，鑑定に鑑みると，Aの5年生存率は限りなく0％に近く，3年生存率も極めて低かったものと推認されるから（前記（1）イ認定のとおりN鑑定人が5年生存率が0％と判断するに当たって依拠したと推認される医学文献（多量解析による腎細胞癌の予後因子の検討）において，癌細胞の悪性度が最も高いG3の症例は，5年生存率はもちろん3年生存率も0％と報告されている。），仮にAが前記認定の過失により死亡しなかったとしても，その就労期間は1年6月程度であったとして，逸失利益を算出するのが相当である。

そして，《証拠略》によれば，Aの平成15年の年収額は671万4,400円であり，死亡しなければ，その後就労期間において同程度の収入を得られたものと推認することができる。

そこで，上記年収額を基礎に，就労期間1年6月に対応するライプニッツ係数1.40585（1年と2年の各ライプニッツ係数の平均値とする。）を乗じて中間利息を控除し，生活費として4割を控除すると，次の計算式のとおりその合計額は566万3,663円となるから，Aの逸失利益は，同額をもって相当と認める。」

＊大阪地判平成21・1・28交民集42巻1号69頁……不注意で前方で遊んでいる幼児に気付かずYが車を発進させたため重傷被害を受けたA（事故時2歳，症状固定時3歳・男）の逸失利益（生存事例）。
【判旨】
「原告Aは，前記認定のとおりの後遺障害により，自賠等級第1級1号に該当すると認定され，労働能力を100％喪失したものと認められる。

（イ）したがって，基礎収入を平成16年産業計・企業規模計・学歴計・男性労働者の平均年収542万7,000円とし，原告Aは症状固定時3歳であるから，18歳から67歳までの就労可能期間に対応する下記ライプニッツ係数を用いて中間利息控除を行って計算すると，同

原告の逸失利益は，4,742万8,724円となる。」

＊大阪地判平成21・1・30判時2035号91頁，判タ1321号158頁……ヤミ金融業者Yによる過酷な取り立てによって自殺に追い込まれたA（69歳・女。主婦兼パート勤務）の逸失利益。
【判旨】
「Aは，死亡した当時69歳であり，パートタイムの勤務をしながら，主婦として家族の生活を支える家事労働に従事していたのであるから，同人の収入は，女子労働者の該当年齢平均賃金年額294万7,400円を下らない収入があったと認めるのが相当である。

また，Aの就労可能年数は，少なくとも7年はあったといえ，そのライプニッツ係数は，5.786であり，生活費控除割合は30％とするのが相当である。したがって，Aの逸失利益は，（中略）1,193万7,559円である。（中略）

イ 財産的損害 （中略）Aは，前記3記載の被告らの恐喝行為により，被告らに対し，別表支払一覧表記載のとおり，合計33万7,000円を支払うとともに，振込手数料合計6,195円を支出していたため，Aは，合計34万3,195円の財産的損害を被ったと認められる。

なお，被告らがAに対して交付した合計3万2,160円の金員は，前記2のとおり，貸付け自体が金員喝取のための口実にすぎず，公序良俗違反で無効となり，被告らが，民法708条により返還を求めることができないものであるから，民法708条の趣旨に鑑みれば，上記財産的損害から控除すべきでない（最高裁第三小法廷平成20年6月10日判決・判例時報2011号3頁）。」

＊神戸地判平成21・2・23交民集42巻1号196頁……交通事故被害者A（症状固定時66歳・女。主婦。後遺障害1級1号）の逸失利益（生存事例）（過失相殺2割5分）。
【判旨】
「原告Aの症状固定時の年齢が66歳であること，その平均余命が22.32年であることは前述のとおりであり，原告Aの労働能力喪失率が100パーセントであることは明らかであり，基礎収入は，平成17年賃金センサスの産業計・企業規模計・学歴計の女性労働者の65歳以上の平均収入である284万3,300円，労働能力喪失期間は平均余命22.32年の半分の11.16年であるとするのが相当であり，11年に相応するライプニッツ係数は8.306である。したがって，後遺障害逸失利益は，2,361万6,449円になる。」

＊さいたま地判平成21・2・25交民集42巻1号218頁……交通事故重傷（後遺障害等級1級1号）被害者A（症状固定時54歳・女。保険外交員）の逸失利益（生存事例）（過失相殺否定）。
【判旨】

〈第2章〉生命侵害と財産的損害の賠償請求

「原告Aはかなり優秀な成績を挙げていたことが認められるが，○○生命保険相互会社において，特別嘱託職員として70歳まで就労可能か否かは，65歳になるまでの直近の1年間の成績等により決まることとされ，さらに70歳以降も引き続き就労可能か否かは，70歳になるまでの直近の1年間の成績等により決まるとされており，原告Aは事故時53歳であり，上記年齢に達するまで相当の期間があることからすれば，原告Aが73歳まで働くことが相当程度に確実であったと認めることはできない。確かに，保険外交員という職種からすれば，勧誘技術や交友範囲は勤務年数に従い向上ないし拡大するのであるから，原告Aは，65歳以降の就労可能性を判定する時期まで優秀な成績を保つことが可能だという原告らの主張も理解できないではないが，その業務内容は，外回りの営業を要するものであり，加齢に伴う体力面の衰えによる活動量の低下も無視することはできないことからすると，やはり原告Aが67歳をこえて稼働できることが相当程度に確実だということはできず，就労可能年数を67歳までとするのが相当である。

〈3〉中間利息控除率及びその方法

上記のとおり，中間利息控除の方法は，年5パーセントの中間利息をライプニッツ方式によることとし，休業損害額算定との均衡から，症状固定時の現価にひき直すこととする。

以上を前提に，原告Aの逸失利益を計算すると，以下のとおりとなる。

724万8,288円×9.394（労働喪失期間13年に対応するライプニッツ係数）＝6,809万417円」

＊名古屋地判平成21・3・6交民集42巻2号356頁……Y町が管理する公園の出入り口から自転車で出ようとしたA（7歳・男）が車に轢かれて死亡した事故で，Yの国賠法2条の管理の瑕疵を認めた上でのAの逸失利益（過失相殺1割）。

【判　旨】

「Aは，死亡当時7歳の男児であったから，逸失利益算定上の基礎収入は，平成17年の賃金センサス，第1巻，第1表，産業計，企業規模計，男性労働者の全年齢平均賃金額である552万3,000円とするのが相当であり，生活費控除率は50％とするのが相当である。

また，逸失利益算定上の就労可能年数は18歳から67歳までとするのが相当であり，死亡時を基準にライプニッツ方式により年5分の割合で中間利息を控除して逸失利益を算定するのが相当である（中略）。そうすると，逸失利益は，（中略）2,933万5,138円となる。」

＊名古屋地判平成21・3・10交民集42巻2号371頁……交通事故重傷被害者A（事故時6歳・男。小学生）の逸失利益（生存事例）（過失相殺3割）。

【判　旨】

「逸失利益　5,764万9,935円。当事者間に争いなし。」

＊大阪地判平成21・4・24交民集42巻2号576頁……Y車とZ車の交差点での衝突交通事故で，Z車の後部座席に乗っていて死亡したA（52歳・女。主婦兼美容用品訪問販売）の逸失利益（過失相殺否定）。

【判　旨】

「亡Aの逸失利益の算定としては，基礎収入を平成19年賃金センサスによる産業計・企業規模計・女性労働者・全年齢平均年収346万8,800円とし，生活費控除率を30パーセントとして，15年間の就労可能期間に対応するライプニッツ係数10.3797を用いて中間利息を控除する方法により算出した，2,520万3,572円（中略）とすることを相当と認める。」

＊名古屋地判平成21・4・15交民集42巻2号541頁……玉突き衝突の交通事故で重傷を負い，入院治療後うつ病になって自殺した被害者A（事故時66歳・男。会社員）の逸失利益（20％の限度で事故との相当因果関係を認容）。

【判　旨】

「Aは，死亡時67歳であり，1日あたり8,306円の収入を得ており，就労可能年数を8年間とすると，逸失利益は以下の計算式により，1,371万5,668円となる。8,306円×365×（1－0.3）×6.463（8年のライプニッツ係数）」。

＊大阪地判平成21・5・14交民集42巻3号618頁……Y運転の車がフェンスや電柱に衝突し，同乗のA（51歳・女。信用組合勤務）が死亡した事故でのAの逸失利益（過失相殺否定）。

【判　旨】

「Aは，死亡当時51才であり，甲第25号証によれば，Aは，K産業信用組合から，事故の前年である平成17年には，676万6,440円の給与の支払を受けており，甲第29号証によれば，K産業信用組合の定年は，60才である事実が認められる。また，Aの生活費控除率は，35パーセントとするのが相当である。よって，Aの60才までの逸失利益としては，3,126万2,306円が相当である。（中略）

（イ）定年後67才までの逸失利益　1,312万4,187円

（中略）Aは，K信用組合から，事故の前年である平成17年には，676万6,440円の給与の支払を受けていた事実が認められ，（中略）Aは，生前各種の資格を取得していた事実が認められ，K信用組合の定年が60才であることは上記ア認定のとおりである。

上記認定の事実によれば，Aが，各種資格を取得し，その仕事上の技術に精通していたと解されるものの，定年後にも定年前と同程度の賃金の支払を受けうる蓋然性は認められないことからすれば，67才までの逸失

## 〈2-3〉逸失利益

利益を算出するに当たっては，Aが支払を受けていた給与676万6,440円の8割の金額及び生活費控除率35パーセントを前提にすることが相当であるというべきである。よって，Aの定年後67才までの逸失利益は，1,312万4,187円が相当である。（中略）
　（エ）年金に関する逸失利益　377万7,372円
　（中略），Aは，60才から64才までの5年間は，年58万2,555円の年金の支払を，65才以降は年104万8,100円の各支払を受け得た事実が認められる。また，この間の生活費控除率は，67才までは35パーセントが，68才以降は70パーセントが相当である。よって，Aの年金に関する逸失利益は377万7,372円が相当である。」

＊東京地判平成21・6・24交民集42巻3号849頁……交差点を息子Bと歩行中のA（42歳・女。主婦）にY車が直前まで発見できずに衝突して，Aに脳挫傷等の重傷を負わせて死亡させた事故でのAの逸失利益（Aのパート収入（ホームヘルパー2級）は，家事労働と独立して評価できず，女性全年齢の平均賃金に含めて算定すべきと判示）（過失相殺否定）。
【判　旨】
　「Aはいわゆる専業主婦であって，実際の収入はパート労働者として月額2万円前後（年額24万円前後）であったことからすると，Aの基礎収入は年額346万8,800円（平成19年学歴計・女性全年齢平均賃金），生活費控除率は30パーセントとするのが相当である。また，Aは，本件事故当時は42歳であるから就労可能期間は67歳までの25年（ライプニッツ係数14.0939）とすべきであり，専業主婦であるから生活費控除は30パーセントが相当である。したがって，Aの逸失利益は3,422万2,244円となる。」

＊大阪地判平成21・6・30交民集42巻3号856頁……Yのタクシーの乗客のA（症状固定時58歳・男，後遺障害1級1号）が，Yの前方不注意により，信号停止していたZ車に追突し，Aが負傷した事故でのAの逸失利益（生存事例）（過失相殺否定。素因減額3割）。
【判　旨】
　「逸失利益　3,857万895円（請求額7,183万1,764円）。
　（ア）まず，原告Aの後遺障害の程度に照らせば労働能力喪失率は100パーセントと認めるのが相当である。
　（イ）次に，症状固定時年齢58歳から定年までの基礎収入額は年額859万4,000円（甲22）であり，定年が通常60歳であることから2年間の逸失利益の額は，859万4,000円×1.8594＝約1,597万9,683円となる（円未満切捨て）。
　（ウ）定年後は，逸失利益算定上の基礎収入額を年額430万4,400円（平成18年賃金センサス・男性労働者・年齢別平均賃金額）とし，就労可能年数を7年間（対応するライプニッツ係数は，7.1078－1.8594＝5.2484である。）として，定年後の逸失利益の額を算定すると，430万4,400円×5.2484＝約2,259万1,212円となる（中略）。
　（エ）そうすると，原告Aの逸失利益の額は，前記（イ）及び（ウ）の合計額3,857万895円となる（なお，被告らは生活費控除を主張するけれども，病院内とは言え，原告Aは現に日常生活を送っているものであって，逸失利益算定に当たって原告Aの生活費を控除すべき事情は見当たらない。）。」（中略）「一方で，本件事故態様からすると，後部座席で無防備で眠っていた原告Aが足下に勢いよく転落させられて頸髄損傷を生じた可能性もそれなりに高いと判断できる事情も総合勘案し，脊柱靱帯骨化症が本件事故に寄与している割合，すなわち素因減額割合については，3割と認めるのが相当である。」

＊東京地判平成21・7・23交民集42巻4号915頁……交通事故重傷（後遺障害等級併合3級）被害者A（事故時34歳，症状固定時39歳・男。会社員，イラン人）の逸失利益（生存事例）（過失相殺1割5分）。
【判　旨】
　「原告Aには，上記高次脳機能障害に加えてさらに，肉体労働にとって重要である右足関節部分につき自賠法施行令別表第2の8級相当の後遺障害を含む他の後遺障害が残存していることも併せ考慮すると，原告Aについては将来の就労が現実的には全く不可能な状態にあり，本件事故によりその労働能力を100パーセント喪失したものというべきである。
　原告Aの基礎収入については，本件事故発生の前年度収入である469万3,000円（前記（5））とすることが相当である。これに対し，原告らは，年齢ごとの賃金センサスを用いるべき旨主張するが，原告Aの症状固定時である平成17年9月28日の年齢は39歳であって若年とはいえないことや，来日後，必ずしも安定した職場で継続的に稼働していたとは窺われない（甲42，弁論の全趣旨）など本件事故以前の就労状況等に照らし採用できない。
　したがって，原告Aは，本件事故がなければ39歳の症状固定時から67歳までの28年間（その場合の年5分の割合による中間利息の控除に関するライプニッツ係数は14.8981）にわたり就労することが可能であったものというべきであるから，原告Aの後遺障害逸失利益は，（中略）6,991万6,783円となる。」

＊名古屋地判平成21・7・29交民集42巻4号945頁……交通事故死亡被害者A（37歳・男。会社員）の逸失利益。
【判　旨】
　「Aの収入は平均賃金額を下回っており，Aの37歳の年齢を考慮すると，平均賃金まで上昇する可能性は

〈第2章〉生命侵害と財産的損害の賠償請求

少なく，そうすると，基礎収入は400万円として算定するのが相当である。
　そして，Aは，本件事故当時37歳であり，67歳まで30年間仕事ができるものとして，生活費控除を3割として，逸失利益を算定するのが相当であり，そうすると，以下の計算式により4,304万2,720円となる。そして，後記原告Bの扶養利益の侵害分を控除すると，2,767万320円となる。」
＊神戸地判平成21・8・3交民集42巻4号964頁……交通事故重傷（後遺障害1級1号）被害者A（症状固定時63歳・男。飲食店勤務）の逸失利益（生存事例）（過失相殺1割）
【判旨】
　「後遺障害による逸失利益（認容額3,057万7,932円）
　ア　基礎収入（33万円／月×12月＝396万円）（甲28）
　イ　労働能力喪失割合（100％）
　　後遺障害等級1級1号
　ウ　中間利息控除係数（7.7217）
　原告Aの平均余命は20.01年であるから，原則としてその2分の1である10年間を就労可能期間と考えるべきである。被告の基礎収入は60歳～64歳の学歴計賃金センサスによる平均給与（442万2,600円）を下回る額であるところ，仮に今後飲食店での勤務が体力的に困難になったとしても他の仕事により上記基礎収入額程度の収入を得る蓋然性がないとまでいえず，甲29にも照らせば，原告Aの就労可能期間を原則に対する例外として扱う必要までは認めるに足りない。」
＊京都地判平成21・8・6交民集42巻4号987頁……交通事故で重傷を負ってから5年4ヶ月後に死亡したA（事故時70歳，死亡時76歳・男。ガス溶接のアルバイト）の逸失利益。
【判旨】
　「死亡逸失利益　1,001万6,053円。（中略）Aは，本件事故当時，（中略）年間280万5,396円の年金を受給していたことが認められる。
　そして，アルバイト収入に係る死亡逸失利益は，次のとおり，351万7,326円となる。すなわち，〔1〕A（昭和7年5月7日生）は，死亡時である平成20年7月6日当時76歳であり，平成19年簡易生命表によれば，その平均余命は10.78歳であるから，5年間就労し，その間，前判示のアルバイト収入年額135万4,047円を得ることができたと認めるのが相当である。〔2〕生活費控除率を40パーセントとするのが相当である。〔3〕したがって，上記アルバイト収入年額を基礎収入とし，40パーセントの生活費控除をした上で，期間を5年間とし，ライプニッツ係数（4.3294）を乗じて中間利息を控除すると上記金額となる。（中略）次に，年金収入に係る死亡逸失利益は，次のとおり，649万8,727円となる。すなわち，〔1〕Aは，10年間，前判示の年額280万5,396円の年金を得ることができたと認めるのが相当である。〔2〕生活費控除率を70パーセントとするのが相当である。〔3〕したがって，上記年金年額を基礎収入とし，70パーセントの生活費控除をした上で，期間を10年間とし，ライプニッツ係数（7.7217）を乗じて中間利息を控除すると上記金額となる。計算式は，280万5,396円×（1－0.7）×7.7217＝649万8,727円（1円未満切り捨て）である。以上によれば，死亡逸失利益の合計は上記金額となる。計算式は，351万7,326円＋649万8,727円＝1,001万6,053円である。」
＊京都地判平成21・8・10交民集42巻4号1026頁……交通事故死亡被害者A（81歳・女）の逸失利益（過失相殺否定）。
【判旨】
　「死亡逸失利益　1,062万321円。（中略）亡Aは，本件事故により，死亡逸失利益として，次のとおり上記金額の損害を被ったことが認められる。
　（ア）就労に係る逸失利益　771万9,708円
　a　基礎収入　年額254万7,212円（中略）
　b　就労可能期間
　亡Aの死亡当時の年齢（81歳）等にかんがみれば，その就労可能期間は，平均余命（10.72年。平成19年簡易生命表）の約2分の1である5年間（86歳までの5年間。そのライプニッツ係数は4.3295である。）と認めるのが相当である。
　c　生活費控除率　30パーセント
　d　計算式　254万7,212円×（1－0.3）×4.3295＝771万9,708円（中略）
　（イ）年金収入に係る逸失利益　290万613円
　a　基礎収入
　〔1〕年額71万6,500円
　亡Aの通算老齢年金は，国民年金通算老齢年金（年額23万4,000円）及び厚生年金保険通算老齢年金（年額48万2,500円）の合計年額71万6,500円であるが，遺族厚生年金受給による支給調整のため，上記厚生年金通算老齢年金については，そのうち年額24万1,250円が支給停止となり，残額である年額24万1,250円が支給されていた（上記支給停止の結果，通算老齢年金の支給額は年額47万5,250円〔23万4,000円＋24万1,250円〕となっていた。）ものである。年金収入に係る逸失利益算定における基礎収入については，上記通算老齢年金の年額71万6,500円と認めるのが相当である。（中略）被告らは，「遺族厚生年金が支給されたため，支給が停止された厚生年金保険通算老齢年金の金額は，これを逸失利益算定における基礎収入とすることはできない」旨主張する。
　しかしながら，遺族厚生年金受給による支給調整の

〈2-3〉逸失利益

ため，厚生年金保険通算老齢年金の一部が支給停止となっても，その支給停止部分の受給権が消滅したものではなく，権利として存在しており，ただ支給調整を要する事由がある限りにおいて支給が停止されているというのにすぎないのであるから，支給停止の原因となった遺族厚生年金につき逸失利益性を否定する以上，厚生年金保険通算老齢年金を受給し得なくなったことに係る逸失利益については，支給停止部分も含めて受給権として存在する年金額を基礎として逸失利益を算定するのが相当である。したがって，被告らの上記主張は採用することができない。

　　b　生活費控除率
　亡Aは，死亡当時，平均余命が10年（前判示の10.72年につき1年未満切り捨て）であったところ，生活費控除率については，前判示の就労可能な86歳までの5年間につき30パーセント，87歳から91歳までの5年間につき70パーセントと認めるのが相当である。
　　c　年金収入を失った期間及び逸失利益の金額
　〔1〕死亡時から86歳までの5年間
　上記期間のライプニッツ係数は4.3295であり，その間の上記逸失利益は，次のとおりである。
　71万6,500円×(1－0.3)×4.3295＝217万1,460円（1円未満切り捨て）
　〔2〕87歳から91歳までの5年間
　上記期間のライプニッツ係数は3.3922（7.7217〔死亡時から10年間のライプニッツ係数〕－4.3295〔死亡時から5年間のライプニッツ係数〕）であり，その間の上記逸失利益は，次のとおりである。
　71万6,500円×(1－0.7)×3.3922＝72万9,153円（1円未満切り捨て）」。

＊京都地判平成21・8・10交民集42巻4号1037頁……交通事故死亡被害者A（44歳・男。イスラエル国籍）の逸失利益。
【判　旨】
　「死亡逸失利益　2,158万573円。亡Aは，本件事故により，死亡逸失利益として，次のとおり上記金額の損害を被ったことが認められる。
　　（ア）基礎収入　月額26万6,652円
　　（イ）生活費控除　50パーセント
　　（ウ）就労可能期間　67歳までの23年間（67歳－44歳。そのライプニッツ係数は13.4886である）。」

＊岡山地判平成21・8・26交民集42巻4号1096頁……赤信号無視のY車に青信号で横断歩道を歩行中のA（9歳・女。小学生）に衝突しAが死亡した事故でのAの逸失利益（過失相殺否定）。
【判　旨】
　「男女雇用機会均等法の制定及びその後の改正により，雇用における男女の差別的取扱いが禁止され，法規制の上でも男女間の賃金格差を解消する方向性が明らかとなっている。また，行政庁においても男女間の賃金格差解消のための指導体制をとっていることは公知の事実である。また，証拠（甲27）によれば，昭和61年から平成19年の22年間で，男性を100とした場合の一般労働者の男女間所定内給与格差は，女性は59.7から66.9と，7.2ポイント上昇し，格差は縮小傾向にあることが認められる。そして，前記の法改正等に鑑みると，今後はこのような傾向がさらに加速するものと考えられる。このような状況に鑑みると，被害者が9歳の女児である本件においては，被害者の基礎年収として，賃金センサス平成18年第1巻1表，産業計・企業規模計・男女計の全年齢平均の賃金額を採用するのが相当である。そして，同賃金額が489万3,200円であることは当裁判所に顕著である。
　イ　生活費控除について
　生活費控除については，前記アにおいて，基礎年収について賃金センサス平成18年第1巻1表，産業計・企業規模計・男女計の全年齢平均の賃金額を採用することとの均衡上，45パーセントを採用するのが相当である。
　ウ　被害者の年齢（9歳）と，労働能力喪失期間（49年）に対応するライプニッツ係数は11.712であるから，被害者の逸失利益は，（中略）3,152万37円である」。

＊東京地立川支判平成21・8・27交民集42巻4号1100頁……1人暮らしの年金生活者A（81歳・男。無職）の交通事故死の逸失利益（過失相殺4割）。
【判　旨】
　「Aの年金額は年額306万9,330円であり，生活費控除率を6割，81歳男子の平均余命年数8年のライプニッツ係数6.4632を乗じて中間利息を控除して逸失利益を求めると793万5,077円となる。」

＊名古屋地判平成21・9・30交民集42巻5号1269頁……Y車が前方不注意で駐車場に進入してZ車に衝突し，Z車の横転により車体にA（10歳・男。小学生）を巻き込んで死亡させた事故でのAの逸失利益。
【判　旨】
　「Aは，本件事故による死亡時10歳であり，18歳から67歳まで49年間就労可能として，その数値のライプニッツ係数を乗じ，生活費控除を5割とするのが相当であり，そうすると，以下の計算式により逸失利益は3,395万8,993円となる。
　552万3,000円〈平成17年産業計・学歴計男子全年齢平均賃金〉×(1－0.5)×12.2973（ライプニッツ係数）
　なお，原告らは，ホフマン係数を用いるべきであると主張する。ところで，平成17年6月14日第三小法廷判決は，損害賠償額の算定に当たり被害者の将来の逸失利益を現在価額に換算するについて，法的安定及び統一的処理が必要とされるから，民法は，民事法定利

〈第2章〉生命侵害と財産的損害の賠償請求

率（5パーセント）により中間利息を控除することを予定しているものと考えられ，このように考えることによって，事案ごとに，また，裁判官ごとに中間利息の控除割合についての判断が区々に分かれることを防ぎ，被害者相互間の公平の確保，損害額の予測可能性による紛争の予防も図ることができるとし，損害賠償額の算定に当たり，被害者の将来の逸失利益を現在価額に換算するために控除すべき中間利息の割合は，民事法定利率によらなければならない旨判示しているところ，ライプニッツ方式及びホフマン方式のいずれも中間利息控除の算定方式として合理性を欠くものではないが，現在の判決例の多くは，年利5パーセントのライプニッツ方式を採用しており，年利5パーセントのホフマン方式による判決例は少数にとどまっているから，本件においても，中間利息の割合に関する上記判示と同様に，法定安定及び統一的処理の必要という観点に立って，年利5パーセントのライプニッツ方式を用いて，中間利息を控除するのが相当である。」

＊神戸地判平成21・10・14交民集42巻5号1307頁……交通事故死亡被害者A（58歳・男。個人事業主）の逸失利益（過失相殺5分）。

【判　旨】

「逸失利益　3,770万4,539円。

ア　個人事業所得逸失利益　1,669万9,715円。（中略）亡Aは，平成19年9月18日から○×商店の屋号で，ビル内の機器整備及びビル管理全般の個人事業を営み，同月14日，訴外会社との間で，大阪市所在の海遊館の設備管理業務を受託する契約を締結し，業務委託料を受給していたこと，平成19年11月から平成20年3月までの業務受託料は，130万8,477円であり，年間にすると314万272円（中略）であり，これを基礎年収額とする。（中略）亡Aは，本件事故当時，原告B及び同Cと同居し，両原告とも稼働し，原告Bは亡Aと同等か少し少ない程度の収入を得ていたことからすると，一家の生活が完全に亡Aに依拠していた一家の支柱であるとはいえず，生活費控除率は，40パーセントが相当である。

就労可能期間は，平成20年簡易生命表による58歳男性の平均余命24.24年の2分の1である12年とみるのが相当であり，それに相応するライプニッツ係数は，8.8632である。3,140,272円×（1－0.4）×8.8632＝16,699,715円

イ　年金逸失利益　2,100万4,824円。（中略）亡Aは，厚生年金老齢厚生年金として，2か月分として44万9,650円の支給を受けていたことが認められ，年間にすると269万7,900円となり，所得税額を含めてこれを基礎収入額とするのが相当である。生活費控除率については，就労可能期間中の12年間は40パーセント，その後の12年間が50パーセントとみるのが相当であり，就労可能期間後の12年間に相当するライプニッツ係数は，24年のライプニッツ係数13.7986から上記8.8632を引いた4.9354である。

2,697,900円×｛（1－0.4）×8.8632＋（1－0.5）×4.9354｝＝21,004,824円」。

＊名古屋地判平成21・10・16交民集42巻5号1321頁……交通事故により，運転していた母A（44歳・女。専業主婦）と同乗していた娘B（10歳・女。小学生）がともに死亡した事故の逸失利益（過失相殺否定）。

【判　旨】

「Aは，生前，両親である原告D及び原告Eが営む鰻屋でパートとして働き，本件事故の前年である平成18年，その前年である平成17年にいずれも96万円の給与収入を得ていたこと，夫である原告Cとその両親，娘であるBと同居し，夫及び娘の分の毎日の洗濯及び朝食の世話，夫の夕食の世話をするなど家事も十分にこなしてきたことが認められる。

そうすると，Aの逸失利益の基礎年収は，パート労働をしながら家事に従事していたものとして，平成18年女性労働者学歴計全年齢平均賃金である343万2,500円とするのが相当である。

また，生活費控除率は30％，就労可能年数は67歳までの23年（ライプニッツ係数13.4886）とするのが相当である。

以上によると，Aの死亡による逸失利益は3,240万9,733円と認められる。（中略）「Bは，本件事故により死亡した当時10歳であったから，18歳以降67歳までの49年間にわたって，平成18年度全労働者（男女計）学歴計全年齢平均賃金である489万3,200円の収入を得られたと認めるのが相当である（ライプニッツ係数は，67歳までの57年のライプニッツ係数である18.7605から18歳までの8年のライプニッツ係数である6.4632を引いた12.2973となる。）。また，生活費控除率は45％とするのが相当である。以上によると，Bの死亡による逸失利益は3,309万5,231円と認められる。」

＊仙台地判平成21・11・17交民集42巻6号1498頁……交通事故重傷（後遺障害1級1号）被害者A（事故時14歳，症状固定時16歳・男。中学生）の逸失利益（過失相殺否定）。

【判　旨】

「原告Aの基礎収入を賃金センサス平成17年の男子労働者・学歴計・全年齢平均賃金の552万3,000円とし，労働能力喪失率を100パーセントとし，労働能力喪失期間を，満67歳までの51年間から，症状固定時より18歳に達するまでの2年間を控除した期間とすると，51年のライプニッツ係数は18.3390であり，2年のライプニッツ係数は1.8594であることから，原告Aの逸失利益は，（中略）9,101万6,830円となる。」

＊名古屋地判平成21・12・2交民集42巻6号1571頁

……交通事故死亡被害者Ａ（12歳・女。小学生）の逸失利益（過失相殺否定）。
【判旨】
「Ａは，本件事故当時12歳の女児であり，本件事故当時の平成17年産業計・企業規模計・全労働者平均賃金の487万4,800円を基礎として，生活費控除は45パーセントとするのが相当である。そうすると，逸失利益は，（中略）3,635万896円となる。」
＊大阪地判平成21・12・11交民集42巻6号1620頁……交通事故死亡被害者Ａ（78歳・女。夫Ｂの内縁の妻でＢ経営のふぐ料理店女将）の逸失利益（過失相殺1割）。
【判旨】
「亡Ａは，高齢ではあったが，本件事故当時も対価性のある労働に従事していたものと認められ，原告Ｂの事業所得は，事実上亡Ａの稼働による所得を含むものというべきである。
したがって，亡Ａの年齢，上記のとおり料理店の女将としての稼働に加えて，これと両立する限度では原告Ｂのための家事労働も行っていたと推認されることなどの生活状況を勘案し，亡Ａの基礎年収を平成18年産業計・企業規模計・学歴計女性65歳以上の賃金センサス278万5,800円とし，生活費控除率を30パーセント，年齢及び稼働内容にかんがみた就労可能年数を5年（対応するライプニッツ係数4.3294）として計算すると，逸失利益は，844万2,589円（中略）となる。」
＊大阪地判平成21・12・14交民集42巻6号1630頁……交通事故死亡被害者Ａ（44歳・女。パート勤務）の逸失利益（過失相殺2割）。
【判旨】
「当裁判所は，死亡による逸失利益の算定は，もともと将来の長期間にわたる収入予測という不確定なものであることに照らし，特に被害者の年齢が労働可能年齢である67歳に近接しているなどという特別の事情が認定できる場合を除き，基本的に，死亡時から67歳までの期間を通じて同一額の基礎収入を得られることとして，生活費を控除し，さらにライプニッツ方式により中間利息を控除して算定することとする。この場合の基礎収入は，被害者の年齢，実収入を考慮し，実収入が賃金センサスを下回る場合は，特に若年者（概ね30歳未満）の場合を除き，特段の事情がない限り，実収入を基礎として算定すべきであり，家事従事者の場合には，学歴計・女性全年齢平均賃金を基礎とするが，年齢，家族構成，家事労働の内容等に照らし，平均賃金に相当する労働を得る蓋然性が認められない場合には，控えめに見積もって，将来の得べかりし収入額を算出することもあると考える。
（イ）（中略）本件事故における被害者の損害算定における被害者の基礎収入は300万円と認められ，さらに生活費控除率は，被害者の生活状況に照らし30％と認められ，被害者の労働能力喪失期間は労働可能年齢67歳までの23年であると認められるからこの年数に対応するライプニッツ係数は13.4885となるから，本件事故と相当因果関係のある被害者の逸失利益としては，3,000,000円×（1－0.3）×13.4885＝28,325,850円と認める。」
＊東京地判平成21・12・25交民集42巻6号1703頁……Ｚ車の従業員Ｙの車に衝突されて死亡したＡ車運転のＡ（45歳・女。服飾デザイナー。中国籍）の逸失利益（過失相殺否定）。
【判旨】
「亡Ａは，中華人民共和国で出生し，同国で服飾デザイナー等として稼働した後，平成19年6月25日に，人文知識・国際業務の在留資格で，在留期間1年間として来日し，本件事故当時は日本において，株式会社××で稼働していたことが認められる。そして，亡Ａは，上記期間後も日本で生活することを考えていたことが窺われ（甲10の1），株式会社××との間で雇用期間を平成19年1月1日から3年間とする雇用契約書を交わしている（甲19の2）ことが認められるが，他方で，亡Ａが本件事故時までに在留期間を更新した実績はなく，今後長期間にわたって日本で生活した蓋然性が高かったとまでは推認できないことに照らすと，亡Ａは本件事故後3年間は日本において，その後は中国において就労したものと考えるのが相当である。
（イ）また，（中略）亡Ａは，本件事故当時，日本にある株式会社××において婦人服のデザイナー及びパタンナー等として稼働し，同社から月額20万円の賃金を得ていたことが認められ，上記日本における3年間にこれを上回る収入を得る蓋然性が高かったとまでは認めるに足りないので，日本における収入は，年収240万円を基礎とするのが相当である。
中華人民共和国における収入は，証拠（乙3）及び弁論の全趣旨により認められる同国における賃金水準や地域格差に加え，亡Ａが中国や日本の企業において服装デザイナー等として稼働していた経歴や実績等（甲9,19の2）をも考慮すると，平成20年の賃金センサス第1巻第1表・産業計・企業規模計・男女計・学歴計・全年齢の平均年収額である486万600円の3分の1である162万200円を基礎とするのが相当である。
（ウ）（中略）本件事故当時，亡Ａの唯一の子である原告Ｂ（中略）は，中華人民共和国において学生生活を営んでおり，亡Ａは，既に夫を亡くし，単身で日本で生活していたことが認められる。これらの亡Ａの家族状況や生活状況等に照らすと，生活費控除率は，30パーセントとするのが相当である。
（エ）亡Ａ（本件事故当時45歳）の死亡後3年間のラ

〈第2章〉生命侵害と財産的損害の賠償請求

イプニッツ係数は2.7232であり，48歳から就労可能期間である67歳までのライプニッツ係数は，10.4398（計算式13.1630−2.7232）である。
（オ）以上によれば，亡Aの逸失利益は以下のとおりとなる。
（a）死亡後の3年間　2,400,000×（1−0.3）×2.7232＝4,574,976
（b）48歳（死亡後3年間経過後）から67歳まで　1,620,200×（1−0.3）×10.4398＝11,840,194
（c）合計　4,574,976＋11,840,194＝16,415,170」円。

＊東京地判平成22・2・9交民集43巻1号123頁……Yのトラックに衝突された自転車のA（症状固定時69歳・女。無職。後遺障害5級2号）の逸失利益（生存事例）（過失相殺なし）。

【判　旨】
「原告Aは，本件事故当時67歳の無職女性で，本件事故よりも前に夫を亡くし，アパートでの1人暮らしをしていたものであるが，平成17年4月7日の症状固定日の時点で69歳であり，それ以降長男である原告春男の家族と同居し，その家事を分担する等の就労の可能性があり，労働の意欲及び能力は有していたと考えられるから，後遺障害逸失利益の発生が認められるが，その算定に当たっての基礎収入は，上記の各事情に照らし，平成17年の賃金センサス女性労働者学歴計の該当年齢層（65歳以上）の平均年収である284万3,300円の70パーセントである199万310円とするのが相当である。
そして，原告Aの後遺障害は5級に該当することに鑑みると，労働能力喪失率は79パーセントとし，就労可能期間は原告Aの平均余命期間19年の2分の1に相当する9年（その場合のライプニッツ係数は7.1078）とすべきであるから，原告Aの後遺障害逸失利益は，（中略）1,117万5,913円となる。」

＊名古屋地判平成22・2・5交民集43巻1号106頁……Yの車とA（事故時69歳・男。手伝い）の自転車が衝突し，Aが路上に転倒して死亡した事故の逸失利益（過失相殺1割）。

【判　旨】
「米穀店廃業後にAが義弟の仕事を手伝うことがあったとしても，年間100万円弱の収入を継続的に得られる程度の頻度で就労を継続し，かつ，今後も相当期間の就労の継続が見込まれるような実態があったとまでは認められないというほかなく，甲51号証の陳述内容は直ちに採用できないというべきである。
以上のほか，Aが本件事故当時に継続的に一定の稼働収入を得ていたと認めるに足りる証拠はないから，稼働収入に関する逸失利益についての原告らの主張は，理由がないといわざるを得ない。（中略）Aは，本件

事故当時，年額227万1,300円の老齢厚生基礎年金を受給しており（甲17号証），本件事故がなければ，69歳男性の平均余命である15年（ライプニッツ係数10.37966（原告主張数値））は生存し，上記年金を得た蓋然性が高いと認められる。そして，一般に年金は生活費に費やされる割合が高いと考えられるところ，本件事故当時，Aは原告Bとの2人暮らしであり（中略），Bも年金を受給していたと推認されること（甲57号証）など，本件に顕れた諸般の事情を考慮すれば，生活費控除率は50パーセントと認めるのが相当である。よって，Aの年金収入に関する逸失利益は，1,178万7,660円（227万1,300円×（1−0.5）×10.37966）となる。」

＊大阪地判平成22・2・9交民集43巻1号140頁……横断歩道を歩行中に車に轢かれて重傷を負い，その後死亡したA（事故時75歳・女。専業主婦）の逸失利益（過失相殺なし）。

【判　旨】
「本件事故当時，Aは，介護が必要なBの世話及び第1種の知的障害である原告Cの介護の一切を行っており，また，Bの妻及び原告C及び原告Dの親代わりとして，生活全般にわたり，一家の専業主婦として稼働していたと認められる。なお，上記のとおり，Aは，当時75歳であったが，上記認定の事実によれば，特に減額すべき事情は認められないというべきである。
よって，Aの家事労働を前提とする死亡逸失利益は，平成19年産業計・企業規模計・女性労働者・学歴計の平均である346万8,800円を前提に算定することが相当である。
イ　また，上記のとおり，死亡時のAの年齢は75歳であることからすれば，労働能力喪失期間は，その平均余命（平成17年簡易生命表によれば14.8年）の半分である7年間と解するのが相当であり，生活費控除率は，主婦として稼働していた事実に鑑み，30パーセントとするのが相当である。
ウ　以上によれば，Aの家事に対する逸失利益は，（中略）346万8,800円×（1−0.3）×5.7863（7年間のライプニッツ係数）＝1,405万62円（中略）。
（2）国民年金に関する逸失利益　411万840円
上記のとおり，Aは，国民年金として，合計79万2,100円を受け取っており，Aの平均余命は，14.8年である。また，上記認定のとおり，Aは，国民年金収入のみによって生活していたわけではなく，賃料収入及び一郎の厚生年金も併せて生活していた事実が認められることからすれば，年金収入に関する生活費控除率は，50パーセントとするのが相当である。
よって，Aの国民年金に関する逸失利益は，411万840円が相当というべきである。」

＊大阪地判平成22・2・23交民集43巻1号224頁……

## 〈2-3〉逸失利益

青信号で横断中のA（96歳・女。無職）に右折のY車が衝突し、Aが死亡した事故でのAの逸失利益（過失相殺なし）。

【判　旨】

「Aは、本件事故当時、年額142万4,000円の厚生老齢年金を受給していたことが認められる（甲3）。そして、Aの年齢（本件事故当時96歳）や受給年金額等に照らすと、逸失利益算定上の生活費控除率は60パーセントと認めるのが相当である。

（イ）逸失期間は本件事故時のAの平均余命に照らして3年間とし、年5パーセントの割合で中間利息を控除するライプニッツ係数（2.7232）を乗じると、Aの年金逸失利益の額は、142万4,000円×（1－0.6）×2.7232＝約155万1,134円」となる。

＊岡山地判平成22・2・25交民集43巻1号250頁……道路横断中に車に轢かれて死亡した被害者A（55歳・女。元小学校教員）の逸失利益（過失相殺なし）

【判　旨】

「亡Aは、死亡当時、家事に専念していたことを考慮すると、基礎収入は、被告主張のとおり、平成19年賃金センサス産業計・企業規模計・学歴計・女性労働者の全年齢平均賃金である金346万8,800円とすべきである。生活費控除は30パーセントが相当である。就労可能期間は、家事労働の特定に照らし、原告ら主張の17年間（ライプニッツ係数11.2741）とするのが相当である。そうすると、亡Aの逸失利益は、（中略）金2,737万5,318円となる（中略）。

ウ　年金に係る逸失利益　金427万5,380円。

前記認定事実によれば、亡Aについては、60歳（平成25年3月）から退職共済年金の受給権が発生するというのであり、地方公務員共済制度の安定性に照らして亡Aの年金受給の見込みはほぼ確実であることが明らかであるから、これについて逸失利益を認めるのが相当である。ただし、年金の性質上、また、亡Aに現実に収入があるわけではないことを考慮すると、生活費控除率は60パーセントとすべきである。

したがって、弁論の全趣旨によれば、亡Aの喪失した年金総額を死亡時点の現価に引き直すと金1,068万8,450円であることが認められるから、逸失利益は金427万5,380円となる。」

＊東京地判平成24・1・17交民集45巻1号40頁……交通事故死亡被害者A（54歳・女。会社員兼主婦）の逸失利益（過失相殺3割）。

【判　旨】

「逸失利益3,049万5,641円。Aは、本件事故当時、株式会社Nに勤務するとともに、家事に従事していたが（甲19）、平成19年度において、上記会社から得た給与・賞与は、226万6,062円（乙1）にとどまり、賃金センサス女子平均賃金を下回るから、家事従事を考慮すると、基礎収入は、平成20年賃金センサス女子平均349万9,900円とするのが相当である。就労可能期間は、平均余命を34年としてその2分の1に相当する17年、生活費控除率は30％とするのが相当である。なお、Aは、64歳までは少なくとも毎年18万3,546円の年金保険料を負担することになっていたから（甲14）、64歳まではこの分を控除することとする。

｛349万9,900円×（1－0.3）－18万3,546円｝×7.7217＋349万9,900円×（1－0.3）×（11.2741－7.7217）＝2,620万3,468円。

イ　Aは、国家公務員共済組合連合会から退職共済年金を受給する予定であり、その額は、平成27年2月から平成31年1月までは、毎年9万900円、同年2月以降は、毎年11万4,000円であることが認められる（甲5）。そして、平均余命は34年であり、生活費控除率を60％とするのが相当であるから、退職共済年金に関する逸失利益は、48万2,495円となる。（中略）

また、Aは、老齢基礎年金及び老齢厚生年金を受給する予定であり、平成26年2月から平成30年1月末まで老齢基礎年金、特別支給老齢厚生年金の合計2万2,300円に加えて年金基金13万1,006円を、平成30年2月から平成31年1月までは25万5,000円に加えて年金基金13万1,006円を、平成31年2月から84万9,600円に加えて年金基金19万6,450円を受給する予定であったことが認められる（甲10）。そして、平均余命は34年であり、生活費控除率を60％とするのが相当であるから、老齢基礎年金及び老齢厚生年金等に関する逸失利益は380万9,678円となる。」

＊＊東京地判平成24・1・17TKC法律情報データベース文献番号25491273……赤信号を見落として対向車線に進入しY車と衝突・死亡したA（17歳・男。建設作業員）の逸失利益（過失相殺8割）。

【判　旨】

「Aは、本件事故当時17歳の独身男性であり、高校中退後、定時制高校に通学する一方で、常勤の建設作業員として稼働して本件事故前の3か月について平均月額18万7,466円（円未満切捨て、年額224万9,592円）の収入を得ていたと認められる（なお、被告は、Aの半年間の収入を基礎とすると年収額が200万弱である旨主張するが、平成19年10月の稼働日数は5日間のみであり、その後の稼働日数（19日から26日）と大きく異なるからこれを基礎とすることは相当でない。）。

上記のような現実の収入額、Aの年齢及び学歴等からすると、Aの逸失利益を算定するに当たっては、18歳までの1年間（年5分のライプニッツ係数0.9524）については事故当時の収入額を基礎とし、18歳から67歳までの49年間（年5分のライプニッツ係数は、50年の18.2559から1年の0.9524を控除したもの）につい

〈第2章〉生命侵害と財産的損害の賠償請求

ては，平成20年賃金センサス第1巻第1表・産業計・企業規模計・男性労働者学歴計・全年齢平均の年額550万3,900円を基礎とするのが相当である。

また，生活費控除率については，Aが独身男性であり，近い将来に婚姻したり子供をもうけたりすることが確実であったという事実は認められないことからすると，全期間について5割とするのが相当である。そうすると，Aの逸失利益は，(中略)4,868万9,626円とするのが相当である。」

＊東京地判平成24・3・14TKC法律情報データベース25492950……自転車で道路を横断中にYの車に轢かれて死亡した被害者A（55歳・男）の逸失利益（過失相殺4割）。

【判旨】
「逸失利益　2,493万9,824円。本件事故により亡Aの死亡による逸失利益2,493万9,824円が生じたことについては，当事者間に争いがない。」

＊東京地判平成24・3・27交民集45巻2号422頁……飲酒運転のY車がセンターラインをはみ出し，A運転の車と正面衝突し，死亡したA（56歳・女。主婦）の逸失利益（過失相殺なし）。

【判旨】
「Aは，本件事故当時，主婦であったところ，その逸失利益は次の計算式のとおり算定するのが相当である。
（計算式）349万9,900円（本件事故当時の女子学歴計全年齢平均賃金，甲9）×（1－生活費控除率0.3）×8.3064（就労可能年数11年のライプニッツ係数）＝2,035万98円」。

＊東京地判平成24・4・17TKC法律情報データベース文献番号25493802……死にも比肩すべき交通事故重傷被害者A（症状固定時22歳・男。大学3年生）の逸失利益（生存事例）（過失相殺2割）。

【判旨】
「原告Aの逸失利益については，原告Aが大学3年生であったこと及び平成20年に症状固定（当時22歳）したことからすると，賃金センサス平成20年男性労働者大卒全年齢平均年収額668万6,800円を基礎として，その後遺障害の内容及び程度からすると，労働能力喪失率を100％，労働能力喪失期間を45年（ライプニッツ係数17.7741）として算出するのが相当である。そうすると，原告Aの逸失利益は，(中略)1億1,885万1,852円を認めるのが相当である。」

＊横浜地判平成24・4・26交民集45巻2号521頁……交通事故死亡被害者A（30歳・女。研究所勤務）の逸失利益（過失相殺3割）。

【判旨】
「Aは，本件事故前年の平成18年4月1日からC研究所に勤務しており（中略），給与・賞与の支払額は同年分が383万3,649円（甲13，甲14の2），平成19年分（本件事故による死亡退職まで）が178万6,461円であった（甲14の3）。

もっとも，前者は年度途中からの9か月分の収入にしては月割にすると不自然に多額であって，同年10月以降の賃金台帳（甲14の4）とも整合せず，就職に際しての何らかの特別な給与が含まれている可能性がある。他方，後者は，約6か月分の稼働に対する給与と認められるが，賞与が含まれていない（中略）。したがって，これらから本件事故直前の年収を適正に算出することは困難である。

むしろ，労災において，法定の計算方法により平均賃金9,824.46円，特別給与45万円と算定されていること（甲5の1）から逆算して，年収を次のとおり求めるのが相当である（中略）。

9824.46円×365日＋45万円＝403万5,928円。
　イ　生活費控除率
独身女性であったAの生活費控除率を30％とするのが相当である点については，争いがない。
　ウ　Aは本件事故当時30歳であり，67歳までの就労可能年数37年のライプニッツ係数は16.7113である。
　エ　以上より，逸失利益は次のとおり算定される。
403万5,928円×（1－0.3）×16.7113＝4,721万1,922円」。

＊東京地判平成24・5・23TKCデータベース文献番号25494321……学校の寮で先輩Yから暴行を受けたA（12歳・男。中学1年生）が外傷後ストレス障害（PTSD）になり，Aの両親が「Aの死にも比肩する苦痛」を被っていた事例の逸失利益（故意不法行為）。

【判旨】
「原告Aの年齢，学歴等及び後記イの労働能力喪失年数に照らし，基礎収入は，平成20年の男子労働者学歴計のうち年齢区分20歳から24歳までの平均賃金318万4,200円と同年齢区分25歳から29歳までの平均賃金402万8,900円との平均360万6,550円とするのが相当である。
　イ　労働能力喪失率，喪失年数
前記2（1）オで認定した事実及び原告Aの症状には動揺性があり，平成20年4月以降，フラッシュバックが残り，意欲減退，睡眠障害，情動不安定等の症状が残存し（甲44,46），さらに，平成22年8月以降も，フラッシュバックの回数は軽減したものの，慢性的な不眠，頭痛，意欲低下等の症状が継続していること（甲54,56）からすれば，その後遺症障害は，自動車損害賠償保障法施行令別表第2所定の後遺症障害等級14級に相当するものであり，その労働能力喪失率は5％とするのが相当である。

また，上記のとおり，原告Aの症状には動揺性があ

## 好評新刊

**行政手続法制定資料 (1)〜(16)**
塩野 宏・小早川光郎 編著
◎制定資料を網羅的に考証、解説する

**刑事訴訟法制定資料全集 ——昭和刑事訴訟法編 (11)**
井上正仁・渡辺咲子・田中 開 編著
◎昭和23年全面改正刑訴法立案関係資料

**民事訴訟法[明治23年] (1) 4000円 (2) (3) (4) (5) 完結**
松本博之・徳田和幸 編著
◎明治23年民訴法の複雑な制定経過を整理

**東アジア民法学と災害・居住・民族補償(前編)**
吉田邦彦 著
◎現代の法学・教育問題に取り込む

**二院制論 ——参議院の機能と必要性**
木下 健 著
学術選書

**実践国際法 (第2版)**
小松一郎 著 (元内閣法制局長官)
法律学講座
◎国際法を『味方につけ』『使う』ために

**国際法の実践 ——小松大使を偲ぶ**
村瀬信也・柳井俊二 編
◎広く執筆者が集い、小松大使追悼

---

新司法試験に照準を定めた実践的解説
**ロジスティクス 知的財産法 I 特許法**
2800円
田村善之・時井 真 著
A5変・加除式・288頁 ISBN978-4-7972-2709-3 C3332

「論証ブロック」を使って答案作成の要点を押さえる
**ロジスティクス 知的財産法 II 著作権法**
3200円
田村善之・高瀬亜富・平澤卓人 著
A5変・加除式・344頁 ISBN978-4-7972-2710-9 C3332

---

**労働法理論変革への模索**
毛塚勝利先生古稀記念
山田省三・青野 覚・鎌田耕一・浜村 彰・石井保雄 編

**国際法学の諸相 ——到達点と展望**
村瀬信也先生古稀記念
江藤淳一 編

**刑事法・医事法の新たな展開 (上)(下)**
町野 朔先生古稀記念
岩瀬 徹・中森喜彦・西田典之 編

**少年刑事事件の基礎理論 ——少年刑事事件の理論付けの試み**
津田雅也 著 (東北大学大学院法学研究科助教)

**佐伯千仭著作選集 全6巻**
① 刑法の理論と体系
② 違法性と犯罪類型、共犯論
③ 責任の理論
④ 刑事法の歴史と思想、陪審制
佐伯千仭 著
◎佐伯刑法学を代表する論文を精選収録

**法文化論の展開 ——法主体のダイナミクス**
千葉正士先生追悼
角田猛之/ヴェルナー・メンスキー/森 正美/石田慎一郎 編
◎『千葉理論』の継承と発展

---

信山社 113-0033 東京都文京区本郷6-2-9-102 東大正門前
TEL 03-3818-1019 FAX 03-3818-0344 order@shinzansha.co.jp

# 実務書

## プラクティスシリーズ

**プラクティス 国際法講義（第2版）**
柄見佳男 著 ◎最新の債権法理論を反映させた改訂第4版
3,800円

**プラクティス民法 債権総論（第4版）**
山川隆一 編 ◎単純典型事例駆使の行政法教科書
木村琢麿 著

**プラクティス行政法**
棚原正治・森田幸一・兼原敦子 編 ◎基礎から発展までをサポートする好評テキスト

**プラクティス労働法**

**プラクティス国際法講義（第2版）**
3,800円

## 2STEP民法 1総則
無理なく段階的に学ぶ

鳥谷部茂
田村耕二 編著
神野礼斉・堀野出己
平山也恵子・村上洋介 著

A5変・加除・208頁
2,400円

## 民事再生法書式集（第4版）
企業の再建を助ける実務家必携の一冊

園尾隆司
須藤英章 監修
第二東京弁護士会
倒産法研究会 編

B5判・加除600頁

## 民事再生QA500+プラス300（第3版）
企業再建の細部まで民再法に準拠して解説

須藤英章 監修
弁護士グループ 編

B5判・加除448頁
5,000円

---

## 判例プラクティスシリーズ

憲法判例研究会 編
松本恒雄・潮見佳男 編

**判例プラクティス 憲法（増補版）**
浅香博之・原彰健・小島慎司・宍戸常寿・曽我部真裕・中林暁生・山本龍彦 著
◎補遺で14判例を追加した385件
4,000円

**判例プラクティス 民法I 総則・物権**
成瀬幸典・安田拓人 編
◎刑法（総論）判例集の決定版、全44件解説
3,600円

**判例プラクティス 民法II 債権**
4,000円

**判例プラクティス 民法III 親族・相続**
4,000円

**判例プラクティス 刑法I 総論**
成瀬幸典・安田拓人・島田聡一郎 編
4,400円

**判例プラクティス 刑法II 各論**
◎刑法（各論）判例集の決定版、全543件
4,400円

---

## 講座 憲法の規範力

古舘豊秋・三宅雄彦 編集代表

**① 規範力の観念と条件**
◎憲法の持つ現実的意義とは何か

戸波江二・畑尻剛 編集代表

**② 憲法の規範力と憲法裁判**
◎憲法裁判の果たす役割とは何か

小山 剛 編集代表

**③ 憲法の規範力と市民法**

鈴木秀美 編集代表

**④ 憲法の規範力とメディア法**

嶋崎健太郎 編集代表

**⑤ 憲法の規範力と行政**
(近刊)

6,800円
7,000円
5,000円

---

## 社会保障法研究 第4号／国際法研究 第3号 新刊
岩村正彦・菊池馨実 責任編集
岩沢雄司・中谷和弘 責任編集

## ブラジル知的財産法概説
ヒサオ・アリタ＝二宮正人 著
◎ビジネスから研究まで広く有用の書
4,000円

---

信山社ホームページ参照下さい。

## 好評新刊

**社会保障法における連帯概念**
――フランスと日本の比較分析
◎民法債権法改正緊急提言
◎日本と海外の状況を広く検討
伊奈川秀和 著
A5並上製244頁
7800円

**臓器移植と医事法**
甲斐克則 編
A5並上製320頁
（井上達夫・高谷知佐子・松正憲・綱谷壮介・児玉聡・宇都木伸・湯川暢如・森村進・松尾雅和・早川和誠）

**法と哲学** 創刊第1号
法と哲学の共振
井上達夫 責任編集
新形並製232頁

**安全保障関連法**
――変わる安保体制
早わかり新安保法制解説
読売新聞社 政治部 編著
A5並・並製290頁
2800円

**行政法研究** 第10号
◎行政法理論の基層を探究する
宇賀克也 責任編集
（奥田進一・片桐直人・金振・北川秀樹・櫻井次夫・染野啓子・桑原勇進〈執筆者〉）
2800円

**環境法研究** 第2号
◎中国の環境問題を検証し対策を考える
大塚 直 責任編集
2800円

---

## 好評発売中

法曹親和会民法改正プロジェクトチーム 編
◎120年ぶりの大改正が2時間で分かる
**民法（債権関係）改正法案の ポイント解説** 新旧条文対照表付
1600円

後藤巻則・滝沢昌彦・片山直也 編
◎叙述をより段階化させた民法教科書
**プロセス講義民法Ⅲ** 担保物権
3000円

阿部泰隆 著（弁護士・神戸大学名誉教授）
◎最新問題提起の行政法再考・入門
**行政法再入門**（下）（上）
A5並・並製458頁／A5並・並製400頁
6000円／5000円

日本弁護士連合会両性の平等に関する委員会 編
◎性暴力に関する刑事裁判の実務
**性暴力被害の実態と刑事裁判**
3000円

寺岡 寛 著（中京大学経営学部教授）
◎中小企業の強者性・弱者性の総合分析
**強者論と弱者論**――中小企業学の試み
3300円

芹田健太郎 編集代表
**コンパクト学習条約集[第2版]**
本体1,000円（税別）／四六判／並製584頁
薄くて持ちやすく携帯用条約集の決定版

甲斐克則 編集
**医事法六法**
本体2,200円（税別）／四六判／並製560頁
学習・実務に必備の最新薄型医療関連法集

田村和之 編集代表
**保育六法[第3版]**
本体2,600円（税別）／四六判／並製800頁
関連法令等を凝縮した子育て六法第3版

小笠原正・塩野 宏・松尾浩也 編集代表
**スポーツ六法2014**
本体2,500円（税別）／四六判／並製848頁
学習・行政に必携のスポーツ法令百科

山下泰子・辻村みよ子・浅倉むつ子・二宮周平・戒能民江 編集代表
**ジェンダー六法[第2版]**
本体3,200円（税別）／四六判／並製800頁
学習・実務に必携のジェンダー法令集

---

信山社　〒113-0033　東京都文京区本郷6-2-9-102

# 信山社

★全国の書店・楽天・生協 何なりともお求め下さい。

## 迫りつつある債権法改正
民法債権法改正緊急提言

A5判・並製 72頁

(税別)

## 民法(債権関係)改正法案の[現・新]条文対照表
旧→新条文を内容で比較！対照表とコメント

加賀山茂 編著
加藤雅信 著

〈条文番号整理案付〉

A5判・並製 334頁

9000円

## 民事訴訟法の立法史と解釈学
民訴法の継受・改正史と解釈論争史

松本博之 著

15000円

## 民法講義V 不法行為法
◎「権利の保護」と「救済規範」の新たな法実現

平野裕之 著

A5判・上製 572頁

4800円

## 定評のある教科書

### 民法総合6 不法行為法〔第3版〕
◎初歩から実務まで段階的に詳述

藤岡康宏 著

4800円

### プラクティス国際法〔演習〕
◎待望の国際法分野の演習書

柳原正治・森川幸一・兼原敦子 編

3500円

## 軍縮辞典 DISARMAMENT LEXICON
軍縮の基本を立体構成で辞典で説く

日本軍縮学会 編

5000円

四六変・並製 ISBN978-4-7972-8756-1 C3532

## 法学六法'16
携帯性・一覧性に優れた好評の超薄型六法

石川 明・池田真朗・宮島 司
安冨 潔・三上威彦・大森正仁
三木浩一・小山 剛 編集代表

1000円
★事項索引付

四六変・並製 ISBN978-4-7972-5739-7 C0532

## 基礎を固めるブリッジブックシリーズ

### ブリッジブック 刑法の考え方〔第2版〕
刑法学習の基礎体力づくりのために

高橋則夫 編

2800円

四六判・並製 272頁

### ブリッジブック 法学入門〔第2版〕
刑法を加えてアップデイトした第2版

宮澤節生・武蔵勝宏
上石圭一・大塚 浩 著

2800円

四六判・並製 280頁

### ブリッジブック 法システム入門〔第3版〕
法の現実の世界での役割・影響を学ぶ入門書

南野 森 編

2800円

四六判・並製 372頁

## 精義シリーズ

磯井光明 著（明治大学大学院法務研究科教授・東京大学名誉教授）

### 都市行政法精義I・II
〈まちづくり〉の行政法アプローチ

7600円 6000円

### 行政契約法精義
◎行政契約に関する日本の状況の研究

6000円

### 社会保障財政法精義
◎社会保障財政のわが国初の体系書

6800円

### 政府経費法精義
◎政府経費法に関するわが国初の本格的体系書

7200円

### 公的資金助成法精義
◎あるべき公的資金助成法の構築への模索

6800円

### 公共契約法精義

6800円

〈2-3〉逸失利益

り，平成22年8月以降相当程度の軽減が認められる一方，小児，思春期又は老年になってから発症したPTSDは症状の改善が困難な場合が多いとされており，PTSDは軽快と増悪を繰り返すこともあり，一部の患者は慢性の経過を示すことがあること（甲44，47），原告Aも慢性のPTSDと診断され，症状固定後も通院治療を続けていることに照らし，労働能力喪失期間は18歳から28歳までの10年とするのが相当である（原告Aは，症状固定時に15歳であるから，15歳から28歳までのライプニッツ係数9.3936から15歳から18歳までのライプニッツ係数2.7232を控除した6.6704が前記基礎収入に乗ずべきライプニッツ係数となる。）
　ウ　計算式
　　360万6,550円×0.05×6.6704＝120万2,856円」。

＊東京地判平成24・7・18交民集45巻4号830頁……道路を横断しようとしてYの車に轢かれて死亡したA（5歳・男）の逸失利益（過失相殺2割5分）。
【判　旨】
　「Aは死亡当時5歳であること，就労開始時期を18歳とし，基礎収入を平成19年賃金センサス第1表の産業計・企業規模計・学歴計の男子労働者の全年齢平均賃金である554万7,200円とした場合の逸失利益の額よりも，原告らが主張する逸失利益は控えめな数字となることに照らし，Aは，本件事故に遭わなければ，22歳から67歳まで45年間就労することができたとし，その間の年収については平成19年賃金センサス第1表の産業計・企業規模計・大学卒の男子労働者の全年齢平均賃金である680万7,600円と認めるのが相当である。生活費控除率を50％とし，ライプニッツ方式により中間利息を控除すると，死亡したAの逸失利益は，（中略）2,639万5,448円となる」。

＊大分地判平成25・3・21判時2197号89頁……剣道部の部活動中に熱中症で倒れたのに，高校側と病院の対応に過失があり，死亡したA（17歳・男。高校2年生）の逸失利益。
【判　旨】
　「基礎収入は，Aが死亡した平成21年の学歴計男子労働者平均賃金である529万8,200円と認められる。
　（イ）生活費控除率
　生活費控除率は50％とするのが相当である。
　（ウ）中間利息控除
　Aは死亡時17歳であり，67歳までの50年に対応するライプニッツ係数は18.256，18歳までの1年に対応するライプニッツ係数は0.952であり，それらの差は17.304である。
　（エ）逸失利益
　逸失利益は，4,584万26円（529万8,200円×（1－0.5）×17.304＝6,734万26円）である。」（中略）「原告らは，本件事故により，独立行政法人日本スポーツ振興センターから死亡見舞金として2,800万円の支給を受けており（中略），これは，損害に対する填補と認めるのが相当である。これによる損益相殺後のAの損害は，3,934万26円（6,734万26円－2,800万円＝3,934万26円）である」。

＊宇都宮地判平成25・4・24判時2193号67頁，判タ1391号224頁（宇都宮クレーン車交通事故損害賠償請求事件）……大型クレーン車の運転手Yがてんかんの発作を起こした結果，登校中の小学生等を死傷させた事故で，死亡したA（11歳・男。小学生）の逸失利益。
【判　旨】
　「亡Aの逸失利益が3,420万5,444円であることは，原告B及び同Cと被告Y及び被告会社との間に争いはない」。

【否定例】
＊山口地下関支判昭和44・4・22判タ234号160頁……交通事故の死者Aは実母B・義父Cと実父子同然の共同生活をしており，葬儀費用もCが出したが，Bがいるので，Cは自己の名において加害者にAの逸失利益等の財産的損害の賠償を請求できない。

＊東京地判平成4・3・10判時1423号101頁，判タ789号200頁……共働きの妻Xが交通事故後にうつ病になり自殺し，夫Aが3人の子をかかえて家庭生活・社会生活の両面で負担や不利益が増大したが，加害者Yにそれについての故意などがない限り，A固有の逸失利益ということはできない。

＊名古屋地判平成20・9・24判時2035号104頁，判タ1322号218頁……居宅訪問介護で，規律や歩行困難，座位不能な少年A（15歳・男）に食事介助中に，Aが食物を誤嚥・窒息死した事故で各種手当の逸失利益性を否定（慰謝料については2割の過失相殺）。
【判　旨】
　「原告らは，特別障害者手当，I市障害者手当を年金であると主張しているが，特別障害者手当は，「精神又は身体に著しく重度の障害を有する者に特別障害者手当を支給することにより，これらの者の福祉の増進を図ることを目的」（特別児童扶養手当等の支給に関する法律1条）として，同法26条の2によって支給されるものであり，I市障害者手当は，「障害者に障害者手当を支給することにより，福祉の増進に寄与することを目的」（I市障害者手当支給条例1条）として，同条例に基づいて支給されるものであるから，年金であるとの原告の主張には理由がない。
　そして，いずれの手当も福祉の増進を図るために支給されるものであることを考慮すれば，生活費等を補うために支給される性質のものと見るべきであるから，これらを得べかりし利益であるとは認め難い。
　また，障害基礎年金についても，以下のとおり，得

## 〈第2章〉生命侵害と財産的損害の賠償請求

べかりし利益であると認めることができない。すなわち、国民年金法は、原則として、日本国内に住所を有する20歳以上60歳未満の者につき、当然に国民年金の被保険者となるものとしているが（同法7条1項1号）、傷病の初診日において20歳未満であった者が、障害認定日以後の20歳に達した日において所定の障害の状態にあるとき等には、その者に対し、障害の状態の程度に応じて、いわゆる無拠出制の障害基礎年金を支給する旨を定めている（同法30条の4）。これは、国民年金の被保険者資格を取得する年齢である20歳に達する前に疾病にかかり又は負傷し、これによって重い障害の状態にあることとなった者について、その後の稼得能力の回復がほとんど期待できず、所得保障の必要性が高いにもかかわらず、保険原則の下では、このような者は、原則として、給付を受けることができないことになるので、同法30条の4所定の規定を設け、障害基礎年金につきこのような者にも一定の範囲で国民年金制度の保障する利益を享受させるべく、同制度が基本とする拠出制の年金を補完する趣旨で設けられた無拠出制の年金給付である。このような性質を前提とすると、無拠出性の年金給付についてまで、得べかりし利益であると認めることはできない。さらに、本件においては、亡Aは被保険者たる年齢に達しておらず、仮に、20歳に達した時に、初診日が20歳未満であるとして障害年金を受給しうる状態であったとしても、亡梅夫に国民年金の保険料の拠出を期待できず、20歳以後の支給は福祉的要素の濃いものである考えられ、しかも、その支給されるべき年金額は、20歳に達したときの傷病の状況等を踏まえ、厚生労働大臣の裁定手続を経て決定されるものであるから、現時点で、その権利が具体的に確定したものとは言い難い。したがって、この点に関しても原告の主張には理由がない。」

◆ 2-3-(3) 国家賠償法事例

＊最一小判昭和47・5・25民集26巻4号780頁……少年院に収容中のAが他の在院者Yの暴行によって死亡した場合に、少年院の教官に過失があったとして、Aの両親に国賠法1条の損害賠償請求を認容。

【判　旨】

「原判決は、本件暴行当時の状況について具体的に事実を確定したうえ、右事実関係のもとにおいては、被害者Aの死の結果について、担当のB、C両教官に監視の十分でなかつた過失がある旨認定・判断しているのであるから、所論のように、原判決が、少年院勤務教官の一般的、抽象的義務の存在を理由に、直ちに本件暴行による死亡の結果の発生について右両教官に過失があつたと判断しているにひとしいものということはできない。したがつて、これを前提に原判決を攻撃する論旨は理由がない。

ところで、いうまでもなく少年院は家庭裁判所から保護処分として送致された少年を収容し、これに矯正教育を授ける施設であり（少年院法1条）、そこにおける処遇は心身ともに健全な少年の育成を期して行なわなければならない（少年院処遇規則1条）と共に、少年院への収容は強制力を用いて少年の身柄を院内に抑留して行なうものである以上、収容された少年の生命、身体の安全を確保することについては、国ならびに当該少年院の職員は万全の意を用うべきものというべきである。このため、少年院寮舎に勤務する職員は、少年の間において行なわれるいわゆる私刑についてはこれを防止すべく特に注意を怠つてはならないものというべきであり、このように解することが収容少年の自律性、責任感の涵養をそこなう結果を招来し、少年院法の趣旨に反するものとすることはできない。そして、原審の確定した事実、すなわち、本件暴行は、教官の行なう朝の点呼直後の教官の事務引継および寮内各室巡回中に行なわれたものであり、暴行現場の部屋は、教官の事務引継のなされていた寮監室ときわめて近接していたものであるなど原判示の事実関係に照らせば、本件の担当教官たる訴外B、同Cの両者に本件暴行の発生を防止すべき注意義務をつくさなかつた過失があるとした原判決の判断は正当である」（中略）。

「裁判官岩田誠の反対意見は、次のとおりである。

上告代理人の上告理由に関しての原判決の判断を正当と認めるべきことは、前述の多数意見の見解と同一である。しかしながら、職権をもつて考えるに、原判決は、被上告人両名がAの慰藉料請求権を相続により取得したものとするのであるが、不法行為による慰藉料請求権は一身専属的なものであり、相続の対象となると解すべきものではない。この点に関する私の見解は、当裁判所昭和38年（オ）第1408号、同42年11月1日大法廷判決、民集21巻9号2249頁における私の反対意見と同一であるから、それを引用する。このような見解に照らしてみれば、原判決が、被上告人両名においてAの慰藉料請求権を相続により取得したものとし、その慰藉料として上告人に対し15万円宛の支払を命じた部分は、慰藉料請求権の性質およびその相続に関する民法の規定の解釈を誤つたものであり、この違法が原判決の結論に影響を及ぼすことは明らかであるから、原判決は右の部分について破棄を免れない。」

[高裁]

＊大阪高判昭和56・5・29交民集18巻2号304頁……信号機の設置・管理の瑕疵と国賠法2条（最二小判昭和60・4・26の原審）の事件。道路を歩行中のA（68歳・男、鉄工所経営）がYの車に衝突されて重傷を負い、翌日に死亡した事故。

【判　旨】

「加害車及び被害者はいずれも信号に従つて本件交差点に進入したが、本件信号機に前説示のとおりの瑕

〈2-4〉関連する諸点

疵があつたため，加害車が被害者に衝突し本件事故が発生したもので，その間に相当因果関係が存在すると認めるのが相当である。成立に争いのない甲第4号証（池田に対する前記被告事件につき，被害者Aが赤信号で横断を開始したとの事実を認定したうえ，本件事故がYの注意義務違反によることの証明がないとして無罪を宣告した刑事判決）も証拠法則を異にする刑事事件の判決であることからすると，これをもつて右認定の妨げとなるものとは解されず，他にこの認定を左右するに足りる証拠はない。

4　そうすると，被控訴人大阪府は，国家賠償法2条1項に基づき，本件事故により亡A及びその相続人が被つた損害を賠償する責任があるというべきである。

3　被控訴人大阪市の責任原因

被控訴人大阪市が本件交差点において交差する各道路を設置，管理していること，しかし右道路の設置，管理につき控訴人ら主張のような瑕疵は認められ」ない。

＊福岡高那覇支判平成15・5・22判時1828号40頁，判タ1164号172頁……幼児2人が国有林内の土砂採取地跡に雨水が溜まってできた池に転落して死亡した事故で，上記池は民法717条1項の「土地工作物」にあたり，国が国賠法2条により損害賠償責任を負うと判示。

[地裁]

＊浦和地判平成3・11・8判時1410号92頁……国賠2条1項適用事例。県立公園の防護柵の設置管理の瑕疵により幼児A（5歳・男）が転落・溺死した事件で，過失相殺を55％とした上で逸失利益を959万円余と算定，他に両親B・Cの慰謝料を各350万円認容。

＊宇都宮地判平成19・5・24判時1973号109頁，判タ1255号209頁……隣家のYが隣家の主婦Xを猟銃で射殺ご自殺。このようなYに猟銃の所持を許可した県公安委員会と免許更新の際の警察の判断に違法と過失があるとして国賠法1条の責任が肯定された事例。

＊大阪地判平成21・2・18判時2041号89頁，判タ1296号161頁……警察署の留置担当者らの戒具の使用により起因して死亡したAの相続人とAの兄らの損害賠償請求について，警察署長及び留置主任官が戒具の使用方法等に係る教育・教養義務を怠ったとして，県の国賠法1条責任を肯定。

＊さいたま地判平成21・12・16判時2081号60頁，判タ1324号107頁……市立保育所内で児童Aが熱中症で死亡した事故で，保育士Yに1時間以上のAの動静把握義務の懈怠による重過失があったとして，市にAの両親B・Cに対する国賠法1条責任を認容。

（否定例）

＊千葉地判平成3・6・26判時1432号118頁，判タ771号201頁……県立病院での看護師Bと医師Cの点滴上の過失による患者Aの中枢神経障害事故で，県の国賠法1条責任を認め，BとCはAに対して個人責任を負わないとした事例。

＊横浜地判平成18・10・25判タ1232号191頁……無認可保育施設での園児Aの死亡で，施設管理者の傷害の不法行為を認定し，消滅時効の抗弁を排斥。県知事に規制権限の不行使，警察には施設長の不逮捕等の不作為の違法を理由とする国賠法1条の県への請求を棄却。

## 2-4　関連する諸点

◆　2-4-(1)　逸失利益性の有無の判断

[最高裁]

＊大判昭和7・10・6民集11巻2023頁……死亡被害者Aと内縁の妻Bとの間の子CはAの生存による自己の得べかりし利益（扶養利益）の賠償を請求することができる。

【判　旨】

「上告人BハAノ内縁ノ妻トシテ同人ヨリ扶養ヲ受ケツツアリシ関係将来Aト正式ニ結婚ヲ為シ同人ノ妻トシテ幸福ナル生涯ヲ送ルコトヲ得ヘキ財産上精神上ノ一切ノ関係（仮ニ此ノ関係ヲ婚姻ノ予約権ト称ス以下同シ）ヲ侵害セラレ又上告人Cハ其ノ出生前父母ノ婚姻ニヨリAノ嫡出子トシテ出生シ同人ヨリ愛育セラルル状態ニ在ル一切ノ関係（仮ニ此ノ関係ヲ認知権ト称ス以下同シ）ヲ侵害セラレタルカ為民法不法行為ノ規定ニ依リ之ガ損害ノ賠償ヲ求ムト謂フニアリ而シテ斯ル婚姻予約権並認知権ノ侵害セラレタル場合ニ於テモ損害賠償請求権ノ存在スルコトハ嘗テ御庁大正14年（オ）第625号事件ニ於テモ判示セラレタルカ如ク抑民法第709条ノ規定ハ故意過失ニ依リ法規違反ノ行為ニ出テ他人ノ利益ヲ侵害シタル者ハ之ニ因リテ生シタル損害ヲ賠償スル責ニ任スト云フ広汎ナル意味ニシテ其ノ侵害ノ対象ハ或ハ所有権地上権債権無体権財産権名誉権等所謂1ノ具体的権利ナルコトアルヘク或ハ之ト同一程度ノ厳密ナル意味ニ於テハ未ダ目スルニ権利ヲ以テスヘカラサルモ而モ法律上保護セラルル1ノ利益ナルコトアルヘク詳シク言ハハ吾人ノ法律観念上其ノ侵害ニ対シ不法行為ニ基ク救済ヲ与フルコトヲ必要ト思惟スル1ノ利益ナルコトアルヘシ之ヲ要スルニ吾人ノ法律観念上或ル侵害ニ対シ救済ヲ与フルコトヲ以テ正当トスヘキヤ否ニ依リ不法行為アリヤ否ヲ決スヘキ

## 〈第2章〉生命侵害と財産的損害の賠償請求

モノナルヲ以テナリ然ラハ上告人Bト訴外亡Aトノ間ノ関係ハ法律上其ノ保護ヲ与フルコトヲ以テ正当トスヘキヤ否ニ付テ按スルニ上告人Bト亡Aトハ我国ノ従来ノ慣習ニ従ヒ夫婦トナリシモノニシテ一般社会ノ認メテ夫婦ト為スモノナリ只吾民法カ従来ノ慣習ニ反シ戸籍吏ニ届出スルコトヲ以テ婚姻ノ成立要件ト為シタル為ニ法律上夫婦ト云フコト能ハサルモ斯ノ如キ男女間ノ結合ハ単ナル私通野合ノ関係ト其ノ趣ヲ異ニシ公序良俗ニ反セサルノミナラス我国ノ現在ニ於テハ期間ノ長短コソアレ法律上正当ノ婚姻ヲ為ス一段階トシテ一般ニ認メラル所ノモノナルヲ以テ其ノ男女間ノ結合ニ依テ生スル財産上精神上ノ権利並利益ノ関係ニ法律上相当ノ保護ヲ与フルヲ以テ正当トスヘク若シ不法ニ之等ノ権益関係ヲ侵害スルモノアルトキハ之ニ対シ相当ノ救済ヲ与フヘキモノナルコトハ吾人ノ社会観念上又法律観念上正当ノコトニ属スト云ハサルヘカラス（大正8年（オ）第47号同年5月12日判決大正5年勅令第993号工場法施行令第8条同第13条第3号御参照）又上告人Cハ上述シタル法律上保護セラルヘキ関係ニアル亡Aト上告人Bトノ結合ノ結果懐胎セラレタルモノニシテ吾人ノ経験則ニ照ストキハ亡Aニシテ生存シタランニハ上告人Cノ出生前ニ於テA・Bハ婚姻ノ届出ヲ為スヘク随テ上告人CハAノ嫡出子トシテ出生シ同人ノ慈愛ノ下ニ其ノ扶養ヲ受クルニ至ルヘキモノナルコトハ之ヲ認ムルニ難カラス上告人BハAノ内縁ノ妻トシテ同人ヨリ扶養ヲ受ケツツアリシ関係将来Aト正式ニ結婚ヲ為シ同人ノ妻トシテ幸福ナル生涯ヲ送リ得ヘキ財産上精神上ノ一切ノ関係（仮ニ此ノ関係ヲ婚姻ノ予約権ト称ス以下同シ）ヲ侵害セラレ又上告人Cハ其ノ出生前父母ノ婚姻ニヨリAノ嫡出子トシテ出生シ同人ヨリ愛育セラルル状態ニ在ル一切ノ関係（仮ニ此ノ関係ヲ認知権ト称ス以下同シ）ヲ侵害セラレタルカ為民法不法行為ノ規定ニ依リ之カ損害ノ賠償ヲ求ムト謂フニアリ而シテ斯ル婚姻予約権並認知権ノ侵害セラレタル場合ニ於テモ損害賠償請求権ノ存在スルコトハ嘗テ御判庁大正14年（オ）第625号事件ニ於テモ判示セラレタルカ如ク抑民法第709条ノ規定ハ故意過失ニ依リ法規違反ノ行為ヲ出テ他人ノ利益ヲ侵害シタル者ハ之ニ因リテ生シタル損害ヲ賠償スル責ニ任スト云フ広汎ナル意味ニシテ其ノ侵害ノ対象ハ或ハ所有権地上権債権無体権財産権名誉権等所謂１ノ具体的ノ権利ナルコトアルヘク或ハ之ト同一程度ノ厳密ナル意味ニ於テハ未タ目スルニ権利ヲ以テスヘカラサルモ而モ法律上保護セラルル１ノ利益ナルコトアルヘク詳シク言ハハ吾人ノ法律観念上其ノ侵害ニ対シ不法行為ニ基ク救済ヲ与フルコトヲ必要ト思惟スル１ノ利益ナルコトアルヘシ之ヲ要スルニ吾人ノ法律観念上或ル侵害ニ対シ救済ヲ与フルコトヲ以テ正当トスヘキヤ否ニ依リ不法行為アリヤ否ヲ決スヘキモノナルヲ以テナリ然ラハ上告人Bト訴外亡Aトノ間ノ関係ハ法律上其ノ保護ヲ与フルコトヲ以テ正当トスヘキヤ否ニ付テ按スルニ上告人Bト亡Aトハ我国ノ従来ノ慣習ニ従ヒ夫婦トナリシモノニシテ一般社会ノ認メテ夫婦ト為スモノナリ只吾民法カ従来ノ慣習ニ反シ戸籍吏ニ届出スルコトヲ以テ婚姻ノ成立要件ト為シタル為ニ法律上夫婦ト云フコト能ハサルモ斯ノ如キ男女間ノ結合ハ単ナル私通野合ノ関係ト其ノ趣ヲ異ニシ公序良俗ニ反セサルノミナラス我国ノ現在ニ於テハ期間ノ長短コソアレ法律上正当ノ婚姻ヲ為ス一段階トシテ一般ニ認メラル所ノモノナルヲ以テ其ノ男女間ノ結合ニ依テ生スル財産上精神上ノ権利並利益ノ関係ニ法律上相当ノ保護ヲ与フルヲ以テ正当トスヘク若シ不法ニ之等ノ権益関係ヲ侵害スルモノアルトキハ之ニ対シ相当ノ救済ヲ与フヘキモノナルコトハ吾人ノ社会観念上又法律観念上正当ノコトニ属スト云ハサルヘカラス（大正8年（オ）第47号同年5月12日判決大正5年勅令第993号工場法施行令第8条同第13条第3号御参照）又上告人Cハ上述シタル法律上保護セラルヘキ関係ニアル亡Aト上告人Bトノ結合ノ結果懐胎セラレタルモノニシテ吾人ノ経験則ニ照ストキハ亡Aニシテ生存シタランニハ上告人Cノ出生前ニ於テA・Bハ婚姻ノ届出ヲ為スヘク随テ上告人CハAノ嫡出子トシテ出生シ同人ノ慈愛ノ下ニ其ノ扶養ヲ受クルニ至ルヘキモノナルコトハ之ヲ認ムルニ難カラス」。

[地裁]
【肯定例】

＊大阪地判大正6・4・28新聞1276号23頁……711条所定の者以外の親族も扶養を受ける権利のような財産権を侵害された場合には加害者に損害賠償請求ができる。

＊東京地判昭和36・4・25下民集12巻4号866頁，家裁月報13巻8号96頁，判時261号24頁……内縁の夫Aの死亡により内縁の妻Bは扶養利益の喪失による損害の賠償を請求できる。

＊東京地判昭和43・12・10判時544号3頁，判タ229号102頁，家裁月報21巻6号88頁……重婚的内縁関係の夫婦でも夫Aの死亡について妻BはAに対して扶養請求権を有しているから加害者Yに損害賠償請求ができる。

＊横浜地判昭和47・11・9判タ298号407頁……A・B間の婚姻関係が形骸化していて，AがCと内縁関係にある場合，Aの交通事故死に対してCは扶養利益侵害の賠償請求ができる。

＊大阪地判昭和59・12・13交民集17巻6号1708頁……乳母車（B乗車）を押しながら道路横断中のA（93歳・男）がY車に跳ねられ重傷を負ったが，Aは両親のない孫Bのための日常家事に従事していた特殊事例

〈2-4〉関連する諸点

でAの逸失利益を認容（生存事例）（過失相殺2割）。
【判旨】
　Aの「年齢受傷並びに後遺障害の部位程度によれば，原告は前記後遺障害のため，症状固定の後である昭和59年10月1日から少くとも1年間，その労働能力（家事労働能力）を100パーセント喪失したものと認められるから原告の将来の逸失利益を年別のホフマン式により年5分の割合による中間利息を控除して算定すると，（中略）57万1200円となる。」
＊大阪地判平成3・1・29交民集24巻1号109頁……A（38歳・男。妻Bと子Cあり）の交通事故死とAの逸失利益の算定につき，Aの定年後の「得べかりし退職金」を逸失利益と認めた事例。
＊大阪地判平成4・8・26交民集25巻4号973頁……国道端で点滅灯をつけて車のパンク修理をしていたA（70歳・男）とBにY車が衝突して2人が死亡した事故でのAの恩給受給権を逸失利益と認定。
＊大阪地判平成9・3・10交民集30巻2号403頁……子供Cのいる交通事故死亡被害者Aと24年間内縁関係にあったBについて，Aの死亡保険金のうち，逸失利益相当分はまずBの扶養に当てられるべきであるとされ，慰謝料総額の4割も711条を類推してB固有の慰謝料分と認定。
＊甲府地判平成20・2・5判時2023号134頁……日本旅行中に誘拐され殺された日系企業への就職希望の中華民国（台湾）の学生A（21歳・女。大学3年生）の逸失利益。中華民国での収入実績を基準に逸失利益を認容。
【判旨】
　「本件被害者は，本件事故当時中華民国に所在する私立J大学の3学年に在学中の大学生で，観光目的で短期的に来日し，4泊5日の観光ツアーが終了すれば中華民国に再び帰国する予定であったことが認められる。これによれば，本件被害者は，未だ我が国の会社等に就職していないのであるから，逸失利益算定の基礎となる収入については，中華民国で得られたであろう収入を基礎として算定するのが相当である。」

【否定例】
＊東京地判昭和43・10・3交民集1巻4号1137頁……給与所得者の逸失利益の算定に源泉徴収所得額を控除すべきでないと判示。
＊東京地判昭和44・7・16交民集2巻4号953頁……死亡被害者A（64歳・女。主婦）につき，その逸失利益を「家事労働は経済的に評価できない」として否定。夫Bの慰謝料で考慮すべきと判示。
＊和歌山地判昭和63・11・4交民集21巻6号1153頁……成人4人の息子達と同居していた女性A（77歳・女。無職）が道路端を歩行中，Y運転の軽貨物自動車に衝突されて死亡した事故の逸失利益を否定。
【判旨】
　「本件事故当時訴外亡Aの行なつていた家事労働に対する金銭的評価及び訴外亡Aの満77歳から満82歳までの5年間における家事労働に対する金銭的評価としては，訴外亡Aの家事の手伝いは同居者としての情宜に基づくもので金銭的評価をなしえない。（中略）以上の次第で，訴外亡Aに家事労働者としての逸失利益があるとの原告らの主張は，これを認めるに足りる証拠はなく理由がない。」
＊大阪地判平成2・5・17判タ739号144頁，交民集23巻3号634頁……交通事故被害者A（57歳・男）につき，昭和60年改正前の船員保険老齢年金受給権喪失は逸失利益ではないと判示。
＊東京地判平成3・10・18交民集24巻5号1238頁……死亡被害者A（69歳・男）の厚生年金受給権喪失は逸失利益ではない。

◆　2-4-（2）　相続できる逸失利益とできない逸失利益

［大審院］

＊大判大正15・2・26民集5巻150頁……荷車を引いて踏切を横断しようとして列車と衝突し，即死した被害者Aの財産損害の相続性の有無とその時期を明確にした重要判例[13]。即死の場合でも，財産的損害賠償請求権は死者Aに「傷害の瞬時」に発生し，それが相続されるとの論理を詳しく展開したもの。
【判旨】
　「他人ニ対シ即死ヲ引起スヘキ傷害ヲ加ヘタル場合ニアリテモ其ノ傷害ハ被害者カ通常生存シ得ヘキ期間ニ獲得シ得ヘカリシ財産上ノ利益享受ノ途ヲ絶止シ損害ヲ生セシムルモノナレハ右傷害ノ瞬時ニ於テ被害者ニ之カ賠償請求権発生シ其ノ相続人ハ該権利ヲ承継スルモノト解スルヲ相当ナリトセサルヘカラス若所論ノ如ク被害者即死シタルトキハ傷害ト同時ニ人格消滅シ損害賠償請求権発生スルニ由ナシト為ストキハ被害者ノ相続人ハ何等権利ノ承継スヘキモノナキノミナラス相続人ハ前記傷害ニヨリ自己ノ財産上ノ相続権ヲ害セラレタリトシテ自己ノ権利ニ基キ之カ賠償ヲ求ムルヲ得サルコトト為リ傷害ト死亡トノ間ニ時間ノ存スル限リハ其ノ時間ノ長短ニ拘ラス死ヲ早メタル傷害ニヨリ

---

13)　詳しくは，田井義信「財産的損害賠償請求権の相続」松本恒雄＝潮見佳男編『判例プラクティス・民法Ⅱ（債権）』352頁（信山社・2010年）参照。また，財産的損害，特に逸失利益の相続性についての肯定・否定に関する理論的・根源的な論争については，平井宜雄『債権各論Ⅱ不法行為』171頁～177頁（弘文堂・2006年）参照。

〈第2章〉生命侵害と財産的損害の賠償請求

被害者ニ蒙ラシメタル損害ニ付被害者ノ之カ賠償請求権発生シ被害者ノ死亡ニヨリ其ノ相続人ハ之カ権利ヲ承継シ得ルコトトナル即傷害ノ程度小ナル不法行為ニ責任ヲ科スルニ反シ即死ヲ引起スカ如キ絶大ノ加害行為ニ対シ不法行為ノ責任ヲ免除スルノ不当ナル結果ニ陥ルヘク立法ノ趣旨茲ニ存スルモノトナスヲ得サル所ナリ然レハ原審カ即死ノ場合ニ於テモ傷害ト死亡トノ間ニ観念上時間ノ間隔アリトナシ被上告人先代ニ付損害賠償請求権発生シタルモノト認定シタルハ結局相当ナルヲ以テ論旨ハ何レモ理由ナシ」

＊大判昭和3・3・10大審院民事判例集7巻152頁……貨車の脱線転覆事故で重傷を負い、翌日死亡したAの逸失利益の算定と相続。生存予定期間の総収入から生活費等の費用を控除して算定しそれが相続人に相続される。ただし、これとは逆に慰謝料請求権の相続性には消極。

【判　旨】
「本件ニ於テハ上告人ノ不法行為ニヨリテAカ賠償ヲ受クヘキ幾何ノ損害ヲ蒙リタルヤニアリ而シテ其ノ損害ハAカ将来得ヘカリシ物質的利益ノ喪失ナリ従テ其ノ利益ノ有無多少ハ経済学上ノ法則ニ従ハスシテ定ムル事ヲ得ヘカラス而シテ偶然ニ利益ノ生スル道理ナキヲ以テ利益ノ因ツテ生スル道程ヲ究メサルヘカラス故ニ本件賠償額ヲ定ムルニハAカ収入ヲ得ルカ為ニ幾何ノ生活費等ノ支出（生産費）ヲ為スヘカリシヤAハ幾何ノ収入ヲ得ヘカリシヤヲ計上シ而シテ後幾何ノ利益（純益）ヲ得ヘカリシヤニ到達セサルヘカラス収入ヲ得ルノ費用ヲ計上セスシテ純益ヲ計算スト云フハ無意味ナリ然ルニ原判決ハ漫然Aノ生活費ヲ以テ享楽費ナリトシ之ヲ控除セス総収入ヲ以テ直ニ純益ナリト判断シタルハ経済上ノ顕著ナル大法則ヲ無視シタル不法アルモノナリ（中略）被害者カ不法行為者ニ対シ賠償ヲ請求シ得ヘキハ其ノ不法行為ニ因リテ生シタル損害ニアリ又其ノ損害ヲ限度トスルモノナリ不法行為ノ忌ムヘク悪ムヘキハ言ヲ俟タスト雖之カ為行為者ニ対シ損害以上ノ賠償ノ請求ヲ容認セサルハ法治国ノ主義ナリトス而シテ損害ハ之ヲ換言スレハ物質的利益ノ毀損ニ外ナラス今本件ニ於テハAノ若干ノ物質的利益ノ享受セルモノナルヤヲ案スレハ原判決ノ所謂ケ年ノ勤務日数平均300トト認メ前記日給ニヨリ計算シタル総額金537円1ケ月間ノ平均慰労金33円及1ケ年間ノ平均乗務旅費金92円10銭ト認定シタル総額662円10銭ヨリ其ノ生存スル為ニ費スル生活其ノ他必要ナル費用ヲ控除シタル残額ナラサルヘカラス利益ハ之ニ止マルヲ以テ死亡ニ因テ毀損スル所アリトスルモ損害ハ此ノ限度ヲ超過シ得ヘキモノニアラス」。

［最高裁］
＊最三小判昭59・10・9判時1140号78頁，判タ542号196頁……他人の不法行為により死亡したAの普通恩給の受給利益喪失による損害賠償請求権が、逸失利益としてその相続人であるXに相続されることを認めた事例。

【判　旨】
「公務員であった者が支給を受ける普通恩給は、当該恩給権者に対して損失補償ないし生活保障を与えることを目的とするものであるとともに、その者の収入に生計を依存している家族に対する関係においても、同一の機能を営むものと認められるから（最高裁昭和38年（オ）第987号同41年4月7日第1小法廷判決・民集20巻4号499頁参照）、他人の不法行為により死亡した者の得べかりし普通恩給は、その逸失利益として相続人が相続によりこれを取得するものと解するのが相当である。」

［高裁］
＊東京高判平成22・8・25裁判所ウェブサイト……老齢年金受給者Aが失踪し、年金の不支給処分を受けた事例で、家族であるBらが年金受給権を相続したと主張したが、厚生年金法による保険給付を受ける権利は相続性を有しないと判示。

［地裁］
＊大阪地判平成4・8・26交民集25巻4号973頁……事故死したAの老齢基礎年金は逸失利益か（消極）。

【判　旨】
「国民年金法における老齢基礎年金は、被保険者の高齢による所得の減少、喪失によって生活の安定がそこなわれることを防止することを目的とする年金制度であり、その制度目的に加え、被保険者による拠出制を採ってはいるが、所得がない場合の保険料納付の免除措置、費用の国庫負担制度、無職者も被保険者であることなどの国民年金法の諸規定に鑑みれば、専ら社会保障的見地から被保険者の生活保障を目的とする制度であり、給付される年金は全て被保険者の生活費に充てられることが予定されているというべきである。そうすると、本件事故により喪失した亡Aの得べかりし老齢基礎年金は逸失利益とは認められないことになる。」

◆　2-4-（3）逸失利益と過失相殺・過失相殺能力
［最高裁］
＊最判昭和39・6・24民集18巻5号854頁……過失相殺能力の基準につき、「事理弁識能力必要説」を採用。

【判　旨】
「未成年者が他人に加えた損害につき、その不法行為上の賠償責任を問うには、未成年者がその行為の責任を弁識するに足る知能を具えていることを要することは民法712条の規定するところであるが、他人の不法行為により未成年者がこうむった損害の賠償額を定めるにつき、被害者たる未成年者の過失をしんしゃく

〈2-4〉関連する諸点

するためには，未成年者にいかなる知能が具わっていることを要するかに関しては，民法には別段の規定はなく，ただ，この場合においても，被害者たる未成年者においてその行為の責任を弁識するに足る知能を具えていないときは，その不注意を直ちに被害者の過失となし民法722条2項を適用すべきではないとする当裁判所の判例（昭和29年（オ）第726号，同31年7月20日第2小法廷判決）があることは，所論のとおりである。しかしながら，民法722条2項の過失相殺の問題は，不法行為者に対し積極的に損害賠償責任を負わせる問題とは趣を異にし，不法行為者が責任を負うべき損害賠償の額を定めるにつき，公平の見地から，損害発生についての被害者の不注意をいかにしんしゃくするかの問題に過ぎないのであるから，被害者たる未成年者の過失をしんしゃくする場合においても，未成年者に事理を弁識するに足る知能が具わっていれば足り，未成年者に対し不法行為責任を負わせる場合のごとく，行為の責任を弁識するに足る知能が具わっていることを要しないものと解するのが相当である。したがって，前示判例は，これを変更すべきものと認める。

原審の確定するところによれば，本件被害者らは，事故当時は満8才余の普通健康体を有する男子であり，また，当時すでに小学校2年生として，日頃学校及び家庭で交通の危険につき充分訓戒されており，交通の危険につき弁識があつたものと推定することができるというのであり，右認定は原判決挙示の証拠関係に照らし肯認するに足る。右によれば，本件被害者らは事理を弁識するに足る知能を具えていたものというべきであるから，原審が，右事実関係の下において，進んで被害者らの過失を認定した上，本件損害賠償額を決定するにつき右過失をしんしゃくしたのは正当であ」る。

[高裁]
＊広島高判平成1・5・30交民集22巻6号1272頁……A（9歳・男。小学生）の道路横断事故で過失相殺1割を認容（最二小判平成1・12・22の原審）。最判は法律審なので，過失相殺の是非ではなく，被害者の父Bが母Cの印鑑等の濫用をしたことが保険会社の478条要件を満たさないという点のみを判示）。

[地裁]
【肯定例】
＊東京地判昭和43・6・20交民集1巻2号684頁……横断歩道上の事故で被害者A（54歳・女。華道教授）の過失割合を3割とした事例（慰謝料請求権の相続性は否定）。
＊東京地判昭和45・10・5交民集3巻5号1496頁……バスの陰から横断歩道を横断し始めたA（60歳・女）の死亡交通事故で，1割の過失相殺を認容（慰謝料請求権の相続性を否定）。
＊福岡地行橋支判昭和46・5・6交民集4巻3号794頁……横断歩道に走り込んだ被害者Aの過失を認定して2割の過失相殺を認容。
＊東京地判昭和48・8・23交民集6巻4号1336頁……飲酒して路上に座り込んでいた被害者Aに過失相殺6割。
＊千葉地佐倉支判昭和49・7・15交民集7巻4号1026頁……工事現場で，Yのダンプカーに背を向けて立っていて衝突・死亡した現場監督A（25歳・男）につき，過失相殺2割を認容。
＊東京地判昭和54・2・8交民集12巻1号171頁……飲酒で深夜に車道歩行中のA（44歳・男）がY車と衝突・死亡した事故で，Aの過失相殺1割を認定。
＊東京地判昭和56・9・30交民集15巻5号1296頁……被害者の赤信号無視などで過失相殺7割を認定。
＊大阪地判昭和58・2・25交民集16巻1号253頁……被害者Aが漫然と犬に引っ張られて車道上に出た事故で1割の過失相殺を認容。
＊神戸地判昭和58・2・28交民集16巻1号274頁……A（1歳9ヶ月・男）の駐車場内の死亡事故について母Bに1割の過失を認めて過失相殺。
＊東京地判昭和60・5・10交民集18巻3号691頁……交通事故でAと同上の妻B（38歳。家事と七宝焼教室を経営）が生きているが死亡と著しく異ならない状態になった場合の逸失利益について，被害者の後遺症は自己の性格と治療を受けなかったことによるとして過失相殺4割を認容。
＊名古屋地判昭和60・11・15交民集18巻6号1498頁……乳母車を轢いて道路を横断中のA（72歳・女。農業，園芸店および家事手伝い）がY車に衝突され死亡した事故で，Aに横断歩道や歩道橋の利用の選択もあったとして過失相殺1割5分を認容。
＊浦和地判昭和62・5・8交民集20巻3号632頁……交通事故後の被害者A（48歳・男。地方公務員）の自殺につき，過失相殺の法理を類推適用して6割を減額。
＊富山地魚津支判昭和63・5・18判時1293号135頁，判タ674号182頁……交通事故後に自殺したA（53歳・男。鉄工所勤務）につき，過失相殺の法理を類推適用して賠償額の7割を減額。
＊東京地判平成1・4・7交民集22巻2号467頁……被害車両Aの一時停止義務違反に8割の過失相殺を認容。
＊静岡地判平成1・8・29交民集22巻4号969頁……被害者A（23歳・男）の原動機付自転車と徐行運転のY車との衝突事故で負傷したAに過失相殺5割を認容（被害者生存事例）。

〈第2章〉生命侵害と財産的損害の賠償請求

＊名古屋地判平成1・8・30交民集22巻4号994頁……Z商店の敷地内で，急に飛び出してきてYの普通貨物自動車に衝突されて死亡したA（1歳3ケ月・男）につき，Aの母Bに被害者側の過失2割を認定して過失相殺。

＊神戸地判平成2・6・21交民集23巻3号732頁……夜間，雨の中，幹線道路を泥酔状態で横断したBに雇用されていた大工A（53歳・男）を前方不注意で速度も落とさないYの車が跳ねてAが死亡した事故で，Aに3割5分の過失相殺を容認。

＊福島地いわき支判平成2・12・26判時1372号27頁，判タ746号116頁……同級生のいじめによる私立中学3年生の男子Aの自殺による国賠法1条での請求。被害者側に7割の責任を認めて過失相殺（いわき市いじめ自殺事件）。

＊東京地判平成3・1・25交民集24巻1号89頁……呉服卸問屋会長のA（58歳・男）が横断禁止の幹線道路を夜間横断しようとしてY車と衝突して死亡。Aの逸失利益に4割の過失相殺。

＊長野地判平成3・4・16交民集24巻2号473頁……車同士の衝突事故で死亡したA（27歳・男。医師）につき，3割5分の過失相殺を容認。

＊神戸地判平成3・12・20交民集24巻6号1572頁……喫茶店に入ろうと右折したY車に直進の自動二輪車のA（23歳・女。職業不詳）が衝突し，Aが後遺障害等級1級になった事故で，前方不注意でAに2割の過失相殺を容認（被害者生存事例）。

＊東京地判平成4・1・21交民集25巻1号42頁……ヘアピンカーブでの無理な追い越しをしたオートバイのA（22歳・男。会社員）が滑走するのを見て車を急制動すべきYにも過失があったとしたが，Aの逸失利益につき6割の過失相殺を容認。

＊東京地判平成4・3・10判時1423号101頁，判タ789号200頁，交民集25巻2号323頁……39歳の主婦兼看護婦が交通事故半年後に，抑うつ状態になって自殺したA（39歳・女。主婦兼看護士）につき，722条2項を類推適用して5割の過失相殺を容認。

＊名古屋地判平成4・7・10交民集25巻4号809頁……原付自転車に同乗していて死亡したA（15歳・女，アルバイト）につき，ヘルメット不着用が死亡の一因になっているとして1割5分の過失相殺を容認。

＊新潟地判平成5・1・26判タ813号252頁……成人のYがA（18歳・女）と心中しようと考えてAを追い詰めて死亡させた事案で，A側に7割の過失相殺を容認（Aの両親の固有の慰謝料請求は否定）。

＊宇都宮地判平成5・4・12判タ848号282頁，交民集26巻2号470頁……AがC会社から修理中の「代車」として借りていた車を18歳のBの運転に委ね，Bとともにシンナーを吸い，その車に同乗した18歳のAが，Bの電柱衝突事故で重傷を負い，ついに死亡した事故で，Aに3割の過失相殺を容認。Bの母親（単独親権者）の監督義務責任は否定。Cとの関係ではAは自賠法3条の「他人」に当たらずとしてCの責任を否定。

【否定例】
＊山口地判昭和55・2・28交民集13巻1号274頁……道路横断中の被害者A（65歳・女。主婦兼農業）にも左右確認の不注意があったが，Y車の側にスピード違反等の重大な違反があり，Aの過失相殺を否定。

＊名古屋地判平成4・2・7交民集25巻1号158頁……青信号交差点をシートベルト不着装で走行中のAに赤信号無視のYのタクシーが衝突した事故で信義則上も問題があるとして，Aの過失相殺を否定。

＊神戸地判平成4・12・18交民集25巻6号1463頁……冬期の山道でYが25kmの制限を75kmで走行し，凍結した路上でスリップしてコンクリート壁に激突して後部座席同乗のA（57歳・男）が死亡した事故で，Aについては非難すべき落ち度はないとして過失相殺を否定。

## 2-5　控除費目

◆ 2-5-(1) 中間利息の控除割合

現行民法の民事法定利率は年5分（404条）であるが，債権法改正の法制審議会答申は年3分で3年毎にその利率の再検討ということになっている。この問題は，超低金利（預金利息はほぼゼロ金利に近い）が20世紀末からずっと続いている実状を踏まえて，判例でも今後の法定利率をいくらにすべきかの議論がなされてきている。

＊最三小判平成17・6・14民集59巻5号1054頁……交通事故の逸失利益の損害賠償について，中間利息の控除を年3％とした原審判決を破棄し，404条の民事法定利率年5％によらなければならないとした事例。

【判　旨】

「逸失利益の算定の過程はすべて仮装のフィクションの上に成り立っているということを考えざるを得ない。例えば，本件における死亡被害者Aの基礎収入額は賃金センサスを基準とした平均賃金額により認定されているが，これが「交通事故による被害者が交通事

故に遭わなければ将来において得ることができた収入」として正確な金額かと言えば，実は誰ひとりこれを肯定することができない。また，同被害者の生活費控除率は50パーセントとして認定されているが，この生活費控除率という考え方も仮装の論理であることは明らかである。

我々日本国民が長くこれらの逸失利益算定論を受け容れている理由は，決してそれが事実認定として正確な数値を示しているからではない。それが他の事案との間の不公平を免れるための統一的基準として妥当性があると考えられるからである。

それなのに，中間利息控除の場面では実質金利に関する正確な数値を可能な限り追究してこれを適用するという姿勢を採る場合，ケースバイケースによって中間利息控除率が認定される結果となり，事案間の不公平が生じることが避けられないのである。

5 以上のとおりであるから，死亡被害者の逸失利益の中間利息控除率を年5パーセントとして算定される損害賠償額が金3,389万249円であるところ，原判決がこれを超えて請求を認容した部分には重要な法令解釈の誤りがあるので，本件上告が受理されるとともに，原判決が破棄されるべきであると考える。」

◆ 2-5-(2) 特別な控除費目（養育費など）
[最高裁]
＊最一小判昭和56・10・8裁判集民134号39頁，交民集14巻5号993頁，判時1023号47頁，判タ454号80頁……A（8歳・女）の交通事故死による逸失利益の算定にあたり50％の生活費の控除が不合理ではないとされた事例。

【判旨】
「交通事故により死亡した幼児（当時満8歳の女児）の将来の得べかりし利益の喪失による損害賠償額を算定するにあたり，賃金センサスによるパートタイム労働者を除く女子全労働者・産業計・学歴計の表による各年齢階級の平均給与額を基準として収入額を算定したとしても，交通事故により死亡した幼児の将来の得べかりし収入額の算定として不合理なものとはいえないこと，及び右得べかりし利益の喪失による損害賠償額を算定するにあたり右平均給与額の5割相当の生活費を控除したとしても，不合理なものといえないことは，いずれも当裁判所の判例の趣旨とするところであり（前者につき最高裁昭和54年（オ）第214号同年6月24日第3小法廷判決・裁判集民事127号129頁，後者につき同昭和43年（オ）第656号同年12月17日第3小法廷判決・裁判集民事93号677頁各参照），ライプニッツ式計算法が交通事故の被害者の将来の得べかりし利益を現在価額に換算するための中間利息控除の方法として不合理なものとはいえないことも当裁判所の判例とするところであって，（最高裁昭和50年（オ）第656号同53年10月20日第2小法廷判決・民集32巻7号1500頁），これと同旨の原判決に所論の違法はない。」
[地裁]
【肯定例】
＊東京地判昭和44・11・12交民集2巻6号1638頁……A（9歳・女。小学生）の逸失利益から養育費・教育費として月額5,000円の控除を認容。慰謝料請求権の相続性を否定。

【判旨】
「いわゆる損益相殺は，賠償請求権者が損害を受けると同時に損害発生と同じ原因によつて利益を受けた場合に限られるべきであるところ，本件の如き場合，死亡による逸失利益賠償請求権の主体は直接の被害者たる死者であつて原告らとは法人格を異にするから，いわゆる損益相殺をなすべきではない，との見解があるが，当裁判所は，次の理由により，損益相殺の法理を適用すべきものと解する。

すなわち，死者の遺族が死亡による消極的損害の賠償を請求する場合の理論構成としては，（イ）扶養請求権の侵害という直接損害として構成する方法と（ロ）逸失利益の喪失による損害賠償請求権を死者が取得しこれを相続するものとする方法とがあるが，（イ）の方法によれば勿論のこと，（ロ）の方法による場合も，生命侵害それ自体が損害であり，賠償請求権者は遺族自身であり，（ロ）の方法は賠償額算定の一手段である，と解すべきである。このように解すれば，死亡という同一の原因により，遺族は逸失利益喪失による損害賠償請求権を取得すると共に，養育等の出費を免れるものといい得るのであり，したがつて，損益相殺の法理を適用すべきことになる。

そこで，その額が問題となるが，諸般の事情を勘案し，訴外Aの養育費・教育費は成人までの年月を平均して月額5,000円年額にして6万円程度とみるのが相当である。」
＊東京地判昭和44・11・27判タ242号212頁……交通事故死亡被害者A（14歳・男。中学生）の逸失利益の相続人につき，養育費の控除を肯定。

【判旨】
「訴外Bと原告Cが被害者Aの扶養義務者であつたこと，したがつて同人の死亡によりその扶養の義務をまぬかれたものであることは弁論の全趣旨によつて明らかであり，かように被害者の死亡による逸失利益の損害賠償請求権を相続した者が，同時に被害者の扶養義務者でもあり被害者の死亡によつて扶養義務をまぬかれた場合にあつては，その相続にかかる損害賠償額から扶養義務をまぬかれなければ支出すべかりし養育費を控除すべきものと解するを相当する（当庁昭和44年2月24日判決，判時550号50頁参照）。」

〈第2章〉生命侵害と財産的損害の賠償請求

＊大阪地判昭和45・9・29交民集3巻5号1440頁……A（33歳・男。大工）の逸失利益と生活費等の控除割合。

＊東京地判昭和46・5・29交民集4巻3号868頁……A（11歳・女。小学生）の死亡について養育費の控除を認めた事例。

＊新潟地判昭和46・8・18交民集4巻4号1199頁……A（4歳・女）の逸失利益算定に養育費の控除を否定。慰謝料請求権は711条所定の親族か、それがない場合の実質的にそれに該当するような特別な親族のみ。

＊東京地判昭和61・5・22交民集19巻3号640頁……主婦兼看護婦（29歳）の死亡被害（逸失利益）の中に子供の養育費も含めた被害を認定しているので、それによって填補されたとして、さらに養育費の損害を認めなかった事例。

◆ 2-5-(3) 損益相殺（各種保険金・養育費など）

判例が、年金の逸失利益性についてどのような立場をとっているかは上述した[14]。また、個別の判例は以下の通りである。

【肯定例】（遺族年金）

＊最大判平成5・3・24民集47巻4号3039頁……地方公務員共済組合法の遺族年金受給権確定を退職年金と同様に把握。下記の条件付きで肯定。

【判　旨】

「相続人のうちに、退職年金の受給者の死亡を原因として、遺族年金の受給権を取得した者があるときは、遺族年金の支給を受けるべき者につき、支給を受けることが確定した遺族年金の額の限度で、その者が加害者に対して賠償を求め得る損害額からこれを控除すべきものであるが、いまだ支給を受けることが確定していない遺族年金の額についてまで損害額から控除することを要しないと解するのが相当である。」

＊最二小判平成11・10・22民集53巻7号1211頁……死者Aの遺族の厚生年金は、下記の要件を満たせば逸失利益賠償から控除すべきと判示。

【判　旨】

「国民年金法及び厚生年金保険法に基づく障害年金の受給権者が不法行為により死亡した場合において、その相続人のうちに、障害年金の受給権者の死亡を原因として遺族年金の受給権を取得した者があるときは、遺族年金の支給を受けるべき者につき、支給を受けることが確定した遺族年金の額の限度で、その者が加害者に対して賠償を求め得る損害額からこれを控除すべきものと解するのが相当である（最高裁昭和63年（オ）第1749号平成5年3月24日大法廷判決・民集47巻4号3039頁参照）。そして、この場合において、右のように遺族年金をもって損益相殺的な調整を図ることのできる損害は、財産的損害のうちの逸失利益に限られるものであって、支給を受けることが確定した遺族年金の額がこれを上回る場合であっても、当該超過分を他の財産的損害や精神的損害との関係で控除することはできないというべきである。」

＊最判平成16・12・20交民集37巻6号1489頁、判時1886号46頁……不法行為死亡被害者Aの相続人の遺族厚生年金の受給権。

【判　旨】

「不法行為により死亡した被害者の相続人が、その死亡を原因として遺族厚生年金の受給権を取得したときは、被害者が支給を受けるべき障害基礎年金等に係る逸失利益だけでなく、給与収入等を含めた逸失利益全般との関係で、支給を受けることが確定した遺族厚生年金を控除すべきものと解するのが相当である。」

＊最一小判平成22・9・13民集64巻6号1626頁……不法行為によって被害者Aが労災保険金各種保険給付や年金給付を受けた場合、相互補完性を有する逸失利益の元本との間で損益相殺的な調整を行うべきである。

【判　旨】

「不法行為による損害賠償債務は、不法行為の時に発生し、かつ、何らの催告を要することなく遅滞に陥るものと解されるが（最高裁昭和34年（オ）第117号同37年9月4日第3小法廷判決・民集16巻9号1834頁参照）、被害者が不法行為によって傷害を受け、その後に後遺障害が残った場合においては、不法行為の時から相当な時間が経過した後に現実化する損害につき、不確実、不確定な要素に関する蓋然性に基づく将来予測や擬制の下に、不法行為の時におけるその額を算定せざるを得ない。その額の算定に当たっては、一般に、不法行為の時から損害が現実化する時までの間の中間利息が必ずしも厳密に控除されるわけではないこと、上記の場合に支給される労災保険法に基づく各種保険給付や公的年金制度に基づく各種年金給付は、それぞれの制度の趣旨目的に従い、特定の損害について必要額をてん補するために、てん補の対象となる損害が現実化する都度ないし現実化するのに対応して定期的に支給されることが予定されていることなどを考慮すると、制度の予定するところと異なってその支給が著しく遅滞するなどの特段の事情のない限り、これらが支給され、又は支給されることが確定することにより、そのてん補の対象となる損害は不法行為の時にてん補されたものと法的に評価して損益相殺的な調整をすることが、公平の見地からみて相当というべきである。前記事実関係によれば、本件各保険給付及び本件各年金給付は、その制度の予定するところに従って、てん

---

[14] 第2章2-(1)「逸失利益総説」欄の(イ)公的年金の逸失利益、参照。

〈2-5〉控除費目

補の対象となる損害が現実化する都度ないし現実化するのに対応して定期的に支給され，又は支給されることが確定したものということができるから，そのてん補の対象となる損害は本件事故の日にてん補されたものと法的に評価して損益相殺的な調整をするのが相当である。」

＊最二小判平成22・10・15裁判集民235号65頁，裁判所時報1517号4頁……交通事故被害者Aが加害者Yには709条で，Yの運行供用者Bには自賠法3条で損害賠償請求した事案で，Aには労災保険法に基づく各種保険給付が支給され，または至急が確定しているような場合には，Aの損害は不法行為時に填補されたものと法的に評価して，損益相殺的な調整をすることが公平の見地からみて相当と判示（被害者生存事例）。

【判　旨】

「被害者が不法行為により長期の療養を経ることなく死亡した場合にあっても，労災保険法に基づく保険給付や公的年金制度に基づく年金給付については，それぞれの制度の趣旨目的に照らし，逸失利益の元本との間で損益相殺的な調整をすべきであり，また，上記の各給付が制度の予定するところと異なってその支給が著しく遅滞するなどの特段の事情のない限り，これらが支給され，又は支給されることが確定することにより，そのてん補の対象となる損害が不法行為の時にてん補されたものと法的に評価するのが相当であるとも考えられる。」

【否定例】（生命保険金・所得税・損害保険金・養育費等）

＊最一小判昭和37・4・26民集16巻4号975頁……労災保険金を死亡被害者の妻が十分に受けていたとしても，妻以外の遺族は使用者に対し財産的損害と慰謝料との賠償請求ができる。

＊最判昭和39・9・25民集18巻7号1528頁……通常の生命保険金（否定）。この保険金は「既に払い込んだ保険料の対価」だからとの理由。

＊最一小判昭和41・12・1民集20巻10号2017頁……加害者Yが被害者Aに支払った慰謝料は使用者Bが労働基準法に基づいてAに支払うべき労災補償の額に影響を及ぼさない（Aの生存事例）。

＊最判昭和45・7・24民集24巻7号1177頁……否定。店主Aの負傷と営業収益（所得税の対象）は別だとの理由。

＊最判昭和50・1・31民集29巻1号68頁……否定。損害保険金は「既に払い込んだ保険料の対価」だからとの理由。

＊最判昭和53・10・20民集32巻7号1500頁……死亡した子供Aの逸失利益と養育費の控除の可否（否定）。両者には「同質性がない」との理由。

＊最一小判昭和55・11・27民集34巻6号815頁……死亡退職金の支給等を定めた特殊法人の規定に，民法の規定する相続人の順位決定の原則とは異なる定め方がされている場合の処理方法を判示。

【判　旨】

「被上告人の「職員の退職手当に関する規程」2条・8条は被上告人の職員に関する死亡退職金の支給，受給権者の範囲及び順位を定めているのであるが，右規程によると，死亡退職金の支給を受ける者の第1順位は内縁の配偶者を含む配偶者であって，配偶者があるときは子は全く支給を受けないこと，直系血族間でも親等の近い父母が孫より先順位となり，嫡出子と非嫡出子が平等に扱われ，父母や養父母については養方が実方に優先すること，死亡した者の収入によって生計を維持していたか否かにより順位に差異を生ずることなど，受給権者の範囲及び順位につき民法の規定する相続人の順位決定の原則とは著しく異なった定め方がされているというのであり，これによってみれば，右規程は，専ら職員の収入に依拠していた遺族の生活保障を目的とし，民法とは別の立場で受給権者を定めたもので，受給権者たる遺族は，相続人としてではなく，右規程の定めにより直接これを自己固有の権利として取得するものと解するのが相当であり，そうすると，右死亡退職金の受給権は相続財産に属さず，受給権者である遺族が存在しない場合に相続財産として他の相続人による相続の対象となるものではないというべきである。」

＊最二小判平成1・12・22交民集22巻6号1259頁……被害者Aの父Bが母Cの印鑑等を暴用して加害車両の保険者Yとなした代理による和解契約が無効で，478条を満たさないとされた特殊事例。

＊最判平成7・1・30民集49巻1号211頁……否定。搭乗者傷害保険の死亡保険金。定額保険であり，損害填補目的を有していないからとの理由。

［地裁］

【肯定例】

＊名古屋地判昭和59・11・28交民集17巻6号1638頁……老齢年金受給者A（71歳・男，事故時は無職）の死亡による逸失利益と妻Bの請求権（年金の逸失利益性を肯定）（過失相殺1割5分）。

【判　旨】

「亡Aは本件事故で死亡しなければ平均余命年数である約10年間生存し，年額金141万4,600円の老齢年金を得られるはずであったが，原告Bは亡Aの死亡により，同原告の死亡まで遺族年金を受給することができ，また同原告の平均余命年数は亡Aのそれをも超えるものである。

右事情を総合判断すると，亡Aの老齢年金受給権の喪失は，同人の受給していた年額141万4,600円の2分の1である70万7,300円を10年間受けられなくなつた範囲で逸失利益として認めるのが相当であ」る。

## 2-6 判例の計算式

逸失利益概念については，判例の労働能力喪失説に対して，学説の中には死傷損害説なども存在するが，具体的金額の算定は裁判所の権限であり，損害概念についてのこのような論争は別として，判例理論による具体的考慮要素やその計算式につき，近時の学説の多数は特に具体的対案を示したり異論を唱えたりはしていない。従来の，ホフマン方式かライプニッツ方式かの論争も，ライプニッツ方式または新ホフマン方式かでほぼ決着している。

判例の計算式は概略以下の通りである。

算定期間の長さの問題，各種年金や退職金等の算入の可否，生活費控除率，損益相殺，後遺障害の場合の労働能力喪失期間等は，各判決の理由中の説示を参照されたい。

① 死亡による逸失利益……被害者の年収×（1－生活費控除率）×ライプニッツ係数または新ホフマン係数

② 後遺障害による逸失利益……被害者の年収 × 労働能力喪失率 × ライプニッツ係数または新ホフマン係数

休業損害（消極損害）や被害者の死傷による使用者等の損害（企業損害・間接損害等）についてはここでは説明を省略する。

## 第3章 死者の非財産的損害と賠償内容

## 3-1 総説

本章は判例の実態を見るのが主眼なので，慰藉料の意義・性質について判例の立場とその変遷を紹介し，学説には特に触れない。また，順に，慰謝料発生の原因としての事故態様，加害者の主観的態様（故意・過失）の差の影響を概観した上で，判例による慰謝料の算定基準の把握，極めて多数で重要な加害者・被害者間の過失相殺事例の紹介，724条の請求権行使期間の制限をしている重要判例の紹介を行う。加えて，損害賠償ではないが，両者間の公平な利益調整のための「損益相殺」制度にも簡単に触れる。

## 3-2 慰謝料の意義・性質

慰藉料の意義・性質について，ここでは判例の立場とその変遷のみを紹介し，学説には触れない。

［大審院］
＊大判大正3・6・5民録20輯453頁……Yの過失でBの長女Aが死亡した場合，Yに慰謝料支払い義務が生じるのはYの不法行為によってAの「生命権」が侵害されたからである。
【判旨】
「上告人ハ其過失ニ因リ被上告人ノ長女ヲ死ニ致シタルニ付キ本訴慰藉金支払ノ義務アリト認メタルモノナルヲ以テ原院ハ本訴請求ヲ不法行為ニ基クモノト為シタルコト毫モ疑ヲ容レス又斯クノ如ク上告人ハ被上告人ノ長女ノ生命ヲ害シ間接ニ被上告人ニ財産以外ノ損害ヲ被ムラシメタルヲ以テ被上告人ハ上告人ニ対シ其損害ノ賠償ヲ請求スル権利アリト為スモノナレハ（民法第711条参照）上告人ノ為メニ侵害セラレタル権利カ被上告人ノ長女ノ生命権ナルコト原判文上明瞭ナリ」。

［高裁］
＊名古屋高判平成1・2・21判タ702号259頁……慰謝料請求権は具体的な金額が当事者間で客観的に確定しない間は，一身専属性を有し，破産財団に属しない。
【判旨】
「近親者の生命侵害を理由とする慰謝料請求権も，名誉毀損を理由とする慰謝料請求権と同様に，専らその権利者の自由な意思によってこれを行使するかどうかを決すべきものと解すべきところ，慰謝料請求権の権利者に，その権利の行使，不行使につき，真に自由な意思決定（それは，一般には，単に強制されない任意の意思の表示というレベルとは，質的に異なるものというべきである。）を確保するという観点からすれば，被害者（破産者）自らが訴え等により慰謝料請求権を行使することと，これを他の者の訴訟追行に委ねること（ことに同意する）こととを全く同質の事柄とみることはできない」。（中略）「破産者の権利行使の意思を（殊に，本件で控訴人が主張するように，破産管財人に訴訟追行を委ねる意思表示のみで）常に明確かつ固定的なものとして処理することが，その行使上の一身専属性からして相当でないことは，前示のとおりである。また，慰謝料請求権が前示の意味で客観的に確定する前に破産手続が終了した場合には，結局，右請求権は，破産財団に属しないまま，破産者の自由財産となるから，右請求権が必ずしも常に究極的に破産財団に属すべきものと断ずることもできない」。

［地裁］
＊東京地八王子支判昭和41・11・16判時476号40頁，判タ200号113頁……Y車が減速した先行車両を追い越そうと左側から追い越し，信号のない交差点で減速せず，交差点を横断歩行中のA（52歳・女。主婦）に衝突・重傷を負わせ，ついには死亡させた事故。Aの慰

〈第3章〉死者の非財産的損害と賠償内容

謝料とAの遺族固有の慰謝料の関係や考慮要素が論点。
【判　旨】
　「原告ら肉親たちが，生命を侵害された直接の被害者の慰藉料請求権を相続によって共同承継するとともに，併存する肉親たち固有の精神的苦痛に対する固有の慰藉料請求権を行使する本件の場合，被告たる加害者が原告ら集団に対して金銭賠償をするについては，直接の被害者亡Aに対する慰藉料が最優先的に衡量されるべきは，生命の貴重に対する条理でなければならない。遺族肉親たちの固有の慰藉料の衡量においては，既に直接の被害者に対する慰藉料について賠償の苦痛を科せられている被告に対し，さらに金銭支払いの苦痛を加重して科するにも妥当の限度があるため，肉親個々人が多少の不満足の分配を甘受するも止むを得ない。」
＊山形地判昭和44・12・16判タ243号284頁……原告3人の内の1人に対する慰謝料の認容は民訴法186条に違反しないとされた事例。
【判　旨】
　「原告らは慰謝料として原告らとして金50万円を請求しており，右1認定の如く原告A1人につき金40万円を認容することは，原告3名に分割した額を越え民事訴訟法186条に反する疑もあるが右（1）の趣旨及び右3名につき金50万円としたのは，代理人の無理解に基づく外，弁論の全趣旨によると帰するところ，原告Aについての慰謝料請求であると考えるのが相当であるから，右原告Aに対する認容額は右法条に反しないものと解する。」
＊東京地判昭和46・11・30判タ274号287頁……慰謝料請求権が金銭化した後は，譲渡も贈与も可能として被害者Aの父母B・CからAの姉D・E・F3名に対するその請求権の贈与を認めた事例。
【判　旨】
　「被告らは，慰藉料請求権に譲渡性がないと主張するが，金銭債権として具体化した右請求権の譲渡を妨げる理由は見出せない。」
＊東京地判昭和61・2・24判時1214号97頁……Y病院で腫瘍手術の際の麻酔事故。実損害の填補を超える特段の損害賠償を肯認すべき根拠がない場合には制裁的慰謝料請求は認められないと判示。
【判　旨】
　「原告は，制裁的な慰藉料が認められるべきであると主張するが，本件麻酔事故の内容及びその特質をすべて考慮しても本件につき実損害の補填を超える特段の損害賠償を肯認すべき根拠があるものということができないから右主張は失当である。」
＊東京地判昭和57・2・1訟務月報28巻9号1697頁，判時1044号19頁，判タ458号187頁……クロロキン訴訟。

制裁的慰藉料を否定。
＊東京地判平成16・1・30判時1861号3頁，判タ1194号243頁……都立病院の担当看護師Yの投与薬剤の取り違えによる入院中のAの死亡事故。東京都の債務不履行又は不法行為による慰謝料支払い義務を肯定（都立広尾病院注射ミス事件）。
＊横浜地判平成18・4・18判時1937号123頁，判タ1243号164頁……大型トレーラーのハブの欠陥により，Y車が走行中に車輪が外れて歩行者Aに当たって死亡させた事件で，遺族の制裁的慰謝料請求部分と国賠法1条での国の行政指導の不作為責任をともに否定した事例。
【判　旨】
　「民事訴訟における損害賠償の目的は発生した損害の補償であり，事実上慰謝料の効果として制裁的機能や抑制的機能が認められることが否定されるわけではないにしても，処罰を目的とする制裁的慰謝料を認めることはわが国のそもそもの法制と調和しないし，現在において制裁的慰謝料の概念が成熟した裁判規範として受容されているとも認めがたい。」
＊京都地判平成19・10・9判タ1266号262頁……スーパーマーケットの駐車場で，重過失ある前方不注意のY車によるA（8歳・男。小学生）の轢死事故で制裁的慰謝料を認めなかった事例（久御山ジャスコ事件）。
【判　旨】
　「原告らが主張するところは，原告らが実際に被った損害以上の賠償（いわゆる懲罰的損害賠償）が認められるべきというものである。しかしながら，不法行為に基づく損害賠償制度は，被害者に生じた現実の損害を金銭的に評価し，加害者にこれを賠償させることにより，被害者が被った不利益を補てんして，不法行為がなかったときの状態に回復させることを目的とするものであり（最高裁大法廷平成5年3月24日判決・民集47巻4号3039頁参照），加害者に対する制裁や，将来における同様の行為の抑止，すなわち一般予防を目的とするものではなく，加害者に対して損害賠償義務を課することによって，結果的に加害者に対する制裁ないし一般予防の効果を生ずることがあるとしても，それは被害者が被った不利益を回復するために加害者に対し損害賠償義務を負わせたことの反射的，副次的な効果にすぎず，加害者に対する制裁及び一般予防を本来的な目的とする懲罰的損害賠償の制度とは本質的に異なるというべきである。したがって，不法行為の当事者間において，被害者が加害者から，実際に生じた損害の賠償に加えて，制裁及び一般予防を目的とする賠償金の支払を受け得るとすることは，上記の不法行為に基づく損害賠償制度の基本原則ないし基本理念と相いれないものであるから（最高裁第2小法廷平成

9年7月11日判決・民集51巻6号2573頁参照)，懲罰的損害賠償を認めることはできないものといわざるを得ず，原告らの主張を採用することはできない。」

## 3-3 事故態様（交通事故・医療過誤・国賠事例等）

◆ 3-3-(1) 故意不法行為による死亡と慰謝料請求
＊＊東京高判平成14・11・27判時1807号84頁……居酒屋を訪れたA（56歳・男。流しの演歌歌手）を，縄張りを守るために，縄張り内に無断で立ち入ったとして暴力団員Yが暴行を加え死亡させた事件での慰謝料。
【判　旨】
「Aは，本件犯行時まで，巡業先でのトラブルもなく，演歌歌手として真面目に仕事をしており，本件犯行についても，後述のとおり，Aに落ち度があったとは認められず，暴力団とは無関係の一般市民であったにもかかわらず，控訴人Yから一方的に激しい暴行を加えられて死亡するに至ったものであること，控訴人Yの本件犯行は，その悪質性が極めて大きいこと，その他本件に現われた一切の事情を考慮すると，Aの慰謝料の額は，被控訴人ら固有の慰謝料とは別に，2,600万円をもって相当と認める。

したがって，被控訴人らは，前記金員を各自の法定相続分に従い，被控訴人Bにおいて1,300万円，被控訴人C及び同Dにおいてそれぞれ650万円の割合で相続している。
◆ 3-3-(2) 被控訴人ら固有の慰謝料
Aの妻及び娘である被控訴人らは，本件犯行により，かけがえのない存在であったAを突如として奪われ，甚大な精神的苦痛を被ったことが認められるから，被控訴人ら固有の慰謝料の額は，妻Bについて300万円，2人の娘C及び同Dについてそれぞれ150万円をもって相当と認める。」
＊仙台高判平成16・5・28判時1864号3頁……中学校において集団暴行により生徒A（13歳・男）が死亡した事件で，Aの両親B・Cに各500万円，Aの兄Dと妹Eに各150万円の固有の慰謝料を認容（山形マット死事件）。
［地裁］
【肯定例】
＊高松地判平成14・3・26裁判所ウェブサイト……A（16歳・男。高校2年生）が同級生のBらに万引きを強要されたが素直に従わなかったので喧嘩を持ちかけられ，無抵抗のAにBらが集団で襲いかかりAが死亡した事件で，Bの両親の監督懈怠を理由にAの両親に慰謝料請求権を容認。
【判　旨】
「本件各暴行は被告少年らが何ら落ち度のない被害者に対して一方的に集団暴行を加えて死亡させたものであって，被害者の精神的及び肉体的な苦痛が甚大なものであったことは容易に推測されるところ，本件では被害者の死亡に伴って被害者の近親者である原告らによる慰謝料請求がなされており，これらは一部認容すべきであるから，被害者の本件事件による精神的・肉体的苦痛に対する慰謝料は，2,600万円と認めるのが相当である。」
＊東京地判平成14・12・4判時1838号80頁……幼稚園児Dの母親Yがその幼稚園内にいたA（2歳・女）を連れ出して殺害した事件で，A自身の慰謝料として2,200万円，Aの両親B・Cの慰謝料として各500万円を認容。
＊大阪地判平成16・6・10判時1884号94頁……路上で暴行を受け死亡したA（29歳・男）の両親B・Cに固有の慰謝料として各500万円を認容。
＊山口地下関支判平成16・11・1判時1892号74頁……駅における無差別殺人事件で，母Aと妹Bを失った遺族固有の慰謝料として1,000万円，父Cを喪った者に500万円，妻Dを喪った者に500万円の慰謝料を認容。
＊和歌山地判平成18・7・18労働判例922号21頁……残業中の自衛官A（37歳・男。自衛官）が同僚の部下Yに金槌で殴打されて死亡した事件での慰謝料。
【判　旨】
「何らの落ち度もないにもかかわらず，37歳の若さで妻子を残して生命を絶たれたAの肉体的，精神的苦痛は筆舌に尽くし難いものであり，また，一家の柱であったAを理不尽にも奪われた原告らの悲嘆や怒りも極めて深いものと認められる。これらの苦痛を金銭をもって慰謝するには，A本人については原告B及び原告Cが固有の慰謝料請求権を有することを考慮して2,600万円，原告B及び原告Cについては各200万円が相当である。」
＊横浜地判平成18・10・25版タ1232号191頁……認可外保育施設で施設設置管理者Yの暴行による園児Aの死亡について，YのAに対する殺意は否定したが，傷害の故意を認定して賠償を認容（Yに対する規制権限の不行使を理由に県に対するA側の国賠法上の請求は否定）。
＊甲府地判平成20・2・5判時2023号134頁……日本観光中の中華民国（台湾）の女子大学生AがYにわい

〈第3章〉死者の非財産的損害と賠償内容

せつ目的で誘拐・殺害された事件で，公判でのYには反省の態度もなく，かなり高額のA自身の慰謝料3500万円とし，両親B・C固有の慰謝料各750万円ずつを認容。
【否定例】
＊東京地判平成3・10・16判タ792号195頁……殺人被害者Aの兄Bから加害者Yに対する固有の慰謝料請求（否定）。
【判　旨】
　「不法行為の被害者が死亡した場合の近親者固有の慰謝料については，その者が民法711条所定の近親者以外の者である場合にも，被害者との間に同条所定の者と実質的に同視できるような実情があった場合に限りこれを認める余地があるものと解すべきである。しかし，本件の場合には，（中略）Aと原告Bとの間に民法711条所定の近親者と同視できるような特別な関係があったとは認めることはできない。従って，原告Bの固有の慰謝料請求及びそれに伴う弁護士費用相当額の損害賠償請求は理由がない。」
◆　3-3-(3)　過失不法行為による死亡と慰謝料請求
(ア)　交通事故等
＊最一小判昭和45・7・16交民集3巻4号1003頁……Bの妹Yが起こした自動車事故で，自動車が長兄B所有で家業（ガソリン・スタンド経営）のために使用されており，父Cが家業を統括している場合，BもCも自己のために自動車の運行について指示・制禦をなしうべき地位にあり，「自己のために自動車を運行の用に供する者」（自賠法3条）にあたる（被害者生存事例）。
【判　旨】
　「右自動車の所有者たる上告人Bはもとより，一家の責任者として営業を総括していたものと目すべき上告人Cも，右自動車の運行について指示・制禦をなしうべき地位にあり，かつ，その運行による利益を享受していたものということができるから，ともに，右自動車を自己のために運行の用に供していたものというべく，たまたま本件事故は上告人Yが近所の怪我人を病院に運ぶため独断で右自動車を運転中に引き起こしたものであることは原審の認定するところであるけれども，そのことは，本件事故発生時の運行が，客観的には，上告人Bおよび同Cの自動車に対する運行支配権に基づき，右上告人両名のためにされたものと認める妨げとなるものではないというべきである。したがって右上告人両名が自動車損害賠償保障法3条にいう「自己のために自動車を運行の用に供する者」にあたるとして，本件事故による損害につき，同条による上告人両名の賠償責任を肯定した原審の判断は正当であって，原判決に所論の違法は認められない。」

＊最一小判昭和46・3・18交民集4巻2号379頁……夫Aが経営するキャバレーが倒産して債務を負っていたため，加害車両の名義人となった妻Bには，Aが運転中に歩行者Cを負傷させた事故につき，自賠法3条の運行供用者責任がある（被害者生存事例）。
【判　旨】
　「原審の確定した事実関係のもとにおいては，上告人Bに運行供用者としての責任がある旨の原判決の判断は，正当として是認することができ，原判決に所論の違法は認められない。」
＊最三小判昭和46・11・9民集25巻8号1160頁……ドライブクラブ（レンタカー業）を経営するY社から車を賃借したBがA（10歳・男。小学生）に接触して結果的に死亡させた事件で，Yの自賠法3条による運行供用者責任が認められた事例。
【判　旨】
　「本件事故当時，Yは，本件自動車に対する運行支配および運行利益を有していたということができ，自動車損害賠償保障法（中略）3条所定の自己のために自動車を運行の用に供する者（中略）としての責任を免れない旨の原判決（その引用する第1審判決を含む。以下同じ。）の判断は，正当として是認することができる。所論は，叙上のような解釈は，自賠法3条に関する立法者の意思に反し，また，当裁判所の判例（最高裁判所昭和38年（オ）第365号，同39年12月4日第2小法廷判決民集18巻10号2043頁）に反するというものである。
　しかし，前叙のような解釈は，自動車の運行から生ずる事故の被害者救済を目的とする自賠法の立法趣旨に副うものであり，また，所論前記判例は，特定のドライブクラブ方式による自動車賃貸業者が，それから自動車を借り受けた者の当該自動車の運行に対し，運行支配および運行利益を有しないとの事実認定を前提にして，右のような自動車賃貸業者が自賠法3条の運行供用者に当たらない旨判示したものであつて，本件の如き事実関係のもとにおいて，Yを自賠法3条の運行供用者と認めることをも否定する趣旨とは解しえない。」
＊最三小判昭和46・11・16民集25巻8号1209頁……自動車の貸主Yに自賠法3条の運行供用者責任を肯定。
【判　旨】
　「訴外Bは，Y社から，できるだけ車を大切に使用してくれるようにいわれて本件自動車を借り受け，訴外Cに運転させ，主として自己の塗装業の注文とりに使用していた。当時，右自動車は，ブレーキが利きにくかつたほか原判示のような整備不良の状態であつたので，Cが，本件事故発生の3日位前に，Yの守口営業所の係員に修理してほしい旨申入れたが，同係員か

ら，そのまま乗つていてくれといわれ，仕方なくそのまま使用をつづけるうち，仕事の注文とりに行つた帰途，本件事故がおきたのであつて，右整備上の不良も本件事故発生に関係がないとはいえないものがあつた。右に見てきたような事実関係のもとにおいては，Yは，右事故当時，本件自動車に対する運行支配および運行利益を有していたものということができ，したがつて，Yは，自賠法3条にいう自己のために自動車を運行の用に供する者に当たるというべきであり，同条の責任を免れない。原審は，右のように判示してYに自賠法3条の責任を認めたのであるが，原審の右判断は，正当として是認すべきものである。」

＊最三小判平成3・11・19交民集24巻6号1352頁……交差点を青信号で直進中のB車に，交差点を右折待ちのC車の左側方を通過して右折したA（21歳・男）の原付自転車が衝突しAが死亡したことにつき，BにはAの行動に注意して交差点を通過する義務も予見可能性もなく，したがって過失もないと判示。

【判　旨】
「Bは，青色信号に従つて交差点を直進しようとしたのであり，右折車であるCが交差点内に停止してB車の通過を待つていたというのであるから，Bには，他に特別の事情のない限り，C車の後続車がその側方を通過して自車の進路前方に進入して来ることまでも予想して，そのような後続車の有無，動静に注意して交差点を進行すべき注意義務はなかつたものといわなければならない。そして，前記確定事実によれば，本件においては，何ら右特別の事情の存在することをうかがわせるものはないのであるから，Bには本件事故について過失はないものというべきである。」

＊最一小判平成24・10・11交民集45巻5号1065頁，裁判集民241号75頁。

【事　実】
Aが運転する軽四輪貨物自動車が中央線を越えて対向車線に進行し，Bが所有しCが運転する普通貨物自動車と正面衝突する事故が発生し，Aは，同日死亡した。事故当時，上記普通貨物自動車につき，Bを保険者とする自賠責保険契約及びAを保険者とする自動車共済契約（任意保険）が締結されていた。事件自体は後日，訴訟上の和解で解決。

【判　旨】破棄自判。
「法16条1項に基づいて被害者が保険会社に対して損害賠償額の支払を請求する訴訟において，裁判所は，法16条の3第1項が規定する支払基準によることなく損害賠償額を算定して支払を命じることができるというべきである（最高裁平成17年(受)第1628号同18年3月30日第1小法廷判決・民集60巻3号1242頁）。そして，法15条所定の保険金の支払を請求する訴訟においても，上記の理は異なるものではないから，裁判所は，上記支払基準によることなく，自ら相当と認定判断した損害額及び過失割合に従って保険金の額を算定して支払を命じなければならないと解するのが相当である。
しかるに，原審は，Aの損害額を7500万円，Aの過失割合を8割としながら，これらを前提とした過失相殺をせず，上記支払基準によれば上告人が2100万円の保険金を支払う義務があると判断して，被上告人の請求を一部認容したのであり，この判断には，判決に影響を及ぼすことが明らかな法令の違反がある。論旨は理由があり，原判決中上告人敗訴部分は破棄を免れない。そして，以上説示したところによれば，上告人は，上記損害額から上記過失割合により過失相殺をした後の1500万円に相当する損害賠償額を既に支払済みであるから，これ以上保険金を支払う義務を負わない。そうすると，被上告人の請求は理由がなく棄却すべきものであって，第1審判決は結論において是認することができるから，上記部分に関する被上告人の控訴を棄却すべきである。」

［高裁］
＊仙台高判平成1・1・27交民集22巻1号7頁……A（年齢等詳細不詳）の自動二輪車が対向車線を越えて来て，Yの自動二輪車（後部にYの妻B同乗）に衝突し，Aが死亡した事故で，過失はもっぱらAにあるとしてYに自賠法3条ただし書の免責を認めた事例。

【判　旨】
「本件事故はA車が制限速度を越えた時速70ないし80キロで進行し，カーブで中央線を越えたために発生したものであり，Yには何ら違反はなく，しかも，衝突回避も不可能であつたから，本件事故は専らAの過失によつて生じたものであり，Yに何ら過失はないこと明らかである。次に，Yの車の構造上の欠陥又は機能の障害の有無は本件事故と関連性がないと認められる（中略）。したがって，Yの免責の抗弁は理由がある。」

＊福岡高判平成16・3・23判時1867号63頁，判タ1163号266頁……2人乗りの自動二輪車がコンクリート塀に衝突しA（16歳・男）が死亡した事故で，事故時の運転者が死亡者Aではなく同乗のBであったと確定された場合のAの遺族に損害賠償請求を認容（自賠法は直接関係せず）。

【判　旨】
「本件事故現場及び本件車両の損傷の状況，A及びBの各受傷状況と各着衣・履物の損傷状況並びに本件事故の態様を総合すると，本件事故直前の本件車両の運転者は，Bと認められる。」

［地裁］
＊前橋地高崎支判昭和44・2・10交民集2巻1号220

## 〈第3章〉死者の非財産的損害と賠償内容

頁……Y会社の日雇人夫Aが会社の労働者達を事故所有車で搬送中に起こした事故につきY会社の運行供用者責任を肯定。

＊東京地判昭和44・7・16高民集24巻1号26頁……父B運転の車に同乗のA（5歳・女）について，Bの過失による死亡であるから，Aは自賠法3条の「他人」に当たり，母Cは自賠法16条でAの逸失利益の被害者請求ができるが，C固有の慰謝料請求権はない。Cはその後も父Bと夫婦共同生活を続けており，C固有の精神的苦痛は忍受すべきであるとされた事例。

＊大阪地判昭和45・12・24交民集3巻6号1925頁……車庫証明取得のために単に名義を貸しただけのYは自賠法3条責任を負うか（消極）。

【判　旨】

「Y会社はBから頼まれて事故車購入について買受名義人となつたにとどまり，Bとの間に資本的人的な結びつきもなく，単に同社代表者と顔見知りで，時にはBと運送契約を結んでいた程度の関係である。事故車がCによつて持ち去られ告訴事件が起つてからは，名義変更も求めており，特に本件事故当時に事故車がどこで誰によつて運行されていたのかも知らなかつたものと推認されるので，Y会社は事故車の運行を支配しえたとは到底認められず，運行供用者として責任を負うべきいわれはなく，本件事故について賠償義務はない。」

＊東京地判平成1・3・9交民集22巻2号345頁……レンタカー同乗者A（18歳・男）の死亡と両親B・Cの慰謝料請求（搭乗者傷害保険が十分に支払われているとして否定）。

＊大阪地判平成1・10・20交民集22巻5号1159頁……妻Yの脇見運転で車が電柱に衝突し，助手席の夫Aが死亡した事故。Aにつき自賠法3条の「他人性」否定。

【判　旨】

「本件事故当時，Aは本件事故車の助手席に乗車していたこと，Aは昭和47年4月1日ころ運転免許を取得し，結婚前から自動車運転の経験があつたのに比し，Yは結婚後に運転免許を取得し，本件事故当時の自動車運転歴も約2年程度と短かつたことからすると，AはYに対し，その運転につき具体的に指示することができる立場にあり，またそうすべき立場にもあつたというべきであり，しかも，AがYに対して右指示をしたにもかかわらずYがそれに従わなかつたなど，本件事故当時Aの運行支配が及び得ない状況であつたことを認めるに足りる証拠もないことを総合して考慮すれば，本件事故当時のAの本件事故車の具体的運行に対する支配の程度は，Yのそれに比し，優るとも劣らないものであつたというべきである。

4　そうだとすると，Aは，Yとの関係において，自賠法3条所定の「他人」にはあたらないというほかはない。」

＊那覇地判沖縄支判平成2・6・26交民集23巻3号758頁……A所有の車を息子Bが借りて運転中，同乗のCに一時運転を交替し，Cが起こした事故でBが死亡した事例で，Bは，A・Cいずれに対しても自賠法3条の「運行供用者」に当たらない。

＊名古屋地判平成3・4・8判タ768号199頁……多発性骨髄腫の患者A（年齢不詳・男）がYの車の前方不注意による交通事故で死亡した事故で，1年程度の延命利益侵害を認めの慰謝料を肯定（過失相殺否定）。

【判　旨】

「殊に受傷内容程度，入通院治療の経過，前記死亡との因果関係の及ぶ範囲その他諸般の事情（中略）を総合すれば，亡Aの精神的，肉体的苦痛を癒すには，慰謝料として金550万円とすることが相当である。」

＊宇都宮地判平成5・4・12交民集26巻2号470頁……A（19歳・男）が自分がZ社から借りた車を友人のY（18歳・男）に委ね，Yがシンナーを吸引しながら運転をして電柱に激突し，同乗のAが重傷を負い，その後死亡した事故（過失相殺3割）。Aと車を貸したZ社間での自賠法3条の「他人性」を否定した事例。

【判　旨】

「本件事故当日の3日位前，Aが被告会社のN営業所から右修理車両の代車として本件自動車を借り受け，以後，本件自動車を使用していた，原告BはAが本件自動車を使用することを許諾していた，Aは，本件事故当日も本件自動車を運転し，本件事故時の1時間余り前からは被告Yと運転を交代し，被告Yの運転する本件自動車に同乗していた，以上の事実が認められる。

右事実関係の下では，被告会社はAに対し，本件自動車の使用権原を与えていたものとみることができ，Aは本件事故当時，本件自動車を使用する権利を有する者で，自己のため本件自動車を運行の用に供するものであつたというべきであり，右事実関係の下においては，Aの本件自動車についての運行支配及び運行利益の程度は，被告会社と比べより直接的，顕在的，具体的であつたというべきであるから，被告会社との間ではAは自動車損害賠償保障法3条にいう「他人」に該当せず，被告会社には同条に基づく損害賠償義務はない。」

＊福岡地判平成14・5・16判時1810号92頁……居眠り運転により対向車線にはみだして，相手方車両運転者Aを死亡させたY（未成年）と，その父B，母Cについて，Bは自賠法3条の運行供用者であるが，CはYが危険な状態で運転すると事前に知っていたと言えないからYの監督義務違反の賠償責任を負わない。

＊仙台地判平成19・10・31判タ1258号267頁……Yの

〈3-3〉事故態様（交通事故・医療過誤・国賠事例等）

車が赤信号を見落として横断歩道に進入し，歩行者AとBを死亡させた事故で，運転者Yとともに飲酒した後，同乗していたEにつき，民法719条2項に基づく損害賠償責任を認めた上で，AとBに対して自賠責保険による損害賠償を支払った事例。

（イ）医療過誤等

＊最三小判平成14・9・24裁判集民207号175頁，判時1803号28頁，判タ1106号87頁……医師Fが末期癌患者Aの家族らに病状等を告知しなかったことが診療契約に付随する告知義務違反に当たるとされた事例（債務不履行構成）。原審で，告知義務違反は債務不履行または不法行為を構成するとして120万円の慰謝料を認容。上告棄却。

【判　旨】

「医師は，診療契約上の義務として，患者に対し診断結果，治療方針等の説明義務を負担する。そして，患者が末期的疾患にり患し余命が限られている旨の診断をした医師が患者本人にはその旨を告知すべきではないと判断した場合には，患者本人やその家族にとってのその診断結果の重大性に照らすと，当該医師は，診療契約に付随する義務として，少なくとも，患者の家族等のうち連絡が容易な者に対しては接触し，同人又は同人を介して更に接触できた家族等に対する告知の適否を検討し，告知が適当であると判断できたときには，その診断結果等を説明すべき義務を負うものといわなければならない。なぜならば，このようにして告知を受けた家族等の側では，医師側の治療方針を理解した上で，物心両面において患者の治療を支え，また，患者の余命がより安らかで充実したものとなるように家族等としてのできる限りの手厚い配慮をすることができることになり，適時の告知によって行われるであろうこのような家族等の協力と配慮は，患者本人にとって法的保護に値する利益であるというべきであるからである。

これを本件についてみるに，Aの診察をしたF医師は，前記のとおり，一応はAの家族との接触を図るため，Aに対し，入院を1度勧め，家族を同伴しての来診を1度勧め，あるいはカルテに患者の家族に対する説明が必要である旨を記載したものの，カルテにおけるAの家族関係の記載を確認することや診察時に定期的に持参される保険証の内容を本件病院の受付担当者に確認させることなどによって判明するAの家族に容易に連絡を取ることができたにもかかわらず，その旨の措置を講ずることなどもせず，また，本件病院の他の医師らは，F医師の残したカルテの記載にもかかわらず，Aの家族等に対する告知の適否を検討するためにAの家族らに連絡を取るなどして接触しようとはしなかったものである。このようにして，本件病院の医師らは，Aの家族等と連絡を取らず，Aの家族等への告知の適否を検討しなかったものであるところ，被上告人C及び同Eについては告知を受けることにつき格別障害となるべき事情はなかったものであるから，本件病院の医師らは，連絡の容易な家族として，又は連絡の容易な家族を介して，少なくとも同被上告人らと接触し，同被上告人らに対する告知の適否を検討すれば，同被上告人らが告知に適する者であることが判断でき，同被上告人らに対してAの病状等について告知することができたものということができる。そうすると，本件病院の医師らの上記のような対応は，余命が限られていると診断された末期がんにり患している患者に対するものとして不十分なものであり，同医師らには，患者の家族等と連絡を取るなどして接触を図り，告知するに適した家族等に対して患者の病状等を告知すべき義務の違反があったといわざるを得ない。その結果，被上告人らは，平成3年3月19日に秋田大学医学部附属病院における告知がされるまでの間，Aが末期がんにり患していることを知り得なかったために，Aがその希望に沿った生活を送れるようにし，また，被上告人らがより多くの時間をAと過ごすなど，同人の余命がより充実したものとなるようにできる限りの手厚い配慮をすることができなかったものであり，Aは，上告人に対して慰謝料請求権を有するものということができる。（中略）よって，裁判官上田豊三の反対意見があるほか，裁判官全員一致の意見で，主文のとおり判決する。」

裁判官上田豊三の反対意見は，原審の判断には検討が不十分な点があるため，「平成2,3年当時における末期がんの告知に関する医療水準を明らかにし，これに照らして，末期がんの告知につき，診療契約上，医療機関側がどのような債務を負うのか，あるいは医療機関側にどのような注意義務が課せられるのかを明らかにしていないが，これは，重要な法律問題についての解釈を誤ったものといわざるを得ない。そこで，原判決を破棄し，上記の点を明らかにした上，上告人に診療契約に基づく債務不履行があるのかどうか，また注意義務に違反する点があるのかどうかを審理判断させるため，本件を原審に差し戻すべきである。」というものである。

＊大阪高判昭和47・11・29判時697号55頁……「異常体質」の患者の注射によるショック死について医師の過失責任を否定（1審は肯定）。

＊福岡高判平成3・3・5判時1387号72頁……精神病院入院患者Yが無断外出先から持ち込んだナイフで他の入院患者Aを殺害した場合の精神病院側の債務不履行と不法行為責任を認容。

【判　旨】

「本件事故は，開放病棟患者のYが約2時間余の無

〈第3章〉死者の非財産的損害と賠償内容

断外出をし，果物ナイフを買って持ち帰り，程なくして院内の入院患者間に生じたものであるが，被控訴人関係者の誰もが，Yの外出及び帰院のいずれにも気付かなかったのであるから，同人の帰院に際して前記「精神科看護必携」に基づく所持品検査をしなかったのも必然であった。そうすると，同人が故意に被控訴人関係者にわからないようにして外出し，かつ，帰院したという特段の事情があれば格別，かような事情を認めるに足りる証拠がない本件では，被控訴人病院においては，Yの外出及び帰院を把握すべき注意義務に違反し，もって，帰院時の危険物の持込み，少なくとも刃物の持込みがないかどうかを検査すべき義務を怠った過失があったと解さざるを得ない。（中略）（被控訴人病院における3病棟は構造上，患者の無断外出が容易にできたものと認められるから，Yがこれを利用して無断外出し，約2時間余り後に病院関係者が知りえない状態で帰院することができたこと自体が，精神病院管理者の管理体制不十分のゆえに，他患者の身体の安全に配慮する義務を怠ったものとも解される。）もし，被控訴人関係者の誰かがYの外出及び帰院のいずれかに気付いてさえいれば，（中略）帰院時の危険物の所持品検査を当然に実施し得た筈であり，そうであれば，同人が本件事故の凶器となった果物ナイフを所持していたことに気付き，本件事故を未然に防止しえた可能性は大であったと推測されるから（中略）右注意義務違反と，本件事故の発生には相当因果関係があると認められる。したがって，被控訴人は本件事故によって生じたAの損害を民法415条及び同法709条に基づき賠償すべき責任がある。（中略）本件事故の態様，被控訴人の過失の内容，Aの病気の症状その他諸般の事情を総合すれば，同人が本件事故により被控訴人に請求できる慰謝料としては400万円をもって相当と認める。そして，（中略）同慰謝料は，相続により控訴人Bが200万円，同C及びDが各100万円を取得することになる。（中略）Aに妻子（B・C・D）はいたものの，実質的にはAの実姉である控訴人Eが殆ど唯一の身内として16年近くにわたってAの保護責任者として入院中の面会をし，時には自宅に同人を招き，病状や将来を案じてきたことが認められ，一人身のEとすれば，Aの突然の本件事故死により精神的な苦痛を被ったものと推認されるから，同控訴人は，民法711条の類推適用により，被控訴人に対して同控訴人固有の慰謝料を請求できる筋合いであるところ，前記認定の諸般の事情を総合すれば，同慰謝料としては200万円をもって相当と認める。」
＊高松高判平成2・12・27判タ754号204頁……患者A（27歳・男。建設作業員）について外科医Yが治療しなかったことに過失があるとされた事例（過失相殺4割）。

【判　旨】

「控訴人Bは実父として，同Cは実母として，Aの死亡により，それぞれAとは異なった固有の精神的な苦痛を受けたものということができ，民法711条によりその慰謝料を請求することができ，その額は各200万円とするのが相当である。（中略）Aと同じ職場のSらがAの転落後直ちに応急的に一般外科医である被控訴人の病院に入院させたことは止むを得なかったとしても，控訴人らはAの入院後に被控訴人が一般外科の医師であり，頭部の病変の診断に必要な最新の医療機器の備え付けがなく，これを前提とした的確な診断を期待するには不適当であることを知っていたものとみられ，Aの前記頭痛の症状などより脳内部の病変を知り，又は知ることができたものといえるから，その応急措置後なるべく早期に，少なくてもAが慢性硬膜下血腫の症状を示したころ（入院の2週間後ころ）には，控訴人らは被控訴人に対し，脳神経外科医の協力を求めてその診断，治療をして欲しい旨申し出をし，被控訴人がそれに従わない場合には脳神経外科医のいる病院への転院を申し出るべき注意義務を負うものというべきところ，控訴人らは全くその処置を採らなかった過失があり，この被害者側の過失は，損害額の算定につき斟酌すべきもので，その割合は40パーセントとするのが相当であり，前記1,2の合計額各1111万0399円につきこれを控除後の額は，各控訴人につき各666万6239円ずつとなる。

5　以上のとおりであるから，不法行為に基づく損害賠償として，被控訴人は各控訴人に対し，666万6239円ずつ及びこれに対する不法行為以後の昭和49年12月18日から支払済に至るまで民事法定利率年5分の割合により遅延損害金の支払義務を負う。債務不履行による損害賠償としても右金額以上に支払義務を負うものではない。」
＊大阪高判平成9・12・4判時1637号34頁，判タ977号204頁（姫路日赤病院事件。差戻し控訴審）……昭和49年12月出生の新生児A（男）が未熟児網膜症に罹患したことについてY病院への債務不履行責任の追及に対し，当時の医療水準論について詳細な分析をして，後の裁判例のリーディング・ケースになった重要事例。

【判　旨】

「Y（姫路日赤）は，兵庫県下の西播磨地区における地域の中心的病院であり，未熟児保育については，昭和33年ころに養育医療機関の指定を受け，昭和41年に兵庫県からの補助を受けて増改築をして新生児センターを発足させ，昭和49年ころには，新生児及び未熟児に対する医師数6ないし7名，看護婦2ないし26名で，直接酸素を吸入できるような保育器10台を有するような体制であった。Yの本症についての診療体制は，（中略）小児科と眼科が連携し，未熟児に対する眼底

〈3-3〉事故態様（交通事故・医療過誤・国賠事例等）

検査を1か月当たり7例から19例行い，右眼底検査の結果，年間4ないし5例の未熟児を兵庫県立こども病院に転医させてその判断を仰ぐものであった。

ところで，兵庫県は，昭和40年代から積極的に新生児医療に取り組み，病的新生児の収用治療の本拠とするための新生児センターの設置病院として，（中略）同県西部地区においてはY病院を（中略）指定し，さらに，その後の新生児医療の高度化に伴い，地域としての新生児医療の充実，向上を図るようになり，昭和62年には兵庫県下を7ブロックに分け各ブロックにセンター病院と協力病院とを設定した。（中略）西播磨地区においては，Yがセンター病院となっている。

右によれば，Yは，昭和49年当時，光凝固装置を有していなかったが，新生児センターを有し，西播磨地区における新生児，未熟児の医療に中心的な役割を果たしていたもので，（中略）新生児，未熟児の医療に中心的な役割を果たしていた兵庫県下の主な公立病院のうち光凝固装置を有していない病院と類似の特性を備えていた医療機関ということができる。

これら光凝固装置を有していない主な公立病院は，昭和49年当時，おおむね，本症の治療法として光凝固法の知見を有しその有効性，安全性を是認し，同治療による前提として未熟児に対して生後できるだけ早い時期に頻回に眼底検査を実施し，その結果必要があれば，より専門的な兵庫県立こども病院などに未熟児を転医する体制であったといえる。

したがって，Yには，昭和49年当時，本症の治療法としての光凝固法の知見を有していたといえるし，少なくとも右知見を有することを期待することが相当であったといえるから，右知見は，Yにとって医療水準であったといえる。（中略）Yには，昭和49年当時，光凝固法の知見を有することを期待することが相当であったのであり，Yの履行補助者であるY₂医師は，右知見を有するものとして（中略）未熟児に対する眼底検査を，事情が許す限り生後できるだけ早い時期にしかも頻回に実施し，その検査結果に基づき，時期を失せずに適切な治療を施すなり，本症の疑いがあれば兵庫県立こども病院に転医させて失明等の危険の発生を未然に防止すべき注意義務を負っていたものといえる。」

＊福岡高宮崎支判平成12・2・1判タ1045号240頁……医師Yの医療過誤によって患者Aを失い，さらに遺族の同意を得ずにAの肝細胞を採取して標本として保存した不法行為に対して，採取行為の態様，採取したことも秘匿していたこと等一切の事情を考慮して，遺族のAに対する追悼の感情を害する不法行為にあたるとして，Aの両親B・Cに各300万円の慰謝料を認容。

【判　旨】

「控訴人病院勤務の甲野医師は，同乙山医師の同意を得て，Aの死因の解明という医学の研究のため，被控訴人らの同意を得ずに，Aの死体の一部である肝細胞を採取し，標本として保存したものといえる。そして，同人らの右行為は，遺族である被控訴人らの同意がないから，死体解剖法17条，又は19条に反する違法な行為であり，私法上も被控訴人らのAに対する追悼の感情を違法に害する不法行為に他ならない。このことは肝細胞の採取の目的が死因の解明という正当な目的を有することによって左右されるものではない。

そして，前記認定のとおり，被控訴人らは当時3歳の二男であるAを控訴人の医療過誤による不法行為によって失ったこと，その機会に控訴人側が右違法な採取，保存，検査に及んだこと，右採取行為等の態様，控訴人は本件訴訟に至るまでは右標本の採取等を被控訴人らに秘匿していたことなどの一切の事情を考慮すると，控訴人の右医療過誤，違法な標本の採取等並びにその後の対応の一連の不法行為によって，被控訴人らの被った精神的損害を慰謝するには，各300万円をもって相当と認める。」

＊東京高判平成13・1・31判タ1071号221頁……分娩中に脳出血を発症し，3級の後遺障害を遺したX（28歳・主婦）の夫Aについて，出産に立ち会い，今後もXの介助に当たることになることを考慮して，150万円の固有の慰謝料を認容。Xの出生子Bについて，身障者Xの元で生活していく精神的苦痛の慰謝料として100万円を認容。

＊福岡高判平成13・8・30判タ1131号202頁……交通事故によりくも膜下出血等の被害を負ったAが，入院中に急性膵炎によって死亡した事故で，判断を誤って適切な治療行為を行わなかった医師Yの注意義務違反の内容およびAが死亡するまでの経緯，その他一切の事情を考慮して，A自身の慰謝料として1,500万円，Aの両親B・Cの慰謝料として各250万円を認容。

＊高松高判平成14・8・29判時1816号69頁……脳血管造影検査を受けた患者A（82歳・男）が脳内出血を発症して死亡した事故で，Aの死亡時の年齢，Aの逸失利益を認めなかったこと，Aには2人の非嫡出子C・Dもいること，第三者機構からの遺族一時金672万円を被告側が慰謝料から控除しなかったこと，Aの内在的要因が関係しているかもしれないこと，その他一切の事情を考慮した上で，Aの妻Bに600万円，子供C・Dに各300万円の慰謝料を認容。

＊名古屋高判平成14・10・31判タ1153号231頁……夜に激しい頭痛や嘔吐を催して受診した患者X（52歳・主婦）につき，医師Yがくも膜下出血を見落として脳神経外科医の診察を受けさせなかった過失によりXが死亡した事故で，Xの夫A及び子B・Cに，夫1,000

## 〈第3章〉死者の非財産的損害と賠償内容

万円，子に各500万円の固有の慰謝料を認容。

＊大阪高判平成15・10・24判時1850号65頁，判夕1150号231頁……2次救急Y病院に搬送されてきた交通事故被害者Aが死亡したのは，Z医師の医療行為に注意義務違反があったとしてY病院の診療契約上の債務不履行による損害賠償を認容（債務不履行事例）。

＊高松高判平成18・1・19判時1945号33頁，判夕1226号179頁……肺疾患で死亡した患者Aにつき，適切な検査や治療をすべき義務，専門医へ転医させる義務を怠った過失があったとして，Aの妻Bの請求に対し，Bへの説明義務違反による延命可能性を喪失させたとして病院Cの債務不履行責任と使用者責任が認められた事例。

＊東京高判平成19・3・27判夕1250号266頁……出産後に昏睡状態に陥った産婦Aが多臓器不全で死亡した事故で，Aの夫Bと娘Cに各300万円の慰謝料を認容。

［地裁］

＊東京地判昭和58・1・24判時1082号79頁，判夕497号154頁……適切な治療機会の喪失を理由に，患者A（24歳・男）の死亡につき，Y医師に対する慰謝料500万円を認容。

【判　旨】

「被告YにおいてAの切除胃を病理組織検査に付していたならば，癌であることが当然に判明し，寿男は胃全摘の再手術を受け，その他病状に応じた適切な治療を受けることができたのであって，それによって癌が治癒する可能性も存していたのである。しかるに，これを良性の潰瘍と即断され，病理組織検査を省略されたことにより，Aは適切な治療を受けて治癒する機会と可能性を失ってしまったものであり，かように適切な治療のもとに生存する可能性を奪われたことの精神的苦痛は，被告Yの過失により通常生ずべき損害として慰謝されるべきである。」

＊千葉地判昭和61・7・25判時1220号118頁……医師Yの診療拒否によって死亡した女児Aの両親B・Cの固有の慰謝料について，Aから相続した分もあるとの理由を加えた上で，B・C固有分として各350万円を認容。

＊仙台地判昭和63・6・28交民集21巻3号637頁……A（4歳・男）が交通事故に遭い，Y病院に搬送されたが医師Zが異常を認めず，Aの両親に自宅での経過観察を勧め，そうしたところ，自宅で容体が急変し，腹膜炎によりAが死亡した事例。交通事故と医療過誤の競合。ZはYの履行補助者として，Yに800万円の慰謝料の支払いを認容。

＊東京地判平成3・9・27判時1424号75頁，判夕774号247頁……Y病院での医療事故で死亡したフランス人のレストラン経営者X（60歳・男）の妻Aについて，事故時のXは死亡するような病気ではなかったこと，AはX死亡後身よりのないフランスを離れ，日本に帰国したこと，事故後のYの対応の問題等を考慮して，Aに2,000万円の慰謝料を認容。

＊奈良地判平成5・6・30判時1498号111頁，判夕851号268頁……重篤な喘息発作で入院中のA（11歳・男。小学生）の適切な転院の判断をしなかったことにY病院側の過失があったとしてYに賠償を認容。

【判　旨】

「Aの呼吸障害の状態は依然として継続していたものの，同日午前9時10分頃には一時消失していた瞳孔反射はプラスとなり，喘鳴も出現するに至ったことが認められるのであり，この点や既に認定した同日早朝からのAの病状の進行経過等を考慮し，前掲の鑑定の結果及び証人Bの証言を子細に検討すると，右の搬送時間の遅れがなければ，Aの死という結果は避けられ得た蓋然性は高いものと認めるのが相当というべきである。」（中略）「Aは原告らの唯一の男児であって，同人は若年にして死亡するに至ったことによる同人及び原告らの精神的打撃は多大であったことが推測されること，その家族関係，前記のAが死亡するに至るまでの経過その他諸般の事情を考慮すると，A自身の慰謝料は金800万円，原告両名自身の慰謝料は各金300万円とみるのが相当である。」

＊＊神戸地判平成5・12・24判時1521号104頁，判夕868号231頁……看護師Yの過失によるA（4歳・男。先天性代謝異常児）の死亡で1,500万円の慰謝料を認容。

＊大阪地判平成6・4・13判夕862号281頁……脾臓破裂で死亡したA（70歳・男。無職）の3人の息子B・C・Dに担当医師Yの過失様などを考慮して，各100万円の固有の慰謝料を認容。

＊東京地判平成8・4・15判時1588号117頁……患者Aが適切な治療を受けられなかったために入院先の病院でベッドから転落して死亡した事故で，Aが適切な監護を受ける機会を奪われたことによるAの長男Bの慰謝料として200万円を認容。BはAと2人暮らしで，Aの転落を危惧して医師らにそれを相談していたこと等を考慮。

＊神戸地姫路支判平成8・9・30判時1630号97頁，判夕942号205頁……病院側の適切な転医措置があれば死期を遅らせ，適切な治療による症状改善の機会があったのにその可能性を奪われたことに対する慰謝料として，被害者Aに400万円，Aの妻B及び4人の子供に各100万円を認容。

＊福島地いわき支判平成9・3・12判時1636号127頁，

〈3-3〉事故態様（交通事故・医療過誤・国賠事例等）

判タ961号245頁……術後管理ないし蘇生術実施上の医師Yの過失により死亡したA（44歳・男）の慰謝料として，Aが一家の大黒柱だったことを考慮して2,300万円，Aの両親B・C固有の慰謝料として各100万円を認容。

＊東京地判平成12・2・28判時1732号87頁，判タ1108号230頁……息子Aの腎不全の治療のため父Xが腎臓を提供したが，B病院の術後管理等の過失でAが死亡した場合，BにXに対する2,000万円の慰謝料の支払いを認容。

＊大阪地判平成12・12・22判タ1073号177頁……Y医療法人が経営する精神病院の保安要員Aが入院患者Zによる暴行で死亡した事故で，A及びその遺族に慰謝料合計として2,000万円を認容。

＊東京地判平成12・12・27判タ1080号192頁……維持透析治療を受けていて肺水腫で死亡したA（年齢不詳・男。放送大学3年生）につき，医師Yの過失を認め，Aの慰謝料として2,000万円，苦痛を訴えるAを目の前で失った母B固有の慰謝料として500万円を認容。

＊静岡地沼津支判平成13・1・10判時1772号108頁……出産時に低酸素脳症で脳性麻痺の後遺障害を負った新生児A（女）の慰謝料として2,600万円，両親B・C固有の慰謝料として各300万円を認容。

＊名古屋地判平成13・1・12判時1759号105頁……肝炎の治療中に劇症肝炎になって死亡したA（48歳・女。主婦）及び遺族の慰謝料について，医療過誤の態様等諸般の事情を考慮して合計で2,300万円を認容。

＊東京地判平成13・5・30判時1780号109頁，判タ1086号253頁……伝染性単核症で入院中のA（4歳・女）が病院食のバナナを誤飲して窒息死した事故で，病院側の過失を認め，両親B・C固有の慰謝料として各300万円を認容。

＊横浜地判平成13・10・31判タ1127号212頁……鼻腔等の横紋筋肉腫の患者A（27歳・女。デパート従業員）が30回の放射線治療を受け，脳幹部に病変が発生して死亡した事故で，このような病変発生の可能性が非常に高かったこと，担当医師らの過失は重大であること，担当医師らが放射線照射の内容についてあえて誤った説明をしたこと等を考慮して，A自身に1,000万円，Aの両親B・C固有分として各150万円の慰謝料を認容。

＊大阪地判平成14・1・16判時1797号94頁，判タ1114号259頁……インフルエンザ治療のための注射によるショックで死亡したA（36歳・女。主婦）の慰謝料として，A本人分2,100万円，Aの両親B・Cについて，老後の世話をしてもらう期待を奪われたことなどを考慮して各200万円を認容。

＊松江地判平成14・9・4判時1815号116頁，判タ1129号239頁……糖尿病の合併症の心筋梗塞治療を受けた患者A（63歳・女。職業不詳）の死亡事故で，慰謝料総額を2,000万円とし，Aの夫Bに1,000万円，2人の子C・Dに各500万円の固有の慰謝料を認容。

＊東京地判平成16・1・30判時1861号3頁，判タ1194号243頁……看護師による点滴薬剤の取り違えによる患者A（58歳・女。専業主婦）の死亡事故。A本人分2,300万円，Aの夫Bに300万円，Aの父Cに200万円の慰謝料を認容（都立広尾病院事件）。

＊東京地判平成16・10・27判時1887号61頁，判タ1196号168頁……人格障害の患者A（31歳・女）の他県への搬送に窒息死の危険のある方法をとったのに精神科医Yが随行しなかった過失があった事例で，死亡したA本人の慰謝料に限定して1,500万円を認容。

＊東京地判平成18・7・26判時1947号66頁……医師の注意義務違反の程度や患者側の損害の内容・程度によっては交通事故等の場合よりも高額なものとなる場合もありうるとして，帝王切開による子宮出血で妊婦A（32歳・女。主婦）が死亡した事故で，その発見及び治療が遅れた医師Yの過失等を考えて，事案の性質から，Aの夫B，子C，母Dの慰謝料に差異を設けるべきではないとして，各人にそれぞれ900万円の慰謝料を認容。

＊東京地判平成18・9・1判時1985号94頁，判タ1257号196頁……肝硬変の患者A（45歳，男。会社員）にインターフェロンを処方するにあたり，健康保険の使用の便宜上，病名を肝炎としたが，それを契機に医師Yが病名を失念し，適時に各種検査を実施しなかった過失により，病気が癌まで進行しAが死亡した事故で，Yは学会でも指導的立場にあり，Aはその専門性を信用して治療を受けたのであり，Yのあまりにも初歩的かつ重大な過失により信頼を裏切られたA及びAの遺族の精神的苦痛は極めて大きいとして，交通事故基準に依らず，A自身の慰謝料として2,800万円，遺族固有の慰謝料として200万円を認容。

＊東京地判平成18・12・8判タ1255号276頁……耳の部分の癌で手術を受けたA（81歳・男）が脳梗塞で死亡した事故で，転院先を紹介したY病院及び転院先のZ医師の説明義務違反により，Aは受けるべき療法について熟慮・選択の機会を失ったとして，Aとその子B固有の慰謝料の合計で慰謝料200万を認容。

＊福岡地判平成19・6・26判時1988号56頁，判タ1277号306頁……入院中の高齢患者A（80歳・男）がおにぎりを誤嚥して窒息し，心肺停止状態となり意識の回復なく9ケ月後に死亡した事故で，Aの嚥下の状況を

【判例総合解説】生命侵害の損害賠償

〈第3章〉死者の非財産的損害と賠償内容

見守らずに約30分間病室を離れていた看護師Yの過失を認め，A本人分1,600万円，日々Aの監護を補助していた次男B固有の慰謝料として100万円を認容。

＊名古屋地判平成19・7・4判時1998号46頁，判タ1299号247頁……胃潰瘍患者A（51歳・男）がその翌年に胃がんで死亡したことについて，内視鏡検査機関の紹介する義務を怠った医師の過失が認められた事故で，A本人分1,500万円，Aの子らに各200万円の慰謝料を認容。

＊大阪地判平成23・7・25判タ1354号192頁……A（41歳・女）がBを出産した後，羊水塞栓症を原因とする血管内の血液凝固症候群に陥り，転送先で死亡した事例で，病院医師らの電話連絡の過誤により30分も輸血の手配が遅れたことは適切な医療行為を受けるAの期待権を侵害したとして，原告側に病院に対する不法行為による慰謝料請求を認容。

【判　旨】

「Aは，（中略）輸血が緊急に必要な状況下で，単純な過誤が原因で，輸血開始が少なくとも30分程度遅れたことにより相応の精神的苦痛を被ったものと認めるのが相当であるところ，当時のAの病態，上記期待権侵害の態様とこれによる侵害の内容・程度等本件に顕れた一切の事情にかんがみると，被告に賠償させるべき期待権侵害に係るAに対する慰謝料額は60万円とするのが相当である。」

（ウ）国家賠償法事例等
【肯定例】

＊最一小判昭和47・5・25民集26巻4号780頁……中等少年院に収容中のA（年齢等詳細不詳）が他の在院者Yの暴行によって死亡した場合に，少年院の教官Bに過失があったとして，Aの両親に国賠法1条の損害賠償を認容。賠償額不詳。上告棄却。

【判　旨】

「少年院は家庭裁判所から保護処分として送致された少年を収容し，これに矯正教育を授ける施設であり（少年院法1条），（中略）収容された少年の生命，身体の安全を確保することについては，国ならびに当該少年院の職員は万全の意を用うべきものというべきである。

このため，少年院寮舎に勤務する職員は，少年の間において行なわれるいわゆる私刑についてはこれを防止すべく特に注意を怠ってはならないものというべきであり，このように解することが収容少年の自律性，責任感の涵養をそこなう結果を招来し，少年院法の趣旨に反するものとすることはできない。そして，原審の確定した事実，すなわち，本件暴行は，教官の行なう朝の点呼直後の教官の事務引継および寮内各室巡回中に行なわれたものであり，暴行現場の部屋は，教官の事務引継のなされていた寮監室ときわめて近接していたものであるなど原判示の事実関係に照らせば，本件の担当教官たる訴外E，同Fの両者に本件暴行の発生を防止すべき注意義務をつくさなかつた過失があるとした原判決の判断は正当である」。

なお，慰謝料請求権の相続性については，肯定する多数意見と異なり，相続否定説に立つ岩田誠裁判官の反対意見がある。

［高裁］
【肯定例】

＊東京高判平成4・12・18訟務月報40巻1号1頁，判時1445号3頁，判タ807号78頁……予防接種ワクチン禍事件控訴審判決（国賠法1条）。

【判　旨】

「Aランク生存被害児の両親の精神的苦痛の慰謝料は，各両親1人につき各金300万円をもって相当とする。」

＊東京高判昭和45・8・1下民集21巻7＝8号1099頁，訟務月報16巻8号851頁，判時600号32頁，判タ252号73頁……夫Xらが検察官の違法な拘留により，保釈までに8年ないし9年余にわたって，妻Aらと隔離されたため，人生の重要な部分についてその意義を全うすることを阻まれ，Aらの固有の法益が侵害されたとして，その期間の長さに応じてAら独自の慰謝料請求権を認めるべきであるとして，Aらにつき，最高額各100万円の慰謝料を認容（生存事例）。生命侵害や身体障害ではないが，国賠法上の重大な人権侵害として重要。

［地裁］
【肯定例】

＊東京地判昭和44・11・8訟務月報16巻1号3頁，判時573号26頁，判タ241号287頁……違法な強制退去処分等を受けた外国人Xの内縁の妻Aとその子Bは，Xとの幸福な家庭生活を送る望みを断たれ，Xが生命侵害を受けた場合に比して著しく劣らない程度の精神的苦痛を被ったものと認められるから，民法711条の趣旨にかんがみ，国はA・Bに対し，各100万円の慰謝料を支払うべきである（生存事例）。

＊大阪地判昭和62・7・17判時1284号111頁……一級河川のコンクリート製護岸壁から転落死亡したA（9歳・女。小学生）の両親B・Cについて，長女Dを生後まもなく病気で失い，また次女Aを失った等の事情を考慮して，精神的苦痛は大きいとして各600万円の慰謝料を認容。

＊静岡地沼津支判昭和62・10・28判時1272号117頁，判タ671号187頁……公立中学校の課外活動でテニス部員がローラーを牽引してコートの整備中に，部員Aが

〈3-3〉事故態様（交通事故・医療過誤・国賠事例等）

ローラーに轢かれて死亡した事故で，Aの両親に各500万円の固有の慰謝料を認容（国家賠償法1条。過失相殺3割）。

＊千葉地判平成1・9・29判時1330号80頁，判タ718号100頁……豪雨災害による土砂崩れで人家6棟が全半壊し，Aらが死亡するに至った事故で，遺族の慰謝料を各人につき600万円から10万円までに区分して認めた事例。

＊東京地判平成1・10・16判時1333号123頁，判タ711号238頁……旧海軍の防空壕に入って生き埋めになって死亡したA（15歳・男。中学3年生）につき，A本人の過失を8割と認定し，唯一の相続人である父B（母は既に死亡）に，国に対して国家賠償法2条・4条に基づき，Aの分も含めて総額800万円の慰謝料を認容。

＊浦和地判平成3・10・25判時1406号88頁，判タ780号236頁……遠足に行って芝生公園（公の営造物）で遊んでいたA（9歳・女。小学4年生）の芝生隣接の崖からの転落死亡事故での国賠法1条1項の責任を肯定。（過失相殺を大宮市との関係で5割，埼玉県との関係で2割と認定）

【判　旨】

「H小学校の校長及び本件遠足に携わる教員らは，下見を実施するなどして，事前に目的地の状況，とりわけ危険な個所の存在についてはよく調査し，現地の状況を正確に把握した上で，児童に昼食や自由行動を指示するに当たっては，それに相応しい安全な場所を選ぶべき注意義務を負っていたものと言うべきである」。Aの慰謝料として，「楽しいはずの遠足で生命を失ったAの無念さに対する慰謝料は700万円が相当である。原告らは，これを各自2分の1（350万円）ずつ相続した」。父母の慰謝料として，「原告らは，深い愛情をもって慈しみ育ててきた子を被告らの過失によって失ったのであり，その慰謝料は各自につき400万円が相当である。」

＊浦和地判平成3・11・8判時1410号92頁……県が設置する人口池公園の防護柵内の河道でのA（5歳・男）の死亡事故で，両親B・Cに各350万円の慰謝料を認容（過失相殺5割5分）。

＊横浜地判平成4・3・5判時1451号147頁，判タ789号213頁……県立養護学校の水泳授業中に教員Bの重過失により，生徒A（16歳・男。高等部2年生）が溺死した事故。

【判　旨】

慰謝料は，「本件事故の態様，とりわけ本件事故が被告Bの重過失によって発生したこと，Aの逸失利益の算定額及び敦が原告らの唯一の子であること等諸般の事情を考慮すると，Aについて1,500万円，原告らについてそれぞれ500万円と算定するのが相当である。」

＊浦和地判平成12・3・15判時1732号100頁……県立高校の合宿登山中に熱射病で死亡した山岳部員A（17歳・男。高校生）につき，引率教諭の過失を認め，国賠法1条により，その慰謝料として両親B・Cに各1,100万円を認容。

＊宇都宮地判平成19・5・24判時1973号109頁，判タ1255号209頁……猟銃乱射事件で頭部に重傷を負ったA（年齢不詳・女。主婦）の夫等の親族による栃木県を相手取った国賠法事件で県の責任を認容。慰謝料としてAと夫Bに各800万円，娘C・Dに各500万円を国賠法によって認容。

＊大阪地判平成21・2・18判時2041号89頁，判タ1296号161頁……県警の警察署の留置担当官らによる戒具の使用に起因してA（52歳・男。無職）が死亡した事例で，戒具の使用方法等が訓令及び通達の定めに違反するとして，国賠法上の違法性を認め，A自身に2,500万円，2人の娘B・Cに各300万円の慰謝料を認容。

＊さいたま地判平成21・12・16判時2081号60頁，判タ1324号107頁……市立保育所内での園児A（4歳・男）の熱中症による死亡事故につき，担任保育士Bの重過失によるAの動静把握義務違反を認め，国賠法に基づく慰謝料の算定について重過失を斟酌した事例。A自身に2,000万円，Aの両親B・Cに各400万円の慰謝料を認容した上で，Aの祖母Dに下記の理由により100万円の慰謝料を認容。

【判　旨】

「不法行為による生命侵害があった場合，被害者の父母，配偶者及び子が加害者に対して固有の慰謝料を請求できる旨を定める民法711条の規定は，限定的に解すべきではなく，文言上同条に該当しない者であっても，被害者との間に同条所定の者と実質的に同視しうるべき身分関係が存在し，被害者の死亡により甚大な精神的苦痛を受けた者は，同条の類推適用により，加害者に対し直接に固有の慰謝料を請求することができる（中略）。Aは，原告Dの唯一の孫であったところ，原告Dは，自宅がAの自宅や保育施設と近かったこともあって，多い時期にはほぼ毎日，働く両親に代わって保育施設へAを迎えに行っては自宅で夕飯を食べさせるなどしていたのであり，Aの成長を楽しみにしながら日常かなりの時間をAと共にしていた生活実態が認められる。そうすると，このような原告Dが，本件事故によりAを突然失ったことで多大な精神的苦痛を被ったことは明らかであって，現に，今でも上尾保育所，特に最後にAと会った正門の前を通ることができ

ないなど，原告Dの悲しみが深く大きいものであることがうかがわれるから（中略），原告Dについて，Aとの間に両親と実質的に同視しうべき身分関係が存在すると認めるのが相当である。そして，本件に顕れた一切の事情を斟酌すると，原告Dの精神的苦痛を慰謝するために必要な金額として，100万円を認めるのが相当である。」
【否定例】
＊大分地判平成2・11・13判タ757号223頁……Y公立中学校の生徒A（15歳・男。中学3年生）が放課後に他クラスの生徒Bと喧嘩して死亡した事故につき，Bの親や学校設置者の責任を否定し，B（責任能力者）の責任を肯定し，Aの両親C・Dに各500万円の慰謝料を認容（Bの責任減額4割）。
【判　旨】
「Aは，原告ら夫婦の一人っ子であり，将来医師になることを志し，原告らも大いに期待していたうえ，原告Dには過去に子宮摘出手術を受けた関係上もはや実子を持つことも望めないことが認められ，右事実によれば，原告らが，Aの無惨な突然の死により，その生きがいをすべて奪われたというも過言ではない精神的苦痛を被ったであろうことは想像に難くないところ，（中略）その慰謝料額はこれを原告各自につきそれぞれ500万円と認めるのが相当である。」
＊東京地判平成11・6・29判タ1032号155頁……国立大生A（20歳・女。大学2年生）の校舎のひさしからの転落・負傷事故で，建物の構造または管理に瑕疵があった（国賠法2条1項）とされ損害賠償が認められたが，Aがその後完全に負傷が治癒していることから，入院費等の損害賠償は認めた（過失相殺5割）が，AおよびAの良心の慰謝料請求を否定した事例。
横浜地判平成18・4・18判時1937号123頁，判タ1243号164頁……Y社製造の大型トレーラーの部品の欠陥による車輪脱落事故につき，死亡被害者の母Bによる，Y会社に対して行政指導を行わなかった国に対する国賠法1条に基づく慰謝料請求を否定。Yに対してはBに500万円の慰謝料を認容したが制裁的慰謝料の請求は否定。

## 3-4　慰謝料の算定基準等に関する諸判例

[最判]
＊最判昭和43・10・3判時540号38頁……慰謝料の算定につき基本原則を判示。
【判　旨】
「もともと慰藉料は，精神的苦痛を慰藉するため，裁判所の裁量により公平の観念に従い諸般の事情を総合的に斟酌してその額を定められるべきものであって，斟酌した事情を判決理由中において逐一説示する必要はない。また，所論は，慰藉料の2重取りを云々しているが，被上告人らがAの死亡によって被った自己の精神的苦痛を原因として取得する固有の慰藉料請求権とB自身の慰藉料請求権とは被害法益を異にするものであるから，後者の相続により両請求権が被上告人らに帰したからといって，2重取りとなるわけはない」。
　これに対し，松田二郎裁判官の反対意見は，慰謝料請求権は亡Aに一身専属のものであり，それが金銭債権に転化している場合にしか相続の対象にならないとする。
＊最二小判昭和44・10・31交民集2巻5号1238頁……慰謝料請求権は被害者が請求の意思表示をしなくても，当然に発生し，その相続人においてこれを相続するとの「当然相続説（意思表示不要説）」に立った上で（慰謝料請求権の相続性欄で詳しく引用），金額の算定は事実審裁判所の自由裁量に属すると明示。
【判　旨】
「不法行為にもとづく慰藉料の請求権は，被害者本人が慰藉料を請求する旨の意思表示をしなくても，当然に発生し，これを放棄し，免除する等の特別の事情のないかぎり，その被害者の相続人においてこれを相続することができるものであることは，当裁判所の判例（昭和38年（オ）第1408号同42年11月1日大法廷判決・民集21巻9号2249頁以下参照。）とするところであって，これと同旨の見解に立つ原審の判断は，正当である。また，不法行為にもとづく慰藉料の金額をいかに算定するかは，原則として，事実審裁判所の自由裁量に属する」。
　これに対し，色川幸太郎裁判官の「他人の不法行為によって死亡した者については，死亡したこと自体を原因とする慰藉料請求権の取得は認められない」との趣旨の相続否定説に立つ反対意見がある。
[高裁]
【肯定例】
＊東京控判大正8・6・20評論6巻民法751頁……養父母の死亡に対して，別居している養子の慰謝料請求権を肯定。
＊東京控判大正14・6・5新聞2444号9頁，評論14巻民法559頁……母Aを殺害したYは，Aの子供Bに対し，Bの社会上の地位，身分，職業，Aとの親族関係，Aの過失の程度その他諸般の事情を参酌して，300円の慰謝料を支払うべきである。

## 〈3-4〉慰謝料の算定基準等に関する諸判例

＊名古屋高判昭和46・7・15交民集4巻4号1017頁……不法行為によって死亡したAの慰謝料請求権と近親者固有の慰謝料請求権とは別個の訴訟物で同一の債権ではない。

【判　旨】

「他人の不法行為によつて死亡した被害者自身の慰藉料請求権が相続の対象となるかどうかについては説が岐れるけれども，当裁判所は肯定説（昭和42年11月1日最高裁大法廷判決参照）を正当としてこれに従う。然しながら本件被害者A自身の慰藉料請求権と近親者である右被控訴人ら各自の慰藉料請求権とは被害法益を異にし併存しうるものであつて，同一の債権とはいえないし，またAの慰藉料請求権と同人の得べかりし利益喪失による損害賠償請求権とは同一の本件事故によつてAの受けた損害ではあるけれども，前者は精神上の損害賠償請求権であり，後者は財産上の損害賠償請求権であつて，両者は法律上の性質を異にする別個の訴訟物であり同一の債権とはいい難いから，当初右被控訴人ら固有の慰藉料並びにAの得べかりし利益喪失による損害賠償請求の訴を提起した後に相続によるA自身の慰藉料の請求をした場合には当初の訴提起による消滅時効中断の効力は前者についてのみ生じ後者には及ばないと解するのを相当とする。」

＊東京高判昭和55・11・25下級民集31巻9＝12号953頁，判時990号191頁，判タ428号183頁……横断歩道を歩行横断中のA（8歳・女）の交通事故死の慰謝料の算定では，女子労働者の逸失利益の算定が男子に比べて低額であることが今後相当長期間継続すると思われるので，その点を考慮して慰謝料を増額するのを相当とする（慰謝料の補完的機能を明示的に認めたもの）。

＊名古屋高判平成1・2・21判タ702号259頁……慰謝料請求権が具体的に確定しない間は，一身専属性を有し，破産財団に属しない（相続否定説ではなく，この期間中には相続が起こらないという判例）。

【判　旨】

「近親者の生命侵害を理由とする慰謝料請求権も，名誉毀損を理由とする慰謝料請求権と同様に，専らその権利者の自由な意思によってこれを行使するかどうかを決すべきものと解すべきところ，慰謝料請求権の権利者に，その権利の行使，不行使につき，真に自由な意思決定（それは，一般には，単に強制されない任意の意思の表示というレベルとは，質的に異なるものというべきである。）を確保するという観点からすれば，被害者（破産者）自らが訴え等により慰謝料請求権を行使することと，これを他の者の訴訟追行に委ねること（ことに同意する）こととを全く同質の事柄とみることはできない（殊に，一般に，破産者が破産債権者等との関係で心情的に負い目を感じ，心ならずも債権者の意向に従わざるを得ない場合も生ずるおそれがあると認められることからすれば，なおさらその感が強い。）。しかも，控訴人主張のように，破産者がいったんその慰謝料請求権の行使を破産管財人に委ねた後は，その撤回ができなくなるものとすれば，右慰謝料請求権の額が判決手続で確定しないうちに，本来その権利者において債務名義の成立までは自由に行われるべき権利の行使，不行使の意思決定が明らかに制約を受ける結果とならざるを得ず，前記最高裁判決〔最判昭和58・10・6〕の趣旨に照らしても，相当とはいい難い。それ故，本訴において，控訴人に当事者適格を認めることが訴外服部の慰謝料請求権における行使上の一身専属性を害しないとする控訴人の主張は，採用することができない」

＊東京高判平成13・1・25判タ1059号298頁……交通事故で死亡した日本での在留資格を有しないスリランカ人A（43歳・男）の慰謝料額の算定基準を詳述した判決（過失相殺3割）。

【判　旨】

「死亡慰謝料は，被害者の死亡によって被害者自身又はその遺族らが被った精神的苦痛を慰謝するために支払われる金銭であり，被害者の精神的被害に対する損害の賠償を本来的に目的とするものである。また，同時に被害者の財産的損害の算定が困難な場合の補完・調整的な役割を果たすこともあるほか，遺族の生活保障としての役割も果たすものと解されている。すなわち，慰謝料はそれに相応する金銭を受領することによる満足感のほかに，これによって財産的損害の補完を受け，あるいはこれを貯蓄したり，費消して様々な物品やサービスを取得することを介して満足を得，それによって被害者の精神的苦痛が軽減されることにより，精神的損害の慰謝を受けるものと考えられるのである。

そして，慰謝料として支払われる金銭がどこで費消されるかによって，日本との経済的事情の相違によりその実質的価値が大きく異なることは否定できない事実である。とすれば，被害者の死亡による精神的苦痛や損害の程度は日本人と外国人とで本来的に差違がないものしても，右のような貨幣価値その他の経済的事情の相違を考慮することなく慰謝料額を同一に算定することは，結果として精神的苦痛や損害の程度に差を設けるのと同じことであり，被害の実質的公平な賠償の要請に反することといわざるを得ない。したがって，死亡慰謝料額の算定にあたっては，日本人と外国人とを問わず，その支払を受ける遺族の生活の基盤がどこにあり，支払われた慰謝料がいずれの国で費消されるのか，そして当該外国と日本との賃金水準，物価水準，生活水準等の経済的事情の相違を考慮せざるを得ないものというべきである。

〈第3章〉死者の非財産的損害と賠償内容

イ　被控訴人らは，慰謝料額については被害者の個別事情を考慮することなく定額化が図られているのに，外国人についてのみその属性を考慮することは不合理な差別的扱いである旨主張する。しかし，当裁判所の右の考え方は，慰謝料定額化の必要性を否定したり，外国人についてのみ定額化に反した取扱いをすべきというものではない。定額化された慰謝料の算定方法に従うとしても，その実質的な価値を日本と当該外国との経済的事情の相違に応じて公平，平等なものにする必要があるというものであって，決して不合理な差別的取扱いではない。被害者が受ける慰謝料の実質的な価値を考慮することなく，形式的，機械的に慰謝料額を定めることこそ，前述したように実質的には精神的苦痛や損害の評価に不当な格差を生む結果となって不合理というべきである。

ウ　被控訴人らは，被害者や遺族の国籍等の属性によって慰謝料額の算定を変えることは様々なケースで不合理な結論をもたらすとも指摘する。しかし，当裁判所の見解は，単に国籍の相違によって慰謝料額の算定を異にすべきというものでなく，死亡慰謝料を受領する遺族の国籍がどこであっても，その生活の基盤がいずれの国にあるかに応じて，日本の経済的事情の相違を考慮して慰謝料額を算定すべきというものであることは前述したとおりである。そして，それによって遺族が受ける慰謝料の実質的価値が公平，平等なものとなるのであるから，被控訴人らが指摘する各ケースにおいても不合理な結論を生じるものとは認められない。

エ　また，被控訴人らは，外国人であることの故に慰謝料を低額にする裁判例は少ないとも主張する。しかし，実際には，反対に，外国人の場合には日本人の場合と比べて低額の慰謝料を認めるにとどめている裁判例も多く見られるのであって（松山地裁今治支部平成2年9月21日判決・交通事故民事裁判例集23巻5号1191頁，高松高裁平成3年6月25日判決・判例時報1406号28頁。大阪地裁平成5年7月6日判決・交通事故民事裁判例集26巻4号882頁，東京地裁平成5年8月31日判決・判例時報1479号146頁，大阪地裁平成6年3月22日判決・交通事故民事裁判例集27巻2号402頁，東京高裁平成7年1月19日判決・同28巻1号13頁，浦和地裁平成9年7月2日判決・判例タイムズ959号213頁など），その理由について受領した慰謝料が費消されるであろう外国と日本との経済的事情の相違によると明示するものもあり，理由を明示していないものも同様の見解によるものと考えられる。そして，和解で終局している多くの事案においても同様なことは当裁判所に顕著である。（中略）被控訴人らも本件被害者と同様，スリランカ民主社会主義共和国の国籍を有し，これまで同国を生活の基盤としており，将来も同様と予測されること，主だった品物の物価水準や所得水準，経済的な生活実態を比較すると，同国と日本とではその貨幣価値におよそ10倍近くの相違の存することが認められる。

そこで，右のような経済的事情の相違を加味し，本件事故の態様，本件被害者の年齢，家族構成，職業，その他諸般の事情を考慮して本件被害者の死亡慰謝料を算定すると，その額は500万円が相当と認められる。」

[地裁]
＊大阪地判平成18・11・22交民集39巻6号1637頁……短期の渡航ビザで度々日本に来て韓国人歌手として稼働していたA（40歳・女。歌手）の交通死亡事故で，慰謝料として，本人分2,000万円，相続人固有分（姉3人，兄1人，弟1人）に各100万円の慰謝料を認容。
＊東京地判平成19・9・20判時2000号54頁，判タ1286号194頁……韓国人留学生A（24歳・男）が階層的組織になっている暴力団の組員Yに誤認射殺された事件で，Aの留学目的，事件の経緯，犯行態様，結果の重大性，Aの両親の愛情，韓国の物価水準，その他一切の事情を考慮して，A本人に2,000万円，両親B・Cに各200万円，姉Dに100万円の慰謝料を認容。
＊京都地判平成21・8・10交民集42巻4号1037頁……交通事故で死亡したイスラエル国籍のA（44歳・男）の死亡慰謝料につき，日本とイスラエルの経済状況の違い等を考慮して，本人分1200万円，兄2人に各150万円と，その来日渡航費・宿泊費を認容。

## 3－5　慰謝料と過失相殺（重要事例のみ）

[最高裁]
＊最二小判昭和31・7・20民集10巻8号1079頁……交通事故で生命を害された責任無能力の子A（8歳・女）に過失があっても，それで直ちに父母B・Cの慰謝料請求に対して722条2項で過失相殺をしてはならない。

【判　旨】
「不法行為による死亡者の父母が民法711条の規定に基き慰藉料を請求する場合において，当該事故の発生につき死亡者にも過失があつたときは，たとえ被害者たる父母自身に過失がなくても，民法722条2項にいう「被害者ニ過失アリタルトキ」に当るものと解すべ

## 〈3-5〉慰謝料と過失相殺（重要事例のみ）

き余地があるとしても，死亡者が幼少者その他行為の責任を弁識するに足るべき知能を具えない者であるときは，その不注意を直ちに被害者の過失となし民法722条2項を適用すべきではないと解するのが相当である。」

[地裁]

＊東京地判平成1・4・7交民集22巻2号467頁……
交通整理の行われている見通しのよい交差点で，一時停止義務違反，10kmのスピード超過，シートベルト不着用で衝突事故を起こし，車外に投げ出されて死亡した被害者A（27歳・男。会社員）に80％の過失を認定（過失相殺8割）。

＊大阪地判平成3・1・17交民集24巻1号38頁……
午前4時過ぎに交通閑散な道路に時速60～70kmで大型トラックが接近してくるのに漫然と横断可能と判断して事故に遭い，その1年5ケ月後に自殺した被害者A（52歳・男。タクシー運転手）につき，慰謝料2割の過失相殺を認容（逸失利益には5割の過失相殺を認容）。

＊神戸地判平成3・10・30交民集24巻5号1286頁……
自動二輪車の運転者Bとその後部に同乗して死亡したAにつき，Bの過失を被害者側の概念を使ってAの過失と認め，加害車両Yに対する6割の過失相殺を認容。

＊浦和地判平成4・9・29交民集25巻5号1167頁……
Yの宅配便の荷物を受け取るために母Xが家の中に入ったところ，息子A（1歳7ケ月）がYの車に轢かれて死亡した事故で，慰謝料総額1,600万円を認めた上で，母Xの過失相殺を認めなかった事例。

[判　旨]

「原告Xが，被告Yから配達された荷物を受け取るため，Aを駐車場（車庫）に残したまま1人家の中に入り，一時的でもAを自らの目の届かないところにおいたことは，Aの保護者としての監護義務を怠ったものといえないことはなく，これが本件事故の一因となったことは否定できないところである。しかしながら，Xがこのような行動に出たのは，予期しない時に宅急便貨物が配達されたことによるものであり，一般に，人はこのような状況下においては，Xと同様の行動に出ることは十分にありうることであつて，非難に値するほどのことには当たらない。」

＊岡山地判平成4・10・28交民集25巻5号1284頁……
娘B運転の乗用車とY車の正面衝突事故で，B車の後部に同乗していて負傷した母A（50歳・女）が後遺障害併合6級になった事故で，Aの夫Xからの近親者固有の慰謝料請求について，X固有の請求を否定した上で，Aの慰謝料につきBの過失を「被害者側の過失」と認定（過失相殺2割5分）。

＊神戸地判平成4・12・24交民集25巻6号1505頁……
A（18歳・女）が，B（18歳・男）が無免許運転と知りながらB運転の車に同乗していた事例で，AはBと身分上・生活関係上一体の関係にあったと認め難く，Bの過失をAの過失として斟酌することはできないとした事例。

＊高知地判平成8・5・28交民集29巻3号801頁……
深夜に路上に横たわっていたA（26歳・男。自動車整備工）が先行車両に轢かれて死亡しているのに気付かず，10～20kmのスピード違反のYの車が再度Aを轢いて死体を損壊させた事故で，死体損壊の不法行為性を肯定し，Aの両親B・Cに各1,000万円の慰謝料を認めた上で，各5割の過失相殺を認容。

[判　旨]

「原告らは被告三代木により被害者の死体が損壊されたことで精神的苦痛を被つたとして慰籍料を籍しているところ，近親者が死者に対して敬愛追慕の情を抱き死者を懇ろに弔い埋葬したいという感情など（以下これを宗教的感情と総称する。）を有しており，その死体が損壊されることにより，近親者の死者に対する宗教的感情が侵害されることは一般的に認められるところであり，かような宗教的感情が侵害されることにより被る精神的苦痛は社会生活上無視できないもので，法的保護に値するものというべきである。

そして，現行法規におけるかような宗教的感情の扱いをみると，刑法190条は死体損壊を処罰の対象としているところ，その保護法益は死者に対する社会的風俗としての宗教的感情一般という社会的法益ではあるが，右社会的法益は各個人の死者に対する宗教的感情の集合体として把握できるものであるから，刑法は個人の死者に対する宗教的感情を法的利益として肯定するものと解することができる。また，角膜及び腎臓の移植に関する法律3条3項は，本文において，医師が死体からの眼球又は腎臓の摘出についてその遺族の書面による承諾を受けなければならない旨を規定し，その但書において，死亡した者の書面による承諾があるときにも，遺族があるときには，医師が右書面による承諾がある旨を遺族に告知し，遺族がその摘出を拒まないときでないと右摘出ができない旨を規定しているところ，かように角膜及び腎臓の摘出について遺族の意思を考慮することは遺族の死者に対する宗教的感情に配慮し，これを法的利益と認めているものと解することができる。

以上によれば，近親者の死者に対する宗教的感情は法的保護に値するもので，現行法上も法的利益として認められるものと解することができる。」

## 3-6　724条の期間制限に関する判例

　現行民法724条は、不法行為の損害賠償請求権は被害者またはその法定代理人が「損害および加害者を知った時から3年」で時効によって消滅するとしている。また、判例は同条後段の20年の期間を除斥期間と解している。債権法改正要綱案（平成27年2月）では、上記の3年の時効期間のみを5年に延長するとの提案になっている。

＊最三小判平成21・4・28民集63巻4号853頁……殺人事件（小学校の警備員Yが同小学校教諭A（29歳・女。図工科教諭）を殺害して自宅敷地に埋め、26年後に自首した事件で、Aの相続人らがAの殺されたことを長年にわたって知らず、事件から20年以上経過後に損害賠償請求した訴訟での民法724条の意義。慰謝料額等ではなく、724条後段の権利の存否につき、平成元年判決の除斥期間説を踏襲した上で、本件の特殊事例にそれを適用する基準を示した重要判決。

【判　旨】

「民法724条後段の規定は、不法行為による損害賠償請求権の除斥期間を定めたものであり、不法行為による損害賠償を求める訴えが除斥期間の経過後に提起された場合には、裁判所は、当事者からの主張がなくても、除斥期間の経過により上記請求権が消滅したものと判断すべきである（最高裁昭和59年（オ）第1477号平成元年12月21日第1小法廷判決・民集43巻12号2209頁参照）。

　ところで、民法160条は、相続財産に関しては相続人が確定した時等から6か月を経過するまでの間は時効は完成しない旨を規定しているが、その趣旨は、相続人が確定しないことにより権利者が時効中断の機会を逸し、時効完成の不利益を受けることを防ぐことにあると解され、相続人が確定する前に時効期間が経過した場合にも、相続人が確定した時から6か月を経過するまでの間は、時効は完成しない（最高裁昭和35年（オ）第348号同年9月2日第2小法廷判決・民集14巻11号2094頁参照）。そして、相続人が被相続人の死亡の事実を知らない場合は、同法915条1項所定のいわゆる熟慮期間が経過しないから、相続人は確定しない。

　これに対し、民法724条後段の規定を字義どおりに解すれば、不法行為により被害者が死亡したが、その相続人が被害者の死亡の事実を知らずに不法行為から20年が経過した場合は、相続人が不法行為に基づく損害賠償請求権を行使する機会がないまま、同請求権は除斥期間により消滅することとなる。しかしながら、被害者を殺害した加害者が、被害者の相続人において被害者の死亡の事実を知り得ない状況を殊更に作出し、そのために相続人はその事実を知ることができず、相続人が確定しないまま除斥期間が経過した場合にも、相続人は一切の権利行使をすることが許されず、相続人が確定しないことの原因を作った加害者は損害賠償義務を免れるということは、著しく正義・公平の理念に反する。このような場合に相続人を保護する必要があることは、前記の時効の場合と同様であり、その限度で民法724条後段の効果を制限することは、条理にもかなうというべきである（最高裁平成5年（オ）第708号同10年6月12日第2小法廷判決・民集52巻4号1087頁参照）。

　そうすると、被害者を殺害した加害者が、被害者の相続人において被害者の死亡の事実を知り得ない状況を殊更に作出し、そのために相続人はその事実を知ることができず、相続人が確定しないまま上記殺害の時から20年が経過した場合において、その後相続人が確定した時から6か月内に相続人が上記殺害に係る不法行為に基づく損害賠償請求権を行使したなど特段の事情があるときは、民法160条の法意に照らし、同法724条後段の効果は生じないものと解するのが相当である。

　4　これを本件についてみるに、（中略）上告人が本件殺害行為後にAの死体を自宅の床下に掘った穴に埋めて隠匿するなどしたため、B、C及び被上告人らはAの死亡の事実を知ることができず、相続人が確定せず損害賠償請求権を行使する機会がないまま本件殺害行為から20年が経過したというのである。

　そして、C及び被上告人らは、平成16年9月29日にAの死亡を知り、それから3か月内に限定承認又は相続の放棄をしなかったことによって単純承認をしたものとみなされ（民法915条1項、921条2号）、これにより相続人が確定したところ、更にそれから6か月内である平成17年4月11日に本件訴えを提起したというのであるから、本件においては前記特段の事情があるものというべきであり、民法724条後段の規定にかかわらず、本件殺害行為に係る損害賠償請求権が消滅したということはできない。（中略）よって、裁判官全員一致の意見で、主文のとおり判決する」。

　なお、田原睦夫裁判官は724条後段の20年の規定は時効と解すべきとした上で、詳細な意見を述べている（省略）。

[高裁]

＊東京高判平成20・1・31判時2013号68頁、判タ1268号208頁……下記東京地判平成18・9・26の控訴審判決。1審の除斥期間経過説を否定。民法160条を使って、相続人が「相続開始を知り得ない場合」は160条

〈3-7〉損益相殺（生命保険金，社会保障給付など）

が適用される。724条の20年内に相続人が確定せず，相続人確定から6ヶ月以内にその者が損害賠償請求権を行使した場合，724条後段の効果は生じないと判示。
[地裁]
＊東京地判平成18・9・26判時1945号61頁……人を殺して26年間自宅床下に隠匿していた事例で，殺害については724条の除斥期間経過を認めたが，「遺体の隠匿行為」について遺族からの慰謝料請求が認められた（各人につきそれぞれ100万円）事例（足立区殺人事件）。上記最判平成21・4・28の第一審判決。

## 3-7 損益相殺（生命保険金，社会保障給付など）

＊大判昭和16・12・27民集20巻1479頁……労災扶助法による遺族の扶助金受領と慰謝料請求の可否（消極）。
【判　旨】
「被害者ノ遺族カ労働者災害扶助法ニ依ル扶助金ノ支払ヲ受ケタリトスルモ之カ為事業主ハ其ノ扶助ノ金額ノ限度ニ於テ慰藉料支払ノ責ヲ免レヘキモノニアラス」
＊最一小判昭和37・4・26民集16巻4号975頁……労災保険金を死亡被害者の妻が十分に受けていたとしても，妻以外の遺族は使用者に対し財産的損害と慰謝料との賠償請求ができる。
【判　旨】
「労働基準法84条2項及び労働者災害補償保険法12条1項4号，15条，労働基準法施行細則42条の法意に基づき被上告人B1の受けたる右遺族補償費36万8840円はB1の取得するものとされた前示物質的損害賠償請求権21万3714円にのみ充てらるべき筋合のものであつて，同人の前示慰藉料請求権にも，亦その他の被上告人の損害賠償（有形無形とも）請求権にも及ばないものであり，前示葬祭料に至つては勿論その対象とならないものと解するを相当とする。」
＊最一小判昭和41・12・1民集20巻10号2017頁……加害者Yが被害者Aに支払った慰謝料は使用者Bが労働基準法に基づいてAに支払うべき労災補償の額に影響を及ぼさない（A生存事例）。
【判　旨】
「労働者に対する災害補償は，労働者のこうむつた財産上の損害の塡補のためにのみなされるのであつて，精神的損害の塡補の目的をも含むものではないから，

加害者たる第三者が支払つた慰藉料が使用者の支払うべき災害補償の額に影響を及ぼさない」。
＊最二小判平成1・12・22交民集22巻6号1259頁……交通事故死亡被害者A（10歳・男。小学生）の父親Bが離婚した母親Cの印鑑等を冒用して，Cの代理人として，加害車両Yの保険会社Dとなした代理による和解契約が無効で，かつ保険金をBに支払ったDは478条の「善意・無過失」要件を満たさないとされた事例。……極めて特殊な事案のため判決文は引用せず。
[地裁]
＊名古屋地判大正6・5・14新聞1304号29頁……損害賠償を一時に受けるにはホフマン式計算方法を参酌して定めるべきと判示。
＊横浜地判昭和6・8・10新聞3315号7頁……中間利息控除の計算方法として，期間の長いときは「ホフマン」方式よりも「ライプニッツ」方式計算法がより正確である。
＊神戸地尼崎支判昭和36・3・28交通事故不法行為下民集昭和36年度164頁……将来扶養を受けるべき利益の喪失による損害を，中間利息を控除して一時に請求するか，または年金的に請求するかは権利者の選択に任せられている。
＊浦和地判平成2・2・27交民集23巻1号185頁……検察事務官の夫Aの交通事故死による妻Bの受ける「遺族共済年金」は厳密には退職共済年金ではないけれども，関連性があるので，「損益相殺の趣旨」を類推して，それをBの損害賠償請求権の相続分から控除するのが相当である。
＊大阪地判平成21・2・26交民集42巻1号283頁……労災保険の受給権者Aが労災保険給付を受けたときは，法律上当然に，同保険給付の価額の限度でAの損害賠償請求権が消滅するが，その法的根拠は，その限度で被害者の損害賠償請求権が政府に移転し，これに伴って被害者が第三者に対する損害賠償請求権を前述の限度で喪失するからであって，前述の保険給付によって第三者の被害者に対する損害賠償債務が一部消滅するからではない。したがって，これに対して法定充当が主張されたとしても，民法419条を適用ないし準用する基礎はない。

なお，非財産的損害の賠償は日本ではこれまで精神的損害の賠償と観念され，それについて算定される金銭は一般に慰謝料とよばれる。

慰謝料の算定は，裁判官の裁量によってなされ，裁判所は，算定根拠等を明示する義務も額の妥当性の説明義務もないとするのが，明治以来の一貫した判例の態度である（大判明治43・4・5民録16輯273頁等）。原告に慰藉料の額についての主張・立証責任もないと

## 〈第3章〉死者の非財産的損害と賠償内容

される（最判昭和32・2・7裁判集民25号383頁参照）。学説も，慰藉料の意義と本質，慰藉料の機能，慰藉料の補完的機能など学問的な論点には関心を寄せるが，金額の算定や金額の妥当性などの実務的論点には判例に従順であり，実効性のある批判はほとんど登場していない。ただ，実務界ではいわゆる「定額化」が進んでおり，保険会社基準，日弁連基準，判例基準等[1]に分かれている。

---

1) 詳しくは，北河隆之『交通事故損害賠償法』205頁〜209頁（弘文堂・2011年）参照。それによれば，裁判所基準では，死亡慰謝料は，一家の支柱の場合2800万円，母親・配偶者は2400万円，その他の者2000万円〜2200万円になっていて，現在でも特に増額されてはいないとされている。

## ◆第4章◆ 死者の慰謝料請求権の相続性の有無

## 4-1 総　説

　不法行為の被害者が死亡した場合，死者は以後なんらの事実的・法的活動が出来ない。その場合，死者の近親者や家族等にどのような法的根拠に基づき，どのような内容の請求権が帰属するのか，その請求権は承継取得なのか原始取得なのか，また，それは，即死の場合と，負傷後一定期間経過後に死亡した場合とで異なるのか否か等について，判例も長い間，理論構成が一定していなかった。以下では，その判例の歴史的展開を追うことにし，その後，判例に対する学説の理論的応接の骨子に少し触れることにする。

## 4-2 大審院時代

　まず，多数の判例は，慰謝料請求権を被害者の「一身専属権」と解し，その相続性を認めるためには，外形的に被害者による慰謝料請求の意思を表明したと認めうる行為の存在を必要とするとした。その代表的なものとして，以下の4つが挙げられよう。

＊大判明治43・10・3民録16輯621頁（身体傷害事例）
……慰謝料請求につき「被害者自身の意思表示必要説」を採用。
【判　旨】
　「被害者カ其受ケタル損害ヲ填補セシムル為メニ加害者ニ対シ其慰謝料ヲ請求スル意思ヲ表示シタルトキハ其請求権ハ金銭ノ支払ヲ目的トスル債権ニ外ナラスシテ被害者カ如上ノ意思ヲ表示シタル後依然生存シタランニハ其請求ニ因リテ得ル金額ハ相続ノ場合ニハ財産トシテ存シ相続人ノ取得ス可キモノニシテ其相続ニ於テ之ヲ被害者ノ一身ニ専属スルモノト云ウヲ得ス」。

＊大判大正8・6・5民録25輯962頁（身体傷害事例）。
……意思表示必要説。慰藉料請求の意思表示後に被害者が死亡した場合は相続されるが，意思表示をしなかった場合は相続されない。加害者への意思表示の到達は不要。
【判　旨】
　「按スルニ他人ノ不法行為ニ因リ身体ヲ傷害セラレ為メニ精神上ノ苦痛即チ無形ノ損害ヲ蒙ムリタル者ハ其苦痛ヲ慰藉スル為メ之レカ賠償トシテ加害者ニ対シ慰藉金ヲ請求スルコトヲ得ルハ勿論ナリ而モ慰藉ハ被害者其人ノ心神ヲ慰ムル為メノモノニシテ而シテ金銭ノ賠償ヲ以テ其心神ヲ慰藉スルヲ得ヘキヤ否ヤハ専ラ被害者其人ノ決定スヘキ問題ニ属スルモノナレハ其請求権ハ被害者ノ死亡ト倶ニ消滅ニ帰シ相続人ト雖モ之ヲ承継シ得ヘキニ非サルヲ原則トスルモ被害者カ金銭ノ賠償ヲ得テ其心神ヲ慰ムル為メ加害者ニ対シ慰藉金請求ノ意思ヲ表示シタル以上ハ該請求権ハ金銭ノ給付ヲ目的トスルモノニテ財産上ノ損害ニ関スル賠償請求権ト異ナル所ナキヲ以テ移転性ヲ有スルニ至リタルモノト為スヘキコト本院判例（大正2年（オ）第172号同年10月20日言渡）ニ示ス所ナリ」。

＊大判大正15・2・16大審院民事判例集5巻150頁
……即死の場合でも受傷時に瞬時に被害者自身に損害賠償請求権（慰謝請求権）が発生するとした判例。
【判　旨】
　「他人ニ対シ即死ヲ引起スヘキ傷害ヲ加ヘタル場合ニアリテモ其ノ傷害ハ被害者カ通常生存シ得ヘキ期間ニ獲得シ得ヘカリシ財産上ノ利益享受ノ途ヲ絶止シ損害ヲ生セシムルモノナレハ右傷害ノ瞬時ニ於テ被害者ニ之カ賠償請求権発生シ其ノ相続人ハ該権利ヲ承継スルモノト解スルヲ相当ナリトセサルヘカラス若所論ノ如ク被害者即死シタルトキハ傷害ト同時ニ人格消滅シ損害賠償請求権発生スルニ由ナシト為ストキハ被害者ノ相続人ハ何等権利ノ承継スヘキモノナキノミナラス

〈第４章〉死者の慰謝料請求権の相続性の有無

相続人ハ前記傷害ニヨリ自己ノ財産上ノ相続権ヲ害セラレタリトシテ自己ノ権利ニ基キ之カ賠償ヲ求ムルヲ得サルコト為リ傷害ト死亡トノ間ニ時間ノ存スル限リハ其ノ時間ノ長短ニ拘ラス死ヲ早メタル傷害ニヨリ被害者ニ蒙ラシメタル損害ニ付被害者ニ之カ賠償請求権発生シ被害者ノ死亡ニヨリ其ノ相続人ハ之カ権利ヲ承継シ得ルコトトナル即傷害ノ程度小ナル不法行為ニ責任ヲ科スルニ反シ即死ヲ引起スカ如キ絶大ノ加害行為ニ対シ不法行為ノ責任ヲ免除スルノ不当ナル結果ニ陥ルヘク立法ノ趣旨茲ニ存スルモノ為スヲ得サル所ナリ然レハ原審カ即死ノ場合ニ於テモ傷害ト死亡トノ間ニ観念上時間ノ間隔アリト為シ被上告人先代ニ付損害賠償請求権発生シタルモノト認定シタルハ結局相当ナ」リ。

＊大判昭和２・５・30新聞2702号５頁……第１残念事件。

【事　実】

Xの父AはY会社の被用者Bの過失によって負傷して病院に入院し、「残念々々」と叫びながら、その日のうちに死亡した。Xは、Aの遺産を相続したのであるから慰謝料請求権も相続したとしてYに対してその支払いを求めて訴訟を提起した。

【判　旨】

「不法行為ニ因リ身体ヲ傷害セラレ之カ為メニ苦痛ヲ被リタル場合ニ於ケル慰藉料請求権ハ被害者ノ死亡ト共ニ消滅シ相続人ト雖之ヲ承継シ得サルヲ原則トシ唯被害者カ加害者ニ対シ慰藉料ヲ請求スルノ意思ヲ表示シタルトキ移転性ヲ有スルニ至ルモノナルコト及右ノ意思表示ハ単ニ其ノ請求ヲ為スノ意思ヲ表白スレハ足リ必シモ加害者ニ到達スルヲ要セサルコト当然ノ判例トスルトコロニシテ（大正８年（オ）第80号同年６月５日言渡当院判決参照）此ノ判例ハ今尚之ヲ変更スルノ要アルヲ認メス而シテ本件ニ付原審ハ訴外AカY会社ノ使用人Bノ過失ニ因リ負傷シ東京病院ニ入院シ残念々々ト叫ヒツツ即日死亡シタル事実及Xカ被害者Aノ遺産ヲ相続シタル事実ヲ認定シタル後慰藉料請求権ハ被害者ニ於テ生前之ヲ請求スルノ意思ヲ表示セサル場合ト雖当然相続人ニ移転スヘキモノナリトノ解釈ノ下ニ被上告人ノ本訴請求中慰藉料ノ一部ヲ正当トシ該部分ニ付上告人ニ対シ敗訴ノ判決ヲ言渡シタルモノトス然ラハ原判決ハ前記当院判例ニ違背セル点ニ於テ法ノ解釈ヲ誤リタルノ違法アルモノニシテ本論旨ハ其ノ理由アリ原判決中上告人ノ敗訴ヲ言渡シタル部分ハ破毀スヘキモノトス然リ然シテ原審ハ前示ノ如ク被害者Aハ残念残念ト叫ヒツツ死亡セル事実ヲ認メ而モ之ヲ以テ慰藉料ノ意思表示ヲシタルモノニ非ストモ判断シタルカ如シト雖右ノ言語ハ自己ノ過失ニ出テタルヲ悔ミタルカ如キ特別ノ事情ナキ限リ加害者ニ対シテ慰藉料ヲ請求スル意思ヲ表示シタルモノニアラストスタルハ結局理由不備ノ違法アルモノニシテ当院ニ於テ直ニ判決ヲ為スニ由ナキモノトス」

＊大判昭和４・５・２法律学説判例評論全集18巻民訴344頁……相続人が、死亡被害者Aが「残念残念」と叫んだ等の、Aの意思表示の事実を推測できるような状況を立証した場合には、それにより、相続人側による立証責任が尽くされたとされた事例。

【判　旨】

「被害者カ其ノ死亡前加害者ニ対シ慰藉料ヲ請求スルノ意思ヲ表示シタル事実ハ相続人トシテ之ヲ請求スル原告カ其ノ立証責任ヲ負担スヘキモノナリト雖原告カ被害者ニ於テ斯ル意思ヲ表示シタル事実ヲ推測スルコトヲ得ヘキ状況ノ存在ヲ立証シタルトキハ之ニ依リテ其ノ立証責任ヲ尽シタルモノト謂フヲ得ヘク裁判所ハ之ニ依リテ其ノ意思表示アリタルコトヲ認定シ得ヘシ原院ハ亡Aノ遺産相続人タル被上告人ノ提出ニ係ル甲第１号証ノ１，２及其ノ援用ニ係ル証人Bノ証言ニ依リ亡Aカ衝突事故ニヨリ瀕死ノ重傷ヲ被リシ際「残念々々」ト叫ヒツツ其ノ当日午後９時頃死亡シタル事実ヲ認定シ之ニ依リテAカ加害者ニ対シ其ノ被害ニ対スル財産上ノ慰藉料ヲ請求スル意思ヲ表示シタル事実ヲ推断シタルモノニシテ其ノ判断ハ不法ニ非ス」

＊大判昭和８・５・17新聞3561号13頁……「第２残念事件」。被害者Aが「残念残念」と連呼しつつ死亡した事件[1]。

【判　旨】

「亡Aカ其ノ死亡前「残念々々」ト連呼シタル事実ハ原審ノ確定セルトコロニシテ原審カ右事実ヲ以テ慰藉料請求ノ意思ヲ表示シタルモノト認メ之ニ因リ該慰藉料請求権カ金銭債権トシテ移転性ヲ有スルニ至レル旨説示シタルハ必シモ不当ニ非ス本来慰藉料請求権ハ被害者ノ一身ニ専属スル権利ナルモ被害者カ慰藉料請求ノ意思ヲ表示スルトキハ之ニ依リ金銭債権トシテ移転性ヲ帯有スルニ至ルヘキ旨ノ当院従来ノ判例ハ未タ之カ変更ノ要アルヲ見サルカ故ニ所論ハ竟ニ採用スルニ由ナシ」。

＊大判昭和12・８・６判決全集４巻15号10頁……被害者Aが「向うが悪い……」との意思表示をした事件。一部破棄差戻し。

【判　旨】

「上告人Bノ第１審ニ於ケル本人訊問ノ結果ニ依レハ本件被害者Aハ「向フカ悪イ向フカ悪イ止メル余裕アツタノニ止メナカツタノタ」トノ意思ヲ表示シ居リタルモノニシテ此ノ被害者ノ言ハ疑モナク自己ニ過失ナク加害者ノ過失ヲ責ムル意思ノ表示ヲ為シタルニ外

---

1) 谷口知平＝植林弘『総合判例研究叢書・民法（12）』19頁（有斐閣・1959年）参照。

〈4-3〉最高裁時代（前期）

ナラサルニ因リ之ヲ以テ加害者ニ対シ損害賠償ノ請求ヲ為スコトノ意思ヲ表示シタルモノ做スヲ相当トス故ニ原審カ右Ｂノ本人訊問ニ於ケル供述ヲ措信セストシテ之ヲ排斥スルハ格別ナルモ然ラサル限リニ於テハ右供述ニ依リテ被害者ノ損害賠償請求ノ意思表示アリタルモノト認定セサルヘカラサルモノナルニ原審カ論旨摘録ノ如ク判示シテ被害者ノ慰藉料請求権ヲ相続シタリトスル上告人等ノ主張ヲ排斥シタルハ証拠ノ趣旨ニ反スル事実認定ヲ為シタルカ又ハ理由不備ノ違法アルヲ免レス」。

＊大判昭和17・7・31新聞4795号10頁……被害者Ａの意思表示を不要として，当然相続説に立ち，傷害によりＡが「即死」した場合，傷害の瞬間にＡに損害賠償請求権が発生し，それが相続人に承継されるものと解すべきと判示。判決文はＡの傷害による慰謝料請求権と死亡によるそれとの併存と相続を「法律の精神」によって認めるが，死亡による慰謝料請求権がＡに帰属する根拠を明確には説明せず。

【判　旨】

「原審ハ所論損害ハ本件傷害ニ因リ死亡シタルＡカ其ノ傷害ノ為通常生存シ得ヘキ期間ニ得ヘカリシ財産上ノ利益ヲ享受スルノ途ヲ絶止セラレタル為被リタルモノトシテ認メタルモノナルコト原判文ヲ通読スルニ依リ之ヲ領シ得ヘク然モ原判決事実摘示及之ニ引用セル第１審判決事実摘示並ニ１件記録ニ依ルモ該傷害ノ瞬間被害者カ死亡シタル事実ヲ主張シタル跡ナキノミナラス仮令即死ナリトスルモ斯ル損害ハ致命傷ニ因リ生スルモノナレハ其ノ傷害ノ瞬時ニ於テ被害者ニ之カ損害賠償請求権発生シ其ノ相続人ハ該権利ヲ承継スルモノト解スルヲ相当トス（当院昭和16年（オ）第843号昭和16年12月27日言渡判決当院昭和６年（オ）第3000号昭和７年３月25日言渡判決参照）而シテ右損害賠償請求権カ被害者Ａノ一身ニ専属スルモノニ非サルコト云フヲ俟タサルノミナラス右請求権ハ民法第711条ニ依リ成立スル請求権トハ自ラ其ノ当事者及原因ヲ異ニスルモノヲ以テ別個ノ請求権ナリト云フヘク両者ノ併存ハ素ヨリ法律ノ精神ニ背反スル所ナキモノト云ハサルヘカラス」。

[控訴院]

＊東京控判昭和8・5・26新聞3568号5頁……船の転覆事故で死亡したＡにつき，慰謝料請求権は一身専属権で被害者Ａの死亡によって消滅する。ただし，被害者Ａが加害者に対し慰謝料請求の意思を表明した場合にのみ，移転性，相続性を有すると判示。

【判　旨】

「他人ノ不法行為ニ因ル慰藉料請求権ハ被害者ノ一身ニ専属スル権利ナレハ原則トシテ被害者ノ死亡ト共ニ消滅シ相続人ト雖之ヲ承継シ得サルヲ原則トシ只被害者カ加害者ニ対シ慰藉料請求ノ意思ヲ表示シタル場合ニノミ移転性ヲ有スルニ至ルモノトス然ルニ本件ニ在リテハ被害者タルタメカ慰藉料ヲ請求スル意思ヲ表示シタルコトヲ認メシムルニ足ル証拠ナシ右証人Ｂノ証言ニ依レハ右Ａハ元丸ノ顚覆シタル際水中ヨリ手ヲ出シ助ケテ呉レト叫ヒタルコトヲ認メ得レトモ右ハＡカ其身ニ迫レル危害ヲ免カレンカ為メ救助ヲ求メタルモノニシテ自己ニ加ヘラレタル危害ニ付キ加害者ニ対シ慰藉料ヲ請求シタルモノニ非サルモノ認ムルヲ相当トス従テ原告ハ其主張ノ如キ慰藉料請求権ヲ相続スルニ由ナキモノトス」。

[地裁]

＊大阪地判昭和9・6・18新聞3717号5頁……被害者Ａが事故で瀕死の重傷を負って「口惜しい」と叫んで死亡した事件[2]。

【判　旨】

「トッサ重大ナル場合ナルコトヲ参酌スルトキハ被告ニ対スル慰藉料請求ノ意思表示ヲモ包蔵スルモノト推認スルヲ妥当トスヘシ」

## 4-3　最高裁時代（前期）

この時期の最高裁判決はない。
下級審裁判例は一致して相続肯定説（当然相続説）に立っている。

[高裁]

＊大阪高判昭和35・1・20高民集13巻1号10頁……交通事故被害者Ａ（4歳・女）が意思表示をしなかった場合の慰謝料請求権の相続性肯定。

【事　実】

「控訴人は，前記貨物自動車を運転して同日午後５時35分頃時速約10キロメートルの速力で前記道路を東から西に向い進行中，前方注視の義務を怠つたため，たまたま本件事故現場の北側の被控訴人ら方から大人用の下駄を履いて出て来て近所の駄菓子屋へ行くため右道路の北側中央寄りを西に向つて歩いていた被控訴人らの６女Ａ（満４才）の姿に気がつかず，自己の運転していた前記貨物自動車の右前泥除けの部分を同女の後から突き当てて顚倒させ，右側後車輪で頭の部分を轢き，脳挫滅により同女を即死させた。当日は晴天

---

2）　千種達夫『総合判例研究叢書・民法（4）』169頁（有斐閣・1957年）参照。

〈第4章〉死者の慰謝料請求権の相続性の有無

で現場附近には見透しを妨げるものや反対側から進行してくる自動車もなかつた。」
【判　旨】
「大審院の判例によると、身体傷害により死亡した者の慰謝料請求権は、被害者がその生前に請求の意思を表明した場合に限つて相続の対象となり（大審院昭和2年（オ）第375号、同年5月30日判決参照。）、他人の不法行為により身体を傷害されたため精神上の苦痛を受けた者が加害者に対し有する慰謝料請求権は、被害者の一身に専属し、被害者の死亡とともに消滅し、相続人はこれを相続すべきものでなく、ただ被害者がその慰謝料請求の意思を表明した場合には該請求権は金銭の支払を目的とする債権となるから、移転性を有し被害者が死亡した場合相続人がこれを承継するものとされている（大審院昭和2年（オ）第711号、同年12月14日判決、大正8年（オ）第80号、同年6月5日判決、大正2年（オ）第172号、同年10月20日判決参照）。本件の場合には被害者Aが慰謝料請求の意思を表明したことを認めることができないから、右判例に従えば、Aの慰謝料請求権は相続性を欠くこととなる。しかし、右解釈は正当なものでなく、いやしくも精神的利益の侵害があれば慰謝料請求権は当然発生し、被害者が行使の意思を表明しないで死亡した場合、放棄、免除等の特別の事情のない限り慰謝料請求権は相続されるものと解するのを相当とする。その理由は次のとおりである。

（1）、不法行為によつて傷害を被りそのために死亡（即死）した場合、得べかりし利益の喪失による損害に対する賠償請求権はその傷害の瞬間被害者に発生し、その相続人がこれを承継することは、大審院判例（大審院昭和16年（オ）第843号、同年12月27日判決、民集第20巻1479頁、大正14年（オ）第732号、同15年2月16日判決、民集第5巻150頁、大正9年（オ）第88号、同年4月20日判決参照）の判示するところであり、もとより正当な解釈である。そして、民法は不法行為による損害賠償につき財産上の損害賠償と精神上の損害賠償とを別異に取り扱つていない（第710条参照）のであるから、慰謝料請求権についても、傷害の瞬間に当然被害者に発生し、被害者が右請求権の不行使の意思の表明をしない限り、相続人により相続されうるものと解するのを相当とする。

（2）、もし最初に掲げた判例のように、被害者がその生前に請求の意思を表明した場合に限り相続の対象となるとの見解に従えば、被害者が幼少又は精神病等による意思無能力者である場合には慰謝料請求権の発生を否定しなければならないこととなり、その不当なことは明らかであろう。また慰謝料請求権が一身専属的なものであると解し、一身専属性を強調すれば、被害者の死亡により慰謝されるべき主体が存在しないこととなり、たとえ被害者がその生前権利行使の意思を表明した場合でも慰謝料の相続性を否認すべきであろう。もつとも最初に掲げた判例の立場をとつても、慰謝料請求権の不承継の事実は、民法第711条の規定による被害者の近親者の固有の慰謝料の額を定める場合に増額の資料として考慮されるから、実際上慰謝料請求権の当然相続性を認める場合とほぼ同一の結果となり、公平及び妥当性を欠くことはないとの見解もあろうが、民法第711条は被害者の父母、配偶者及び子が固有の慰謝料請求権を有することを規定したものであつて相続の対象である慰謝料請求権とは被害法益を異にするばかりでなく、同条に列記されない被害者の祖父母や孫が相続人である場合には当然相続を認めるか否かにより重大な差異を生ずることとなり、公平、妥当を欠く場合があることとなる。

（3）、最初に掲げた判例の見解によると、被害者が傷害を受け死亡するまで意識があつた場合には、請求権行使の意思を表明することができるが、即死の場合や人事不省に陥つたまま死亡した場合には権利を行使することができないで慰謝料請求権の相続性を欠くこととなり、不法行為により被害者が傷害を受けたが死亡するまで意識があつた場合よりも、即死又は人事不省に陥らせたまま死亡させたような重大な結果を与えた場合にかえつて被害者やその相続人に不利益な結果を生ずることとなり、きわめて不当である。

既に認定したところにより明らかなように、被害者Aは本件事故当時満4才の幼児であつたが、満4才の幼児であつても、本件事故がなければ将来永く生存し得たであろうに、本件事故により若い生命を奪われたのであるから、重大な精神的損害を被つたものというべきであつて慰謝料請求権を取得することは勿論であり、被控訴人両名は父母として右請求権を当然相続したものというべきである。

被控訴人両名は、前認定のように本件事故により愛児を無惨な死により失つたのであるから、これにより精神上重大な苦痛を被つたものというべく、前に説明したとおり、相続による慰謝料請求権とは別に、控訴人に対し民法第711条による固有の慰謝料請求権を有することは明らかである。」
＊＊広島高岡山支判昭和37・1・22下民集13巻1号53頁（逸失利益蘭の最二小判昭和43・8・2の原審）……亡Aが（中略）国道交叉点附近をスクーターで進行中、訴外Yの過失により、Yの運転する普通貨物自動車にスクーター後部を突き当てられて路上にはね飛ばされ、よつて頭蓋骨粉砕により即死した事例。即死被害者Aの慰謝料請求権の当然相続を認めた事例として重要。
【判　旨】
「被控訴人BがAの妻であり、被控訴人CがAの一

〈4-3〉最高裁時代（前期）

人娘であることは前記のとおりであつて，被害者の慰藉料も同人が生前に放棄したと認むべき格別の事情も認められない本件においては，当然相続の対象たり得るものと解するを相当とする」。

＊東京高判昭和38・9・17民集21巻9号2274頁（最大判昭和42・11・1の原審判決）……意思表示必要説に立って，被害者Aが慰謝料請求権行使の意思表示をしていないから，なお「一身専属権」のままであるとして，その相続性を否定（1審も同じ。最高裁で大逆転）。

【判　旨】

「控訴人は，被害者Aが本件事故により余命8年の生命を失い，その生命権を侵害されたのであるから，その損害賠償請求権はあえて同人の賠償請求の意思表示をまたずして当然に発生し，相続の対象となる旨主張するが，財産上の損害賠償請求権と異なり，生命侵害等による慰藉料請求権の行使が被害者の一身専属の権利であることは，大審院の判例の示すとおりであつて，当裁判所もまたその見解に従うものである。なお，本件において，控訴人は，被害者Aが本件事故当日たる昭和36年8月16日から死亡の日たる同月28日までの間において慰藉料請求の意思を表明し，またはこれを表明したものと同視すべき状況にあつたものとは主張しないし，そのような事実を認むべき証拠もない。然らば控訴人の本訴請求は爾余の点につき判断を下すまでもなく遂に失当としてこれを棄却すべきである。」

＊東京高判昭和46・1・29交民集4巻1号47頁……車を降りてから左右を確認せずに道路を横断し，Yの自動二輪車に衝突されて死亡したA（62歳・女。農業）の慰謝料請求権の相続性を当然相続説に立って肯定（過失相殺1割）。

【判　旨】

「控訴人らは，死亡者本人の慰藉料請求権を相続の対象とすることに異論を述べるが，これを肯定する最高裁判所の判決（昭和42年11月1日）があり，これに従うのが相当であるから，右控訴人らの主張は採用しない。」

［地裁］

＊＊東京地判昭和32・12・23下民集8巻12号2395頁……Y会社従業員の息子A（25歳・男）のガス（過酸化ベンゾール）爆発死亡事故で，Aの両親B・Cらが715条・717条を根拠にYに対して慰謝料請求権を行使した事例で，Aが行使の意思を表明しなかった場合でも，当然相続説に立ってAの妻Bと両親C・Dに慰藉料請求権の相続性を肯定。遺族固有の慰謝料請求権も肯定したが，その額，算定時期，考慮要素について詳細に判示。一部認容。

【判　旨】

「本件では，Aがその生前に慰藉料請求の意向を表明した旨の主張も立証もないが，慰藉料請求権は当然に相続の対象となると解するのが相当である（この点の詳細については，当裁判所昭和28年（ワ）第127号損害賠償請求事件の昭和32年5月10日言渡判決，判例時報昭和32年6月11日号4頁参照）から，右の点は原告等の慰藉料請求権の相続を肯定する妨げとならない」。

原告等の固有の慰藉料については，「原告等が三男Aの死亡によつて精神上多大の損害を蒙つたことは経験則上明らかなところである。しかし，慰藉料額の算定に当つては，事故発生当時における諸般の事情を参酌すべきは勿論であるが，その後の事情をも考慮して社会的な標準によつてその数額を定めるのが相当であると考える」。（中略）「当裁判所は，（中略）認定した諸般の事情を参酌して，原告両名の精神的苦痛はすでに慰藉されているものと認めるのが相当であると考える。原告等は，各自の受けるべき慰藉料は金10万円が相当であると主張する。当裁判所も，事故発生当時を基準にして考える限り，原告等の主張する慰藉料の額が過大に失するものとは思わない。不法行為による損害賠償の額は行為当時を基準として金銭をもつて算定するのが原則であるから，この原則によれば，慰藉料請求権も亦行為当時を基準として算定され，その算定されたところに従つて一定額の金銭債権として定立し，爾后は弁済や免除等の債務消滅原因によつてのみ消滅すると解する外はないようにみえるが，当裁判所は，こうした考え方は慰藉料の特殊性を無視した不合理なものであると考える。不法行為によつて生命を失つた被害者の遺族に対して加害者が誠意を披瀝して有形無形の慰藉方法を講じた場合には，社会的な標準からすれば，それによつて遺族の精神的苦痛は軽減されたものと認めるのが相当である。ところで，例えば，加害者が弔慰金や見舞金を贈つて弔意を表した場合にこれを慰藉料債務の内入弁済とみることは事態にそわないだろうし，遺族の窮状を軽減するため住宅や就職先を斡旋したような場合にも，その尽力を金銭に換価してその限度で慰藉料債務の一部弁済があつたとすることもできないだろう。だからといつて，こうした措置がとられた場合にも加害当時の慰藉料請求権が少しも減縮せずにそのまま存続するものと解することは非常識のそしりを免れまい。こうした点を考えると，慰藉料請求権は当該の不法行為によつて通常生じ又は生ずるべき精神的苦痛を標準として，口頭弁論終結の時までに生じた各般の事情を斟酌して弁論終結の時を基準として社会的標準によつてその額を定めるのが相当であることがわかる。従来の裁判例もとりたてゝはこの点を明示してはいないが，右のような考方を当然の前提としているものと思われる。このように考えるので，当裁判所は意識的に事故発生当時における原告

等の慰藉料請求権の数額を確定せず，前記認定の各般の事情からみて原告等の慰藉料請求権は被告のとつた措置によつてすでに消滅しているものと判断したのである。」

## 4-4 最高裁大法廷判決（昭和42年11月1日）の登場

　本件の事実関係は，交通事故で意識不明になった被害者Aが何の意思表示もしないまま12日後に死亡したものであるが，この判決によって最高裁大法廷が，それまで採っていた判例の被害者自身による意思表示必要説を変更し，当然相続説に立つことを初めて明らかにしたもので，現在では「確立した判例理論」として極めて重要な地位を有している。
＊最大判昭42・11・1民集21巻9号2249頁（裁判官1人の補足意見と4人の反対意見があることに注意）。破棄差戻し。

【事　実】
　Xの兄A（71歳）は昭和36年8月16日栃木県下の国道を自転車で走行中，後方から来たY会社の貨物自動車に衝突されて重傷を負い，同月28日に死亡した。その間，Aは特に慰藉料請求の意思を表明せず，また，それと同視すべき状況もなかったが，Aの妹XとEBは，Aは本件受傷により60万円の慰藉料請求権を取得したところ，Xらは各その4分の1を相続によって取得したとして，Yに対し各15万円の慰藉料の支払いを求めて本件訴訟を提起した。Y側は従来の大審院判例に則り，Aの慰藉料請求の意思表示が必要と抗弁。1審は大審院判例に従いX側の請求を棄却。Xらが控訴。原審も1審と同じ判断で控訴を棄却。Xが「当然相続説」を主張して上告。

【判　旨】破棄差戻し。
　「案ずるに，ある者が他人の故意過失によつて財産以外の損害を被つた場合には，その者は，財産上の損害を被つた場合と同様，損害の発生と同時にその賠償を請求する権利すなわち慰藉料請求権を取得し，右請求権を放棄したものと解しうる特別の事情がないかぎり，これを行使することができ，その損害の賠償を請求する意思を表明するなど格別の行為をすることを必要とするものではない。そして，当該被害者が死亡したときは，その相続人は当然に慰藉料請求権を相続するものと解するのが相当である。けだし，損害賠償請求権発生の時点について，民法は，その損害が財産上のものであるか，財産以外のものであるかによつて，別異の取扱いをしていないし，慰藉料請求権が発生する場合における被害法益は当該被害者の一身に専属するものであるけれども，これを侵害したことによつて生ずる慰藉料請求権そのものは，財産上の損害賠償請求権と同様，単純な金銭債権であり，相続の対象となりえないものと解すべき法的根拠はなく，民法711条によれば，生命を害された被害者と一定の身分関係にある者は，被害者の取得する慰藉料請求権とは別に，固有の慰藉料請求権を取得しうるが，この両者の請求権は被害法益を異にし，併存しうるものであり，かつ，被害者の相続人は，必ずしも，同条の規定により慰藉料請求権を取得しうるものとは限らないのであるから，同条があるからといつて，慰藉料請求権が相続の対象となりえないものと解すべきではないからである。しからば，右と異なつた見解に立ち，慰藉料請求権は，被害者がこれを行使する意思を表明し，またはこれを表明したものと同視すべき状況にあつたとき，はじめて相続の対象となるとした原判決は，慰藉料請求権の性質およびその相続に関する民法の規定の解釈を誤ったものというべきで，この違法が原判決の結論に影響を及ぼすことは明らかであるから，論旨は理由があり，原判決は破棄を免れない。そして，本訴請求の当否について，さらに審理をなさしめるため，本件を原審に差戻すことを相当とする。
　よって，民訴法407条1項に従い，裁判官奥野健一の補足意見，裁判官田中二郎，同松田二郎，同岩田誠，同色川幸太郎の反対意見があるほか，裁判官全員一致の意見で，主文のとおり判決する。」
　裁判官奥野健一の補足意見は，次のとおりである。
　「民法710条は「他人ノ身体，自由又ハ名誉ヲ害シタル場合ト財産権ヲ害シタル場合トヲ問ハス前条ノ規定ニ依リテ損害賠償ノ責ニ任スル者ハ財産以外ノ損害ニ対シテモ其賠償ヲ為スコトヲ要ス」と規定し，身体，自由等の非財産的権利を財産権と全く同列に置き，共に不法行為の対象となる法益とし，かつその損害に対しては，財産権侵害の場合と同様，原則として金銭賠償により，これを救済せんとするのである（同法722条，417条）。
　従って，非財産権が侵害された場合は，財産権が侵害された場合と同様，その侵害と同時に，損害賠償請求権が発生するものと解すべきであり，非財産権の侵害の場合に限つて，被害者がこれを請求する意思を表示した場合に，始めて賠償請求権が発生するものと解すべき法文上の根拠は毫もない。また，生命を侵害された場合に，被害者の得べかりし財産上の利益の喪失による損害については，被害者がこれを請求する意思を表示したと否とにかかわらず，当然相続人において被害者の財産上の損害賠償請求権を相続したものとし

## 〈4-4〉最高裁大法廷判決（昭和42年11月1日）の登場

て請求し得るのと同様に，非財産権の侵害による慰藉料請求権も，被害者がこれを請求する旨の意思を表示したか否かにかかわらず，当然金銭債権として，相続人がこれを相続したものと解するのが当然である。

　もし，非財産権侵害による慰藉料請求権は，被害者がこれを請求する意思を表示して始めて発生するものとすれば，民法724条により慰藉料請求権が，未だ発生しないのに消滅時効が進行するという不合理な結果を生ずることになる。また，被害者が慰藉料請求の意思を表示した場合に限り，慰藉料請求権の相続性が認められるとするならば，被害者即死の場合や，慰藉料請求の意思を表示することができない程の重傷を蒙つた場合などは，常に慰藉料請求権は否定されることになり，かかる重大加害者は常に慰藉料支払の義務を不当に免れる結果となる。更に航空機や船舶の遭難により全員が死亡したような場合には，慰藉料請求の意思表示をした事実の立証は不可能であるから，かかる場合，概ね慰藉料請求権は否定されることになり，甚だ不当な結果となる。

　もし，慰藉料請求権の本質が「被害者その人の精神的苦痛を慰藉すること」を目的とするものであるから，被害者の一身に専属する権利であつて，譲渡性，相続性なしというのであれば，仮令被害者がこれを請求する意思を表示したからといつて，遽に慰藉料が被害者その人の精神的苦痛を慰藉するという性質を変じ，譲渡性，相続性が生ずるいわれはないものと考えられる。

　大審院が，明治43年10月3日の判決においては，被害者が加害者に対して慰藉料を請求すると意思を表示したときは，相続の対象となるものと解し，大正8年6月5日の判決では，被害者が慰藉料を請求する意思を書面に表示し，これを執達吏に交付しその催告を委任したが，その催告書が加害者に到達する以前に死亡した場合でも，被害者は慰藉料請求の意思を表示したことになるから，その慰藉料請求権は相続の対象となるとしたのであるが，昭和2年5月30日の判決では被害者が「残念残念」と連呼しながら死亡した場合には，特別の事情がないかぎり，加害者に対して慰藉料請求の意思表示をしたものと解することができるというに至り，被害者の請求の意思表示の要件を次第に緩和せんとする傾向にあつたものと認められる。慰藉料請求権の相続性につき被害者の請求の意思表示を必要とするとの大審院判例は，今や変更せられるべき時期に来ているものと思料せられる。

　要するに，わが民法の建前によれば，いやしくも，非財産権の侵害があれば，財産権侵害の場合と同様，特別の事情のない限り，当然に損害が発生し，従つて被害者は慰藉料請求権を取得し，これを放棄したと認められるような特段の事情のない限り，相続人に相続せられるものと解すべきであつて，ドイツ民法847条等とその立法の建前を異にするものであり，これをわが民法の解釈の資料とすることはできない。また，近代不法行為法の理想に従えば，いやしくも不法行為により他人に損害を生ぜしめた以上，その損害が財産的，非財産的であるを問わず，出来るだけ広くこれを賠償させるのが，被害者保護の理想にかなうものであり，たまたま被害者が死亡したからといつて，加害者をして，その責任を免れしめる理由がなく，被害者の相続人に対し，賠償を得させることが前記理想に副う所以である。」

　裁判官田中二郎の反対意見は，次のとおりである。

　「私は，慰藉料請求権の性質に関する多数意見の見解には賛成しがたく，結論的にも多数意見とは反対に，本件上告は棄却すべきものと考える。その理由は，次のとおりである。

　一，多数意見は，慰藉料請求権が発生する場合における被害法益は当該被害者の一身に専属するけれども，これを侵害されたことによつて生ずる慰藉料請求権そのものは，単純な金銭債権であるという。しかし，私は，そうは考えない。そもそも，精神的損害といわれるものは，客観的にではなく，被害者の受ける苦痛その他の精神的・感情的状況の如何によつて決まる主観的・個性的なものであり，したがつて，これらの精神的損害が生じたとして，これに対して認められる慰藉料請求権も，単純な金銭債権とみるべきものではなく，被害者の主観によつて支配される多分に精神的な要素をあわせもつたものと解すべきであろう。かような意味において，多数意見のいうように，単に被害法益が一身専属的なものであるだけでなく，慰藉料請求権も，被害者の現実の行使によつて具体化されるまでは，一身専属的なものであり，したがつて，これを行使するかどうかも，被害者の主観的な感情その他の精神的諸条件や当該被害者が置かれている環境その他の社会的諸条件を無視して決せられるべきものではないという意味において，一身専属的なものと考えるべきであると思う。すなわち，第1に，被害者が精神的損害を受けたと感じるかどうか，およびその程度，態様も，被害者の主観によつて決ることであり，第2に，被害者が精神的損害を受けたと感じた場合においても，それを理由として，慰藉料請求権を現実に行使するかどうかは，被害者の感情その他の内的な精神的諸条件および被害者の置かれている環境その他の外的な社会的諸条件によつて影響されることが少なくないのであるから，被害者の主観を尊重し，被害者自身の全人格的な判断にまつべきものであつて，これらの事情を全く無視し，被害者の意思に基づくことなく，慰藉料請求権が当然に具体的に生ずるものと解すべきではないと思う。

　右の点についての私の考え方を要約すると，次のと

## 〈第4章〉死者の慰謝料請求権の相続性の有無

おりである。すなわち、精神的損害を伴う事故等の発生と同時に、慰藉料請求権は、抽象的・潜在的な形で発生する（したがって、慰藉料請求権の消滅時効は、この時から起算すべきである。）。この権利は、さきに述べたように、一身専属的な性質を有する。そこで、被害者が自らこの慰藉料請求権を行使することによって、損害発生時に遡って、これが具体化され、金銭債権としての損害賠償請求権が具体的・顕在的な形をとるに至る。このように、一身専属的な慰藉料請求権の行使によって、金銭債権が具体化された後にはじめて、それが、譲渡・相続の対象となり、かつまた、債権者代位権行使の対象ともなり得るものと考えるのである。

二、右のような見地からいえば、慰藉料請求権を具体的に行使するためには、被害者が慰藉料を請求する意思を有するとともに、その意思を外部に表示することを必要とすると解すべきである。すなわち、慰藉料を請求する意思を有するかどうかは、内心の問題として、これを的確に判断することはむずかしいので、何らかの形でこれを外部に表示することを必要とすると解すべきである。かつて大審院が、この点について、幾多の判例を積み重ねてきたのも、被害者保護のために、できるだけ広く慰藉料請求の意思があったことを推定しようとした苦心の現われといえよう。その結果、時には技巧にすぎ、ひいては、かえって、慰藉料請求権の叙上の本質を誤った嫌いがないではないが、被害者の意思の存在とその表示とを必要としたその基本的な考え方においては、無視できないものをもっていると思う。私は、慰藉料請求権を行使するかどうかについても、被害者の主観を尊重する見地から、被害者がこれを行使する意思を有し、しかも、これを外部に表示することを要し、かつ、それをもって足りるものと解したい。

三、右のように解するときは、生命侵害等の場合ー即死その他これに準ずる場合等において、その意思表示の不可能または著しく困難なとき等ーに、相続人の保護に欠けるというような批判があり得るであろう。

しかし、民法711条は、被害者の近親のために、生命侵害に対する固有の慰藉料請求権を認めているのであるから、同条の適用を受けるべき近親の範囲および被害法益の範囲等を拡張的に解釈することによって、その保護を全うすることができ、また、民法709条、710条による慰藉料請求権も、その要件を具備している以上、その請求が可能なわけであって、被害者本人の主観を無視して慰藉料請求権の譲渡性、相続性を肯認しなければならない実質的根拠に乏しい。

四、ところで、原判決の確定するところによれば、本件被害者はその死亡まで慰藉料請求の意思を表示しなかったというのであるから、上告人は、右被害者の相続人であっても、叙上の理由によって、右被害者の慰藉料請求権を相続によって取得したものとは認めがたく、したがって、これと同趣旨に出た原審の判断は、結局、正当であって、本件上告は棄却を免れないものと考える。」

裁判官松田二郎の反対意見は、次のとおりである。

「（一）多数意見は次のようにいう。すなわち、「ある者が他人の故意過失によって財産以外の損害を被った場合には、その者は、財産上の損害を被った場合と同様、損害の発生と同時にその賠償を請求する権利すなわち慰藉料請求権を取得し、右請求権を放棄したものと解しうる特別の事情がないかぎり、これを行使することができ、その損害の賠償を請求する意思を表明するなど格別の行為をすることを必要とするものではない。

そして、当該被害者が死亡したときは、その相続人は当然に慰藉料請求権を相続するものと解するのが相当である」と。これが本件に対する多数意見の立場であり、すなわち、多数意見はこの立場からきわめて簡単に慰藉料請求権の相続性を肯定する。そして、このような多数意見の見解は、必然に慰藉料請求権の譲渡性の肯定へも導くものと解される。けだし、多数意見は、「慰藉料請求権が発生する場合における被害法益は当該被害者の一身に専属するものである」といいながらも、「これを侵害したことによって生ずる慰藉料請求権そのものは、財産上の損害賠償請求権と同様、単純な金銭債権である」と主張するからである。すなわち、多数意見のいう「被害者の一身に専属する」という言葉は、慰藉料請求権が沿革的にまた比較法制的に多分に一身専属的のものとされたことに対するいわば一種の儀礼的な表現と解されるのである。要するに、多数意見は、慰藉料請求権を「単純な金銭債権」と解することによって、その一身専属的性質を実質的に否定し、その譲渡性・相続性を肯定するものである。

しかし、慰藉料請求権は果して多数意見のいうように、単純な金銭債権であり、譲渡性・相続性を有するものであろうか。私は多数意見に反して、該請求権を一身専属的のものと解するのである。けだし、精神上の苦痛そのものが、きわめて高度に個人的・主観的のものである以上、慰藉料請求権はその苦痛を受けたときに生じるものではあるが、その行使の有無は被害者自身の意思によって決せられるべきものであり、この点においてそれは債権者代位権に親しまないものというべく、また慰藉料は被害者の苦痛そのものを慰藉するためのものであるから、この点でその請求権をば被害者以外の第三者に譲渡し、もしくは相続人に相続せしむべきではないからである。要するに、叙上が慰藉料請求権の本質である。この見解に立つとき、多数意見はきわめて個人的であるところの慰藉料請求権をきわめて非個人的のものと解した点において、誤に陥っ

## 〈4-4〉最高裁大法廷判決（昭和42年11月1日）の登場

たものといわざるを得ない。すでに述べたように，多数意見が「慰藉料請求権の発生する場合における被害法益は当該被害者の一身に専属するもの」というからには，多数意見はすべからくその請求権自体の一身専属性を認めるという結論に到達すべきであつたのである。

（二） 本件は慰藉料請求権の相続性の有無に関するものであるので，この点に関するわが国の判例の跡を概観するに，大審院は慰藉料請求権に関して，明治40年代から次のような態度を採つていた。すなわち，その判例によれば，「不法行為に因り身体を害された者が財産以外の損害を填補させるため，加害者に対しその慰藉料を請求する意思を表示したときは，その請求権は金銭の支払を目的とする債権に外ならないものであつて，これに因つて得る金額は相続の場合には相続人の取得すべきものであるから，被害者の一身に専属するものでない」というのである（大審院明治43年10月3日判決，民録16輯621頁）。思うに，大審院はこの判決に当り，すべからく慰藉料請求権の本質について深く考慮すべきであつたのである。しかるに，判例は，その後も右の立場を踏襲し，更に慰藉料請求権の相続を容易ならしめる方向に進み，「残念，残念」と連呼しながら死亡した場合においてすら，これをもつて「被害者がその被害が自己の過失に出たことを悔んだような特別の事情のないかぎり，加害者に対し慰藉料請求の意思表示をしたものと解し得られざるにあらず」とするに至つた（大審院昭和2年5月30日判決，法律新聞2702号5頁）。そして，このような判例の態度によるときは，被害者即死の場合には慰藉料請求の意思表示がないから，慰藉料請求権の相続がなく，これに反して被害者が即死しないで「残念，残念」と連呼したときは，その相続があるというような不均衡を生じることとなる。この点は，従来，学説上，非難されたところであり，多数意見もこのことを特に強く意識した結果，慰藉料請求権をもつて，「財産上の損害賠償請求権と同様，単純な金銭債権であり，相続の対象となるもの」としたのだと思われる。そして，終にその一身専属性を全く否定するに至つたのである。

（三） 多数意見が慰藉料請求権の本質を正解しないことは，右に述べたとおりである。しかも，多数意見に従うときは，結果的にも著しい不都合を生じるのである。この点よりしても，多数意見の失当なことは明らかである。私は，次にその2,3の例をあげてみたい。

（1） 多数意見によれば，父親が貧困のため何等子に残すべき財産のない場合でも，父親が他人から侮辱され，時には暴行さえ加えられて精神上多くの苦痛を受けて死亡すると，父親がその生前右の精神上の苦痛につき慰藉料を請求する意思を表明しなくとも，その請求権を放棄したと解される特別の事情のないかぎり，父親の慰藉料請求権は当然に相続され，それだけ多くの相続財産が生じることとなる。相続財産の多寡の点よりいえば，父親が他人から多くの精神的苦痛を受けた上，死亡した方が望ましいこととなるのである。しかも，この慰藉料請求権は相手方の不法行為によつて生じたものに外ならないから，子としては，この慰藉料請求権を行使するに当つて，相手方から相殺をもつて対抗されることはない（民法509条）。従つて，この慰藉料請求権はきわめて確実な相続財産ということになるわけである。

（2） 多数意見によれば，事業経営に失敗し，他人より侮辱され軽蔑され精神上多大の苦痛を受けた上破産した者があるとき，破産者が慰藉料を請求する意思を表明しない場合でも，これを放棄したと解される特別の事情のないかぎり，破産者の有するこの請求権は当然に破産財団に属することとなる。従つて，破産者が破産前，多くの精神上の苦痛を受けていれば，それに応じて破産財団の財産は増加するわけである。しかも，管財人は善良なる管理者の注意を以てその職務を行うことを要し，その注意を怠るときは損害賠償の責に任ずるから（破産法164条），もし管財人が破産者の有する慰藉料請求権の行使を怠つたときは，損害賠償の責を免れえないこととなるのである。

（3） 既に指摘したように，多数意見に従えば，慰藉料請求権の譲渡性はこれを肯定することとなる。従つて，多数意見によれば，他人から精神上の苦痛を受けた者がその苦痛について損害賠償を請求する意思を表明しない場合でも，その請求権を放棄したものと解しうる特別の事情のないかぎり，その被害者に対して債権を有する者は，被害者が加害者に対して有する慰藉料請求権を差押え，これを取立てまたは転付せしめうる（民訴法601条，602条）となるのである。

（4） 「慰藉料請求権が財産上の損害賠償請求権と同様，単純な金銭債権である」ならば，債務者の有する慰藉料請求権をば，債権者は代位行使できることとなる。その債権者の債権者もまた代位行使できることとなる。けだし，代位権の代位行使も可能であるからである。

叙上のような設例は，あるいは極端なものと思われるかも知れない。しかし，多数意見に従うならば，右のような結果は当然生じうるところである。従つて，多数意見に従うときは，今後慰藉料請求権に関して，きわめて奇矯な訴訟が起り，しかも裁判所としてはこれを認めざるを得ないこととなるのである。

（四） 慰藉料請求権の相続性と関連して考うべき問題が存在する。まず，（イ）慰藉料請求権と民法711条との関係をいかに解するかの点である。しかし，私の見解によれば，生命を害されて死亡した者の慰藉料は相続人によつて取得されないから，近親者は同条によ

## 〈第4章〉死者の慰謝料請求権の相続性の有無

る固有の慰藉料請求権のみを有することとなる。従つて，この固有の慰藉料請求権と相続した慰藉料請求権の両者の併存を前提とする問題は生じ得ないこととなる。多数意見は2つの請求権の併存を認めるため，いたずらに両者間の法律関係を錯雑ならしめるに過ぎない。

（なお民法711条は慰藉料を請求しうる者の範囲を限定したものでなく，同条所定の者に対し，損害発生の挙証責任を軽減したものと解される）。次に（ロ）多数意見によれば，死亡者の遺族は右の両請求権を有しうることとなり，一見遺族の保護に厚いとの観を呈するのである。しかし，慰藉料の額は裁判所が諸般の事情（訴訟において原告の受ける慰藉料の総額もこの事情の1つである）を斟酌して決すべきものである以上，多数意見によつても，遺族の取得しうる賠償額が当然に増加するとはいえない。従つて，この点は必ずしも卑見に対する反対の理由となり得ない。（ハ）なお慰藉料請求権は，一身専属的権利であるが，その個人的・主観的色彩の減退のため，通常の金銭債権と同視しうべきものに転化する場合がある。一体，慰藉料の額は，おのおのの具体的場合に即して決することを要し，容易に決し難いところであるが，たとえば加害者が被害者の慰藉料の請求に対し，一定額の金員を支払うことを約したような場合，当該請求権は，通常の金銭債権と多く択ぶところなく，これに転化したものと認められる。けだし，この場合慰藉料請求権の個人的・主観的色彩褪せた結果，客観的には通常の金銭債権が存在するものと考えられるからである。債務名義によつて，加害者が被害者に対し慰藉料として一定額の金員の支払をなすべきものとされた場合も同様である。

（五）今，叙上の見地に立つて本件を見るに，原審の認定したところによれば，被上告会社の自動車運転手である高橋藤四郎は，昭和36年8月16日被上告会社のためその所有の大型貨物自動車を運転して栃木県下都賀郡石橋町469番地先国道に差しかかつた際，右自動車をAの乗る自転車に衝突させ，よつて同人を死亡するに至らしめたところ，Aはその死亡まで慰藉料請求の表示をしなかつたというのである。しからば，上告人はAの相続人であるにせよ，Aの慰藉料請求権を相続により取得したものとは認め難く，従つてこれと同趣旨に出た原審の判断は正当であつて，本件上告は棄却を免れないのである。裁判官岩田誠は，裁判官松田二郎の右反対意見に同調する。」

裁判官色川幸太郎の反対意見は，次のとおりである。

「一，ある者が他人の故意過失によつて財産以外の損害を被つた場合には，損害の発生と同時にその賠償を請求する権利すなわち慰藉料請求権を取得するものであることは多数意見の説くとおりであるが，私は，この権利は行使において一身専属的なものであると考えるのである。

慰藉料は，いうまでもなく，精神的損害の賠償のために支払われるものであり，被害者の精神的，肉体的苦痛を，普遍的な価値である金銭をもつて，消除し軽減せしめようとするわけである。苦痛は必ずしも現在のものに限ることなく，将来苦痛を感ずるであろうことが合理的に期待されるときをも含むと考えるべきであるが，それにしても，現在又は将来において，苦痛を全く感受しないときには慰藉料請求権は発生しない。ところでなんらかの違法な法益侵害があつたときに，苦痛を感受するかどうか，感受するとしてもその程度如何は，人によつて著しい格差があるばかりでなく，同1人に対し同一態様の侵害が加えられても，時により環境に応じ，その苦痛は千変万化するものであつて，財産権の侵害の場合のように同一の加害が同一の損害を生ずるものとは全くその趣を異にする。一般人にとつては認容の限界を超えた許すべからざる人格権の侵害でも，ある人にとつては格別痛痒を感じない場合もなしとはしないし，その逆もまた考えられないわけではない。さらにまた，ある不法行為によつてある人が苦痛等を感じたとしても，これを請求することを憚る事情の存在することもまたあり得るのである。要するに精神上の損害は極めて個性的なものであつて，その賠償請求権の行使は当該本人の自由なる意思にかからしめることを相当とし，したがつて，権利者以外の第三者が代つて行使することは許されない性質を有するのである。慰藉料請求権が発生する場合における被害法益は，多数意見の認めるごとく，一身専属であるが，それだけにとどまらず，慰藉料請求権は行使において一身専属であり，権利者が行使しない以上相続，差押等の目的にはならないと解するを相当とする。

而して，一旦権利者によつて行使されるならば一身専属性は解消し，通常の金銭債権となるのであるが，請求権は義務者に対し一定の行為を請求することを内容とするものであるからして，その行使は，義務者に対する明確な意思表示によつてなされなければならない。死に臨んで被害者が残念だと絶叫してもそれを以て請求権の行使とすることはできないのである。

二，次に，死者につき，死亡したことそのものを原因とする慰藉料請求権の取得が認められるであろうか。多数意見はそれを自明のこととしているようである。しかし苦痛は生きておればこそ感受できるものであり，そしてまた人は死亡によつて権利主体たることをやめるわけである。死者が死亡を原因として慰藉料請求権を取得するとするためには，死亡による苦痛を死者自身がこれを感受し，死亡のその瞬間に，死者が慰藉料請求権を取得する，すなわち死前に死があり，死後にまた生がある，という奇異なる論理を肯定した上でな

〈4-4〉最高裁大法廷判決（昭和42年11月1日）の登場

ければなるまい。この間にいかなる巧妙な法律的操作を施しても，かかる非論理性は，所詮，救われないのである。民法710条は，慰藉料請求権の被害法益として，身体，自由，名誉及び財産権を列挙している。これが限定的なものでないとしても，被害法益の尤たる生命侵害に全くふれるところがないのは，711条と対比した場合，極めて示唆的である。生命を侵害された死者自身が慰藉料請求権を取得するという法理は，結局，わが民法の認めないところではあるまいか。

三，さきに述べたごとく，生命侵害の場合でも，即死でなく，受傷後死亡までに若干の日時があり，その間に慰藉料請求権を行使したものであるならば，この権利は死亡によつて相続され，民法711条による相続人固有の慰藉料請求権と併存することになる。そうだとすると，即死したとき又は被害者本人が存命中に慰藉料請求権を行使しなかつたとき，即ち相続の対象となる慰藉料請求権が存しないときは，前記の併存の場合に比し，形の上では，一見甚だ不利益であつて権衡を失するかのごとくである。しかし2本だてが1本だてに比べてより有利だということには必ずしもならないのである。けだし，慰藉料の額は裁判所の自由なる心証によつて量定されるものであるが，それにしても，相続による慰藉料請求権取得の有無は，民法711条等に基づく当該相続人に固有な慰藉料請求権の額を算定とする場合に当然参酌されるべき事情であつて，相続による慰藉料が多額であれば，相続人の苦痛はそれだけ軽減されるのであるから固有の慰藉料はこれに応じて低かるべきであり，反対に，即死の場合のように，被害者が肉親の看護を受けず，後事を託する余裕もなかつたようなときは，相続できる慰藉料請求権こそなけれ，遺族の苦痛は甚大であるが故に，固有の慰藉料請求権は自ら大とならざるを得ないからである。もつとも叙上の見解にたつと，遺族ではあるが，民法711条に列挙されたところに該当せず，そしてまた，内縁の妻その他これに準ずるような特別の間柄（これらの遺族は，民法709条，710条に基づく固有の慰藉料請求権を有すると考える。）にもない者にとつては，被害者である被相続人において慰藉料請求権を取得しない以上，加害者に対し慰藉料の請求をすることはできないわけである。しかし，これらの者は，当該被害者の死亡に因つて深刻な精神的打撃を受けないが故に，固有の慰藉料請求権を取得し得ない立場にあるのであるから，相続すべき慰藉料請求権が存在すれば格別，そうでない場合においても，単に相続人であるというだけで，利益を受ける結果となるのは妥当を欠くといわなければならない。したがつてかくのごとき遺族について慰藉料請求権を否定することは，加害者をして不当に義務を免かれしめることになるという非難には，到底同調できないのである。

四，慰藉料の種類を多く認めることが必ずしも，被害者側の救済を厚くする所以ではないことは上述のとおりであるが，私は，もともと不法行為による損害賠償請求事件，特にいわゆる人身事故の訴訟事件においては，主力を逸失利益の算定にそそぐべきであつて，安易に慰藉料によりかかるべきではない，と考えているものである。もとより私といえども，かかる訴訟において現在慰藉料の果している役割をしかく軽視するわけではない。逸失利益の算定には，幾多の困難があり，算定の基礎たるデータも多くは不確定，不安定なものであるから，結論たる裁判の具体的妥当性を追求するために，自由に量定し得る慰藉料を以て，判断過程の欠陥を補完する必要を生ずることは否めない事実であろう。しかし，裁判は本来，法律が規定している構成要件の存否を確定し，これに法規をあてはめて法律効果を定める法律的価値判断であるから，事後における客観的な検証に堪え，また特に事前において予測可能性のあることが要請されるものであり，合理的な思惟と共通普遍な理論を以てすれば裁判の結論が自ら流出する底のものであるのが望ましいのである。一言でいえば裁判は水ものであつてはならないのである。しかるに慰藉料の算定には未だ何らの規範もないのであつて，要するに被害者及び加害者をめぐるあらゆる事情に基づき公平なる観念に従つてきめるものだ，というにすぎない。しかもいかなる事情をいかなる程度に参酌してその量定をしたかということは判示することも困難であり，またその必要もないことになつている（大判昭和8年7月7日，民集12巻1805頁等参照）のであるから，ともすれば裁判官の主観に流れる傾向なしとはしないのである。将来，判例の集積によつて慰藉料が概ね定型化された場合ならばとにかく，少くとも現在の段階において慰藉料のいわば調整的機能に過度に傾斜することは戒心すべきであり，その意味から慰藉料の種類を複雑にすることには賛成し難いのである。

五，ところで本件について見ると，被上告人の雇人である自動車運転者訴外Zは被上告人のために貨物自動車を運行中，過失によつて訴外亡Aに右自動車を衝突せしめたこと，そのために重傷を負つた同人は12日後に遂に死亡したのであるがその間前記傷害による慰藉料請求の意思を表示しなかつたものであること，以上は原審の認定するところであるから，Aの妹である上告人としては，民法709条，710条によつて独自に慰藉料の請求をする場合は格別，相続を理由としてはこれを請求し得ないと解すべきである。したがつて，これと同趣旨に出た原審の判断は正当であつて，本件上告は棄却すべきものと考える。」

〈第4章〉死者の慰謝料請求権の相続性の有無

## 4-5　その後の最高裁判決の展開

　42年大法廷判決以後，多数意見は相続肯定説を一貫して維持しているが，少数反対意見（相続否定説）も根強く主張され続けている。
＊最一小判昭和42・11・30判時501号70頁……Aが交通事故で死亡した場合，Aの両親B・Cの固有の慰謝料の他に，Aの慰謝料請求権行使の意思表示の有無にかかわらず，A自身の慰謝料請求権がB・Cに相続されるとして慰謝料請求権の相続性を肯定。裁判官5人中3人が賛成，2人が反対意見。
【判　旨】（反対意見）
　「裁判官松田二郎の反対意見は，次のとおりである。原判決（引用の第1審判決を含む。以下同じ）は，慰謝料請求権の相続に関し，本件の被害者Aにおいて，慰謝料請求権行使の意思表示をしたと否とにかかわらず，右慰謝料請求権は相続の対象となるものと解するを相当とする旨判示したうえ，右Aが生前に慰謝料請求の意思を表明した等これが通常の金銭債権に転化したと認められる事情について何らの主張および立証のない本件において，同人の両親である被上告人らに対し，慰謝料請求権の相続を肯定している。しかしながら，慰謝料請求権は，その本質上被害者に専属する権利であって，加害者が被害者の慰謝料請求に対し，契約または債務名義により一定額の金員を支払うべきものとされた場合等，それが通常の金銭債権と多く択ぶところなく，したがってこれに転化したものと認められるに至った場合にのみ，相続の対象となるものと解すべきである。（その理由は，当裁判所昭和38年（オ）第1408号，昭和42年11月1日言渡大法廷判決における私の反対意見と同一であるから，それをここに引用する。）そうであれば，右Aの慰謝料請求権が通常の金銭債権に転化したことについて何ら判示することなく，右慰謝料請求権が当然相続の対象となるとした原判決は，その部分に限り，本件上告理由の判断に立ち入るまでもなく，違法であって破棄を免れず，右請求に関する部分は，さらに右の点を審理するため，これを原審に差し戻すべきものである。裁判官岩田誠は，裁判官松田二郎の右反対意見に同調する。」
＊最三小判昭和43・5・28裁判集民91号125頁……慰謝料請求権の相続性を肯定。裁判官2人の反対意見あり。上告棄却。
【判　旨】

　「不法行為による精神的苦痛にもとづく損害の賠償を請求する権利，すなわち，慰謝料請求権は，被害者本人が右損害の賠償を請求する旨の意思表示をしなくても，当然に発生し，これを放棄，免除する等特別の事情が認められないかぎり，その被害者の相続人がこれを相続することができると解して，被上告人らがその被相続人である亡Aの本件慰謝料請求権を相続したものと認定した原審の判断は，当裁判所昭和38年（オ）第1408号昭和42年11月1日大法廷判決（民集21巻9号2249頁）の判旨に照らし，正当として首肯することができる。原判決に所論の法令解釈の誤りはなく，論旨は採用することができない（中略）」。
　「裁判官田中二郎の反対意見は，次のとおりである。（中略）多数意見は，「慰謝料請求権は，被害者本人が右損害の賠償を請求する旨の意思表示をしなくても，当然に発生し，これを放棄，免除する等特別の事情が認められないかぎり，その被害者の相続人がこれを相続することができる」ものとし，同趣旨の原判決を支持しているが，私は，この見解には賛成することができず，原判決は，この点について法令の解釈を誤ったものであり，破棄を免れないと考える。その理由は，当裁判所昭和38年（オ）第1408号昭和42年11月1日大法廷判決における私の反対意見と同一であるから，それを引用する。
　裁判官松本正雄の反対意見は，次のとおりである。
　当裁判所昭和38年（オ）第1408号昭和42年11月1日大法廷判決における田中，松田，岩田，色川各裁判官の反対意見は，それぞれ多少，趣を異にするが，慰謝料請求権は財産上の損害賠償請求権とちがって被害者の一身専属的な権利であるとする考え方においては同様であり，被害者がこれを請求する意思を表示したとき，またはこれを行使したばあい，あるいは契約または債務名義により加害者が被告者に慰謝料として一定額の金員の支払をなすべきものとされたばあいにおいてのみ，はじめて相続の対象になるものとするのである。私も基本的にはこの考え方に同調する。すなわち，精神的損害の賠償を求める慰謝料請求権は，その行使において一身専属的な性質を有するものであり，この請求権を行使するか，行使しないかは，専ら被告者の意思によって決まるものであって，相続人が被害者の意思に関係なくこれを行使できる性質のものではないと考える。
　前記大法廷判決において，松田裁判官は種々の設例をして論じておられるが，私も実際問題に即して考察するとき，本件多数意見の如き見解に立ったばあいは解決できない種々の不都合，不合理な事態が発生するのではないかと憂えるものである。
　例えば，精神的苦痛その他無形の損害を受けた被害者のうちには，加害者に対して特に放棄，免除等はし

### 〈4-5〉 その後の最高裁判決の展開

ないが，金銭賠償の請求を欲しない人もいるし，金銭賠償を潔しとしない人もいる。そのような気持になったり，感情を抱く人がいることは，われわれが，しばしば経験するところである。特に婚姻予約不履行，離婚，名誉毀損等による慰藉料請求問題においてあり勝ちなことである。被害者が，感情的に，あるいは世間的考慮から，慰藉料請求権を行使しなかったにもかかわらず，相続人が，その意に反して，これを加害者に請求するような事態が発生するとすれば，それは被害者として迷惑であり，不本意とするところであることは勿論，精神的慰藉の本質から全くかけ離れたものとなり，慰藉せらるべき法益とも無縁のものとならざるをえない。

あるいはまた，被告者において相手方に慰藉料を請求する意思がなく，したがって，これを行使しなかったにもかかわらず，平素，被害者に縁遠い，ほとんど他人同様の相続人が現われてきて，被害者の慰藉料を請求するようなことは，慰藉料請求権発生の原因である被害者の精神的苦痛と果してどんな関係があろうか。また，濫訴の弊害すら生ずるおそれがある。

本件は交通事故による生命侵害による損害賠償請求のうち，被相続人の慰藉料請求権の相続についての事案であるが，その被害法益と，婚姻予約不履行，離婚あるいは名誉毀損等による人格権侵害の被害法益とを同様に考えてよいか疑問があるけれども，いずれも精神的な損害の賠償請求という点においては同質であることに疑いはない。

前述の事例にみられるような不都合，不合理な現象は，慰藉料請求権は被害者本人がその請求をする旨の意思表示，その行使，あるいは契約等が存在しなくても，被害者の相続人がこれを相続できる趣旨の多数意見の難点ではなかろうか。したがって，私は右の多数意見には賛成できない。

要するに，慰藉料請求権は被害者の個人的，主観的色彩の濃い性質のものであり，この権利は法律上認められていても，これを行使するか否かは専ら被害者本人の意思によるべきものである。そして，裁判上，あるいは裁判外において，これを行使することによって，はじめて相続の対象となり得るものと解する。

この点について，上告代理人Ｍの上告理由１の論旨は理由があり，原判決ならびに，これを支持する多数意見は慰藉料請求権の性質およびその相続に関する民法の規定の解釈を誤ったものというべきで，この違法が原判決の結論に影響を及ぼすことは明らかであるから，破棄を免れないものと考える」。

＊最二小判昭和43・8・2民集22巻8号1525頁……Ａが$Y_2$運転の車に追突されて死亡（即死）した事故で，Ａの遺族が$Y_2$の使用者である$Y_1$に損害賠償を請求した事案で，慰謝料請求権につき意思表示不要・当然相続説に立った判決（広島高岡山支判昭和37・1・22の上告審）。

【判旨】

「不法行為による慰藉料請求権は，被害者が生前に請求の意思を表明しなくても，相続の対象となることは当裁判所の判例とするところである（最高裁判所昭和42年11月1日大法廷判決，民集21巻9号2249頁）。ところで，原審は，被上告人らの固有の慰藉料請求につき各20万円づつ認めたほかに，被害者の慰藉料も同人が生前に放棄したと認むべき格別の事情も認められない本件においては，当然相続の対象となりうるものと解するのを相当とするとして，Ａの精神的損害20万円の賠償請求権が被上告人らに相続されたと判断したものであることは，原判文上明らかである。したがつて，これと異なる見解に立つ所論は採用のかぎりでない」。（中略）「原判決の被上告人ら勝訴部分中得べかりし利益の損害賠償請求に関する部分を破棄し，この点につき更に審理を尽させるため，右の点に関する本件を原審に差し戻すこと」する。（中略）。

「裁判官色川幸太郎の反対意見は，次のとおりである。

本件についていえば，被害者Ａが生前，本件事故による自己の精神的損害の賠償請求権を行使したとすれば，該請求権は通常の金銭債権と同様に被上告人らに相続されるが，そうでないかぎり，被上告人らは右損害賠償請求権を相続しないと考えるべきであり，その詳細は最高裁判所昭和38年(オ)第1408号，昭和42年11月1日大法廷判決，民集21巻9号2262頁以下に記載のとおりであるので，ここにそれを引用する。そうとすれば，Ａの右損害賠償請求権が当然被上告人らに相続されたとした原判決には，審理不尽，理由不備，理由そごの違法があるものといわなければならない。したがつて，原判決はこの点において破棄を免れないものと考える」。

＊最二小判昭和44・10・31交民集2巻5号1238頁，裁判集民97号143頁……バイク運転の被害者Ａ（36歳・男）が交差点でＹの原付自転車と接触・転倒して死亡した事故。意思表示不要・当然相続説（福岡高判昭和43・11・19の上告審）。

【判旨】

「不法行為にもとづく慰藉料の請求権は，被害者本人が慰藉料を請求する旨の意思表示をしなくても，当然に発生し，これを放棄し，免除する等の特別の事情のないかぎり，その被害者の相続人においてこれを相続することができるものであることは，当裁判所の判例（昭和38年(オ)第1408号同42年11月1日大法廷判決・民集21巻9号2249頁以下参照。）とするところであつて，これと同旨の見解に立つ原審の判断は，正当である。また，不法行為にもとづく慰藉料の金額をい

〈第4章〉死者の慰謝料請求権の相続性の有無

かに算定するかは，原則として，事実審裁判所の自由裁量に属するところであり，原判示の諸般の事情を考慮したうえ，訴外A本人の慰藉料の金額を金60万円と算定した原審の判断に，所論の違法は認められない」。
（中略）
「裁判官色川幸太郎の反対意見は，次のとおりである。

上告代理人鹿島重夫の上告理由第4について，多数意見は，「不法行為にもとづく慰藉料の請求権は，被害者本人が慰藉料を請求する旨の意思表示をしなくても，当然に発生し，これを放棄し，免除する等の特別の事情のないかぎり，その被害者の相続人においてこれを相続することができる」として，これと同旨の原判決を支持しているが，私は，この見解に賛成することができず，他人の不法行為によつて死亡した者については，死亡したこと自体を原因とする慰藉料請求権の取得は認められないものと解する。そして，その理由の詳細は，当裁判所昭和38年（オ）第1408号同42年11月1日大法廷判決における私の反対意見（民集21巻9号2262頁以下参照。）と同一であるから，それをここに引用する。したがつて，訴外Aには相続の対象となるべき原判示の慰藉料請求権はなかつたというべきであるから，原判決中，右請求権があることを前提として被上告人らの本訴請求を認容した部分は，破棄を免れず，右部分の請求は棄却されるべきであると考える。」
＊最三小判昭45・4・21交民集3巻2号343頁……夜間，横断歩道を渡つていたA（54歳・男）がYの被用者B運転の原付自転車に衝突されて死亡した事故（過失相殺2割）。当然相続説に立ち，慰謝料請求権の相続性肯定。他にBの不法行為責任とYの715条の使用者責任との法的関係も論点となった判決。
【判　旨】
「不法行為による精神的苦痛に基づく損害の賠償を請求する権利，すなわち，慰藉料請求権は，被害者の死亡によって当然に発生し，これを放棄，免除する等特別の事情の認められないかぎり，被害者の相続人がこれを相続することができると解して，被上告人らがその被相続人である亡Aの本件慰藉料請求権を相続したものと認定した原審の判断は，当裁判所昭和38年（オ）第1408号昭和42年11月1日大法廷判決（民集21巻9号2249頁）の判旨に照らし，正当として首肯することができる。」
＊＊最二小判昭58・4・15交民集16巻2号284頁……歩行中にYの車に追突されて死亡したA（32歳・男。日雇製瓦工）の死亡事故。当然相続説。死亡被害者に相続人が存在するかどうかは死者自身の慰藉料請求権の発生には関係がないと判示。

【判　旨】
「ある者が他人の故意・過失によつて財産以外の損害を被つた場合には，その者は，財産上の損害を被つた場合と同様，損害の発生と同時にその賠償を請求する権利即ち慰藉料請求権を取得し，その者が死亡したときは，右慰藉料請求権は当然に相続の対象になるものと解するのが相当である（最高裁昭和38年（オ）第1408号同42年11月1日大法廷判決・民集21巻9号2249頁，昭和44年（オ）第555号同44年10月31日第2小法廷判決・裁判集民事97号143頁，昭和44年（オ）第479号同45年4月21日第3小法廷判決・裁判集民事99号89頁）。そして，民法711条は，死者の近親者に固有の慰藉料請求権を認めたものであるから，同条があるからといつて死者の慰藉料請求権を否定する理由とはなりえないし，また，死者自身の保護のために慰藉料請求権を認めるにあたつては，その者に相続人が存在するかどうかは直接には関係がないものというべきである。」

## 4-6　相続性の是非に関する下級審裁判例

基本的には上記の昭和42年大法廷判決に従うものが有力であるが，必ずしも一致せず，相続性肯定判決と否定判決に分かれている。

［高裁］
【肯定例】
＊名古屋高判昭和46・7・15交民集4巻4号1017頁……A（28歳・男）車に優先権のある国道でY車との衝突を避けるため，右にハンドルを切ったため，対向のZ車とA車が衝突してAが死亡した事故。死亡被害者A本人の慰藉料請求権と近親者固有の慰藉料請求権は「併存」できると認めた事例。
【判　旨】
「他人の不法行為によつて死亡した被害者自身の慰藉料請求権が相続の対象となるかどうかについては説が岐れるけれども，当裁判所は肯定説（昭和42年11月1日最高裁大法廷判決参照）を正当としてこれに従う。然しながら本件被害者A自身の慰藉料請求権と近親者である右被控訴人ら各自の慰藉料請求権とは被害法益を異にし併存しうるものであつて，同一の債権とはいえないし，またAの慰藉料請求権と同人の得べかりし利益喪失による損害賠償請求権とは同一の本件事故によつてAの受けた損害ではあるけれども，前者は精神上の損害賠償請求権であり，後者は財産上の損害賠償

## 〈4-6〉相続性の是非に関する下級審裁判例

請求権であつて，両者は法律上の性質を異にする別個の訴訟物であり同一の債権とはいい難いから，当初右被控訴人ら固有の慰藉料並びにAの得べかりし利益喪失による損害賠償請求の訴を提起した後に相続によるA自身の慰藉料の請求をした場合には当初の訴提起による消滅時効中断の効力は前者についてのみ生じ後者には及ばないと解するのを相当とする。」

\*名古屋高判平成1・2・21判夕702号259頁……死亡したAの近親者の慰謝料請求権は，原告・被告間で具体的な金額が客観的に確定しない間は一身専属性を有し，破産財団に属しない。

【判旨】
「破産者がいったんその慰謝料請求権の行使を破産管財人に委ねた後は，その撤回ができなくなるものとすれば，右慰謝料請求権の額が判決手続で確定しないうちに，本来その権利者において債務名義の成立までは自由に行われるべき権利の行使，不行使の意思決定が明らかに制約を受ける結果とならざるを得ず，前記最高裁判決【最1小判昭和58・10・6】の趣旨に照らしても，相当とはいい難い。それ故，本訴において，控訴人に当事者適格を認めることが訴外Aの慰謝料請求権における行使上の一身専属性を害しないとする控訴人の主張は，採用することができない。」

\*大阪高判平成15・1・31交民集36巻1号1頁……交通事故死亡被害者A（76歳・男。職業不詳）の唯一の相続人である妹B（Aの母Cの養子）に，相続構成により慰謝料1,700万円を認容（過失相殺3割）。

【判旨】
「慰謝料額については，上記認定の本件事故の態様，亡Aの年齢，家族構成等，本件訴訟に現れた一切の事情を考慮すると，原判決が認定するとおり，1,700万円をもって相当と認めることができる（なお，控訴人は被控訴人【B】が自己固有の慰謝料請求権を有しないことを理由として，被控訴人は控訴人が被控訴人との示談交渉を拒否するなどしたことを理由として，それぞれ慰謝料額の減額あるいは増額事由になると主張するが，本件請求は，亡Aに生じた損害賠償請求権を被控訴人が相続により取得したことに基づくものであり，上記の各事情は，慰謝料額の認定にあたり，特に斟酌すべきものとは解されない。）。」

【否定例】
\*東京高判昭和47・3・31判時663号65頁（千葉大採血ミス事件）……死亡による慰謝料請求権の死者自身による取得（相続性）を否定。しかし，致命傷を負った部分の慰謝料請求権の相続性は肯定。

【事実】
「国立C大学医学部付属病院勤務の医師Y₁及び看護婦Y₂が昭和44年4月27日午後同病院においてAから採血器を使用して採血するに当たり，採血器の点検，操作を誤り，本来の常法に従って陰圧装置とすべきものを逆に陽圧装置としたまま陽圧タイプの針を同人の左正中静脈にさし，モーターを始動したため採血びんの空気を同人の静脈内に急速に逆流させた過失により，同人に強直性けいれんを起させ，その結果同人は意識を喪失し，同年6月7日死亡するに至った」。

【判旨】
「死亡者自身が死亡による慰謝料請求権を取得するということは，死亡により法人格を失なった者が法人格喪失の原因である死亡を理由として新たに権利を取得したことを主張することに帰し，法理論として到底成立しえない。（最高裁判所大法廷昭和42年11月1日判決民集21巻2249頁は死亡者が生前損害賠償を請求する意思を表明するなど格別の行為をしないでも損害の発生と同時に慰謝料請求権を取得し，かつ被害者の死亡により相続人に相続されることを判示しただけで死亡による慰謝料を死者が取得することを判示したものとは解しえない。）従ってAの生命侵害による慰謝料を同人が取得したという主張は理由がない。」

\*仙台高秋田支判昭和57・3・24交民集15巻2号352頁……交通事故で致命傷を負い，その17時間後に死亡したA（32歳・男）に相続人がなく，Aの養育者Bが特別縁故者として相続財産分与の申し立てをした事案（最二小判昭和58・4・15の控訴審）。

【判旨】
「死者がその死者自体により精神的損害をこうむり，その慰藉料請求権を取得するというのは背理であって採用できないといわざるをえない。そして，民法711条も，このような前提のもとに，死者と一定の身分関係にある者に固有の慰藉料請求権を与えることを規定しているのであり，同条の適用，ないし類推適用により，死者の近親者の精神的損害について適切な救済は充分に達しうるとみることができる。これに対し，前記のような背理をあえてして死者自身が慰藉料請求権を取得することを認め，かつその相続性を認めるときは，相続人不存在の場合には，それが，相続財産法人，ひいては国庫へ帰属することになり，被害者の救済を本旨とする慰藉料制度の目的からみて不当な結果になることは否めないし，併存する死者の慰藉料請求権と近親者固有の慰藉料請求権との関係について控訴人が指摘するような解決困難な問題を生ずることにもなり，さらに，現実的妥当性の見地からも，慰藉料額の定型化，定額化が進展している現状においては，両請求権の併存を認めることが手厚い被害者救済につながるものとも言い難い。」（中略）「このような本件の場合に亡Aによる慰藉料請求権の取得とその相続を認めることの不合理，現実的不当性は大きいものといわなけれ

〈第4章〉死者の慰謝料請求権の相続性の有無

ばならない（本件について，Bが亡Aの死亡により精神的損害をこうむったとすれば，同人は民法711条を類推適用すべき事情が亡Aとの間に存在したことを主張立証して，固有の慰藉料を請求すべきである。）。なお，被控訴人の主張には，亡Aの死亡による慰藉料請求のほかに，前記の受傷による精神的損害に対する慰藉料請求の趣旨を含むとも解しうるが，たしかに，受傷後直ちに肉体的苦痛は生じるものであり，これによる精神的損害は発生するとは，観念的にはいいうるとしても，本件のように致命傷をうけ受傷から死亡までがわずか17時間という場合については，あえて死亡による精神的損害と別個に受傷による精神的損害があったと認めることは，社会通念上，相当でないというべきである。」

[地裁]
【肯定例】
＊東京地判昭和43・2・13民集25巻8号1312頁……交通事故の実況見分直後に発生した第二事故で死亡したA（24歳・男。医師インターン生）につき，警察官の過失を認定した上で，A本人の慰謝料請求権の相続性を肯定（最一小判昭和51・11・25の第1審）。
【判　旨】
「Aは本件事故によって死亡したことにより多大の精神的苦痛を蒙つたのであり，A本人の慰謝料としては150万円が相当である。（中略）原告B，同CはAの父，母であるが，Aの死亡により同人の逸失利益および慰謝料の損害賠償請求権の各2分の1（中略）を相続により承継した。（中略）原告らは本件事故によつて一人息子を突然奪われ多大の精神的苦痛を蒙つた。右苦痛に対する慰謝料としては各150万円が相当である。」
＊長野地判昭和45・1・30下民集21巻1・2号138頁……B車に好意同乗していて事故に遭ったA（52歳・男。農業高校教頭）が事故の30分後に死亡した事例で，Aの慰謝料請求権の相続を肯定。
【判　旨】
「被告は，死者の慰謝料請求権は一身専属であり特別の事情のないかぎり相続されないと主張するが，当裁判所は右の見解を採らず，財産上の損害賠償請求権と同様，単純な金銭債権として，当然相続の対象になると解する。」
＊名古屋地判昭和47・5・10交民集5巻3号663頁……A（22歳・女。会社事務員）が好意同乗中の車が運転者Yの過失により崖から転落してAが死亡した事例で，慰謝料請求権の相続性を肯定（A本人分80万円。相続人である両親固有分各80万円）。
＊広島地判昭和62・4・3判時1264号93頁，判タ657号179頁……医療過誤で植物状態になりついには死亡したA（60歳・女。無職）の慰謝料につき相続肯定説を採った上で，Aからの相続分（350万円）と遺族固有分の両方の請求はできないと判示。
【判　旨】
「慰謝料に関する原告らの主張は，Aの慰謝料請求権の相続を主張するのか，これと別に原告ら固有の慰謝料の支払をも求めるのか必ずしも明確でないが，一応後者の趣旨として判断を加える。（中略）本件において原告らは，Aの右慰謝料債権を相続して自らその弁済を受けることによって，原告ら自身の苦痛も慰謝され得るとみるのが相当であり，重ねて固有の慰謝料を請求することはできないというべきである。」
【否定例】
◎＊東京地判昭和42・4・24判時505号42頁，判タ206号159頁……A（13歳・男。中学2年生）がYの大型貨物自動車と接触して頭蓋内骨折等で死亡した事故。学説の多数説と同じく慰謝料請求権の相続性否定説に立ち，その論理的構造の説明を詳細に展開。
【判　旨】
「元来死者が自分の死亡により精神的苦痛を蒙り，これによって損害賠償請求権を取得するというのは，余りにも技巧的な構成であって不自然であるのみならず，仮に同原告らの主張するところを，被害者が致命傷を受けたことにより蒙った精神上の苦痛に対する慰謝料の請求と解しても，かかる精神的苦痛というのは高度に個人的，人格的色彩の強い，他に移転しえない法益の侵害に基づく損害であるというべく，その賠償のための慰謝料請求権は，その本質上譲渡性および一般債権者のための共同担保適格を有しないことはもちろん，相続の対象ともなりえないと解すべきである。そして被害者が事故に基づく負傷により死亡した場合は，被害者の一旦取得した権利を相続人が相続するというのではなく，被害者の最近親者たる父母，配偶者および子らが被害者自身に対する慰藉をも含めた趣旨において，独自に固有の慰謝料請求権を取得するというのが，民法第709条ないし第711条の合理的解釈であると考えられる。

もっともこれら近親者の蒙った精神的損害と被害者本人が蒙った精神的損害は別個であるとして，近親者固有の慰謝料請求権と並んで別に被害者本人の慰謝料請求権を考え，その相続をも認めることは，一見遺族の保護を厚くする所以であるように見えるのであるけれども，遺族の保護のためには，この固有の慰謝料の額の算定に当り，遺族の精神的損害とともに被害者本人の精神的苦痛をも充分に斟酌してその適正を期すればたりるのであって，請求権の2本立てを認めることはいたずらに法的構成を複雑にし権利関係を難解錯綜させるにすぎない。そして本件の場合のように被害者

## 〈4-6〉相続性の是非に関する下級審裁判例

に父母，配偶者，子がなく，これら以外の者のみが相続人となるような場合にも，被害者との関係において特段の事情のある者については，民法第709条，第710条によりあるいは同法第711条の準用により，前示の近親者の有すると同様の固有の慰藉料請求権が認められるのであり，（本件において後に判示するとおり原告Bに固有の慰藉料請求権が認められるのは，正にこのような場合としてである。右の理は被害者に父母，配偶者，子がある場合にも理論的に異るところはないが，これら近親者がいない場合には右法定の近親者以外の相続人となるべき者に右の固有の慰藉料請求権を認むべき特段の事情が肯認される場合が多いであろうから実際上被害者の死亡により固有の慰藉料請求権を取得する遺族が全く存在しないような事態はさほど多いものとは思われない。）原告Bを除くその余の原告らのように，叙上のような特段の事情の認めるべきもののない相続人が，慰藉料請求権を相続しえず，また固有の慰藉料請求権も認められないからといって，それはもはや遺族の保護の問題ではないというべきである。（そのような者については被害者の消極的損害の相続が認められることで充分である。）更に右のとおり慰藉料請求権の相続を否定することは，被害者が死に比肩すべき重傷を受けたが死亡するに至らない場合に，被害者とその近親者とに併せて慰藉料請求権が認められうることあるいは被害者が受傷による慰藉料を受領した後に受傷が原因で死亡した場合との対比において，不均衡のようであるが，前者においては，もともとそのような場合に近親者について固有の慰藉料請求権が認められるのは例外であって，（民法第711条の反対解釈）この例外的場合に両者の慰藉料請求権が並存することは，被害者がなお生存している以上，あえて異とするに足りず，後者については，被害者が既に受傷による慰藉料を受領したことは，死亡による遺族の固有の慰藉料額を算定するにつき当然斟酌されるべきであろうから，実質的には彼此均衡を失することはないのである。

要するに，慰藉料請求権の相続性を否定しても，実質的には遺族の保護に欠けるところがあるものとはいい難く，しかも請求権を並存させることによる権利関係の理論的実質的錯綜（たとえば相続性を肯定すれば，何故に民法第711条所定の者が被害者の慰藉料請求権を相続しながら，さらに当然に慰藉料請求権が認められるのかは理論的にかなり困難な問題であるし，実務上多く見られる遺族が固有の慰藉料のみを請求する場合と，固有の慰藉料と相続した慰藉料とを併せて請求する場合との慰藉料額の均衡に苦慮せざるを得ず，あえてこの均衡を計ろうとすれば，この両者を各別に前後して訴求した場合の取扱いに困難な問題を残すことになる。また相続性があるなら譲渡性もあるのか，譲渡性を認めないとすれば何故に相続性を認めながら譲渡性を否定するのか，譲渡性を認めるとすれば債権者からの代位権行使や差押えなども認めるのか等解決を迫られる多くの難問が生ずる。）による困難は，その相続性を否定することにより一挙に解決されるのである。」

◎＊東京地判昭和42・9・27判タ211号170頁……B運転の大型トラックとC運転の小型トラックが双方の過失で衝突し，Cの車に同乗のA（33歳・男。大工）が即死した事故で，A自身に慰謝料請求権の発生を否定して相続否定説を支持。

【判　旨】

「当裁判所は，被害者が自身の死亡により取得する慰藉請求権なるものは，これを認めるべきでないと考える。けだし，「死亡により発生すべき権利を生存中に取得する」という観念自体矛盾を含むばかりでなく，民法709条ないし711条を総合的合理的に解釈する場合，711条に独自の存在理由を認めるためには，生命侵害については同条のみが適用を見るもの，すなわち，遺族（同条所定の者およびこれに準ずる者）がその精神的損害につき慰藉料請求権を取得するに止まり，被害者自身が自己の生命侵害による精神的損害に対して710条により賠償請求権を取得することはないもの，と解する外ない。被害者遺族の保護という観点からも，711条による固有の慰藉料を十分に算定すれば，その他に更に死者自身の取得した慰藉料請求権の相続を重複して認める必要はないというべきである。」

◎＊東京地判昭和42・12・25判時504号70頁，判タ216号175頁……Yの車とA（50歳・男）の原動機付自転車が衝突し，Aが重傷を負い，その約5時間後に死亡した事故で，Aの慰謝料請求権の相続性について，否定説に立った上で詳細に判示。

【判　旨】

「被害者は本件事故により致命的な重傷を負ったのであるから，その精神的，肉体的苦痛が多大なものであったことは容易に推認されるところであるが，その苦痛が多大であったとしても，元来受傷後相当時間内に死亡した場合には単に死亡による慰藉料請求権のみを認めれば足り，それ以外にこれとならんで受傷から死亡までの間の傷害による慰藉料請求権が発生するとする考え自体余りにも技巧的な構成で不自然であるのみならず，仮りにそのような慰藉料請求権を考えるとしても，かかる傷害による精神的，肉体的苦痛は高度に個人的，主観的，人格的色彩の強い損害であるから，その賠償のための慰藉料請求権は，いわゆる帰属においても行使においても，一身専属的性質を有しその本質上たゞちには相続の対象とはならないと解すべきである。もっとも例えば被害者の請求に応じ加害者が

〈第4章〉死者の慰謝料請求権の相続性の有無

慰藉料の支払を約した場合のように請求権の個人的,主観的色彩が稀薄となったときは,これによって慰藉料請求権は,その有する一身専属性から解放され,通常の金銭債権と同視しうべきものに転化し,相続の対象となることもありうるけれども,右のような特別の事情の存することの主張立証のない本件においては,事故に基づく傷害のため短時間内に死亡した被害者本人について一旦慰藉料請求権が発生したと見うるとしても,それはその死亡と同時に相続人にとって承継されることなく消滅するのである。原告が被害者の妻であったことは当事者間に争いがないけれども,以上の理由により被害者の有したとするその負傷による慰藉料請求権を原告が相続する由がない。なお被害者の死亡による慰藉料請求権は原告の主張しないところであるが,そもそも被害者死亡の場合には被害者自身が自己の死亡に基づく慰藉料請求権を取得するということはあり得ず,ひいてその慰藉料請求権を相続人が相続するということもないのであって,むしろその場合には被害者の有した権利の相続としてではなく遺族固有の権利として被害者の近親者たる父母,配偶者および子に対し特別に被害者の死亡による慰藉料請求権が認められるのであるから前示の被害者の蒙った苦痛はこの遺族固有の慰藉料額算定について十分斟酌されることを要し,かつそれをもって足るというべきであろう。」

＊東京地判昭和43・1・25交民集1巻1号50頁……交通事故死亡被害者A（38歳・女。バーのホステス）の慰藉料請求権の相続性を否定。
【判　旨】
「当裁判所は,被害者が自身の死亡により取得する慰藉料請求権なるものは,これを認めるべきではないと考える。けだし「死亡により発生すべき権利を生存中に取得する」という観念自体矛盾を含むばかりでなく,民法第709条ないし711条を総合的合理的に解釈する場合,711条に独自の存在理由を認めるためには,生命侵害については同条のみが適用を見るもの,すなわち,遺族（同条所定の者およびこれに準ずる者）がその精神的損害につき慰藉料請求権を取得するに止まり,被害者自身が自己の生命侵害により賠償請求権を取得することはないものと解するほかはない。被害者の遺族の保護という観点からも,711条による固有の慰藉料を十分に斟酌すれば,その他に更に死者自身の取得した慰藉料請求権の相続を重複して認める必要はないというべきである。」

＊東京地判昭和43・7・20交民集1巻3号811頁……交通事故死亡被害者A（65歳・女。茶道・華道教授）の慰藉料請求権につき,Aには711条所定の者がいないので相続性を否定した上で,Aの姉B,弟C,姪Dらに711条所定の者に準じて固有の慰藉料請求権を肯定。

＊仙台地判昭和43・9・25交民集1巻3号1078頁……Yが方向転換しようとして貨物自動車をバックさせたところ,後輪にA（4歳・男）を巻き込み死亡させた事故で,Aの慰謝料請求権の相続性を否定。また,慰謝料請求権者の範囲につき最大判昭和42・11・1の論理を強く批判。
【判　旨】
「慰藉料請求権は一身専属的なものであつて,当該請求権者の行使がない限り譲渡性がないことはもちろんのこと相続の対象にもならない性質のものと解するを相当とする。被害者の近親者である父,母,配偶者,子などが被害者の死により精神的な苦痛を蒙つた時は,民法709条710条によつてその固有の慰藉料請求権を取得するのであつてこれが認められる以上,その相続性を認める必要性毫も存しない。同法711条は慰藉請求権者を限定する趣旨と解する根拠とはなし得ず,最高裁判所（昭和42年11月1日集21巻9号2249頁）の判決はその理論的根拠を欠き変更されるべきものであるからである。」

＊東京地判昭和44・4・21交民集2巻2号558頁……交通事故死亡被害者A（66歳・女）の慰謝料請求権の発生・相続を否定し,弟Bに固有の慰謝料請求権を認めた事例。

＊東京地判昭和44・9・29判タ241号213頁……障害物の陰から出て来た歩行者A（28歳・男）とYの車との衝突によりAが死亡した事故で,Aの慰謝料請求権の相続性を否定した上で,予備的に遺族固有の慰謝料請求がなされていると理解してこれを認容した事例（過失相殺1割）。
【判　旨】
「死者亡Aの死亡による慰藉料は民法第709条ないし711条の合理的解釈,被害填補の現代的な損害賠償制度の本質からみて否定すべきものと考える。しかしながら,死者本人の慰藉料相続を理由として請求する原告らの真意は,必ずしも死者本人における慰藉料請求権発生を固執するものではなく,金銭的換価によるその支払を求める以上結局原告ら自身の填補享受を目的とするほかない。従つて死者本人の慰藉料として請求する額は予備的にその相続分に従い,遺族である原告ら自身の慰藉料として請求しているものと解して差支えない。」

＊東京地判昭和44・10・1交民集2巻5号1423頁……A（年齢不詳・男。会社員・既婚者）の家族の急病のため出張先から急いで帰ろうとして,Aが車の運転ができないので同僚Bに運転を頼んだが,Bの居眠り運転による交通事故につき,助手席に同乗中のAが死亡した事故で,Aの慰謝料請求権の相続性を否定（過失

## 〈4-6〉相続性の是非に関する下級審裁判例

相殺6割)。
【判　旨】
「死者が自己の死亡による慰藉料請求権を生存中に取得するというのは、それ自体矛盾であり、民法709条ないし711条を合理的に解釈するとき、法文上も右請求権の発生を否定しているものと解するほかないのみならず、かりに右請求権が発生するものと構成しうるとしても、右請求権は個人的人格的色彩の強いもので相続の対象となりえない一身専属権であると解するのが相当である」。

＊京都地判昭和44・10・27判タ242号215頁……交通事故死亡被害者A（45歳・女。主婦兼飲食店パートタイマー）の慰謝料請求権につき、特別事情のない限り一身専属性を有し、相続の対象にならないと判示。

＊東京地判昭和44・11・27判タ242号212頁……息子A（14歳・男。中学生）の死亡後3ケ月で父B（49歳・男）が病死した場合、Bが711条で取得していたB固有の慰謝料請求権は、それを行使して訴えを提起するなどの事情があれば特別、そうでない限り、Bの死亡とともに消滅し、Bの相続人には承継されない。Aの慰謝料請求権もBに承継されないという相続否定説が前提。

【判　旨】
「訴外Bはその生前被害者Aの本件事故死を原因とする民法711条所定の慰藉料請求権を取得したと解するのが相当である。ところで原告らは訴外Bの右慰藉料請求権を相続したと主張するのでこの点について見るに、慰藉料請求権は、いうまでもなく極めて主観的かつ個別的な精神的苦痛それ自体の慰藉を目的とする権利であつて、その性質上帰属においても行使においても該請求権者の一身に専属し、右請求権者の請求に対して加害者がその支払を約し、または請求権者において該請求権行使のため訴を提起するなど、右請求権行使の意思を具体的確定的に、しかも明示的に表示した場合のように特別の事情がある場合のほか、請求権者の死亡と同時に消滅し相続の目的とはならないと解すべきであり、そして右の特別の事情について何らの立証がない本件にあつては、訴外Bがいつたん取得した前記慰藉料請求権は、同人の死亡によつて消滅し、原告らにおいてこれを相続するに由なきにいたつたものといわざるを得ない。」

＊大阪地判昭和46・4・30判タ265号264頁……娘A死亡後14日目に老衰で死亡した父B（85歳・男）固有の慰藉料請求権の相続性の有無（消極）。

【判　旨】
「BはAの死亡後僅かの期間を経て死亡している。慰謝料請求はその人に帰属せしめることに意義を有する一身専属権であり相続を認める要はないと解すべきであるから、Bが死亡してその慰藉請求権が認められない以上、その他の原告の請求はいずれも認めない。かりに右に反して積極説の立場に立つとしても、本件では前記Bの僅かの生存期間、その年令、同居していた事実が認められないことから、Bの精神的苦痛を損害として金銭に評価しうるのは名目的なものとならざるをえない。また実質的に考えると、原告らすべて【Aの兄弟姉妹】に分割するより、Aの子供に与えることが適当であり、その他の原告に分割することは、いわゆる笑う相続人を作出することになり、むしろその評価を名目的なものより零とすることが相当であろう。従つて、いずれにしてもその他の原告について請求を認めることはできない。」

＊福岡地田川支判昭和46・5・18判タ266号261頁……交通事故死亡被害者A（6歳6ケ月・男）の慰謝料請求権につき、相続性を否定。

【判　旨】
「原告らは本件事故により死亡したAの蒙つた精神的苦痛に対する慰藉料を相続したと主張し生命を害された者の慰藉料請求権の相続を承認する最高裁判所の判決（昭和42年11月1日集21巻9号2249頁）も存在するがもともと慰藉料は一身専属的なものであるから当該請求権の行使のない限りその譲渡性を承認することはできず一方において被害者の近親者である父母、配偶者、子などは民法第709条第710条により固有の慰藉料請求権を有するのであるから生命を害された者の慰藉料請求権の相続を認める必要性はない」。

＊東京地判昭和46・5・29交民集4巻3号868頁……Y車のひき逃げによる交通事故死亡被害者A（11歳・女。小学生）の慰謝料請求権につき、その相続性を否定。

【判　旨】
「原告らは、亡Aの慰藉料請求権を相続したと主張し、これが賠償請求をなすけれども、右主張は、死亡により権利主体でなくなる死者に権利取得という事実が生じることを容認せざるをえなくなるうえ、本来一身専属性をもつ慰藉料請求権に相続性を肯定することとなる故に、これを採用することはできず、原告らのこの点の請求は理由なく失当である。」

＊福岡地判昭和47・7・31交民集5巻4号1050頁……いわゆるバイクと乗用車の衝突死亡事故で、死者A（18歳・男）に死亡による慰謝料請求権が発生・帰属し、それが相続されるとの解釈は取り得ないとして否定（遺族固有の慰謝料請求権による処理を肯定）。

【判　旨】
「原告らは、A自身の死亡による慰藉料請求権が発生し、原告らにおいてこれを相続した旨主張するが、民法709条ないし711条の解釈上死者本人に自身の死

〈第4章〉死者の慰謝料請求権の相続性の有無

による慰藉料請求権が発生帰属するとの解釈はとりえず，被害者が死亡した場合にはもっぱら遺族固有の慰藉料のみを認め，その額の適正をはかれば足りるものと解すべきであるから，右主張は採用できない。」

＊東京地判昭和49・11・26交民集7巻6号1801頁……Bの車両が横転し，同乗のA（21歳・男））が車外に放り出されて死亡した事件で，被害者Aの慰謝料請求権は，特別の事情のある場合を除いて，被害者の死亡によって消滅し，相続の対象とはならないと判示。

＊長野地判昭和61・9・9判時1208号112頁，判タ622号173頁……少年Y（17歳・男・高校中退）の運転する自動二輪車が右折中のZの乗用車に衝突し，Y車の後部に同乗していたA（15歳・女）が投げ出されて死亡した事故の慰謝料につき，Aの両親B・Cに固有分各500万円を認めた上で，慰謝料請求権の相続性否定説（または一種類説）に立ち，相続性肯定説と金額等で差があってはならないと判示。

【判　旨】

「B・Cが，ようやく満15歳となった愛娘Aの生命を奪われたことにより甚大な精神的苦痛を蒙ったことは明らかであり，本件事故の態様，特にAはYの車に同乗していた者であることその他本件にあらわれた諸般の事情を斟酌すると，B・Cの慰謝料としては，それぞれ500万円をもって相当とする。なお，B・Cは相続したA本人の慰謝料をも請求するごとくであるが，本件においては，B・Cは民法711条により生命を侵害された被害者の父母として慰謝料請求権を行使しているのであり，近親者が固有の慰謝料のみを請求した場合と相続した慰謝料請求権をあわせ請求した場合とで慰謝料額の総額に差異を生ずるいわれはないから，相続したAの慰謝料請求権を行使する部分は排斥を免れない。」

## 4-7　最高裁判例の多数意見・反対意見の論拠と諸学説の対応

慰謝料請求権の相続性等については，古くから数多くの著作があり，各種の概説書・教科書等で既に詳述されている。そこで，以下ではその骨子の再確認と，ここ10年ほどの著名な著作に絞って簡単に一瞥するに止める。

◆ 4-7-(1) 歴史的展開

711条の学説や判例の歴史的展開に関する近時の詳細な研究として，大澤逸平「民法711条における法益保護の構造（一）・（二・完）」法協128巻1号156頁以下，同2号453頁以下（2011年）がある。それによれば，民法典施行前からのフランス判例の歴史的展開やフランスの学説の精神損害賠償肯定説と否定説の論争などを詳しく紹介した上で，日本民法典施行直後からの日本の判例・学説の動きについて，興味深い指摘をしている[3]。まず，大澤氏は，身体傷害の場合と生命侵害の場合とで加害者の責任が異なるのはおかしいと立法者が捉えて，「政策的に」一定範囲の者に損害賠償請求権を与えるべきであるとして，711条が制定されたと捉える。すなわち，709条だけでは被害者の権利保護に不十分な場合に，「同条を超えて」加害者に責任を生じさせることによってさらなる権利保護を図る711条[4]という2つの層を持っているという。ただ，今日の日本の判例・通説は「709条によって711条に定める請求権が生じる[5]」と解して，フランス法に類似しているが，特にそのように解する必要はなく，日本民法709条と711条の2つの条文は，文言上明確な形で，権利侵害要件と損害要件という二重構造によって規律され，加害者責任と賠償請求権者を一定範囲に限定するという要請を巧みに調和させている[6]と指摘する。

また，711条を「加害者が負うべき責任という観点から設計された条文」と捉えた上で，慰謝料請求権の相続構成に対しては，相続という「自然人特有の法理とは独立に，死者以外の者に賠償請求権を与えるものであり，711条は「より応用可能性が広い」ものと理解する[7]。ただ，大澤氏は，その論文でまだ711条の解釈論を提示しようとはせず，「愛情損害」を扱う上でも19世紀的な起草者意思だけに寄りかかるつもりもなく，「現在の社会情勢に適合的な結論」を目指すべきであるとする。今日でもなお慰謝料請求権の相続構成を認める学説もこのような歴史的経緯を十分に承知の上で自己の論理を展開していることを認め，大澤氏自身の見解の提示そのものはすべて今後に残している。その上で，氏の論理に流れるのは，「我が国社会がいかなる利益を真に保護すべきものと位置付けるかという将来の根源的な社会的判断と，懲罰的損害賠償概念

---

3）　特に，大澤逸平「民法771条における法益保護の構造（2・完）」法協128巻2号519頁以下参照。
4）　同上・520頁。
5）　同上・521頁。
6）　同上・521〜522頁。
7）　同上・522頁。

## 〈4-7〉最高裁判例の多数意見・反対意見の論拠と諸学説の対応

も損害拡大の視点から我が国不法行為法に取り込むことも今後十分検討に値する」との大澤氏自身の判断である[8]。したがって，今後の氏の判断の提示が待たれる。

このような近時の研究と異なり，昭和33年（1958年）頃までの判例・学説の詳細な研究としては，何よりも，谷口知平＝植林弘「生命侵害による遺族の損害賠償請求」『総合判例研究叢書・民法(12)』1～99頁（一粒社・1959年）が挙げられよう。本書もこの研究に負うところが非常に大きく，この時代までの判例の紹介は主にこの研究に依拠することにし，本書自体はこの時代以降の判例の流れを鳥瞰しようとするものである。さらに「過失相殺」の判例に特化した紹介・研究として，藪重夫「過失相殺」『同書・民法(12)』171～257頁も大変有益なものとして参照させていただいた。そこで，まず，以下では，相続肯定説と否定説のそれぞれの内容と論拠を見ていくことにする。

◆ 4-7-(2) 相続肯定説とその論拠

判例（の多数意見）は，慰謝料請求権が一旦，死者自身に帰属し，その後，相続人に相続されるという構成を現在もなお維持している。最判昭和42年11月1日以前は被害者の意思表示を必要とするとしていたが，同判決によってそれを要しない「当然相続説」に変わったが，どちらも相続肯定説であることに変わりはない。その主たる理由は，相続肯定説の方が711条よりも相続人としての関係者の範囲が広く，また，生存者の固有被害説よりも損害賠償額が多くなると考えているからだと推測されている。しかし，相続肯定説は，どのように工夫を凝らして説明しても，論理的には，死ぬことによって発生する慰謝料請求権が先に死んで権利の主体でなくなったはずの死者になぜ帰属するのかを明確に説明できず，「死前に死あり，死後に死あり」という矛盾から逃れられない。その矛盾を少しでも回避すべく，相続肯定説を支持する諸学説が様々な技巧を凝らして，死後も少し人格が残るとか（死者人格存続説など），死の直前にほぼ死亡と同じ慰謝料請求権が帰属するとか（極限概念説），その他いろいろな論理を駆使しているが，それらのいずれも判例同様，死亡そのものに正面から向き合う論理が展開できていない。そのため，学説の多数である相続否定説が論理

的には最も筋が通る由縁である。しかし，なぜ，判例はこのような強い批判を承知で今もなお頑として相続肯定説を取り続け，一部の学説もまた判例を支持し続けるのであろうか。その理由としては，①損害賠償額の具体的算定には，相続肯定説の方が，その近親者が死者にどの程度依存していたか等によって算定する固有被害説よりも算定が容易であること，②権利者の範囲が900条により明確であることなどの特色があり，判例理論は多分に司法政策的な配慮や便宜に出たものであろうと指摘する学説もある[9]。すなわち，損害賠償額算定の法技術として死者の人格の存続を認めるもの[10]，重傷後の死亡との均衡，財産的損害賠償請求権との統一的処理による簡明性と便宜性，相続肯定説に立つフランスの判例・学説の参照等を根拠に判例を支持するもの[11]などである。そのような懸命な判例擁護論が展開されても，なお，それでは711条の趣旨を潜脱することになるなどの反論[12]が強い上に，相続肯定説で請求権が2本立てになったとしても実務上，賠償総額が多くなるわけではないこと等も理由として，学界では依然として相続否定説が多数である。

◆ 4-7-(3) 相続否定説とその論拠

最高裁の各判例で主張された「相続否定説」の論拠と相続肯定説への批判は，概ね次の5つに要約されよう。

①精神上の苦痛そのものが「高度に個人的・主観的なもの」で「一身専属的なもの」である。

②慰謝料請求権の行使の有無は「被害者自身の意思」によって決せられるべきもので，債権者代位権等には親しまないし，被害者の苦痛を慰謝することから外れる，第三者への譲渡や相続人への相続になじまない。

③多数意見に従うと次のような不都合が生じる。

すなわち，貧困で財産のない父AがYから暴行を受けて精神上の苦痛も被った後に慰藉料を請求することなく死亡した場合，Aに慰藉料請求の意思がなくても，Aの妻Bや子Cらは「慰謝料請求権」という相続財産を取得することになり，Aが何度も何人からも不法行為による精神的苦痛を受けて死んだ方が，相殺禁止（509条）の確実な相続財産が増加することになる。Aが事業者で破産した場合，この精神上の苦痛による慰

---

8) 同上・523～525頁。
9) 幾代通【徳本伸一補訂】『不法行為法』252頁（有斐閣・1993年）。
10) 北川善太郎『民法講要Ⅳ（債権各論）【第3版】』283頁（有斐閣・2003年）。
11) 前田陽一『債権各論Ⅱ（不法行為法）』100頁（弘文堂・2007年）。
12) 潮見佳男『債権各論Ⅱ（不法行為法）【第2版】』83頁（新世社・2009年）。内田貴『民法Ⅱ（債権各論）【第2版】』439頁（東大出版会・2007年）。加藤雅信『新民法大系Ⅴ（事務管理・不当利得・不法行為）【第2版】275頁（有斐閣・2005年）など。

〈第4章〉死者の慰謝料請求権の相続性の有無

藉料請求権は破産財団に帰属し，破産管財人は善管注意義務を有するからこの慰謝料請求権を必ず行使しなければならないことにもなる。

④多数意見では，慰謝料請求権は「譲渡性」を有する筈で，そうすると被害者の債権者による差押えや取立ての対象になるし，単純な金銭債権ならば債権者代位権の対象にもなる。

⑤多数意見は，相続による慰謝料請求権と711条固有のそれとの2つの慰謝料請求権を認めるが，その相互関係が明確ではない。

◆ 4-7-（4）近時の議論と小括

理論面で近時の議論の詳細を論じるものとして，①斉藤修編『慰藉料算定の理論』（ぎょうせい・2010年）所収の各著作が極めて有益であろう。日本交通法学会の機関誌としての②『人身損害賠償に関する諸問題』交通法研究39号（有斐閣・2011年）も有益である。①も，かねて認められてきた財産損害の不十分さを補うための「慰謝料の補完的機能」をもちろん認める[13]。裁判例でも，男女の賃金格差の是正，死にも比肩するような「外貌醜状」が残った被害者，後遺症慰謝料等で補完的機能が顕著に表れる場合があることを指摘し，「慰謝料の本質」として，論文や概説書等で，賠償説，制裁説，満足説が学説上争ってきた著名な論点と，「慰謝料の機能」として提示されてきた，填補機能，制裁的機能，満足的機能，感情価値表象機能，克服機能等の諸学説の現状と到達点を紹介している[14]。

慰藉料額の決定要素としては，理論的には客観的基準はなく，裁判官が諸般の事情を十分に斟酌して，元々金銭的算定に適しないものを「衡平・適切に算定」することに努めている。

このような展開を少しだけ敷衍すると，実務上は下記のような指摘や努力がなされてきた「歴史」を指摘できよう[15]。

まず，車社会が進展してきた1970年代以降になって交通事故が増え，保険会社の損害査定の厳しさや被害者側の権利意識の向上もあって，訴訟事件数が大幅に増加し，裁判所の事件処理能力が危機に陥った。そこで，裁判所としては，葬儀費用は「相当性」概念を使って概算的計算で部分的に認定する，逸失利益や慰謝料はできるだけ定額化する，当事者間の「裁判上の和解を強く奨励」（判決を予告するような内容を裁判官が訴訟当事者に提示し，事件総数の7～8割を裁判官主導による和解で解決）する，という方向が強まり，現在に至っている[16]。また，この時代には，ドイツで認められ，日本でも民事訴訟法117条に規定のある「定期金賠償」についての積極的提言も現れ，さらに，当事者適格の制限・厳格化による訴訟の迅速化・簡明化も工夫されつつあった。

逸失利益の算定については，東京・大阪・名古屋の三地裁による「交通事故による逸失利益の算定方式についての共同提言」（平成11年11月22日）の出現を見落としてはならない。そこでは，幼児の逸失利益を両親などの尊属が相続（逆相続）することの不自然さ等と算定基準の見直し（そのためもあって，ホフマン方式からライプニッツ方式への転換の提言），同種の裁判の迅速性の実現，判決内容の予測の可視化，裁判官の主観性・恣意性の排除等のために，訴訟の「定型化・定額化」が強く意識されている[17]。

慰謝料請求権の相続性の有無についても，最大判昭和42年11月1日で当然相続説が確立されてしまったので，下級審は表面的にはそれに従っているが，相続構成に立つ2本立てであろうと否定説に立つ1本立てであろうと慰謝料の総額にはほとんど影響がなく，本音では相続否定説に立っている裁判官も多いと推測されている[18]。まして，財産損害に対する慰謝料の補完的作用を認める立場や，好意同乗や無償同乗者の慰謝料の低めの算定などにおいて，2本立てにする必要性の根拠に多くの疑義が生じうる。さらに，公害訴訟では，「包括慰謝料」を認める判例（最一小判昭和48・4・5民集27巻3号419頁など）において，従来の積極損害，消極損害，慰謝料の訴訟物3個説ではなく，死傷損説に立つ訴訟物1個説も現れている。

◆ 4-7-（5）慰謝料算定の実務

さらに，特に実務に重点を置いた最近の著作として，①千葉県弁護士会編『慰謝料算定の実務【第2版】』（ぎょうせい・2013年），②宮崎直巳『交通事故損害賠償の実務と判例』（大成出版社・2011年），③北河隆之『交通事故損害賠償法』（弘文堂・2011年）などがある。本書での慰謝料の事例は，交通事故と医療過誤が圧倒的多数で，それに少数の，学校事故，工作物・営造物

---

13) 斉藤修編『慰藉料算定の理論』17頁～20頁【斉藤修】（ぎょうせい・2010年）参照。
14) 同上・5頁～24頁。
15) ここでは全体として，篠田省二「倉田卓次先生の業績」平成26年度（第45回）日本交通法学会定期総会（第Ⅰ部・第Ⅱ部報告者レジュメ）4～10頁を参照した。
16) 同上・4～9頁参照。
17) 同上・8～9頁参照。
18) 倉田卓次編『民事交通訴訟の諸相』78頁（日本評論社・1976年）参照。

## 〈4-7〉最高裁判例の多数意見・反対意見の論拠と諸学説の対応

責任，公害事件，故意の殺人等の事件が含まれている。裁判所での慰謝料算定の実情を鳥瞰してみても，上記の各概説書等での執筆者の指摘と本書での判例の種類の特徴はほぼ符号する。

①によれば[19]，慰藉料額は諸般の事情を考慮して裁判官が裁量によって算定するので，算定の根拠等を明らかにする必要がないし，原告も損害額の立証責任もなく，裁判官は慰藉料額の算定根拠も明らかにする必要がないからである。

②は，交通事故の慰謝料は「定額化」が進んでいて，自賠責保険基準（自賠法16条の3の支払い基準），日弁連基準，裁判所基準の3つがあるが，裁判所基準はおおむね日弁連基準に近いと指摘する[20]。

③も，2011年現在で，「青い本」とは，日弁連交通事故相談センター編・

交通事故損害額算定基準（最新版は2010年1月）であり，「赤い本」とは，日弁連交通事故相談センター東京支部編・損害賠償額算定基準（最新版は2011年）であることを指摘した上で，裁判所基準について②と同様の指摘をしている[21]。

---

19) 千葉県弁護士会編『慰藉料算定の実務【第2版】』6頁（ぎょうせい・2013年）
20) 宮崎直巳『交通事故損害賠償の実務と判例』188頁（大成出版社・2011年）。
21) 北河隆之『交通事故損害賠償法』205頁（弘文堂・2011年）。

〈5−2〉711条所定の者（父母・配偶者・子）

# ◆第5章◆ 慰謝料請求権者の範囲

## 5−1 総　説

　立法者は710条の条文から「生命」を削除し，それに代えて711条を追加して遺族に固有の慰謝料請求権を用意し，「社会類型的にみて慰謝に価する大きな苦痛を受けるとみられる親・子・配偶者に限定することにした[1]」とされる。このように，711条によって初めて一定の近親者に固有の慰謝料請求権が認められたと理解する立場では，慰謝料請求権者の範囲は厳格に同条所定の「父母，配偶者，子」に限って認められ，せいぜいこれらの者に「準じる者」に類推適用を許すべきかどうかの問題が生じるにすぎない。

　しかし，709条には元来，非財産的損害も含まれており，710条が疑いを避けるために注意的にそれを規定したものであるとすれば，父母・配偶者・子に限らず，近親者は相当因果関係の立証さえ尽くせば，自己固有の慰謝料請求が709条・710条によって可能になる。そして，生命侵害の場合でも，711条所定の者以外の近親者は，711条の存在によって710条による自己固有の慰謝料請求権の行使を妨害されることは論理的にはありえない。

## 5−2　711条所定の者（父母・配偶者・子）

【肯定例】

＊大判昭和11・5・13民集15巻861頁……電車とY運転の乗合自動車の衝突事故で，Y車の乗客の父Aが死亡した事故で，Aの息子Bが1歳4ケ月未満の幼児であっても，将来感ずべき精神上の苦痛に対し慰謝料請求権を有する。上告棄却。

【判　旨】

　「案スルニ慰藉料請求権ハ肉体上若クハ精神上ニ於ケル苦痛感受性ノ存在ヲ前提トシテ初メテ肯認シ得ヘキ権利タルコト素ヨリ言ヲ俟タサランモ右苦痛ヲ感受シ得ルノ性能ハ必スシモ其ノ被害ノ当時現ニ具有セサルヘカラサルモノニ非ス苟クモ当時既ニ将来ニ於ケル右感受性ノ発生ヲ通常期待シ得ヘキモノタル以上此ノ種請求権ヲ認ムルニ何等妨ケナキモノト解スルヲ相当トス之ヲ本件ニ付観ルニ被上告人Bハ被害者Aノ長男ニシテ本件事故発生当時生後僅カニ1年4箇月ニ満タサル幼児ナリシコトハ原判決ノ確定セル処ナルヲ以テ同被上告人カ右父ノ死ニ遭遇シタル当時ニ於テハ未タ之ニ対シ悲痛ヲ感得シ得ヘキ心境ニ在ラサリシコトハ之ヲ領スルニ難カラス然レトモ其ノ漸ク長スルニ及ヒテハ父ヲ失ヒタルニ因ル幾多精神上ノ苦痛ヲ感受スルニ至ルヘキコトハ人間自然ノ本性上通常期待シ得ヘキモノナルコト亦敢テ多言ヲ要セサルカ故ニ之ヲ妨クヘキ格段ノ事情ノ認ムヘキモノナキ本件ニ於テハ右先代ノ死亡当時既ニ被上告人ニ於テ将来感得スヘキ右精神上ノ苦痛ニ対スル慰藉料請求権ヲ享有シ得ヘキモノト断セサルヲ得ス然ラハ被上告人ニ如上ノ請求権ヲ認容シタル原判決ハ結局正当ニシテ反対ノ見解ニ立脚スル所論ハ之ヲ採容スルニ足ラス」

＊最一小判昭和43・4・11民集22巻4号862頁……Yのオートバイに衝突されて負傷した歩行者A（87歳・女）の身体傷害を理由とするAの子Bによる慰謝料請求につき，3年後にYと調停が成立し，その10ケ月後にAが死亡した場合，Aの死亡を理由とするBの慰謝料請求権の有無。身体傷害による慰謝料請求権と死亡によるそれとは異なる話で，傷害に関する調停が死亡のそれをも含むと解することができないと判示。原審

---

1）　好美清光「慰謝料請求権者の範囲」現代損害賠償法講座7，217頁（日本評論社・1974年）。

〈第5章〉慰謝料請求権者の範囲

判決に審理不尽の点があるとして原審に破棄差戻し。
【判　旨】
　「精神上の損害賠償請求の点については，Aおよび上告人らはまず調停においてAの受傷による慰藉料請求をし，その後Aが死亡したため，本訴において，同人の死亡を原因として慰藉料を請求するものであることは前記のとおりであり，かつ，右調停当時Aの死亡することは全く予想されなかつたものとすれば，身体侵害を理由とする慰藉料請求権と生命侵害を理由とする慰藉料請求権とは，被侵害権利を異にするから，右のような関係にある場合においては，同一の原因事実に基づく場合であつても，受傷に基づく慰藉料請求と生命侵害を理由とする慰藉料請求とは同一性を有しないと解するを相当とする。ところで，右調停が，原判決のいうように，Aの受傷による損害賠償のほか，その死亡による慰藉料も含めて，そのすべてにつき成立したと解し得るためには，原判決の確定した事実関係のほか，なおこれを肯定し得るに足る特別の事情が存し，且つその調停の内容が公序良俗に反しないものであることが必要であるといわなければならない。けだし，右Aは老齢とはいえ，調停当時は生存中で（なお，上告人の主張によれば，前記のとおり，調停成立後10月を経て死亡したという。)，右調停はA本人も申立人の1人となつており，調停においては申立人全員に対して賠償額が僅か5万円と合意された等の事情にあり，これらの事情に徴すれば，右調停においては，一般にはAの死亡による慰藉料についても合意したものとは解されないのを相当とするところ，この場合をもつてなおAの死亡による慰藉料についても合意されたものと解するためには，Aの受傷が致命的不可回復的であつて，死亡は殆んど必至であつたため，当事者において同人が死亡することあるべきことを予想し，そのため，死亡による損害賠償をも含めて，合意したというような前記のごとき特別の事情等が存しなければならないのである。しかるに，原判決は，このような特別の事情等を何ら認定せずして，Aの死亡による慰藉料の損害賠償をも含めて合意がなされたとし，本訴請求を排斥したものである。しからば，原判決には，判決に影響を及ぼすことの明らかな審理不尽，理由不備の違法があるものというべく，論旨はこの点において理由があるに帰する。原判決はこの点に関して破棄を免れず，更に審理を尽さしめるため，この点に関する本件を広島高等裁判所に差し戻すべきである。」
＊最二小判昭和58・4・15交民集16巻2号284頁……死者の慰謝料請求権の相続性と相続人固有の慰謝料請求権の発生とを認めた上で，その認定には死者に相続人がいるかどうかは直接には関係がないと判示。
【判　旨】
　「ある者が他人の故意・過失によつて財産以外の損害を被つた場合には，その者は，財産上の損害を被つた場合と同様，損害の発生と同時にその賠償を請求する権利即ち慰藉料請求権を取得し，その者が死亡したときは，右慰藉料請求権は当然に相続の対象になるものと解するのが相当である（最高裁昭和38年（オ）第1408号同42年11月1日大法廷判決・民集21巻9号2249頁，昭和44年（オ）第555号同44年10月31日第2小法廷判決・裁判集民事97号143頁，昭和44年（オ）第479号同45年4月21日第3小法廷判決・裁判集民事99号89頁)。そして，民法711条は，死者の近親者に固有の慰藉料請求権を認めたものであるから，同条があるからといつて死者の慰藉料請求権を否定する理由とはなりえないし，また，死者自身の保護のために慰藉料請求権を認めるにあたつては，その者に相続人が存するかどうかは直接には関係がないものというべきである。」
【否定例】
＊大判明治40・5・28刑録13輯500頁……民法711条は他人の生命を害した場合に関する特別規定で，他人の妻との姦通による夫権の侵害のように被害者自身の権利を侵害した場合に適用はない。
＊大判昭和7・10・6民集11巻2023頁……父Aと内縁の母Bとの間に生まれたCにつき，Cが胎児の時にAが死亡し，未認知であった場合，CはAの死亡についての慰謝料請求権を有しないと判示（この時代は民法に現行787条のような死後認知の条文なし)。
［高裁］
【肯定例】
＊東京控判大正5・2・17新聞1110号24頁……妻Bと息子Cが線路上に墜落して死亡した事故で，死者の年齢，家族関係，原告の社会上の地位，我が国の経済状態を参酌して，夫AはB・Cの死亡について各500円，娘DはBの死亡について500円，Aの実母Eは200円の慰謝料の請求ができる（相続性の有無は不詳)。
＊東京控判大正8・6・20評論6巻民法751頁……養父母の死亡に対して，別居している養子の慰謝料請求権を肯定。
＊東京控判大正9・11・29新聞1802号17頁，評論9巻民法1134頁……学校の運動器具の管理上の過失によって児童Aが死亡した場合，その父母B・Cの慰謝料は，A及びB・Cの年齢，Aの健康，Aの学業成績等を総合考慮して各750円とする。
＊朝鮮高等法院昭和14・2・14評論28巻民法919頁……慰謝料は，請求権者が現在苦痛を感じる能力がないときでも，将来感じるであろうことを現在合理的に期待できる場合には，あらかじめその請求を認めるべきである。
【判　旨】

〈5−2〉711条所定の者（父母・配偶者・子）

「慰藉料ハ其ノ請求権者カ苦痛感受の能力ヲ有セサルトキト雖将来之ヲ感受スヘキコトヲ現在合理的ニ期待シ得ル場合ニ於テハ恰モ将来生スヘキ財産上ノ利益喪失ニ対シテ予メ損害賠償ノ請求ヲ許スコトアルト等シク直ニ其ノ請求ヲ為シ得ルモノト認ムルヲ相当トス」ル。

＊高松高判昭和57・6・16判タ474号221頁……交通事故で被害車両に同乗の妊娠中の妻Aが胎児Bを流産することになってしまった事案で，夫Cに「胎児を失ったことを理由とする慰謝料」の請求を認容。

【判　旨】

「控訴人は，胎児の流産につき被控訴人Cは間接被害者であるから民法709条710条による慰藉料請求権はないというが，当裁判所の引用する原判決が説明しているように被控訴人Cは妻の被控訴人Aが妊娠していることによつて自分と一番血縁の深い子供を得られようとしていたのに控訴人の不法行為のため妻のAが流産を余儀なくされ，当然得られるはずであつた子供を失つたのであるから，この場合の被控訴人Cは本件事故と相当因果関係の範囲内にある損害の直接の被害者であると解するのが相当でこれを間接被害者だという控訴人の主張は採用できない。胎児は独立の権利主体でなく，流産はその妊娠していた母親だけが直接被害者であるとし，父親を直接被害者とみない見解もあり得るが，民法第721条は胎児は損害賠償の請求権については既に生まれたるものとみなすと規定して胎児を特別扱いしているのみならず，流産に伴う生理的病理的苦痛は父と母で異なるが，胎児を失つたということ自体の苦痛については父と母を区別する理由がないことは出生後の子供を失つた場合と同じであるから妻の流産によつて胎児を失つた父の苦痛を間接被害だという主張は採用できない。」

＊東京高判昭和58・10・27判時1093号83頁，判タ516号143頁……助産婦Zの過失（観察報告義務懈怠）で緊急措置が遅れ，胎盤早期剥離による胎児Aの死亡事故で，Y国立病院の使用者責任を認め，両親B・Cに各400万円の慰謝料を認容。

＊高松高判平成2・12・27判タ754号204頁……家屋解体中にA（27歳・男）が2階床板を踏み抜き，アスファルト舗装の道路に頭部から転落して重傷を負い，約1ケ月後に死亡した事故でのAの両親B・Cの慰謝料（会社の同僚Yらの病院での手続きの不手際等の過失を認容）。

【判　旨】

「控訴人Bは実父として，同Cは実母として，Aの死亡により，それぞれAとは異なった固有の精神的な苦痛を受けたものということができ，民法711条によりその慰謝料を請求することができ，その額は各200万円とするのが相当である。」

＊東京高判平成7・7・18交民集28巻4号974頁……深夜に酩酊の上，路上に横臥していて，Y（在日米軍軍人）運転の車に轢かれて死亡したA（18歳・男，専門学校生）に5割の過失を認めた上で，Aの慰謝料を1,600万円，Aの両親B・CにはYに対する訴訟遂行等が法律上困難なこと，救急車の対応が不手際だったことなどを考慮して各300万円の固有の慰謝料を認容。

＊東京高判平成7・8・31判時1571号74頁……スキューバダイビング・ツアーに参加中に溺死したA（過失相殺4割。本人の慰謝料1,000万円）の引率・指導をしていたYに，救命用具や緊急時の連絡方法の準備が不備であるなど過失があったと認定し，両親B・Cに各100万円の固有の慰謝料を認容。

＊高松高判平成8・2・27判時1591号44頁，判タ908号232頁……K医科大学付属病院の女性入院患者Aが退院後に，中毒性表皮融解壊死症という重病に罹り，死亡した事案で，医師の投薬の副作用の危険性の説明義務違反や本件皮膚病等の発生可能性の予見義務違反等の過失を認め，父Bに300万円の慰謝料を認容（Aと別居の弟Cの請求は否定）。

＊東京高判平成8・6・25交民集29巻3号668頁……交通事故で死亡したA（45歳・女。本人の慰謝料1,000万円）の子B・Cにつき，夫D死亡後は母子家庭として暮らし，A死亡後は両親ともいなくなりB・Cの生活環境が激変すると予想されること等を考慮して，B・Cに各500万円の固有慰謝料を認容。

【判　旨】

「本件交通事故により被害者・亡Aに生じた慰謝料は1,000万円，右被害者の慰謝料のほか，その子・被控訴人ら遺族固有の慰謝料としては各500万円各合計2,000万円の限度で本件事故と因果関係のある慰謝料と認めるのが相当である。この金額は，本件事故の態様，被害の程度からして，被害者・亡A自身の精神的損害として，また，父親死亡後は母親・亡Aの手で養育されてきた残された子・被控訴人らの生活環境の激変等により受けた精神的苦痛その他諸般の事情を勘案する限り，右各子ら各人に固有の慰謝料として各人につき500万円の限度で相当なものとして認めることができる（中略）。これをもつて高きに過ぎるとも低きに過ぎるともいうことはできない。」

＊東京高判平成9・6・26交民集30巻3号673頁……交通事故でA（7歳・男。小学1年生。A本人分の慰謝料1,500万円）が死亡した事案で，両親B・Cは多大の衝撃を受け，それまでの明るい家庭生活を取り戻せなくなったとして，B・Cに固有の慰謝料各250万円を認容。

〈第5章〉慰謝料請求権者の範囲

＊大阪高判平成9・9・19判時1630号66頁……Y病院側の転院などの適切な措置が執られず、ヘルペス脳炎により不可逆性の脳損傷を負い、その後死亡したA（50歳・女、小学校教諭。本人の慰謝料2,300万円）の夫Bにつき、Aとの共同経営の会社を閉鎖し、介護に専念しているうちに自身も脳梗塞で倒れ、また、半年毎の病院の転院など、多くの苦労をしてきたことを考慮して、Bに300万円の固有の慰謝料を認容。

＊福岡高判平成9・9・19判タ974号174頁……人工透析が必要な患者A（42歳・女。Aの慰謝料500万円）に精神疾患があることを理由に、Y医師が透析療法を断ったためAが死亡した事案で、Yの過失を認め、両親B・Cに各50万円の固有の慰謝料を認容。

＊名古屋高判平成9・9・30判時1635号76頁、判タ960号244頁……新生児A（生後4ヶ月で死亡・男。Aの慰謝料1,000万円）の乳児ビタミンK欠乏性出血症の発症につき、その予防としてのビタミンK剤の投与などの事前措置を講じなかった産婦人科医Yに過失があったとして、Aの両親B・Cに各300万円の固有の慰謝料を認容。

＊東京高判平成9・12・26判時1637号27頁……胃潰瘍のため、Y病院でZ医師により胃の摘出手術を受けたAが、腹腔内感染により多臓器不全になって術後10日目に死亡した事案で、Zが適切な措置をとらなかったとしてZの過失を認め、Aの相続人である妻Bと3人の子C・D・EによるYへの不法行為（715条の使用者）責任追及は認め（債務不履行は、BらはYと契約関係にないとして否定）、Bに35万円、C・D・Eに各5万円の固有の慰謝料を認容（他にAの慰謝料250万円をBが125万円、残りの125万円をC・D・Eが各3分の1を相続したと認容。Aの逸失利益は認めず）。

＊東京高判平成10・6・24交民集31巻3号642頁……軽四貨物車のバッテリーが上がって動けなくなったので、A・B・Cの3人が後部から押していたところ、Y運転の大型貨物車が後ろから激突して、A・B夫婦が死亡した事案で、その2人の子D（9歳・女）・E（6歳・男）に各2,800万円の固有の慰謝料を認容。

【判旨】

「事故当時、Dは満9歳、Eは満6歳であり、両親を一挙に失った悲しみを考慮し、各自につき慰謝料を2,800万円と認めるのが相当である（F梱包運輸株式会社から500万円が支払われていること（甲1、弁論の全趣旨）も斟酌した。）。」

＊東京高判平成13・1・31交民集34巻1号1頁……歩行中のA（9歳・女。小学4年生）が一旦は道路脇に待機したが突然駆け足で斜めに横断したために、後方から進行してきたYの原付自転車と衝突し、Aが死亡した事案の慰謝料につき、A本人分1,800万円、両親B・C固有分各300万円を認容（過失相殺2割）。

＊東京高判平成13・6・27交民集34巻3号572頁……舗装部分が狭く見通しの悪い道路でYの車両と車同士で衝突し死亡したA（30歳・女。主婦）につき、Aの夫Bに150万円、Aの実母Cに75万円、2人の子D・EのうちDにも75万円、事故により受傷したEに125万円の固有の慰謝料を認容。

＊福岡高判平成13・8・30判タ1131号202頁……交通事故による外傷性くも膜下出血等でY病院に入院し、治療を受けていた患者A（18歳・男）が急性壊死性膵炎により死亡した事案で、担当医師Zに適切な治療を怠った過失があったと認め、Yの不法行為責任（使用者責任）を肯定し、Aの両親B・Cに各250万円の固有の慰謝料を認容（交通事故と医療過誤の競合事例）。

＊東京高判平成13・9・12判時1771号91頁……過去5回の入院歴のある精神病患者A（42歳・男、酒類販売業）が、鎮静剤の投与後急死し、看護婦Zがその呼吸状態の変化に気付いていたため、Y病院側にAの経過観察義務違反の過失があったと認め、妻Bに600万円、3人の子C・D・Eに各200万円、同居のAの両親F・Gに各100万円の固有の慰謝料を認容。

＊高松高判平成14・8・29判時1816号69頁……Y病院側の医師Zの過失で患者A（82歳・男）が死亡した事故で、Aには妻B、嫡出子C、非嫡出子D等の遺族が存在しており、A側の請求に不明確な点もあるので、主として各人固有の慰謝料の請求を選択的にしているものと「善解」して判断した事例。

【判旨】

「Aが死亡に至る経過、死亡当時のAの年齢、控訴人らとAとの関係、控訴人相互間での控訴人ら請求慰謝料額の割合その他本件に顕れた諸般の事情、とりわけ本件特有の（中略）事情をも斟酌し、Aの死亡についての控訴人らに対し支払われるべき慰謝料（控訴人ら固有の慰謝料）は、控訴人Bにつき600万円、同C及び同Dにつき各300万円をもって相当と認める（なお、控訴人らは、Aの慰謝料の相続分及び固有の慰謝料の合計額としての慰謝料を請求している。しかし、控訴人らは、その内訳について全く金額を示していないのであり、控訴人らの慰謝料請求は、要するに、〔1〕もっぱらAの慰謝料の相続に基づく請求、〔2〕もっぱら固有の慰謝料、〔3〕これらの慰謝料の双方の3つの法的構成を包含した請求であり、かつ、これらは選択的なものとして主張されていると善解することが可能である。そして、法的相続分の異なる控訴人C及び同Dにつき同額の慰謝料の請求をしていることを考慮すると、控訴人らは、このうち〔2〕の慰謝料請

〈5−2〉711条所定の者（父母・配偶者・子）

求に重きを置いていると考えられるので，当裁判所は同請求に基づき判断した。）。」

＊名古屋高判平成14・10・31判タ1153号231頁……夜に激しい頭痛や嘔吐を訴えてY病院で受診した患者A（52歳・主婦）が，Z医師らがくも膜下出血を見落とした過失があったため死亡した事案で，遺族の重大な精神的苦痛を認め，Aの夫Bに1,000万円，2人の子C・Dに各500万円の固有の慰謝料を認容。

＊東京高判平成16・2・26交民集37巻1号1頁……犬の散歩をしていて，酒気帯び・居眠り運転のYの車にはねられ死亡した歩行者A（63歳・女。主婦兼パートの仕事。A固有の慰謝料2,000万円）の慰謝料として，Aの夫Bに400万円，子C・Dに各200万円の固有の慰謝料を認容。さらに，犬Eの火葬費用27,000円と犬Eの死亡による慰謝料5万円を認容。

＊仙台高判平成16・5・28判時1864号3頁（山形マット死事件。故意不法行為）……Y市立中学校1年生のA（13歳・男）が無施錠の体育用具庫で死亡しており，Aの自死の可能性は低く，他の生徒Gら数名がAをマットに押し込んだまま放置しており，日頃からAをいじめていたこと，当日の他の生徒らの目撃供述が信頼できること，Gらにアリバイが成立しないことなどから，Gらの共同不法行為の成立と責任能力を認め，Aの両親B・Cに対する各500万円，Aの兄Dと妹Eに対する各150万円の固有の慰謝料の支払いを認容。Y市の国賠責任は否定。

【判　旨】

「控訴人B及び同Cは，健やかに育ち希望に満ちて努力しているAを愛し，ときに励まされ，和やかな家庭を築き，Aの将来を楽しみにしてきたのに，Aの非業の死によって奈落の底に落とされ，失意のどん底の日々を余儀なくされた。このような控訴人B及び同Cの精神的苦痛を慰謝するには，Aの慰謝料を考慮しても，各人につき500万円の慰謝料が相当である。（中略）控訴人DはAの兄として，同EはAの妹として，気持ちが通い信頼し合える兄弟，兄妹として，Aの非業の死によって，悲哀にさいなまれる生活を余儀なくされた。このような控訴人D及び同Eの精神的苦痛を慰謝するには，各人につき150万円が相当である。」

＊高松高判平成18・7・11判タ1280号313頁……Y（17歳・男）の自動二輪車とA（16歳・男。高校生）の原付自転車の衝突事故でAが死亡した事故で，Yの親権者Zの監督義務違反による不法行為責任を認めた上で，Aの分とAの両親分の慰謝料を合算算定して総計2,800万円を認容。

＊東京高判平成19・3・27判タ1250号266頁……Y産婦人科で出産した妊婦A（28歳・女。専業主婦）が，出血性ショックで，産後2日で死亡した事故で，医師の過失を認め，慰謝料につき，A本人分2,200万円，Aの夫Bと生まれたばかりの娘Cに固有分各300万円を認容。

＊名古屋高判平成20・2・28判時2009号96頁……Y社が製造，Z航空会社が所有・運航する旅客機が名古屋空港への着陸に失敗・墜落し，乗客Aが死亡した事案で，Aの顔も判別困難なような悲惨さと突然に親を失った喪失感などを考慮して，Aの子B・Cに各100万円の固有の慰謝料を認容。

＊福岡高判平成20・8・25判時2032号52頁……海上自衛隊員Aがうつ病で自殺したのは，Aの人格を否定するような上官の言動が大きな心理的負荷を与えていたとして因果関係を認め，Aの母Bに200万円，Aの養父Cに150万円の固有の慰謝料を認容（国家賠償法1条事例）。

＊名古屋高判平成20・9・17労働判例970号5頁……Yドラッグ・ストアに勤務していたA（24歳・男。薬剤師）が，過重労働により致死性不整脈を発症し死亡した事案で，因果関係の立証は通常人が疑いを差し挟まない程度の真実性の確信を持ち得るものであることを必要とし，かつ，それで足りるとして，因果関係を認め，Aの両親B・Cに各200万円の固有の慰謝料を認容（B・Cは債務不履行と不法行為を選択的に主張）。

【否定例】

＊東京高判平成13・2・6判時1742号102頁，判タ1109号198頁……息子Aに移植のために腎臓を提供したが，Aが術後に医師の過失で死亡した場合，ドナーとしての父親Bが腎臓喪失自体による慰謝料の請求をすることができない。Aに2,200万円の慰謝料を認め，それにはBの分も含まれていると判示。

【判　旨】

「患者の親として子に臓器を提供したドナーは，治療上の過失により移植が成功せず子の生命が失われたときは，親として民法711条により子を失った精神的損害について慰謝料の支払を受けられるのであって，失われた臓器のドナーとしてその臓器の喪失それ自体の賠償を受けることはできないものである。（中略）民法711条により子を失った親に固有の慰謝料請求権が認められる場合に，その親が子の健康の回復や命の救済を願い，自分の腎臓の1つを提供したドナーであるときには，親が子を失ったことによる精神的苦痛は，そのような提供をしていない親がその子を失う場合の精神的苦痛よりも大きいというべきであろう。そして，被控訴人は，そのようなドナーである親として，精神的損害の賠償を受けるべきである。

〈第5章〉慰謝料請求権者の範囲

ただ，本件においては，原判決が認めた《乙3》の慰謝料2,000万円には，被控訴人の精神的苦痛に対する固有の慰謝料分が評価されているものと認められる。」

＊東京高判平成12・3・22交民集33巻2号445頁，判時1712号142頁……交差点の横断歩道付近で交通事故死したA（7歳・男。小学1年生）にまったく過失がない場合，A自身の慰謝料として1,800万円を認容し，Aの両親B・Cに，その無念さは想像を絶するとして各400万円の固有の慰謝料を認容。

＊東京高判平成13・10・31交民集34巻5号1212頁……交通事故で死亡した母1人子1人の被害者A（21歳・男）に2,000万円の慰謝料を認め，これによって，母Bにさらに固有の慰謝料を認めるに足る特段の事情を認めるに足る証拠がないとされた事例。

＊大阪高判平成14・4・17交民集35巻2号323頁，判時1808号78頁……交通事故死亡者A（24歳・女，臨時スナック勤務）の母BがAの事故を契機にPTSDに罹患して治療を続けていることを考慮してBに300万円の固有の慰謝料を認容。

＊東京高判平成15・2・13交民集36巻1号6頁……高校生Aの交通事故死につき，加害者Yの悪質性（飲酒運転，60kmの速度超過）とA（A固有分2,000万円）が無過失であったことなどを考慮して，Aの両親B・Cに各350万円，Aの姉D・Eに各150万円の固有の慰謝料を認容。

＊東京高判平成19・9・20判タ1271号175頁……Y医師の帝王切開後の医療過誤で産婦AがCを出産後に死亡した事案での慰謝料の算定方法・金額の交通事故との比較水準等について詳しく判示した事例。

【判　旨】

「Aは，前記認定のとおり帝王切開術により1審原告Cを出産したわずか約9時間後に亡くなっており，母親として第一子を十分に抱くこともできなかったばかりか，開業間もないペットシッター業を営みながら育児に励むという希望に満ちた人生を突然に断たれたものである。他方，1審原告Bは，第一子の誕生という夫婦にとって無上の幸福ともいうべき事態であったのに，Aの死亡により一転して生後間もない赤子を母親なしに養育しなければならなくなり，1審原告Cは，出生直後に実母を失うこととなった。また，1審原告Dは，前記のとおり一人娘でしかも3歳の時から独力で育ててきたAを失うこととなったものである。

したがって，A及び1審原告ら3名の受けた精神的苦痛は極めて大きく，1審原告B及び同Cのほか，1審原告Dにおいても，その固有の慰謝料請求が認められるべきところ，以上の事実のほか，本件の弁論に顕れた一切の事情を考慮すると，Aの死亡慰謝料及び1審原告らの有する固有の慰謝料については，合計で2,700万円とし，Aの死亡慰謝料を1,800万円，1審原告らの有する固有の慰謝料を各300万円とするのが相当である。

イ　上記慰謝料の合計金額は，交通事故等による死亡被害者がAと年齢及び生活状況等を同じくする女性である場合に通常支払われる慰謝料総額を300万円程度上回るものである（中略）。この点については，交通事故においては，事故以前に当事者間に何ら法律関係がないのが通常であるのに対し，医療事故の場合には，患者と医師の間に契約関係が存在し，患者は医師を信頼して身を委ね，身体に対する侵襲を甘んじて受入れているのであるから，医師の注意義務違反によって患者の生命身体が損なわれた場合に，患者には損害の客観的態様に基づく精神的苦痛に加えて，医師に対する信頼を裏切られたことによる精神的苦痛が生ずるものと考えられる。したがって，医師の注意義務違反の内容と程度及び患者側の受けた損害の内容と程度によっては，患者側の精神的苦痛に対する慰謝料の額が通常の交通事故等の場合よりも高額なものとなる場合もあり得るというべきである。他方において，交通事故等の場合においても，加害者の過失の内容が悪質で，程度が大きい場合や，これにより被害者側の受けた損害の内容と程度によっては，被害者側の精神的苦痛に対する慰謝料の額が通常の交通事故等の場合よりも高額なものとなる場合もあるのであり，一概に，医療事件における場合と交通事故等における場合とで，慰謝料水準が異なるということはできず，具体的事案における慰謝料額は，当該事案における諸般の事情を総合考慮して判断すべきものというほかない。

そして，本件は，出産時における帝王切開術後の医療過誤に係る事案であって，病気治療のための医療行為に過誤があった事案ではなく，本件における過失の態様は，（中略）認定説示したとおり，1審被告Yは，既に腹腔内出血を疑うべき血圧低下等の所見が現れていたにもかかわらず，Aの日常血圧についての誤った認識に基づいてこれを軽視し，看護師に点滴についての指示をしたのみで，検査の必要性や自己又は他の医師への連絡の要否等も明示せず，経過観察に当たるべき他の医師を確保することもなく帰宅し，その結果，Aは3時間余りも医師による診察がされない状態のまま病状が進み最悪の結果を招いたのであるから，1審被告Yが患者との信頼関係に反した程度は高く，それに伴ってA及び1審原告らが受けた精神的苦痛も大きいといわざるを得ない。他方，1審被告Yは，当時69歳という高齢にもかかわらず，1審被告病院において産婦人科医療につき1人で勤務，対応に当たり，11日間に及んだAの入院期間中一貫して治療に当たったなど1審被告ら主張のくむべき事情も認められるが，

〈5－2〉711条所定の者（父母・配偶者・子）

（中略）前記事実認定（3）自己の手に余ると判断すればAを他に転院させることも可能であったと認められるから、それをしなかった以上、自らAを治療するに当たって最善の注意義務を求められるのはやむを得ないところであり、1審被告YにおいてこのA注意義務を怠り、Aの死亡という結果を招来したものである。したがって、本件において、上記のように通常より高額の慰謝料を算定することは、事案に即した判断である。」

【否定例】
＊東京高判昭和58・6・15判時1082号56頁, 判夕509号217頁……乳がんの患者AがY医師の過失により適切な治療を受けることなく死亡し、それが延命利益侵害にあたるとしてなされたYに対するXによる遺族固有の慰謝料請求が否定された例（A自身には250万円の慰謝料を認容）。

【判　旨】
「被害者の近親者は、被害者が死亡し、又は死亡したときにも比肩すべき精神的苦痛を受けた場合にかぎり、自己の権利として慰藉料を請求することができるものと解されるところ、相当期間の延命利益が侵害されたというだけでは右慰藉料請求権発生の要件を充足したものとはいいがたい」。

＊東京高判平成10・9・30判夕1004号214頁……C型肝炎患者Aに対して医師Yが適切な説明と検査指示を怠ったため、Aが適切な治療を受ける機会を奪われ、肝がんの進行を遅らせる可能性を失ったことに対し、Aの慰謝料300万円を認容したが、Aの遺族固有の慰謝料請求は否定。

＊大阪高判平成10・10・22判時1695号87頁……Y病院で乳房の手術を受けて帰宅して就寝中、突然昏睡状態に陥り、死亡したA（34歳・女）につき、A自身に1,800万円を認容した上で、当時、Aの両親B・Cがいたが、その後Cが死亡し、Cの権利の代襲相続権者の孫達がそれを放棄したり、行方不明者がいたりしたため、Bは自己固有の慰謝料請求権200万円に加えて、Cの分の4分の3にあたる150万円の合計350万円の慰謝料請求権を取得する。しかし、Aの夫Dと上記Cの孫にあたる代襲相続人E・Fについては、Aの慰謝料（1,800万円）を共同相続することによってその精神的苦痛は慰謝されるとして、固有の慰謝料を否定（債務不履行と不法行為の競合）。

＊大阪高判平成13・7・26判時1797号51頁, 判夕1095号206頁……Y病院で脳神経減圧手術の後に、まもなく発生した脳内血腫等により死亡したA（48歳・女）について、Yの説明義務懈怠の過失によりAが救命可能性のある治療行為を受ける機会を失った点で、Aに1,000万円の慰謝料を認めたが、近親者固有の慰謝料は否定。

【判　旨】
「本件に現れた一切の事情を考慮すると、Aの同精神的苦痛を慰謝するための慰謝料は1,000万円と評価するのが相当である（控訴人らは、さらに近親者としての独自の慰謝料請求もするが、本件事案に鑑みて、上記過失と相当因果関係のある慰謝料はAの精神的苦痛に対するものに限定するのが相当である。）」

［地裁］
【肯定例】
＊東京地判昭和5・2・20新聞3094号14頁, 評論19巻民法555頁……Yの過失ある自動車運転により死亡したAの慰謝料は、Aの社会上の地位、職業、収入、被害の状況その他諸般の事情と、Aと原告の身分関係を参酌し、家督相続人であるAを喪った者及び妻は500円、子供は200円を相当とする。

＊広島地呉支判昭和12・2・9新聞4176号7頁……交通事故で、唯一の頼りの長男Aを失った両親B・Cの慰謝料は、Aの過失、及びAとB・Cらの年齢、家族、経歴、財産、職業等を考慮し、かつその際受けた見舞金をも参酌して100円とする。

＊東京地判昭和12・3・29新聞4129号5頁……内縁の妻Aを殺害した夫YがAの父Bに対して支払う慰謝料の額は、Aの年齢、身分、Yの地位・職業その他諸般の事実関係、Bの年齢・職業・生活程度等を参酌して300円を相当とする。

＊東京地判昭和16・3・5評論30巻民法546頁……幼児であっても父母の死亡に対する慰謝料請求権を有する。

＊東京地判昭和32・1・24不法行為下級民集昭和32年度（上）19頁……交通事故で死亡したA（5歳・女）につき、父Bの職業・資産、母Cが事故後数ケ月は床につき見るに忍びないほどの精神的苦痛を受けていること、女の子はAともう一人だけであること、加害者Yはバンガロー経営や妻名義の料理店を営み相当裕福であること、見舞金として1万円を持参し葬儀にも参列したこと、その他の事情を総合してAの両親に対する慰謝料は各15万円を相当とする。

＊神戸地洲本支判昭和32・8・19不法行為下級民集昭和32年度（上）197頁……自動車事故死したA（1歳2ケ月。女）の両親B・Cの慰謝料は、Aが健康優良児として特に寵愛されていたこと、加害者Yの過失の程度、Aの年齢やB・Cの生活状態、B・CのAに対する監督上の過失等を考慮して、各3万円が相当である。

＊東京地判昭和32・12・23下級民集8巻12号2395頁,

〈第5章〉慰謝料請求権者の範囲

判時136号10頁……Yの不法行為により死亡したAの遺族に対して，Yが弔慰金や見舞金を贈って弔意を表し，遺族の窮状を軽減するため住宅や就職先を斡旋するような誠意を披瀝して有形無形の慰謝方法を講じた場合，社会的標準からすれば，それによって遺族の精神的苦痛は軽減されたものと認めるのが相当である。
＊名古屋地半田支判昭和39・3・2判タ159号196頁……交通事故死亡被害者A（3歳・女）につき，両親B・Cの固有の慰謝料各20万円を認容（Aの養育費の損害賠償請求は慰謝料に包含と判示）。（被害者側の過失として過失相殺2割）。
＊東京地判昭和40・12・20判タ187号189頁……妻Aが他の男（愛人）と同棲中にAが事故死した場合であっても，夫Bと子6人は加害者Yに対して慰謝料請求権を有する（Bが60万円，子は各30万円）。
＊福岡地小倉支判昭和43・12・18判時552号74頁……夫Aを交通事故で失った内縁の妻Bの慰謝料は，内縁関係の期間（20年），一時重婚的内縁関係にあった事情，Bが長年Aを扶養してきた事情，死亡時のAの年齢（78歳），収入状況等諸般の事情を考慮して40万円が相当である。
＊東京地判昭和44・8・29判タ240号256頁……死者Aと「同居中」だった義父Bは711条の父に準じて慰謝料請求権が認められる。
＊京都地判昭和45・3・3判タ248号178頁……A・B夫婦の離婚調停が成立した日の深夜に夫Aが交通事故死し，Bが葬儀やその後の法事に参加しなかったとしても，BはまだAの妻であって精神的苦痛を被らなかったとは言えず，慰謝料請求権を有する。
＊東京地判昭和45・6・22判タ253号306頁……死亡した息子Aが事実上他人の養子になっていたとしても，実父Bは慰謝料請求権を有する。
＊大阪地判昭和45・12・24交民集3巻6号1925頁……自転車のA（7歳・男。小学生2年生）が後方から来たY車に衝突され死亡した事故で，両親B・C固有の慰謝料各150万円を認容（A自身の慰謝料請求権の相続性は否定）。
＊岡山地判昭和46・3・31交民集4巻2号555頁……息子A（22歳・男。大学生）が事故後2日目に死亡した事例で，B・Cが離婚したあと父Bが養育していたなどの事情のある事例で，両親B・Cに固有の慰謝料請求権を認めた事例。
【判旨】
「原告らは昭和20年3月に婚姻し，Aおよび長女をもうけた後，事情あつて離婚するにいたつたものであるが，その後子供2人を原告Bが養育し，子供の成長を生甲斐としていたものであり，Aにおいても前途ある青年で，原告Bの期待に応えるべく勉学にいそしみ就職も決めていたものであり，本件事故によりその生命を絶たれるにいたつた無念さは甚大なものであり，その他本件事故の態様等諸般の事情を斟酌すると，その肉体的精神的苦痛あるいは精神的苦痛を慰謝するに金銭をもつてするとすれば，Aにおいて100万円，原告Bにおいて200万円，原告Cにおいて20万円とするのが相当である。」
＊東京地判昭和51・12・23判時857号90頁……交通事故で妻Bが負傷し胎児Aを人工中絶した事例で，Bと夫Cの無念を推測し，両者に各100万円の固有の慰謝料を認容（妻B生存事例）。
＊東京地判昭和53・2・27交民集11巻1号276頁……交通事故死亡被害者A（49歳・女。地方公務員）の慰謝料につき，慰謝料請求権の相続性を否定した上で，姉BはAと密接な生活関係があって711条所定の者と同視できる身分関係があるとして，300万円の固有の慰謝料を認めたが，兄CにはAとの関係で生活実態等がないとして否定。
【判旨】
「被害者の死亡による近親者固有の慰藉料については，その者が民法711条所定の近親者以外の者である場合は，被害者との間に同条所定の者と実質的に同視し得べき身分関係があった場合に限って認められるものと解すべきところ，Bが亡Aの姉であることは前記のとおりであり，《証拠略》を総合すると，Bは幼時から本件事故当時まで引き続き亡Aと同居して生活してきたものであり，自らも亡A同様独身であるので将来も亡Aと同居し助け合いいたわり合って老後を過すつもりであったが，本件事故によって突然亡Aを失い老後を1人で過さなければならなくなったものであることが認められ，右事実によると，Bは亡Aとの間に民法711条所定の近親者と同視し得べき身分関係が存し，亡Aの死亡によって深甚な精神的苦痛を蒙ったものと認められるから，Bに対しては慰藉料請求権を肯定するのが相当であり，Bと亡Aとの以上のような関係および後記認定の亡Aが加害車に同乗するに至った事情，その他本件に顕れた諸般の事情（ただし，亡Aの過失の点は除く。）を斟酌すると，右慰藉料の額は300万円をもって相当と認める。」
＊福井地判昭和55・1・31判時983号110頁……妻B（26歳・女）が交通事故に遭い，妊娠10ヶ月の胎児Aを流産した場合，Bとともに夫Cも固有の慰謝料請求権を有する（B170万円，C80万円を認容）。
【判旨】
「原告Bは事故当時26歳の主婦で同年令の原告Cと昭和53年に結婚し，初めて懐胎した子をしかも出産予定日を目前にして失ったもので，その他諸般の事情を

〈5-2〉711条所定の者（父母・配偶者・子）

考慮すると，原告Bの精神的，肉体的苦痛を慰藉するに足る金額は金170万円をもって相当と認める。次に原告Cの損害につき，死産を妊婦に対する傷害として原告Bに慰藉料請求を認める限り，民法711条の規定に照らして夫たる原告Cの慰藉料請求は制限されることとなるが，死産は同時に実質的には胎児の生命に対する侵害というべきであって，ことに死亡した胎児が10か月であって出生目前であった本件においては胎児の父である原告Cも妻とならんで慰藉料請求権を取得すると解すべきである。原告Cが精神的苦痛を被ったことは容易に推察されるところ，右の苦痛に対する慰藉料は金80万円をもって相当と認める。」

＊横浜地判昭和55・12・25交民集13巻6号1678頁……バックしたYの普通貨物自動車に歩行者A（79歳・女。家事従事）が衝突・死亡した事故で，Aの息子B（既に死亡）の妻Cに711条の類推適用により固有の慰謝料250万円を認めた事例。

【判　旨】

「原告Cは被害者Aと固い信頼に結ばれ，互いに扶けあって一家の生計を支えていたことが認められ，原告Cは被害者Aの死亡によって大きな精神的打撃を被ったことが推認でき，かかる特別な事情がある以上，原告Cは被告に対し，民法711条の類推適用により，固有の慰藉料請求権を有するものと認められ，右精神的苦痛に対する慰藉料としては少なくとも金250万円を下らない額と認めるのが相当である。」

＊東京地判昭和56・9・21判時1044号398頁，判タ459号127頁……Y病院の担当医師Y₂の過失により，気管支ぜんそくの患者A（32歳・女）が気管支閉塞によって窒息死した事故で，Aの母B，兄C，弟Dにつき，慰謝料を下記のように認容（A本人分は算定せず）。

【判　旨】

「本件診療契約の当事者はAであるから，右契約当事者でない原告らには右契約上の債務不履行を理由とする慰藉料請求は認めるに由ないものというほかはないが，原告らは予備的に不法行為を主張し，前判示の被告病院医師らの行為は不法行為を構成するものということができるから，Aの母Bの内縁の夫Eを除く原告らは，Aの近親者として同女の死亡により被った右精神的苦痛に対する固有の慰藉料請求権を取得し，被告は右医師らの使用者としてその賠償の責に任ずべきものと言うべきところ，本件に顕れた一切の事情を斟酌すると，右慰藉料の金額はBにつきその主張の300万円を下らないものというべく，Aの兄C，弟Dについては各50万円をもって相当と認める。」

＊東京地判昭和56・10・27判時1043号81頁，判タ462号143頁……分娩時の細菌感染によって死亡した妊婦A（32歳・女）につき，医師Yが十分な抗生物質を投与しなかった過失を肯定し，Aの夫Bに500万円，子Cに300万円の慰謝料を認容。

【判　旨】

「原告Bは，（中略）本件事故によってAを失い，そればかりか，その結果長子である原告CをAの実姉夫婦と養子縁組させこれを養育してもらわざるを得なくなり，原告Cと一緒に生活することもできないでいること，原告Cは生まれながらにして実母を失い，また実父と一緒に生活することもできないでおり，いずれも甚大な精神的苦痛を被ったことが認められ，前記認定したAの死亡に至る経緯，被告Yの過失の態様その他本件にあらわれた諸般の事情を考慮すると，原告らの被った右精神的苦痛に対する慰謝料の額は原告Bについて500万円，原告Cについて300万円とするのが相当である。」

＊新潟地判昭和56・10・27判時1053号150頁，判タ457号153頁……医療事故により死亡したA（11歳・女）につき，母親B固有分と本人分とを合わせて700万円の慰謝料をBに認容。

＊東京地判昭和57・2・22判時1049号68頁，判タ466号156頁……重症筋無力症患者A（20歳・男）に栄養補給のゴム管を誤って気管に挿入・注入してしまったため，Aが呼吸麻痺で死亡した事故で，慰謝料につき，父Bに300万円を認容（A本人分は算定せず）。

＊宇都宮地判昭和57・2・25判タ468号124頁……Y開業医がA（39歳・女。主婦）の硬性胃がんを胃潰瘍と誤診したため，Aが治療機会を失い死亡するに至ったとして，YにAに対して債務不履行を理由とする慰謝料の賠償責任100万円を認めた事例（遺族からの請求は否定）。

＊福岡地久留米支判昭和57・9・22交民集15巻5号1244頁……Yの車と自転車のA（35歳・男）の接触によりAが死亡した事故につき，妻と5人の子供がいる場合，Aに総額1500万円の慰謝料を認めた事例（遺族分は算定せず。過失相殺2割）。

＊東京地判昭和57・9・30交民集15巻5号1296頁……赤信号で交差点に入りY車と衝突し死亡したA（25歳・男。会社員）の両親B・Cに各600万円の慰謝料を認容（過失相殺7割。A本院分は算定せず）。

＊東京地判昭和58・8・22判タ511号199頁……交通事故被害者で第2子の妊娠初期（2ケ月）のA（年齢不詳・女）が胎児への悪影響を懸念して産婦人科医師の意見を聞いた上で妊娠中絶した事例で，Aに80万円の慰謝料を認容（夫Bには否定）。

【判　旨】

「一般に，妊娠初期の胎児の成長過程は非常に不安定な状態にあって，一定のX線照射を受けた場合，胎

〈第5章〉慰謝料請求権者の範囲

児に重大かつ危険な影響を及ぼしかねないことは知り得るところであるから，前記のとおり産婦人科医の意見を聞いたAが奇形児出生の不安を抱いたことは社会通念上是認することができる。そして，妊娠中絶は，母体に対する傷害と同視し得るから，前記認定の諸事情に照らせば，Aが妊娠中絶に関して受けた精神的苦痛に対する慰藉料は金80万円と認めるのが相当である。」

＊東京地判昭和58・11・10判時1100号96頁，判タ525号202頁……F液とG液を型に注入し，ウレタン発泡成形加工作業にY社で従事中に，A（32歳・男）が中毒性症状に罹り死亡した事故につき，Y会社の安全配慮義務違反と不法行為責任を認め，慰謝料につき，Aの妻Bに300万円，娘Cと息子Dに各200万円，Aの両親E・Fに各100万円を認容（A本人分はAの体質にも原因があったとして特に算定せず）。

【判　旨】

「原告らは，本件事故により，それぞれ夫，父親，子を失い，大きな精神的苦痛を被ったと認められる。しかし他方，（中略）Aの体質も本件事故の原因となっていると認められ，その他本件事故の態様等諸般の事情を考慮すると，本件事故により原告らが被った精神的苦痛に対する慰藉料の額は，原告Bについては300万円，原告C及びDについては各200万円，原告E及び同Fについては各100万円が相当である。」

＊盛岡地判昭和59・8・10判時1135号98頁，判タ532号253頁……ひき逃げ事故でA（54歳・男）が死亡したが，長期間経過して公訴時効完成後に，民間人の調査によりYの加害車両がつきとめられた事件で，まだAの息があったのにYが何ら救護の手立てを尽くさず，Aを放置して逃げたためAは現場で死亡したこと，16年間の長期にわたって加害者不明のまま経過したこと等を考えると，Aの遺族らの悲しみ，悔しさ，憤りは筆舌に尽くし難いものがあるとして，Aの妻Bに500万円，子Cに150万円の慰謝料を認容。

＊東京地判昭和59・10・26交民集17巻5号1447頁……離婚後，8年間父Bが育ててきたA（11歳・男）が，停車中のY車のボンネットにふざけて乗ってきたので，Yも面白半分にそのまま車を発車させ，Aが転落・Y車に轢かれて死亡した事故につき，A自身の慰謝料1,000万円，B固有の慰謝料250万円，母C固有の慰謝料200万円を認容（過失相殺1割）。

＊横浜地判昭和60・5・14判時1168号99頁，判タ562号173頁……交通事故で死亡したA（21歳・男。美術学校生）の両親B・Cの慰謝料請求で，Aは美術学校で絵を学んでいて絵画で生計を立てる計画であったこと，加害者Yの自動二輪車にAが同乗していただけなのに，YはAが運転していたと主張して事実上刑事責任を免れ，B・Cへの損害賠償にまったく応じていないこと等の事情を考慮して，B・Cに各300万円の固有の慰謝料を認容（A本人分は算定せず）。

＊東京地判昭和61・2・24判時1214号97頁……Y病院での麻酔事故で患者A（60歳・女）が植物状態になった後，ついには死亡した事例で，A本人分の慰謝料1,000万円，Aの夫Bと息子Cに固有の慰謝料各150万円を認容（B・CによるYに対する制裁的慰謝料の請求は認めず）。

＊長野地上田支判昭和61・3・7労働判例476号51頁……Y社の生コン製造工場での労災事故でA（18歳・男。Y社従業員）が死亡したのに，使用者Y側に反省がない事案での慰謝料につき，A本人分600万円，両親B・Cに各300万円，Aの妹Dに100万円の固有の慰謝料を認容。

＊千葉地判昭和61・7・25判時1220号118頁，判タ634号196頁……診療要請をY医師が断り，他の病院に搬送中に救急患者A（1歳1ケ月・女）が気管支肺炎で死亡した事案で，Yの医師法19条1項の応召義務違反を認め，慰謝料につき，A本人分700万円，両親B・C固有各350万円を認容。

＊大阪地判昭和61・12・25判時1247号111頁，判タ642号217頁……A（41歳・男）の承諾殺人事件で，加害者Yに対する慰謝料請求につき，承諾があったとしてA自身の慰謝料は認めず，Aの妻B固有分400万円のみを認容。

＊金沢地判昭和62・6・26判時1253号120頁……Y町立中学校の高圧受電設備の周囲の金網フェンスの張り替え作業中にA（36歳・男）が感電死した事故で，Aの慰謝料1,500万円を認容（妻Bや3人の娘固有分は算定せず）（過失相殺7割）。

＊京都地判昭和62・7・17判時1268号117頁，判タ655号217頁……ビタミンK欠乏症による乳児A（男）の死亡事故で，医師Yの過失を認め，延命の可能性を考慮して，Aの両親B・Cに各500万円の慰謝料を認容（A本人分は算定せず）。

＊大阪地判昭和62・7・17判時1284号111頁……1級河川の護岸にS市が設置したコンクリート製安全柵を開けて護岸に立ち入って遊んでいたA（9歳・女。小学生）が護岸から転落して溺死した事案で，府知事の管理の瑕疵を認め，国賠法2条・3条に基づきAの両親B・Cに慰謝料各600万円を認容した上で，その3分の2を過失相殺。

＊名古屋地判昭和62・11・13判時1267号111頁，判タ675号190頁……N市の公民館の窓ガラスにA（7歳・男・小学校2年生）が激突死した事故で，N市の営造

〈5-2〉711条所定の者（父母・配偶者・子）

物責任を認め，慰謝料として，Aの両親B・CにA本人分も含めて各500万円を認容（Aの過失割合6割を認定）。

＊東京地判昭和62・12・21判時1287号95頁……飲酒酩酊して車を運転し，交通事故に遭い，Y病院に運ばれて手術を受けたが，Y₂医師の診療上の過失で死亡したA（38歳・男。自営靴職工）の慰謝料につき，輸血・回復手術が適切に行われたとしても死亡に至る可能性が少なからずあったとして，慰謝料につき，A本人分700万円，妻B固有分200万円，息子Cと娘D固有分各100万円を認めた上で，Aの上記の行為を考慮して過失相殺の法理の類推適用により，すべてについて5割を減額。

＊大阪地判昭和63・6・27判時1294号72頁，判タ681号142頁……大阪府H市で，両親B・CがAを大人の付き添いなしに戸外で遊ばせていて野犬に噛み殺されたA（4歳・女）につき，両親B・Cの不注意も認めた上で，府の条例違反を認定し，府に対するB・C各100万円の慰謝料請求（国賠法1条）が認められた事例（A自身については算定せず）。

【判　旨】

「B・Cは本件事故当日の午前中から事故時までAを大人の付き添いなしに戸外で遊ぶに任せていたことが認められ，本件事故そのものもB・Cによってではなく府職員によって発見されたのは前記認定のとおりであって，その間B・Cが特にAの行動に気を配っていたような事情や，あるいは事前に遊び場となる場所の安全性を具体的に点検していたような事情は証拠上うかがわれない。このようなB・Cの態度は，Aが4歳の幼児であって身を守る能力に欠けていることを考えると，いささかうかつといわざるを得ない。また，前記認定によれば，本件事故現場から約1キロメートルとそう遠くない田辺方付近では野犬の危険性が住民によって十分認識されていたのであるから，B・Cとしてもその危険性を知る機会をもち得たのではないかとも考えられる。

その他，本件事故は知事の積極的不法行為によるものではないこと，本件事故はH保健所が麻酔銃班を呼んで野犬の捕獲にかかろうとしていた矢先の事故であって全く手をこまねいていたわけではなかったこと，前記認定の逸失利益金額等本件にあらわれた諸般の事情を総合考慮すると，B・Cの苦痛を慰謝するには，各金100万円をもって相当と認める。」

＊東京地判昭和63・9・16判タ686号226頁……Y産科病院で夜間当直の看護婦Y₂が陣痛室と看護婦詰所を結ぶインターホンを機能する状態にしておかなかったため，産婦A₂が医師や看護婦と連絡が取れないまま，新生児A（0歳・男）を墜落分娩し，Aが死亡した事案で，慰謝料につき，A本人分500万円，母A₂に750万円，父Bに500万円を認容。

＊大阪地判平成1・3・10交民集22巻2号353頁……自動車レース場においてスポーツ走行中のA（18歳・男。高校生）が高速の後続車に接触されて転倒・死亡した事故で，Aの両親B・Cに各750万円の固有の慰謝料を認容（A本人分は算定せず）（過失相殺5割）。

＊浦和地判平成1・3・24判時1343号97頁，判タ714号91頁……市管理の水路に幼児A（5歳・女）が転落・水死した事故で，市の水路管理の責任を認めた事例（国賠法2条）。Aの両親に固有の慰謝料各400万円を認めたうえで，4割の過失相殺を適用。

＊東京地判平成2・3・12判時1355号95頁，判タ734号210頁……Y病院で夜間に医師が不在で対応できず，帝王切開で分娩中に子宮が破裂して胎児A₂を死産したA（年齢不詳・女）の慰謝料として，A自身に700万円，Aの夫Bに200万円を認容。

＊広島地判平成2・10・9判時1388号96頁，判タ750号221頁……薬剤ショックで死亡したA（42歳・女。主婦）の夫BとAの弟Cに固有の慰謝料が認められた事例（夫900万円，弟100万円）。

＊＊福島地いわき支判平成2・12・26判時1372号27頁，判タ746号116頁……A（14歳か15歳かは不詳・男。中学3年生）が同級生から度重なる金銭強要や暴行等のいじめを受けて自殺した事件で，両親B・C固有の慰謝料として各500万円，実質的な親代わりとしてAの監護指導をしていた祖母D固有の慰謝料として300万円を認容。しかし，A側にも精神力等の点で問題があったとして過失相殺の法理の類推適用により学校側の責任を3割に縮減。（いわき市いじめ自殺事件）。

＊岡山地津山支判平成3・7・10交民集24巻4号809頁……交通事故で負傷したA（50歳・男）がうつ病に罹り自殺した事例で，Aの養父Bと実母Cに固有の慰謝料として各50万円を認容。

＊東京地判平成3・7・23判時1427号84頁，判タ778号235頁……故意による刺傷事件の被害者としてY病院に運ばれ，Yの医療過誤もあって死亡した大韓民国国籍のA（27歳・男）の慰謝料につき，A本人分2,000万円，Aの母B固有分200万円をYに対して認容。

＊東京地判平成3・10・16判タ792号195頁……殺人事件被害者Aについて，A自身に2,000万円，両親B・C固有分として各300万円の慰謝料を認容。しかし，Aの兄Dからの固有の慰謝料請求は否定。

＊名古屋地判平成4・2・7交民集25巻1号158頁……交通事故死亡被害者A（27歳・男。会社員）の慰謝料につき，A本人分1,500万円，妻Bに400万円，2人の子C・Dに各200万円，両親E・Fに各150万円の

〈第5章〉慰謝料請求権者の範囲

固有の慰謝料を認容。

＊札幌地判平成4・5・14労働判例612号51頁……A（31歳・男。個人事業者）が配線工事中に感電死した事故で，元請会社Yの安全配慮義務違反を認め，Aの妻Bに1,000万円，2人の娘C・Dに各500万円の慰謝料を認容。

＊東京地判平成4・5・26判タ798号230頁……妊娠中毒症による脳内出血で死亡した妊婦A（32歳・女。主婦）につき，A本人に1,000万円，夫Bに300万円，Aの両親C・Dに各100万円の固有の慰謝料を認容（胎児も死亡）。

＊松山地判平成4・9・25判時1490号125頁，判タ815号205頁……妊婦Cの子宮破裂によりAが低酸素状態で重篤な脳性麻痺で出生し，1年8ヶ月後にAが死亡した事故につき，A本人分700万円，Aの父Bに固有分400万円，母Cに固有分500万円の慰謝料を認容。

＊東京地判平成4・10・16判時1470号96頁……仮死状態で出生したA（死亡時1歳・女）が低酸素症の脳機能障害を起こしてその後死亡した事案で，担当医師Yにその防止義務を怠った過失を認定し，慰謝料につき，A本人分1,000万円，両親B・C固有分各200万円を認容。

＊浦和地判平成4・10・28判タ811号119頁……Z高校での高校生同士の喧嘩でAがYに刺殺された事件で，Aの両親B・CにYに対して各900万円の慰謝料を認容（Y本人分は算定せず），Yの両親Y₁・Y₂やZの損害賠償責任は否定。

＊京都地判平成4・10・30判時1475号125頁……縫合不全による医療事故で死亡したA（71歳・女）の慰謝料につき，A本人分1,000万円，夫B固有分200万円，3人の息子に各100万円を認容。

＊広島地判平成4・12・21判タ814号202頁……患者A（女）の死因についての，医師Yによる「死因事後説明過誤事件」のAの夫Bと息子C・娘Dについての慰謝料額。

【判　旨】

「原告らの精神的苦痛に対する慰藉料の額としては，被告Yの説明が医学上の基礎的な認識を欠いたものであること，他方，A（年齢不詳・女）の死亡は結局のところYらの医療の過誤によってもたらされたものではなく，病勢の自然の帰結であって，（中略）その他本件の一切の事情を考慮して，Aの夫Bについて20万円，息子Cと娘Dについてそれぞれ10万円ずつとするのが相当と認める。」

＊神戸地判平成4・12・24交民集25巻6号1505頁……交通事故による同乗の18歳女子Aの死亡事故。B（18歳・男）は運転していたのはAであると主張したが，免許取り消し中のBが運転していたと認定され，Aの慰謝料について無免許運転のBの車に同乗していた事情等から死亡慰謝料1,650万円と算定された事例。

＊新潟地判平成5・1・26判タ813号252頁……A（18歳・女）に心中を同意させて，車の中で一酸化中毒により死亡させ，Yが自分だけ生き残った事件で，Aの慰謝料（1,200万円）には7割の過失相殺をしたが，Aの父B固有の慰謝料には過失相殺をせず，400万円を認容。

＊大阪地判平成5・2・18交民集26巻1号203頁……交通事故死亡被害者A（67歳・女。主婦兼農業従事者）の慰謝料につき，夫Bに1,000万円，2人の息子C・Dに各500万円を認容（A本人分は別途算定せず）。

＊大阪地判平成5・2・22交民集26巻1号233頁……スクールゾーンの道路を時速20km程度で走行中，急に道路に出てきてY運転の貨物車両の前を横切ろうとしたA（2歳・男）が当該車両に轢かれて死亡した事案で，両親B・Cに慰謝料各900万円を認容（被害者側の監督義務違反等の過失相殺2割）。

＊静岡地判平成5・3・26判時1504号111頁，判タ825号189頁……Aが心神喪失状態のアルコール依存症患者Yに殺害された事件で，Aの妻B及びCにつき，深夜まったく面識のないYに住居に押し入られ，何の落ち度もないAが突然殺害された事件の特殊性等を考慮して，B・Cに各2000万円の慰謝料を認容。

＊山口地判平成5・3・31判タ824号197頁……分娩後に産婦A（24歳・女）が大量出血で死亡した事故で，Y医師の陣痛促進剤投与の過失を認め，Aの両親B・Cに各250万円の慰謝料を認容（A本人の慰謝料については不明）。

【判　旨】

「B・Cは，Aの両親として，Aの死亡により精神的苦痛を被ったことは明らかである。しかしながら，被告Yの過失の態様，Aが死亡するに至るまでに，被告Y及び山大附属病院において，Aを救命するため懸命の治療行為が継続的になされたが，出血原因が稀に発生する膣動脈損傷であり，極めて発見困難な部位にあったことから，最も悪い結果に終わらざるを得なかったこと，Aが既に婚姻して独立した家庭生活を営んでいたこと等，諸般の事情を考慮すると，その精神的苦痛に対する慰謝料は，各250万円が相当である」。

＊東京地判平成5・5・28判タ835号219頁……交通事故で死亡したA（17歳・女。高校3年生）につき慰謝料1,000万円，Aの父Bについて，最愛の長女Aを失った悲嘆のほどは計り知れないとして，300万円の固有の慰謝料を認容（過失相殺1割5分）。

＊東京地判平成5・6・14判時1498号89頁……会社で

〈5−2〉711条所定の者（父母・配偶者・子）

勤務中に腹痛で救急搬送されたA（32歳・男。会社員）が，別の大病院に転送されて経過観察中に急性出血性膵炎で死亡した事案で，医師Yの過失を認め，A本人の慰謝料1,200万円，Aの両親B・Cに各150万円の固有の慰謝料を認容。

＊大阪地判平成5・7・13交民集26巻4号894頁……Bとの交通事故後に同一車線の後続車Cに衝突して負傷したA（52歳・女）が，その後3ケ月半で自殺した。過失割合はBとの関係で5割，Cとの関係で8割であった。Aの遺族D・Eからの固有の慰謝料請求について「上記と同率の」過失相殺を適用し，Dに150万円，Eに60万円の固有の慰謝料を認容。

＊大阪地判平成5・9・6交民集26巻5号1169頁……浴場経営者B・Cの長男Aが道路脇の公衆電話で通話中に落としたタバコを拾おうとしたところ，前方をまったく見ないで走行していたY運転の車にはねられ負傷後9ヶ月後に死亡した事故で，受傷部位が脳挫傷であること，死亡に至る経緯，年齢，家族構成その他の諸事情を考慮して，B・Cに各200万円の固有の慰謝料を認容。

＊大阪地判平成5・9・17交民集26巻5号1209頁……ZタクシーにY車が衝突した結果，タクシーの乗客A（59歳・女。共同組合事務員）が死亡した事故で，その慰謝料につき，A本人分1,000万円，Aの娘Bと息子Cに固有分各500万円を認容。

＊大阪地判平成5・9・27交民集26巻5号1215頁……信号機のある交差点での車の衝突事故のA（29歳・男。会社員）の死亡につき，Aの慰謝料として1,200万円，妻B固有の慰謝料として600万円，子供CとDの固有慰謝料として各200万円，Aの両親E・F固有慰謝料として各100万円を認容（過失相殺3割）。

＊青森地判平成5・9・28判時1505号127頁，判タ857号139頁……高校のボート部の練習中の転覆事故により，一人息子のA（16歳・男。高校生）が死亡した事案で，Aの両親B・Cに各750万円の慰謝料を認容（余り泳げないのに練習も特に認められなかったなどの理由で過失相殺は5割のみ）。

＊大分地判平成5・10・20交民集26巻5号1299頁……交通事故死亡被害者A（24歳・男。大学3年生）の慰謝料につき，A自身の慰謝料として1,200万円，Aの両親B・C固有の慰謝料として各150万円を認容。

＊福岡地判平成5・11・25判タ857号214頁……病院で貧血の点滴を受けていたA（43歳・女，パート従業員）が，点滴終了後に嘔吐し，それを誤飲して気道閉塞で死亡した事故で，医師の過失を認め，Aの夫Bと子Cに各800万円の固有の慰謝料を認容。

＊＊静岡地沼津支判平成5・12・1判時1510号144頁……患者A（44歳・男）を呼吸障害と診断したのに，その後の危険を予見して準備せず，救急センターへの転送につき救急車を使わずにAの家族の車で行かせたために気道閉塞でAが死亡した事故で，突然Aを失ったこと等を考慮して，A自身の慰謝料1,400万円，遺族固有の慰謝料として妻Bに500万円，子CとDに各150万円を認容。

＊大阪地判平成6・1・14交民集27巻1号17頁……横断歩道を横断中にY車と衝突・死亡したA（84歳・男。元大工）が，年金と近所の大工仕事で小遣い稼ぎをしていた場合につき，A本人分の慰謝料1,500万円，Aの妻B固有の慰謝料300万円を認容（Aの逸失利益につき過失相殺6割）。

＊静岡地浜松支判平成6・2・7判時1502号129頁，判タ855号232頁……Y不動産会社の犯罪歴があり不良な勤務状況にある従業員Y₂が自社でアパートの鍵を管理していることを利用して，乱暴目的で賃借人のA（24歳・女。H医大生）の部屋に侵入し，Aを殺害した事案で，民法715条によるY会社の使用者責任を認め，Aの両親B・Cに各1,000万円，Aの妹Dに500万円の固有の慰謝料を認容（故意不法行為。A自身については算定せず）。

＊京都地判平成6・3・29交民集27巻2号457頁……新聞販売店を夫Bとともに経営するA（49歳・女）が新聞配達中に，飲酒運転のY運転の車に追突・ひき逃げされ死亡した事案で，その事情を総合判断して，A本人分，夫Bと2人の娘C・Dの分を総計して2,200万円の慰謝料を認容。

＊水戸地判平成6・3・30判時1525号106頁……公職選挙法違反で逮捕されたA（年齢不詳・男。農業）が留置場で自殺を図り，その後に急性心不全で死亡した事例で，警察や担当嘱託医に応急措置義務違反等の過失があったとして，A本人の慰謝料は否定したが，Aの妻Bと息子Cに各100万円の慰謝料を認容。

＊大阪地判平成6・4・13判タ862号281頁……河原に降りようとして誤って転落し，頭部や左胸などを打撲したA（70歳・男，無職）の診察をした医師に過失があり，Aが脾臓破裂で死亡した事案で，A本人の慰謝料1,200万円，Aの3人の子B・C・Dに各100万円の慰謝料を認容。

＊大阪地判平成6・5・26交民集27巻3号701頁……歩道の縁石に腰かけていたA（14歳・女。中学生）にY車が衝突しAが死亡した事故で，A本人分1,800万円，Aの父母B・C固有分各100万円を認容。

＊東京地判平成6・8・23交民集27巻4号1057頁……飲酒・居眠り運転のYの車が道路左端を歩いていたA（68歳・男）に衝突し，頭蓋骨骨折で死亡させ，その

〈第5章〉慰謝料請求権者の範囲

まま逃げた事故で、Yは任意保険に入っておらず、Yの父Zも損害賠償を連帯保証すると言いながら具体的交渉に入らず、金額も4,50万円程度を予定していたと常識外れの言動をしていること、その他諸般の事情を考慮して、Aの妻Bに1,200万円、A・B間息子Cと娘Dに各600万円の慰謝料を認容（A自身については算定せず）。

＊宇都宮地判平成6・9・28判時1536号93頁……手術のため入院中のA（3歳5ケ月・男）がベッドから転落し、4ケ月間意識喪失の後に死亡した事故で、Aの病気の重症度等も考慮して両親B・Cに各100万円の慰謝料を認容。

＊大阪地判平成6・10・20判時1540号82頁、判タ890号220頁……アルコール依存症のA（42歳・日雇い労働者）がY病院に入院後に麻酔剤投与ミス等により急性アルコール中毒で死亡した事故で、A本人の慰謝料1,000万円を認めたが、Aの母Bの慰謝料請求は認める必要がないとして否定。

＊仙台地判平成6・10・25判タ881号218頁、労働判例670号46頁……交通事故被害者A（57歳・男、土工兼農業）が輸血に起因する劇症肝炎で大変苦しんで死亡した事件で、A本人分2,200万円、Aの妻B固有分200万円の慰謝料を認容。

＊神戸地判平成6・10・25交民集27巻5号1471頁……交通事故死亡被害者A（20歳・男。高等専門学校生）について、両親B・Cに各900万円の慰謝料を認容（過失相殺1割5分。A本人分は算定せず）。

＊東京地判平成6・12・8交民集27巻6号1786頁……Yの車とBの自動二輪車の衝突・事故で、Bは免許取得1年以内なのに後部にA（15歳・男。高校1年生）を乗せてスピード違反で走行していた事実（道交法71条違反）を認定し、死亡したAの両親B・Cについて、Aに寄せる期待が大きかったこと、訴訟での被告Yらの不誠実な態度、事故後6年を経過していること等を考慮して、B・Cに各900万円の慰謝料を認容（過失相殺5分。A本人分は算定せず）。

＊水戸地土浦支判平成6・12・27判時1550号92頁、判タ885号235頁……私立高校の野球部の練習中に、サーキット・トレーニングをしていた野球部員のA（16歳・男。高校生）が倒れて心不全で死亡した事故で、監督・コーチに過失があったとして学校に715条の使用者責任を認め、A本人分1,800万円、Aの両親B・Cに各100万円の慰謝料を認容。

＊松山地判平成7・1・18判タ881号238頁……Yの行為により母Cが子Aを「早産」し、Aが死亡した場合、未認知の父Bは法律上の父と同じ精神的苦痛を被っているとして、法律上の父に「準じて」Bに固有の慰謝料を認容（BとCに各600万円）。

＊福岡地判平成7・1・20判時1558号111頁……肝硬変になりつつある患者A（58歳・男。無職）の診察をしていた医師Yが、食道静脈瘤破裂の危険性等についてAに適切に説明していなかったため、実際に静脈瘤が破裂した際にAが適切に対応できず死亡した事故で、A本人分1,000万円、Aと一体となって療養に努めていた妻Bに300万円の固有の慰謝料を認容。

＊東京地判平成7・1・31判タ903号202頁……小脳部腫瘍の摘出手術による医療過誤でA（事故時62歳、死亡時65歳・女）が死亡した事故の慰謝料として、A本人分1,600万円、Aの2人の息子B・C固有分各200万円を認容。

＊大阪地判平成7・3・24判時1558号67頁、判タ881号222頁……Y医師らの縫合手術の不備等が原因で、敗血症で死亡した癌患者A（53歳・男）の慰謝料につき、A本人分500万円、妻Bに250万円、2人の息子C・Dに各125万円の固有の慰謝料を認容。

＊高知地判平成7・3・28判タ881号183頁……下半身不随で入院中の患者A（71歳・男）の病室の窓からの転落死亡事故の慰謝料として、妻Bに1,200万円、2人の息子C・Dに各600万円を認容（Aの分は別途算定せず）。

＊前橋地判平成7・6・20判タ884号215頁……Y産院でのFを出産直後に大量出血し、Yの過失も重なり、産婦A（32歳・女。主婦兼会社員）がついには死亡した事故で、A本人分1,400万円、夫B固有分200万円、4人の子・息子C、娘D・E・Fに各100万円の固有の慰謝料を認容。

＊東京地判平成7・6・20交民集28巻3号902頁……Y車の前方不注意、被害者側無過失の交通事故で父C（46歳・男。パブスナック経営）と母D（34歳・女。同店手伝い）を同時に失った子A（9歳・女。小学生）とB（6歳・男）の慰謝料につき、被告側から香典500万円が支払われたことも考慮して、A・Bに各2,800万円の慰謝料を認容（C・Dについては判示せず）。

【判　旨】

「原告らはそれぞれ事故当時Aが満9歳、Bが満6歳であり、その成長には両親の愛情を必要とする年齢であるにもかかわらず、最も頼りとする両親を一挙に失つた悲しみは、察するに余りあるもので、それぞれの慰謝料を各2,800万円と認めるのが相当である。」

＊大阪地判平成7・8・31交民集28巻4号1241頁……交通事故死亡被害者A（73歳・女。畑作農業）の慰謝料につき、A本人分2,000万円を認め、夫Bと5人の子の慰謝料請求はAの分に含まれているとして否定。

〈5-2〉711条所定の者（父母・配偶者・子）

＊東京地判平成7・9・27交民集28巻5号1425頁……前方走行Z車を追い越す際にY車が中央線を越え，Aの自転車が駐車中のX車の横を通る際に転倒してY車と衝突した事故での死亡被害者A（20歳・男。Z会社契約社員）の慰謝料につき，A本人分1,800万円を認め，その中に両親B・Cの悲しみも考慮したとして，B・C固有分を各50万円だけ認容（過失相殺2割）。

＊東京地判平成7・10・18判時1572号82頁，判タ909号224頁……Y病院で下顎骨形成手術を受けた患者A（事故時19歳・男）が手術後に心停止等を起こし，昏睡状態で約3年間生存した後に死亡した事故で，Yに対して，A本人分1,500万円，両親B・Cに固有分各150万円の慰謝料を認容。

＊那覇地判平成7・10・31判タ893号198頁……障害年金受給者A（47歳・男）の腹腔内出血による出血性ショック死につき，Y医師の過失を認め，Aと遺族に下記の慰謝料を認容。

【判旨】
「A及び原告らの年齢，性別，本件事故の態様，本件事故当時のAの健康状態，原告らとAとの身分関係，本件事故後の原告らの生活状況，その他諸般の事情を総合考慮すると，Aに対する慰謝料は金800万円，妻Bに対する慰謝料は金500万円，娘C及び息子Dに対する慰謝料は各250万円とするのが相当である。」

＊大阪地判平成7・11・15交民集28巻6号1592頁……乳母車を押して道路を横断中のA（82歳・女）がYの車に衝突され轢き逃げされて死亡した事故で，Yが事故の隠蔽工作をしたこと等も考慮して，A本人分1,700万円，Aの子8人に各100万円の固有の慰謝料を認容。

＊東京地判平成7・12・26交民集28巻6号1847頁……交通事故加害者Yが自賠責保険の支払いに協力しないこと，誓約書の内容を履行しないなどの被害者Aの家族が立腹するような態度があること，Aの父BはA死亡のショックで現在も投薬を続けていることなどの事情を考慮して，A自身の慰謝料1,000万円，両親B・C固有の慰謝料各500万円を認容。

＊横浜地判平成8・1・22交民集29巻1号73頁……交通事故死亡被害者A（69歳・女。主婦兼家業の麺製造販売）の慰謝料につき，A本人分を含めて夫Bに1,050万円，息子C・Dと娘Eに各350万円を認容（過失相殺2割）。

＊大阪地判平成8・1・25交民集29巻1号125頁……交通事故でタクシーの乗客Aが重傷を負い，結局植物状態（後遺障害等級1級）になったA（事故時68歳，死亡時71歳・女）と，同じくタクシーに乗っていたAの夫Bも負傷した事故の慰謝料につき，Aの分は全体として死亡慰謝料として1,500万円を算定し，B負傷分はBに100万円を認めたが，他の遺族固有の慰謝料は否定。

【判旨】
「Aの前記した死亡に至る治療経過等に照らせば，全体を死亡慰謝料として評価するのが相当であり，前記した本件事故態様，症状固定以後死亡に至る経過，Aの年齢，既往症等の諸事情を勘案すると，右慰謝料として1,500万円を認めるのが相当である。」

＊東京地判平成8・1・31交民集29巻1号190頁……交通事故で負傷し，その後死亡したA（71歳・男）の慰謝料につき，A本人分1,500万円，妻B固有分100万円を認めたが，他の遺族の請求はAの慰謝料で十分に考慮したとして否定。

＊東京地判平成8・2・13交民集29巻1号213頁……沖縄県で同僚の海兵隊員Yの運転する車に同乗していて事故に遭い死亡した米国籍のA（30歳・男。米軍海兵隊員）の慰謝料につき，A本人分と遺族分の総計で2,020万円を認容。

＊名古屋地判平成8・2・19判時1566号89頁，判タ905号70頁……登校拒否児童等を情緒障害児童として特別合宿と称するTヨット・スクールの訓練に参加していたA（13歳・男）が，体罰を加えられたりして9日後に死亡した事件で，校長$Y_1$やコーチ$Y_2$らの故意による不法行為責任についての慰謝料として，A本人分2,000万円，両親B・C分計500万円を認容（故意不法行為）。

＊神戸地判平成8・2・29交民集29巻1号282頁……A（年齢不詳・男）が車を運転中にYの車に追突され，3週間で治癒する程度の被害を受けたが，糖尿病等の持病があったので1ケ月半後に死亡した事案で，過失相殺75％を認め，相殺後に3人の子B・C・Dに各250万円の慰謝料を認容（Aからの相続分を含む）。

＊神戸地姫路支判平成8・3・11判タ915号232頁……Y病院でウイルス性脳炎の治療を受けていた患者A（年齢不詳・男）が死亡し，$Y_2$医師および$Y_3$看護師の過失が認められ，その慰謝料につき，A本人分500万円，妻Bおよび子C固有分各100万円，両親D・E固有分各50万円を認容。

＊宮崎地判平成8・3・18判タ927号202頁……患者A（42歳・女）に精神疾患があることを理由に，血液透析を必要とする腎不全患者であるAの治療を断ってAが死亡した事例で，Y病院の医師$Y_2$に裁量範囲逸脱の過失があったとされ，A固有の慰謝料500万円を認めたが，Aの両親B・C固有分は否定。

＊大阪地判平成8・3・21交民集29巻2号443頁……A（20歳・女。化粧品会社美容部員）がY運手の車に同乗していたが，Yによる料金所に衝突という自損事

〈第5章〉慰謝料請求権者の範囲

故でAが死亡した場合のAと両親B・Cの慰謝料。
【判　旨】
　「本件事故の態様，無償同乗であつたこと，Aの年齢，家族構成，被告が保険料を負担した搭乗車保険金1,000万円が原告らに支払われたこと（弁論の全趣旨），逸失利益算定に際し，Aの退職金を考慮しなかつたこと，夫と離別し，Aを支えとしてきた母Bの精神的苦痛は甚大であつたこと等，本件に顕れた一切の事情を考慮すると，Aの死亡慰謝料を1,200万円，原告ら固有の慰謝料を，Bにつき600万円，父Cにつき200万円と認めるのが相当である。」
＊松山地判平成8・3・26交民集29巻2号505頁……
原告F（75歳・男）の次男A（42歳・男）がYの車との衝突交通事故で死亡し，Aの妻Bと子C・D・EがYに対する訴訟でB1,000万円，3人の子各400万円の判決を得て既に金員を受領している場合，Aの父Fが訴訟のことを知らず，原告として訴訟に参加できなかった場合，新たにFがYに対して自己固有の慰謝料請求が許されるとされ，Fに200万円の固有の慰謝料を認容。
＊東京地判平成8・4・15判時1588号117頁……パーキンソン病の治療のために母A（78歳・女）が都立病院に入院中，転落防止措置などの適切な看護を受けられずにベッドから落ちて，くも膜下出血を引き起こして死亡した事故で，Aと2人暮らしだった長男Bに200万円の慰謝料を認容。
【判　旨】
　「Bの損害が，Aの死亡そのものによる精神的損害ではなく，Aが適切な看護を受ける機会を奪われたことによる精神的損害であること，（中略）BはAと2人暮らしをしており，Aに対する愛情が深かったと認められること，BがAの転落を危惧し，医師らにBなりの安全策を要望していたこと，Bが自ら希望してAの入院に付添っていたことなど諸般の事情を総合考慮すると，Bに対する慰謝料の額は200万円をもって相当と認められる。」
＊千葉地判平成8・4・24交民集29巻2号606頁……
Aの普通車とYの事業用大型貨物車の正面衝突事故でA（55歳・男。会社代表取締役）が死亡した事故の慰謝料につき，Aにスピードの出し過ぎ等で90％の過失を認めた上で，Aの妻Bに110万円，2人の息子C・Dに各55万円を認容（A本人分を含む）。
【判　旨】
　「Aと原告らの身分関係，Aの年齢，職業，過失相殺事由があることを含む本件事故の態様及び結果等に照すと，原告らの精神的苦痛に対する慰謝料は，原告Bにつき110万円，原告C及び同Dにつき各55万円とするのが相当である。」

＊横浜地判平成8・4・25交民集29巻2号620頁……
Yの100キロ超のスピードによる飲酒運転車両による電柱への衝突で，同乗のA（26歳・男。司法試験受験生）が死亡した事故で，慰謝料につき，搭乗者保険金の性質に言及した上で，Aの両親B・Cの慰謝料計1500万円を認容（A本人分は別途算定せず）。
【判　旨】
　「原告らに対し搭乗者傷害保険金1300万円が支払われたことが認められる。右保険金は見舞金あるいは謝罪の趣旨を含んでいるとみることができ，遺族の精神的苦痛の一部を慰謝したものと考え，これを慰謝料算定にあたつて斟酌すると，慰謝料としては1,500万円をもって相当と認める。」
＊神戸地判平成8・5・14交民集29巻3号719頁……
自転車のA（19歳・女。大学2年生）が信号無視のY車に跳ねられて死亡した事故の慰謝料につき，A本人分と両親B・C分を合わせて2,200万円を認容。
【判　旨】
　「本件事故の態様，亡Aの傷害の部位，程度，死亡までの期間，同人の年齢，職業，原告Cの本人尋問の結果により認められる原告らの受けた精神的損害，その他本件に現れた一切の事情を斟酌すると，本件事故により亡A及び原告らの受けた精神的損害を慰謝するには，合計金2,200万円をもってするのが相当であると認められる。」
＊神戸地判平成8・5・23交民集29巻3号765頁……
横断歩道歩行中のA（86歳・女。主婦）がY運転の車に跳ねられて重症を負い，約1年後に機能障害から肺炎を引き起こして死亡した事故の慰謝料（Aには夫Bと5人の子あり）。
【判　旨】
　「亡Aの受傷の内容・程度，入院期間，本件事故により同女が死亡するに至つたこと及びその経緯，本件事故が同女の死亡の結果に寄与する割合，同女の年齢，その他本件に現れた一切の諸事情を総合考慮すると，原告らが本件事故によつて受けた精神的慰謝料は，亡A固有のそれが1,000万円，原告ら（5人の子）及びB固有のそれらの合計が300万円をもって相当とする。」
＊静岡地沼津支判平成8・7・31判時1611号106頁
……Y病院でCが出産した新生児Aが出生2日目に死亡した事故で，医師と看護師の過失を認め，Aの両親である父Bと母Cに各800万円の慰謝料を認容。
＊京都地判平成8・8・22判タ929号113頁……課外授業で，校外で写生中の児童A（11歳・女。小学6年生）がトラックに轢かれて死亡した事故で，Aと親権者B・Cとの親子関係，Aの生活状況，加害者Yと担任教諭の過失内容，事故後の学校側の誤った説明によ

〈5-2〉711条所定の者（父母・配偶者・子）

りB・Cが学校側に迷惑をかけたと思い，交通安全に資するため411万円を学校に寄付していること等の諸般の事情を考慮して，Aの慰謝料の相続分とB・C固有分を併せて，2,100万円を認容（過失相殺1割）。

＊東京地判平成8・9・11交民集29巻5号1353頁……交通事故死亡被害者A（41歳・男。会社員）の慰謝料につき，A本人分1,000万円，妻B固有分800万円，息子C・D固有分各400万円を認容。

＊神戸地姫路支判平成8・9・30判時1630号97頁，判タ942号205頁……A（年齢不詳・男）が飲酒の上自転車で帰宅中に路上で転倒し頭部を強打し，救急車でY病院に運ばれたが，病状が悪化し，その後，Y病院が他のZ病院に転送したが数日後に死亡した事故で，Y側が迅速な転送義務を怠った過失があったとして，治療機会の喪失を認め，その慰謝料につき，A本人分400万円，妻Bと子C・D・E・Fに各100万円を認容。

【判旨】

「仮に医師の治療の懈怠と患者の死亡の結果との間に相当因果関係が認められなくとも，患者の救命の可能性が絶無ではなかったのに，医師が右義務に違反して誠実な治療を怠った結果，患者の救命の可能性を奪った場合には，医師において患者の適切な治療を求める可能性を侵害したものと評価できるから，これによって患者側の被った精神的苦痛を慰謝する責任があるというべきである。」

＊東京地判平成8・10・21判時1601号118頁，判タ939号210頁……患者A（48歳・女。主婦）の再発乳がんの発見が遅れたことがY病院の医師Y₂の過失によるとされた事故での慰謝料につき，Y₂の過失とAの死亡の間の相当因果関係を否定した上で，Aの「延命利益侵害」としてAに300万円の慰謝料を認めたが，Aの夫B固有の慰謝料は否定。

【判旨】

「Aが延命できた期間を具体的に算定することは困難であり，原告B主張の逸失利益はこれを認めるに足りないが，少なくとも，Aは，Y₂医師の前記過失により延命利益を喪失し，精神的苦痛を被ったことが認められる。また，右Y₂医師は，専ら骨転移のみを念頭におき，他の再発型式を全く考えず，骨シンチの結果により骨転移が否定されると，過骨症を疑い，胸部の腫瘤の存在が明らかになった平成4年8月27日の時点においても生検を実施せず，約2ヶ月にわたり，整形外科であるZ医師をして見当はずれともいうべき過骨症に対する治療を実施させ，右腫瘤が大きくなり，それが自潰して血液等が流出し，肺や肝臓への遠隔転移も明らかに認められるという，もはや手遅れの状態に至った同年11月まで乳ガンの再発を看過したものであって，これは医師に対する信頼の点から軽視することはできない。そして，右過失によりAが失望感，怒り，心残り等の感情を味わったであろうことは容易に推察されるところであって，これら本件に現れた一切の事情をも斟酌すると，右精神的苦痛に対する慰謝料としては，金300万円が相当である。（中略）なお，被害者の近親者は，被害者が死亡し，又は死亡したときにも比肩すべき精神的苦痛を受けた場合に限り，自己の権利として固有の慰謝料を請求することができるものと解されるところ，前記過失とAの死亡との間の因果関係が否定される本件の事実関係の下では，B固有の慰謝料を認めることはできない。」

＊東京地判平成8・10・29交民集29巻5号1544頁……自動二輪車のA（17歳・男。高校生）とYの大型特殊自動車との衝突でAが死亡した事故の慰謝料につき，両親B・C固有分も含めてAに2,000万円を認容。

＊大阪地判平成8・11・28交民集29巻6号1755頁……自宅敷地内でYの軽四輪車に轢かれて死亡したA（1歳3ヶ月・女）の慰謝料につき，両親B・CにAの分も含めて計2,000万円を認容。

＊東京地判平成8・12・4交民集29巻6号1767頁……交通事故死亡被害者A（33歳・女。主婦）の慰謝料につき，A本人分1,400万円，Aの夫Bおよび息子C・D固有分各200万円，Aの両親E・F固有分各100万円を認容。

＊東京地判平成8・12・24交民集29巻6号1839頁……交通事故死亡被害者A（52歳・女。主婦）の慰謝料につき，加害者Yの過失が重大であること，植物状態で入院中の娘Cの看護の帰りの事故であること等の悲惨さも考慮して，A本人分1,000万円，Aの夫B固有分800万円，子C・D固有分各300万円，Aの母E固有分50万円を認容。

＊大阪地判平成9・1・23交民集30巻1号92頁……交通事故で受傷後に胃潰瘍で失血死したA（68歳・男）の慰謝料につき，A本人分360万円，妻Bに1,020万円，3人の息子C・D・Eに各340万円を認容。

＊大阪地判平成9・1・31判時1620号104頁……交通事故で重傷を負い，病院に搬送されたA（17歳・男）が一部医療過誤により結局死亡した事案の慰謝料につき，A本人分1,500万円，両親B・Cに各400万円を認容。

＊東京地判平成9・2・18交民集30巻1号231頁……交通事故死亡被害者A（58歳・男。国家公務員）の慰謝料につき，A本人分2,000万円，母Bと娘Cと息子Dに各200万円を認容。

＊千葉地判平成9・2・26判タ941号246頁……医学部進学を目指していたA（18歳・女。高校3年生）の死亡慰謝料として，A本人分1,200万円，両親B・Cの

## 〈第5章〉慰謝料請求権者の範囲

慰謝料として各200万円，Aの姉D及び弟Eの慰謝料として各100万円を認容。

＊福島地いわき支判平成9・3・12判時1636号127頁，判タ961号245頁……睡眠時無呼吸症候群の患者A（44歳・男）がY病院で両側扁桃切除術等を受けた翌日に死亡したので，Aの遺族がYの術後管理義務懈怠を理由に損害賠償等を請求した事故で，慰謝料につき，A本人分2,300万円，両親B・C固有分各100万円を認容。

＊大阪地判平成9・4・23判時1630号84頁，判タ968号224頁……私立中学3年生のA（15歳・女。中学3年生）が同級生の集団暴行により死亡した事件で，事件発生の経緯，態様，Aの受傷内容，年齢，家庭環境，その他一切の事情を考慮して，A本人分2,000万円，Aの母Cに300万円，Aの父Bに200万円の慰謝料を認容。

＊大阪地判平成9・5・23交民集30巻3号745頁……交通事故死亡被害者A（54歳・女。主婦）の慰謝料につき，A本人分1,500万円，夫Bと娘C・息子Dに各300万円を認容。

＊東京地判平成9・7・16判時1619号17頁，判タ949号255頁……航路をそれた外国籍のY社の航空機がソ連上空でソ連戦闘機に撃墜され，妻Aと子B・Cを失った夫Dの慰謝料につき，遺品等も回収されていない事情等も総合考慮して，500万円を認容。その他，母と二人の兄弟を失った者には300万円，母を失った者には120万円，娘を失った者には50万円を認容（死者自身については各1,200万円を認容）。

＊浦和地判平成9・8・12交民集30巻4号1146頁……Yが車をバックさせ，母Cの自転車後部に乗っていたA（9歳・男。小学3年生）に衝突して，Cの目の前で死亡させた事故で，慰謝料として，A本人分1,500万円，Aの父Bに200万円，母Cに300万円を認容。

＊東京地判平成9・8・29交民集30巻4号1232頁……交通事故死亡被害者A（5歳・男）の慰謝料につき，A本人分1,500万円，両親B・Cに各250万円を認容。

＊大分地判平成9・10・17交民集30巻5号1495頁……深夜，国道を車で走行中のA（23歳・男。会社員）がYの軽四輪車を追い越したところ，Y車等からいわれのない追跡を受け，逃れようとしてAが防波堤に激突して死亡した事故で，事故時から3年以上経過後の提訴で3年時効（724条）が完成しているとのYの主張を，加害者を知ったのはそのずっと後で，時効は完成していないとした上で，Aの両親B・Cに各1,000万円の慰謝料を認容（A本人分は算定せず，Aの過失相殺も認めず）。

＊神戸地判平成9・11・5判時1656号117頁……先天性ヘルニアの手術でY病院の過失で死亡した患者A（1歳11ヶ月・男）の両親B・Cにつき，Aの手術は難手術ではなかったこと，B・CはAの死亡を夢想だにしなかったことなども考慮要素として慰謝料各750万円を認容。

＊神戸地判平成9・12・16交民集30巻6号1743頁……交通事故死亡被害者A（72歳・男。土地改良区事務局長兼年金受給権者）の慰謝料につき，A本人分1,500万円，妻Bに450万円，娘C・Dと息子Eに各150万円を認容。

＊東京地判平成10・1・28交民集31巻1号111頁……交通事故死亡被害者A（58歳・男。有限会社代表取締役）の慰謝料につき，A本人分2,300万円，妻Bと娘Cと息子Dに各100万円を認容。

＊横浜地判平成10・2・17交民集31巻1号209頁……交通事故の傷害で急性腎不全になり，心停止を起こし蘇生後脳症になり死亡したA（43歳・男。新聞の拡販・集金・配達などの業務従事者）の慰謝料につき，A本人分1,800万円，母Bに200万円を認容。

＊前橋地判平成10・2・18交民集31巻1号222頁……交通事故死亡被害者A（事故時45歳・男。衛生施設組合主事）の慰謝料につき，Aの妻Bに1,200万円，3人の娘C・D・Eに各400万円，両親F・Gに各150万円を認容（A本人分を含む）。

＊大阪地判平成10・2・23判タ974号186頁……Y病院でのA（63歳・男）のS状結腸の手術で，Y2医師が電気メスの操作を誤り，十二指腸に損傷を与え，その結果，腹膜炎によってAが死亡した事故で，慰謝料につき，A本人分2,000万円，妻B固有分200万円，Aの母C固有分100万円を認容。

＊東京地判平成10・2・25判時1662号98頁，判タ984号135頁……スキーヤーのA（21歳・男。大学3年生）が滑走中に尾根と尾根とを架橋する橋の上でバランスを崩し転落死した事故で，橋の設置・管理の瑕疵を認め，国賠法2条によって設置管理者Yに，Aに対して，A本人分1,800万円，両親B・C固有分各200万円の慰謝料を認容（すべてにつき過失相殺2割）。

＊大阪地判平成10・3・5交民集31巻2号310頁……交通事故死亡被害者A（25歳・男。大型貨物自動車運転手）の慰謝料につき，A本人分800万円，両親B・C固有分各500万円を認容。

＊大津地判平成10・3・31交民集31巻2号536頁……交通事故死亡被害者A（32歳・男。会社員）の慰謝料につき，A本人分1,500万円，妻Bに250万円，Aの両親C・Dに各125万円の固有分を認容。

＊神戸地判平成10・4・24交民集31巻2号607頁……交通事故死亡被害者A（19歳・男。予備校生）の慰謝料につき，A本人分1,200万円，両親B・C固有分各

## 〈5-2〉711条所定の者（父母・配偶者・子）

500万円を認容。

＊前橋地判平成10・5・21交民集31巻3号691頁……交通事故死亡被害者A（6歳・男）の両親B・Cに，Aの分の相続とB・C固有分を併せて，各1,000万円の慰謝料を認容。

＊大阪地判平成10・6・30交民集31巻3号979頁……大型貨物自動車に衝突され，被害乗用車に同乗していたA（28歳・女。ブラジル国籍・日本への出稼ぎ労働者）が車外に放り出されて死亡した事案で，A本人分1,300万円，Aの夫B固有分1,000万円の慰謝料を認容。

＊神戸地判平成10・8・28交民集31巻4号1257頁……交差点で信号を無視して歩行横断してきたA（事故時75歳・男）にYの車が衝突し，Aが重傷を負い，その1年半後に死亡した事故で，Aの慰謝料につき，入通院慰謝料・後遺症慰謝料・死亡慰謝料と区別するのは相当でないとした上で，Aおよび2人の子B・Cの慰謝料合計300万円を認容（過失相殺3割）。

【判旨】

「原告B・Cは，原告Aあるいは原告B・Cに生じた精神的苦痛に対する慰謝料を，入通院慰謝料，後遺障害慰謝料，死亡慰謝料と分けているが，いずれも原告Aあるいは原告B・Cが本件事故によって被った精神的苦痛を慰謝するためのものであるから，このように区別するのは相当ではない。

原告Aが本件によって被った傷害の程度，精神的ショック，右の入院期間（Z病院以前のK病院への通院も含む。）のほか，法律的な因果関係はともかく，本件事故による興奮状態を一契機としてせんもう状態を来してその後回復することなく，娘らと意思疎通もできないまま死亡に至ったという経過など，本件に現れた諸般の事情を総合考慮すると，本件事故によって，原告A及び原告B・Cが被った精神的苦痛に対する慰謝料は，金300万円をもって相当とする。」

＊神戸地判平成10・8・28交民集31巻4号1268頁……道路の端を娘Cとともに歩いていたA（42歳・女。市職員）をYが車で跳ねて死亡させた事故で，Aの夫Bと娘Cに各1,150万円の慰謝料を認容（A本人の慰謝料分を含めて相続構成により算定）。

＊東京地判平成10・8・31交民集31巻4号1293頁……交通事故死亡被害者A（18歳・男。大学1年生）の慰謝料も含めて両親B・Cの慰謝料を下記のように算定。

【判旨】

「事故の態様，受傷内容，死亡に至る経過，Aが両親B・Cの長男であること等の事情を考慮すると，本件事故による慰謝料としては，各1,000万円の総額2,000万円を相当と認める（B・Cは，相続したAの慰謝料請求権をも含めてB・Cの慰謝料として請求するものと理解することができる。）。」

＊大阪地判平成10・9・3交民集31巻5号1338頁……交差点での車同士の衝突事故で，死亡した両親A・B（年齢不詳）の慰謝料につき，A固有分784万円を認め，その子Cに504万円，Aの父母D・E各354万円，B固有分672万円，その子Fに432万円，Cに432万円，Bの父母G・Hに各332万円を認容（すべてにつき過失相殺5割）。

＊大阪地判平成10・10・19交民集31巻5号1543頁……横断歩道を歩行中のA（28歳・女。ホステス）がYの車に跳ねられ死亡した事故で，慰謝料として，Aの子B（8歳・男）固有分も含めて，A自身に2,200万円を認容。

＊東京地八王子支判平成10・10・29交民集31巻5号1582頁……交差点でY車に衝突され，自転車のA（9歳・男。小学生）が死亡した事故での慰謝料につき，A本人分1,000万円，両親B・C固有分各500万円を認容（すべてにつき過失相殺2割）。

＊仙台地判平成10・11・30判時1674号106頁，判タ998号211頁……A（48歳・男。会社代表取締役）がY₁の息子Y₂（精神病で心神喪失状態）に刺殺されたため，Aの妻BがY₁に損害賠償請求をした事案で，慰謝料につき，精神障害者Y₂の保護者Y₁に714条の適用があることを認めた上で以下のように判示。

【判旨】

「本件殺人事件は，Y₂の被害妄想によって引き起こされたもので，亡A自身には，これに遭遇したことについて全く落ち度がないこと，その他同人の年齢，家族構成，本件殺人事件に至る経緯，本件殺人事件の態様等，本件訴訟に現れた一切の事情を考慮すると，同人の慰謝料としては，2,600万円と認めるのが相当である。また，証拠（原告B本人）によれば，亡Aの死亡によって，原告らが突如として敬愛する夫ないし父親を奪われて相当の精神的衝撃を受けたことが認められ，被告の当裁判所における言動その他本件に現れた一切の事情を考慮すると，その金額は，Aの妻Bについて700万円，3人の子C・D・Eについて各200万円と認めるのが相当である。」

＊＊千葉地判平成10・12・25交民集31巻6号1981頁，判時1726号142頁……Yの車がスリップし，脱輪して路側帯付近で応援を待っていたA（29歳・女。会社員）に，スリップしたYの車が追突し，Aが死亡した事件で，Aの年齢，生活状況，家庭環境，事故の態様等の諸般の事情を考慮してA本人分として1,800万円，両親B・C固有分として各200万円の慰謝料を認容。

＊大阪地判平成11・1・22交民集32巻1号149頁……交通事故死亡被害者A（67歳・男。障害年金受給者）の慰謝料につき，Aの弟Bは35年間Aと音信不通でA

〈第5章〉慰謝料請求権者の範囲

の住所も知らなかったこと，Aの姪CはAと面識がなかったことに鑑み，A・B・Cの慰謝料合計として1,800万円を認容。

＊大阪地判平成11・3・8判タ1034号222頁……Y病院の入院患者A（88歳・女。主婦）に対する点滴および硬膜外麻酔時の看護師Y₂の過失を認め，A本人分1,200万円，4人の子B・C・D・E固有分各150万円の慰謝料を認容。

＊名古屋地判平成11・3・26交民集32巻2号556頁……交通事故死亡被害者A（21歳・男。専門学校4年生兼大学4年生（通信教育課程））の慰謝料につき，両親B・C分も含めてAに2,200万円を認容。

＊名古屋地判平成11・4・8判時1734号90頁，判タ1008号192頁……Yクリニックで胃がんの手術を受けた患者A（53歳・女。自営業手伝い）が転院後に死亡した事故で，Aの夫Bと4人の子C・D・E・F（娘・息子各2人）がYに診療契約上の債務不履行があったとして訴えた事案で，Yの過失を認め，慰謝料につき，Aの分も含めて，B固有分1,200万円，C・D・E・F固有分各300万円を認容。

＊大阪地判平成11・5・11交民集32巻3号754頁……交通事故死亡被害者（6歳・男）の慰謝料として，A本人分1,600万円，Aの死亡により抑うつ症が悪化して会社を辞めた父B固有分300万円，母C固有分200万円を認容。

＊大阪地判平成11・5・11交民集32巻3号760頁……交通事故死亡被害者A（9歳・女。小学生）の慰謝料として，両親B・C固有分も含めて，Aに2,100万円を認容。

＊東京地判平成11・5・13交民集32巻3号764頁……A（48歳・男。指圧師）が2輪車で走行中，Yの車が転回禁止であるのに転回してAと衝突し，Aが死亡した交通事故の慰謝料につき，Aに高額の2,800万円を認めた上で，妻Bと3人の子C・D・Eについては固有の慰謝料を否定。

＊東京地判平成11・5・17交民集32巻3号780頁……A（21歳・男。米国籍）が飲酒して基地近くの道路を横断中にYの貨物自動車に轢かれて死亡した事故で，慰謝料総計として2,000万円を認容（過失相殺3割）。

＊大阪地判平成11・5・25交民集32巻3号807頁……Yの車とA（51歳・男。従業員兼取締役）の自転車との衝突でAが死亡した事故で，慰謝料につき，A本人分2,600万円を認めた上で，妻子B・C固有分を否定（過失相殺4割5分）。

＊神戸地判平成11・6・16交民集32巻3号908頁……横転したトラックをレッカーで引き起こす作業中に，操作を誤ってトラックが標識支柱を押し倒し，その支柱が頭部に当たってA（46歳・男。レッカー作業員）が死亡した事故で，Aの妻B，3人の子C・D・E，両親F・G分（300万円）も含めてAに慰謝料2,900万円を認容。

【判　旨】

「Aが勤務先での作業中に不慮の事故により死亡したことは，Aにとっても，その肉親にとっても，著しい精神的苦痛を受けるものであったことは明らかである。A自身の苦痛を慰謝すべき慰謝料のほか，妻子固有の慰謝料，両親の慰謝料を含めて，合計2,900万円とするのが相当であり，そのうち両親の分として150万円ずつ計300万円を認容し，その余の2,600万円をA本人及び妻子の分として認容するのが相当である。」

＊大阪地判平成11・6・28交民集32巻3号940頁……交通事故死亡被害者A（7歳・女。小学生）の慰謝料につき，逸失利益算定での賃金センサス全年齢のライプニッツ係数と初任給・ホフマン係数との差額を慰謝料算定で考慮するとして，A本人分2,400万円と両親B・C固有分計400万円とを認容。

＊神戸地判平成11・7・19交民集32巻4号1137頁……Y₁の車とY₂の車の出会い頭の衝突事故で，Y₁の車の助手席に乗っていて死亡したA（23歳・女。モデル兼イベント・コンパニオン）の慰謝料につき，A本人分2,000万円，一人娘Aを失った父母B・C固有分各200万円を認容。

＊神戸地判平成11・8・4交民集32巻4号1270頁……交通事故死亡被害者A（70歳・男。建設作業員）の慰謝料につき，A本人分2,000万円，妻Bに200万円，3人の子C・D・Eに各100万円を認容。

＊横浜地判平成11・7・30判時1714号112頁，判タ1051号293頁……脳ヘルニアの治療でY病院に入院した患者A（21歳・男。大学3年生）の死亡につき，Yの過失を認め，A本人の死亡慰謝料1,800万円（入院慰謝料は認められず），両親B・C固有分各100万円を認容。

＊大阪地堺支判平成11・9・10判タ1025号85頁……Y市立小学校6年生のA（12歳・女）が病原性大腸菌O157に汚染された学校給食を食べたために食中毒で死亡した事故で，Y側の担当職員の過失を認め，国賠法1条によって，A本人分2,400万円，両親B・C固有分各300万円の慰謝料を認容。

【判　旨】

「本来，安全であるべき学校給食を何の疑問を抱かずに喫食した結果，死亡し，1人の少女の人生が奪われたこと，Aが抱いていた様々な将来の夢や希望も叶わなくなってしまったこと，HUSに罹患し，苦しみ

〈5−2〉711条所定の者（父母・配偶者・子）

ながら死んでいったこと，学校給食における被告の責任の重大さ，その他本件に現れた一切の事情を斟酌すると，本件における，Aの慰謝料としては，2,400万円を相当とする」。（中略）「B・Cは，一人娘であったAを12年間にわたって愛情を持って養育し，Aをみずからの生き甲斐とし，Aの将来について，多くの希望を持って生活していたところ，本来安全であるべき学校給食を喫食した結果，愛する娘を亡くしたその無念さは計り知れないこと，学校給食におけるYの責任の重大さ，その他本件に現れた一切の事情を考慮すれば，本件における，B・Cの慰謝料は，各自300万円を相当とする。」

＊福岡地久留米支判平成11・9・10判タ1055号233頁……母Cが双胎分娩で，第2子Aを仮死状態で出産し，Aが重篤な脳性麻痺になり，それが原因で死亡した事故で，帝王切開手術等を行わなかった病院側の過失を認め，慰謝料につき，A本人分2,300万円，両親B・C固有分各200万円を認容。

＊神戸地判平成11・9・22交民集32巻5号1446頁……A（25歳・男。市職員）がトレーニングで自転車走行中，前方不注意のYの軽自動車に追突されて死亡し，Yが一旦逃走し30分後に現場に戻り逮捕された事故で，A本人分を含めて両親B・Cに各1,400万円の慰謝料を認容。

＊千葉地判平成11・12・6判時1724号99頁……Y市立小学校の水泳の授業中に他の児童との衝突によって脳梗塞を発症して死亡したA（10歳・女。小学校4年生）の事案で，Y市やY₂医師が迅速・適切な治療を怠った過失を認め，慰謝料につき両親B・Cに各1,000万円を認容（A本人分は算定せず）。

＊東京地判平成11・12・20交民集32巻6号1958頁……車で路上を走行中のA（32歳・男。医師）に，5分前に飲酒事故を起こし，大幅なスピード違反で逃走中のYの車が衝突しAが死亡した事故で，A本人の慰謝料2,000万円，1人っ子であるAをYの悪質な交通事故で失った両親B・C固有の慰謝料各250万円を認容。

＊神戸地姫路支判平成12・1・31判時1713号84頁，判タ1024号140頁……教師Yから体罰を受けたA（11歳・男。小学校6年生）が体罰の1時間後に自殺した事件で，良識をもって判断すれば自殺の直接の原因がYの殴打行為にあることが明らかであるのに，学校関係者が自殺の原因が家庭やA自身にあるかのような誤解を与えかねない心ない言動をとったことにより，両親A・Bは精神的苦痛を一層増大させられたとして，A・Bに各200万円の固有の慰謝料を認容。

＊岡山地判平成12・2・3交民集33巻1号219頁……交通事故死亡被害者A（76歳・女。主婦）の慰謝料につき，A本人分1,600万円，夫B固有分200万円，子C・D固有分各100万円を認容。

＊東京地判平成12・2・28判時1732号87頁，判タ1108号230頁……父親Bを提供者として生体腎移植を受けたA（23歳・男。寿司職人見習い）が，Y病院の術後管理に過失があって死亡した事案で，慰謝料につき，A本人分2,000万円，B固有分879万円を認容。

＊東京地判平成12・2・29交民集33巻1号384頁……Yの車に好意同乗していてYの交通事故で死亡したA（27歳・男。国立T芸術大学大学院修士課程修了）の慰謝料につき，両親分も含めてAに2,000万円を認容。

【判　旨】
「慰謝料については，亡A本人分及び両親B・Cの固有の慰謝料を含めて，総額で2,000万円を相当とする。なお，本件においては，被告Yが保険料を負担している搭乗者傷害保険から1,000万円が支払われている事実が認められるが，被害者請求がなされていること等も考慮し慰謝料の算定においては斟酌しない。」

＊大阪地判平成12・3・2交民集33巻2号466頁……高速道路上で追突事故を起こして，自分が運転していた貨物自動車の外に出て路上に立っていたA（年齢不詳・男）がY₁車に衝突され，さらにY₂車に衝突されて死亡した事故で，Aには妻Bと2人の娘C・Dがいる（加害者側と示談が成立）が，世帯を別にするAの両親E・Fだけによる慰謝料請求訴訟で，E・Fに各175万円の固有の慰謝料を認容（被害者側の過失として過失相殺3割）。

＊浦和地判平成12・3・15判時1732号100頁，判タ1098号134頁……Y県立高校の夏山登山合宿に参加したA（17歳・男。高校2年生）が熱中病にかかって死亡した事故で，引率教諭Y₂の過失を認定し，Y県の国賠法1条責任を認め，慰謝料につき，Aの両親B・Cに各1,100万円を認容。

＊京都地判平成12・3・23交民集33巻2号576頁，判時1758号108頁……交通事故死したA（22歳・女。医大生）につき，Aの両親B・Cから見れば不十分ながらも加害者が誠意を持って対応していることを考慮して，A自身の慰謝料として1,300万円，B・C固有の慰謝料として各500万円を認容。

＊福岡地判平成12・3・29交民集34巻5号1181頁，判時1756号104頁……歩道・車道の区別のない道路の中央付近を父親Bに同行して歩行中の被害者A（2歳・女）が後方から走行してきたYの車に衝突されて重傷を負い，5日後に死亡した事故で，事故の態様，傷害の部位・程度，死亡までの期間，Aの年齢，両親の精神的苦痛の程度等一切の事情を考慮して，A及び両親B・Cの慰謝料合計として2,300万円を認容。

## 〈第5章〉慰謝料請求権者の範囲

＊東京地判平成12・3・31交民集33巻2号681頁……交通事故死亡被害者A（事故時18歳。植物状態となり24歳で死亡・男。会社員）の慰謝料につき，本人分2,800万円，母B固有分200万円を認容。

＊名古屋地判平成12・6・1判時1734号102頁，判タ1105号187頁……Y経営の専門学校の寮で生活していた生徒A（19歳・男。専門学校生）が寮の塔屋屋上で友人に電話中に転落死した事故で，Aの両親B・CがYを相手に慰謝料を請求した事案で，Yの手すり等の安全配慮義務違反と不法行為責任を認め，慰謝料につき，A本人分1,800万円，両親B・C固有分各200万円を認容。

＊東京地判平成12・6・27交民集33巻3号1029頁……交差点でのY車とA運転の車との衝突事故で死亡したA（19歳・男。留学準備中）の慰謝料につき，両親B・Cの分を含めて2,000万円を認め，さらにAの妹D・Eにも，B・Cにも比肩する精神的損害が生じたと認定して各60万円の固有の慰謝料を認容（過失相殺4割）。

＊東京地判平成12・6・27交民集33巻3号1039頁……交通事故死亡被害者A（73歳・女）の慰謝料につき，相続人であるBとA本人分とを併せて計算し1,800万円を認容。

＊名古屋地判平成12・7・3判時1738号88頁，判タ1109号209頁……Y病院の分娩過誤により重傷仮死状態で生まれたA（0歳・男）が，生後6ケ月で死亡した事故で，Aの分も含めて両親B・Cに総額1,500万円（B・C各750万円）を認容。

＊奈良地葛城支判平成12・7・4交民集33巻4号1141頁，判時1739号117頁，判タ1061号234頁……交通事故死したA（14歳・女。中学生）につき，事故は加害者Yの一方的過失で生じたこと，事故の6時間後に死亡したこと等の一切の事情を考慮して，両親B・C固有分も含めて2,200万円の慰謝料を認容。

＊浦和地判平成12・7・25判時1733号61頁……幼稚園の園庭で遊びの自由時間中に縄を首に引っかけて窒息死した園児A（3歳・女）のA自身の慰謝料につき，園側が安全配慮に欠け，Aの行動等に何らの注意を払っていなかったことが事故の遠因であると認定し，諸般の事情を考慮して1,500万円の慰謝料を認め，Aの両親B・C固有分としても計600万円を認容。

＊前橋地桐生支判平成12・7・26交民集33巻4号1241頁……交通事故死亡被害者A（18歳・男。専門学校生）の慰謝料につき，A本人分と両親B・C分を併せて2,200万円を認容したが，弟D（13歳）については否定。

＊東京地判平成12・7・28交民集33巻4号1278頁……交差点を横断中のA（68歳・女）がYの右折車に跳ねられて死亡した事故の慰謝料につき，A本人分1,400万円を認めた上で，Aの唯一の相続人である養子（女）Bに，Aの祭祀を執り行う立場にあること等を考慮してB固有分200万円を認容。

＊大阪地判平成12・8・25交民集33巻4号1343頁……Y車が，交差点の信号が赤に変わったのに制限速度超過で進行し，停車中のA車に衝突し，A（20歳・男。大学生）が死亡した事故の慰謝料につき，Yの悪質性も考慮して，A本人分2,350万円，両親B・C固有分各300万円，弟D固有分50万円を認容。

＊大阪地判平成12・8・31交民集33巻4号1439頁……交通事故死亡被害者A（82歳・女。韓国籍）の子Bにつき，長年別居していたがAが高齢になったので最近連絡をとり，今後面倒を見ようと思っていた事情がある場合，A本人分1,800万円とB固有分150万円の慰謝料を認容（過失相殺2割5分）。

＊大阪地判平成12・9・21交民集33巻5号1550頁……交通事故死亡被害者A（58歳・男。大学教授）の慰謝料として，本人分2,400万円，母B，妹Cと2人の弟D・Eに各150万円を認容。

＊東京地判平成12・9・25判時1745号102頁……T国の航空会社Y社の航空機の墜落事故で死亡し，遺体も遺品もまったく見つからないA（17歳・男。高校生）のY社に対する慰謝料請求につき，A本人分1,400万円，父B固有分100万円を認容。

＊岡山地判平成12・10・5交民集33巻5号1618頁……道路横断中に酒気帯び運転の車に轢かれて死亡したA（56歳・女。内職ほか。独身）の慰謝料につき，本人分2,800万円，高齢(78歳)の母Bに200万円を認容。

＊東京地八王子支判平成12・10・17交民集33巻5号1663頁……交通事故で受傷9ケ月後に死亡したA（71歳・男）につき，後遺障害（併合2級）の慰謝料2,200万円を認容したが，Aの妻子B・Cには固有の慰謝料を否定。

＊神戸地判平成12・11・16交民集33巻6号1878頁……Yのタンクローリー車がLPガス・スタンドに入るため右折したところ，A（20歳・男。大学生）の自転車を巻き込み，Aが死亡した事故で，Aの慰謝料につき，両親分等も含めて総額3,000万円を認容。

＊大阪地判平成12・11・21交民集33巻6号1933頁，判タ1059号165頁……加害者Yの酒気帯び運転，信号無視，救護義務違反という一方的過失によってA（17歳・男。高校2年生）が死亡した事故で，A自身の慰謝料として1,700万円，Aに父Bの経営するガソリン・スタンドの後継者となることを期待していた両親B・C固有の慰謝料として各400万円，Aの兄弟D・

## 〈5-2〉711条所定の者（父母・配偶者・子）

E・F3人の固有の慰謝料として各50万円を認容。

＊大阪地判平成12・12・22判タ1073号177頁……Y精神病院内で巡回中の保安員A（51歳・男）が入院患者Y2の暴行により死亡した事故で、Y病院に対して安全配慮義務違反と不法行為の競合を認めて、Aとその遺族の慰謝料総額として2,000万円を認容

＊東京地判平成12・12・27判タ1080号192頁……維持透析治療を受けていたA（21歳・男。放送大学3年生）がY医師の措置の不手際や注意義務違反で、心不全による肺水腫で死亡した事故で、慰謝料につき、A本人分2,000万円、母B固有分500万円を認容。

＊千葉地判平成13・1・26交民集34巻1号75頁……深夜に駐車禁止の非常に暗い道路に駐車していたY車に、A（22歳・男。会社員）運転の原付自転車が衝突しAが死亡した事故で、A本人分1,800万円、両親B・C固有分各150万円の慰謝料を認容（すべてにつき過失相殺3割5分）。

＊奈良地判平成13・1・31交民集34巻1号165頁……交通事故死亡被害者A（24歳・女。スナック勤務）の慰謝料につき、本人分2,000万円、両親B・Cに各300万円を認容（Aの姉Dの請求は否定）。

＊東京地判平成13・2・22交民集34巻1号253頁……交通事故死亡被害者A（32歳・女。地方公務員。独身）の慰謝料につき、加害者が著しく遵法精神に欠け、Aに対しての誠実さもないこと等も考慮して、本人分2,000万円、両親B・Cに各250万円を認容。

＊東京地判平成13・3・8交民集34巻2号355頁、判時1739号21頁、判タ1054号94頁……信号機のない交差点に進入する車の運転者Yが、渋滞している路線バス等の後ろから道路を横断しようとする小学生等が現れても直ちに停止できるよう、減速し、前方を重文に注視して進行すべきであったのに、漫然と時速40キロメートルないしそれ以上で交差点に進入し、路線バスの後ろから交差点を横断しようとしたA（11歳・女。小学生）に車を衝突させ死亡させた事故につき、事故の態様、Aの年齢、生活状況、その他諸般の事情を考慮して、慰謝料として、A本人分1,700万円、Aの両親B・Cに各200万円を認容（過失相殺1割5分）。

＊静岡地沼津支判平成13・4・18判時1770号118頁……A（16歳・男。高校2年生）が中学校時代の元同級生Yらから4回にわたって暴行、傷害、恐喝などの行為を受け、最後に暴行を受けた日に自宅で自殺した事案で、Yらに対して、慰謝料として、A本人分2,000万円、Aの両親B・Cに各200万円を認容。

＊大阪地判平成13・5・16交民集34巻3号605頁……夜間高速バスが停車中の大型貨物車に追突し、バスの乗客A（54歳・女。主婦）が死亡した事故の慰謝料につき、A本人分2200万円、Aの夫B固有分150万円、A・B間の子C・D・E固有分各50万円を認容。

＊東京地判平成13・5・30判時1780号109頁、判タ1086号253頁……Y病院に入院中のA（4歳・女）が病院食のバナナを誤嚥して窒息死した事故につき、Aの病状からしてY側に監視する注意義務があったと認め、慰謝料としてA本人分1,500万円、両親B・C固有分各300万円を認容。

＊岡山地判平成13・6・8交民集34巻3号742頁……赤の点滅信号で交差点に進入して衝突事故に至った死亡被害者A（51歳・女。主婦）の慰謝料につき、A本人分1,800万円、夫B固有分400万円を認容（過失相殺7割）。

＊東京地判平成13・6・27交民集34巻3号791頁……交通事故死亡被害者A（16歳・男。農林高校生）の慰謝料。

【判　旨】

「慰謝料2,200万円。（中略）本件事故の発生につきAに全く過失がないこと、家族関係、生前の生活状況等一切の事情を考慮すると、Aが死亡したことによって被った精神的苦痛に対する慰謝料は上記金額とするのが相当である。なお、上記金額は、原告らの固有の精神的苦痛の程度も含めて評価したものである。」

＊大阪地判平成13・6・27交民集34巻3号794頁……交通事故死亡被害者A（7歳・男）の慰謝料につき、A本人分1,600万円を認めた上で、両親B・Cに各350万円を認めた点について事故態様の悲惨さ等も考慮して以下のように判示。

【判　旨】

「B・C固有の慰謝料　各350万円（請求額各500万円）。亡Aは、何らの落ち度がないにもかかわらず、後退したYの加害車両に頭部を轢かれ、再度前進したY車に頭部を轢かれて7歳の若さで死亡するに至っていること、本件事故は、B・Cに対し、甚だしい精神的苦痛を及ぼし、B・Cの家庭生活やBの職場生活にも様々な影響を及ぼしていること、B・Cが被告らに対して厳しい遺族感情を抱いていること（中略）等本件における一切の事情を考慮して、上記各慰謝料が相当と判断した。」

＊神戸地判平成13・6・27交民集34巻3号806頁……交通事故死亡被害者A（7歳・女。小学生）の慰謝料として、本人分を含めて両親B・Cに各1,150万円を認容。

【判　旨】

「本件事故の態様、亡Aの年齢、家族関係、その他本件に顕れた一切の事情を考慮すると、亡Aの死亡により生じた原告らの精神的損害に対する慰謝料は、各1150万円とするのが相当である。」

〈第5章〉慰謝料請求権者の範囲

＊東京地判平成13・6・28交民集34巻3号813頁……海岸で日光浴中にY車に轢かれて死亡したA（49歳・男。大学教員）の慰謝料につき，Aの父Dが提起した訴訟でY側が500万円を支払うことで和解していることも考慮して，A本人分1,700万円，Aの妻Bと子Cに固有分各200万円を認容。

＊大阪地判平成13・7・10交民集34巻4号881頁……横断歩道上を自転車で通行中，Y社（Z運転）の普通貨物自動車に跳ねられて死亡したA（6歳・男）の慰謝料につき，Zの不法行為責任，Y社の使用者責任，自賠法3条責任を認めた上で，A本人分と両親B・C分を併せて算定して計2,200万円を認容。

【判旨】
「亡Aは，本件事故当時6歳の前途ある男児であり，また，原告らにとって，愛情をかけて育ててきた長男であったことは，原告B本人尋問の結果により，優にこれを認めることができ，被告Zの軽率な運転でかけがえのない生命を失った亡Aの無念と原告らの心痛は察するに余りあるものがある。上記事情に鑑みれば，亡A及び原告らの精神的苦痛を慰謝することは，本来，金銭のみをもってしては十分に行いうるところではないというべきであるが，敢えてこれを金銭に換算するならば，2,200万円が相当というべきである。」

＊大阪地判平成13・7・13交民集34巻4号906頁……交通事故死亡被害者A（57歳・男。会社員）の慰謝料につき，A本人分2,250万円，Aの妻B固有分300万円，Aの子C・D・E固有分各150万円を認容。

＊東京地八王子支判平成13・8・2交民集34巻4号998頁……交通事故死亡被害者A（24歳・女。会社員）の慰謝料につき，A本人分2,000万円，両親B・C固有分として各100万円を認容。

＊神戸地判平成13・8・10交民集34巻4号1024頁，判時1767号97頁……前の車に同乗していた妊婦BがY車による追突事故に遭い，妊娠23週余の時期に男児Aを出産し，Aがライ症候群で死亡した事故で，事故とAの死亡には様々な事情が介在していることから，Yに7割の限度で責任を認め，AとBの慰謝料は合計2,200万円であると認容（結果的に減額3割）。

＊神戸地判平成13・8・10交民集34巻4号1038頁……Yが車を運転中，コンタクトレンズの乾きを感じ，右手で両目を押さえながら前方不注意で進行してA（20歳・男。短大1年生）の車に気付かず，衝突してAが死亡した事故での慰謝料。

【判旨】
「本件に顕れた一切の事情を考慮すると，慰謝料の額は，A本人の慰謝料として2,000万円，父Bの慰謝料として200万円，母Cの慰謝料として250万円，姉Dの慰謝料として50万円，以上合計2,500万円と認めるのが相当である。」

＊岡山地判平成13・9・18交民集34巻5号1281頁……道路上でのA（61歳・男。漁業）の自転車をYの車が追い越そうとして衝突し，Aが死亡した事故での慰謝料につき，A本人分2,400万円，妻Bに50万円（裁判所が60万円と認めたがBの請求額が50万円だったのでそれを認容），息子Cと娘Dに各30万円を認容（過失相殺3割）。

＊大阪地判平成13・10・26交民集34巻5号1431頁……Yの車と衝突した原動機付自転車のA（19歳・男。会社員）が死亡し，Aの母B，義理の祖父C，継父Dが加害者Yに対して損害賠償と慰謝料を請求した事案で，慰謝料につき，母Bの分を含めてAに2,200万円を認容したが，C・Dについては711条所定の者ではないとしてすべての請求を否定。

＊横浜地判平成13・10・31判タ1127号212頁……鼻腔の放射線治療を受けていた患者A（27歳・女。百貨店員）が医療過誤により死亡した事故で，慰謝料として，A本人分1,000万円，両親B・C固有分各150万円を認容。

＊大津地判平成13・11・26判タ1092号246頁……バルーン閉栓術の医療事故で死亡したA（52歳・男。会社員）の慰謝料につき，A本人分2,500万円を認め，それによって遺族らの苦痛も慰謝されたとして，遺族固有の慰謝料請求を否定。

＊東京地判平成13・11・30交民集34巻6号1561頁……交通事故死亡被害者A（63歳・男。無職（求職中））の慰謝料につき，遺族の慰謝料分も含めてAに2,400万円を認容。

＊大阪地判平成13・12・10交民集34巻6号1592頁……交通事故死亡被害者A（46歳・女。独身）の慰謝料につき，A本人分2,000万円を認めたが，Aの兄Bについては，Aの慰謝料で考慮されていることと，711条所定の者に入らないことを理由に否定。

＊東京地判平成13・12・26交民集34巻6号1693頁……交通事故死亡被害者A（18歳・男。大学1年生）の慰謝料として，両親B・Cの精神的苦痛もAの苦痛として評価し，Aにのみ2,300万円を認容。

＊大阪地判平成13・12・26交民集34巻6号1709頁……加害者Y運転の車に同乗中の交通事故で死亡したA（62歳・女。主婦）の慰謝料につき，保険給付等の一切の事情も考慮して，遺族の分も含めてA本人分を2,300万円と認容。

＊さいたま地判平成13・12・27判時1805号118頁……A（3歳・女）が交通事故に遭い1時間後に死亡したこと，事故時の肉体的苦痛も相当なものであったこと

## 〈5-2〉711条所定の者（父母・配偶者・子）

等を総合して、A本人に800万円の慰謝料を認容。両親B・Cの大変な悲しみ・憤りは筆舌に尽くしがたいこと、その後に男児Dを出産していること等を考慮して、各400万円の固有の慰謝料を認容。Aの祖父母E・Fに各100万円、Aを連れていて事故に遭ったB・Cと同居のC方の祖母（Cの母）Gに120万円を認容。A死亡時に胎児であったAの弟Hについて、Aとともに成長する機会を奪われたとして80万円を認容。

＊大阪地判平成14・1・16判時1797号94頁，判タ1114号259頁……Y病院が風邪の治療で薬品の混合液を静脈注射した結果、患者A（36歳・女。主婦）がショック死した事故の慰謝料として、A本人分2,100万円、Aの両親B・Cに各200万円を認容。

＊東京地判平成14・1・17交民集35巻1号38頁……夜間に信号機のない交差点を横断していてYの車に跳ねられ死亡したA（51歳・男。一級建築士）の慰謝料につき、A本人分2,200万円、母B固有分400万円を認容。

＊東京地判平成14・1・22交民集35巻1号68頁……交通事故死亡被害者A（77歳・女）の慰謝料につき、A本人分1,900万円、Aの娘B・Cに各150万円を認容。

＊東京地判平成14・2・25判タ1138号229頁……妊婦Cの胎児AがCの体内で死亡した事故で、医師Yに適切な注意義務を尽くさなかった過失を認め、Cの精神的苦痛は夫Bの苦痛よりも大きいと認定し、Aの母Cに300万円、父Bに100万円の慰謝料を認容。

＊大阪地判平成14・2・28交民集35巻1号313頁……交通事故死亡被害者A（65歳・男。町役場非常勤運転手）の慰謝料につき、A本人分900万円、妻Bに600万円、Aの母CとAの娘D・EとAの息子Fに各200万円を認容。

＊大阪地判平成14・3・15交民集35巻2号366頁……交通事故死亡被害者A（61歳・男。無職）の慰謝料につき、A本人分1,900万円、Aの妹BにはAと50年以上一緒に暮らしていたこと等を考慮して300万円、Aの姪Cには、Aが長年養育してきたので711条所定の者と実質的に同視できるとして100万円を認容。

＊大阪地判平成14・3・28判タ1131号188頁……産婦人科医師Yの産後出血管理の過失で産婦A（27歳・女。主婦）が死亡した事故の慰謝料につき、A本人分1,000万円、夫Bと子Cに各300万円を認容。

＊青森地判平成14・4・12判タ1187号301頁……Bが吸引分娩で出産した子Aが低酸素脳症になりその約1年後に死亡した事故で、Y医師の過失を認め、慰謝料としてAの両親B・Cに各300万円を認容。

＊大阪地堺支判平成14・4・17交民集35巻6号1738頁……交通事故で負傷したA（18歳・男。高校生）がY₁病院・Y₂病院でと順次治療を受けたが、病院側の過失もあって死亡した事故の慰謝料につき、A本人分2,000万円、離婚していたが両親B・Cに固有分各150万円を認容。

＊東京地判平成14・4・18交民集35巻2号536頁，判時1784号100頁，判タ1102号221頁……自動二輪車に乗って青信号で交差点に進入したA（20歳・男。大学（二部）1年生）が赤信号を無視して交差点に進入した自動車Yと衝突・死亡した事故で、Yの重過失と事故後の対応の不誠実さを考慮して、Aに2,500万円、Aの両親B・Cに各250万円の慰謝料を認容。

＊福岡地判平成14・5・16判時1810号92頁……Yが居眠り運転で対向車線にはみ出し、走行してきたA（55歳・男、給与所得者）の車に衝突し、Aを死亡させた事故で、Yが信仰（エホバの証人）上の理由を主張して仏前に線香をあげることと遺影への謝罪を拒否したこと、嘘をついて居眠り運転の事実を隠そうとしたこと等を斟酌して、A本人分2,200万円、Aの妻Bに400万円、息子Cと娘Dに各150万円の慰謝料を認容。

＊福岡地判平成14・5・16判時1810号92頁……加害者Yが対向車線にはみ出した交通事故で、Yが「エホバの証人」の信者で、Aの仏前等での焼香拒否等もあった事案で、死亡被害者A（55歳・男）本人分の慰謝料2,200万円、Aの妻Bに400万円、A・B間の息子Cと娘Dに各150万円の固有の慰謝料を認容。

＊青森地判平成14・7・31交民集35巻4号1052頁……中学時代の同級生で無免許のY（16歳・男）の誘いに応じて、Yの車の助手席に同乗していたA（16歳・男。無職）が、Yが電柱に衝突して死亡した事故で、Aの慰謝料につき、Aの両親B・Cに各1,000万円を認容（過失相殺規定の類推により4割減額。Aについては算定せず）。

＊神戸地判平成14・8・19交民集35巻4号1099頁……離婚訴訟中である夫Yの運転する車に乳児A（7ケ月・女）を抱いて妻Bが同乗中、Yの脇見運転で車が横転し、Bがシートベルトをしていなかったため、Aが投げ出されて受傷・死亡した事故の慰謝料につき、A本人分1,800万円、B固有分200万円を認容（過失相殺1割）。

＊東京地判平成14・8・22交民集35巻4号1137頁……交通事故死亡被害者A（29歳・男。日本語教師）の慰謝料につき、両親B・Cの分も含めてA本人分として2,000万円を認容。

＊神戸地判平成14・8・29交民集35巻4号1189頁……交通事故死亡被害者A（61歳・男。職業不明）の慰謝料につき、Aの内縁の妻Bに固有分1,000万円、Aの前妻の子C・DにAの慰謝料の相続分と併せて各800万円を認容。

〈第5章〉慰謝料請求権者の範囲

＊松江地判平成14・9・4判時1815号116頁，判タ1129号239頁……狭心症治療の患者A（年齢不詳・女）が医師Yの過失により死亡した事故の慰謝料として，Aの夫Bに1,000万円，2人の子C・Dに各500万円を認容（A本人分は算定せず）。

＊東京地八王子支判平成14・9・5交民集35巻5号1207頁……交通事故死亡被害者A（18歳・男。高校3年生）の慰謝料として，A本人分2,000万円，両親B・C分各200万円を認容。

＊名古屋地判平成14・9・13判時1814号111頁，判タ1153号178頁……競走馬の育成をする会社で牧夫として働いていたA（15歳・男）がウマの調教業務中に落馬・死亡した事故で，Aの両親B・Cに各1,100万円の固有の慰謝料を認容（A本人分は算定せず）。

＊大阪地判平成14・10・30交民集35巻5号1446頁……交通事故死亡被害者A（23歳・男。大学3年生）の慰謝料につき，A本人分2,400万円，母B固有分200万円を認容。

＊富山地判平成14・11・27判時1814号125頁……A（13歳・女。中学1年生）が椅子に立って教室のカーテンフックを直そうとしていたところ，同級生の男Yがその椅子を蹴り，Aが転落・死亡した事故の慰謝料につき，A本人分1,500万円，Aの両親B・Cに各400万円を認容。

＊名古屋地判平成14・12・3交民集35巻6号1604頁……待望して生まれた子A（6ケ月・男）を乳母車に乗せて交差点を横断中にYの自動二輪車に跳ねられAが死亡した事故で，母CがPTSDを発症したことも考慮し，慰謝料につき，A本人分2,100万円，父B固有分300万円，母C固有分600万円を認容（過失相殺なし）。

＊東京地判平成14・12・18判タ1182号295頁……帝王切開により分娩した胎児Aを死産した事故で，医師の初歩的過失を認め，慰謝料として，Aの両親B・Cに各1,400万円を認容。

＊東京地判平成15・1・27判タ1166号190頁……脳腫瘍摘出手術での医師Yの過失と患者A（15歳・男）の死亡との間の相当因果関係はないが，医療水準に適った適切な診療を受けるというAらの「期待権」を侵害したとして，Aの両親B・Cに各100万円の慰謝料を認容（A本人分は算定せず）。

＊福岡地判平成15・1・30判時1830号118頁……保育園でA（生後4ケ月半・女）が，園内のベッドにうつぶせに寝かされていたために窒息死した事故で，A本人分1,600万円，Aの両親B・Cに各200万円の慰謝料を認容。

＊東京地判平成15・3・20判時1846号62頁，判タ1133号97頁……A（3ケ月・男）の気管切開手術での死亡医療事故で，医師の注意義務違反を認め，慰謝料として，A本人分3,000万円，両親B・C固有分各100万円を認容。

＊神戸地判平成15・3・28交民集36巻2号459頁……交通事故死亡被害者A（12歳・男。中学1年生）の慰謝料につき，A本人分2,000万円，Aの父Bに150万円，苦痛がさらに甚大であるとして母Cに350万円を認容。

＊名古屋地判平成15・4・28交民集36巻2号574頁……高速道路上の多重事故で車が燃えて焼死したA（46歳・女。主婦で元ピアノ教師）と，同じく車内で死亡した娘B（15歳・女。音楽大学付属高校生）の慰謝料につき，Aの夫Cや息子Dが自己固有の慰謝料を請求していないことも考慮して，A本人分2,500万円，B本人分2,200万円を認容。

＊東京地八王子支判平成15・5・8交民集36巻3号671頁……交通事故死亡被害者A（19歳・男。専門学校生）の慰謝料として，A本人分2,400万円，父母B・C固有分各200万円を認容。

＊東京地判平成15・6・24判タ1156号206頁……くも膜下出血での入院患者Aに対する医師の過失でA（69歳・女）が死亡した事故で，慰謝料として，A本人に遺族分も含めて1,800万円を認容。

＊大阪地判平成15・8・29交民集36巻4号1149頁……交通事故死亡被害者A（23歳・男。大学院生）の慰謝料として，本人分2,000万円，Aの父母B・C固有分各200万円，自分が大学院進学を諦めてAの学費を全面的に負担していた兄D固有分100万円を認容。

＊大阪地判平成15・9・24交民集36巻5号1333頁……対向車Yのセンターラインを超えた一方的過失による車同士の正面衝突事故で，叔父Eが運転する車に乗っていたA（2歳・男）が悲惨な死を遂げたため，慰謝料として，A本人分1,800万円，Aの両親B・Cに各200万円，さらに，Aに会社を継がせる予定であったAの祖母Dに711条を類推適用して固有の慰謝料200万円を認容。

＊京都地判平成15・10・21判時1856号132頁……Y病院で抗凝固薬剤を投与された紫斑病性腎炎の患者A（受診時15歳，死亡時21歳・男）が脳内出血によって死亡した事故で，医師の過失を認め，慰謝料として，A本人分1,800万円，Aの介護のために父Bが昇進の遅れや退職を余儀なくされたこと等も考慮して，両親B・Cに固有分各300万円を認容。

＊東京地判平成15・11・26交民集36巻6号1483頁……交通事故死亡被害者A（32歳・女。運輸省航海訓練所教官。独身）の慰謝料につき，Aの両親に固有分として各1,100万円を認容（A本人分は算定せず）。

〈5-2〉711条所定の者（父母・配偶者・子）

＊札幌地小樽支判平成15・11・28判時1852号130頁……母親Bと同居していた息子A（18歳，男，アルバイト）の死亡交通事故につき，事故の悪質性（飲酒運転）も考慮して，父Aに200万円，母Bに300万円の固有の慰謝料を認容。

＊東京地判平成15・12・16交民集36巻6号1601頁……交通事故死亡被害者A（31歳・女。主婦兼アルバイト）の慰謝料として，A本人分2,200万円，Aの夫Bと2人の子C・Dに各100万円の固有の慰謝料を認容。

＊東京地判平成15・12・18交民集36巻6号1623頁……交通事故で制御不能になったYの車に，自販機の前に立っていただけのA（9歳・男。小学生）が母Bの目の前でひき殺された事故で，Bが「直接の被害者」として慰謝料を請求したが，Bは711条によって固有の慰謝料請求権を有するにすぎないとされた上で，慰謝料として，A本人分1,800万円，B固有分600万円，父親C固有分200万円を認容。

＊東京地判平成16・1・20交民集37巻1号88頁……交通事故死亡被害者A（33歳・男。会社員）の慰謝料として，本人分2,200万円，Aの母BはAが3歳の時に夫と離婚して一人でAを育てた等の事情も考慮して，B固有分200万円を認容。

＊高松地観音寺支判平成16・2・26判時1869号71頁……Y医師の過失により下肢動脈を切断された結果，右下肢の切断を余儀なくされたA（51歳・女。主婦兼家業の木材会社手伝い）がこれを悲観して手術の9ヶ月後に自殺した事案の慰謝料につき，A本人分500万円，Aの夫Bと子C・D・Eに各600万円を認めた上で，自殺につきAの心因的要因も関与したと認定（すべてにつき2割の減額）。

＊大阪地判平成16・3・29交民集37巻2号453頁……交通事故死亡被害者A（19歳・女。大学生）の慰謝料として，A本人分2,300万円，父母B・C固有分各200万円を認容。

＊福島地判平成16・5・18判時1863号91頁……神経科の医師A（34歳・男）が，過去に統合失調症で22回入院した患者Yを診察中に，Yに包丁で刺殺された事件でのAの慰謝料の算定（故意不法行為）。

【判　旨】
「抵抗する間もなく患者である被告Yに首を切り付けられ，その後間もなく意識不明となり快復することもなく死亡するに至ったというA医師の被害態様，当時まだ1歳の子がいるにもかかわらず，34歳という年齢で死亡させられたA医師及び残された妻，子及び父母の心情等を総合考慮すれば，A医師に対する慰謝料は2,200万円，妻である原告B及び子である原告Cに対するそれはいずれも300万円，父である原告D及び母である原告Eに対するそれはいずれも100万円が相当である。」

＊前橋地判平成16・5・14判時1860号108頁……遮断機・警報機の設置されていない踏切を自転車で通行しようとしたA（12歳・男。中学1年生）が電車に接触して死亡した事故で，踏切の設置上の瑕疵を認め，慰謝料につき，A本人分1,800万円，両親B・Cの固有分各200万円を認容（過失相殺8割）。

＊大阪地判平成16・6・10判時1884号94頁，判タ1169号265頁……事件当日，婚約者Bとの結納のために福岡から来阪し，友人と夜に飲食店を出たところ，強盗目的のY₁やY₂から，肩が触れた触れないの言いがかりをつけられ，故意に暴行を受けたので喧嘩になり，病院搬送後に死亡したA（26歳・男。会社員）の慰謝料につき，A本人分3,000万円，Aの両親B・C固有分各500万円を認容。

＊名古屋地判平成16・7・7交民集37巻4号917頁……自転車運転中のA（50歳・女。主婦）がYの車に跳ねられ死亡した事故の慰謝料につき，A本人分2,200万円，Aの夫B固有分150万円，3人の子C・D・E固有分各100万円，Aの父F固有分50万円を認容。

＊東京地判平成16・7・12交民集37巻4号943頁……交通事故死亡被害者A（16歳・男。高校2年生）の慰謝料につき，A本人分1,800万円，父母B・C固有分として各200万円を認容。

＊大分地判平成16・7・29判タ1200号165頁……重度の障害児A（11歳・男。養護学校生）が在学しているY県立養護学校の教諭Y₂の訪問教育指導を受けていた際に，Y₂がAに無理な姿勢を強要し，その結果20時間後に死に至ったとして，Aの両親B・Cが国賠法に基づきY₂の使用者Y県を提訴した事案で，慰謝料につき，Y₂の過失を認め，国賠法1条によりA本人分2,000万円，B・C固有分各200万円を認容（Aの身体状況等を考慮して逸失利益は否定）。

＊東京地判平成16・7・30判タ1198号193頁……Y₁が主宰するスキューバダイビング・ツアーに参加したA（31歳・女）が潜水中に溺死した事故で，Aの遺族が，ガイドのY₂に不法行為責任，Y₂の雇用主Y₃に使用者責任，Y₁には契約に基づく安全配慮義務違反を追及した訴訟で，それぞれの責任を認容して，母Bに慰謝料1,800万円を認容（A本人分は算定せず）。

＊東京地八王子支判平成16・8・27交民集37巻4号1118頁……自転車に乗った高齢者A（90歳・男）とYの車の衝突事故で死亡したAの慰謝料を，唯一の遺族である息子Bが請求した場合の算定方法とYの不誠実な態度の斟酌の可否。A本人の慰謝料にBの分も含めて2,100万円を認容し，Yの不誠実な態度の斟酌は否

〈第5章〉慰謝料請求権者の範囲

定。
【判　旨】
　「Bは亡Aの慰謝料及びBの慰謝料を別個に請求しているが、総額として2,100万円を認める。Bは、Yは本件事故後、家族に携帯電話を掛けており、救急車を呼んだのは事故現場付近を通りかかった第三者や現場横の住民であったと主張するが、Y本人はこれを否定する供述をなし、Bの主張に沿う甲第18号証は目撃者からの伝聞であり、Y本人の供述と同号証のいずれも真実と認めるには十分ではないので、B主張の事実を認めることはできない。原告は、Yの本件事故後の亡Aに対する弔意の表し方が極めて形式的義務的なものであり、加害者としての誠意がみられない点について縷々主張する。Yの上記のような態度がBの遺族としての気持ちを傷つけたことは推測できるが、慰謝料の加算要素になるとまではいえない。」
＊名古屋地判平成16・9・8交民集37巻5号1225頁……道路脇に乗り上げた訴外Zの車の事故を手伝っていたA（24歳・男。会社員）が泥酔の飲酒運転常習者Yの車にひき逃げされ死亡した事故の慰謝料につき、Aの妻B・子C・両親D・Eの固有分も含めてAに3,200万円を認容。
＊名古屋地判平成16・9・29交民集37巻5号1341頁……交差点でのY車とAの原動機付自転車との衝突事故で、中国国籍のA（25歳・男。復旦大学と上海外国語大学卒）が死亡した事故の慰謝料につき、Yによる中国と日本の物価事情などを考慮すべきとの主張を、Aが将来日本で高額の収入を得られる蓋然性が高いことなどを理由に排斥して、A本人分2,000万円、両親B・C固有分各100万円を認容（すべてにつき過失相殺3割）。
＊山口地下関支判平成16・11・1判時1892号74頁……駅での無差別大量殺人事件で母A（69歳・女）と妹Cを失った娘Bについて、A本人分3,000万円、C本人分3,000万円を認めた上で、B固有の慰謝料1,000万円を認容（故意不法行為）。他の遺族による訴訟にも同水準の慰謝料を認容。
【判　旨】
　「原告Bは、本件事件により突然母親と妹を失ったものであり、その悲しみや苦痛などから固有の精神的損害を受けたものと認められる。したがって、同原告につき固有の慰謝料請求権を認めるべきであり、（中略）本件事件の性質、同原告は母親と妹をともに失ったものであること、その他本件に現れた諸般の事情を考慮すると、その固有の慰謝料は1,000万円が相当であると認められる。」
＊東京地判平成17・1・26交民集38巻1号145頁……交通事故死亡被害者A（25歳・男。会社員兼大学通信教育部学生）の慰謝料につき、A本人分2,300万円、Aの妻Bに300万円、Aの両親C・Dに各100万円を認容。
＊大阪地判平成17・2・14交民集38巻1号202頁……交通事故死亡被害者A（51歳・男。会社員）の慰謝料につき、A本人分2,500万円、妻Bに200万円、息子Cと娘Dに各100万円を認容。
＊盛岡地二戸支判平成17・3・22判時1920号111頁、判タ1216号236頁……集団登校中の児童の列に突っ込んだYの貨物自動車に衝突されて死亡したA（7歳・女。小学生）の慰謝料につき、A本人分2,300万円、Aの両親B・Cが刑事裁判に不満を主張している点は慰謝料の増額理由にならないとして、B・Cに各250万円の固有の慰謝料を認容。他に、原告の定期金賠償方式の主張を否定。同一事故で負傷したAの兄D・Eについても慰謝料各150万円を認容。
＊東京地判平成17・8・30交民集38巻4号1159頁……道路横断中のA（9歳・男。小学生）の自転車とYの車が衝突しAが死亡した事故で、A本人分1,800万円、両親B・C固有分各200万円を認容（すべてにつき過失相殺4割）。また、事故時の第三者Zの損害につき、B・Cに714条責任も肯定。
＊名古屋地判平成17・3・29交民集38巻2号509頁、判時1898号87頁……Z保育園の屋上の駐車場からY運転の車が転落し、その下敷きになって死亡したA（3歳・女。保育園児）の慰謝料につき、A本人分2,400万円、両親B・C固有分各300万円を認容。Yの不法行為責任と事故後の無理解・不誠実な対応を認定、Zには717条の土地工作物責任を認定。
＊和歌山地判平成17・4・12労働判例896号28頁……YホテルのA（59歳・男）が会議中にくも膜下出血で倒れて長期間植物状態の末、死亡したのは、Yの過重な労働による安全配慮義務違反および不法行為があったと認定し、A本人分の傷害慰謝料・死亡慰謝料計1,680万円に加えて、Aの妻Bに200万円、2人の息子C・Dに各100万円の慰謝料を認容。
【判　旨】
　「原告B・C・Dにとっても、突然の本件発症により、最も身近な存在の1人であったAが、植物状態のまま長期間にわたって入院を強いられた末に死亡したものであるところ、その精神的苦痛は、Aの精神的苦痛が慰謝されることを考慮してもなお、更に個別に慰謝されるべきものである。このような原告ら固有の精神的苦痛を金銭をもって慰謝するとすれば、原告Bについては200万円、C・Dについては各100万円が相当である。」
＊東京地判平成17・5・26判タ1200号207頁……加重

〈5−2〉711条所定の者（父母・配偶者・子）

業務に起因して死亡した労働者A（42歳・男）について，死亡当日，Aが倒れた音を従業員が聞きながら何らの措置も執らなかったこと等を考慮して，A本人分1,600万円，Aの妻Bと子Cに各1,600万円の慰謝料を認容（すべてに722条2項を類推適用して2割5分の減額）。

＊＊大阪地判平成17・6・27交民集38巻3号855頁，判タ1188号282頁……交通事故で死亡したA（17歳・男。高校生）の慰謝料本人分2,200万円，両親B・C固有分各400万円，妹D固有分100万円を認容。

＊＊神戸地判平成17・6・28判時1906号73頁，判タ1206号97頁……夏祭り花火大会の終了後，駅につなぐ歩道橋に参集者が殺到し10人の死者と多数の負傷者が出た事故で，慰謝料の算定につき，死者本人には，年少者2,200万円・年長者2,000万円と区別し，近親者につき，基本慰謝料を各150万円とした上で，事故現場にいて巻き込まれた者，死者の両親・それと同視できる者，それ以外の者等，細かく区別して固有の金額の増減を算定（明石市花火大会歩道橋事故）。

＊東京地判平成17・7・12交民集38巻4号938頁……交通事故死亡被害者A（49歳・女。主婦。夫とは既に離婚）の慰謝料につき，A本人分2,600万円，娘B（A死亡時17歳）固有分400万円を認容。

＊名古屋地判平成17・8・24交民集38巻4号1130頁……交通事故死亡被害者A（34歳・女。フィリピン国籍）の慰謝料につき，Aが日本人の内縁の夫Bとの間にできた子C（外国籍）を養育するために日本に偽造パスポートで入国し，永住する意思を有していたことを認定した上で，A本人分2,200万円，Aの妹Dに50万円の慰謝料を認容（過失相殺8割）。Cも死亡したが，Cが外国籍のため損害賠償の対象にならず。

＊横浜地判平成17・9・22交民集38巻5号1306頁……交通事故死亡被害者A（21歳・女。会社員）の慰謝料につき，A本人分の慰謝料2,000万円，Aの両親B・C固有分各150万円，Aの姉Dと弟Eに各50万円を認容。

＊岡山地判平成17・11・4交民集38巻6号1517頁……大学のクラブの合宿帰りに運転手Yが居眠り運転をして，停車中の大型車に衝突し，Y車に同乗のA（19歳・男。大学1年生）が脳挫傷の重傷を負い，11日後に死亡した事故の慰謝料の算定。

【判　旨】

「本件事故の態様，Aの年齢，将来性，家族構成等本件に現れた一切の事情を考慮すれば，Aの死亡慰謝料は金2,000万円，両親B・Cの慰謝料は各200万円と認めるのが相当である。」

＊名古屋地判平成17・11・30交民集38巻6号1634頁……交通事故死亡被害者A（20歳・男。大学1年生）の慰謝料につき，A本人分2,200万円，Aの父Bに固有の慰謝料150万円，A死亡のショックで自殺を図って精神障害（2級）が残った母Cに固有分300万円を認容。

＊東京地判平成18・1・30交民集39巻1号110頁……交通事故死亡被害者A（24歳・男。会社員）の慰謝料につき，事故は加害者Yの一方的過失によるものであり，事故時のAの恐怖感・空虚感が想像を絶するものであったとして，A本人分2,200万円，両親B・C固有分各150万円を認容。

＊大阪地判平成18・2・16交民集39巻1号205頁……無免許運転のYによる粗暴な行為による交通事故死亡被害者A（17歳・男。高校2年生）の慰謝料につき，A本人分3,000万円，両親B・Cに各300万円，Aの妹に300万円を認容。

＊名古屋地判平成18・3・24交民集39巻2号359頁……Y運転の無保険自動車との衝突事故で死亡したA（52歳・男。会社代表者）の慰謝料につき，A本人分2,600万円，両親B・C固有分各100万円を認容し，慰謝料の算定における裁判所の考え方も説示。

【判　旨】

「Aは，本件事故で死亡した時点で，満52歳の働き盛りであり，一家の大黒柱として，頼りがいのある人物であったこと，そのようなかけがえのない息子を交通事故でなくした両親の精神的苦痛は甚だしいものであったことが認められる。死亡慰謝料は，近親者固有の慰謝料額を含めて，総額でいくらになるかを目安にして具体的な金額が決められるのが実務上の通例である。記録に現れた諸事情を総合して判断すると，Aの父親である原告B及び母親である原告Cの各固有の慰謝料は1人につき100万円とするのが相当である。A本人分及び近親者固有分を合わせると，本件死亡慰謝料分は，合計2,800万円となる。」

＊神戸地判平成18・3・28交民集39巻2号396頁……A（年齢不詳・女。主婦）が視力障害者Xの歩行を介助しながら路側帯を歩行中に，背後からYの普通貨物自動車に衝突されて死亡した事故で，道路の設置・管理の瑕疵を否定した上で，Y側の過失を認め，慰謝料につき，A本人分2,400万円，夫B固有分200万円，A・B間の子CとAの両親D・E固有分各50万円を認容。

＊大阪地判平成18・4・7交民集39巻2号520頁……加害者Yが事故後，献花や墓参をすると言っておきながら，それをほとんどしないなど不誠実な態度をとっている事例で，交通事故死亡被害者A（32歳・男。会社員）の慰謝料につき，A本人分1,900万円，両親B・C固有分各150万円を認容。

〈第5章〉慰謝料請求権者の範囲

＊東京地判平成18・5・10交民集39巻3号631頁……交通事故で集中治療室に入り4日後に死亡したA（52歳・男。タクシー乗務員）の慰謝料につき，A本人分2,600万円，妻Bに200万円，2人の子C・D（成人）に各100万円を認容。

＊和歌山地判平成18・7・18労働判例922号21頁……自衛隊駐屯地でYが上司A（37歳・男。自衛官）を殺害した事例で，A本人分2,600万円，Aの妻Bと息子Cに各200万円の固有の慰謝料を認容（故意不法行為）。

＊大阪地判平成18・7・26交民集39巻4号1057頁……高校2年生相当の年齢の未成年者Yら（いわゆる不良少年グループ）の自動車（クラウン）の危険運転行為により交通事故に巻き込まれ，原付自転車に乗っていたA（19歳・男。アルバイト）が死亡した事故で，両親B・Cに固有分各300万円，Aの兄Dに固有分150万円を認めた上で，A本人分の慰謝料3,000万円について，加害の特殊事情を考慮して下記のように判示。

【判　旨】
「Aは，自ら飲食店を経営する目標に向けてアルバイトに打ち込むなどの努力を重ねていたところ，アルバイト先から帰宅中に突然本件事故に遭い，本件クラウンと衝突して転倒後，本件クラウンの底部に巻き込まれたまま，約212mにわたり，引きずられた後，後輪に轢過され，死亡するに至ったものであり，同人の無念さ，引きずられていた間の恐怖や肉体的苦痛は想像を絶するものである。そして，本件事故は前記のとおり，被告少年らの他人の生命を軽視した，身勝手な危険運転行為によって惹起されたものであり，通常の死亡事故とは性質を異にするものであるから，通常の交通事故における死亡慰謝料と同列に扱うのは相当ではない。後記のとおり，本件においては，遺族固有の慰謝料が認められるが，このことを勘案しても，前記認定事実を総合的に考慮するならば，本件被害者の死亡慰謝料は3,000万円とするのが相当である。」

＊東京地判平成18・7・26判時1947号66頁……帝王切開でBを出産した妊婦A（32歳・女）がY医師の過失で出産翌日に死亡した事故で，Aに関する慰謝料総額を2,700万円とした上で，Bと夫C，Bの姉Dにそれを3分して各900万円を認容。判決文でその理由や交通事故と医療過誤賠償の額の比較にも詳しく言及。

【判　旨】
「A及び原告ら3名の受けた精神的苦痛はあまりに大きく，Aの死亡慰謝料及び原告らの有する固有の慰謝料については，合計で2,700万円とするのが相当であるところ，本件事案の性質に鑑みると，原告らについて慰謝料額に差異を設けることは相当ではないから，原告らの慰謝料額は各人についてそれぞれ900万円とするのが相当である。

イ　上記合計金額は，交通事故等による死亡者がAと年齢及び生活状況等を同じくする女性である場合に通常支払われる慰謝料総額を300万円程度上回るものであるところ，被告らは，医療事件において交通事故等の場合に比して一般的に認められる慰謝料水準より高額の慰謝料が認められるべきとの見解には理由がなく相当でないと主張する。

しかし，交通事故においては，事故以前に当事者間に何ら法律関係がないのが通常であるのに対し，医療事故の場合は，患者と医師の間に契約関係が存在し，患者は医師を信頼して身を委ね，身体に対する侵襲を甘んじて受入れているのであるから，医師の注意義務違反によって患者の生命身体が損なわれたとき，患者には損害の客観的態様に基づく精神的苦痛に加えて，医師に対する信頼を裏切られたことによる精神的苦痛が生ずるものと考えられる。したがって，医師の注意義務違反の内容と程度及び患者側の受けた損害の内容と程度によっては，患者側の精神的苦痛に対する慰謝料の額が交通事故等の場合よりも高額なものとなる場合もあり得るというべきである。」

＊東京地判平成18・7・28交民集39巻4号1099頁……交通事故死亡被害者A（19歳・女。大学生）の慰謝料として，A本人分2,500万円，両親B・C固有分各200万円，2人の兄D・Eに各100万円を認容。

＊大阪地判平成18・8・31交民集39巻4号1215頁……Yが煽り行為という危険な行為を行ったために，A（34歳・男。給与所得者）の死亡事故を引き起こした場合の慰謝料につき，Aに両親分も含めて3,000万円を認容（故意不法行為）。

＊東京地判平成18・9・1判時1985号94頁，判タ1257号196頁……肝硬変の患者A（45歳・男。会社員）の治療のY医師に注意義務違反があってAが死亡した事故での慰謝料につき，A本人分2,800万円，妻B固有分200万円を認容。

＊東京地判平成18・10・26交民集39巻5号1492頁……歩行者A（43歳・女。家事従事者）が飲酒運転のY車に跳ねられ死亡した事故での慰謝料につき，A本人分2,700万円，夫B固有分200万円，3人の子C・D・E固有分各100万円を認容。

＊東京地判平成18・11・15交民集39巻6号1565頁……飲酒状態でバイクに乗って路上で転倒し，後続のY₁車，Y₂車に連続して轢かれて死亡したA（20歳・男。大学生）の慰謝料につき，A本人分1,650万円，両親B・Cに各200万円，Aの姉Dに100万円，妹Eに50万円を認容。

＊山形地米沢支判平成18・11・24交民集39巻6号1665頁……Y₁が飲酒の上，警察による発覚を避けるため無灯火で制限速度を大幅に超えて車を運転し，青信号で

〈5-2〉711条所定の者（父母・配偶者・子）

横断歩道を横断中のA（20歳・女，大学生）を跳ねて死亡させ，加害車両を現場に放置して逃走・さらに飲酒した，極めて悪質な事故で，同乗のY₂にも719条2項の共同不法行為責任を認めた上で，慰謝料につき，A本人分2,000万円，両親B・C固有分各500万円を認容。

＊東京地判平成18・12・8判タ1255号276頁……左耳の細胞癌の治療を受けていたA（80歳代・男）が，Y医師の十分な説明がなかったことで判断を誤り，脳梗塞を発症して死亡した事案で，YによるAの自己決定権侵害を認め，A固有分と息子B固有分を合わせて慰謝料200万円を認容。

【判　旨】
「亡A及び原告Bは，自己が受ける療法が標準的な療法でないこと，他に選択可能な療法の性質について説明を受けた上で，自己が受けるべき療法について熟慮し，選択する機会を失ったというべきである。（中略）亡A及び原告Bは，上記の熟慮及び選択の機会を失ったことにより，標準的でなく，かつ一定の危険性のある治療法を選択したことを悔やみ，現に生じた結果を受入れることが極めて困難となっており，それによって少なからぬ精神的苦痛を受けたものと認められる。その精神的苦痛に対する慰謝料としては，説明義務違反の内容及び程度等本件に現れた諸般の事情を考慮すると，その金額は亡A及び原告B固有のものを合計して200万円と認めるのが相当である。」

＊名古屋地判平成19・2・28交民集40巻1号301頁……Yの車に衝突された被害者A（55歳・男）を，後続のZ車が轢いて死亡させた事故の慰謝料につき，Yに対して，A本人分2,000万円，Aの妻に400万円，2人の子C・Dに各200万円を認め，後続のZに対する慰謝料につき，A本人分100万円，妻B分10万円，子C・D分各5万円を認容。

＊大阪地判平成19・3・28交民集40巻2号453頁……交通事故死亡被害者A（29歳・男。会社員）の慰謝料につき，A固有分2,000万円，女手1つでA達を育てた母B固有分300万円を認容。

＊東京地判平成19・3・30交民集40巻2号502頁……A（20歳・男。飲食店店長）がYと一緒にキャバクラに行って約4時間飲酒し，その後Y運転の車にAがシートベルトをつけずに同乗中，Yが居眠り運転で駐車中の車に衝突し，Aが死亡した事故の慰謝料につき，Aのシートベルト装着義務違反は運転者Yに対する関係でも損害減額事由になることを認めた上で，A本人分2,000万円，両親B・C固有分各100万円を認容（すべてにつき過失相殺2割5分）。

＊水戸地判平成19・5・24交民集40巻3号666頁……A（10歳・女。小学5年生）の死亡交通事故で，A本人分2,200万円，両親B・Cに各200万円，Aとともに登校中で本件事故現場に居合わせて重度のストレスを受けた妹Dに400万円の慰謝料を認容。

＊横浜地川崎支判平成19・6・19交民集40巻3号749頁……原動機付自転車に乗っていたA（52歳・女。警備員）がZの自転車と接触した後，Yの大型トラックに巻き込まれて死亡した事故で，慰謝料につき，A本人分2,500万円，妻B固有分250万円，娘Cと息子C固有分各50万円を認容（過失相殺3割）。

＊福岡地判平成19・6・26判時1988号56頁，判タ1277号306頁……A（死亡時80歳・男）が，入院中のY病院で夕食用に出されたおにぎりを誤嚥して9ヶ月後に死亡した事故で，看護師Y₂に過失があったとして，A本人分の慰謝料1,600万円，看護を補助していたAの次男B固有の慰謝料100万円を認容。

＊東京地判平成19・6・27交民集40巻3号805頁……交通事故死亡被害者A（24歳・男）の慰謝料として，A本人分1,800万円，両親B・C分各300万円を認容。

＊東京地判平成19・6・27交民集40巻3号816頁……交通事故死亡被害者A（6歳・女）の慰謝料につき，A本人分1,800万円，両親B・C固有分各200万円を認容したが，別居しているAの祖父母D・Eには固有の慰謝料を否定。

＊名古屋地判平成19・7・4判時1998号46頁，判タ1299号247頁……患者A（死亡時51歳・男）が開業医Yに胃潰瘍と診断されたが，後日，他のZ病院で胃がんと診断され治療が手遅れになり死亡した事案で，慰謝料につき，A本人分1,500万円，Aの娘Bと息子C固有分各200万円を認容。

＊秋田地判平成19・7・5判時1982号136頁……A（9歳・女）の交通事故死亡慰謝料につき，A本人分1,800万円，両親B・Cに各200万円を認容し，さらに，至近距離で目撃していたAの兄Dについて711条の者と実質的に同視できる関係にあるとして，同条を類推適用して200万円の慰謝料を認めた事例。

＊東京地判平成19・7・5交民集40巻4号849頁……歩行者A（24歳・男。会社員）がアーケード街を暴走したYレンタカー会社の車（Y₂が賃借使用）に衝突され，死亡した事故で，Y₂のみならず，Yの運行供用者責任も認めた上で，慰謝料につき，Aの両親B・Cに各1,400万円を認容（A本人分は算定せず）。

＊東京地判平成19・9・19交民集40巻5号1186頁……交通事故死亡被害者A（8歳・男。小学生）の慰謝料につき，本人分2,300万円，両親B・C固有分各200万円，兄D固有分100万円を認容。

＊広島地尾道支判平成19・10・9判時2036号102頁

〈第5章〉慰謝料請求権者の範囲

……サイクリング行事に参加しているYの自転車と歩行者A（63歳・男。会社の代表取締役）が衝突してAが死亡した事故での慰謝料として，A本人分2,800万円，妻B固有分150万円，娘C・Dと息子E固有分各50万円を認容。
＊千葉地判平成19・10・31交民集40巻5号1423頁……交通事故死亡被害者A（12歳・女。中学1年生）の慰謝料につき，A本人分2,000万円，父母B・Cに各400万円，Aの弟Dに200万円を認容。
＊東京地判平成19・12・17交民集40巻6号1619頁……交通事故死亡被害者A（7歳・女）の死亡慰謝料につき，A本人分2,000万円，父B固有分200万円，心療内科に通院している母C固有分250万円，事故直後を目撃した弟D（3歳）の固有分80万円を認容。
＊千葉地松戸支判平成19・12・26交民集40巻6号1723頁……自宅敷地から道路に出て来たYの車が，路上走行中のAの自動二輪車に衝突し，A（29歳・男。駅員）が死亡した事故で，慰謝料として，A本人分2,800万円，Aの妻Bと娘C固有分各200万円を認容（Aの過失割合5分）。
＊甲府地判平成20・2・5判時2023号134頁……中華民国国籍のA（21歳・女。大学生）をYがわいせつ目的で誘拐・監禁・強姦・殺害・遺体を道路脇の側溝に遺棄するという残忍な故意の殺人事件でのAおよび両親B・Cの慰謝料（A本人分3,500万円，両親B・C固有分各750万円）。
【判　旨】
「Yの本件不法行為の態様が極めて悪質であることに加え，Yは自己の罪責を免れるために不可解かつ不合理な弁解に終始し，(中略) Y側のA及びB・Cに対する対応には誠意が見られないこと，その他，本件に現れた一切の事情を考慮すると，Aの精神的苦痛を慰謝するための慰謝料の額は，3,500万円が相当である。」(中略)「人間性を逸脱し野獣化したYの理不尽かつ残虐な犯行によって我が子を突然奪われたB・Cの悲嘆と苦痛は，察するに余りある。(中略) Yは不可解かつ不合理な弁解に終始するばかりか，Bが刑事裁判において情状証人として出頭し，Yを1発殴りたいと証言した際，Yは，殴りたかったら殴ってみろよと，Bに対して挑発的な態度をとるなど，B・Cに対し不誠実極まりない態度をとっていたことが認められる。これら一切の事情を考慮すると，B・Cが受けた精神的苦痛を慰謝するための慰謝料の額としては，それぞれ750万円をもって相当とする。」
＊松山地判平成20・2・18判タ1275号219頁……Y特別養護老人ホームに入所中のA（年齢不詳・男）が，介護を受けながらの朝食中に食物の誤嚥（気管に詰まった）による死亡事故で，その慰謝料につき，A本人分1,800万円，娘B固有分200万円を認容。
＊大阪地判平成20・3・13交民集41巻2号310頁……交通事故死亡被害者A（3歳・女）の慰謝料につき，A本人分2,200万円，両親B・C固有分各300万円を認容したが，Aの兄D，姉E，祖父母F・Gの固有分については711条所定の身分関係にないとして否定。
＊大阪地判平成20・3・19交民集41巻2号407頁……AのバイクとYの車の衝突による交通事故で死亡したA（30歳・女。会社員）の慰謝料につき，A本人分2,000万円，両親B・C固有分各100万円を認容（過失相殺3割5分）。Aの兄Dについては711条所定の者と実質的に同視すべき身分関係が存するとまではいえないとして否定。
＊神戸地判平成20・3・21交民集41巻2号418頁……加害者Yの無免許運転の上でのひき逃げの事故で，父Bの車に同乗していたA（5ヶ月・男）が死亡した事故の慰謝料につき，A固有分2,200万円，両親B・C固有分各300万円を認容。
＊千葉地判平成20・3・27判時2009号116頁，判タ1274号180頁……Y幼稚園の敷地に沿った用水路に転落・死亡したA（4歳・男。Y幼稚園児）の慰謝料につき，A本人分2,200万円，両親B・C固有分各400万円を認容。
＊福島地判平成20・5・20判時2019号69頁，判タ1289号211頁……Y病院での出産時にYの過失により，不十分な帝王切開体制で母Cが子宮破裂状態になり，Aが重度の仮死状態で出生し，重症脳性麻痺になって4歳で死亡した事故の慰謝料につき，両親B・Cに各1,200万円の慰謝料を認容（Aの分は算定せず）。
＊福岡地判平成20・6・5交民集41巻3号698頁……高速道路上での交通事故死亡被害者A（32歳・男。会社員）の慰謝料につき，A本人分2,800万円，加害者Yが居眠り運転を隠蔽しようとしたためもあって，妻Bが精神的衝撃により抑うつ神経等と診断されて通院加療を要するに至ったとして，B固有の慰謝料200万円を認容し，Aの両親C・Dにも固有分各50万円を認容（すべてについて過失相殺3割）。
＊松山地判平成20・7・1判時2027号113頁……Y会社の上司Y₂から社会通念上正当とされる限界をはるかに超える業務上の過剰なノルマ達成を命じられ，うつ病に罹って自殺したA（43歳・男。会社員）に，Y₂の行為とAの自殺との相当因果関係を認め，慰謝料につき，A本人分2,800万円，妻B固有分300万円，子C固有分200万円を認容（すべてについてAの心因的要因を考えて722条2項の過失相殺の類推適用により6割減額）。

〈5-2〉711条所定の者（父母・配偶者・子）

＊大阪地判平成20・7・4交民集41巻4号890頁……多重交通事故でZの車の助手席に同乗のA（23歳・男。会社員）の死亡慰謝料につき，事故の悲惨さや一部加害者の悪質性等も考慮して，A本人分2,200万円，両親B・C固有分各250万円を認容。
【判　旨】
「B・Cらは，本件事故により，かけがえのない長男であるAを失ったものであるうえ，不明車の運転者が逃走し，Y車の乗員が全員死亡したことなどにより，Y車の運転者が誰かなども含めて本件事故の具体的状況がなかなか判明せず，悲嘆の中で真相解明のため多大な労力や費用を費やしたことなども認められ（中略），これらのB・Cらの苦労，心痛は察するに余りあるものである。（中略）諸般の事情を考慮し，その精神的苦痛に対する固有の慰謝料は，各250万円を下回らないものと認める。」
＊東京地判平成20・7・7交民集41巻4号908頁……交通事故で重傷を負い，その11日後に死亡したA（79歳・男。年金生活者）の慰謝料につき，傷害慰謝料と死亡慰謝料を合わせてA本人分2,000万円，Aとサイクリング中に事故に遭遇し，不眠等の精神症状が発症したAの娘B固有分300万円を認容。
＊大阪地判平成20・7・25交民集41巻4号959頁……交通事故死亡被害者A（34歳・女。主婦兼パート勤務）の慰謝料につき，A本人分2,000万円，夫Bに300万円，2人の娘C・Dに各200万円，両親E・Fに各50万円を認容。
＊東京地判平成20・7・31判時2026号25頁，判タ1295号271頁……テレビ局のヘリコプター墜落事故で死亡したA（26歳・女。テレビ局記者）の慰謝料につき，A本人分2,400万円，両親B・C固有分各200万円，Aの兄Dと姉Eの固有分各100万円を認容。
＊東京地判平成20・8・26交民集41巻4号1015頁……交通事故被害者A（男，34歳。給与生活者）の死亡による慰謝料につき，A本人分3,000万円を認容。理由は，Aの職歴，弁護士資格の取得や公職への立候補希望などとともに加害者Bの運転の初歩的・基本的な注意義務の懈怠等を考慮。加えて，Aの妻Cに200万円，Aの両親D・Eに各100万円の固有の慰謝料を認容。
＊名古屋地判平成20・9・24判時2035号104頁，判タ1322号218頁……身体障害者であるA（15歳・男）のもとをY訪問介護会社の職員が訪ねて食事の介助中に，Aが食物を誤嚥して窒息死した事故で，慰謝料としてA本人分1,800万円，両親B・C固有分各300万円を認容。
＊名古屋地判平成20・10・10交民集41巻5号1332頁……交通事故死亡被害者A（37歳・男。会社員）の慰謝料につき，加害者側の不誠実な態度等も考慮して，A本人分2,800万円，妻B固有分200万円，Aの両親C・D固有分各100万円を認容。
＊仙台地判平成20・10・29交民集41巻5号1382頁……交通事故死亡被害者A（40歳・男。タクシー運転手）の慰謝料につき，A本人分2,400万円，Aの父B固有分100万円，Aの介護を受けていた母Cの固有分200万円を認容。
＊東京地判平成20・10・29判タ1298号227頁……県立高校のカヌー実習授業でカヌーが転覆し，A（16歳・女。高校2年生）が溺死した事故で，県の安全配慮義務違反による債務不履行と委託業者Yとの共同不法行為をともに認め，慰謝料につき，A本人分2,200万円，両親B・Cに各150万円を認容。
【判　旨】
「Cは平成11年ころに，Bは平成17年3月ころに，Aとその兄（未成年）を残してそれぞれ家を出て行ったこと（中略），B・CとAの生活関係等の諸事情を勘案すると，B・Cが本件事故によるAの死亡によって受けた精神的苦痛に対する慰謝料としては，各150万円が相当である。」
＊神戸地判平成20・11・4交民集41巻6号1405頁……横断歩道を母Cと歩いていてY車に轢かれて死亡したA（2歳11ケ月・男）の慰謝料につき，A本人分1,800万円，両親B・C固有分各200万円を認容。
＊東京地判平成20・12・17交民集41巻6号1643頁……持病のあるA（49歳・男。飲食店の総料理長）の交通事故死による慰謝料につき，A本人分2,300万円，妻B固有分100万円，娘C・D・Eの固有分各100万円を認容。
＊福岡地判平成21・1・9判時2047号145頁……重症の肝障害の手術を受けたが，医療事故で手術3日後に死亡したA（45歳・男。有職者（職業不詳））の慰謝料につき，A本人分850万円，子ら（人数不詳）に各50万円を認容。
＊大阪地判平成21・1・30判時2035号91頁，判タ1321号158頁……A・B・C・Eは実の兄弟姉妹であるが，ヤミ金融による過酷な取り立てを苦に3人で鉄道自殺したC（69歳・女）とD（61歳・男）夫婦とCの兄（81歳・男）の慰謝料につき，C本人分2,000万円，存命中の兄弟姉妹であるB女とA男につき各500万円を認容。
＊名古屋地判平成21・3・6交民集42巻2号356頁……講演の樹木管理等に瑕疵があり，A（7歳・男。小学生）が自転車で道路に飛び出しY車に衝突・重傷を負った（後に死亡）事故の慰謝料につき，A本人に1,800万円，父Bに300万円，事故直後に現場に駆けつ

〈第5章〉慰謝料請求権者の範囲

け救急車に乗って苦しむAに付き添った母Cと兄Dについて，Cに400万円，Dに100万円を認容（国賠法2条事例）。

＊神戸地判平成21・3・30交民集42巻2号496頁……Y運転の車が単独事故を起こし，Y車に同乗していたA（18歳・男。大学1年生）が死亡した事故の慰謝料につき，搭乗者共済金1,300万円が支払われていること等も考慮して，A本人分1,600万円，両親B・C固有分各200万円を認容（Aの弟Dの請求は棄却）。

＊名古屋地判平成21・4・15交民集42巻2号541頁……Y車に追突されたはずみで，停車中のZ車に追突事故を起こして自ら受傷し，その後不眠症に苦しみ，賠償交渉も進まなかったため，うつ状態で自殺したA（死亡時67歳・男）の慰謝料につき，A本人分2,300万円，Aの妻Bに200万円，2人の息子C・Dに各100万円を認容。

＊大阪地判平成21・4・24交民集42巻2号576頁……交通事故死亡被害者A（52歳・女。主婦兼美容用品訪問販売）の慰謝料につき，A本人分1,900万円，夫Bに350万円，娘Cに150万円，娘DにAの死亡による精神的ショックや生活状況の変化が大きいとして250万円，Aの父母E・Fに各50万円を認容。

＊大阪地判平成21・5・14交民集42巻3号618頁……電柱に激突したY運転の車に同乗中のA（51歳・女。信用組合勤務）が死亡した事故での慰謝料につき，A本人分と娘Bの分とを併せて2,200万円，Aの母C固有分200万円を認容。

＊東京地判平成21・6・24交民集42巻3号849頁……交通事故で重傷を負い，その6日後に死亡したA（42歳・主婦。ホームヘルパーのパート収入あり）の慰謝料につき，A本人分2,000万円，Aの夫B固有分200万円，娘Cと息子D固有分各100万円を認容した上で，Bの母E固有の慰謝料を否定して，以下のように判示。

【判旨】
「原告らは，原告Eが，本件事故後，D及びCの世話をしていることなどを指摘し，Eにも相当の慰謝料が認められるべきことを主張している。確かに，原告らが指摘するように，Eは，本件事故により従前の生活状況が変わってしまったことは認められるが，Eは，Bの実母であってAの実母というわけではなく，これまでAと同居して共同の生活を営んでいたわけでもないから，「被害者（A）の父母，配偶者及び子」（民法711条）に準じる立場にあるとはいえず，Eに固有の慰謝料請求権を認めることはできない。」

＊東京地判平成21・7・8交民集42巻4号871頁……宅配便会社の運転手Y がX宅に荷物を届けたがXが入浴中だったため，Yが幼児A（3歳・男）にドアを開けてもらい，Aに渡して自己の配達を完了させようと考え，受領の押印無しで車に戻り発進させたところ，Aが車の前方にいるのにまったく気付かず，Aを轢いて死亡させた事故の慰謝料につき，A本人分2,000万円，両親B・C固有分各300万円，Aの兄（4歳）固有分200万円を認容（被害者側の過失は認めず）。

＊京都地判平成21・8・6交民集42巻4号987頁……横断歩道でない車道を夜間に横断歩行中のA（事故時70歳・男。アルバイト）がY車に跳ねられて重傷を負い，5年4ケ月後に死亡した事故の慰謝料につき，Aの入院・死亡慰謝料計2,200万円，妻B固有分280万円，娘Cと息子D固有分各140万円を認容（すべてについて過失相殺3割）。

＊京都地判平成21・8・10交民集42巻4号1026頁……交通事故死亡被害者A（81歳・女）の慰謝料につき，A本人分2,000万円，Aの娘B・C固有分各150万円を認容。

＊岡山地判平成21・8・26交民集42巻4号1096頁……交通事故死亡被害者A（9歳・女。小学生）の慰謝料につき，A本人分2,100万円，両親B・C固有分各200万円を認容。

＊東京地判平成21・8・27交民集42巻4号1100頁……自転車通行のA（81歳・男。年金生活者）がYの車に跳ねられて死亡した事故の慰謝料につき，A本人分1,800万円，Aの子である相続人B・C・D固有分各200万円を認容。

＊名古屋地判平成21・9・30交民集42巻5号1269頁……交通事故死亡被害者A（10歳・男。小学生）の慰謝料につき，A本人分2,000万円，両親B・C固有分各200万円，Aの弟D固有分50万円を認容。

＊神戸地判平成21・10・14交民集42巻5号1307頁……交通事故死亡被害者A（58歳・男。自営業）の慰謝料につき，悪質なひき逃げ事件であることや，2ケ月後に息子Dの結婚式を控えていたことなども考慮して，A本人分2,200万円，妻B固有分200万円，娘C固有分100万円，息子D固有分120万円を認容。

＊名古屋地判平成21・10・16交民集42巻5号1321頁……交差点で脇見運転のY車に衝突され，被害車両の運転者$A_1$（44歳・女。兼業主婦）と同乗の長女$A_2$（10歳・女。小学生）が死亡した事故の慰謝料につき，$A_1$と$A_2$本人分として各2,000万円，$A_1$の夫で$A_2$の父であるB固有分200万円，$A_1$の両親C・D固有分各200万円を認容。

＊東京地判平成21・10・19交民集42巻5号1331頁……交通事故死亡被害者A（55歳・男。鉄鋼業会社経営）の慰謝料につき，A本人分2,800万円，妻Bと娘C固有分各160万円，Aの母D（介護中）固有分80万円を

〈5-2〉711条所定の者（父母・配偶者・子）

認容。
＊東京地判平成21・11・18交民集42巻6号1535頁……交差点で先行するＺ車を追い越そうとしたＹ車が青信号で横断歩道を横断中のＡ（66歳・女）に衝突・死亡させた事例の慰謝料につき，Ａ本人分1,900万円，Ａの子Ｂ・Ｃ・Ｄに各100万円を認容（また，Ｂは米国在住のため葬儀等3回の帰国費用300万円を要求したが80万円だけ認容）。
＊名古屋地判平成21・12・2交民集42巻6号1571頁……交通事故死亡被害者Ａ（12歳・女）の慰謝料につき，Ａ本人分2,200万円，両親Ｂ・Ｃ固有分各150万円，Ａの姉妹Ｄ・Ｅ固有分各50万円を認容。
＊大阪地判平成21・12・14交民集42巻6号1630頁……交通事故死亡被害者Ａ（44歳・女。パート）の慰謝料につき，Ａ本人分と内縁の夫Ｂ固有分および2人の子Ｃ・Ｄ固有分を全部合わせて2,750万円を認容。なお，Ａの母Ｅ固有分50万円は別途認容。
＊東京地判平成21・12・25交民集42巻6号1703頁……交通事故死亡被害者Ａ（45歳・女。婦人服デザイナー。中国国籍）の慰謝料につき，Ａ本人分2,400万円，中国に残している息子Ｂ（学生）固有分400万円を認容（父Ｃは既に死亡）。
＊名古屋地判平成22・2・5交民集43巻1号106頁……Ｙの車が自転車のＡ（69歳・男。手伝い）に衝突・重傷を負わせ，Ａがその2日後に死亡した事故で，Ｙが現場から逃走し，車のナンバー・プレートを捨てるなどの証拠隠滅を図り，実刑判決を受けて服役した後も一切損害賠償に応じないなど極めて悪質な場合の慰謝料につき，Ａ本人分2,200万円，Ａの妻Ｂ固有分400万円，Ａの息子Ｃ・Ｄと娘Ｅ固有分各100万円を認容。
＊大阪地判平成22・2・9交民集43巻1号140頁……横断歩道歩行中のＡ（事故時75歳・女。専業主婦）がＹ車にはねられて死亡した事故の慰謝料につき，Ａ本人分2,500万円，病気で介護が必要な夫Ｂ固有分100万円，子Ｃ・Ｄと孫Ｅ固有分各50万円，Ａが介護し，作業所に通所させていた知的障害を持つ孫Ｆに300万円を認容。
＊大阪地判平成22・2・23交民集43巻1号224頁……横断歩道を青信号で横断中のＡ（96歳・女）がＹ車に跳ねられて死亡した事故の慰謝料につき，Ａが事故直前に甥のＢ宛の遺言書を作成していたこと，ＢはＡと親子のような親密な関係にあったことなどを考慮して，Ａ本人分2,000万円（Ｂの相続を認める），Ｂ固有分100万円を認容。
【判旨】
「遺言書の全記載との関連，遺言書作成当時の事情及び遺言者の置かれていた状況等も考慮して遺言者の真意を探求し，当該条項の趣旨を解釈することになるが，（中略）原告ＢとＡの交流は非常に親密であって，同居の親子以上とも言えるものであり，さらにＡは自身の死亡後の一切の手配もＢに依頼するほど信頼していたことに鑑みれば，本件遺言書に記載された「家財一切」とは，財産全部を指すものと解釈するのが相当である。そうすると，本件事故を理由とするＡの被告に対する損害賠償請求権全てをＢが単独相続したと認められる。（中略）原告ＢとＡの関係は実の親子以上とも言えるものであるから，本件事故によってＡを亡くしたＢにも固有の慰謝料を認めるのが相当である。その慰謝料の額は，100万円をもって相当と認める。」
＊岡山地判平成22・2・25交民集43巻1号250頁……車道横断中にＹ車に跳ねられ死亡したＡ（55歳・女。主婦（元小学校教諭））の慰謝料につき，Ａ本人分2,400万円，夫Ｂ固有分と子Ｃ固有分各200万円，両親Ｄ・Ｅ固有分各100万円を認容。
＊秋田地判平成22・7・16交民集43巻4号879頁……はみ出し禁止道路で無謀運転をして追い越したＹ運転の10トン車両に対向車線のＡの乗用車（21歳・男）が衝突し，Ａと同乗のＡの幼児Ｂ（11ケ月・男）が死亡した事故の慰謝料につき，Ａ本人分2,800万円，Ａの妻Ｃに400万円，Ａの両親Ｄ・Ｅに各100万円，Ｂ死亡について，Ｂ本人分2,200万円，母Ｃに300万円，Ｂの祖父母Ｄ・Ｅに各50万円の固有の慰謝料を認容。（しかし，ＡとＢはわずかに先にＢが死亡したが，Ｂ死亡に関するＡ（父）固有の慰謝料請求権につき，ＡとＢの死亡は「社会観念上は同一機会におけるものと評価できる」として同時死亡の法理により，ＢにつきＡの慰謝料請求を否定）。
＊宇都宮地判平成23・3・30判時2115号83頁……前方不注意のＹ運転の車に衝突されて死亡した集団下校途中のＡ（15歳・女。中学生）の慰謝料につき，Ａ本人分2,200万円，父母Ｂ・Ｃに各250万円，祖父母Ｄ・Ｅと3人の姉妹Ｆ・Ｇ・Ｈに各120万円を認容。一緒に下校中の友人Ｉ・ＪにもＡを失ったことと自らも死亡したかもしれないという恐怖の状況にあったことを考慮して各30万円の慰謝料を認容。
＊東京地判平成24・1・17交民集45巻1号40頁……自転車で走行中のＡ（54歳・女。会社員）に左方を確認しないまま左折しようとしたＹ会社のＹ₂運転の車が衝突し，Ａを転倒させ，さらにＡをＹ₂車に巻き込んで轢死させた事故で，慰謝料につき，Ａ本人分2,000万円，Ａの夫Ｂ固有分200万円，子Ｃ・Ｄ・Ｅ固有分各100万円を認容（すべてにつき過失相殺3割）。
＊東京地判平成24・1・17ＴＫＣ法律情報データベー

〈第5章〉慰謝料請求権者の範囲

ス25491273……自動車同士の衝突交通事故で死亡したA（17歳・男。建設作業員）の慰謝料につき，A本人分2,000万円，両親B・C固有分各100万円を認容（すべてにつき過失相殺8割）。
＊東京地判平成24・3・14TKC法律情報データベース25492950……Yの車とA（事故時55歳・男）の自転車との衝突事故で，Aが重傷を負い，入院2年2ヶ月後に死亡した事故で，Aの障害慰謝料500万円，死亡慰謝料2,000万円，妻B固有分250万円，子C・D固有分各50万円を認容（すべてにつき過失相殺4割）。
＊東京地判平成24・3・27交民集45巻2号422頁……Pパブ・クラブの開店前だったので，Y₁，Y₂，Y₃の3人が店の駐車場を出て一般道路を一回り走行して来ようということになり，Y₁が飲酒で満足な運転ができるかどうかの危険を3人とも承知の上，3人ともが乗り込んでY₁に運転させていたところ，センターラインを超えて対向車線のA車に衝突し，Aと同乗の妻Bが死亡した事案で，3人の民法719条2項の共同不法行為責任を認め，慰謝料につき，A・Bともに本人分各3,200万円，その子C，D，E，F固有分各400万円を認容。
＊横浜地判平成24・4・26交民集45巻2号521頁……Y₁の車とY₂の車に衝突され，原動機付自転車運転中のA（30歳・女。研究所勤務）が死亡した事故で，Y₁とY₂の共同不法行為責任を認め，Aの両親B・C分も含めてAに慰謝料総額2,200万円を認容（過失相殺3割）。
＊東京地判平成24・7・18交民集45巻4号830頁……A（5歳・男）が道路を横断しようとしてY車に轢かれて死亡し，Y車が一旦逃走した事故で，慰謝料につき，A本人分2,400万円，両親B・C固有分各300万円を認容（すべてにつき過失相殺2割5分）。祖父母D・Eの請求については以下のように判示して否定。
【判　旨】
「原告D及びEは，生後間もないAや里帰り中の原告Cと約4か月一緒に暮らして育児にも関わるなどしていたのであって，本件事故でAを失ったことによる喪失感や怒りなどは大きかったものと認められる。しかしながら，被害者であるAとD及びEは民法711条所定の近親者ではなく，上記時期を除けばAと同居していなかったこと等，A並びにD及びEの生活状況等に照らし，被害者であるAとの間に同条所定の者と同視すべき関係があるとは認められず，また，その精神的苦痛の程度を考慮しても，固有の慰謝料を認めることはできない。」
＊大分地判平成25・3・21判時2197号89頁……Y₂市にあるY県立高校で剣道部の練習中，主将であるA（17歳・男。高校2年生）が部の顧問Y₃に対して，「もう無理です」と申し出たが認められず，熱中症および熱射病でO病院に搬送され，まもなく病院で死亡した事故で，Aには過失なしとしてYとY₂の国賠法1条1項の責任を認め，慰謝料につき，A本人分2,000万円，両親B・C固有分各150万円を認容。
＊宇都宮地判平成25・4・24判時2193号67頁……クレーン車の運転手にてんかんの持病があるのにそれを隠して運転中に発作を起こして通学児童の列に突っ込み，Aら6人（9歳～11歳）が死亡し，他にも負傷者が出た事故の慰謝料につき，死者6人全員につき一律に各2,600万円を認容（宇都宮クレーン車交通事故損害賠償請求事件。近親者については多数にわたるのでここでは省略）。
【否定例】
＊水戸地判大正6・6・16新聞1311号28頁，評論6巻民法751頁……精神上の苦痛を知覚する能力のない者（たとえば生後8ケ月の者）は民法711条の請求権を有しない。
＊横浜地判昭和36・2・23下民集12巻2号335頁……未認知の子Aの死亡について，認知しない限り，父Bは慰謝料請求ができない。
＊東京地判昭和44・7・16判時574号46頁，判タ239号255頁……事故死したAの養父母には，実父母と同視すべき特段の事情がない限り，Aの死亡による固有の慰謝料請求権が認められない。
＊東京地判昭和44・7・16交民集2巻4号960頁……夫Bの過失による交通事故で，車に同乗の子A（5歳・女）が死亡した場合の母（妻）Cの固有の慰謝料請求権を否定。
＊東京地判昭和44・12・5判時595号82頁，判タ243号225頁……交通事故で致命傷後，3日と19時間で死亡したA（71歳・男。不動産関連業）に死亡による慰謝料請求権を否定。
【判　旨】
「被害者が致命傷を負った後死亡した場合において右負傷と死亡とが一体と把握できる程度のものであるときには，被害者本人の慰謝料請求権は即死の場合と同様発生しないと解されるところ，Aは本件事故により致命傷を負い3日と19時間余の後に死亡したものであることは前記のとおりであるから，Aに慰謝料請求権の発生を認めることはできないというべきである」る。
＊長野地松本支判昭和45・4・23交民集4巻1号50頁……農業経営に従事していた母A（62歳・女）の交通事故死について，Aの三女Bは放浪癖があって現在行方不明で，訴訟の原告にもなっていないことから，Bに相続はもちろん，固有の慰謝料請求権を認める必要がないとされた事例。

〈5-2〉711条所定の者（父母・配偶者・子）

＊大阪地判昭和46・2・17交民集4巻1号285頁……交通事故被害者A（25歳・男）が受傷による後遺障害（左下肢の短縮）の残存や加害者の誠意のなさ，将来に対する希望を失って自殺した事件で，自殺との条件関係を認めたが法律上の因果関係を否定して，Aの母親B固有の慰謝料請求権を否定。

＊大阪地判昭和46・4・30判タ265号264頁……被害者Aの死亡後14日目に死亡した父Bについて固有の慰謝料請求権を否定。

＊東京地判昭和58・1・24判時1082号79頁，判タ497号154頁……担当のY病院が病理組織検査等をせずに，良性の胃潰瘍として手術を受けたA（24歳・男）が，その後に胃がんになって死亡した事故で，Y側の安全配慮義務違反と不法行為を認めたが，Aの死亡とY病院の医師Y₂の過失との因果関係を否定し，遺族であるAの妻や子の慰謝料請求も否定。

【判旨】
「本件手術当時Aは24才の独身男子だったのであるから，病気を良性の胃潰瘍であると診断された時には，健康な男子として近い将来に結婚し，子どもをもうけることは当然に予想されたところであり，患者が結婚をし，子どもをもうけた後に誤診が原因で死亡した場合には，その妻と子も，それぞれ夫と父を失った精神的損害を慰謝料として請求しうることには十分理由があるというべきである。しかし，本件においては，Aの死亡それ自体は被告Y₂の過失とは直接の因果関係がないこと先に認定したとおりであって，A本人についても，適切な治療を受け得ずに生存の可能性を奪われた損害のみが認められるにすぎないのであるから，原告らについては，夫及び父を失った精神的損害を相当因果関係ある損害として認めることはできない。」

＊東京地判昭和58・2・17判時1070号56頁，判タ492号120頁……食道癌による患者Aの死亡について，医師Yの医療過誤を認めたが，診療時には症状が進んでいてAは死を免れない状態にあったとして，Aの養子X（年齢不詳・男）からの慰謝料請求を否定。

【判旨】
「原告は，原告固有の慰謝料請求権の存在を主張してその支払を求めるが，説示したとおりYはAの死亡について責任はなく，またYの過失は右認定期間程度の延命利益の侵害にとどまるのであるからこれを生命侵害があった場合と同視することは出来ず，従って，X独自の慰謝料請求は認められない。」

＊岡山地判昭和61・11・20交民集19巻6号1586頁……交通事故で重傷を負ったA（48歳・男）を加害者Y達が崖から突き落として死亡させた事件で，それ以前にAと離婚していた前妻Bは711条の配偶者とは言えず，固有の慰謝料請求権を有しない。

＊名古屋地判昭和62・5・8判タ654号210頁……医師Yの胃がんの発見の遅れにより延命の機会と可能性を奪われたAにつき，その妻Bと子C固有の慰謝料請求権を否定。

＊宇都宮地判平成5・4・12交民集26巻2号470頁，判タ848号282頁……共にシンナー吸引後，Y運転の車に同乗していて電柱に衝突死亡したAの両親B・Cにつき，B・Cが搭乗者保険金100万円，自損事故保険金1,400万円を受領していること，その保険料をAやB・Cが負担していた証拠がないこと，等の一切の事情を考慮して，それに加えてB・C固有の慰謝料を認めるのは相当でないとして否定。

＊東京地判平成7・3・24判時1546号42頁，判タ897号173頁……適切な時期に乳がんと診断され，手術が行われていれば，無視しえない生存率の差があったと認められるとして，その差の限度において，乳がんを発見できなかった医師Yの過失と患者Aの死亡との因果関係が認められた場合にはAの遺族に固有の慰謝料は認められないとされた例。

＊松山地判平成10・3・25判タ1008号204頁……Aの延命の可能性に対する期待権が侵害されたことを理由としては，Aの両親固有の慰謝料を認めることはできない。

＊名古屋地判平成11・10・22交民集32巻5号1612頁……渋滞の最後尾に停車中のS車にY車が追突し，S車に同乗していたA（27歳・男。元事務員）が死亡した事故で，Sが原告として慰謝料を請求した事案で，A本人分2,000万円（Aの両親B・Cが相続）を認めた上で，Aと交際していたSの固有の慰謝料請求を否定。

【判旨】
「原告Sは平成8年10月末日に結婚予定であった婚約者である亡Aの死亡により精神的苦痛を被ったとして損害賠償を請求するが，前記認定のとおり，本件事故当時，Sと亡Aが結婚を前提に交際していたことは認められるものの，亡Aの父親の反対もあって結婚は長く具体化しておらず，未だ同居もしていなかったと認められる。そうすると，Sと亡Aとの関係を配偶者又はこれと同視し得る関係と見ることはできず，したがって，亡A死亡によるSの精神的苦痛につき第三者に対して損害賠償を請求することもできないとするのが相当である。」

＊東京地判平成12・3・27判タ1058号204頁……自然医学療法を提唱・実践する医師Yの説明義務違反があり，乳がんの患者A（44歳・女）が死亡した事故で，A本人には600万円の慰謝料を認容したが，Aの母Bの固有の慰謝料請求が否定された事例。

〈第5章〉慰謝料請求権者の範囲

【判　旨】
「被告は問診と服の上からの触診をしただけで，一般の医療水準に照らした検査を実施していないから，右供述内容の真偽の程は疑わしいが，仮に右被告のいうとおりであれば，例えばステージ1の段階における乳癌の切除術は手術後10年の生存率90パーセント弱と極めて良好な成績を示しているのであって（甲25），当時のAが一般の医療機関における手術の実施を選択していたならば，Aが治癒した確率は決して低いものではないといえること，その他被告の説明義務違反の程度等についての前記各諸事情に照らせば，被告の説明義務違反により認めるべきAの慰謝料は決して小さいもの足り得ず，その金額については600万円と認めるのが相当である。」

＊大阪地判平成13・10・26交民集34巻5号1431頁……交通事故被害死亡者A（19歳・男）につき，長年同居してきた祖父Bを，711条に該当しない上にそれと同視すべき者とも認められないとして，B固有の慰謝料請求権を否定。

＊大阪地判平成14・11・26交民集35巻6号1587頁……持病治療の薬の副作用によって骨粗鬆症を患っていたA（事故時30歳・男。家事手伝い）がYとの交通事故で頭部や腰部の打撲傷を負い，17ケ月後に喀血による窒息で死亡した事例。A本人の傷害慰謝料300万円のみ認容（すなわち，過失相殺5割と素因減額5割）。

【判　旨】
「Aは，本件事故により負傷したとはいえ，重篤な後遺障害の残存は認められず，また本件事故と死亡との因果関係も立証できないのであるから，Aの母親である原告に，Aの慰謝料とは別個に，近親者固有の慰謝料を認めることはできない。」

＊宇都宮地判平成16・9・15判時1879号136頁……男子生徒Y（13歳・男。中学1年生）の責任能力を認めた上で，Yに刺殺されたA（26歳・女。中学教諭）の両親B・Cの慰謝料請求を否定。責任能力のあるYにつき，その両親にも併存的に監督義務違反を認めた事例。

【事　実】
本件は，中学校内において中学1年生の少年からナイフで刺殺された中学校教諭の遺族である原告らが，少年の両親である被告らに対して，不法行為に基づき，損害賠償を求めた事案である。原告AはE教諭の夫であり，原告Bは長男である。亡C及び原告DはE教諭の両親である。亡Cは，平成14年8月23日死亡し，原告Dが相続により亡Cの地位を承継した。原告側はFの責任能力を否定し，被告側は肯定の主張をした。

【判　旨】

「Yは本件事件当時責任能力を有していたと認められるので，被告らに対して民法714条に基づく責任無能力者の監督者の責任を問うことはできないというべきである。しかし，未成年者が責任能力を有する場合であっても監督義務者の義務違反と当該未成年者の不法行為によって生じた結果との間に相当因果関係を認め得るときは，監督義務者につき民法709条に基づく不法行為が成立すると解するのが相当である。

被告らは，Yに対して指導監督する義務を懈怠したことはないし，仮に監督義務違反があったとしても，FによるE教諭の殺害という結果との間に相当因果関係はなく，結果の予見可能性もないのであって，過失は認められない旨主張する。

しかし，Yは，本件事件当時，義務教育課程を終えていない13歳になったばかりの中学1年生の少年であり，上記のとおり，是非弁別能力等の責任能力は一応認められるにせよ，その程度は相当に低いものであるから，日常生活その他のあらゆる局面において親権者等の監督義務者の広い監督，支配に服すべきであるが，その反射的効果として，このような低い責任能力しか持たない年少少年の監督義務者の監督義務としては，広範かつ重大な責任が課せられて然るべきである。

そこで検討するに，Yは，正当な理由のない刃物等の所持が法律に違反することも知らず，学校にナイフを持って行ってはいけないとの指導を受けたことは一度もないなどと述べており，同供述から親権者らの日常の監護・教育の中で常識的に身につけるべき認識を欠いた状態にあったことがうかがわれる。このことからは，ナイフ所持の禁止あるいは人の生命の尊厳やかけがえのなさといった基本的な事柄について，被告らのFに対するしつけや指導には重大な過誤があったことが推認されるところ，被告らがこれらの点につきYに対して十分な指導教育を行っていた等上記事実に反する資料はない。また，Yは，本件事件に至るまで特に非行歴はなく，小学校時代には成績も優秀であったものの，中学校入学後は，膝の病気で思うように運動ができないことなどから苛立ちが高じて，周囲の人に対する暴力的言動や物に当たる等の行動が出始め，成績が悪化して，欠席も増加し，登校しても保健室に度々出入りするような状況にあったのであり，思春期特有の反抗行動といえる範囲を超えた明確な変化を示していた。しかし，精神的疾患の発露とも取れるこれらのYの変調の兆しに対し，被告らはある程度これに気付いていながら，特段の対処を講じていなかった。さらに，本件事件そのものは被告らの直接監督下にないK中内で発生したものであるが，（中略）Yによるナイフ類の購入は本件事件の約半年前に初めてなされ，ナイフ等を常時携帯する習癖もそのころから発現していたことに加え，本件ナイフの購入も被告Hの同伴時

〈5−2〉711条所定の者（父母・配偶者・子）

になされており，その後本件事件まで約1週間にわたってYが本件ナイフを常時携帯していた等の事実があるにもかかわらず，被告らはこれらに全く気付かず，Yによる家庭から学校への本件ナイフの持ち込みは継続していた。これらの諸事情を勘案すれば，被告らの外にYに対してナイフの持ち込み等について指導を行うべき主体が存在し得たことは置くとしても，被告らにおいて，Yに対する監督義務の懈怠があったことは否定できず，その懈怠が殺傷能力十分な本件ナイフの校内への常時持ち込みを許すことになった以上，被告らの監督義務違反とE教諭の殺害との間の相当因果関係もまた優に首肯し得る。
　また，上記検討した被告らの監督義務違反の内容に照らせば，被告らにおいてYによる殺害行為自体を具体的に予見していなかったとしても，Yが本件事件当時一般的な他害行為に及ぶ可能性は十分予見できたのであるから，予見可能性はあったというべきである。したがって，被告らは，本件事件，すなわち，YによるE教諭の殺害について，Yに対する監督義務違反により共同不法行為責任を負うものというべきである。」（中略）「E教諭は，職務中に教え子に刺殺されたこと，当時1歳の原告Bを残して死亡したこと等本件訴訟に現れた資料を総合すると，E教諭の死亡による慰謝料は，2800万円をもって相当と認める。（中略）「亡C及び原告Dは，E教諭の両親であり，我が子を殺害された打撃が大きかったことは推認に難くないけれども，本件事件当時，E教諭は原告Aと婚姻し，長男原告Bをもうけて独立した家庭を営んでいること，亡C及び原告Dと同居している等の関係もなく，同原告らの苦痛を慰謝すべき特段の事情が認められない本件にあっては，同原告らに固有の慰謝料を認めることには躊躇せざるを得ない。」
＊東京地判平成16・10・27判時1887号61頁，判タ1196号168頁……患者A（31歳・女）がY病院からX病院に転送の際に，Yの職員Y₂が不適切な措置を行ったためにAが死亡した事案で，A本人分の慰謝料1500万円を認めたが，親密でなかった両親B・C固有の慰謝料請求を否定。
【判　旨】
　「亡Aは，このときの原告B・Cらの対応に少なからぬ不服を抱いており，さらに，原告らに対してはもちろん肉親としての愛情も感じていたものの，根強い不満も繰り返し述べていたところであって，原告らとの関係については原告らが陳述ないし供述するほど円満であったとは考えにくいこと，（中略）原告らとしても，一応地元で治療を受けさせようと試みたことはあったものの，被告クリニックでの治療を希望する亡Aの意思に強く反対はせず，結局亡Aの面倒を専ら被告に委ねる結果になっていたこと，亡Aは，平成5年

4月に上京して以来，本件搬送によって死亡した平成13年1月まで8年弱の期間を原告らとは離れて生活していたことなどの事情が存するところであり，このように亡Aと原告らとの関係が通常の親子としての親密な関係というにはやや疑問があることに照らすと，原告ら固有の慰謝料を認めるべきかという点にはなお疑問が残り，当裁判所としては，（中略）亡A自身の慰謝料に加えて原告ら固有の慰謝料を認めることまではできないものと判断する。」
＊横浜地判平成18・4・18判時1937号123頁，判タ1243号164頁……現行の道路運送車両法などの規定では，ハブの欠陥が検査対象にもならず，関係者や監督官庁の法的作為義務などを追及できない「強固な法的・行政的仕組み」になっているため，トラックの脱輪事故で死亡した主婦Aの母Bが提起した訴訟で，Bの慰謝料が500万円とされ，制裁的慰謝料が否定された事例。慰謝料の意義・性質欄でも引用。
【判　旨】
　「本件D型ハブの欠陥は，同ハブを装用している自動車の車輪脱落をひき起こす危険性の高いものであり，また，本件D型ハブを装用している自動車が大量に販売されているのであるから，本件事故発生以前において，自動車走行中の車輪の脱落により，本件D型ハブを装用している自動車に乗車している者のみならず，他の車両に乗車している者や歩行者等の生命，身体に対する危険が発生していたということができる。
　そして，ハブは，通常半永久的な耐久性を有すべき部品とされ，これが破断するような事態は想定されていなかったが故に，自動車検査制度上，ハブの検査は義務付けられていなかったのであるから，国民の生命，身体，健康に対する危険が放置される状態にあったということができる。
　しかしながら，前記のとおり，平成14年1月10日以前において，リコール対策室は，ハブ破断による同種事故を2件しか認識できず，中国ジェイアールバス脱輪事故の原因が本件D型ハブの欠陥によって引き起こされた事故であることを認識していなかったのであるから，リコール対策室において，自動車走行中の車輪の脱落により，本件D型ハブを装用している自動車に乗車している者のみならず，他の車両に乗車している者や歩行者等の生命，身体に対する危険が発生していたことを認識していたと認めることはできない。（中略）本件事故は，被告会社の製造した本件事故車両に欠陥があったことにより発生した事故であるが，被告会社は，わが国有数の自動車会社で，社会的責任が大きいにもかかわらず，自動車の重要な保安部品に欠陥があることを知りながら，企業イメージの低下やリコールによる多大な損失を恐れ，被告国に報告すべき欠陥の情報を敢えて秘匿したり虚偽の報告をしたばか

〈第5章〉慰謝料請求権者の範囲

りでなく、被告国のリコール業務是正の警告を受けながら、表向きはその改善を装いつつ、実際上欠陥を放置し続けていたのであるから、加害態様は非常に悪質で、結果も重大であるといわなければならない。そして、予想もつかない突然の事故で娘を奪われた原告の精神的苦痛は極めて大きいと認められる。

　以上の事情に、原告は被害者である亡Aの相続人ではなく、相続人らについては、K重機が、相続人らに対し、慰謝料を含む総額7014万5000円を支払うことで和解が成立していること、原告自身もK重機から200万円の和解金を受け取っていることを考慮すると、被告会社との関係における慰謝料は500万円とするのが相当である。」（中略）「民事訴訟における損害賠償の目的は発生した損害の補償であり、事実上慰謝料の効果として制裁的機能や抑制的機能が認められることが否定されるわけではないにしても、処罰を目的とする制裁的慰謝料を認めることはわが国のそもそもの法制と調和しないし、現在において制裁的慰謝料の概念が成熟した裁判規範として受容されているとも認めがたい。したがって、被告会社に制裁的慰謝料を課すことは認められない。」

＊横浜地判平成18・4・25判時1935号113頁、判タ1258号148頁……深夜、交通事故による脳内出血で事故車内に倒れている被害者Aを警察官Yが発見したが、酒に酔って倒れているものと思って立ち去ったため、Xが死亡していることが翌日発見された。適切な措置を執って織れば延命可能性があったと認められたが、延命利益侵害の慰謝料はA本人にのみ発生するものであるとして遺族固有の慰謝料請求権を否定。

＊横浜地判平成18・10・25判タ1232号191頁……無認可保育所での暴行死と両親等の慰謝料請求。園児の死亡について予見可能性がなかったとして幼稚園側の国賠責任を否定、したがって両親の慰謝料請求も否定。

＊山形地判米沢支判平成18・11・24交民集39巻6号1665頁……飲酒暴走の車にはねられ死亡したA（20歳・女。大学生）の両親B・Cが加害者に救護義務違反による固有の慰謝料を請求した事案で、Aは事故後まもなく死亡したとして、両親固有のそれを否定して、Aの慰謝料算定の際の斟酌事由として考慮。

＊京都地判平成20・2・28判時2025号33頁……市の高齢者向け賃貸住宅でAが死亡した際、緊急時対応サービスの利用に関する契約に基づき現場に急行した担当者YがAの部屋の合鍵と異なる鍵を市から預けられていたために、Aの息子のBが駆けつけるまで部屋を開けてAを発見することができなかったことについて、生活の安全を害されたとしてAの精神的苦痛に対する損害賠償は認めたが、B固有の精神的苦痛に対する損害賠償請求は棄却。

＊大阪地判平成20・12・10判タ1298号125頁……Aが胎児の時に母Cの内縁の夫Bが交通事故で死亡した事案で、Cが出生後認知判決確定までの間、Bが加害者Yに対して取得した不法行為に基づく損害賠償請求権についてAは何ら711条所定の者と実質的に同視できる身分関係にないから、この時点でAに相続分が帰属していたわけでなく、また、胎児中にCが生活保護を受けていても、Aはまだ権利主体でないから同法4条1項の「利用しうる財産」や63条の「資力」を有していたといえないので、Aには不当利得もなく、返還義務もないとされた事例。

＊秋田地判平成22・7・16交民集43巻4号879頁……父A（21歳・男）の車に同乗のAの子C（11ヶ月・男）の2人ともの死亡につき、「同時死亡の処理」をして、Cの死亡に対するAの固有の慰謝料請求権を認めなかった事例。

＊さいたま地判平成23・1・21判時2105号75頁、判タ1362号131頁……Y社で石綿管の製造作業に従事していた従業員Aが石綿肺等の疾患で死亡した事故で、Aの相続人Bが固有の慰謝料請求権を取得したとは認められないと判示（Yの予見可能性に基づくAへの安全配慮義務違反と使用者責任は認容）。

## 5-3　その他の者への類推適用の可否

◆　5-3-(1)　内縁配偶者・重婚的内縁配偶者
　最高裁判例は見当たらない。
［高裁］
【否定例】
＊大阪高判昭和49・6・17判タ311号159頁……Bには妻Cがおり、Bと重婚的内縁関係にあったA女が死亡した場合、Aとの関係が長期間継続していたとしても、CとBの協力関係がまったく断たれたものといえない場合は、BはAの死亡による慰謝料請求権を有しない。
【判　旨】
「Bは亡Aと夫婦同様の生活を継続してきたものとはいいながら、一方法律上の妻Cとの婚姻共同体としての協力関係も全く絶たれたものといえず、控訴人と亡Aとの関係がいわゆる重婚的内縁関係にあたり、右関係が長期間継続していたにせよ、喫茶店を経営していたN町西通付近の住民に対する関係を除いては、対外的にも控訴人の生活の本拠として妻Cが居住してい

〈5-3〉その他の者への類推適用の可否

たM町364番地，同町24番地の1を表示し，妻Cとの婚姻関係の存在を自ら表明していたものというべきであり，しかも右重婚的内縁関係の作出は専らBの不倫の行為にもとづくものであるから，このような場合においては，Bは民法711条の準用による内縁配偶者としての慰藉料請求権を有しないものと解すべきである。」

＊大阪高判平成17・4・12交民集38巻2号315頁……交通事故でAが死亡し，その葬儀費用をDが負担した事例で，Dは事故前にAと離婚していた元妻であり，その後に内縁関係にあったとまでは言えず，Dに711条が定める固有の慰謝料請求権を認めることはできない。

【判　旨】

「〔1〕Aは，本件事故により外傷性腹腔内出血，右大腿骨骨折の重傷を負い，苦しみ抜いて死亡したこと，〔2〕遺族の打撃が大きいこと，〔3〕被告らの本件事故後の態度が不誠実であること，その他本件に現れた諸般の事情を考慮すると，Aの慰謝料は2500万円と認めるのが相当である。（中略）原告B，同Cはいずれもかの子であるところ，本件事故によって，同原告らが受けた精神的苦痛に対する慰謝料は，それぞれ150万円が相当であると認める。（中略）原告Dも，本件事故によって精神的な苦痛を受けたことが認められるものの，前記のとおり，同原告は平成5年3月22日にAと離婚した元妻であるから，民法711条が定める固有の慰謝料請求権を有するとは認められない。」

［地裁］

【肯定例】

＊東京地判昭和36・4・25下民集12巻4号866頁，家裁月報13巻8号96頁，判時261号24頁……Yの過失でBの内縁の夫Aが負傷し，死に至った事故で，Aの死亡に対する内縁の妻Bの慰謝料請求を711条に準じて肯定。

【判　旨】

「原告Bが訴外亡Aの内縁の妻であり，同訴外人と事実上の結婚生活を営んでいたことは前認定のとおりであるところ，かかる内縁の妻は民法第711条に規定する配偶者に準じて同条により慰藉料の請求権を有するものと解すべきであるから，原告Bは同法条により被告に対し慰藉料請求権を有するものということができる。而して，同原告は昭和32年11月以来訴外亡Aと事実上の結婚生活を営み何等正式の妻と変ることなき生活を営んでいた者として，その蒙つた精神的苦痛は多大であると云うべく，その慰藉料の額は少くとも金20万円をもつて相当とするといわなければならない。」

＊東京地判昭和40・5・24下民集16巻5号893頁，判タ178号160頁……内縁の夫Aの交通事故死で，Aと仲が良く，子供が生まれたら婚姻届を出す予定で，Aの独立後は家事に専念する予定であった内縁の妻Bの慰謝料請求を認容。

【判　旨】

Bは「訴外Aとは半年位の交際の後，双方の親族の諒解のもとに昭和36年7月19日内縁関係に入つたが訴外Aの収入のみでは生活が苦しいので依然ホステスを続けているがAが独立の暁は家事に専念する予定であつたこと，訴外Aとの仲は良く子供が生れたら婚姻届を出すことになつていたこと，訴外Aの死亡後は同原告は父母と同居していることなどの事実が認められる。そしてかかる事実を有する内縁の妻には夫の生命侵害による慰藉料請求権を認めるのが相当であるから，右事実と本件事故の態様，Aの過失その他諸般の事情を併せて斟酌し，同原告の被つた精神的苦痛を償うべき慰謝料は金200,000円が相当であると認める。」

＊東京地判昭和43・12・10判時544号3頁，判タ229号102頁，家裁月報21巻6号88頁……Bが重婚的内縁の妻であっても，内縁の夫Aの死亡による慰謝料請求権は一般内縁関係の妻と同様に認められるとした事例。

【判　旨】

「原告Bは，戸籍上の妻でなく重婚的内縁関係にある妻に過ぎないのであるが，夫を失つたことによる慰謝料請求については，一般内縁関係にある妻におけると同様，民法711条を準用して法の保護を与えるのを相当と考える。原告C，同Dは，いずれも原告BとAとの間に生まれた子であること，他方，被告とAの戸籍上の妻Eおよび4名の子らとの間には既に200万円で示談が成立していること，Aには前示の過失の存すること等その他本件に現われた一切の事情を斟酌すると原告ら固有の慰謝料は各30万円が相当である。」

＊福岡地小倉支判昭和43・12・18判時552号74頁……内縁の夫A（78歳・男）の死亡事故で，20年来，妻Bと別居していて，事故時にはBは既に死亡していた事例で，重婚的内縁の妻CがAの養女も養育し，20年来夫婦として生活してきた場合，特別の事情があり，711条の配偶者に準じて慰謝料請求権を有する。

＊高松地丸亀支判昭和45・2・27交民集3巻1号333頁……死亡したA（20歳・男）と同棲していて近く出産予定であったB女に広義の内縁関係を認め，711条の配偶者に準じて扱うのが相当とした事例。

＊横浜地判昭和47・11・9判タ298号407頁……AとBの夫婦関係が形骸化していて，Aに長年暮らしてきた内縁配偶者Cがいる場合，Aが死亡した場合，Bに150万円の慰謝料を認容。

＊札幌地判昭和54・7・20交民集12巻4号1057頁……積雪の道路を深夜歩行中のA（75歳・男）がY車にはねられて死亡した事故で，20余年内縁関係にあったB

〈第5章〉慰謝料請求権者の範囲

に711条を準用して固有の慰謝料請求権を認容。

【判　旨】
「原告Bは前記のとおり亡Aの内縁の妻であるがその夫の生命が侵害された場合は民法711条の準用により加害者に対し精神的損害の賠償を請求することができると解されるところ，原告Bと亡Aの内縁関係の継続期間，その間の生活状況，亡Aの年齢，本件事故の態様等諸般の事情を斟酌すると原告Bの慰謝料は金250万円が相当と認める。」
＊横浜地判昭和54・12・24交民集12巻6号1657頁……交通事故死亡者A（41歳・女）の内縁の夫Bおよび14年以上事実上の親子として生活してきたBの連れ子2名について711条を準用して固有の慰謝料請求権を認容。
＊京都地判昭和60・12・11判時1180号110頁……借金返済が済むまでという条件で形式上離婚して別居しているが，事実上の夫婦関係を継続している元妻Bは，夫Aの死亡について711条の「類推適用により」，近親者固有の慰謝料請求権を有する。
＊東京地判昭和61・5・27交民集19巻3号696頁（最三小判平成5・4・6民集47巻6号4526頁の第1審）……交通事故で死亡したAの内縁配偶者Bは自賠法72条1項の被害者に含まれる。Aの妹Cは関係も疎遠であったので含まれない。
＊名古屋地判平成1・10・31交民集22巻5号1242頁……内縁の妻Aの死亡による内縁の夫Bへの711条の類推適用。2人の間に生まれた子C・Dにも固有の慰謝料を認容。
＊大阪地判平成6・8・25交民集27巻4号1089頁……B女は夫Cと事実上の離婚状態にあり，死亡被害者Aと20年以上にわたって重婚的内縁関係にあったので，そのような事情を考慮して711条の配偶者に準じて固有の慰謝料300万円を認容。
＊東京地判平成7・4・11判時1548号79頁……麻酔事故で死亡したA（39歳・女）の内縁の夫Bとその間の子C・Dの計3人に各500万円の慰謝料を認容。
＊大阪地判平成9・3・10交民集30巻2号403頁……A（64歳・男）が交通事故で死亡し，その慰謝料としてAの相続人Cが保険金1300万円を受け取った事案で，Aの内縁の妻Bには711条の類推適用により固有の慰謝料請求権があり，上記1300万円のうちの40％（520万円）をBはCに不当利得返還請求できると認定。
＊大阪地判平成9・4・22交民集30巻2号568頁……交通事故死亡被害者Aと27年間内縁関係にあった妻Bは「711条の配偶者に準じる者」であるとして，Bに500万円の慰謝料を認容。
＊大阪地判平成11・2・25判タ1038号242頁……Y病院で手術を受けたA（62歳・女。着物教室開設者）が術後縫合不全による多臓器不全で死亡した事故で，慰謝料につき，A本人分2200万円を認めた上で，離婚届は提出しているが事実上夫婦関係を維持している夫Bに，民法711条を類推適用して固有の慰謝料200万円を認容。また，Bの連れ子Cにつき，7歳時からAと同居し，A手術時も妻DとともにAを看病し，最期を看取ったことを考慮し，事実上の親子として民法711条を類推適用して100万円の慰謝料を認容。
＊東京地判平成12・9・13交民集33巻5号1488頁……交差点での車同士の衝突交通事故で死亡したA（61歳・男。給与所得者）の慰謝料につき，内縁の妻B固有分500万円，2人の子C・DにAの分も含めて計1900万円を認容（すべてにつき過失相殺1割）。
＊鹿児島地判平成15・3・26裁判所ウェブサイト……交通事故死亡被害者Aの内縁の妻Bに社会的にもその実態を備えていたと認めて，711条を類推適用して固有の慰謝料を認容。
＊東京地判平成18・2・23判タ1242号245頁……医療事故によるAの死亡について，内縁の妻Bに711条を準用してB固有の慰謝料請求権を認容。
＊名古屋地判平成21・7・29交民集42巻4号945頁……車同士の交通事故で軽四輪のA（38歳・男。前妻Bとの間に息子C・Dあり）の死亡慰謝料につき，内縁の妻Eにのみ固有分900万円を認容（A本人分1900万円はC・Dが各950万円ずつ相続）。
＊大阪地判平成21・12・11交民集42巻6号1620頁……交通事故死亡被害者A（78歳・女。料理店女将）の慰謝料につき，重婚的内縁の夫B（70歳・男。妻Cあり）がCとの婚姻が既に破綻していたこと，Aと長年同居していたことなどを考慮してBに慰謝料1300万円を認容。

【判　旨】
「原告Bは，亡Aと長年内縁関係にあったものと認められる。昭和51年ころ以降Bは妻のCと交流がなく，本件事故当時より相当以前にB及びCの婚姻が明らかに破綻していたと認められることなども考慮すれば，本件事故との関係で亡Aとの内縁関係が法的保護に値しないものということはできない。また，Bは，長年亡Aに支えられて料理店経営等の事業を行ってきたものであり，事業面でも亡Aの役割は重要なものであったと認められる。これらを総合考慮し，Bの慰謝料としては，1300万円とすることを相当と認める。」

【否定例】
＊盛岡地判昭和31・5・31下民集7巻5号1438頁，判時83号18頁……711条で慰謝料が認められるのは法的保護を受けるのに正当な利益を有する結合関係である

〈5-3〉その他の者への類推適用の可否

ことを要し，公序良俗又は強行法規に反するため男女の結合として正当視されない内縁関係を含まない（重婚的内縁配偶者の慰謝料請求権を否定）。

＊＊大阪地判昭和45・7・17交民集3巻4号1114頁，判タ260号241頁……Aが60歳くらいの労務者で，ことさら偽名を使い，妻子とは死別したと偽っていた事例で，Aと重婚的内縁の妻B（24歳・女）との間に子Cがいたとしても，A・B間は客観的に夫婦の実を備えていたとはいえないとしてB固有の慰謝料請求を否定。

＊東京地判昭和49・7・16判時769号65頁……Aの死亡につき，内縁の妻と称する同居女性Bからの扶養利益喪失と慰謝料請求について，被害者Aとの関係が一時的なものにすぎず，実質的に夫婦と同視しうる生活関係になかったとして，Bに711条所定の妻に準じる近親者固有の慰謝料請求を否定。

＊名古屋地判昭和62・5・8判タ654号210頁……Y病院のY₂医師がレントゲン写真を読み誤って慢性胃炎と判断した結果，他病院であるZ病院での胃がん診断が遅延し，Aの胃がんの発見と治療機会が奪われ，Aが死亡した事故で，Aの妻Bと子Cからの固有の慰謝料請求を否定。

＊大阪地判平成1・11・30判タ725号65頁……医療過誤で死亡したAと4年余り同棲していたBの慰謝料請求を否定。同棲開始時にはA・Bともに配偶者がおり，その後離婚はしたがAは他の女性Cと同棲したり，その後，三人で同居したりしていた事情，A・Bの同棲期間がそれほど長くないこと等から，Bを配偶者と同視することはできない。

＊神戸地判平成16・6・7交民集38巻2号339頁……交通事故死したA（55歳・男。大型貨物自動車運転手）と事故以前に離婚していて，その後内縁関係にあったとも認められない元妻Bに711条の固有の慰謝料請求権を否定。

◆ 5-3-(2) 事実上の親子
最高裁判例は見当たらない。
[高裁]
【肯定例】

＊東京高判昭和36・7・5高民集14巻5号309頁，家裁月報14巻2号123頁……未認知の子Aの死亡で，事実上の父BがAと「嫡出子同然の関係」にある場合，Bは711条の父に準ずる者として慰謝料請求ができる。
【判　旨】

「Aは控訴人との間に親子の血の繋りがあつて認知されれば準正嫡出子となるべきものでありながら，認知前に死亡したため，法律上の親子関係を持つに至らなかつたけれども，社会の実態からすればいわゆる日蔭の子の類でなく，両親の膝下にあつて事実上嫡出の子同然の家族的生活を送つていたのであり，また不慮の事故により右Aの死を迎えた控訴人の痛恨は，正に愛児を奪われた世の常の父親の悲しみであつて，それは認知手続の有無に拘りないのであるから，このような特別事情の下においては，控訴人とAとは民法第711条の損害賠償の特則に関する限り，父子に準ずる地位にあるものと解すべく，従つて控訴人は本件事故につき損害賠償の責を負う被控訴人に対し慰藉料の請求をもなしうるものというべきである。」
[地裁]
【肯定例】

＊大阪地判昭和42・5・26判時486号64頁，判タ208号197頁……死者Aの子でなくてもAと特別の関係があり，Aの死亡によって深甚な精神的苦痛を受けた者はそれを自ら立証すれば，709条・710条により慰謝料の請求ができる。

＊静岡地判昭和46・5・28交民集4巻3号851頁……交通事故死亡被害者A（23歳・男）の事実上の養母Bに固有の慰謝料請求権を認容。

＊神戸地判昭和52・3・30交民集10巻2号485頁……交通事故死者A（40歳・女）に生後1年足らずから育てられてBがAを実母であると信じていた事例で，Bに711条を類推適用して固有の慰謝料請求権を認容。

＊横浜地判平成2・10・25交民集23巻5号1310頁……A（20歳・男）の交通事故死で，5歳からAを養育し可愛がり，Aも実母のように慕っていた継母Bに「711条の者と実質的に同視できる関係にあった」として400万円の慰謝料を認容。

＊大阪地判平成2・5・17判タ739号144頁……交通事故死亡者Aの義母BはAの父Cと婚姻後，ずっとAと同居し，C死亡後もAの扶養を受けてきて，Aとは法律上の養親子関係に準ずる関係にあったとして，Bに慰謝料50万円を認容。

＊東京地判平成6・12・6交民集27巻6号1782頁……交通事故死亡被害者A（80歳・女）の事実上の養子Bに「711条の類推適用」により800万円の固有の慰謝料を認容。

＊松山地判平成7・1・18判タ881号238頁……早産の未熟児Aの死亡事故で未認知の父Bに「法律上の父親に準じて慰謝料を請求できる」として固有の慰謝料を母親Cと同額の600万円認容。

＊大阪地判平成19・3・29交民集40巻2号479頁……Aの交通事故死について，Aに幼少時から養育されてきた等の事情があるが，Aと養子縁組をしていない「事実上の養子」BとCに，711条を類推適用して遺族固有の慰謝料として各450万円を認容。
【判　旨】

〈第5章〉慰謝料請求権者の範囲

「B・Cが，幼少時から亡Aを事実上の母親として養育され，成人後も実親子同様の間柄を保ってきたことは明らかである。B・Cと亡Aが養子縁組の必要性を覚えながら長年放置していた点も，(中略)前記のような事実上の親子関係を否定すべき事情には当たらない。民法711条により遺族固有の慰謝料請求権を取得すべき「子」とは，実子ないし養子を指すものと解すべきではあるが，養子縁組を経ていない事実上の養子について同条の類推適用を肯定して良く，B・Cは，亡Aの死亡により，遺族固有の慰謝料請求権を取得したものと認めるのが相当である。(中略)本件事故態様やB・Cと亡Aとの長年の交情に加え，戸籍上，亡Aに実子があることは窺われず，本件後に新たな損害賠償請求権者が現れる見込みに乏しいこと(中略)，被告保険会社において，法定相続人の1人を担当者として示談交渉を行い，示談合意に至っているところ，慰謝料については1100万円と算定されていること(中略)を考慮し，本件事案に相当な慰謝料として，B・C各自につきそれぞれ450万円を認める。」

【否定例】
＊横浜地判昭和36・2・23下民集12巻2号335頁……A女の子C(2歳・男)の交通事故死につき，内縁の夫Bの慰謝料請求権を否定。
＊大分地中津支判昭和45・12・18交民集3巻6号1913頁……内縁の妻Aの連れ子で，死者B(内縁の夫)と養親子関係にない子Cは固有の慰謝料請求権を有しない。
＊金沢地判昭和47・8・28交民集5巻4号1143頁……Bは，死亡被害者Aに3歳の時から実子同様に養育されてきたが，親子関係がないとの理由でB固有の慰謝料請求権を否定。
＊大阪地判昭和48・1・31交民集6巻1号247頁……交通事故死亡被害者Aの内縁の妻Bの連れ子C(成人して結婚するまでAと同居して扶養を受けていた)が，Aと養子縁組を結んだこともAの氏を名乗ったこと等もなかったため，711条にいう親子関係を認めず，固有の慰謝料請求権を否定。
＊大阪地判平成20・12・10判タ1298号125頁……胎児Cを懐胎している母Bの内縁の夫Aが事故死したため，生活保護を受けていたところ，BとCが加害者側から損害賠償や遺族慰謝料を受けたから，その限度で生活保護法63条に基づいて金銭を市に返還せよとの請求に対し，事故時に胎児Cは権利主体ではなく，Aとの父子関係も存在せず，Aの取得した損害賠償請求権について何らの法的権利帰属関係に立たないとして，Bの生活保護費返還義務を否定。

◆ 5-3-(3) 兄弟姉妹
［最高裁］
＊最三小判昭和49・12・17民集28巻10号2040頁……交通事故死亡被害者Aの「夫の妹B(身体障害者)」に711条の類推適用により10万円の慰藉料を認容。
【判　旨】
「不法行為による生命侵害があつた場合，被害者の父母，配偶者及び子が加害者に対し直接に固有の慰藉料を請求しうることは，民法711条が明文をもって認めるところであるが，右規定はこれを限定的に解すべきものでなく，文言上同条に該当しない者であつても，被害者との間に同条所定の者と実質的に同視しうべき身分関係が存し，被害者の死亡により甚大な精神的苦痛を受けた者は，同条の類推適用により，加害者に対し直接に固有の慰藉料を請求しうるものと解するのが相当である」。
＊最二小判昭和58・4・15交民集16巻2号284頁……被害者Aが死亡したときは，慰謝料請求権は当然に相続の対象になる。民法711条があるからといって死者の慰謝料請求権を否定する理由とはなり得ないし，また，死者自身の保護のために慰謝料請求権を認めるにあたっては，その者に相続人が存在するかどうかは直接には関係がない(慰謝料請求権の相続欄で既出)。
［高裁］
【肯定例】
＊仙台高判昭和48・11・8交民集7巻6号1630頁(最三小判昭和49・12・17の原審)……交通事故死亡被害者A女の夫B，3人の子C・D・Eら(各20万円)とともに，被害者の妹で身障者であるFにも固有の慰謝料10万円を認めた事例。
【判　旨】
「亡Aと被控訴人らとの身分関係から，亡Aの突然の死亡により，被控訴人らのいずれもが甚大な精神的苦痛を受けたことは推認に難くなく，被控訴人Fについては，(中略)同被控訴人は同項認定の如き身体状態から，従前より亡Aの庇護を唯一の頼りにその生活を維持し，将来もその継続が期待されていたことが認められ，これに反する証拠はなく，この事実と，右認定の同被控訴人の精神的苦痛の程度とを考慮すると，民法711条の規定にかかわらず，同被控訴人にも，亡A死亡による固有の慰謝料請求権を認めるのが相当である。」
＊福岡高判平成3・3・5判時1387号72頁……入院患者Zが無断外出してナイフを手に入れて帰院し，妻子ある精神障害者Aを殺害した事件で，Zに対する注意義務を怠ったY病院側の過失を認め，16年間にわたりAの保護責任者を務めてきたAの実姉Bに711条を類推適用して固有の慰謝料200万円を認容。
【判　旨】
「Zが故意に被控訴人関係者にわからないようにし

〈5-3〉その他の者への類推適用の可否

て外出し，かつ，帰院したという特段の事情があれば格別，かような事情を認めるに足りる証拠がない本件では，被控訴人病院においては，Zの外出及び帰院を把握すべき注意義務に違反し，もって，帰院時の危険物の持込み，少なくとも刃物の持込みがないかどうかを検査すべき義務を怠った過失があったと解さざるを得ない。（中略）もし，被控訴人関係者の誰かがZの外出及び帰院のいずれかに気付いてさえいれば，前記「精神科看護必携」に従って帰院時の危険物の所持品検査を当然に実施し得た筈であり，そうであれば，Zが本件事故の凶器となった果物ナイフを所持していたことに気付き，本件事故を未然に防止しえた可能性が大であったと推測される。（中略）Aに妻子はいたものの，実質的にはAの実姉である控訴人Bが殆ど唯一の身内として16年近くにわたってAの保護責任者として入院中の面会をし，時には自宅に同人を招き，病状や将来を案じてきたことが認められ，一人身の同控訴人とすれば，Aの突然の本件事故死により精神的な苦痛を被ったものと推認されるから，同控訴人は，民法711条の類推適用により，被控訴人に対して同控訴人固有の慰謝料を請求できる筋合いであるところ，前記認定の諸般の事情を総合すれば，同慰謝料としては200万円をもって相当と認める。」
＊東京高判平成12・11・8判時1758号31頁，判タ1106号176頁，交民集33巻6号1767頁……交通事故死亡被害者A（21歳・男。大学生）の慰謝料につき，A本人分1800万円，父母B・Cの慰謝料各200万円とともに，妹Dにも固有の慰謝料200万円を認容（過失相殺2割）。

【否定例】
＊＊東京高判昭和59・3・28東京高裁（民事）判決時報35巻1～3号51頁……死亡被害者A女の弟妹B・Cからの慰謝料請求を711条に準ずる密接な関係になかったとして否定。
【判　旨】
「本件において，Aの弟妹である控訴人らとAとの生活関係について見るに，《証拠》によれば，Aは，控訴人らの長姉であって，昭和22年ごろ旧制女子商業学校を卒業後直ち県信用組合連合会事務員に就職し，生家を出て独立して生活していたが，昭和40年ごろ勤務先を退職し，当時静岡市内に居住していた4歳年下の控訴人C方に身を寄せ，同控訴人方の家事の手伝いをし，昭和44年ごろY木材株式会社に再就職した後もひきつづき同控訴人方に寄宿していたこと，Aは，昭和48年ごろリウマチで手足が不自由になり，遠距離の通勤に支障をきたすようになったため，同控訴人方を出て勤務先の近隣の借家に転居したが，その後も時おり同控訴人方に出入りしていたこと，Aの弟妹中同女と最と親密な間柄にあったのは控訴人Cであるが，A

と同控訴人との関係する叙上の程度のものであって，通常の姉妹としての付合い関係の域を越えるものではなく，まして他の控訴人らはAと盆，正月に実家で顔を合わせる程度で，日ごろの交際はなかったこと，以上の事実を認めうるにとどまり，右認定事実からは，控訴人らとAとの間に実質上親子と同視しうる身分関係が存在したものとは到底認めることができず，他に右のような身分関係の存在を肯認しうる証拠は見当らない。そうすると，控訴人らは本件事故について固有の慰謝料請求権を有するものといえないことが明らかである。」
＊東京高判昭和61・3・26判タ612号118頁……交通事故死亡被害者Aの両親B・Cの慰謝料は認容したが，Aの兄D・姉Eは711条所定の者に当たらないことはもちろん，本件ではAと特別な緊密な生活関係にあったという証拠もないので，同条を類推適用する余地がないとされた事例。
【判　旨】
「Aの父母である控訴人B及び同Cについては，本件事故の態様，右控訴人らがAを監護教育してきた状況及びAの将来に寄せていた期待が大きかったこと，その他諸般の事情を総合すると，Aの死亡により右控訴人両名の被つた精神的苦痛に対する慰謝料は，それぞれ金700万円とするのが相当である。
　次に，控訴人D及び同Eは，民法711条所定の者に当たらないのはもとより，内縁の夫婦，事実上の養親子，未認知の子などのようにAとの間で配偶者又は親子と実質的に同視し得る緊密な生活関係にあつたことを認めるに足りる証拠もないので，右控訴人両名に対し同条の規定を類推適用する余地はない。したがつて，控訴人D及び同EはAの生命侵害に対する慰謝料を請求することはできないものといわなければならない。」
＊東京高判平成5・11・29交民集26巻6号1376頁……交通事故死したA（18歳・男）につき，A本人と両親B・Cに慰謝料を認めたが，Aの姉Dと妹Eについては711条の類推適用をする事情がないとした事例。
＊福岡高判平成20・6・10判時2023号62頁……AがY病院で慢性肺血栓塞栓症の治療を受けていたところ，脳内出血を起こし，転院先で死亡した事故で，治療と死亡の因果関係を認め，A本人に2000万円の慰謝料を認めたが，Aの妹Bの固有の慰謝料請求を否定。
［地裁］
【肯定例】
＊横浜地判昭和39・2・17下民集15巻2号284頁，判タ159号193頁……交通事故死亡被害者A（27歳・男。プラスチック加工業）の弟Bと妹C，妹Dに慰謝料請求権を認容。
【判　旨】

〈第5章〉慰謝料請求権者の範囲

「原告等はAの兄弟ないし妹であつて，民法第711条に列挙された身分関係者には当らないのであるが，当裁判所は，死亡した被害者の兄弟姉妹であつても，被害者と密接な特別の生活関係があり社会的見地からみて，被害者の死亡によつて格別の精神的打撃を受けたであろうと認めることができるかぎり，これらの者にも慰藉料請求権ありとみるのが相当と考える。

ところで，原告らは昭和33年中に父を失い，次いで昭和34年中に母をも失つてしまい，長男たる原告EがGと婚姻して別居していた関係で，Aが一家の生計維持のため独立してプラスチック加工業をはじめたものであつたこと，さきに認定したとおりであるが，（証拠《省略》）によると，Aの死亡当時，原告Eを除くその余の原告らがAと生活を共にしていたが，原告HはすでにF電機製作所に勤務して月収12,000円位を得ていたほかは，原告B，同C，同Dはいずれも未成年で高校ないし小学校に在学中であり，専らAの収入に依存し，同人の養育を受けていたことを認めることができる。してみると，原告E，同Hは，一応社会人として独立の生計を維持するに足る能力を備えていたのに反し，原告B，同C，同Dの3名は，未だ自活の能力を欠き，Aをいわば親代りとして，専ら同人に依存した生活をしていたわけであるから，Aの死亡によつて受けた精神的打撃は，とりわけ大きかつたことが容易に推測することができる。

右認定の諸事情に照らすと，原告E，同HもAの兄弟として，その死亡による悲哀感の深かつたであろうことは想像するに難くはないが，さきに説明した見地からみて，Aの死亡による慰謝料請求権は，とりわけ精神的苦痛の大きかつたと認められる原告B，同C，同Dの3名だけに認めるのが相当である。そしてその額は，さきに認定した諸事実からみて各金200,000円をもつて相当と認める。原告E，同Hの慰藉料の請求は，理由がない。」

＊東京地判昭和42・11・30判タ216号244頁……事故死したAの妹Bが夫Cと別れ，Aの子Dを養子にしてD経営のそば屋を手伝っていること，Aの葬式はBがしたこと等の事情がある本件では，Bにも慰謝料請求権が認められるとした事例。

＊東京地判昭和43・7・20交民集1巻3号811頁……交通事故死亡被害者A（65歳・女。華道・茶道教授）の妹B・姪C・弟Dに固有の慰謝料請求権を認容（Aの慰謝料請求権の相続性は否定）。

【判　旨】

「被害者が死亡した場合には被害者自身が自己の死亡に基づく慰藉料請求権を取得するということはあり得ず，これを相続人において相続する由もないと解するから原告らの主位的主張は失当であるが，死亡した被害者Aに民法711条掲記の近親者がなく，原告らが同女と前認定の如き特別の関係を有する本件では，同条掲記者に準じて原告らに固有の慰藉料請求権を肯定するのが相当であ」る。

＊東京地判昭和45・8・17判タ254号190頁……死者Aの兄弟姉妹であっても，「親子に準じるような生活関係」がある場合には例外的に慰謝料請求権を有するとして，Aの弟Bに180万円の慰謝料を認容。

＊東京地判昭和47・1・19判時664号57頁，判タ275号233頁……死者Aの姉BがAの生前に「母親代わりになっていた」と認められる場合，Bには慰謝料請求権が認められるとして30万円を認容。

＊東京地判昭和48・5・29交民集6巻3号936頁……死亡被害者Aの兄Bと姉Cについて，死亡した父D（母は失踪）に代わって一家の支柱としてAを含む一家の家事一切や養育に努めていたから「711条の親族に準ずる」として固有の慰謝料請求を認容。

＊東京地判昭和56・2・19交民集14巻1号238頁（最二小判昭和58・2・18の第一審）……交差点で三輪車に乗って横断中にY車に轢かれて死亡したA（2歳・男）の姉B（9歳・女。かねてからAを可愛がり，事故当時もそばにいて事故を目撃）に，民法711条を類推適用して近親者固有の慰謝料を認容。

【判　旨】

「原告B（昭和43年9月21日生）は，亡Aの実姉であり，かねてから同児を非常に可愛いがっていたものであるが，本件事故当時，右事故現場を目撃し，測り知れない精神的苦痛を受けたものである。そして，このような場合，同原告としては，民法711条を類推適用して，被告らに対し直接に固有の慰藉料を請求し得るものというべく，その慰藉料額としては金40万円が相当であると認める。」

＊横浜地判平成12・5・11判時1757号115頁，判タ1094号199頁，交民集33巻3号799頁……交通事故死亡被害者Aの姉妹B・Cについて，A死亡のショックや生活状況等を考慮して各150万円の固有の慰謝料を認容。

＊大阪地判平成12・11・21判タ1059号165頁，交民集33巻6号1933頁……交通事故死した高二男子Aの弟3人について，Aを失ったことに対する各50万円の固有の慰謝料請求権を認容。

＊盛岡地二戸支判平成17・3・22判時1920号111頁，判タ1216号236頁……集団登校中の児童の列に車が突っ込み，A（7歳・女。小学生）が死亡した事故で，Aとともに同一事故に遭遇した兄2人（B・C）に各150万円の固有の慰謝料を認容。

＊大阪地判平成17・6・27判タ1188号282頁，交民集38巻3号855頁……男子高校生Aの交通事故死につい

〈5−3〉その他の者への類推適用の可否

て，両親とともに，妹Bにも100万円の固有の慰謝料を認容。

＊東京地判平成18・9・26判時1945号61頁，判タ1222号90頁（最三小判平成21・4・28の第1審）……Yによる殺人でAの死体を自宅敷地に26年間も隠匿した事件に対する被害者Aの母C（父Bは既に死亡）とAの弟D・EによるYに対する慰謝料請求を認容（故意不法行為）。

【判　旨】

「原告らは，Aの母あるいは兄弟という近親者であり，被告YによるAの殺害後約26年もの間，Aの遺体に対面して同人を弔うこともできず，その遺骨を祀り，故人を偲ぶことすら叶わなかったものであり，Aに対する敬愛・追慕の情を著しく侵害されたことは明らかである。この間の原告らの遺族の心情は，原告Dが，Aが汚い土の中に26年間も埋められて苦しかっただろうと思い，きれいな墓に一刻も早く遺骨を納めたいと感じたこと，Aが無残な姿で埋められていたことから，いくら骨だけの姿になっていようとも，せめてきれいな着物を着せてやりたいと棺の中に新しい着物を入れたことなどを供述していることからも察して余りがあるというべきである。

本件における遺体の隠匿態様，隠匿期間など本件における一切の事情を勘案すると，原告らの精神的苦痛に対する慰謝料は，原告ら各自についてそれぞれ100万円と認めるのが相当である。」

＊水戸地判平成19・5・24交民集40巻3号666頁……非常に仲の良かった姉Aが交通事故で死亡し，小学生の妹Bが両親C・Dと共にその事故を目撃して重度ストレス反応と診断された事案で，Bに400万円の固有の慰謝料を認容。

＊秋田地判平成19・7・5判時1982号136頁……9歳の妹Aが自動車にひかれて死亡した現場で，兄Bが至近距離で目撃し，自分が妹を止めていれば事故が起こらなかったと自責の念にかられ，生活上も重大な影響を受けた場合，Bに711条を類推適用して200万円の固有の慰謝料を認容。

＊名古屋地一宮支判平成19・9・26判時1997号98頁……Y中学校のハンドボール部の夏期練習中に熱射病を原因とする多臓器不全でAが死亡した事故で，Aが自閉症児であり，通常の兄弟以上に密接な関係を有していたAの弟Bに，711条所定の者と実質的に同視できる身分関係が存在し，また，甚大な精神的苦痛を受けたとして100万円の固有の慰謝料を認容。

＊名古屋地判平成20・11・26交民集41巻6号1495頁……交通事故死亡被害者Aの妹B（Aと同居）に711条を類推適用して固有の慰謝料を認容。

＊宇都宮地判平成23・3・30判時2115号83頁……下校途中の中学生の死亡事故で，被害者A女の両親B・C，祖父母D・Eとともに3姉妹のF・G・Hにも固有の慰謝料を認容。Aと一緒に下校していて軽傷を負った友人2人I・Jにも，中学3年生という多感な時期にAを喪った悲しみとともに，「自らも死亡したかもしれないという恐怖感や精神的打撃は大きい」として各30万円の慰謝料を認容。

【判　旨】

「本件事故は加害者である被告Yの一方的で重大な過失に基づくものであり，被害者であるAには何らの落度もなく，同級生2人とともに道路脇に佇立していた際に本件事故に遭い，突如として貴い生命を失ったものであることなど，本件に現れた一切の事情を総合考慮すると，A本人の死亡に基づく慰謝料としては2200万円とするのが相当である。（中略）家族らに愛されながら幸せな生活を送っていた中学3年生のAが本件事故によって突如死亡したことによって，Aの父である原告B及び母である同C，祖父であるD，祖母である原告E，姉である同F，同G，妹である同Hら同居の親族が大きな衝撃を受け，多大な精神的苦痛を受けたことが認められるので，父である原告B及び母である同Cの固有の慰謝料としては各250万円（合計500万円），祖父であるD，祖母である原告E，姉である同F，同G，妹である同Hの固有の慰謝料としては各120万円（合計600万円）とするのが相当である。」

【否定例】

＊東京地判昭和41・10・6下民集17巻9・10合併号922頁，判時459号3頁，判タ196号197頁……A（10歳・男。小学生）の死亡事故で，両親B・Cに慰謝料請求権が認められる場合，それによって他の子供達の精神的打撃も慰謝されると解するのが相当で，それ以上に711条を拡大解釈すべき合理性はないとされた事例。

＊東京地判昭和44・5・19判タ235号159頁……事故死したAが4歳の時に叔父Bに引き取られ，墓参りのおり等に会う程度であった場合，Aの死亡につき，Aの兄Cや姉Dには711条を類推適用すべき実質的関係はなく，固有の慰謝料請求権を認めることはできない。

＊神戸地伊丹支判昭和46・4・12交民集7巻2号306頁……Aの死亡事故で，A本院分と両親B・Cの慰謝料が認められる本件の場合，Aの兄弟Dによる慰謝料請求権を否定。

【判　旨】

「被害者の死亡による近親者固有の慰藉料については，その者が民法711条に規定する親子や夫婦関係にある者以外の者である場合には，（1）未認知の子や内縁の配偶者のごとく，親子・夫婦の関係に準ずる者

〈第5章〉慰謝料請求権者の範囲

であるか，（2）或は，被害者に親子・夫婦の関係にある遺族がないか，又はこれがあつても親子・夫婦としての実態が失われている場合であつて，かつ被害者と同居して同一の生計に服し互に扶助し合つているなど夫婦・親子関係と同程度の特別に緊密な生活関係があつた場合においてのみ，民法711条を類推して，これを認めるのが相当であるから，本件のように被害者に相続人たる両親があつて，その親子関係の実態が失われていることもなく，しかも同人らが亡Aの慰藉料を相続するとともに自己固有の慰藉料をも認容される場合には，被害者の兄弟である原告Dらに対し，固有の慰藉料を認めるべきではない。」
＊京都地判昭和47・10・4判時697号70頁，判タ286号280頁……Aが北山杉の産地の京都市北区の国道をモーターバイクで走行中，側に乾燥のために立てかけていた丸太が目の前に倒れ，急ブレーキをかけても間に合わず，それに衝突・転倒し，Aが死亡した事故で，慰謝料としてA本人分100万円，両親B・C固有分各50万円を認めたが，民法711条の趣旨を説いて，妹Dと弟Eの請求は認めなかった事例。
【判　旨】
　「被害者が生命侵害を受けた場合，固有の慰藉料請求権を取得する親族は，原則として民法第711条に規定する被害者の父母，配偶者および子に限られ，その余の親族は，被害者との間に実質的にみて右の者らと同視しうるだけの特段の事情の存する場合に限って，同条の類推適用により固有の慰藉料請求権が肯認されるものと解するのが相当である。Aの妹弟であるD・EとAとの間に，右特段の事情を認めえないから，D・Eの本訴請求は，理由がない。」
＊名古屋地判昭和45・8・12判タ256号251頁……死者Aと密接な特別の関係にあり，Aの死亡によって711条所定の者に比すべき深甚な精神的苦痛を被ったと認められるべき場合には，Aの兄弟B・Cらも自己の権利としての慰謝料請求権を有するとしたが，本件ではB・Cらにそのような関係は認められないとして慰謝料請求を否定。
＊神戸地判昭和48・4・17判時715号94頁……死亡したAの兄妹B・Cおよび亡姉の養子Dの固有の慰謝料請求は711条所定の者に準じて慰謝料を請求するに相当する特段の事情がなければならないが，本件でのB・C・Dはそれに該当しないとして否定。
＊旭川地判昭和48・5・18判時740号88頁……被害者Aが死亡し，両親が相続と固有と2つの慰謝料請求権を有している場合，Aの妹Bについてまで固有の慰謝料請求権は認められない。
＊名古屋地判昭和51・8・6判時847号77頁……作業員Aが仕事中の事故で死亡した場合，両親B・Cが慰謝料請求権を有しており，Aの兄弟D・Eは両親と同様の精神的被害を被ったとは到底認められないので，慰謝料請求をすることができない。
＊横浜地判昭和57・7・16判時1057号107頁，判タ471号88頁……死亡被害者Aの弟Bには固有の慰謝料請求権を認める余地はない。711条は慰謝料請求権を同条所定の者に限っているから。
＊名古屋地判昭和57・10・20交民集15巻5号1346頁……交通事故被害者Aの兄弟B・Cについて，711条所定の者に類する事情の主張・立証がないとして固有の慰謝料請求を否定。
＊＊横浜地判昭和59・2・20判時1115号112頁，判タ531号215頁……交通事故死亡被害者A（31歳・男）と生計を一つにしない妹Bの慰謝料請求を711条所定の者に匹敵する精神的苦痛を受けたとは認められないとして否定。ただし，Aの母Cと，未婚で長い間Aの世話になっていたAの姉D（34歳）には慰謝料を肯定。
＊＊鹿児島地判昭和59・4・2交民集17巻2号526頁……交通事故死亡被害者A（20歳・男。大学3年生）の妹B固有の慰謝料請求権を否定。
＊浦和地判昭和59・9・12判時1141号122頁，判タ545号247頁……自動車の陰から路上に飛び出し，Y車に跳ねられ死亡したA（6歳・男）の慰謝料につき，Aの妹Bの固有の慰謝料請求を否定。
＊＊東京地判昭和61・5・27判時1206号56頁，判タ608号44頁，訟務月報33巻5号1155頁……交通事故死亡被害者A（62歳・男）には内縁の妻Bもいる状況で，Aと疎遠であった妹Cの慰謝料請求について，両者の年齢等も考慮の上，Cの慰謝料請求を否定。
＊静岡地判平成2・2・26交民集23巻1号172頁……交通事故死亡被害者A（69歳・女。無職）の法定相続人（Aの兄弟姉妹）の1人Bが自分の退職後にAと生活することを楽しみにしていた等の事情は711条の類推適用の事情にあたらないと判示。
＊東京地判平成3・10・16判タ792号195頁……殺人事件の被害者Aの兄Bからの慰謝料請求につき，BはAが田舎から上京以来，同居したこともなく，A死亡までの20年間，顔を合わせたのも数回であり，711条所定の近親者と同視できる関係にないとして否定。
＊仙台地判平成5・3・25交民集26巻2号406頁，判タ846号233頁……交通事故死亡被害者A（13歳・女）と妹Bの間には通常の姉妹以上に密接な関係が認められるが，711条所定の者と同視しうべき身分関係があったとまではいえないとしてB固有の慰謝料請求権を否定。
＊＊東京地判平成5・7・27交民集26巻6号1378頁……交通事故死亡被害者（18歳・男。運転助手）と同

〈5-3〉その他の者への類推適用の可否

居の姉Bと妹Cは711条所定の固有の慰謝料請求権を有しない。

＊静岡地沼津支判平成7・4・19判時1553号114頁，判タ893号238頁……学校事故で死亡したAの兄Bは，Aと兄弟であるだけでは711条所定の者と同様の深い精神的苦痛を受けたと認めうる特別の事情があるとはいえず，Bに固有の慰謝料請求権を認めることができない。

＊東京地判平成12・7・4判タ1056号218頁……スキー教室参加中に死亡したAの弟Bについて，特段の事情がないとしてBの慰謝料請求を否定。

＊千葉地判平成13・1・26判時1761号91頁，判タ1058号220頁，交民集34巻1号75頁……交通事故死亡被害者A（22歳・男）の弟Bは711条の類推適用が認められている近親者に該当しない。

＊東京地判平成16・1・30判時1861号3頁，判タ1194号243頁……Y病院で術後の療養をしていたA（58歳・女）が，Z看護師の薬の取り違えによって死亡した事故での慰謝料につき，Aの妹Bの慰謝料請求が認められる基準を明示し，本件ではその要件を満たさないとして否定。

【判　旨】

「確かに，原告Bが亡Aを慕っており，同人らが親密な姉妹であったもので，平成10年からは，亡Aが近隣の家に住み始め，原告Bは亡Aの死亡の現場に立ち会っており，その予期せぬ結果に非常に心を痛めたことは認められるが，他方，原告Bは，亡Aとは長期間にわたり別々の世帯を営んでいたものであることが認められることにも照らすならば（中略），原告Bと亡Aとの間に通常の姉妹の関係を超えて民法711条所定の者と実質的に同視できるような身分関係が存在するとまではいえない。」

＊さいたま地判平成16・3・24判時1879号96頁……医療事故の死者A（16歳・女）の妹Bにつき，711条所定の者と実質的に同視できる関係にはないとして固有の慰謝料を否定。

＊札幌地判平成17・9・30裁判所ウェブサイト……暴行被害で死亡したA（15歳）の両親B・Cには固有の慰謝料を認めたが，Aの姉Dには711条の者と同視できるような関係が認められないとして固有の慰謝料請求権を否定。

＊＊山形地判平成20・9・10交民集41巻5号1235頁……交通事故死亡被害者Aの姉Dの慰謝料請求につき，711条所定の者と「実質的に同視すべき身分関係が存在するとはいえない」として否定（両親B・Cらには一部認容）。

◆　5-3-(4)　その他の親族等

[最高裁]

＊最判昭和49・12・17民集28巻10号2040頁……交通事故死亡被害者Aの夫Bの妹C（身体障害者）に，711条所定の者と「実質的に同視しうべき身分関係がある」として711条を類推適用し，加害者Yに対し直接に10万円の固有の慰謝料請求権を認容。

【判　旨】

「不法行為による生命侵害があつた場合，被害者の父母，配偶者及び子が加害者に対し直接に固有の慰藉料を請求しうることは，民法711条が明文をもつて認めるところであるが，右規定はこれを限定的に解すべきものでなく，文言上同条に該当しない者であつても，被害者との間に同条所定の者と実質的に同視しうべき身分関係が存し，被害者の死亡により甚大な精神的苦痛を受けた者は，同条の類推適用により，加害者に対し直接に固有の慰藉料を請求しうるものと解するのが，相当である。本件において，原審が適法に確定したところによれば，被上告人Cは，Aの夫である被上告人Bの実妹であり，原審の口頭弁論終結当時46年に達していたが，幼少期に罹患した脊髄等カリエスの後遺症により跛行顕著な身体障害等級2号の身体障害者であるため，長年にわたりAと同居し，同女の庇護のもとに生活を維持し，将来もその継続が期待されていたところ，同女の突然の死亡により甚大な精神的苦痛を受けたというのであるから，被上告人Cは，民法711条の類推適用により，上告人に対し慰藉料を請求しうるものと解するのが，相当である。」

[地裁]

【肯定例】

＊大阪地判昭和41・5・31判時465号52頁，判タ196号137頁……市電とA運転の車による衝突で死亡したA女の嫁ぎ先の義母Cが，Aの夫Bに精神的血管があったこともあり，一家の中心となって共同生活を営み，密接な相互依存関係にあったとして，C固有の慰謝料請求権を認容。

＊東京地判昭和42・4・24判時505号42頁，判タ206号159頁……交通事故死亡被害者Aが父母・配偶者・子がなかった場合，Aとの関係で「特別の事情のある者」は，709条および710条あるいは711条の準用により，711条所定の近親者が有するのと同様の固有の慰謝料請求権を有すると判示。

＊大阪地判昭和42・5・26判時486号64頁，判タ208号197頁……死者Aの他の子達に加えて運送店で協力して家業を営む子B（既に死亡）の妻Cと孫の1人Dが慰謝料請求権者といえるが，他の4人の孫E・F・G・Hには否定した事例。

【判　旨】

「原告らのうち亡Aの子でない原告6名につき，右

〈第 5 章〉慰謝料請求権者の範囲

請求権を認めることができるかどうかにつき判断する。
　まず，原告Dは，親権者がいないため亡Aがその後見人となり，実子同様の面倒をみており，同原告も亡Aを実母同様に慕っていたことがうかがわれるのであるから，同原告がAの死亡により親を失ったのとかわらぬ深甚な精神的苦痛をうけたことは容易に推認される。
　また，原告Cは，夫Bの死後もY家にとどまり亡Aとともに苦楽をともにしてきたものであり，同原告にとりAは経済的精神的支柱であったことがうかがわれ，同女の死後は従前のようにY運送店の経営に無関心ではすまされず，経営上の苦労を余儀なくされるであろうし，また義弟らに対し肩身のせまい思いをすることもあながちないとはいえないから，同原告もAの死亡により深甚な精神的苦痛をうけたものと推認される。
　しかし，原告E，同F，同G，同Hには母Cがいるのであるから，同原告らがAの死亡により深甚な精神的苦痛をうけたとは認めがたい。
　よって，亡Aの子でない原告6名のうち，原告Dと同Cに対してはその精神的苦痛に対する慰謝料請求権を認めるべきであるけれども，その余の原告4名に対し右請求権を認めることはできない。」
＊東京地判昭和42・11・20判時499号27頁，判タ208号197頁……交通事故死亡被害者A（15歳・男。中学3年生）の慰謝料につき，母Bが外で働いており，Aの祖母CがAの身の回りの世話をしていた事例で，Cも深甚な精神的苦痛を被ったと認められるので，Cに711条の者に「準じて」慰謝料請求権を認容。
＊東京地判昭和43・7・20判時529号63頁，判タ225号133頁……交通事故死亡被害者A（65歳・女。華道・茶道教授）に711条所定の者がなく，Aと特別な関係を有する妹・姪（姉の子，弟の子）・弟等がいる事例で，それらの者に711条の者に準じて固有の慰謝料請求権を認容。
＊名古屋地判昭和45・2・25交民集3巻1号294頁……継母Aの死亡につき，10年余生活をともにしていた継子Bを711条の「子」に準ずべきものであるとして固有の慰謝料請求権を認容。
＊徳島地判昭和45・2・12判時594号86頁……711条は同条所定の者のみに慰謝料請求権を限定する趣旨ではなく，それらの者に比肩すべき精神的苦痛を感受させられた者にも類推適用されるとして，死者Aの祖母Bの慰謝料請求権を肯定。
＊東京地判昭和48・8・23交民集6巻4号1336頁……死亡被害者A（28歳・男）を我が子同様に育てた叔父夫婦B・Cに711条の父母に準ずる者として固有の慰謝料請求権を認容。

＊岡山地判昭和49・7・19交民集7巻4号1076頁……死亡被害者Aが，戦死した父親がわりに面倒を見てきた孫Bに，Aと夫婦親子関係と同視し得る程度の緊密な生活関係にあったとして，711条を類推適用してB固有の慰謝料を認容。
＊横浜地判昭和55・12・25交民集13巻6号1678頁……交通事故死亡被害者Aの孫Bに，Aと親子に準ずる厚い信頼と愛状で結ばれていたとしてB固有の慰謝料請求権を認容。
＊福岡地小倉支判昭和57・9・14判時1066号126頁，判タ490号126頁……Y会社の建設工事現場の転落事故で全身麻痺になった被害者Aの父Bと継母ではあるが実母同様の関係にあるCに不法行為に基づく固有の慰謝料請求権を認容（A生存事例）。
＊大阪地判平成2・5・17判タ739号144頁……交通事故死亡被害者Aの義母Bは父Cとの婚姻後，Aと同居し法律上の養親子関係に準ずる関係にあったと認定して，Bに固有の慰謝料50万円を認容。
＊福島地いわき支判平成2・12・26判時1372号27頁，判タ746号116頁（いわき市いじめ自殺事件第一審判決）……いじめを苦に自殺したA（男。中学3年生）について，実質的に親代わりとしてAの監護指導にあたっていた祖母Bに固有の慰謝料請求権を認容（Aの兄弟Cには固有の慰謝料請求権を否定）。
＊横浜地判平成4・6・18判時1444号107頁，判タ799号161頁……院外での作業中に病院を抜け出した精神分裂病の患者Yが，強盗目的で通勤途中のキャリア公務員A（35歳・男）を刺殺した事件で，Z病院の責任を認め，Aの妻Bと2人の子C・Dに各500万円，Aの両親E・Fに各300万円の慰謝料を認容。
＊東京地判平成6・10・6交民集27巻5号1378頁……交通事故死亡男児Aにつき，2度の流産の末やっと生まれた子であり，祖父母D・Eも同居して英才教育を受けさしたりして大変可愛がっていた場合，両親B・Cに各300万円，祖父母D・Eに各100万円の固有の慰謝料を認容。
＊さいたま地判平成13・12・27判時1805号118頁……交通事故死亡被害者A（3歳・女）の祖父母D・Eと弟Fに，両親B・Cとともに，固有の慰謝料請求権を認容（各120万円～80万円）。
＊宇都宮地判平成23・3・30判時2115号83頁……中学校下校中にYの車が突っ込み，Aが死亡した事故で，Aの祖父母，両親，姉妹の固有の慰謝料とともに，同一の事故に遭ったAの友人2人について，Aを喪った悲しみとともに「自らも死亡したかもしれない状況にあった」ことも考慮して各30万円の慰謝料を認容。

【否定例】

〈5-3〉その他の者への類推適用の可否

＊大阪地判昭和46・7・30判タ270号341頁……両親が早死したAを叔父Bが物心両面で面倒をみたり，計9年間ほど同居したりしてきたが，Bの目的が当時生存のAの両親への生活扶助が目的であった場合，Aの死亡についてBの慰謝料請求権を否定。

＊富山地魚津支判昭和48・1・17判時711号125頁……防火用貯水槽に転落して溺死したA（3歳・男）と密接な生活関係があり，711条所定の者が通常受けるであろう精神的苦痛にも比すべき深甚な精神的苦痛を被ったと認められる場合には，Aの祖父母や異父姉であっても慰謝料請求できるが，本件ではそのような特段の事情がないとして否定。

＊大阪地判昭和48・1・31交民集6巻1号247頁……交通事故死亡被害者A（相続人なし）の内縁の妻Bの連れ子Cら4人が，Bの死亡後も結婚して別居したり，事情でまた同居したりしてAと暮らしていたが，Aと養子縁組をしたこともなく，氏も本来の氏のままであった事案で，Aが事故死したからといって，「民法711条にいう親子関係にあったものと同視することはできない」として，Cら4人の固有の慰謝料請求権を否定。

＊秋田地判昭和56・3・30交民集14巻2号461頁……A（4歳・女）の死亡につき，父母B・Cがいる場合に，昼間いつも面倒を見ていたとしても祖父母D・Eに固有の慰謝料は認められない。

＊東京地判昭和61・7・15判タ616号138頁……交通事故死亡被害者A（4歳・男）の祖父母と妹の慰謝料請求について，これらの者には固有の慰謝料請求権を認める事情が見出せないとして否定。

＊東京地判平成3・3・27判時1378号26頁，判タ757号98頁（中野富士見中いじめ自殺事件第一審判決）……A（男・中学2年生）の自殺につき，学校側に予見可能性がなかったとして責任を否定し，その結果，両親B・Cの固有の慰謝料請求権も否定。

＊徳島地判平成5・6・25判時1492号128頁……A（男・中学1年生）が野球部の練習中に熱中症にかかり，ついには死亡した事故で，祖母Bの慰謝料請求を認める程の理由がないとして否定。

＊大阪地判平成7・8・15交民集28巻4号1137頁……死亡被害者Aの孫Bには慰謝料請求権が認められないとされた事例。

# ◆第6章◆ 被害者の生存と近親者固有の慰謝料請求の可否

## 6-1 総説

　本書の主たる対象事例は、「生命侵害の損害賠償」であるが、これとは異なり、被害者生存事例中、その身体傷害の程度が極めて重大・深刻な場合に711条を「類推適用」して、死亡事例と同様に扱おうとする判例・裁判例が相当数にのぼっている。
　以下では、それを「死にも比肩すべき精神的苦痛」という概念を使用して「711条の類推適用」を認めたものと、それ以外の概念を使用して同様の結論を導き出しているものとに分けて紹介する。

## 6-2 「死にも比肩すべき精神的苦痛」概念使用判例

[最高裁]
【肯定例】
＊最三小判昭和33・8・5民集12巻12号1901頁……Y車による交通事故で顔面に重傷を負った女児Aの母B（父Cは戦死）は、Aの死にも比肩すべき精神上の苦痛を受けたとして、711条に類する事件として、709条・710条で「自己（母B）の権利として」慰謝料を請求できるとした重要判決。
【事実】
　原審の認定した事実によれば、被上告人Aは、上告人の本件不法行為により顔面に傷害を受けた結果、判示のような外傷後遺症の症状となり果ては医療によって除去しえない著明な瘢痕を遺すにいたり、ために同女の容貌は著しい影響を受け、他面その母親である被上告人Bは、夫Cを戦争で失い、爾来自らの内職のみによって右A外一児を養育しているのであり、右不法行為により精神上多大の苦痛を受けた。
【判旨】
　「民法709条、710条の各規定と対比してみると、所論民法711条が生命を害された者の近親者の慰藉料請求につき明文をもって規定しているとの一事をもって、直ちに生命侵害以外の場合はいかなる事情があつてもその近親者の慰藉料請求権がすべて否定されていると解しなければならないものではなく、むしろ、前記のような原審認定の事実関係によれば、被上告人Bはその子の死亡したときにも比肩しうべき精神上の苦痛を受けたと認められるのであつて、かかる民法711条所定の場合に類する本件においては、同被上告人は、同法709条、710条に基いて、自己の権利として慰藉料を請求しうるものと解するのが相当である。されば、結局において右と趣旨を同じうする原審の判断は正当であり、所論は採用することができない。」（中略）「原審は、本件事故発生当時の情況に関する認定事実と挙示の証拠とを綜合し、被害者である被上告人Aの当時の年令をも斟酌して、同女の過失を認めなかつたのであり、同女が責任能力を欠いていることを理由にその過失を否定したものではないから、その責任能力の有無につき判示する必要はないものというべきである。右原審の判示に経験則違背の違法は認められないし、また、右の判示により、同女の監督義務者である被上告人Bの過失を肯定する余地のないことも明らかであるから、原審が被害者の過失を斟酌しなかつたのはもとより当然であり、所論はすべて採用することができない。」
＊最二小判昭和39・1・24民集18巻1号121頁……交通事故でA（12歳・女）が受傷し、身体に異状ないし創痕が残存し、両親B・Cが、Aが将来世間並みの幸福な結婚生活に入ることができるかどうかを危惧するなど、親としての相当の精神的苦痛を味わっている場合にはB・Cは709条・710条に基づいて、加害者Yに対して自己の権利としての慰謝料請求権を有すると認

定。上告理由は，本件は通常の負傷事例で711条の死にも比肩すべき場合ではないし，711条が適用されないのに709条・710条でB・Cに慰謝料を認めた原審判決に法令解釈適用の誤りがあると主張したが，上告棄却。

【判　旨】

「所論指摘の原審認定は，原判決挙示の証拠関係に照して肯認できるところであつて，その認定事実関係のもとで，被上告人B，同Cが受傷者Aの親として味つた精神的苦痛に対し民法709条，710条に基づき右被告人らに自己の権利として慰藉料請求権のあることを判断した原判決は，首肯できる。右判断につき原判決に法令解釈適用の誤りがあり，かつ所論判例違背があるとの所論は，独自の見解であつて，採用できない。」

【否定例】

＊最三小判昭和42・6・13民集21巻6号1447頁……Yが過失で貨物自動車を駐車中のZ車に衝突させ，それがA宅に衝突し，家にいたAが全治1年以上で後遺症も残った事故で，Aの「配偶者Bおよび子C・D」は，本件のような事実関係では，まだ自己固有の権利としての慰謝料請求権を有しないと判示（一部上告棄却・一部破棄自判）。

【判　旨】

「第三者の不法行為によつて身体を害された者の配偶者および子は，そのために被害者が生命を害された場合にも比肩すべき，または右場合に比して著しく劣らない程度の精神上の苦痛を受けたときにかぎり，自己の権利として慰謝料を請求できるものと解するのが相当である（最高裁昭和31年（オ）第215号同33年8月5日第3小法廷判決，民集12巻12号1901頁，最高裁昭和38年（オ）第373号同39年1月24日第2小法廷判決，民集18巻1号121頁，最高裁昭和40年（オ）第1004号同42年1月31日第3小法廷判決参照）。これを本件についてみるに，原判決は，被上告人Aが，本件不法行為によつて，全治までに1年以上を要する左大腿部骨折等の重傷をこうむり，手術等の治療を受けたが，現在においても，左下肢が約30度外旋位をとつて約3.5センチメートル短縮し，大腿囲，下腿囲とも狭少となり，股，膝関節の運動領域に障害を残し，正座は不能で，歩行も約1キロメートル以上は苦痛のため不可能な状態である等の事実を認定して，同被上告人の右受傷および後遺障害のため，同被上告人の配偶者である被上告人Bならびに子である同Cおよび同Dが，自己の権利として，原判決判示の限度において慰謝料請求権を有するものと判断した。しかし，原判決認定の右事実関係のもとにおいては，まだ，すでに説示した被害者の配偶者および子が自己の権利として慰謝料を請求できる程度の精神上の苦痛を受けたものとは認められない。」

＊最一小判昭和43・4・11民集22巻4号862頁……Y車との交通事故で高齢の母Aが身体傷害を負い，傷害についてAを含んで子であるB・C・DとYとで調停が成立した（各人5万円）が，調停成立後に思いもよらずAが死亡（調停成立10ケ月後）した場合，負傷による慰謝料と死亡による慰謝料の相違を主張できるが，B達に固有の慰謝料請求ができる特段の事情があったか否か等について，原審判決には審理不尽・理由不備があったとして原審に破棄差戻し。

【判　旨】

「原審は，右Aが自宅附近の道路を横断中，被上告人Yが営む荒物卸売兼小売業のために使用していた使用人Zの運転するオートバイに衝突して負傷したこと，そして右A，B，C，D（本件上告人）の4名を申立人とし，Y（本件被上告人）を相手方とする倉吉簡易裁判所昭和36年（ノ）第15号損害賠償調停事件において，昭和37年2月8日相手方は申立人らに対し5万円を同月28日限り申立人B（本件上告人）宅に送金して支払うこと，申立人らはその余の請求を放棄すること等を内容とする調停が有効に成立したことを確定している。ところで，本訴は，上告人が右調停を無効であると主張すると同時に，Aは右負傷を受け，昭和37年12月3日右負傷のため死亡したと主張し，右受傷および死亡により上告人の受けた損害につき，慰謝料30万円の支払および上告人が本件事故発生の報に接して帰郷し，Aの治療処置，家事の処理等に当つた昭和34年3月24日ないし同年6月21日までの間における合計31日間の日当金3万1,000円相当の財産上の損害の賠償の支払を求めるものであるところ，原判決は，本件事故による損害賠償請求については，上告人，被上告人間に既に前述の調停が有効に成立しているので，当事者は，右調停の趣旨に反する主張ができず，裁判所もこれに反する判断ができないから，本訴請求中右調停において認容された部分は訴の利益を欠き，その余の部分は請求の理由がないことに帰するとして，上告人の請求を棄却したものであることは，原判文上明らかである。しからば，原判決は，上告人が本訴において主張するAの受傷および死亡による双方の損害につき，既に右調停において，判示のような条項の調停が有効に成立した旨を認定，判断したものといわなければならない。

しかして，Aが昭和34年3月24日受傷し，同36年5月，受傷者たるA本人および上告人ら合計4名によつて調停が申立てられ，同37年2月8日被上告人は右4名に対して5万円を支払い，右4名はその余の請求を放棄する等の内容の調停が成立したことは前記のとおりであり，また，上告人の主張によれば，受傷者Aは右調停成立後約10月を経過した同年12月，右受傷を一

## 〈6-2〉「死にも比肩すべき精神的苦痛」概念使用判例

因として死亡したというのである。してみれば，右調停は，Aの受傷による損害賠償については有効に成立したものと認められ，従つて，本訴において上告人の請求する3万1,000円の財産上の損害賠償請求は，右調停において，既に解決済であり，上告人の右財産上の損害賠償請求権を，本訴において主張することはできないものというべきであつて，この点に関する原判決の判示は結局正当と認められる。しかし，精神上の損害賠償請求の点については，Aおよび上告人らはまず調停においてAの受傷による慰藉料請求をし，その後Aが死亡したため，本訴において，同人の死亡を原因として慰藉料を請求するものであることは前記のとおりであり，かつ，右調停当時Aの死亡することは全く予想されなかつたものとすれば，身体侵害を理由とする慰藉料請求権と生命侵害を理由とする慰藉料請求権とは，被侵害権利を異にするから，右のような関係にある場合においては，同一の原因事実に基づく場合であつても，受傷に基づく慰藉料請求と生命侵害を理由とする慰藉料請求とは同一性を有しないと解するを相当とする。ところで，右調停が，原判決のいうように，Aの受傷による損害賠償のほか，その死亡による慰藉料も含めて，そのすべてにつき成立したと解し得るためには，原判決の確定した事実関係のほか，なおこれを肯定し得るに足る特別の事情が存し，且つその調停の内容が公序良俗に反しないものであることが必要であるといわなければならない。けだし，右Aは老齢とはいえ，調停当時は生存中で（なお，上告人の主張によれば，前記のとおり，調停成立後10月を経て死亡したという。），右調停はA本人も申立人の1人となつており，調停においては申立人全員に対して賠償額が僅か5万円と合意された等の事情にあり，これらの事情に徴すれば，右調停においては，一般にはAの死亡による慰藉料についても合意したものとは解されないのを相当とするところ，この場合をもってなおAの死亡による慰藉料についても合意されたものと解するためには，Aの受傷が致命的不可回復的であつて，死亡は殆んど必至であつたため，当事者において同人が死亡することあるべきことを予想し，そのため，死亡による損害賠償をも含めて，合意したというような前記のごとき特別の事情等が存しなければならないのである。しかるに，原判決は，このような特別の事情等を何ら認定せずして，Aの死亡による慰藉料の損害賠償をも含めて合意がなされたとし，本訴請求を排斥したものである。しからば，原判決には，判決に影響を及ぼすことの明らかな審理不尽，理由不備の違法があるものというべく，論旨はこの点において理由があるに帰する。原判決はこの点に関して破棄を免れず，更に審理を尽さしめるため，この点に関する本件を広島高等裁判所に差し戻すべきである」。

【否定例】

＊最三小判昭和42・6・13民集21巻6号1447頁……無免許運転のYが貨物自動車を家屋に激突させ，室内で仕事中のA（年齢不詳・男。洋裁業）に全治1年以上で後遺症も残る被害を負わせた事故で，本件はAの「死にも比肩すべき」状況ではなく，Aの配偶者B及び子Cは自己固有の権利としての慰謝料請求はできない（被害者生存事例）。

【判旨】

「第三者の不法行為によつて身体を害された者の配偶者および子は，そのために被害者が生命を害された場合にも比肩すべき，または右場合に比して著しく劣らない程度の精神上の苦痛を受けたときにかぎり，自己の権利として慰藉料を請求できるものと解するのが相当である（最高裁昭和31年(オ)第215号同33年8月5日第3小法廷判決，民集12巻12号1901頁，最高裁昭和38年(オ)第373号同39年1月24日第2小法廷判決，民集18巻1号121頁，最高裁昭和40年(オ)第1004号同42年1月31日第3小法廷判決参照）。これを本件についてみるに，原判決は，被上告人Aが，本件不法行為によつて，全治までに1年以上を要する左大腿部骨折等の重傷をこうむり，手術等の治療を受けたが，現在においても，左下肢が約30度外旋位をとつて約3.5センチメートル短縮し，大腿囲，下腿囲とも狭少となり，股，膝関節の運動領域に障害を残し，正座は不能で，歩行も約1キロメートル以上は苦痛のため不可能な状態である等の事実を認定して，同被上告人の右受傷および後遺障害のため，同被上告人の配偶者である被上告人Bならびに子である同Cおよび同Dが，自己の権利として，原判決判示の限度において慰藉料請求権を有するものと判断した。しかし，原判決認定の右事実関係のもとにおいては，まだ，すでに説示した被害者の配偶者および子が自己の権利として慰藉料を請求できる程度の精神上の苦痛を受けたものとは認められない。」

＊最一小判昭和43・9・19民集22巻9号1923頁……交通事故でA（8歳2ケ月・男）が頭蓋骨骨折で約2週間意識不明になり，その両親B・Cが受傷後4日間不眠不休の看病をしたとしても，そのことからただちに，Aの生命を害された場合に比肩するか，またはその場合に比して著しく劣らない程度の精神上の苦痛を受けたものということはできず，Aの死をも覚悟したこともあったとしても，B・Cは自己の権利として慰謝料を請求することはできない。原審判決は，上記の場合の特段の事情の有無や，Aの過失相殺能力の有無等の審理が不備なまま漫然とYの責任を認めており，それらの審理を尽くさせるため，原審に破棄差し戻すと判示。また，Aの過失相殺能力の判断基準に関する重要

〈第6章〉被害者の生存と近親者固有の慰謝料請求の可否

判決。
【判　旨】
「原判決の判示するところによると、狭い道路から広い道路に出る車両はその直前に一旦停車しまたは徐行して広い道路の交通の安全を確かめて広い道路に出るべき注意義務があるにかかわらず、被上告人Ａが漫然自転車に乗車して本件丁字路に飛び出して本件事故を惹起したことは、同被上告人に重大な過失があるというべきであるが、本件事故発生当時同被上告人は年令８年２月の児童で未だ交通規則を弁識するに足る能力を有しなかつたものと解せられるから、本件事故に基づく損害賠償については、同被上告人の過失をしんしやくしないのを相当とするとして上告人の主張を排斥している。

しかし、民法722条２項に定める過失相殺を適用する場合において、被害者たる未成年者の過失をしんしやくするには、未成年者に事理を弁識するに足る知能が具わつていれば足り、行為の責任を弁識するに足る知能が具わつていることを要しないものと解されるところ（最高裁判所大法廷判決昭和36年（オ）412号、同39年６月24日民集18巻５号854頁）、昭和40年11月15日の本件事故当時、自動車交通の激しい都会地などにおいて、丁字路などの狭い道路から広い道路に出るに際しては、自転車などの搭乗者が、徐行一旦停車などの上、広い道路の交通状態を確かめるため注意をすべきことは、一般社会人として、当然要求されているものと解すべきである。

したがつて、本件の事故当時、既に年令８年２月であつた被上告人Ａは、特段の事情のないかぎり、前示の交通事情について事理を弁識するに足る能力があつたものと解されるのを相当とするところ、本件事故現場の交通事情、被上告人Ａの性格、学校成績その他交通安全に関する指示の存否など特別の事情の有無について、なんら考慮を払うことなく、前記確定した事実関係からただちに同被上告人に事理を弁識するに足る能力を認めなかつた原判決は、法令の解釈、適用をあやまつた結果、審理不尽の違法をおかしているものというべく、論旨は理由がある。

同第２点について。
第三者の不法行為によつて身体を害された者の両親は、そのために被害者が生命を害された場合にも比肩すべき、または右場合に比して著しく劣らない程度の精神上の苦痛を受けたときにかぎり、自己の権利として慰藉料を請求できるものと解するのが当裁判所の判例（最高裁判所第３小法廷判決昭和31年（オ）215号、同33年８月５日民集12巻12号1901頁、同第３小法廷判決同40年（オ）1004号、同42年１月31日民集21巻１号61頁、なお同第３小法廷判決同40年（オ）1308号、同42年６月13日民集21巻６号1447頁参照）とするところであり、原判決の確定した事実関係では、被上告人Ｂ、同Ｃは、子たる被上告人Ａの受傷により多大の精神的苦痛を受けたことは認められるが、いまだ被上告人Ａが生命を害された場合にも比肩すべきかまたは右場合に比して著しく劣らない程度の精神上の苦痛を受けたものとは認め難く、したがつて、原判決がその確定した事実関係から、ただちに被上告人Ｂ、同Ｃに対し、慰藉料請求権があるとしたのは、失当というべく、原審はすべからく被上告人Ａの後遺症の有無、現在残つている傷害の程度その他の事情を判断したうえで、被上告人Ｂ、同Ｃの慰藉料請求権の有無を決すべきであつたのである。従つて、この点で原判決は審理不尽、理由不備のそしりを免れない。」

＊最一小判昭和44・４・22判時558号57頁……交通事故で頭部打撲により脳しんとう等の傷害を受けたＡの両親Ｂ・Ｃの固有の慰謝料請求権を否定（被害者生存事例）。上告棄却。
【判　旨】
「第三者の不法行為によつて身体を害された者の両親は、そのために被害者が生命を害された場合にも比肩すべきか、または右場合に比して著しく劣らない程度の精神上の苦痛を受けたときにかぎり、自己の権利として慰藉料を請求できるものと解すべきことは、当裁判所の判例（最高裁判所昭和31年（オ）第215号・同33年８月５日第３小法廷判決民集12巻12号1901頁、同40年（オ）第1004号・同42年１月31日第３小法廷判決民集21巻１号61頁、同43年（オ）第63号・同年９月19日第１小法廷判決民集22巻９号1923頁参照）とするところであつて、これと同旨に出た原審の判断は、正当である。論旨は、これと異なる見解に立つて原審の判断を非難するにすぎないものであつて、採用することができない。」

＊最三小判平成７・５・30裁判集民175号319頁、判時1553号78頁、判タ897号64頁……Ｙ医師が未熟児である新生児Ａ女を黄だんの認められる状態で退院させ、Ａが退院後核黄だんに罹患して脳性麻ひの後遺症が生じた場合につき、Ｙ医師の退院時における両親Ｂ・Ｃへの説明及び指導に過失がないとした原審の判断に違法があるとされた事例（破棄差戻し）（生存事例）。
【判　旨】
「本件において、上告人Ｃらが退院後上告人Ａの黄疸を案じながらも病院に連れて行くのが遅れたのは被上告人の説明を信頼したからにほかならない（記録によれば、上告人Ｃは、10月８日上告人ＡをＫ病院に連れて行くに際し、上告人Ｂが上告人Ａに黄疸の症状があるのは未熟児だからであり心配いらないとの被上告人の言を信じ切って同行しなかったため、知人のＤに同伴してもらったが、同病院のＥ医師から上告人Ａが

〈6-2〉「死にも比肩すべき精神的苦痛」概念使用判例

重篤な状態にあり，直ちに交換輸血が必要である旨を告げられて驚愕し，Dを通じて上告人Bに電話したが，急を聞いて駆けつけた同上告人は，E医師から直接話を聞きながら，なお，その事態が信じられず，E医師にも告げた上で，被上告人に電話したが，被上告人の見解は依然として変わらず，上告人Bとの間に種々の問答が交わされた挙句，E医師の手で上告人Aのため交換輸血が行われた経緯が窺われるのである）。

そして，このような経過に照らせば，退院時における被上告人の適切な説明，指導がなかったことが上告人Cらの認識，判断を誤らせ，結果として受診の時期を遅らせて交換輸血の時機を失わせたものというべきである。

したがって，被上告人の退院時の措置に過失がなかったとした原審の判断は，是認し難いものといわざるを得ない。そして，被上告人の退院時の措置に過失があるとすれば，他に特段の事情のない限り，右措置の不適切と上告人Aの核黄疸罹患との間には相当因果関係が肯定されるべきこととなる筋合いである。原審の判断には，法令の解釈適用を誤った違法があるものといわざるを得ず，右違法は原判決の結論に影響を及ぼすことが明らかである。論旨はこの趣旨をいうものとして理由があり，原判決は破棄を免れず，更に審理を尽くさせるため，原審に差し戻すこととする。」

[高裁]
【肯定例】
＊東京高判昭和30・11・26下民集6巻11号2470頁（最三小判昭和33・8・5民集12巻12号1912頁の原審）……母子家庭（父は戦死）の娘Aの交通事故による顔面等の重傷と後遺症につき，Aの母Bに711条を類推適用してB固有の慰謝料を認容（生存事例）。

【判旨】
「被控訴人Bは，その夫Cが昭和19年9月30日マリアナ島において戦死して以来洋裁製本等の内職により辛うじて長女A（被控訴人），長男D（当時8歳）を養育しているもので，かつ資産として数うべきものなきところ，本件事故に基因し，治療費，留守番の謝礼，交通費，食費，その他の雑費等さきに（1）ないし（5）において認定した費用を含めて約3万円を支出するの余儀なきに至り，かつ本件事故発生後東奔西走して洋裁業を開始する時期を失する等のこともあり，かつ被控訴人Aは本件事故のため生れもつかぬ容貌となり，かつ前段認定のような外傷後遺症のため長年月の治療を要し，しかも全く回復することが不可能の状況にあることが認められ，被控訴人Bがこれにより精神上多大の苦痛を受けたことは明らかである。このように近親者の身体傷害により精神上の苦痛を受けた者はその者自身直接の被害者であるということができるのみならず，仮に直接の被害者ということができないとしても，民法第710条，第711条を類推適用し，控訴人Bの精神上の損害につき損害賠償を得せしめるのが相当である。近親者の身体傷害によりその死にまさる精神上の苦痛を受ける場合もあることを考えれば，近親者の身体傷害の場合に民法第711条を類推適用するのを相当とする場合のあることは，否定し得ないところであり，本件はまさにこれにあたるものというべきである。しかして被控訴人Bの受けた精神上の苦痛に対する慰謝料は金10万円を相当とすることにおいて，当裁判所は原審【1審】とその判断を等しくする。」

＊札幌高判昭和60・2・27判タ555号279頁……母子血液型不適合の出生児A女に脳性マヒが生じた重大な事故につき，両親B・C固有の慰謝料請求権を認容（生存事例）。

【判旨】
「第1審原告Aの現在における心身の状況，第1審原告B，同Cが，第1審原告Aの父母として将来にわたり重症心身障害者たる同原告を抱えて被るであろう精神的苦痛その他弁論にあらわれたすべての事情を斟酌すれば，その慰藉料は，第1審原告B，同Cにつき，それぞれ金450万円が相当である。」

＊福岡高宮崎支判昭和60・10・31判タ597号70頁……Yのダンプカーが県道を走行中に縁石が崩れ，転落して県道と併行に走っている列車に激突して，列車の乗客A（63歳・女）が意識不明の重傷を負った事故で，K県の道路の設置・管理責任を認め，Aの夫Bと子Cについて，Aの死にも比肩すべき苦痛をB・Cが被ったとして，BとCに固有の慰謝料各450万円を認容。

＊東京高判昭和62・9・3判時1256号32頁，判タ663号172頁……核黄疸による脳性マヒになった新生児Aにつき，Y病院の過失を認め，A本人の障害慰謝料2,000万円，Aの両親B・Cには，「Aの死にも比肩すべき精神的苦痛を味わった」として各500万円の固有の慰謝料を認容。

【判旨】
A本人の障害慰謝料として，「前記の障害の程度に照らし2,000万円をもって相当と認める」。両親B・Cの慰謝料として，「控訴人B・Cは，控訴人Aの両親として，同人が前記のような重大な障害に苦しむようになったことにより，その死亡の場合にも比肩するような甚大な精神的苦痛を味わったものと認められるから，これに対する慰藉料としてそれぞれにつき500万円を支払うべきである。」

＊大阪高判昭和63・3・28判時1287号80頁……Y飲食店でのフグ中毒によって植物状態になったA（15歳・女）に1,200万円，Aの両親B・Cに固有の慰謝料各300万円が認められた事例。

【判旨】

〈第6章〉被害者の生存と近親者固有の慰謝料請求の可否

「控訴人Aは、15歳の時に本件により植物状態に陥り、約4年8か月にわたる入院を余儀なくされた上、その労働能力をすべて失い、他人の付添看護がなければその生存すら不可能な身体障害者となったものであり、同控訴人がそのため多大の苦痛を被ったことは明らかであり、その他本件に現われた一切の事情を勘案すると、その慰藉料は1,200万円が相当である。(中略) 両親であるB及びCは、本件不法行為により、その最愛の娘が植物状態になり、その死亡にも比肩すべき精神的苦痛を被ったことは明らかである上、生涯、娘の日常生活の看護の負担を負わなければならなくなったのであって、その心痛の甚大なことは容易に推察することができるが、他方、本件のフグ食の調理をした者が右控訴人らの娘の夫であることその他本件にあらわれた諸般の事情を斟酌すると、その慰藉料は、各300万円をもって相当と認める」。

＊札幌高判平成6・1・27判時1522号78頁……ゼンソク発作を緩和するため、点滴注射中の患者A(3歳・男)が呼吸停止・心停止等に陥り、無酸素生脳症の後遺症を有するに至った事故で、Y病院側の過失を認め、Aの両親B・CはAの死にも比肩すべき精神的苦痛を被ったとして、B・Cに各250万円の固有の慰謝料を認容。

【判　旨】
「控訴人Aの両親である控訴人B及び同Cが、本件事故により控訴人Aに重度の障害が生じたことによって、同控訴人が生命を失った場合にも比すべき精神上の苦痛を被ったことは容易に推認することができる。控訴人B及び同Cの右各苦痛に対する慰謝料額としては、各250万円が相当である。」

＊広島高判平成6・3・16判時1505号74頁、判タ857号235頁……柔道練習中に技をかけられて転倒し脳の器質変化による精神障害の後遺症を負った市立中学校生Aにつき、指導教諭Yの過失を認め、父Bは「Aの死にも比肩するほどの著しい精神的苦痛を負ったとして、市に対する200万円の固有の慰謝料を認容(国家賠償法1条)。

＊大阪高判平成6・4・28判タ878号172頁、労働判例655号22頁……ゴミ処理プラントの水素ガス爆発により技師A(33歳・男)が爆風で転落して極めて重度の後遺障害を負った事故で、両親B・Cにつき、一人息子のAの世話に今後明け暮れる必要があること等も考慮して、B・Cに各500万円の固有の慰謝料を認容(過失相殺5割)。

【判　旨】
「(1) 控訴人A。控訴人Aの受傷内容、程度、入通院期間、後遺症など本件において認められる諸般の事情を総合勘案すれば、慰謝料は3,000万円が相当である。

(2) 控訴人B、同C。一人息子である控訴人Aが思いもかけない事故により前記認定の重度の後遺障害を持った身体障害者となり、親としての悲嘆の大きかったことは容易に推測できるところであり、老後は面倒を見てもらうことを予定していた控訴人Aに頼ることができないだけでなく、逆に同人の面倒に明け暮れているなどの諸般の事情によれば、控訴人B、同Cの慰謝料はそれぞれ500万円が相当である。」

＊福岡高判平成8・9・12判時1597号90頁……母親BがY病院職員から薬を間違えて渡され、それを服用したために胎児A(A本人の慰謝料2,000万円)に出生後も頭部奇形の障害が残った事故で、Aの両親B・Cに各250万円の固有の慰謝料を認容。

＊大阪高判平成8・12・12判時1603号76頁……新生児Aが核黄疸に罹患し、脳性麻痺の後遺症が残ったことにつき、Y病院側に過失があり、A(A本人の慰謝料1,000万円)の父母B・Cは「Aの死亡にも比肩すべき苦痛を被った」として、B・Cに各200万円の固有の慰謝料を認容(最三小判平成7・5・30の差戻控訴審)。

＊仙台高判平成10・8・5判時1678号91頁……Y県立病院で水頭症の治療を受けていたA(2歳・男)がYの適切な処置の懈怠によって、弱視の後遺障害を負った事故で、Aの両親B・Cに各150万円の固有の慰謝料を認容。

＊東京高判平成13・1・31判タ1071号221頁……Y病院での出産中の医療事故で、妊娠中毒症に起因して脳出血により左半身麻痺の後遺障害を残したA(28歳・主婦)につき、Y病院と担当医師Zの上司の産婦人科部長Y₂との双方に不法行為責任(使用者責任)を肯定し、Aの夫Bに150万円、A・B間の出生子Cに、Aの後遺障害の下で今後生きていかなければならない精神的苦痛を考慮して100万円の各固有の慰謝料を認容。

＊東京高判平成15・7・29判時1838号69頁……泥酔状態で車を運転していたYに停止中の車が追突され、被害車両に乗っていたA(41歳・女)が脳挫傷等で後遺障害(1級3号)に認定された事故で、Aの長女B(短大進学決定済みであったが、それも叶わず毎日Aの看護を続行)と次女C(15歳で多感な年代)、Aの母D(何かとAの家族をサポートしていた)につき、3人はAの死亡に匹敵する精神的苦痛を受けたとして、Bに200万円、Cに150万円、Dに100万円の固有の慰謝料を認容。

＊大阪高判平成17・9・13判時1917号51頁……母Cが帝王切開によって出産した未熟児Aが、医師の過失で脳性麻痺になり後遺障害(1級)と認定された事故で、

## 〈6-2〉「死にも比肩すべき精神的苦痛」概念使用判例

Aの両親B・CはAの生命を侵害されたことに比肩するほどの精神的苦痛を受けたとして，B・Cに各300万円の固有の慰謝料を認容。

【否定例】

＊東京高判昭和39・7・3下民集15巻7号1716頁……交通事故被害者Aの両親B・Cに慰謝料を認めると，権利関係を著しく不明瞭ならしめる結果になったり，近親者と子供の双方に二重の賠償を許す結果になる等，いたずらに法律関係を複雑ならしめる虞があるところ，要は子に対して慰謝するに十分の慰謝料の支払を命ずれば足りるものと考えられるとして，B・Cからの請求を否定。

＊東京高判昭和43・2・22判タ223号170頁……Aが交通事故で左眼を失明し顔面に傷痕を残したというだけでは，父母B・Cが「死にも比肩すべき精神上の苦痛を受けた」と認めるにいまだ足らない。

＊大阪高判昭和43・3・27判タ222号187頁……交通事故で夫Aの負傷について，死にも比肩すべき場合でないと認定して，妻B固有の慰謝料請求を否定。

＊東京高判昭和45・6・12判タ254号262頁……眼の角膜障害を受けた子Aの両親B・Cの慰謝料請求につき，死にも比肩すべき場合に当たらないとして否定。

＊東京高判昭和47・11・30交民集5巻6号1513頁……夫Aと子Bが交通事故で被害を受けた事故で，請求権者はAとBに限られるべきで，妻Cは固有の慰謝料請求権を有しないと判示。

＊高松高判昭和49・11・27判時764号49頁，判タ318号255頁……小学校での児童間の事故で，A（本人の慰謝料130万円）が左眼の傷害を受け，視力が低下した事故で，Aの父Bと義母CはAの死にも比肩するほどの苦痛を被ったとはいえないとして，B・C固有の慰謝料請求を否定。

＊大阪高判昭和58・9・20判時1101号48頁，判タ516号156頁……医師Yによる女児Aの腸重積症の診断の過誤を認め，Aに80万円の慰謝料を認めたが，Aの両親B・Cについては諸般の事情を総合判断すると，結論として，Aの死にも比肩すべき苦痛を被ったということはできないとして，B・Cの固有の慰謝料請求を否定。

＊東京高判昭和59・2・28判時1112号54頁……高校1年の女子Aが体育授業中，担当教諭に懲戒懸垂を命じられ，その際の落下で体にしびれ等の後遺症が残っても，死にも比肩すべき場合には当たらず，母親Bの固有の慰謝料請求は認められないと判示。

＊福岡高判昭和60・8・16判時1163号11頁，判タ565号75頁（水俣病第二次訴訟）……患者Aらの夫または妻達による固有の慰謝料請求につき，患者の生命が害された場合に比肩すべき精神的苦痛を被ったと認められないとして，その請求を否定。

＊東京高判昭和63・3・11訟務月報34巻12号2561頁，判時1271号3頁，判タ666号91頁（クロロキン薬害訴訟控訴審判決）……Aがクロロキン被害によってついには両眼失明に至っても生命そのものの侵害ではなく，死亡そのものとは比肩しえないし，711条の適用や類推を論ずるまでもなく，被害者家族に固有の慰謝料を認めることはできないと判示（判決文が膨大なので判決文引用は省略）。加えて，原告主張の制裁的慰謝料論，インフレ参入論のいずれも否定。

＊東京高判平成5・9・19交民集26巻4号840頁……交通事故被害者A（高校生）が後遺障害12級の14パーセントの労働能力を失ったことにつき，この程度では，両親B・Cは死にも比肩すべき精神的損害を被ったとはいえず，固有の慰謝料請求権を有しないとして否定（A本人には300万円の慰謝料を認容）。

＊東京高判平成13・5・30判時1794号57頁，判タ1095号225頁……出生時の医療事故で脳性麻痺等の重度後遺障害が残ったAについて，A本人に2,000万円，両親B・Cに「Aの死にも比肩しうる」として711条の類推適用により各1,000万円の固有の慰謝料を認めたが，祖母Dについては，Cが入院した時などD（看護師の有資格者）がAの介助等をしてきたことは認められるが，それはCとの関係に基づくものであり，DはA・Cとも同居していない等の状況から，D固有の慰謝料を認容するまでには至らないとして否定。

＊東京高判平成13・9・26判時1779号29頁……医療事故で植物状態になったA（33歳・男）の母Bには認めたが，兄Cについては，Aと別居していることやAとの生活関係，Aが慰謝料を得ていること等を考慮して固有の慰謝料請求を否定。

＊大阪高判平成19・4・26判時1988号16頁……小学校6年生の交通事故被害女児A（醜状瘢痕7級12号，高次脳機能障害5級2号の後遺障害）につき，妹Bと両親C・Dの苦痛はAが死亡した場合に比肩するとまでは言えないとして，B・C・D各人の固有の慰謝料請求を否定。

＊大阪高判平成20・3・26判時2023号37頁……県立N病院の眼科担当医師Yが眼圧検査等を怠ったためにA（7ケ月）の先天緑内障を見落とし，結果としてAが5歳3ケ月で両眼失明の症状が固定した医療過誤事故で，被害者Aの精神的苦痛や後遺症に対する慰謝料（2,800万円）をもって両親B・Cの苦痛も含めて評価するのが相当であるとして，B・C固有の慰謝料を別途算定することを否定（被害者側の過失として相殺5割）。

〈第6章〉被害者の生存と近親者固有の慰謝料請求の可否

【判　旨】
「Aは，まだ年若く様々な社会的施策の支援の下で今後自立が期待されることを考えると，本件においては，あくまでAの精神的苦痛に対する慰謝料をもって両親の苦痛も含めて評価するのが相当であり，これをもって民法711条が特に損害賠償について定める子の生命を侵害された場合の父母の精神的苦痛と比肩し得べき，またはそれに比し著しく劣るものではない精神的苦痛として，両親の固有の慰謝料請求の原因となるべきものとまで評価するのは相当でないと考える次第である。」
［地裁］
【肯定例】
＊千葉地一宮支判昭和32・11・15不法行為下級民集昭和32年度（下）762頁……貞操侵害に基づく近親者の慰謝料請求権は「最近親」に制限されるべきであるとした上で，A（14歳・女）への貞操侵害で父Bに固有の慰謝料1万円を認容。
＊横浜地判昭和33・5・20下民集9巻5号864頁，判タ80号85頁……身体傷害を受けたAの近親者も固有の慰謝料請求権を取得しうるが，それには賠償に値するだけの相当因果関係内の損害を受けたかが基準で，711条は所定の者に「精神的損害の立証責任を軽減した」規定であると判示。
＊神戸地姫路支判昭和35・12・27判時260号22頁……内縁の夫Bが戦死したため，女手一つで息子Aを育ててきた母Cに，Aの交通事故についてA本人に5万円，母Cに10万円の慰謝料を認容。
【判　旨】
「不法行為により身体を害された者の母がそのために被害者が生命を害されたときにも比肩すべき精神上の苦痛を受けた場合，自己の権利として慰謝料を請求し得ることは最高裁判所の判例の説示するところである（昭和33年8月15日第3小法廷判決，最高裁集第12巻第12号1901頁参照）。(中略)原告Aは昭和18年2月以来内縁関係にあつた亡Bとの間に出生した子であつて，亡Bは原告A出生後間もなく出征し，且つ戦死したため，原告Cは爾来実弟の経営する料理旅館の手伝いをしながらひたすらに原告Aの生長を楽しみに細々と暮している関係にあるので，原告Aの本件事故により非常なショックを受けたこと，原告Aが1年休学したこと且つ骨折が完全に治らないので起居に若干の不便を感じていること等が認められるので，原告Aは固よりその母たる原告Cはその精神的損害についても慰謝料の支払を求め得るものというべく，その金額は右認定の事実並に諸般の事情を考慮して原告Cに対しては金10万円，原告Aに対しては金5万円を相当と認める。」

＊福井地武生支判昭和36・3・9交通事故不法行為下民集昭和36年度117頁……娘Aの交通事故傷害に対する両親B・Cの固有の慰謝料各3万円を711条で認容。
【判　旨】
「ある者が傷害を受けたときに同時にかゝる親族権乃至身分権の侵害として，民法第709条，第710条に則し，その近親者自身の慰藉料請求を認めるべきものと解するを相当とする。唯その中，近親者の「生命」侵害の場合にして且つ，一定の身分関係の者については，額の点を別として，民法第711条により当然（特段の事情を立証をまたないでも，）慰藉料請求権が認められるものとし，その他の場合には民法第709条，第710条により著しい精神上の苦痛を受けた事情が特に立証されてはじめて慰藉料請求が認められることゝなろう。そこで本件についてみるにさきに示したとおり原告Aは本件事故により左足部，大腿部に終生除去することのできない瘢痕を残しており，原告C，同B各本人尋問の結果によれば原告B，同Cがこの未成年の子の肉体的精神的苦痛を我身の苦痛のように感じ，又，その将来について不安を抱いていることが認められるので，本件事故による原告Aの受傷について原告B，同Cにも慰藉料請求を認容することとし，本件に現われた一切の事情を斟酌してその額は各金30,000円を以て相当と認める。」
＊東京地判昭和36・3・11判時257号21頁……負傷者Aの両親B・Cの固有の慰謝料請求権を肯定。
【判　旨】
「他人の加害行為によつて子供が負傷した場合に，その子供の両親がこれによつてこうむつた精神上の苦痛に対し慰藉料の請求をすることができるかどうかは1個の問題であるが，当裁判所は，右の精神上の苦痛が社会観念上金銭をもつて慰藉されるに値する程度のものと認められる限り，その苦痛をうけた者に慰藉料請求権を認めるのが相当であると考える。けだし精神上の苦痛なるものは，財産上の損害と異なり，外形的に適確にとらえることが困難なものであり，その人的範囲において無限定的にひろがる可能性をもつとともに，その苦痛の性質，程度にもさまざまな差異があるから，およそこしでも精神上の苦痛があると認められる限り，直ちにこれが慰藉料請求権を認めるということができないことはもちろんであるが，しかしその精神的苦痛が一定の程度に達し，社会観念上金銭的賠償をもつて慰藉せしめるのが公平の原則に合致し，他面濫訴の弊を生ぜしめることもないと考えられる場合には，これに対して慰藉料請求権を認めるにちゆうちよすべきではない。民法第711条は，被害者の死亡の場合につき一定範囲の近親者に限つて慰藉料請求権を認めているが，右は単にかかる要件をみたす場合には当然に慰藉料請求権が認められることを規定したにと

〈6-2〉「死にも比肩すべき精神的苦痛」概念使用判例

どまり、それ以外の場合における被害者の近親者の慰藉料請求権の発生を一般的に否定したものとは考えられないから、右の規定の存在はすこしも上記のような解釈のさまたげとなるものではない。そして上記認定の如き事実に照らせば、本件において原告B、同Cが受けた精神上の苦痛は、一般に社会観念上金銭をもつて慰藉されるに値するものと考えられるから、同原告等の慰藉料請求の主張は理由があるというべきである。」

＊千葉地佐倉支判昭和36・6・30交通事故不法行為下民集昭和36年度295頁……交通事故の重傷被害者A（4歳・男）が子守のB（18歳・女）と道路を歩行中に危険を感じて道路端によけていたのに、無免許・飲酒のYの貨物自動車に跳ねられ、Aが顔面などに重傷を負い、将来の結婚などにも支障を来す状態になった事故で、Aの父Cに709条・710条で10万円の固有の慰謝料を認容（過失相殺なし）。

＊東京地判昭和36・7・19判時269号23頁……子A（3歳3ケ月・男）の傷害につき、両親B・Cの慰謝料請求権を認容。

【判旨】

「被告は民法711条を引いて、父母たる原告B及びCには慰藉請求権はないと主張するが、同法条は子に生命侵害がなく、単に身体に傷害を受けた場合であるからといつてその父母に常に慰藉請求権がないことまで規定しているものではなく、たとえ子の被害が身体傷害に止まる場合であつても、その父母の受けた精神上の苦痛が社会観念上慰藉料の支払を相当とする程に重大痛切なものである場合には、その苦痛が爾後において慰藉され慰藉料の支払が不要に帰したものと考えられるような場合は格別とし、父母において民法709条、710条によりその精神上の苦痛に対する慰藉料を請求することを妨げるものではないと解すべきである。」

＊大阪地判昭和38・1・28交通事故不法行為下民集昭和38年度5頁……A（7歳・女）がYの車に衝突されて頭蓋骨骨折等の重傷を負った事故で、両親B・C固有の慰謝料請求権を認容。

【判旨】

「BおよびCはAの入院中は固より退院後通院中もこもごも看病に心を砕き、且つ傷害の部位が頭部であるため同人の将来について深刻な不安と危惧を抱いているものと認めることができるのであつて、親権者としての苦痛はかなり強度のものであり、社会通念上慰藉料の支払を受けるのを相当とする程度に重大であつたものと認めることができるから、右BおよびCらも被告らに対し慰藉料の請求をなし得るものといわねばならない。被告らは、原告Bおよび同Cは自ら慰藉料の請求をなし得ない旨主張しており、民法第711条の反対解釈から被告ら主張の結論を支持する見解もあるのであるが、右法条は生命侵害以外の場合どのような事情があつてもその近親者の慰藉料請求権をすべて否定しているものと解すべきでなく（最高裁昭和33・8・5第3小法廷判決、民集12巻12号1901ページ）たとえ身体傷害に止まる場合であつても、その近親者の受けた精神上の苦痛が社会通念上慰藉料の支払を受けるのを相当とする程度に重大なものであれば、右近親者において民法第709条第710条によつて精神上の苦痛に対し慰藉料の請求をなし得るものと解すべきである。」

＊東京地判昭和38・5・22交通事故不法行為下民集昭和38年度236頁……A（3歳3ケ月・男）が訴外Bの運転するY会社所有の自動貨物三輪車に接触して転倒し、右下腿部切断の傷害を受けたので、A及びAの両親C、DらがY会社に対しその被用者Bの起こした本件事故による固有の慰謝料を請求した事案（過失相殺なし）。

【判旨】

「被告は、民法第711条の規定の反対解釈からして、原告C、同Dの慰藉料請求を認めるべきではないと主張するが、民法第709条、第710条の各規定と対比してみると同法第711条の規定が生命を害された者の慰藉料請求につき明文をもつて規定しているとの一事をもつて、ただちに、生命侵害以外の場合は如何なる事情があつてもその近親者の慰藉料請求がすべて否定されると解しなければならないものではなく、身体を害された者の近親者と雖も、そのため被害者の生命侵害のときにも比すべき精神的苦痛を受けた場合には、自己の権利として慰藉料を請求し得ると解せられ（最高裁判所昭和31年（オ）第215号、同33年8月5日第3小法廷判決参照）、本件の事実関係の下においては、右原告等が右の程度の精神的苦痛を受けたと認めるに充分であるから、同原告等に対し前記慰藉料〔C・Dの主張はA本人に30万円、C・Dに各15万円〕の請求を認めることに何等の差支がないといえる。」

＊大阪地判昭和40・3・9判タ183号123頁……被害者Aの右足機能麻痺につき、母Cに709条・710条の固有の慰謝料（5万円）を認容。711条による慰謝料請求は否定。

【判旨】

「Cは昭和25年に夫Bと死別して以来会社事務員をして働きながら長男である原告Aを養育してきたもので、同人が身体障害者となつたことについて母親として大きな精神的苦痛を蒙つたことが認められ、これを慰藉するには金5万円が相当である。

（4）被告は、原告Cの慰藉料請求に対し民法第711

〈第6章〉被害者の生存と近親者固有の慰謝料請求の可否

条は近親者の生命を侵害された者の慰藉料請求権を規定しているのみであるから，原告Aの身体傷害があつたにすぎない本件において原告Cに慰藉料請求権は発生しないと主張する。しかし，同条は生命侵害の場合同条所定の近親者に対しては精神的苦痛の立証を免除した規定にすぎず，近親者の身体障害によって親族関係に基く精神的利益が侵害された者には同法第709条，第710条によって慰藉料請求権が認められるのであつて，被告の右主張は採用し得ない。」

＊東京地判昭和41・4・2判タ191号192頁……夫Aの受傷に対する妻Bの固有の慰藉料請求権を肯定したが，3人の子C・D・Eの請求権は否定。

【判　旨】

「右事実関係のもとにおいては，同原告は原告Aの妻として自己固有の慰藉料請求権を有すると認むべく，その主張する慰藉料額は相当と認められる。

原告C，同D，同Eが原告Aの子であることは当事者間に争がない。しかし，本件の事実関係のもとにおいては，右原告らの慰藉料請求は主張自体失当というべきである。

（親が身体を害されたことによる子の精神的苦痛は，親自身の損害が十分に賠償されることによって通常は同時に満足されるはずであるし，民法711条の立法趣旨，法律関係の単純化，明確化の要請からしても，親の負傷の場合子の固有の慰藉料請求権は原則として認められないと解するのが相当である。もつとも，親の負傷が文字どおり死にも等しい程のものである場合，あるいは子が負傷した親の身辺は世話しなければならなくなつたこと等により金銭に評価しえない大きな損失をこうむるに至つた場合等には例外的に子の慰藉料請求権を認むべきであろうが本件ではかかる特段の事情をうかがうことはできない。不具の夫を持つことになつた妻の損害と，不具の親を持つことになつた子の損害との間には一般に質的な相違があるから，本件のごとき事案において両者の法的取扱を異にすることもやむをえない。）」

＊東京地判昭和44・1・16交民集2巻1号30頁……交通事故による妻Aの受傷（身体傷害2級）につき，夫Bに固有の慰謝料を認容。

【判　旨】

「原告Aの身体障害の程度は，前記のとおり第2級であること，〈証拠〉によれば，原告Bとしては，原告Aの夫として一生涯原告Aの治療に心を配り，現在中学校に通う子供の監護養育も1人で全責任を負わなければならなくなつたことが認められる。その他，諸般の事情を考慮すると，原告Bの精神的苦痛は，妻である原告Aが死亡した場合にも比肩すべきものということができ，原告Bにも固有の慰藉料を認めるべきであり，その額は諸般の事情殊に原告Aにも300万円の

慰藉料を認めたことを考慮すると，20万円を以て相当と認める。」

＊宇都宮地判昭和45・3・3下民集21巻3・4号374頁……A（8歳・女・小学生）が帰宅中，川の堤防からY（13歳4ケ月・男．責任能力ありと認定）の投げた牛乳瓶の破片が目に当たり，失明を恐れるような片眼重傷を負った事故につき，YとYの両親$Y_2$，$Y_3$の709条責任を併存的に認めた上で，Aの父母B・Cに固有の慰謝料を認容。

【判　旨】

「民法第711条はその文理上からみれば，父母等近親者の慰藉料請求権を生命侵害の場合に限つている如くであるが，生命侵害の場合と身体傷害の場合とを区別すべき何らの合理的理由もないから，身体の傷害によつて父母等近親者が社会観念上甚大な精神的苦痛を蒙つた場合には，それが不法行為と相当因果関係を有するものである限り，民法第709条第710条に則り，近親者も亦固有の慰藉料請求権を有するものと解するを相当とするところ，前記認定のように，Aの左眼は本件負傷によつて一時失明の危険にさらされ，入院治療の結果外傷は治癒したものの，視力は減退し，その回復の見込はなく，剰え癒着性白斑という後遺症を角膜に残していること，Aが右原告等の一人娘であること，損害の部位が眼球であることなどを合わせ考えると，Aの父母である原告等の精神的苦痛は想像以上に甚大なものであつたことが窺われるから，本件に現われた諸般の事情を考慮すると，原告B，同Cの慰藉料の額はそれぞれ金10万円を以て相当と考える。」

＊横浜地判昭和45・4・25判時612号68頁，判タ251号239頁……Aが試運転中のクレーンが土台の基礎部分の構造上の欠陥により倒壊し，A自身が運転室内で圧迫され，再起不能の重傷を負った事故で，妻B，息子C・D，Aの父母E・Fに固有の慰謝料を認容。

【判　旨】

「民法第709条ないし第711条の解釈上近親者の身体傷害により精神上の苦痛を受けた者は自己の権利として慰藉料請求できるか否かについては判例学説上争の存するところであるが，近親者が死亡或いは死亡に比肩すべき重大な傷害を受けたことにより著しい精神的苦痛を受けた者は自身直接の被害者として民法第709条，第710条によりこれが慰藉料請求を認むべく，同法第711条は近親者の精神的苦痛の特に著しい場合を例示したものと解するのが相当である。前記認定の事実によれば，原告Aが前記の如く再起不能の重傷を受け廃人同様の身となったものであるから本件事故直後より昼夜の別なく献身的看護を続けてきた同原告の妻である原告Bの心労をも含めて長男C，次男D，実父E，実母Fの蒙った精神的苦痛は甚大なものがあっ

## 〈6－2〉「死にも比肩すべき精神的苦痛」概念使用判例

たと認めうべく，これが苦痛を慰藉するには右Bにつき金100万円その余の原告らにつき各金50万円と認めるのが相当である。」

＊大阪地判昭和45・11・28交民集3巻6号1822頁……安全設備が不十分な踏切でY社の電車にはねられ重傷を負い，義足等の重度の後遺症の残ったA（5歳・男）につき，Y社の土地工作物責任を認めた上で，両親B・Cに，その精神的苦痛はAの生命が害された場合のそれに比し著しく劣るものではないとしてB・C固有の慰謝料（過失相殺後の金額としてB・Cに各10万円）を認容（過失相殺8割）。

＊仙台地古川支判昭和46・4・15交民集4巻2号634頁……交通事故で左下肢短縮，痴呆状態，言語障害等の後遺症を残したA（18歳・男）につき，A本人分200万円，Aが死亡に準じるような被害を受けたとして，母Bに100万円の固有の慰謝料を認容。

＊東京地判昭和46・6・3交民集4巻3号885頁……タクシーと貨物自動車の衝突交通事故で，タクシーの乗客で妊娠7ケ月の妻Aが胎児を流産した場合に，夫Bは加害者Yに対する固有の慰謝料請求権を有しない。

【判　旨】

「諸般の事情を考慮すると原告Aの受けた精神的，肉体的苦痛に対する慰藉料は70万円をもって相当と認める。なお，原告Bは原告Aの夫であることは当事者間に争いないが，民法711条に照らし，妻が流産したからといって慰藉料請求権を有するに至るものではない。」

＊静岡地判昭和46・10・13交民集4巻5号1482頁……自宅脇で遊んでいてY車に衝突されたA（6歳・女。幼稚園児）が，右眼球失明等の後遺症を残した事故で，両親B・C固有の慰謝料（各30万円）を認容（過失相殺5割）。

＊広島地尾道支判昭和47・1・28交民集5巻1号102頁……交通事故で下半身完全麻痺（障害1級）等の被害を受けた造船工A（19歳・男）の両親B・Cに固有の慰謝料各20万円を認容。

＊高松地丸亀支判昭和48・2・26交民集6巻1号329頁……タクシーを降りて路上に飛び出したA（2歳・女）が対向車線のY車に衝突され，脳及び頸椎の損傷に起因する失語症，四肢痙性不全麻痺，小脳性失調等の重度の後遺障害を残した事故でのAの慰謝料につき，精神的苦痛はAの死亡した場合に優るとも劣らないとして，A本人分400万円，両親B・Cに各50万円の固有の慰謝料を認容（過失相殺3割5分）。

＊大阪地判昭和52・4・28交民集10巻2号627頁……複数車両に衝突されて排尿などが困難になるような重度の身体傷害と後遺障害を負った被害者Aの慰謝料につき，A本人分550万円，ほとんど寝たきりのAを介護することになった妻Bに，Aの生命侵害に比し，著しく劣らない程度の精神的苦痛を受けたとして固有の慰謝料150万円を認容。

＊東京地判昭和52・6・27交民集10巻3号881頁……交通事故で寝たきりになったA（65歳・女）について，Aの夫B，娘C，Cの夫Dらが受けた苦痛はAの死にも比肩しうるものと認められるとして，B・C・Dに各100万円の固有の慰謝料を認容。

＊東京地判昭和52・8・9交民集10巻4号1090頁……妻Aが交通事故で両眼失明，四肢の連動麻痺等の重度の障害を受けた事故で，死にも比肩しうべき被害を受けたとして，A本人に900万円，夫Bに100万円の固有の慰謝料を認容。

＊高松地判昭和53・7・10交民集11巻4号994頁……交通事故被害者A（56歳・女）が頭蓋底骨折，脳挫傷による高度の痴呆症等の重大障害を負った事故で，Aの夫Bに15万円，子Cに3万円の固有の慰謝料を認容し，Aの慰謝料請求権と近親者固有のそれとは別個のものであると明示。

＊東京地判昭和53・9・7判時901号43頁，判タ368号101頁……A（年齢不詳・女。大学生）に対するクロロキン製剤の長期投与によって重度の網膜症等眼障害が発生し，日々失明におびえている状態で，その危険性につき，昭和41，42年当時において国立大学医学部付属病院医師に予見可能性があったとして，医師Yの過失を認め，慰謝料につき，A固有分2,000万円，両親B・C固有分各500万円を認容。

【判　旨】

「原告Aが失明同様の傷害を受けたことによる原告B及びCの精神的苦痛は甚大なものがあり，さらに右原告B・Cは原告Aの治療と本件訴訟のために職を捨てて故郷長崎をあとに上京し，血の滲むような努力を重ねながら，多数の眼科医を尋ねて原告Aの治療の途をさがし算定不能の多大の出費をしてきたものである。右原告B・Cのかかる精神上の損害を償うための慰藉料額は各金500万円をもって相当とする。」

＊高松地判昭和54・11・21交民集12巻6号1510頁……建築工事現場で，Z社の下請けのY社の孫請けのA（49歳・男。建設業者）に仕事をさせていたところ，同じくY社から石材運搬の下請けをしたY₂のトラックが運転を誤り，現場で荷崩れを起こしてAが下敷きになり，歩行や座位不能で労働能力全廃の後遺症を負った事故で，Aの生命が害された場合にも比肩すべき，または右場合に比して著しく劣らない程度の精神的苦痛を受けたことが認められるとして，Aの妻Bに200万円の慰謝料を認容。

〈第6章〉被害者の生存と近親者固有の慰謝料請求の可否

＊仙台地判昭和56・4・13交民集14巻2号512頁……夜間に交差点を赤信号無視で横断したA（64歳・女）にY車が衝突した事故で，脳挫傷等の重傷を負ったAの夫Bは，Aの後遺障害について「死にも比肩すべき精神的苦痛を受けた」として，A本人分2,000万円，B固有の慰謝料200万円を認容（過失相殺4割）。

＊浦和地判昭和56・8・19判時1023号92頁，判タ455号131頁……高校のクラブ活動で鉄棒の練習中に墜落して傷害を負ったA（15歳・男。高校1年生）につき，事故後にAと養親子関係を結んだに過ぎないC女であっても，事故前3年間父Bの後妻としてAと母親同様の生活を続け，事故後も看護を続け，今後もそれを継続する意思のあるCに，711条を類推適用して固有の慰謝料300万円を認容（過失相殺3割）。

＊大阪地判昭和56・8・27判時1022号93頁，判タ451号121頁……小児科医Yの誤診で開腹手術を受けたA（生後4ケ月・女）が，その後も生死の境をさまよったりする深刻な体調不良が続いた事故で，A本人に80万円，Aの死亡した場合にも比すべき精神的苦痛を受けたとして，両親B・Cに各20万円の慰謝料を認容。

＊東京地判昭和57・2・1訟務月報28巻9号1697頁，判時1044号19頁，判タ458号187頁……クロロキン網膜症訴訟。被害者Aの家族固有の慰謝料が認められるかどうかは，それらの者が711条所定の者と実質的に同視できる身分関係が存在するか，Aの生命が害された場合にも比肩すべき重大な精神的損害を被ったかどうかによって決定されるとして，一定の近親者に固有の慰謝料を認容したが，制裁的慰謝料は否定。

＊京都地判昭和57・5・6判タ469号208頁……強盗Yに重傷を負わされ植物人間の状態になった妻Aにつき，Aの死にも比肩以上の苦痛を被ったとして，夫BからYに対する2000万円の固有の慰謝料を認容（A本人分は別途算定せず。故意不法行為）。

＊佐賀地判昭和57・5・14判時1067号95頁，判タ477号186頁……医師Yの不作為により新生児A（女。A本人の慰謝料200万円）に核黄疸に起因する脳性麻痺を引き起こした事故で，両親B・Cは民法711条により医師側に慰謝料を請求できるとして，B・Cに各150万円を認容。

＊福岡地判昭和58・5・24判タ502号182頁……交通事故でA（19歳・女。会社員）が下半身麻痺，知覚喪失等の障害を負った件で，Aの母Bに「死にも比肩すべき精神的苦痛」を認めた（慰謝料額不詳）が，Aの妹には否定。

＊横浜地判昭和58・9・30判時1097号91頁，判タ516号168頁……仮死出産で生まれた新生児A（女）の精神薄弱の結果につき，産婦人科医Yに分娩上の過失があり，Aの両親B・Cの苦痛は「死にも比肩すべきものである」として，B・Cに各250万円の慰謝料を認容。

＊東京地判昭和59・8・27判時1146号86頁……クロロキン網膜症被害者Aの母Bと，別居中の父Cとに固有の慰謝料請求権を肯定。

＊東京地判昭和60・3・27訟務月報31巻12号2919頁，判時1148号3頁，判タ555号121頁（山梨筋短縮症訴訟第一審判決）……筋肉注射により重度の筋短縮症に罹患した乳幼児Aらの両親達に，製薬会社Yの医師に対する警告義務懈怠などの責任を認め，固有の慰謝料請求権を認容（医師Zと国の責任は否定。原告224名のため詳細は省略）。

＊東京地判昭和60・5・10交民集18巻3号691頁……玉突き衝突の交通事故で，中間車両に同乗のA（38歳・女。主婦）が頸椎を挫傷し，その後，転換ヒステリーにより両下肢の弛緩性完全対麻痺等の症状を呈し，車椅子の生活（障害等級1級）になった事故で，Aが死亡した場合に比較して著しく劣らない程度の精神的苦痛を被ったとして，A本人の後遺症慰謝料800万円，Aの夫Bに200万円，2人の子C・Dに各100万円の固有の慰謝料を認容（Aの性格等の影響を理由に722条2項を類推適用して減額4割。C（13歳・女）とD（10歳・男）も負傷）。

＊横浜地判昭和60・5・20判タ562号154頁……静脈注射の際の医療事故で重度の後遺症を負ったA（事故時45歳・女。主婦）の夫Bに固有の慰謝料1500万円を認容。さらにその後，Aが死亡したため，死亡慰謝料としてBに500万円を認容。

＊東京地判昭和60・5・31判時1174号90頁，判タ559号88頁……交通事故と医療過誤の競合で右足切断に至ったA（8歳・男。小学生）の両親B・CはAの死にも比肩すべき精神的損害を被ったとして，A本人分600万円，B・C固有分各100万円の慰謝料を認容（過失相殺2割5分）。

＊神戸地伊丹支判昭和60・9・17判タ588号84頁……下水道工事の現場を通行中のA（27歳・女。主婦）がパワーショベルとブロック塀の間に挟まれて顔面などに甚大な負傷をし，後遺障害が残った事故で，工事の発注者（T市の国賠法2条責任），請負業者，パワーショベルの運転者の損害賠償責任を認め（A本人の慰謝料1500万円），Aの夫BがAの死にも比肩すべき苦痛を被ったとして，Bに300万円の固有の慰謝料を認容（過失相殺2割）。

＊福岡地久留米支判昭和61・12・3判時1250号90頁，判タ639号202頁……化膿菌の治療対策として一定の薬の投与を続けたため，両耳の聴力を喪失した熱湯によ

## 〈6-2〉「死にも比肩すべき精神的苦痛」概念使用判例

る広汎な身体の火傷患者Ａ（14歳・男。中学生）の両親に，Ａの死亡した場合に比べて著しく劣らぬ心労を余儀なくされたとして，Ａ本人分300万円，両親Ｂ・Ｃ固有の慰謝料各150万円を認容。

＊東京地判昭和62・5・18訟務月報34巻2号327頁，判時1231号3頁，判夕642号100頁（クロロキン薬害第二次訴訟第一審判決）……失明同様の被害者Ａ（42歳・男）の両親に「死にも比肩すべき苦痛」として固有の慰謝料を肯定したが，同じく失明同様の被害者Ｂ（25歳・男）の姉に付き，生活関係上の一体性まで認められないとして，固有の慰謝料請求権を否定。他に，被害者Ｃ（56歳・女）の夫Ｄや，被害者Ｅ（45歳・男）の妻Ｆには「死にも比肩すべき苦痛」を被ったとして固有の慰謝料を認容（両者の間の子については否定）。

＊新潟地長岡支判昭和62・9・2判夕646号235頁……未熟児網膜症で失明した女児Ａの両親に「甚大な精神的苦痛を受けた」として各200万円の固有の慰謝料を肯定。

＊神戸地判昭和62・10・7判時1285号112頁，判夕667号194頁……両親の血液型を確認しなかったため，母子血液型不適合による核黄疸で新生児Ａが脳性麻痺になった事故で，その発見が遅れた助産婦Ｙの過失を認め，両親Ｂ・Ｃに，Ａの死にも比肩しうる苦痛を被ったとして各500万円の固有の慰謝料を認容。

＊京都地判昭和62・12・11訟務月報34巻8号1575頁，判時1279号55頁，判夕664号134頁……未熟児網膜症によるＡの両眼失明について，両親Ｂ・Ｃに「死亡の場合に比し著しく劣るものではないと」して，各200万円の固有の慰謝料を認容。

＊千葉地判昭和63・1・26判時1289号123頁……妊娠中の主婦Ａが交通事故に遭い，ついには失明し，生まれてきた胎児Ｂも脳性マヒの後遺症が残った事件で，ＡとＡの夫ＣはＢが生命を失ったのにも等しい精神的苦痛を受けたとして，ＡとＣに各300万円の固有の慰謝料を認容。

＊宮崎地判昭和63・5・30判時1296号116頁，判夕678号129頁……Ｍ市立中学校の体育の授業中にＡ（14歳・男。中学2年生）が逆飛び込み中に頭部をプール底部に激突させ全身マヒになった事故で，教員Ｙの指導上の過失による学校側の国賠法1条責任を認め，Ａ本人分1,500万円，両親Ｂ・Ｃに各250万円の固有の慰謝料を認容（過失相殺なし）。

＊京都地判昭和63・10・28判夕687号211頁……交差点での交通事故により植物状態になったＡ（事故時16歳・男）の余命は40歳程度までであるとした上で，父親Ｂに固有の慰謝料300万円を認容（過失相殺3割）。

＊東京地判昭和63・12・19判時1301号102頁，判夕686号169頁……Ｙ病院側の過失で，重度髄膜炎の後遺症としててんかん症が残ったＡ（4ケ月・女）の両親Ｂ・Ｃに固有の慰謝料を認容（事故後に離婚。母Ｃに300万円，父Ｂに200万円と差）。

＊福岡地判昭和63・12・27判時1310号124頁……プールでの逆飛び込みによる学校事故により全身マヒ状態になったＡ（15歳・男。高校生）について，その精神的損害は甚大であるとして，Ａ本人分800万円，母Ｂに140万円の固有の慰謝料を認容（過失相殺6割）。

＊名古屋地判平成1・2・17判夕703号204頁……分娩時の医師Ｙの過失により脳性マヒの障害を負ったＡ（新生児・男）の父母Ｂ・Ｃにつき，死亡にも比肩しうる精神的苦痛を味わったとして各300万円の固有の慰謝料を認容。

＊東京地判平成1・3・13判夕702号212頁……Ｙ医師による舌がん手術の後遺症により言語や食物の咀嚼等の機能が全廃されたＡ（44歳・男）につき，Ａ本人分500万円，Ａの妻Ｂに100万円の固有の慰謝料を認容（Ｙの責任範囲を3割に限定）。

＊横浜地川崎支判平成1・6・30判時1348号112頁……Ｙ医師の分娩時の介助の過失で脳性マヒで生まれたＡ（新生児・男）の両親に各250万円の固有の慰謝料を認容。

＊大阪地判平成1・10・30判時1354号126頁，判夕718号165頁……頸椎固定術の手術を受けた患者Ａ（51歳・男。職業不詳）が四肢不全麻痺（後遺障害等級2級）になった事案で，医師Ｙの過失を認め，妻ＢはＡの死にも比肩すべき苦痛を被ったとし（Ａの入院慰謝料200万円，後遺障害慰謝料800万円）に加えて，Ａとの性生活不能等を重視してＢに固有の慰謝料100万円を認容。

＊広島地判平成1・11・15判時1352号95頁，判夕721号212頁……未熟児網膜症（昭和53年8月出生）により失明したＡ（女）につき，Ａ本人分1,000万円，両親Ｂ・Ｃに各100万円の固有の慰謝料を認容。

＊東京地八王子支判平成1・11・29判時1346号103頁，判夕717号195頁……子宮破裂出生の脳性マヒ新生児Ａ（男。1年10ケ月後に死亡）につき，Ｙ医師の陣痛促進剤投与の過失を認め，Ａ本人分1,500万円，Ａの両親Ｂ・Ｃに各250万円の固有の慰謝料を認容。

＊千葉地判平成2・3・28判時1357号107頁，判夕734号202頁……脳性マヒの新生児Ａ（男）につき，Ａ本人分1,800万円，母親Ｃに600万円，父親Ｂに400万円の固有の慰謝料を認容。

＊横浜地判平成2・4・25判時1385号93頁，判夕739号156頁……早産の新生児Ａが脊髄炎等の後遺症で，

〈第6章〉被害者の生存と近親者固有の慰謝料請求の可否

精神発達遅滞や四肢マヒになった事故で，A本人分600万円，両親B・Cに各300万円の固有の慰謝料を認容。

＊東京地判平成2・12・21判時1387号78頁，判タ751号182頁……分娩時の事故により脳性マヒになった新生児Aの両親B・Cは日常生活において一生Aの面倒をみなければならなくなったので，Aの死にも比肩すべき精神的苦痛を被ったとして，A本人分1,000万円，B・C固有分各250万円の慰謝料を認容。

＊静岡地判平成2・12・21判時1377号98頁，判タ751号197頁……脳性マヒの新生児Aにつき，医師Yの過失を認めた上で，A本人分1,800万円，Aの両親B・C固有分各300万円の慰謝料を認容。

＊浦和地判平成3・2・22判時1396号112頁，判タ767号207頁……腰椎麻酔をした虫垂炎手術のY医師の医療過誤により植物状態になった1人息子A（13歳・男。中学生）につき，A本人分1,600万円，Aの両親B・C固有分各300万円の慰謝料を認容。

＊浦和地熊谷支判平成3・5・28判時1407号90頁，判タ767号201頁……Z個人病院からの転送新生児患者Aを受け入れたY病院の医師の血液検査や交換輸血の遅延による不適切な処置により，核黄疸による脳性マヒが改善しなかったAにつき，A本人分1,800万円，Aの両親B・Cに固有分各500万円の慰謝料を認容。

＊静岡地判平成3・10・4判時1405号86頁，判タ773号227頁……Y病院の医療過誤により両下肢機能障害を被ったA（57歳。女）につき，A本人分1,500万円，長年Aと同居し生計を同じくしてきたAの実兄Bにつき，死にも比肩すべき精神的苦痛を被ったとして711条の類推適用による固有の慰謝料200万円を認容。

＊浦和地判平成3・10・18判タ779号243頁……結核性髄膜炎に罹患したA（2歳・男）に，Y医師の過失により，片麻痺や精神薄弱等の重大な後遺障害が残った事故で，死にも比肩すべき精神的損害を被ったとして，A本人分1,600万円，両親B・Cに各200万円の固有の慰藉料を認容。

＊横浜地判平成3・11・21交民集24巻6号1447頁……バイクのA（20歳・男。予備校生）がYのタクシーと衝突して転倒し，後遺障害1級が残った交通事故で，Aの死亡に比肩すべき精神的苦痛を受けたものと認められるとして，A本人分1,800万円，Aの両親B・C固有分各400万円の慰謝料を認容（過失相殺6割5分）。

＊金沢地判平成4・6・19判時1472号105頁……医師Yの過失により低酸素症で脳性麻痺にになった新生児Aにつき，「死にも匹敵すべき重大な障害を受けた」と認定し，A本人分1,500万円，母Bに300万円の固有の慰謝料を認容（債務不履行では慰謝料を否定し不法行為で認容）。

＊大阪地判平成5・2・22交民集26巻1号211頁，判タ834号161頁……A（4歳・男）の四肢マヒ等の交通事故被害につき，死にも比肩すべき精神的苦痛を被ったとして，A本人分2,200万円，事故後離婚してAの親権者になり，Aを今後看護しなければならなくなった母Bに300万円，父Cに100万円の固有の慰謝料を認容（過失相殺なし）。

＊東京地判平成5・3・22判時1479号47頁，判タ857号228頁……新生児Aの脳性マヒ出生について，Y病院の助産婦Y₂の過失を認め，A本人分1,500万円，Aの両親B・Cに各300万円の固有の慰謝料を認容。

＊福岡地判平成5・5・11判時1461号121頁，判タ822号251頁……県立S高校の体育の授業の人間ピラミッド競技での事故で全身不随になったA（18歳・男。高校3年生）につき，指導教諭Zの過失を認め，その後のY学校側の真摯な対応等も考慮して，A本人分の傷害慰謝料200万円と後遺障害慰謝料1,500万円の計1,700万円，両親B・C固有分各200万円の慰謝料を認容（国賠法1条）。

＊神戸地判平成5・5・19交民集26巻3号640頁……交通事故で植物状態になったA（17歳・女。高校2年生）につき，Aに4割の過失があったことを認めた上でA本人分として入院慰謝料100万円と後遺障害慰謝料2,000万円の計2,100万円を認容し，Aの両親B・CはAの死にも比肩すべき精神的苦痛を被ったが，Aにも4割の過失があったことも総合勘案した上で，B・C固有の慰謝料として各200万円を認容。

＊東京地判平成6・1・18交民集27巻1号21頁……自転車に乗っていて交差点でYの車に衝突された交通事故で，脳挫傷等の重傷と後遺障害（併合4級）が残ったA（10歳・男）の両親B・Cについて，重篤な後遺障害等を考慮して，A死亡の場合に比して著しく劣らないとして，A本人分1,700万円，B・C固有分各100万円の慰謝料を認容（過失相殺3割）。

＊大阪地判平成6・3・14交民集27巻2号343頁……Yの車とA（21歳・男）の自動二輪車との衝突で両下肢マヒ，体幹機能障害等の後遺症を負った事故につき，A本人分1,300万円，Aの両親B・Cにつき，各500万円の固有の慰謝料を認容した上で過失相殺を適用（過失相殺9割）。

＊横浜地判平成6・6・6交民集27巻3号744頁……バスの運転手Yが乗客の全員が降りたと思ってバスを発車させたため，乗客A（72歳・女）が転倒して，左大腿部等に重傷を負い，後遺障害（7級10号）を負った事故につき，夫B（82歳）がAの長期介護等で生活が一変し，Aの生命が害された場合にも比肩しうる面

## 〈6-2〉「死にも比肩すべき精神的苦痛」概念使用判例

があるとして，A本人分の入通院慰謝料300万円・後遺障害慰謝料800万円の計1,100万円，Bに709条・710条に基づき100万円の固有の慰謝料を認容（Aの糖尿病等の素因の斟酌による減責を否定）。

＊福岡地判平成6・8・25判時1550号101頁……担当医師Yの過失により，異常分娩による言語や聴覚，知能に著しい機能障害が残り，A（12歳・男）が現在でも5歳児程度の能力にとどまっている事故につき，A本人分1,500万円，母B（A出産後3年で離婚し，その後Aの親権者）に500万円の固有の慰謝料を認容。

＊東京地判平成6・9・20交民集27巻5号1254頁……Yの大型貨物自動車に衝突され，植物状態になった自転車のA（68歳・女）につき，Aの死亡にも比肩しうる重篤な被害であるとして，A本人分の入院慰謝料300万円・後遺症慰謝料1,600万円の計1,900万円と，養子B固有の慰謝料200万円を認容（過失相殺2割）。

＊横浜地小田原支判平成6・9・27判タ895号125頁……原木をトラックに積み込む作業中，原木の落下事故で負傷し，後遺障害1級になったトラック運転手A（39歳・男）の妻Bに，被害が死亡にも比肩すべき重篤なものであり，今後Aの看護が続くことも考慮して，A本人分の傷害慰謝料160万円・後遺障害慰謝料2500万円の計2,660万円，Bに700万円の固有の慰謝料を認容（過失相殺なし）。

＊青森地八戸支判平成6・11・30判時1549号99頁……核黄疸で脳性マヒに罹患した新生児A（男）の交換輸血等の措置を遅延したY医師に，その債務不履行を認め，Aの両親B・Cが子育ての楽しみを奪われ，介護の不安等による苦痛を被ったとして，A本人分2,000万円，B・Cに「民法711条の精神に照らして」各500万円の固有の慰謝料を認容。

＊東京地判平成7・12・7交民集28巻6号1704頁……交通事故で右半身麻痺等の重度の後遺障害（1級3号）を残したA（症状固定時19歳・男）につき，A本人分の入院慰謝料300万円・後遺障害慰謝料2,200万円の計2,500万円と，両親B・Cにつき，Aの死亡に比肩すべき苦痛を受けたとして各200万円の固有の慰謝料を認容（過失相殺3割）。

＊横浜地判平成8・2・15交民集29巻1号230頁……交通事故で無酸素脳症等の重度の後遺障害を残し，寝たきりのA（症状固定時21歳・男。専門学校1年生）につき，A本人分の入院慰謝料420万円・後遺障害慰謝料3,000万円の計3,420万円と，Aの死亡にも比肩すべき苦痛を被ったとして，Aの両親B・C固有の慰謝料各300万円を認容。

＊東京地判平成8・2・20交民集29巻1号245頁……交通事故で脳挫傷等の重度の後遺障害（1級3号）を負って植物状態になったA（症状固定時23歳・女）につき，A本人分の入院慰謝料250万円・後遺症慰謝料2,200万円の計2,450万円と，Aの死亡にも比肩すべき苦痛を被ったとして，Aの両親B・Cに固有の慰謝料各200万円を認容。

＊浦和地判平成8・2・28判時1615号124頁，判タ927号218頁……Y国立病院で新生児Aを仮死状態で出産し，Aの脳に重度の後遺障害が残った事故で，医師$Y_2$の過失を認めた上で，A本人分1,500万円，「Aを亡くした場合に勝るとも劣らない」として両親B・C固有分各250万円の慰謝料を認容。

【判　旨】
「原告Aの既にみたような後遺障害の性質及び程度を中心とする本件の諸事情に照らせば，その親である原告B及び同Cの受けた精神的苦痛はいずれも子を亡くした場合に勝るとも劣らないものと認め得るから，それぞれ250万円の固有の慰謝料を認めるのが相当である。」

＊東京地判平成8・3・28交民集29巻2号538頁……交通事故で歩行不能で車椅子生活になったA（15歳・男。中学3年生）につき，A本人分の傷害慰謝料200万円・後遺障害慰謝料2,600万円の計2,800万円，Aの死亡に比肩すべき精神的苦痛を被ったとして，Aの母Bに固有の慰謝料100万円を認容（過失相殺3割）。

＊高松地判平成8・4・22判タ939号217頁……帯状疱疹にカテーテルを挿入留置する治療で，病院側の過失により下肢機能全廃の後遺障害を残した患者A（症状固定時66歳・男）につき，A本人分1,500万円，Aの死亡にも匹敵する精神的苦痛を被ったと認定したが，Aの過失もあったとして，Aの妻Bに固有の慰謝料200万円を認容（過失相殺3割）。

＊神戸地判平成8・5・30交民集29巻3号815頁……交通事故で頭蓋陥没骨折などの傷害を負ったA（1歳・男）が後遺障害（12級12号）を残した事故で，A本人分の入通院慰謝料140万円・後遺障害慰謝料650万円の計790万円と，Aの生命を害された場合にも比肩すべき精神的苦痛を受けたとして，諸般の事情を考慮の上，Aの両親B・Cに固有の慰謝料各30万円を認容（過失相殺なし）。

＊神戸地判平成8・7・8判時1626号106頁，判タ935号197頁……県立の循環器病センターの医師Yの治療時の過失で，植物状態になり，その後，肺炎で死亡した患者A（62歳・男。会社代表取締役）につき，A本人分の慰謝料2,000万円，「Aの死にも比肩すべき精神的苦痛を被った」としてAの妻Bに300万円の固有の慰謝料を認容（最終的には死亡事例）。

＊広島地判平成8・11・29判時1630号111頁，判タ938

〈第6章〉被害者の生存と近親者固有の慰謝料請求の可否

号209頁……医師Yの過失と後遺症との間の因果関係の割合を部分的に認めた上で，結核性髄膜炎の後遺障害を負ったA（3歳・男）につき，A本人分2,000万円，Aの死にも比肩する苦痛を被ったことを認め，両親B・Cに固有の慰謝料各300万円を認容。

＊名古屋地判平成9・3・12交民集30巻2号427頁……交通事故により頭部外傷を負い，後遺障害（4級程度）を残したA（7歳・女）につき，A本人分の入通院慰謝料250万円・後遺障害慰謝料1,200万円計1,450万円と，Aが死亡した場合にも劣らない程度の精神的苦痛を被っているとして，Aの両親B・Cに固有の慰謝料各100万円を認容。

＊広島地判平成9・3・31判時1632号100頁，判タ958号130頁……A（12歳・男。小学6年生）がプールで逆飛び込みの練習をして，水底で頭を打って後遺障害（1級）が残った事故で，A本人分2,000万円，Aが死亡した場合に優るとも劣らない精神的苦痛を受けたとして，Aの両親B・Cに固有の慰謝料各300万円を認容（過失相殺5割）。

＊岡山地判平成9・7・10交民集30巻4号969頁……道路横断中のA（3歳・男。症状固定時5歳）がYの車に衝突されて重傷を負い，右片麻痺，言語・知能障害等の後遺障害（2級3号）が残った場合の慰謝料につき，A本人分2,050万円，Aの死にも比肩すべき苦痛を被ったとして，父母B・Cに固有の慰謝料各200万円を認めた上で，すべてについて「被害者側の過失」法理を使って2割の過失相殺を適用。

＊東京地八王子支判平成10・3・30交民集31巻6号2011頁……Yの車とA（年齢不詳・男。保険会社員）の原付二輪車の衝突事故により後遺障害（併合1級）を負ったAにつき，妻Bに，死にも比肩すべき精神的苦痛を認めたが，Aの退院後にBは別居状態になり，Aを介護する可能性もまったくないことから，慰謝料額を300万円が相当として認容（過失相殺3割）。

＊大阪地判平成10・4・17交民集31巻2号575頁……交通事故により重度の後遺障害（1級3号）を負ったA（56歳・男）につき，A本人分の入院慰謝料350万円，後遺障害慰謝料2,400万円の計2,750万円，Aの生命を害された場合に比べても劣らないほどの精神的苦痛を受けたとして，Aの妻Bに固有の慰謝料300万円を認容（過失相殺2割）。

＊大阪地判平成10・5・18交民集31巻3号666頁……交通事故により重度の後遺障害（1級3号）を負ったA（症状固定時19歳・女）につき，A本人分の入通院慰謝料300万円，後遺障害慰謝料2,400万円の計2,700万円と，Aの母Bは，女手一つで育てたAを終生介護をすることになり，Aの死にも比肩する苦痛を被ったとして，Bに固有の慰謝料480万円を認容。

＊大阪地判平成10・6・29交民集31巻3号929頁……横断歩道で直進してきたY車に衝突され，頸椎損傷の重傷（後遺障害等級1級）を負ったA（症状固定時15歳・女。中学生）の慰謝料につき，A本人分として入通院慰謝料262万円・後遺障害慰謝料2,400万円の計2,662万円，Aの死にも比肩すべき苦痛を被ったとして両親B・C固有分の慰謝料各250万円を認容。

＊大阪地判平成10・10・21判時1702号125頁，判タ1023号231頁……ウイルス性髄膜炎と診断すべき症状を，医師Yの過失で誤診し，後遺障害が残ったA（22歳・男，大学生）について，Aの死にも比肩すべき苦痛を被ったとして，両親B・Cに各200万円の固有の慰謝料を認容。

＊大阪地判平成10・11・30交民集31巻6号1789頁……交通整理の行われている交差点でYの右折車と衝突し負傷した原付自転車のA（症状固定時20歳・男。浪人生）が後遺障害（1級）で労働能力を完全喪失した事故で，慰謝料につき，A本人分の入院慰謝料320万円・後遺障害慰謝料2,500万円の計2,820万円，Aの死にも比肩すべき精神的苦痛を被ったとして両親B・C固有分各300万円を認容（過失相殺2割）。Aの妹Dからの請求については，仮にA死亡の場合でもDは民法711条の請求権者に含まれないとして否定。

＊東京地判平成11・2・26交民集32巻1号347頁……Aの自動二輪車が国道上で転倒しセンターラインを越えたところに，Yの対向車が衝突し，A（症状固定時29歳・女。給与所得者）が四肢完全麻痺等の後遺障害を負った事故の慰謝料につき，A本人の後遺障害慰謝料2,400万円（65％の過失相殺），Aの母B固有分100万円（過失相殺否定）を認容して次のように判示する。

【判　旨】

「Bは，Aの母親であるところ，娘のAが終生介護を要するような重篤な後遺障害を被ったことで，娘の死に比肩するような精神的苦痛を受け，これを金銭に換算すれば500万円を下ることはないと主張している。BがAのこのような重度障害を負ったことに関して大きな精神的な衝撃を受けたことは容易に推察でき，また，BがAの介護の責任を相当程度負わなければならないという点からの精神的な苦痛も考えられるところではあり，Aの慰謝料とは別に，B固有の慰謝料として，事案の内容等をも勘案して100万円の慰謝料を認めるのが相当である。なお，Bの慰謝料算定にあたり，事案の内容をも考慮しているので，過失相殺の対象とはしない。」

＊福岡地判平成11・7・29判時1728号84頁，判タ1053号199頁……分娩誘発剤の過剰投与等の医師の過失が

## 〈6-2〉「死にも比肩すべき精神的苦痛」概念使用判例

あって，帝王切開により仮死状態で出生した新生児A（女）が低酸素脳症等の重大な後遺症を残した事故で，Aの両親B・CがAの死亡の場合に匹敵する苦痛を被ったとして，A本人分2,500万円，B・C固有分各300万円の慰謝料を認容。

＊奈良地葛城支判平成11・8・20判時1729号62頁……スイミングスクールの受講生A（24歳・男。会社員）がプールに逆飛び込みをして頭部を打ち，頸椎損傷の傷害を負った事故で，Aの母Bが死亡にも比すべき重大な精神的損害を被ったであろうことは想像に難くないとして，A本人分2,000万円，Bに500万円の固有の慰謝料を認容（過失相殺なし）。

＊大阪地判平成12・2・28交民集33巻1号329頁……青信号で横断歩道を歩行中のA（6歳・女。小学生）がY車に衝突され，重度の後遺障害（1級）を負った事故で，両親B・Cは筆舌に尽くし難い苦痛を被ったとして，Aの入通院慰謝料275万円・後遺障害慰謝料2,400万円計2,675万円，B・C固有の慰謝料各300万円を認容（過失相殺なし）。

＊東京地判平成12・5・31交民集33巻3号907頁……コンテナの荷下ろし作業中の事故で，両下肢完全麻痺，膀胱直腸障害等の重大な後遺症を残したA（症状固定時46歳・男。運送業務従業員）につき，その家族はAが生命を害された場合にも比肩すべき苦痛を受けたとして，A本人分2,400万円，Aの妻Bに200万円，子C・Dに各100万円の慰謝料を認容（過失相殺5割）。

＊長野地諏訪支判平成12・11・14交民集33巻6号1855頁……交通事故後，頸椎ねんざ等で後遺症（7級の4）を残し，4年後に死亡したA（30歳・男）につき，Aの負傷と死亡との間の相当因果関係を否定した上で，後遺障害慰謝料930万円を認めた上で，Aの妻BがAの死にも比肩すべき精神的苦痛を被ったと認め，Bに200万円の固有の慰謝料を認容（Aの素因減額2割）。

＊横浜地判平成13・4・26判時1781号125頁，判タ1123号221頁……助産婦の過失で仮死状態で出生し，脳性小児麻痺の後遺障害（1級3号）を残したA（男）につき，Aの両親B・Cに，Aを生涯介護しなければならず，Aの死亡に匹敵するような精神的苦痛を受けたことが明らかであるとして，各200万円の固有の慰謝料を認容。

＊東京地判平成13・5・24判タ1127号224頁……インフルエンザ・ワクチンの予防接種により上下肢機能障害等の後遺症を残したA（12歳・男。小学6年生）につき，A本人分2,500万円，Aの両親B・Cに，Aを亡くした場合に優るとも劣らないものと認め，各300万円の固有の慰謝料を認容。

＊東京地判平成14・3・13判時1812号116頁……医療事故により四肢体幹機能障害（1級）の後遺障害が残ったA（50歳・男。元会社員）の慰謝料につき，A本人分2,600万円，Aの妻Bと2人の子C・Dについて，生命侵害の場合にも比肩すべき精神的苦痛を受けたとして各300万円の固有の慰謝料を認容。

＊札幌地判平成14・6・14判タ1126号211頁，同1206号240頁……医療事故で植物状態になったA（48歳・男）につき，A本人分の後遺症慰謝料2,400万円，その妻Bおよび子Cに，Aの死亡にも比肩すべき苦痛を被ったと認め，Bに300万円，Cに200万円の固有の慰謝料を認容。

＊大阪地判平成14・8・29交民集35巻4号1178頁……交通事故で終生介護を必要とすることになったA（72歳・女。主婦）につき，その夫Bおよび子Cは，Aの死にも比肩すべき苦痛を被ったとして，B・Cに各100万円の固有の慰謝料を認容。

＊広島地判平成15・1・16判タ1131号131頁……Z会社内で，男性正社員Yが春休み期間中のアルバイトA（18歳・女）に頻繁に重大なセクハラ行為を行い，AがPTSDに罹患して多重人格障害を発症した事案で，A本人分200万円，Aの両親B・Cの死にも比肩すべき苦痛を認め，Z会社の使用者責任として，B・Cに各20万円の固有の慰謝料を認容（Aの過失相殺3分の1）。

＊東京地判平成15・2・27交民集36巻1号262頁……交通事故で全下肢麻痺・排尿障害等の後遺症（1級3号）が残ったA（症状固定時57歳・男）につき，A本人分の後遺症慰謝料2,600万円，Aの妻Bと子Cに，Aの死にも比肩すべき苦痛を認め，各200万円の固有の慰謝料を認容（過失相殺2割）。

＊大阪地判平成15・3・13判時1834号62頁，判タ1152号164頁……風疹の混合ワクチンの予防接種事故でA（2歳・女）が重度の後遺障害を負った事故で，国Yの指導監督義務違反による過失を認定し，国賠法1条責任を肯定して，A本人固有の慰謝料1,400万円，両親B・C固有分各500万円を認容。

【判　旨】

「原告Aは，本件により，精神薄弱，てんかん，脳性麻痺の障害が生じ，その等級は1級であって，死亡にも比肩すべき重大な後遺障害が生じたと認められ，原告Aの両親である原告B及び同Cが精神的苦痛を被ったことは明らかである。そして，原告Aの年齢，障害の程度及び原告A，B，Cらに特段の落ち度がないこと等，本件における諸般の事情を考慮すれば，原告B及び同Cらの精神的苦痛に対する慰謝料としては各500万円が相当である。」

＊山口地岩国支判平成15・3・31判タ1157号242頁

〈第6章〉被害者の生存と近親者固有の慰謝料請求の可否

……最初に入院したY病院に転送の遅延があり，転送先のZ病院で血腫の摘出手術を受けたA（29歳・男）に四肢麻痺等の後遺症が残った事故で，Aの妻BとAの父Cが死にも比肩すべき苦痛を被ったことを認め，Bに300万円，Cに150万円の固有の慰謝料を認容。

＊東京地判平成15・5・26判タ1162号220頁……Y病院の医師の過失により無言無動状態になった患者A（20歳・女）の両親B・Cについて，A本人分の入通院慰謝料と後遺障害慰謝料計2,500万円，Aの死にも比肩すべき精神的苦痛を被ったとして，B・Cに各200万円の固有の慰謝料を認容。

＊富山地判平成15・7・9判時1850号103頁……Y産婦人科医院の医師の過失で新生児A（女）が低酸素脳症による重度脳障害を負った事故で，A本人分の後遺障害慰謝料1,800万円，Aの両親B・CがAの死にも比肩すべき精神的苦痛を被ったことを認め，B・Cに各300万円の固有の慰謝料を認容。

＊東京地判平成15・8・28交民集36巻4号1091頁……トラックと衝突したタクシーの乗客A（21歳・女，会社員）が脳挫傷等で後遺障害（併合1級）になった事故につき，A本人分の慰謝料3,200万円，両親B・CがAの死亡にも比肩すべき精神的苦痛を被ったとして，B・Cに各400万円の固有の慰謝料を認容。

＊大阪地判平成15・12・4交民集36巻6号1552頁……交通事故により重篤な後遺障害（1級3号）が残ったA（症状固定時59歳・男，会社員）につき，A本人分の慰謝料2,500万円，Aの妻Bにつき，仕事を続けながら献身的介護を続けていること，家族はAの死亡に優るとも劣らない精神的苦痛を被ったこと等を考慮して，Bに500万円，2人の子C・Dに各200万円の固有の慰謝料を認容。

＊大阪地判平成16・1・21判時1907号85頁，判タ1174号264頁……医療事故により低酸素脳症で植物状態になったA（32歳・男。居酒屋経営）につき，A本人分2,500万円，Aの両親B・Cに，Aの死にも比肩すべき精神的苦痛を被ったと認め，各250万円の固有の慰謝料を認容（しかし，適用条文は709条・710条）。

＊東京地判平成16・3・12判1212号245頁……仮死状態で出生した新生児A（男）が重度の脳障害を負った事故で，分娩方法の選択に関してY医師の過失を認定し，Aの両親B・CはAが死亡した場合と同じ，あるいはこれを超える程度の甚大な苦痛を受けたとして，B・Cに各500万円の固有の慰謝料と，薬品投与の危険性についてのY医師のCに対する説明の欠如についての慰謝料50万円を認容。

＊東京地判平成16・5・31交民集37巻3号675頁……交通事故で重篤な後遺障害（1級3号）を負ったA（症状固定時45歳・女，兼業主婦）につき，A本人分の慰謝料2,800万円，家族全員はAの死にも比肩すべき精神的苦痛を被ったとして，Aの夫Bに400万円，子C・Dに各200万円，Aの両親E・Fに各100万円の固有の慰謝料を認容。

＊東京地判平成16・6・29交民集37巻3号838頁……高速道路を50キロメートルの超過速度で運転し転覆したYの車に同乗していたA（症状固定時27歳・男。大学院後期課程1年生）が高次脳機能傷害（1級3号）の後遺障害を負った事故で，「死にも比肩すべき苦痛を被った」として，A本人分3,000万円，両親B・C固有分各400万円の慰謝料を認容。

＊東京地判平成16・7・13交民集37巻4号955頁……交通事故で重篤な後遺障害（併合1級）を残したA（症状固定時18歳・男）につき，Aの入通院慰謝料450万円・後遺障害慰謝料2,600万円計3,050万円，Aの両親B・Cにつき，Aの死にも比肩すべき精神的苦痛を被ったとして，各130万円の固有の慰謝料を認容（過失相殺3割5分）。

＊大阪地判平成17・7・27交民集38巻4号1060頁……電柱に衝突したYの車に同乗していたA（症状固定時18歳・女。高校3年生）がシートベルトをしていなかったこともあって，重傷を負った事故で，Aの傷害慰謝料400万円・後遺障害慰謝料2,000万円計2,400万円，Aの両親B・Cには「Aの死にも比肩すべき苦痛を被った」として固有の慰謝料各300万円，姉Dに50万円を認容（すべてについて過失相殺1割）。

＊東京地判平成17・10・27交民集38巻5号1455頁……交通事故で重篤な後遺障害（1級3号）を負い，胸部以下の自動運動ができなくなり，介護が必要なA（症状固定時27歳・男。新聞社支社勤務）につき，A本人分の慰謝料2,900万円，Aの母BにAの死にも比肩する苦痛を被ったとして100万円の固有の慰謝料を認容（過失相殺なし）。

＊東京地判平成18・3・29交民集39巻2号439頁……交通事故で後遺症（併合1級）の残ったA（症状固定時60歳・男。会社員）につき，A本人分の慰謝料2,600万円，Aの妻Bと2人の子C・Dに，Aの死にも比肩すべき苦痛を被ったとして，Bに100万円，C・Dに各50万円の固有の慰謝料を認容（過失相殺5分）。

＊大阪地判平成18・6・26交民集39巻3号859頁……Yの貨物自動車の居眠り運転による石垣への衝突・横転事故で，Y車に同乗のA（症状固定時65歳・女。家事従事と一応推測）が重度の後遺障害（併合1級）を負った事故で，Aの傷害慰謝料350万円・後遺障害慰謝料2,300万円計2,650万円，Aの死にも比肩すべき苦痛を被ったとして，Aの夫Bに200万円，2人の子

## 〈6-2〉「死にも比肩すべき精神的苦痛」概念使用判例

C・Dにも各200万円の固有の慰謝料を認容。

＊千葉地佐倉支判平成18・9・27判時1967号108頁……Yが飲酒して運転中の車で路上駐車車両を追い越そうとして対向車線にはみ出し，対向車線上で知人の車を誘導していたA（症状固定時38歳・男。郵便局勤務）に衝突し，Aに脳挫傷等による遷延性意識障害等の後遺障害（1級3号）を負わせた事故で，Aに傷害慰謝料350万円，後遺障害慰謝料3,200万円計3,550万円，Aの両親B・Cに「死にも比肩すべき苦痛を被った」として固有の慰謝料各300万円を認容。Aの弟DにはAと同居等もしておらず，見舞いや介護にも特筆すべきものはないとして否定（過失相殺なし）。

＊福岡地判平成19・2・1判時1993号63頁，判タ1258号272頁……ギラン・バレー症候群の患者A（25歳・男）を千葉から福岡までの転送をした直後にAが急変して心停止に陥り，寝たきりになった事故で，Y病院に転送時期等の判断や転送時の呼吸管理に過失があったとした上で，A本人分の後遺障害慰謝料2,400万円，Aの両親B・CがAの死亡にも比肩する精神的苦痛を被ったとして，B・Cに各200万円の固有の慰謝料を認容（すべてにつき素因減額4割）。

＊大阪地判平成19・7・26交民集40巻4号976頁……交通事故で脳萎縮や重度の神経系統の機能障害を負い，常に介護を必要とする状態のA（症状固定時8歳・男。小学生）につき，A本人分の入通院慰謝料351万円・後遺障害慰謝料2,300万円計2,651万円，Aの母Bにつき，Aの死にも比肩すべき苦痛を被ったことが明らかであるとして，500万円の固有の慰謝料を認容（過失相殺3割）。

＊東京地判平成20・2・18判タ1273号270頁……Y看護師の過誤により薬と間違えて防腐剤を投与され，高次脳機能障害の後遺症を負ったA（54歳・女）につき，A本人分の慰謝料2,800万円，Aの夫Bと3人の子供達C・D・Eに，Aが死亡した場合に比肩すべき精神的苦痛を受けたとして各200万円の固有の慰謝料を認容。

＊神戸地判平成20・4・11判時2019号59頁……交通事故による両下肢麻痺および排尿障害等を負い，日常動作全般に介助が必要なA（症状固定時43歳・女。学習塾の講師及び家庭教師）につき，入通院慰謝料468万円・後遺障害慰謝料2,300万円計2,768万円，Aの両親B・CはAの死亡にも比肩すべき精神的苦痛を被ったとして，B・Cに各200万円の固有の慰謝料を認容。

＊名古屋地判平成20・7・18判時2033号45頁，判タ1292号262頁……Y医師の転院義務違反によって新生児A（男）が敗血症と細菌性髄膜炎に罹患し，重篤な後遺症を負った事故で，A本人分の慰謝料1,500万円，Aの良心B・CにAの死にも比肩すべき苦痛を被ったと認めたが，仮に早期に転院していたとしても軽度の後遺障害が生じた蓋然性が認められるとして，金額面でそれを考慮し，B・Cに各150万円の固有の慰謝料を認容。

＊大阪地判平成20・7・31交民集41巻4号981頁……交通事故で脊髄不全損傷という重篤な後遺障害（3級）を負ったA（症状固定時63歳・男。会社員）につき，A本人分の入通院慰謝料330万円・後遺障害慰謝料1,900万円計2,230万円，今後Aの介護を継続していかなければならない妻Bに，Aの死にも比肩すべき苦痛を被ったと認めて，固有の慰謝料100万円を認容（A固有分に過失相殺3割5分。Bの固有の慰謝料に過失相殺なし）。

＊大阪地判平成21・1・28交民集42巻1号69頁……停車中の車の前で遊んでいたA（事故時2歳，症状固定時3歳・男）に気付かず，Yが車を発進させ，重大な後遺症（植物状態で1級1号）を負わせた事故で，A本人分の慰謝料2,800万円，死亡にも比肩する精神的苦痛を被ったと認めて，Aの両親B・Cに各250万円の固有の慰謝料を認容（被害者側の過失（Cの過失）による過失相殺5分）。

＊神戸地判平成21・2・23交民集42巻1号196頁……車道を夜間に歩いていたA（66歳・女）にYが不注意で車を衝突させ，Aが両下肢麻痺（1級1号）等の後遺障害を負った事故で，A本人分の慰謝料2,800万円，Aの死にも比肩すべき精神的苦痛を被ったとして，Aの夫Bに200万円，A・B間の子C・Dについて，Aと同居の有無によって，同居のCに100万円，別居のDに80万円の慰謝料を認容（過失相殺2割5分）。

＊名古屋地判平成22・12・7交民集43巻6号1608頁……交通事故で1級1号に該当する四肢麻痺等の後遺障害が残ったA（症状固定時27歳・男。アルバイト）につき，A本人分の入通院慰謝料360万円・後遺障害慰謝料2,800万円計3,160万円，Aの母Bについて，Aの死亡の場合に比して著しく劣らない程度の精神的苦痛を受けたとして，民法711条を類推してB固有の慰謝料として300万円を認容（過失相殺3割）。

＊東京地判平成24・4・17TKC法律情報データベース文献番号25493802……交差点でのY運転の車とA（症状固定時22歳・男。大学3年生）の原動機付き自転車の衝突事故で，Aが重度の後遺障害を負った事故で，慰謝料につき，A本人分の傷害慰謝料350万円・後遺障害慰謝料2,800万円計3,150万円を認容（過失相殺2割）。母BについてはAの「死亡にも比肩すべき精神的苦痛」受けたと認めた上で，過失相殺後の慰謝料として固有の慰謝料80万円を認容。

〈第6章〉被害者の生存と近親者固有の慰謝料請求の可否

＊東京地判平成24・5・23TKC法律情報データベース文献番号25494321……全寮制の中高一貫校のA（12歳・男。中学1年生）が、Yがけしかけて$Y_2$の暴行により負傷し、外傷後ストレス障害（PTSD）になった事案で、Yと$Y_2$の共同不法行為を認め、慰謝料につき、A本人分の入通院慰謝料250万円・後遺障害慰謝料110万円計360万円、Aが家庭内で暴れたりすることから両親B・Cに「Aが死亡した場合と比べて著しく劣らない」として、固有の慰謝料各30万円を認容。
【判　旨】
「原告Aが本件暴行により負ったPTSDに伴って生じた症状は重篤なものであり、平成18年5月30日から同年9月19日まで医療保護入院の措置がとられ、退院後も自宅療養中に突然失神する、興奮して暴れるなどの発作が続いたこと、現在に至っても寛解に至らず、フラッシュバック、意欲減退、睡眠障害、情動不安定等の後遺症が残存し、今後も通院治療が必要とされており、将来軽快する見込みも明らかでないことに加え、原告両親において、原告Aが発作を起こす度に暴れるその体を押さえ、薬剤を処方して鎮静することが必要であったこと、そのような原告Aの付添看護を続けたことよって原告両親は共に、精神の安定を欠くに至り、円満な家庭生活を営むことが困難になったことを認めることができる（中略）。これらの事実に照らせば、原告両親が受けた精神的苦痛は、原告Aが死亡した場合と比べて著しく劣らない程度の重大なものというべきである。原告Aが負った障害の程度、本件暴行後被告らがとった対応等、本件に現れた一切の事情を考慮すると、原告両親の負った精神的苦痛を慰謝するためにはそれぞれ30万円の慰謝料をもってするのが相当というべきである。」

【否定例】
＊横浜地判昭和33・5・20下民集9巻5号864頁、判タ80号85頁……隣家B宅の飼犬Yが侵入して、外国籍のA宅の犬Xを噛み殺した上に、Aらが軽い負傷をした事故で、AにはXを失ったことによる精神的損害の慰謝料請求権はないとした事例（Xは物であり、物損による慰謝料は特殊な場合に限られるとの判断）。
＊東京地判昭和38・6・28判時345号44頁……交通事故被害者AとBに、近親者としての互いの固有の慰謝料請求権を否定した事例。
【判　旨】
「原告両名がそれぞれ本件事故によつて傷害を受けた被害者の近親者として請求する慰藉料については、原告等が、被害者が生命を害されたときにも比すべき精神上の苦痛を受けた場合には、自己固有の権利として被告に対し慰藉料を請求し得るものと解するのを相当としても、然らざる場合にまで右請求を是認すべきではないと解されるところ、原告両名の各本人尋問の結果によれば、前記治療の結果、原告Aが受けた前記傷害のうち右大腿骨々折は骨接部が既に癒合し、本件第6回口頭弁論期日（昭和37年10月19日）当時、早く走ることはできないが通常の歩行には支障がない程度に恢復し、近く快癒に至るものと予測される状態にあり、他の部位の傷害はほとんど治癒していること、ただし右膝部に右大腿骨折治療のため受けた手術の傷痕があること、同様にしてBが受けた傷害はほとんど治療していることが認められ、右両名が右各傷害によって精神または身体に重大な障害を受けた事実を認めるに足る証拠は何もない。従つて、原告両名が、右各傷害によつて、前記程度の精神上の苦痛を受けたものとは推認できないから近親者としての原告両名の各慰藉料請求はこれを認めることができない。」
＊東京地判昭和42・1・19判タ205号159頁……A（3歳9ケ月、男）が猿に指をかみ切られた事故で、718条の猿の占有者Yに対するAの損害賠償請求権を認めたが、本件は「死にも比肩すべき程度の損害ではない」として、Aの両親B・Cの固有の慰謝料請求権を否定（過失相殺なし）。
【判　旨】
「本件においては被害者の両親である原告B同Cに慰藉料請求権は存しないというべきである。即ち本件の受傷により原告Aが将来営業を続け更に社会生活を営む上において屡々不自由を忍ばねばならず、このため経済的不利益或いは精神的苦痛をこうむるかもしれないことは後記認定のとおりであるけれども、この傷害の部位、程度からすると原告Aのうける不利益、苦痛も同人の将来を決定的に左右する程のものとはいい難いことは勿論のこと、本人の意思と努力の如何によつてはこれを克服することも決して困難でないと考えられ、この判断を覆えすにたりる格別の証拠は存しない。とすると今原告Aが相当額の慰藉料の支払をうけることによりその精神的苦痛が回復されればその両親である原告B、同Cの精神的苦痛も同様回復されるものというべきである。勿論子の受傷にもとづく両親の慰藉料請求権が常に否定されるというのではなく、その傷害の程度が甚しく、死亡にも匹敵する程のものであればたとえ被害者である子が慰藉料を得たとしてもその両親の苦痛は容易に拭い難く（例えばその子が悪性の後遺症に悩みそれが将来も継続するようなとき、或いは自ら独立して生活を営むことが困難な程重い傷害をうけた場合を想起すればこのことは明白である）。このような場合両親は子とは別個に民法第709条、第710条にもとづき慰藉料の請求ができるけれども、本件においては前記のとおり未だこの程度には達していないのであるから原告B、同Cには慰藉料請求権を認める必要はない訳である。」

## 〈6-2〉「死にも比肩すべき精神的苦痛」概念使用判例

＊東京地判昭和42・8・14判タ214号230頁……A（6歳11ケ月・女）の負傷によってAの母Bが退職するに至ったことは，それだけではAの慰謝料算定について算定すれば足り，母B固有の慰謝料請求権を認める事由にはならない。

＊神戸地判昭和44・3・27交民集2巻2号399頁……夫Aが交通事故で重傷を負ったが，幸いにも軽作業が可能なまでに回復している場合には，Aの死にも比肩すべき精神的苦痛を妻Bが被ったとは言えないとしてB固有の慰謝料請求権を否定。

＊東京地判昭和44・5・28交民集2巻3号709頁……夫Aが交通事故で右の肋骨3本の骨折，右膝蓋骨骨折の傷害を受けて58日間入院，97日間治療を要した事故で，この程度では妻B固有の慰謝料請求権は認め難いとして否定。

＊神戸地判昭和44・7・7判時572号61頁……A（6歳4ケ月・女）の交通事故による右大腿部完全骨折傷害につき，死にも比肩すべき傷害とは言えないとして，両親B・C固有の慰謝料請求権を否定。

＊京都地判昭和45・1・27交民集3巻1号125頁……運転者Yが疲労・飲酒しているのを承知で車に同乗したAが事故で負傷し，2ケ月後に死亡した事例で，事故と死亡との因果関係を否定した上で，Aの近親者固有の慰謝料請求権を否定。

＊東京地判昭和45・5・7判時612号66頁……熱湯により火傷を負った幼稚園児Aにつき，Aの生命が失われた場合に比肩すべき苦痛に当たらないとして，両親B・Cの慰謝料請求を否定。

＊福岡地判昭和45・8・26判タ257号262頁……道路左側を2列で歩いていて交通事故にあった本件の被害者Aの近親者につき，死にも比肩すべき精神的苦痛を受けたとは認められないとして近親者固有の慰謝料請求権を否定。

＊東京地判昭和46・11・30交民集4巻6号1728頁……交通事故で脳内出血を起こし，右半身麻痺等の後遺症を残したAにつき，Aの受傷による近親者の慰謝料請求権は，死亡に準ずると考えられるほど重大な傷害の場合に限り，711条の準用によって例外的に認められるが，本件ではその場合に当たらないとして否定（Aに過失相殺6割）。

＊名古屋地判昭和47・3・30判時680号65頁，判タ278号331頁……婚姻適齢に達した独身女性Aの貞操権はその者の一身上の問題であり，そのような娘Aの親Bが，娘Aの貞操が侵害されたことにより苦慮することがあるとしても，BはAに対する貞操権を有しないし，自らAの貞操侵害を理由とする慰謝料請求権を有しないとしてB固有の慰謝料請求権を否定。

＊札幌地判昭和47・7・28判時691号60頁，判タ285号276頁……幼児Aが旅館の窓から転落して負傷した事故で，両親B・CはまだAの死にも比肩すべき精神的苦痛を受けたとはいえないとしてB・Cの固有の慰謝料請求を否定（Aの被害につき被害者側の過失として相殺3割）。

＊京都地判昭和48・1・26判時711号120頁，判タ302号249頁……交通事故で右頭頂骨骨折等の傷害を受けたAについて，医師Yが単なる鞭打ち症と診断したために結果的に死亡にまで至ったが，交通事故と死亡とには因果関係がないとされ，また，Aの妻BもAの死にも比肩すべき苦痛を被ったとはいえないとしてB固有の慰謝料請求権を否定。

＊東京地判昭和55・4・8判時971号81頁……交通事故で頭部打撲や頸椎捻挫の傷害を負ったAにつき，近親者はAの死にも比肩すべき苦痛を被っていないとして慰謝料請求権を否定。

＊福岡地判昭和56・8・28判時1032号113頁，判タ449号284頁……放課後の教室で居残り学習中のA（11歳・男。小学5年生）に同級生Yの投げた画鋲付紙飛行機が左眼に当たり，Aが入院15日，通院40日の後，視力低下の後遺症を残した事故で，Aの父母B・Cに，Aの死にも比肩する苦痛を認めず，固有の慰謝料請求を否定。

＊大阪地判昭和57・10・21判時1070号71頁，判タ485号162頁……医師Yの過失により新生児Aの頭にハゲを生じさせた事故で，カツラ等による補整や縫縮術等でかなり小さくすることも可能として，Aの母Bは死にも比肩する苦痛を被ったとはいえないとしてB固有の慰謝料請求権を否定。

＊東京地判昭和58・8・29交民集16巻4号1172頁……A（62歳・男。会社員）の重傷について，妻Bに，Aの死にも比肩すべき被害が生じたとまではいえず，Bの苦痛はAの慰謝料額算定の一事情になるだけと認定。

＊横浜地判昭和59・2・23判時1133号127頁，判タ530号251頁……医療事故被害者Aが一時重篤状態になったが，現在では後遺症が肩関節機能障害程度にすぎない場合，Aの近親者は「死にも比肩すべき精神的損害」を受けたことにはならない。

＊大阪地判昭和59・12・25判タ550号190頁……被害者Aが右眼失明をしただけでは＜Aの近親者が死にも比肩すべき精神的損害を受けたとはいえない。

＊名古屋地判昭和60・5・28訟務月報32巻2号213頁，判時1155号33頁，判タ563号202頁……被害者Aが筋短縮症に罹患しただけでは死にも比肩すべき場合にあたらず，Aの近親者は固有の慰謝料請求権を有しない。

＊東京地判昭和60・5・31判タ577号60頁……「暴行」

〈第6章〉被害者の生存と近親者固有の慰謝料請求の可否

による傷害被害者Aの両親は，死にも比肩すべき被害を受けたとはいえないとして両親固有の慰謝料請求権を否定。

＊東京地判昭和61・6・10判時1242号67頁，判タ618号127頁……Y医師が，妻Aの体内に手術で使用した針を置き忘れた事故で，夫B固有の慰謝料請求権を否定。

＊福岡地判昭和61・11・14判時1221号97頁，判タ626号174頁……高校の文化祭での化学実験で顧問教授Yに過失があり，同校生徒Aが負傷し，将来は失明の虞がある事故で，Aの両親B・CはAの生命が害されたほどの苦痛を受けたとはいえないとしてB・C固有の慰謝料請求権を否定。

＊東京地判昭和62・5・18判時1231号3頁，判タ642号100頁，訟務月報34巻2号327頁……クロロキン第二次訴訟。失明被害者A（25歳・男）の姉BがAの疾病後に看護に当たっていることは認められるものの，711条所定の者にも当たらず，711条を類推すべき事情もないとして，Bの慰謝料請求を否定。

＊長崎地福江支判昭和63・12・14判タ696号173頁……小学校の休憩時間中の悪遊びで，Yに睾丸を握られ傷害を受けたA（12歳・男。小学6年生）につき，Aの両親B・C固有の慰謝料請求権を否定。

＊千葉地判平成3・6・26判時1432号118頁，判タ771号201頁……医療過誤により中枢神経障害になったA（10歳11ケ月・男。小学生）につき，Aの両親B・C固有の慰謝料請求権を否定。

＊大阪地判平成4・11・26交民集25巻6号1379頁……交通事故で両下肢の運動と知覚の完全麻痺という重度の後遺障害を負ったA（20歳・男。専門学校生）につき，Aの母Bに「死にも比肩すべき精神的苦痛」を認めたが，Aの兄C及び姉Dには711条所定の者と同視すべき特段の事情がないとして否定（過失相殺2割）。

＊福岡地判平成5・3・26判タ822号145頁，労働判例638号65頁……炭塵爆発によって一酸化中毒になったAにつき，Aの妻Bは死にも比肩すべき精神的被害を受けたとはいえないとしてB固有の慰謝料請求権を否定。

＊神戸地判平成5・8・10交民集26巻4号983頁……交通事故により頭部外傷や上腕骨骨折等の傷害を負ったA（61歳・女）につき，Aの夫Bは死にも比肩すべき精神的苦痛を受けたと認めるに足りないとしてB固有の慰謝料請求権を否定。

＊東京地判平成5・8・31判時1479号149頁……日本に短期滞在のガーナ人女性労働者Aがプレス機を操作中に左手首を切断した事故で，Aの夫Bは死にも比肩すべき精神的被害を受けたとは認められないとして，B固有の慰謝料請求権を否定。

＊東京地判平成6・2・28判タ849号225頁……既に脊椎麻痺等に罹患しているA（女）につき，その原因を調べるために医師Yが針生検をした際に脊髄神経を損傷してしまった事故で，Aの既往の病気も考慮して，Aの夫Bと2人の子C・Dにつき，死にも比肩すべき苦痛を被ったとまではいえないとして，いずれも固有の慰謝料請求権を否定。

＊大阪地判平成6・5・23交民集27巻3号616頁……原動機付自転車のA（18歳・女。高校3年生）がYの車に衝突され，下腹部に後遺障害を受けた事故につき，顔面等とは異なり工夫によってある程度隠せるとして，Aの両親B・C固有の慰謝料請求権を否定。

＊京都地判平成6・8・30交民集27巻4号1162頁……母Bが交通事故で傷害と後遺障害を負ったために，重度の肢体不自由児である次男AがBの介護を受けられなくなり養護学校寄宿舎に入らざるを得なくなり，運動不足等が生じたとしても，それだけではAはBの死にも比肩すべき苦痛を受けたとはいえないとしてA固有の慰謝料請求権を否定。

＊大阪地判平成7・3・22交民集28巻2号437頁……交通事故で下肢が全廃状態の被害者Aの両親B・Cにつき，多大な精神的苦痛は認めるが，死にも比肩しうる程度ではないとして，B・C固有の慰謝料請求権を否定。

＊東京地判平成8・11・19交民集29巻6号1673頁……交通事故で脳内出血の傷害を負ったA（58歳・男）の後遺障害（併合10級）につき，Aの妻Bは死にも比肩すべき苦痛を負ったと認めるに足りないとして，B固有の慰謝料請求権を否定。

＊大阪地判平成9・4・25交民集30巻2号601頁……交通事故で右膝下欠損等の負傷をして後遺障害（4級5号）を残したA（症状固定時34歳・男）の妻Bにつき，Aの死亡に比肩するほどの精神的苦痛を被っていないとしてB固有の慰謝料請求権を否定。

＊名古屋地判平成12・5・29交民集33巻3号890頁……交通事故で頭部を負傷したA（26歳・男。アルバイト）に，重度の記憶障害や軽度〜中度の注意力傷害の後遺障害が残った事故で，Aの両親B・C固有の慰謝料請求権を認めるまでに至らないとして否定。

＊東京地判平成12・5・31交民集33巻3号920頁……交通事故で結果的に右足切断（後遺障害4級5号）に至ったA（19歳・男。大学生）が，1人で米国での生活をしていることも考慮して，Aの両親B・CはAの死にも比肩すべき苦痛を被ったとまではいえないとしてB・C固有の慰謝料請求権を否定。

＊大阪地判平成13・9・10判時1800号68頁……交通事

故により重度の後遺障害を負ったA（8歳・男。小学生）につき，家族の慰謝料等はAの慰謝料評価の中で評価されているとして，Aの祖母BとAの兄Cの固有の慰謝料請求権を否定。

＊大阪地岸和田支判平成14・7・30判時1807号108頁……交通事故で植物状態になったA（10歳・男。小学生）の弟Bにつき，現場で目撃していて精神的ショックを受けたことは認められるが，Bの被害はAの慰謝料の中で十分に評価されていることとBが711条所定の者でないことを理由に，B固有の慰謝料請求権を否定。

＊名古屋地判平成14・9・27交民集35巻5号1290頁……交通事故により受傷したAの傷害と後遺障害（Aの後遺障害慰謝料1,700万円）の程度は，Aの死にも比肩するほど重大な精神的苦痛ではないとして，Aの子Bの固有の慰謝料請求権を否定。

＊大分地判平成20・3・31判時2025号110頁……気温38度，湿度80%の状態でY大学付属高校の女子バスケット部の練習を終えたAが，直後に熱中症で倒れた事故で，日頃から水分補給を叱る顧問教諭Zに逆らえず，水分を補給しなかった事情，現在でもストレスから健忘症になってしまっていること，結果として退部せざるをえなくなったこと等から，Zの安全配慮義務違反を認め，学校側のAへの賠償責任（Aへの慰謝料300万円）を715条で認めたが，Aの両親B・Cによる固有の慰謝料請求権は否定。

【判　旨】

「民法711条が，被害者の近親者による慰謝料請求を被害者死亡の場合に限定しており，それ以外の場合でも，同請求は，被害者の生命が侵害されたときにも比肩し得るような場合又は同場合に比して著しく劣らない程度の精神上の苦痛を受けた場合に限定されること（最高裁昭和43年9月19日第1小法廷判決・民集第22巻9号1923頁参照）に鑑みると，本件のような場合において，原告B及び同Cに対し，固有の慰謝料を認めることは相当でないといわざるを得ない。」

＊神戸地判平成20・4・10労働例974号68頁……ホテル従業員A（48歳・男）が脳出血を発症し，失語症と右半身麻痺（1級）の後遺障害を残した事故で，常時介護の事情も認められず，Aの母Bと妹Cに，Aの死にも比肩すべき場合ではないとして固有の慰謝料請求権を否定。

＊大阪地判平成20・4・28交民集41巻2号534頁……交通事故で負傷したAに高次脳機能障害等が残り，Aの問題行動について母B等に看視の必要が生じているが，いまだAの死亡に比肩しうるような状態ではないとして，両親B・Cの固有の慰謝料請求権を否定。

＊東京地八王子支判平成20・5・29判時2026号53頁，判タ1286号244頁……Z市立小学校の自閉症児Aが無断で体育館の倉庫に入ったため，担任教諭Yが叱って倉庫の扉を閉め，そのため，Aが窓から脱出しようとして転落し顎や歯を負傷（永久歯が生えてきていない）した事故で，Yの過失を認め，ZにAに対する賠償責任（Aへの慰謝料300万円）を認めたが，Aの両親B・CのZに対する固有の慰謝料請求権は否定。

＊東京地判平成22・2・9交民集43巻1号123頁……交通事故で高次脳機能障害（5級2号）を負った被害者A（69歳・女）の長男Bにつき，死亡にも比肩すべき苦痛を受けたとは認められないとして，B固有の慰謝料請求権を否定。

## 6-3　「死にも比肩すべき」以外の概念・用語の使用判例

最高裁判例は見当たらない。

[高裁]

【肯定例】

＊東京高判昭和49・2・27交民集7巻1号60頁……交通事故による脊髄損傷で夫Aが性交能力を喪失した事故で，Aの妻Bに固有の慰謝料100万円を認容。

＊大阪高判昭和49・11・27下民集25巻9＝12号954頁……交通事故での妻Aの後遺症が原因で「夫婦生活の円満」を欠くに至った場合に，相手方Yに対する夫B固有の慰謝料100万円を認容。

＊名古屋高判昭和61・12・26判時1234号45頁，判タ629号254頁……昭和47年9月出生の未熟児Aが未熟児網膜症で失明した事故で，当時は光凝固法などの治療方法が医療水準として未確立であったとしても，医師Yが不誠実な医療を行ったことから生じた患者の精神的苦痛は慰謝されるべきであるとして，A本人に300万円，Aの両親B・Cに各100万円の慰謝料を認容。

＊福岡高判平成20・4・22判時2028号41頁……Y病院小児科で入院治療を受けていたA（4歳・女。A本人の慰謝料800万円）が結核性髄膜炎に罹患して脳障害の後遺症を残した事故で，医師Zが適時適切にその治療に当たっていたなら後遺障害の程度を半分に減らせる可能性が5割程度あったと認定し，2割5分の限度でZの過失との因果関係を認め，Aの母BにY病院に対する100万円の慰謝料請求権を認容。

＊広島高岡山支判平成24・9・28自保ジャーナル1885

〈第6章〉被害者の生存と近親者固有の慰謝料請求の可否

号1頁……Z運転の車に同乗中のA（21歳・女）が，飲酒でスピード違反のYの車に衝突され，Aが1人で外出もできない重度の後遺障害を負った事故で，Aの傷害慰謝料300万円・後遺障害慰謝料3,000万円計3,300万円と，Aの父B固有の慰謝料100万円を認容。
［地裁］
【肯定例】
＊熊本地判昭和50・7・14判タ332号331頁……Y私立高校の空手部員が下級生A（A本人の慰謝料200万円）に暴行を加えて重傷を負わせた事故で，Aはその後も後遺症の髄膜性腹膜炎で学校を休みがちで1学年進級が遅れたりしている事案で，顧問教諭の過失を認め，多大の精神的苦痛を被ったとして，Aの両親B・Cに固有の慰謝料各30万円を認容（故意不法行為）。
＊東京地判昭和58・12・21判時1128号77頁，判タ526号221頁……緊急医療体制の社会的不備を認めた上で，Y病院側の患者の転送義務の遅れも認め，交通事故被害者A（3歳）に左半身不随麻痺等の重大な後遺症が残った点につき，A本人分1,200万円，Aの両親B・Cに各100万円の固有の慰謝料を認容。
＊福島地判昭和60・12・2判時1189号85頁，判タ580号34頁……未熟児網膜症により両眼を失明した新生児A（A本人の慰謝料500万円）の母Bに固有の慰謝料200万円を認容。
＊津地判昭和61・12・25判時1233号127頁，判タ627号232頁……昭和55年8月出生のA（本人の慰謝料500万円）が未熟児網膜症により右眼失明・左眼0.02の視力になったことにつき，眼底検査等に関する医師Yの過失を認め，「甚大な精神的苦痛を被った」として，Aの両親B・Cに各150万円の固有の慰謝料を認容。
＊大津地判昭和62・2・23判時1242号98頁，判タ651号147頁……旧国鉄の北陸線特急列車の棚の上から旅行用カバン（スーツケース）が落下して乗客の歯科医Aの頭に当たり，Aが負傷し，外傷性頸部症候群，外傷性椎間板症の後遺症により歯科医の仕事に支障があること，扶養家族が多い（妻B，中高生の子供C・D・E，老齢の両親F・G，精神障害の弟Hの7人をすべてAが扶養）こと等を考慮してA本人に300万円の慰謝料を認容（国家賠償法2条も肯定）。
＊京都地判昭和62・5・15判時1250号104頁，判タ655号188頁……少年Yが隣家に10数回侵入し，隣家の夫A₁と娘A₂に傷害を負わせた事例で，慰謝料につき，A₁に20万円，A₂に30万円を認めたが，傷害を受けていない妻C固有の慰謝料請求は否定（故意不法行為）。
＊＊岐阜地判平成4・2・12判時1450号116頁，判タ783号167頁……A（9歳・男。小学生）の心臓手術中に，医師Yによる不適切な麻酔薬の投与，心臓マッ

サージ不足などの過失があり，脳障害等の後遺症が残り，自立歩行も会話もできなくなった事故で，A本人の後遺症慰謝料500万円，Aの両親B・Cに固有の慰謝料各500万円を認容。
＊前橋地判平成4・12・15判時1474号134頁，判タ809号189頁……妊娠初期の主婦Aにつき，診断した医師Yが風疹罹患を見逃したが，出生したBに残った後遺症とYの過失との間には因果関係がないとされた。しかし，Bの出生までの家族の心配と苦痛には大きなものがあったとして，AおよびAの夫C，Aの両親D・Eについて各135万円の固有の慰謝料を認容。
＊名古屋地判平成5・3・24判タ846号237頁……医師Yの過失により性病治療が不適切に行われ，患者A（年齢不詳・女。主婦）の陰部に潰瘍が出来，それが後遺障害になった事故で，Aの後遺障害慰謝料350万円，Aの夫Bに80万円の固有の慰謝料を認容。
＊東京地判平成6・7・28交民集27巻4号1038頁……道路歩行中にYの加害車両に衝突されて腰部打撲の結果，健忘症や無気力などの後遺障害（9級10号）を残したA（52歳・女，会社員。本人慰謝料300万円。Aの過失相殺6割）につき，Aの夫Bに50万円の固有の慰謝料を認容。
＊東京地判平成6・11・11判タ881号244頁……医師の過失により脳性麻痺の後遺障害を残した新生児A（本人の慰謝料1,600万円）の両親B・Cに各200万円の固有の慰謝料を認容。
＊横浜地判平成7・3・14判時1559号101頁，判タ893号220頁……大病院への転送等を怠った産婦人科医師Yの過失を認め，重度脳障害の後遺症を残した新生児A（本人の慰謝料1200万円。A側の過失相殺4割）につき，Aの母Bに「耐え難い精神的苦痛を被った」として，固有の慰謝料500万円を認容。
＊前橋地判平成7・4・25判時1568号107頁，判タ890号206頁……Y医師の不適切な治療により身体障害者（2級）になったA（31歳・女。主婦）の夫Bに200万円，子Cに100万円の固有の慰謝料を認容。
＊東京地判平成7・5・16交民集28巻3号765頁……いわゆる信号残りで交差点に進入したA（年齢不詳・女。専門学校生）の自転車に，青信号になってから発進したYの大型貨物自動車が衝突し，Aが重傷を負い，左足を大腿部から切断する4級5号の後遺障害等が残った事故で，Aに7割の過失を認めて過失相殺をした上で，Aの傷害慰謝料270万円，後遺障害慰謝料1,450万円，両親B・C固有の慰謝料各70万円を認容。
＊大阪地判平成7・6・22交民集28巻3号926頁……Y運転の車が道路から転落し，同乗していたA（18歳・男。大学1年生）が植物状態になる後遺障害を

## 〈6−3〉「死にも比肩すべき」以外の概念・用語の使用判例

負った事故で，ＡＹ間の好意同乗を15％の過失相殺と同視すると明示した上で，Ａの入通院慰謝料350万円・後遺障害慰謝料2,000万円計2,350万円，父Ｂに250万円，母Ｃに300万円の固有の慰謝料を認容（好意同乗減額１割５分）。

＊秋田地判平成７・９・22判時1579号124頁，判タ903号192頁……公立中学校３年生のＹらに暴行を受け，情緒障害になった下級生Ａの両親Ｂ・Ｃに，Ｙらに対する各50万円の固有の慰謝料を認容（故意不法行為）。

＊東京地判平成７・11・14交民集28巻６号1573頁……交通事故で頸椎を損傷し，下半身完全麻痺等の後遺障害（１級３号）を負ったＡにつき，Ａの両親Ｂ・Ｃに各300万円の固有の慰謝料を認容（主争点は労災傷害年金の将来分の控除の可否であったが，本件は加害者が労災年金給付義務者ではなく第三者であり，しかも将来分の話であるから予め控除することはできないと判示。また，二重受給は当然否定）。

＊大阪地判平成７・12・11交民集28巻６号1728頁……交通事故で重大な後遺障害（１級３号）を負ったＡ（症状固定時17歳・女。本人の慰謝料2,200万円）の両親Ｂ・Ｃにつき，父Ｂに150万円，母Ｃに200万円の固有の慰謝料を認容（介護の必要状況等を考慮して金額に差）。

＊岡山地判平成８・２・19交民集29巻１号241頁……車同士の正面衝突で妊娠４ケ月の運転者Ｃ（29歳・女。主婦）が受傷し，その２ケ月半後に帝王切開によって未熟児Ａを仮死状態で出産したが約１時間後に死亡した事故で，生きて生まれたことと，死亡と事故との因果関係を認め，Ａの両親Ｂ・Ｃに各100万円の固有の慰謝料を認容（Ａ本人の慰謝料は算定せず）。

＊徳島地判平成８・２・27判時1615号116頁，判タ937号230頁……Ｙ病院側の過失で分娩が遷延し，新生児Ａが脳性麻痺の後遺症を負った事故で，Ａの両親Ｂ・Ｃに各500万円の固有の慰謝料を認容。

＊高知地判平成８・３・26交民集29巻２号488頁……交通事故で脊椎損傷等による下半身麻痺の後遺障害（２級３号）を残したＡ（事故時は16歳の高校生。症状固定時19歳・女。Ａ本人の後遺障害慰謝料2,600万円。Ａの過失５割）につき，Ａの父Ｂに500万円の固有の慰謝料を認容。

＊東京地判平成８・３・27交民集29巻２号510頁……Ａ（症状固定時22歳・女。会社員）の自転車とＹの車との衝突事故で，Ａが重度の後遺障害（併合３級）を残した事故で，慰謝料につき，Ａ本人分の傷害慰謝料230万円・後遺障害慰謝料1,750万円計1,980万円，Ａの両親Ｂ・Ｃ固有分各50万円を認容（すべてにつき過失相殺１割５分）。

＊大阪地判平成８・５・31交民集29巻３号830頁……センターラインを超えてきたＹの車に衝突されたＢの車に同乗の妻Ｃが事故により負傷し，衝撃により胎児Ａ（妊娠２ケ月）を流産した事故で，Ａの流産についてはＣにのみ150万円の固有の慰謝料を認容し，さらに，Ｃには通院慰謝料100万円・後遺障害慰謝料75万円計175万円を認め，Ｂにも自己の負傷慰謝料30万円を認容。

＊大阪地判平成８・10・22交民集29巻５号1522頁……河川敷で飼犬の散歩中にＹの無灯火の自転車に衝突され負傷し，脳挫傷等で後遺障害１級になったＡ（事故時71歳・男。短大非常勤講師）に，慰謝料として，長女Ｂの分も含めて，入院慰謝料120万円・後遺障害慰謝料2400万円計2520万円を認容（過失相殺１割５分）。

＊東京地判平成８・12・10判時1589号81頁，判タ925号281頁……Ａ（１歳10ケ月）がひきつけを起こし高熱が出たので，Ｙ病院に入院したが，麻酔薬の過剰投与などにより低酸素症になり，後遺障害等級１級になった事故で，Ａ本人の後遺障害慰謝料2,000万円，Ａの両親Ｂ・Ｃ固有の慰謝料各500万円を認容。

＊東京地判平成９・６・25交民集30巻３号861頁……Ｙの車がウインカーも出さずに左によってきたため，避けられずにＹ車に衝突し，脊髄損傷により両下肢麻痺歩行不能等の後遺障害を残した自動二輪車のＡ（症状固定時17歳・男。高校２年生）の慰謝料につき，Ａ本人分2,600万円，両親Ｂ・Ｃ固有分各100万円を認容。

＊大阪地判平成９・７・14交民集30巻４号978頁……交差点で自転車のＡ（症状固定時63歳・女。主婦兼パートタイマー）とＹの車との衝突で，Ａが重度の後遺障害（１級３号）を負った事故で，Ａの後遺障害慰謝料として請求額を越える2,900万円，夫Ｂ固有の慰謝料150万円を認容（過失相殺５割）。

＊東京地判平成９・８・27判時1639号62頁，判タ979号191頁……胆石症手術の腹部痛を和らげるためのＹの手術に過失があり，左下肢運動障害等の後遺障害が残ったＡ（61歳・男。職業不詳）の慰謝料につき，Ａ本人分2,000万円，妻Ｂ固有分200万円，息子Ｃ固有分30万円を認容。

＊大分地判平成９・11・28交民集30巻６号1710頁……自転車で交差点を横断中にＹの軽四輪貨物自動車に衝突されて重傷を負ったＡ（89歳・男）が後遺障害等級１級とされ，その慰謝料につき，Ａ本人分1,400万円，妻Ｂ固有分200万円，２人の子Ｃ・Ｄ固有分各50万円を認容（過失相殺２割）。Ａの後日の死亡は事故との因果関係なしとされた。

＊奈良地葛城支判平成11・２・１判時1730号77頁……Ｙ市立中学校で，先天的に頭蓋骨に奇形のあるＡ（15

〈第6章〉被害者の生存と近親者固有の慰謝料請求の可否

歳・男。中学校3年生）が，昼食中に他の2人の生徒$Y_1$と$Y_2$にいじめで暴行を受けて後遺障害を負った事故で，A本人につき，$Y_1$と$Y_2$に対して傷害慰謝料1,000万円・後遺障害慰謝料1,000万円計2,000万円を認めたが，A母B固有の慰謝料請求権を否定。また，2人の加害生徒の両親の714条の監督義務違反を否定し，Y市の過失も$Y_3$教諭が本件事故の発生の危険性を具体的に予見できなかったとして否定。
【判　旨】
　「原告である母Bは，同Aが被った本件傷害及び本件後遺障害によって自らが被った固有の慰謝料を請求しているが（民法711条の拡張解釈による請求をするものではないと解する），子を思う親の心情として，その主張する精神的痛手を受けたことは十分理解できるものの，右の精神的損害に対する賠償請求は，結局民法711条に規定する慰謝料請求と同質のものであって，本件傷害に起因してBの法益が直接的に侵害されたものではないといえる。そうすると，民法711条に該当する場合でない限り，請求し得ないものと判断する。」
＊東京地判平成11・6・1交民集32巻3号856頁……交通事故でB・C夫妻が負傷し，Cのお腹の中の妊娠36週の胎児Aが死亡した事故で，慰謝料につき，Cに700万円，Bに300万円を認めたが，Aの権利能力否定はやむを得ないとしてAには算定せず。
【判　旨】
　「原告Cが胎児を失ったのは，妊娠36週であり既に正期産の時期に入っており，当時胎児に何らの異常はなかったこと，現在の医療水準を考えれば胎児が正常に出産される蓋然性が高いことが認められる。すなわち，本件において死亡した胎児は，まさに新生児と紙一重の状態にあり，これを失った両親とりわけCの悲しみ，落胆は相当なものであるというべきである。このように考えると，法律の建前として法人格を有する新生児と胎児の取扱いに区別を設けることはやむを得ないとしても，出産を間近に控えた胎児の死亡についての損害賠償額は，それなりに評価されるべきと考える。このような観点から，本件においては，慰謝料として母のCについては金700万円，父親であるBについて半額の300万円を相当な額として認める。」
＊東京地判平成11・6・24交民集32巻3号925頁……原動機付自転車で交差点を直進中に，対向車線から右折してきたYの車に衝突されて重傷を負い，後遺障害1級になったA（症状固定時41歳・男。会社員）の慰謝料につき，A本人分として傷害慰謝料160万円・後遺障害慰謝料2,800万円計2,960万円，妻B固有の慰謝料200万円を認容（すべてにつき過失相殺1割5分）。
＊名古屋地判平成11・7・19交民集32巻4号1145頁……A（症状固定時18歳・男。高校生）の原動機付自転車とYの車との衝突により後遺障害1級3号になった事故で，慰謝料につき，Aの傷害慰謝料288万円・後遺障害慰謝料2,300万円計2,588万円，父B固有分100万円，母C固有分200万円を認容（すべてにつき過失相殺2割）。
＊松山地判平成11・8・27判時1729号75頁，判タ1040号135頁……体育の水泳の授業中に逆飛び込みをしてプールの底で頭を打って負傷したA（11歳・女。小学校6年生）について学校側の過失を認めた上で，Aを身体障害等級1級と認め，A本人の慰謝料2,000万円，Aの両親B B・C固有分200万円を認容（過失相殺4割）。
＊大阪地判平成11・11・8交民集32巻6号1762頁……道路上での3台の車の追突事故等で，3台目の車に同乗していたA（19歳・女。女子短大生）が後遺障害1級の重傷を負ったが，シートベルト不着用，心因性素因および既往症があったという事案で，慰謝料につき，A本人分2,000万円，両親B・C固有分各200万円を認容（すべてについて，シートベルトにつき過失相殺1割，素因と既往症につき，722条2項の類推適用による寄与度減額4割を減額）。
＊横浜地判平成12・1・27判タ1087号228頁……精神分裂病に罹患してY国立病院に入院中のA（22歳・女）が，喫煙室のライターを使用して焼身自殺未遂を図り，四肢体幹機能障害等の後遺症を負った事故で，Aの自殺願望等をY側が把握していたとして過失を認め，慰謝料につき，A本人分2,500万円，Aの両親B・C固有分各250万円を認容（国賠法1条事例・過失相殺なし）。
＊大阪地判平成12・7・24交民集33巻4号1213頁……道路を右に横断しようとしたA（事故時16歳，症状固定時18歳・男）の自転車が，後方から進行してきたYの車に衝突された事故で，Aが後遺障害等級1級3号の植物状態になった事案の慰謝料につき，Aの入院慰謝料450万円・後遺障害慰謝料2,500万円計2,950万円，Aの両親B・C固有分各200万円を認容（すべてにつき過失相殺2割5分）。
＊大阪地判平成12・8・30交民集33巻4号1400頁……Yの車がセンターラインを越えてAの車に衝突し，脊椎損傷等の重傷を負い，後遺障害1級となったA（症状固定時67歳・男）の慰謝料につき，Aの入院慰謝料275万円・後遺障害慰謝料2,700万円計2,975万円，Aの妻B固有分300万円，Aの娘C固有分200万円，息子D固有分100万円を認容。
＊神戸地判平成13・7・18交民集34巻4号937頁……対向車線をはみ出して走行してきたY車に衝突された

## 〈6-3〉「死にも比肩すべき」以外の概念・用語の使用判例

A運転の車で，A（症状固定時51歳・男。タクシー運転手）が後遺障害（併合1級）を負った事故で，慰謝料につき，Aの入院慰謝料400万円・後遺障害慰謝料2,400万円計2,800万円，Aの妻B固有分300万円を認容。

＊東京地判平成13・7・31交民集34巻4号990頁……Yの車がZ車を追い越そうとして対向車線にはみ出し，そこを走行中のA（症状固定時25歳・男。大学生）の自動二輪車が事故を避けようとして急制動をして転倒，Aが道路縁石で上半身を強打し，脊髄損傷で後遺障害（1級）になった事故で，慰謝料につき，Aの傷害慰謝料300万円・後遺障害慰謝料3,000万円計3,300万円，Aの介護を生涯続けることになり，深刻な精神的苦痛を被ったとして，Aの両親B・Cに固有の慰謝料各250万円を認容。

＊神戸地判平成13・8・8交民集34巻4号1019頁……交通事故により負傷したA（81歳・男）が入院中にアルツハイマー型痴呆を発症した事案の慰謝料につき，事故と痴呆症発生の因果関係を認め，Aの入院慰謝料400万円・後遺障害慰謝料2,600万円計3,000万円，3人の子固有の慰謝料各200万円を認容（すべてにつきYの賠償義務を8割に限定）。

＊大阪地判平成13・10・11交民集34巻5号1372頁……横断歩道を斜めに歩行横断中のA（症状固定時72歳・男。会社役員）に，Aを見落としたYの車が衝突し，Aが植物状態になった事故での慰謝料につき，A本人分の傷害慰謝料427万円・後遺障害慰謝料2,300万円計2,727万円，Aの妻B固有分を200万円認容（すべてにつき過失相殺1割5分）。

＊名古屋地判平成14・1・28交民集35巻1号144頁……交差点での車同士の衝突事故で，脳挫傷等の重傷を負ったA（18歳・男）の慰謝料につき，A本人に入院慰謝料251万円・後遺障害慰謝料2,200万円計2,451万円，Aの両親B・C固有分各200万円を認容。

＊名古屋地判平成14・3・25交民集35巻2号408頁……Y運転の車に同乗していた交際相手のA（21歳・女。アルバイト店員）がYの自損交通事故で第一腰椎脱臼骨折，肋骨骨折などの後遺障害1級3号該当の重傷を負った事故で，A本人の傷害慰謝料161万円・後遺障害慰謝料1,400万円計1,561万円，両親B・C固有分各200万円の慰謝料を認容。

＊東京地八王子支判平成14・6・14交民集35巻3号809頁……交通事故でY車に同乗していたA（症状固定時21歳・男。アルバイト）が四肢麻痺等の1級3号の後遺障害を負った事故で，慰謝料として，Aの傷害慰謝料400万円・Aの後遺障害慰謝料2,800万円計3,200万円，Aの両親B・C固有分各1,000万円を認容。

＊大阪地判平成14・7・26交民集35巻4号1028頁……見通しの悪い駐車車両の陰から路上に飛び出し，Y車に跳ねられ，四肢不全障害等で1級3号の後遺障害を負ったA（症状固定時53歳・男。韓国籍，日本滞在期間経過後に解体工として就労中）の慰謝料につき，Aに入院慰謝料390万円・後遺障害慰謝料2,400万円計2,790万円，妻B固有分300万円を認容（過失相殺3割）。

＊名古屋地判平成14・8・19交民集35巻4号1077頁……交通事故で植物状態になったA（19歳・女。歯科衛生士の専門学校生）につき，傷害慰謝料200万円・後遺障害慰謝料2,600万円計2,800万円，Aの両親B・C固有の慰謝料各200万円を認容。

＊大阪地判平成14・10・4交民集35巻5号1342頁……交通事故により下半身完全麻痺等の1級3号の後遺障害を負ったA（症状固定時29歳・男。会社員）につき，入通院慰謝料294万円，2割5分の過失相殺後の後遺障害慰謝料1,500万円，Aの両親B・C固有の慰謝料各300万円を認容。

＊大阪地判平成14・10・21交民集35巻5号1379頁……Yの車とAの自動二輪車の衝突事故（Aの過失割合15％）で，A（27歳・男。父の建設会社の社員）が脳障害を負い，後遺障害5級2号になった事故の慰謝料につき，Aの入通院慰謝料230万円・後遺障害慰謝料1,500万円計1,730万円を認めたが，Aの婚約者B（後にAと婚姻）固有の慰謝料請求権は否定。

＊名古屋地判平成14・11・11交民集35巻6号1519頁……YとA女が交際関係にあり，Y車にAが同乗して友人に会いにいく途中，Yの居眠り運転による交通事故で1級3号の後遺障害を負ったA（事故時16歳，症状固定時18歳・女。高校生）の慰謝料につき，Aの好意同乗を後遺障害算定の一要素として考慮するとした上で，Aに搭乗者傷害保険金2,100万円が支払われていることも考慮して，後遺障害慰謝料1,000万円，Aの両親B・Cに固有の慰謝料各200万円を認容。

【判 旨】

「上記搭乗者傷害条項に基づき支払われた保険金は加害者側がその保険料を負担しているといえ，原告Aの精神的苦痛を慰謝する性質を有するとして慰謝料算定における考慮要素とするのが相当である。」

＊東京地判平成14・11・21判タ1160号185頁……Y病院で心臓カテーテル検査を受けた患者A（21歳・男。大学生）が感染性心内膜炎に感染し，脳動脈瘤が破裂して重度の後遺症が残った事故で，A本人分の慰謝料2,500万円，Aの両親B・Cに各100万円の固有の慰謝料を認容。

＊大阪地判平成14・11・26交民集35巻6号1578頁……

〈第6章〉被害者の生存と近親者固有の慰謝料請求の可否

信号機のある交差点でのYの乗用車とA（症状固定時57歳・男）の大型自動二輪車の衝突事故で，A本人の入通院慰謝料250万円・後遺障害慰謝料2,600万円計2,850万円，妻B固有の慰謝料300万円を認容（すべてについて過失相殺1割5分）。Bには被害者側の過失として減額。

＊東京地判平成15・1・22交民集36巻1号60頁……信号機のない見通しの悪い交差点で自転車のA（症状固定時28歳・男）がYの車に跳ねられ，四肢麻痺や骨盤骨の変形等で併合1級の後遺障害を負った事故につき，Aの傷害慰謝料480万円・後遺障害慰謝料2,700万円計3,180万円を認容し（過失相殺2割），Aの両親B・C固有の慰謝料各100万円を認容（過失相殺対象外）。

＊大阪地判平成15・2・21交民集36巻1号233頁……A車が雨中の高速道路で単独事故を起こし，道路左端に停車していたところ，Y車がそれに追突し，A（症状固定時27歳・男。会社員）が痙性麻痺等の重傷を負い，後遺障害1級3号になった事故で，Aの入通院慰謝料120万円・後遺障害慰謝料2,600万円計2,720万円，Aの妻B固有分300万円，Aの両親C・D固有分各100万円を認容（過失相殺5分）。

＊富山地高岡支判平成15・3・31交民集38巻3号660頁（最三小判平成18・3・28の第一審）……妊婦CがYとの交通事故で受傷し，その直後に帝王切開により新生児Aを仮死状態で出産したため，Aに低酸素脳症による重度の後遺障害が残った事故で，A本人分2,900万円，両親B・C固有分各400万円の慰謝料を認容（過失相殺1割）。

＊大阪地判平成15・4・18交民集36巻2号526頁……交通事故で植物状態（後遺障害等級1級3号）になったA（症状固定時18歳・男）につき，入通院慰謝料420万円・後遺障害慰謝料2,700万円計3,120万円，Aの両親B・C固有の慰謝料各250万円を認容（過失相殺なし）。

＊横浜地判平成15・6・20判時1829号97頁……Y病院で肝機能検査のために薬剤を静脈注射されたA（64歳・男）が，無酸素脳症を発症して植物人間になった事故で，Y₂医師の問診の不十分さ等を認め，A本人分2,600万円，Aの妻B固有分200万円，2人の娘C・D固有分各100万円の慰謝料を認容。

＊横浜地判平成15・8・28判時1850号91頁……夜間に帰宅途中のA（47歳・男。会社部長）が路上で16歳の少年Y₁ら5人に強盗目的で暴行されて重篤な傷害を負い，植物人間になった事故で，少年5人の共同不法行為責任を認めるとともに，特にY₁には非行歴があり保護観察処分になっているのに保護司宅には最初の半年間しか行かず，遵守事項も守らなかった。それに対してY₁の両親Y₂・Y₃が十分な監督義務を尽くしていないことも認め，Y₂・Y₃の不法行為責任もY₁と併存的に認め，慰謝料として，Aの妻Bに1,000万円，2人の娘C・Dに各500万円を認容（A本人分は逸失利益と合わせて2億5,355万9,702円を認容。故意不法行為）。

＊福井地判平成15・9・24判時1850号113頁，判タ1188号290頁……Y病院で帝王切開によりCが新生児A（男）を出産したが，Aに脳性麻痺の後遺障害が残った事故で，Y₂医師とY₃看護師の過失を認め，慰謝料として，A本人分2,000万円，Aの両親B・C固有分各500万円を認容。

＊東京地判平成15・10・7判時1844号80頁，判タ1172号253頁……Y病院での帝王切開手術で双子を出産したA（25歳・女）が四肢機能障害等の重篤な後遺障害を負った事故で，A本人の後遺障害慰謝料2,600万円，Aの夫Bに固有分300万円，3人の子C・D・Eに固有の慰謝料各100万円を認容。

＊千葉地判平成16・2・16判時1861号84頁……糖尿病性ケトアシドーシスを発症して，四肢麻痺等の後遺障害が残った患者A（訴訟提起時18歳・男）につき，医師Yらの電話での指示等が不適切であったとして，AおよびAの両親B・Cが提起した訴訟で，慰謝料につき，A本人分2,500万円，B・C固有分各200万円を認容。

＊東京地判平成16・3・22交民集37巻2号390頁……Yが街灯の柱に衝突し，Y車に同乗のA（症状固定時57歳・男。日雇い労働者）が傷害等級1級3号などの重傷を負った事故で，A本人の傷害慰謝料340万円・後遺障害慰謝料2,800万円計3,140万円，Aの妻Bに300万円の固有の慰謝料を認容（Yによる好意同乗減額の主張は否定）。

＊さいたま地判平成16・3・31交民集37巻2号321頁……Yが，飲酒後に車を大幅な制限速度超過で運転し，赤信号で停車中のX普通貨物自動車に衝突した事故で，Y運転の車に同乗のA（21歳・女。短大生）が後遺障害1級の重傷を負った事故で，Aの入院慰謝料195万円・後遺障害慰謝料2,000万円計2,195万円，Aの両親B・C固有の慰謝料各300万円を認容。

＊さいたま地判平成16・4・23交民集37巻2号540頁……母Cが自転車の前に娘A（症状固定時満1歳・女）を乗せて歩道を走行中，バランスを崩して車道側に倒れ，投げ出されたAが車道走行中のY車に接触して後遺障害1級3号になった事故で，Aの傷害慰謝料200万円・後遺障害慰謝料2,500万円計2,700万円を認めた上で，Cの3割5分の過失を斟酌してこれを相殺し，さらに，父Bと母Cの固有の慰謝料各100万円を認容。

〈6-3〉「死にも比肩すべき」以外の概念・用語の使用判例

＊岡山地判平成16・5・7交民集37巻3号600頁……深夜の路上を泥酔して歩いていたA（症状固定時58歳・男。無職）に制限速度を20キロ超過のY車が衝突し、Aが後遺障害等級1級3号と認定された事故で、慰謝料につき、A本人分2,500万円、Aの妻B固有分200万円、Aの母C固有分100万円、息子2人D・Eと娘Fの固有分各50万円を認容（過失相殺4割）。

＊東京地判平成16・12・21交民集37巻6号1721頁……A運転の車に赤信号を見落としたYの車が衝突し、A（32歳・男。銀行員）が高次脳機能障害等で1級3号の後遺障害を負った事故で、Aの入通院慰謝料400万円・後遺障害慰謝料2,800万円計3,200万円、Aの母Bに200万円、Aの2人の妹C・Dに各100万円の固有の慰謝料を認容。

＊東京地判平成17・2・24交民集38巻1号275頁……交通事故で重度の後遺障害（1級3号）を負ったA（症状固定時48歳・女。本人の後遺障害慰謝料2,800万円）につき、家族は大きな苦痛を被ったとして、Aの夫Bに200万円、2人の子C・Dに各100万円の固有の慰謝料を認容（原告側の定期金賠償方式の請求は否定）。

＊さいたま地判平成17・2・28交民集38巻1号299頁……自転車のA（72歳・女。家政婦兼主婦）にYの車が追突し、Aが高次脳機能障害等で1級3号の後遺障害を負った事故で、Aの傷害慰謝料80万円・後遺障害慰謝料2,800万円計2,880万円、Aの息子B・C固有の慰謝料各100万円を認容。

＊東京地判平成17・3・17判時1917号76頁……Y運転の車とA運転の自転車の衝突事故で、重傷を負ったA（症状固定時29歳・男。会社員）が後遺障害1級3号に該当している事案で、Aの傷害慰謝料325万円・後遺障害慰謝料3,000万円計3,325万円、Aの両親B・C固有の慰謝料各200万円を認容（すべてにつき過失相殺5分）。

＊大阪地判平成17・3・25交民集38巻2号433頁……A車とY車との衝突事故で、A（症状固定時45歳・男。財団法人勤務）が外傷性脳損傷を負い、1級3号の後遺障害を負った事案で、入通院慰謝料417万円・後遺障害慰謝料2,700万円計3,117万円、Aの妻Bと3人の子C・D・Eの固有の慰謝料各300万円を認容（すべてにつき過失相殺4割）。

＊名古屋地判平成17・5・17交民集38巻3号694頁……Yの車とAの自動二輪車の衝突事故（Aの過失割合5％）で、A（症状固定時33歳・男。事故後にBと婚姻）が重傷を負い、四肢麻痺など1級3号の後遺障害が残った事案で、Aの傷害慰謝料500万円・後遺障害慰謝料2,500万円計3,000万円、Aの父母C・D固有の慰謝料各100万円を認容（すべてにつき過失相殺5分）。なお、BはAとは事故後の婚姻であり原告にもなっていないためB固有の慰謝料は認められなかったが、Aが自己の子供を持つことを強く希望して人工受精代の請求をしている点について、直接には否定したが、後遺障害慰謝料算定の際に評価されるとした。

＊大阪地判平成17・7・25交民集38巻4号1032頁……青信号で交差点に進入したZ車に赤信号で交差点に進入してきたY車が大幅な制限速度超過で衝突し、その結果、さらにZ車が訴外C車と衝突して横転しZ車に乗っていたA（症状固定時20歳・女。アルバイト店員）が重度の後遺障害（併合1級）を負った事故（ZやAは飲酒付き食事の帰り。Aはシートベルト不装着）で、Z車側の過失を認めず、全責任がY車側にあるとして過失相殺を否定した上で、A本人の傷害慰謝料350万円・後遺障害慰謝料2,400万円計2,750万円、Aの両親B・C固有分各400万円、妹D固有分100万円の慰謝料を認容。

＊広島地判平成17・9・20判時1926号117頁……収入の変動が激しい最上級クラスの競艇選手A（45歳・男）が自動二輪車を運転中、Yの車に衝突されて脳機能障害になり労働能力を喪失する後遺障害を負った事故で、Aの入通院慰謝料300万円・後遺障害慰謝料2,200万円計2,500万円、妻B固有の慰謝料200万円を認容。

＊大阪地判平成17・9・21交民集38巻5号1263頁……交通事故による脊椎損傷等で後遺障害1級1号になったA（症状固定時59歳・男。小学校校長）の慰謝料につき、Aの傷害慰謝料300万円・後遺障害慰謝料2,000万円計2,500万円、Aの妻B固有分300万円、会社を退職して介護に当たっている息子C固有分300万円、2人の娘D・E固有分各100万円の慰謝料を認容。

＊東京地八王子支判平成17・11・16交民集38巻6号1551頁……信号機のある交差点を青信号で渡っていたA（症状固定時43歳・女。主婦）が左折のY車に跳ねられて、高次脳機能障害により後遺障害2級3号になった事故での慰謝料として、Aの傷害慰謝料340万円・後遺障害慰謝料2,370万円計2,710万円、Aの夫B固有分200万円、2人の子C・D固有分各100万円の慰謝料を認容。

＊東京地判平成17・11・30判時1929号69頁……Y興業にアルバイトとして採用され、建物等の解体作業中のA（症状固定時22歳・男）が解体作業中に建物2階から転落し、脊椎損傷等の重傷を負った事故で、Aが安全帯等をしていなかった過失割合1割とYの安全配慮義務違反および不法行為責任を認め、Aの傷害慰謝料275万円・後遺障害慰謝料2,600万円計2,875万円、両

〈第6章〉被害者の生存と近親者固有の慰謝料請求の可否

親B・C固有の慰謝料各90万円を認容（すべて過失相殺後の額）。

＊東京地判平成18・4・7判時1931号83頁，判タ1214号175頁……国立公園内の遊歩道でブナの木の枝が落下して，観光中のA（38歳・女。研究所研究員）に当たってAが負傷し，両下肢完全麻痺など1級6号の後遺障害を負った事故で，Y県の管理の瑕疵を認め，国にも竹木の「支持」責任があるとして両者に国賠法2条責任を肯定し，Aの入院慰謝料244万円・後遺障害慰謝料3,000万円計3,244万円，事故時にAの内縁の夫で事故後にAと婚姻したB固有分300万円を認容（奥入瀬落枝事件）。

＊神戸地判平成18・6・16交民集39巻3号798頁……Y運転の貨物自動車が歩道を通行していたA（症状固定時44歳・女。専業主婦）の自転車に衝突し，Aが醜状障害や嗅覚障害などで併合2級の後遺障害を負った事故につき，A本人分の傷害慰謝料250万円・後遺障害慰謝料2,300万円計2,550万円，Aの夫B固有分300万円，2人の娘Cと息子D固有分各100万円の慰謝料を認容（すべてにつき過失相殺1割5分）。Bが歯科医であることを理由に休業損害等も請求したが，それは「間接損害」であるとして否定。

＊福岡地判平成18・9・28判時1964号127頁……高速道路でのY1による第一追突事故で被害者A（56歳・女。主婦）が車外に出ていたところ，1分後にY2の第二事故でAが跳ねられ，車内の息子C（症状固定時27歳・男。アルバイト）も重傷を負った事故で，Y1とY2の共同不法行為責任を認め，Aの入通院慰謝料450万円・後遺症慰謝料3,000万円計3,450万円，Cの入通院慰謝料400万円・後遺症慰謝料2,000万円計2,400万円，Aが植物状態であること，Cが精神不安定で暴力を振るったりすること，BによるA・Cの介護が大変であること等も認め，Aの夫B固有分1,000万円を認容。

＊大阪地判平成18・11・16交民集39巻6号1598頁……Yの車とAの原付自転車の衝突事故で，A（18歳・男。高校3年生）が重傷を負い，高次脳機能障害による後遺障害併合2級になった事故で，Aの傷害慰謝料500万円・後遺障害慰謝料2,200万円計2,700万円（いずれも過失相殺2割）と，両親B・CがAの後遺障害により暴言・暴力に曝されていることも考慮して，B・Cに各300万円の固有の慰謝料を認容。

＊大阪地判平成18・12・13交民集39巻6号1703頁……交差点での車同士の衝突事故。X運転の普通貨物自動車にシートベルト不着用のAが助手席に同乗しY車と衝突（Xの過失割合65％，Aのそれは5％）。Y車は会社の車を無断でZが私用のために運転。A（症状固定時25歳・女。無職）が高次脳機能障害により後遺障害等級7級6号になった事故で，入院後に精神症状もあって5階の窓から転落・受傷（病院側に過失無し）の慰謝料につき，Aの入通院慰謝料150万円・転落による入通院慰謝料200万円・後遺障害慰謝料1,600万円・転落による後遺障害慰謝料1,200万円（いずれも交通事故での70％，転落事故で40％の過失相殺前と保険金受領額の相殺前の金額）。Aの娘Bに交通事故で100万円，転落事故で100万円の固有の慰謝料を認容（いずれも過失相殺4割）。

＊東京地判平成19・1・25判タ1267号258頁……発熱と痙攣でY1病院に入院した幼児A（10ケ月・女）を医師Y2が適時に結核性髄膜炎と鑑別診断をせず，その結果，専門医への転院が遅れたとしてY2の過失を認めたが，Aに後遺症が残らなかったことも認定し，慰謝料につきA本人分200万円のみを認め，両親B・C固有の慰謝料請求は否定。

＊大阪地判平成19・1・31交民集40巻1号143頁……信号機のある交差点でのAの原動機付自転車と左側から進行してきたY車の衝突事故で，A（症状固定時23歳，女。事故時・高校3年生）が遷延性意識障害で寝たきりになった事故で，Aの傷害慰謝料700万円・後遺障害慰謝料2,800万円計3,500万円，両親B・C固有の慰謝料各400万円を認容（すべてにつき過失相殺6割）。

＊東京地判平成19・2・14交民集40巻1号213頁……信号機のない交差点で，A（66歳・女）の自転車に一時停止違反・脇見運転のYの車が衝突し，脳挫傷等で後遺障害等級2級1号になったAの慰謝料につき，Aの傷害慰謝料273万円・後遺障害慰謝料2,500万円計2,773万円，Aの夫B固有の慰謝料100万円を認容。

＊大阪地判平成19・2・21交民集40巻1号243頁……交通事故で脳挫傷等の傷害を負い，後遺障害等級1級3号になったA（20歳・女。大学3年生）につき，Aの入院慰謝料400万円・後遺障害慰謝料2,700万円計3,100万円，両親B・C固有の慰謝料各400万円を認容。

＊名古屋地判平成19・3・27交民集40巻2号428頁……A（症状固定時24歳・男。事故時は大学1年生）の原動機付自転車とYの車の衝突事故で，Aが四肢麻痺等（1級3号）の後遺障害を負った事案で，Aの傷害慰謝料と後遺障害慰謝料の合計3,100万円，両親B・C固有の慰謝料各200万円を認容（すべてにつき過失相殺6割）。また，「消滅時効が完成している」とのY側の主張に対し，最高裁判決に従い以下のように判示。

【判　旨】

「民法724条にいう「損害及び加害者を知りたると

## 〈6－3〉「死にも比肩すべき」以外の概念・用語の使用判例

き」とは，被害者において，加害者に対する賠償請求をすることが事実上可能な状況の下に，それが可能な程度に損害及び加害者を知った時を意味し（最高裁昭和48年11月16日第2小法廷判決・民集27巻10号1374頁参照），同条にいう被害者が損害を知った時とは，被害者が損害の発生を現実に認識した時をいうと解するのが相当である（最高裁平成14年1月29日第3小法廷判決・民集56巻1号二18頁参照）。そして，被害者が損害の発生を現実に認識した時とは，交通事故により発生した後遺障害に基づく損害賠償請求においては，後遺障害の症状固定日を指すと考えるのが相当である。」

＊名古屋地判平成19・5・8交民集40巻3号589頁……信号機のある交差点でのYの右折貨物自動車と直進のA（症状固定時25歳・男。給与所得者）の普通自動二輪車の衝突によりAが重傷を負った事故で，Aの傷害慰謝料・後遺障害慰謝料の合計2,600万円，Aの両親B・C固有の慰謝料各100万円を認容（すべてにつき過失相殺2割5分）。

＊東京地判平成19・5・30交民集40巻3号720頁……青信号で横断歩道を自転車で横断中のA（22歳・女。大学生）にYの大型貨物車が衝突した事故で，四肢麻痺等の後遺障害で労働能力を100％喪失したことにつき，Aの入院慰謝料306万円・後遺障害慰謝料3,000万円計3,306万円，Aの両親B・C固有の慰謝料各300万円を認容。

＊神戸地判平成19・6・28交民集40巻3号835頁……交通事故被害者のA（68歳・男）が四肢体幹麻痺等で1級1号の後遺障害を負った事故で，A本人分の入通院慰謝料350万円・後遺障害慰謝料3,000万円計3,350万円，Aの妻Bと子C固有の慰謝料として各50万円を認容。

＊東京地判平成19・9・25交民集40巻5号1228頁……夜間にT字路交差点を赤色点滅で横断したAの自転車と黄色点滅で進行したYの車が衝突し，A（22歳・女。大学4年生。高校教員志望）が脳挫傷等で併合2級の後遺障害を負った事故の慰謝料につき，Aに傷害慰謝料350万円・後遺障害慰謝料3,000万円計3,350万円，Aの両親B・C固有の慰謝料各300万円を認容。

＊大阪地判平成19・9・26交民集40巻5号1245頁……Yの車が，路上で先行する自転車のA（症状固定時21歳・男。大学1年生）を追い越そうとしてAに追突し，Aが高次脳機能障害による後遺障害2級3号になった事故で，A本人分の慰謝料2,000万円，Aの両親B・Cに介護等により神経内科に通院するなどの被害を被ったとして各250万円，Aの兄Dに，Aの介護のため勤務先を退職したこと，将来Aを介護しなければならないこと等を考慮して50万円の固有の慰謝料を認容。

＊名古屋地判平成19・10・16交民集40巻5号1338頁……Xレンタカー会社から車を借りたX₂からさらにそれを借りたA（症状固定時24歳・男）が交通事故で負傷し，脳挫傷等により後遺障害等級1級3号で寝たきりになった事故で，A本人の傷害慰謝料と後遺障害慰謝料を合わせて3,200万円，Aの母B固有分300万円を認容（過失相殺5分）。

＊大阪地判平成19・10・31交民集40巻5号1436頁……交通事故被害者A（症状固定時53歳・男。大工）が高次脳機能障害になり，後遺障害12級になった事故で，A本人の入通院慰謝料180万円・後遺障害慰謝料300万円計480万円を認容。Aの妻B固有の慰謝料については，Aの被害が比較的軽いことなどを理由に否定。

＊東京地判平成19・11・27判時1996号16頁，判タ1277号124頁……東京都のY区長認定の家庭福祉員（保育ママ）Y₂に乳児A（0歳・女）の養育を委託したところ，Y₂の故意の虐待によってAが左硬膜血腫等の全治3ヶ月の傷害を負った事案で，Y₂が公務員に当たるとして，Aの両親B・CがYを相手取った訴訟での国賠法1条に基づく慰謝料につき，A本人分260万円，Aの両親B・C固有分各150万円を認容。

＊東京地判平成20・1・24交民集41巻1号58頁……交通事故で重傷を負ったA（症状固定時43歳・男。トラック運転手）が自賠責保険で併合4級の後遺障害の認定を受けていたが，実際はさらに重傷で，労災保険で後遺障害1級として保険福祉手帳を交付されていることを考慮して，労働能力喪失100％の状態であるとし，Aの慰謝料につき，傷害慰謝料400万円・後遺障害慰謝料2,370万円計2,770万円を認めた上で自賠責保険での支払い分を控除すべきと判決し，それとは別にAの妻Bに200万円，娘Cと息子Dに各100万円の固有の慰謝料を認容。

＊名古屋地判平成20・1・29交民集41巻1号114頁……Y運転の乗用車の助手席に同乗のA（症状固定時28歳・男，会社員）が，Yのトンネル側壁への衝突・横転という単独事故で，頸椎損傷，四肢の運動・近くの完全麻痺の後遺障害（1級）を負ったことにつき，Aは，Yが居酒屋で少なくない量の飲酒をしたことを承知で同乗していること，Aはシートベルト不着用で損害の拡大に寄与していることで722条2項を類推適用して過失相殺（2割）すべきこと，搭乗者傷害保険金1,870万円を受領していること等を考慮して，A本人の慰謝料3,000万円，Aの妻Bに300万円，両親C・Dに各100万円の固有の慰謝料を認容。

＊東京地判平成20・5・8交民集41巻3号561頁……交通事故で重度の後遺障害（1級1号）を負ったA

〈第6章〉被害者の生存と近親者固有の慰謝料請求の可否

（症状固定時30歳・男，契約社員。後遺障害慰謝料2,800万円）につき，介護等の必要性も考慮して，Aの妻Bに100万円，長女Cに50万円の固有の慰謝料を認容。
＊名古屋地判平成20・12・10交民集41巻6号1601頁……交通事故で腰痛等になり，後遺障害14級になったA（症状固定時41歳・男。会社役員）の慰謝料につき，A本人に傷害慰謝料281万円・後遺障害慰謝料100万円計381万円を認めたが，Aの妻B固有の慰謝料まで認めるような事情はないとして否定。
＊大阪地判平成20・12・15交民集41巻6号1624頁……Yの車がセンターラインを超えて，対向車線のA（事故時16歳・男。高校生）の原動機付自転車に衝突し，Aが後遺障害1級1号になった事故で，慰謝料につき，A本人分の入通院慰謝料435万円・後遺障害慰謝料2,800万円計3,235万円，Aの両親B・C固有分各200万円を認容。
＊さいたま地判平成21・2・25交民集42巻1号218頁……正常に信号で交通整理が行われている交差点を自転車で走行していたA（症状固定時54歳・女，保険外交員）がY運転の左折車両と衝突し，頭蓋骨骨折などの重度の後遺障害（1級1号。Aの後遺障害慰謝料3,000万円）を負った事故で，Aには落ち度がないと認定され，Aの夫Bおよび既婚の2人の娘C・Dにつき，Aの介護の大変さ等も考慮して，各300万円の固有の慰謝料を認容。
＊名古屋地判平成21・3・10交民集42巻2号371頁……交差点でのYの普通貨物自動車とA（事故時6歳・男。小学生）の自転車との衝突事故で，Aが四肢麻痺等の重度の後遺障害を負った事故で，慰謝料につき，A本人分の傷害慰謝料320万円・後遺障害慰謝料2,800万円計3,120万円，Aの両親B・C固有分各300万円を認容（すべてにつき過失相殺3割）。
＊大阪地判平成21・5・19交民集42巻3号640頁……原動機付自転車同士の衝突事故であるが，Yが交通法規を無視し，一旦停止等も行わなかったため，A（症状固定時53歳・女）の原動機付自転車に衝突し，Aに脳挫傷等による四肢不全麻痺等の重度の後遺障害（2級1号）を負った事故で，A本人の入通院慰謝料383万円・後遺障害慰謝料2,400万円計2,783万円，Aの夫Bと2人の子C・Dに各100万円の固有の慰謝料を認容。
＊大阪地判平成21・6・30交民集42巻3号856頁……Zタクシーの乗客A（症状固定時58歳・男）が，Y運転の車の過失で衝突事故に遭い，重度の後遺障害（1級1号）を負った事故で，A本人分の入通院慰謝料365万円・後遺障害慰謝料2,800万円計3,165万円，Aの妻Bには，付き添い介護等で肉体的・精神的苦痛が甚大であるとしてB固有の慰謝料300万円を認容。
＊東京地判平成21・7・23交民集42巻4号915頁……交通事故で高次脳機能障害の後遺障害（5級2号）等を残したイラン人の夫A（症状固定時39歳・男。在留資格を持つ会社員）の慰謝料につき，A本人分入通院慰謝料320万円・後遺障害慰謝料1,700万円計2,020万円，Aの妻Bが職業的キャリアや健康を犠牲にして，献身的にAの介護に努めていること等も考慮して，B固有の慰謝料300万円を認容（過失相殺1割5分）。
＊神戸地判平成21・8・3交民集42巻4号964頁……片側2車線の道路を同方向に走っていたA（症状固定時63歳・男。飲食店勤務）の原動機付自転車にYの車がUターンしようとして衝突し，Aが1級1号の後遺障害を負った事故で，慰謝料につき，A本人分として入院慰謝料350万円・後遺障害慰謝料2,800万円計3,150万円，Aの妻B固有分400万円，子C固有分100万円を認容（すべてにつき過失相殺1割）。
＊仙台地判平成21・11・17交民集42巻6号1498頁……飲酒運転のYの車が歩道に乗り上げ，そこにいたA（事故時14歳。症状固定時16歳・男。中学生）を跳ね，重度の後遺障害を負わせた事故で，慰謝料につき，A本人分の傷害慰謝料500万円・後遺障害慰謝料3,000万円計3,500万円，Aの両親B・C固有の慰謝料各400万円を認容。

【否定例】
＊長野地判昭和60・2・25判タ554号262頁……N市立小学校でAの同級生Yら（12歳・男）が「いたずら型いじめ」でAの手を取ってグルグル廻しにして女子生徒に近づけようとしたが，Aがそれに抵抗したので手を離し，Aが胸部打撲（肋骨骨折をしたがその後に自然治癒）などの負傷をした事故。担任教諭Zの過失を認め，N市の国賠法上の責任とYらの親権者に714条の監督義務者責任を認め，A本人分の慰謝料200万円は認容したが，比較的軽微な事故であるとして，加害者Yらの親権者に対するAの両親固有の慰謝料請求権は否定。
＊大阪地判平成9・5・29交民集30巻3号788頁……信号機のない交差点でのYの貨物自動車とAの自動二輪車との衝突事故で，A（18歳・男。高卒後，父の会社に就職予定）が脊髄損傷によって両下肢麻痺，歩行不能等の後遺障害（1級）を負った事故で，Aに入通院慰謝料296万円・後遺障害慰謝料2,500万円計2,796万円を認容（過失相殺5割）。両親B・C固有の慰謝料については，Aが賠償を受けることによってその精神的苦痛は慰謝されたとして否定。
＊東京地判平成11・6・29判タ1032号155頁……K国立大学工学部建築学科の学生A（20歳・女。大学2年

〈6-3〉「死にも比肩すべき」以外の概念・用語の使用判例

生）が，校舎ひさし部分から転落して負傷した事故で，国に国賠法2条責任を認めて財産損害の賠償を認めた（Aの過失5割）が，後遺症もなくすべて完治しているとして，Aおよび両親B・Cの慰謝料を否定。
【判　旨】
「Aは本件事故により重篤な傷害を負ったが，幸いにして，その後の適切な治療と本人らの努力等により，その傷害もほぼ治癒し，後遺症もなく（後遺症を認めるに足りる的確な証拠はない。），いずれも優秀な成績で，大学卒業，大学院修了を経て，現在，民間会社に就職していることが認められる。
　ところで，子が受傷した場合の両親の固有の慰謝料については「第三者の不法行為によつて身体を害された者の両親は，そのために被害者が生命を害された場合にも比肩すべき，又は右場合に比して著しく劣らない程度の精神上の苦痛を受けたときにかぎり，自己の権利として慰藉料を請求できる」ものであるところ（最高裁昭和43年9月19日第1小法廷判決・民集22巻9号1923頁），前記認定のAの状況に照らすと，いまだ原告らに固有の慰謝料が生ずるものとは認められず，その他，これを認めるに足りる的確な証拠はない。」
＊東京地判平成13・11・26判タ1123号228頁……Y区立中学校の1年生の授業中に生徒E（13歳1ケ月・男）が投げた椅子が生徒A（13歳・女）の頭部に当たってAが負傷し，Aが心因性歩行障害および心的外傷後ストレス障害を発症して通学できなくなったとA側が主張して，Aの両親B・CがEの両親F・Gに714条の責任を，Y区に対しては国賠法上の責任を追及した事案で，F・GにAに対して慰謝料100万円の支払いを命じたが，Aの両親B・Cには，本件での被害は心因性ストレス障害などにまでは及ばないとしてB・C固有の慰謝料請求権を否定。また，区にも国賠法上の責任を否定。
【判　旨】
「原告A子は，本件事故により頭部を負傷し，約2か月間の経過観察及び治療を必要としたこと，原告A子は何らの過失もなく本件事故に遭遇していること，本件事故後の原告らに対する被告Fらの対応は良好なものとはいえないこと等本件に顕れた諸般の事情を総合勘案すると，本件事故により原告A子の受けた精神的苦痛を慰謝するには100万円が相当であると認められる。」
（自賠法3条関連）
＊大阪地判昭和46・2・8交民集4巻1号194頁……自賠法3条の運行供用者Aの被用者Bの過失で死亡したC（3歳・女）の母DはAに対する損害賠償請求権を取得し，Dは自賠法16条1項による直接請求が出来る。
＊大阪地判平成1・10・20交民集22巻5号1159頁……妻Bの脇見運転で電柱に衝突し，助手席の夫Aが死亡した事故で，Aに自賠法3条の「他人性」を認めなかった事例。

# ◆第7章◆ 債務不履行と遺族固有の慰謝料

## 7-1 総説

債務不履行を理由にした損害賠償請求にも，請求権競合型の発想で，710条・711条の準用が理論的に認められている。結果的に最高裁判例は否定例が公表されているだけであるが，下級審裁判例は多様である。

## 7-2 具体例

［最高裁］
【否定例】
＊最一小判昭和55・12・18民集34巻7号888頁……安全保証義務違背の債務不履行により死亡したA（31歳・男。会社員）の遺族は固有の慰謝料請求権を有しない。破棄自判。
【判旨】
「原審が認容した請求は不法行為に基づく損害賠償請求ではなくこれと択一的に提起された被上告人らが亡Aに対して負担すべき同人と被上告人O塗装株式会社との間の雇傭契約上の安全保証義務違背を理由とする債務不履行に基づく損害賠償請求であることが原判決の判文に照らして明らかであるから，所論中前者の請求であることを前提として原判決の判断を非難する部分は理由がない。ところで，債務不履行に基づく損害賠償債務は期限の定めのない債務であり，民法四一二条三項によりその債務者は債権者からの履行の請求を受けた時にはじめて遅滞に陥るものというべきであるから，債務不履行に基づく損害賠償請求についても本件事故発生の翌日である昭和四三年一月二三日以降の遅延損害金の支払を求めている上告人らの請求中右遅滞の生じた日以前の分については理由がないというほかはないが，その後の分については，損害賠償請求の一部を認容する以上，その認容の限度で遅延損害金請求をも認容すべきは当然である。（中略）次に，上告人らは子である亡Aを失つたことによる精神的苦痛に対する慰藉料としてそれぞれ一二五万円の支払を求め，原審は上告人ら各自につき五〇万円の限度でこれを認容しているが，亡Aと被上告人らとの間の雇傭契約ないしこれに準ずる法律関係の当事者でない上告人らが雇傭契約ないしこれに準ずる法律関係上の債務不履行により固有の慰藉料請求権を取得するものとは解しがたいから，上告人らは慰藉料請求権を取得しなかつたものというべく，したがつて，右五〇万円について前記期間の遅延損害金請求を棄却した原判決は結局正当である。」

［高裁］
【肯定例】
＊大阪高判昭和61・3・27判時1220号80頁……髄膜炎で死亡したA（事故時0歳・死亡時2歳・女）の両親B・CがY病院の債務不履行を理由に損害賠償請求し，慰謝料につき，A本人分800万円，B・C固有の慰謝料各100万円を認容。
【事実】
「（一）昭和53年12月28日午後3時過ぎ，Aに39度6分の熱が出たため，被控訴人らはAを産科のS医院へ連れて行ったところ，風邪と診断され，抗生物質を含んだ注射をして貰い，オレンジ色の粉薬を貰った。翌29日にはAの症状も好転し，母乳も普段と変わりなく飲み，同児の状態は良好であった。しかし30日には，再びAの体温が38度まで上り，全身的な身体の反応も鈍いようであった。そこで被控訴人らはS医院の医師が旅行で不在のため，小児科医のU医院へ同児を連れて行ったが，やはり風邪と診断され，オレンジ色の水薬と解熱剤である坐薬を貰った。そして翌31日には笑

## 〈第7章〉債務不履行と遺族固有の慰謝料

うなどの反応も出て再びAの状態は好転し，母乳も元気なときと同程度に飲んだ。

　（二）しかしながら翌1月1日には早朝から，Aは奇妙な泣き声をあげ，母乳を飲もうとせず，また体温も38度を超えたため，被控訴人らはU医院で貰った右坐薬を投与したところ，下痢便を出しはしたが，その後同児の哺乳力が元気なときと変らないものとなった。ところが，同日昼過ぎ頃Aは生まれて初めて乳を吐いたうえ，いつもであれば母乳を飲んだ後はすぐ寝るにもかかわらず，仲々寝つかず，普段とは違った泣き方をし，その際右耳の上辺りに手を当てるような仕種を盛んにし，同日午後3時頃には唇の色がなくなり，顔色も薄い土色となって来た。

　（三）そこで被控訴人らは同日午後3時過ぎ頃AをZ診療所へ連れて行った。同所の当直医のT医師は被控訴人らからAのZ診療所へ来るまでの症状経過を聞きながらAの診察にあたったが，そのときのAはいわゆる嗜眠状態（半ば眠ったような状態）で元気がなく，顔色は土色で唇が乾燥し，肺に乾性ラ音があるうえ，大泉門が隆起していた。右診察の結果，同医師は，Aの症状は単なる風邪ではなく，気管支炎や髄膜炎等の可能性も考えたが，頸部の硬直，頻回の嘔吐や哺乳力の低下といった髄膜炎を示す他の症状がないので，とりあえず不明熱の診断をし，他医の薬が1日半残っていると聞いたので薬は出さないことにした。そしてAの症状の経過を観察することとし被控訴人らに対し水分の補給を充分にしたうえ嘔吐や哺乳力の低下に注意し，容態に変化がある場合には直ちに来所する旨指示して帰院させたうえ，再受診したときの担当医が重要な症状を見落さないように，患者に対する注意指示を記載した部分ではあったが，カルテに「大泉門隆起（＋）」と記載した。

　（四）Z診療所から帰宅した後，一旦はAの顔色もやや良くなり，同日午後8時前には，哺乳量はやや少ないとはいえ20分程母乳を飲んだ。しかしその際体温が多少上昇し，哺乳直後に目を見開くようにするかと思えば，上の方へつりあげたり，或いは体全体を弓なりにするような痙攣が約10分間程続いた。そこで被控訴人らは同日午後8時50分頃，救急車を呼んだが，この時刻には診療所は開いていなかったため，救急隊員らが県立N病院を含む方々の病院に連絡をとったが，いずれもその受入を拒否された後，ようやくY病院が受入れてくれることになった。

　（五）もっともY病院で同日当直していたH医師は，精神科，神経科が専門で医師としての経験も1年半と少なかったところ，救急隊本部より連絡を受けた事務員から，患者は2才の幼児で熱性痙攣の疑いがあると聞き，自己の専門領域と関連性のある病状であったため，その受入を受諾した。しかし同日午後9時5分頃吉田病院に搬送されてきたAが，予想に反しまだ生後3か月にも満たない乳児であるうえ元気のない症状を診て同医師は適切な診療を行う自信が持てなかった。そこで被控訴人らに対し診療の自信がない旨告げたうえ，同児の転送を考え，事務員を通じて他の医療機関に連絡をとったが，その受入をそれぞれ拒否された。やむなくH医師は近くの小児科医に来て貰う旨被控訴人らに告げ，事務員を通じてY病院勤務の医師らに診察を依頼し，ようやく先輩医師のF医師と連絡がとれ，同児の症状を簡単に説明したところ，同医師から診察に赴く旨の承諾を得た。F医師は外科専門医であるが小児科の救急診察の経験を有していた。H医師はとりあえずF医師が来るまでの間Aを診察することとし，被控訴人らから前記のとおり12月28日からY病院来院に至るまでのAの症状及びその経過につき説明を受け，同児の体温，脈，体重を測定したが異常と認めるものもなかったものの，同児の反応が鈍く，またその眼に異常を感じた（眼球運動異常の疑い）。そして同医師は，前記Aの体温の上昇傾向を考え，同児にインダシン坐薬（12.5ミリグラム）を投与した。

　その後F医師が同日午後10時ころ，Y病院に到着し，直ちにAの診察に当たり，まず被控訴人らからH医師が聴取したと同程度の説明を受けた。そしてAには，全身状態不良で，顔色等も悪く軽い脱水症状を認めたものの，頸部の硬直はなく，膝蓋腱反射も正常で，肺にも雑音を認めなかった。ただH，F両医師とも右各診察に際しAの大泉門が膨隆していることを看過していた（因に大泉門の膨隆は著名な脱水症状のない限りへこむことはない）。F医師はAの症状を風邪と診断し，抗生物質であるセンセファリンを主剤として，E・E（エンテロノン・アール＝整腸剤），スルピリン（解熱剤）及びアレルギン（抗ヒスタミン剤）を加えた内服薬4日分を処方し，更に解熱剤として，インダシン坐薬をつけ加えて，被控訴人らに対し，Aを入院させる必要はなく，右薬の投与と水分及びミルクの補給を必ずするよう教示し，そのまま帰宅させようとした。そしてH医師はF医師の右診察が終った時点で，Aの転送の必要性がないとして救急隊員に対し帰ってよい旨の許可をした。

　しかし，被控訴人らはAの哺乳力が低下しているうえ，その反応が鈍いなど全身状態が不良で，来院前に痙攣も生じたこと，そして同日が1月1日であることを慮り，F医師に同病院への入院を強く要請した（被控訴人らは同医師を小児科専門医と考えていた）ため，ようやく同日午後11時頃その入院が許可されるところ

〈7-2〉具 体 例

となった。なお右入院許可直前にも，Aは元気なときであれば前記お乳を飲んだ時間からすると母乳を飲む時間であるにも拘らず，H医師が持ってきた湯ざましを飲むこともなく，また母乳を飲むこともしなかった。入院後H医師は抗生物質を水に溶き藍に飲ませようとしたが，同児はそれを吐き出すなどして飲まなかった。そこで同日午後12時頃同児に鼻腔カテーテルを施し，それにより五パーセントブドウ糖液（20ミリリットル）に，前記F医師が処方した薬を混入させて投与した。右投与により，やや藍の状態が好転したものの，同児の全身状態は不良で，顔色も悪く，うとうと浅眠するような状態が続いた。その後の翌2日午前3時頃，Aは開眼，閉眼を繰り返すなど，その眼の動きに異常が認められ，そのような状態が暫く継続した。そして同午前4時45分頃，前記鼻腔カテーテルを使用してAに5パーセントブドウ糖液（40ミリリットル）が投与され，同5時45分頃再び前記F医師の処方した薬を五パーセントブドウ糖液（10ミリリットル）に混入したうえで，右装置で投与しているが，最後のブドウ糖の大部分は，口から吐き出してしまった。右処置後Aに前日来院前に生じたと同様の痙攣が起こり，その痙攣発症時間も徐々に長くなっていた。同じ頃同児は全身に汗をかいたので，被控訴人Cが頭の汗をふきとっているとき，大泉門が眼で見て判る程にほこんと出ているのに気付き，その頃（午前6時頃）来診に来たH医師にその旨告げた。H医師は直ちに同児のような乳児を扱い慣れている産婦人科のD医師に応援を依頼した。D医師は，同午前7時頃来院し，直ちにAの診察に当り，同児の直腸へ5パーセントブドウ糖液を6ミリリットル投与し，右D医師と相前後してF医師もAの急変を聞きつけて駆けつけ，直ちにAを診察したが，その際同児の下股に硬直を，また大泉門に膨隆を認め，また同児の肺呼吸音が鈍く，対光反射がはっきりしないことを認めた。右のようなAの症状及びその経過からF医師はAの病状につき髄膜炎の疑いが濃いものと考え，直ちに小児科医師のいる医療機関に連絡をとるなどして，結局同午前9時30分頃県立N病院へ同児を転送した。

（六）県立N病院では，前日の1月1日からの当直医であり，当直終了後も勤務していた小児科専門医のO医師が，同月2日午前9時50分Aの診察を行った結果（その際大泉門はやや膨隆と触診した。），同児の病気を重度の髄膜炎で仮に生命をとりとめてもかなりの後遺症が残る（脳死の可能性もある）と診断した。そして確定診断と治療方針決定のためルンバール検査が実施されたが，その結果同児の罹患した病名は化膿性髄膜炎（その起炎菌はグラム陽性のα型溶血性連鎖球菌）と判明した。そしてその後化膿性髄膜炎の後遺症として水頭症，脳性小児麻痺（片麻卑型）となり身体障害一級と認定された。

なお被控訴人らはAに高度の後遺症が残ることが判明した同月14，5日医師に対しAに対する積極的な加療をしない旨申入れ，同月16日からは抗生物質の投与が中止されたが，幸い髄膜炎の再発はなく，同年3月と8月の2回にわたり同病院の脳外科でVIPシャント術を施行し，同年10月1日退院できた。しかし同児は同56年3月6日急性肺炎にて死亡した」。

【判　旨】

「控訴人N市はその履行補助者たるT医師の過失により，控訴人G会はその履行補助者たるF医師の過失により前記各診療契約上の債務不履行があったと解されるから，A及び被控訴人らが蒙った後記損害を賠償すべき責任がある」。（中略）「Aは前記重篤な後遺症を残し2年後に死亡するに至ったこと，化膿性髄膜炎は難治性の疾患であること，その他本件諸般の事情を総合考慮すると，Aに対する慰藉料は800万円と算定するのが相当である」。（中略）「被控訴人らはAの両親であるところ，前示経過により愛児を失った精神的苦痛は推測するに難くなく，前記認定の諸般の事情に徴すると，被控訴人らに対する慰藉料は各100万円と算定するのが相当である」。

＊大阪高判平成9・12・4判時1637号34頁，判夕977号204頁（姫路日赤病院事件。最二小判平成7・6・9の差戻し控訴審。被害者生存事例）……昭和49年12月に出生した未熟児Aが未熟児網膜症に罹患し，その両親B・CがY公立病院を提訴した事案で，その時点でのY病院の「医療水準」では履行補助者である担当医師Zには眼底検査義務，診断治療義務，転医義務などがあり，Zにはそれに違反する過失があったと認め，Yの債務不履行責任を肯定した上で，慰謝料につき，A本人分1,500万円，Aの両親B・C固有分各150万円を認容。医療水準論に関する重要判例。

【判　旨】

「控訴人Aは，本症による両眼の高度視力障害により生涯にわたり社会生活及び日常生活において制約を受けるものであり，その精神的苦痛は極めて大きいものがある。しかし，本症は，生後間もない未熟児に発症するもので，その発症原因として網膜血管の未熟性を第一に挙げられているほか，光凝固法による適期の治療がなされたとしても，控訴人Aの両眼の視力を完全に回復していたかどうかについて不確定な要素が全くないとはいえないから，これらを慰謝料額算定の一要素として考慮するのが相当である。その他，先にみた被控訴人側の過失の程度，そのほか本件にあらわれた一切の事情を考慮して，被控訴人が控訴人Aに支払

〈第7章〉債務不履行と遺族固有の慰謝料

うべき慰謝料は1,500万円をもって相当と認める。
　控訴人B及び同Cは、親として控訴人Aに対して抱いてきた不安は、控訴人Aの生命が侵害された場合に比して劣るものではなく、先にみた事情を斟酌して、被控訴人が控訴人B及び同Cに対し支払うべき慰謝料は各150万円をもって相当と認める。」

【否定例】
＊東京高判平成11・9・16判タ1038号238頁……病気で両下肢大体切断をして長期入院中の患者A（72歳・男）がベッドから転落し、死亡した事故で、病院の過失を認めた上で、債務不履行に基づく損害賠償請求ではAの遺族固有の慰謝料請求権は認められないとされた事例。A本人分の慰謝料300万円を認容し、それを遺族である3人の子供が各100万円ずつ相続することだけを認容。

【判　旨】
　「本件損害賠償請求は、債務不履行責任に基づくものであるところ、債務不履行に基づく損害賠償請求においては、遺族固有の慰謝料請求権を認めることはできないから、一審原告らの右慰謝料請求は理由がない。」

［地裁］
【肯定例】
　いずれも自衛隊での事故事例で関係者が多数なので、少し詳しく、「事実」も引用する。

＊東京地判昭和53・8・22判時920号146頁、判タ381号139頁。
【事　実】
　亡A、同B、同C、同D、同Eがいずれも本件事故当時、陸上自衛隊第一特科大隊第一中隊所属の自衛官であったこと、原告ら主張の日時場所で、右第一中隊長S一尉の命により宿営地へ隊員輸送中であった亡E運転の本件事故車（《証拠略》によると、本件事故車は二・五トントラックであることが認められる。）が国鉄御殿場線下り列車と衝突し、そのため本件事故車に同乗していた右第一中隊に所属する隊員一二名中、亡A、同Eが即死し、同B、同C、同Dが受傷して同日死亡した」。

【判　旨】
　「亡Dは本件事故時車長として本件事故車の安全運行につき指揮監督権限と責任を有し、右の職務に従事していたものというべきである。そうだとするならば、亡Dは被告の安全配慮義務の履行補助者にあたるものといわざるを得ない。（中略）被告は債務不履行の場合には遺族固有の慰藉料請求権は認められないと主張するが、債務不履行の場合といえども右不履行と相当因果関係にあるものとして原告ら遺族固有の慰藉料請求権が認められるものと解するのが相当である」。

＊東京地判昭和53・8・29労働判例305号12頁。
【事　実】
　「亡Aが本件事故当時陸上自衛隊第四施設大隊第一中隊所属の自衛官であり、陸士長であったこと、原告主張の日時場所において、右第四施設大隊第一中隊長の命令によって兵員輸送にあたっていたB士長運転の本件事故車が、折から対面進行してきた訴外C運転の大型貨物自動車と接触し、そのため本件事故車に同乗していた亡Aが死亡したことは、いずれも当事者間に争いがない」。

【判　旨】
　「被告は、原告らと被告との間に債権債務関係は存しないので、原告らが被告の債務不履行を理由として原告ら固有の慰藉料を請求することはできない旨主張するが、本件安全配慮義務に基づく損害賠償請求権といえども、右債務不履行と相当因果関係にある以上、原告ら遺族固有の慰藉料請求権が認められるものと解するのが相当であるから、被告の右主張は採用できない」。

＊東京地判昭和53・9・5判時920号156頁。
【事　実】
　「亡Aが本件事故当時、陸上自衛隊第三三一会計隊所属の自衛官で一等陸士であつたこと、原告ら主張の日時場所で、B一尉運転の本件事故車が対向走行してきた訴外C運転の8トントラックと衝突し、そのため本件事故車に同乗していた亡Aが受傷し、翌日死亡したことは、いずれも当事者間に争いがない」。

【判　旨】
　「被告は債務不履行の場合には、遺族固有の慰藉料請求権は認められないと主張するが、債務不履行の場合といえども右不履行と相当因果関係にあるものとして、原告ら遺族固有の慰藉料請求権が認められるものと解するのが相当である」。

＊東京地判昭和53・11・30交民集11巻6号1753頁。
【事　実】
　「亡Aが（中略）本件事故当時は同自衛隊第一〇二施設大隊に所属する一等陸士であつたこと、同人は陸上自衛隊第一施設群一般命令及び第一〇二施設大隊一般命令に基づき、昭和40年7月14日から同年9月15日までの予定で実施された演習場整備工事に従事していたが、同年8月1日同大隊第一中隊第二小隊長長谷場二尉の命により暗渠型枠設置作業実施のため、同中隊Bの運転する本件事故車に小隊員17名と共に乗車して北海道野付郡別海村の作業隊宿舎から午前7時25分ころ作業現場に向け出発したこと、ところが、出発後約900メートル先の同村字新富77番16号先の三叉路を右折し終つた際、本件事故車の方向指示器が元に戻らな

〈7-2〉具 体 例

くなり，右Bにおいて方向指示器を元に戻そうとその操作に気を奪われているうちに，車が道路左側に寄りすぎたため，同車を道路右側へ寄せようとしたが，路肩が軟弱なためハンドル操作の自由を失い，車が更に道路左側に寄つたので急ブレーキをかけたところ，一瞬停止した後左に傾き，路肩が崩れ1.5メートル下の湿地帯に転落して転覆し，その際亡Aは同人らが乗車していた荷台に積載されていた板材と本件事故車の鉄製幌枠との間に胸部及び大腿部をはさまれ，窒息により即死した」。
【判旨】
　「被告は債務不履行の場合には遺族固有の慰藉料請求は失当であると主張するが，債務不履行の場合といえども右不履行と相当因果関係にあるものとして，亡D及び原告Eの遺族固有の慰藉料請求権が認められるものと解するのが相当である」。
【否定例】
＊最一小判昭和55・12・18民集34巻7号888頁……安全保証義務違背の債務不履行により死亡したA（31歳・男。会社員）の遺族は固有の慰藉料請求権を有しない。破棄自判。
【判旨】
　「原審が認容した請求は不法行為に基づく損害賠償請求ではなくこれと択一的に提起された被上告人らが亡Aに対して負担すべき同人と被上告人O塗装株式会社との間の雇傭契約上の安全保証義務違背を理由とする債務不履行に基づく損害賠償請求であることが原判決の判文に照らして明らかであるから，所論中前者の請求であることを前提として原判決の判断を非難する部分は理由がない。ところで，債務不履行に基づく損害賠償債務は期限の定めのない債務であり，民法412条3項によりその債務者は債権者からの履行の請求を受けた時にはじめて遅滞に陥るものというべきであるから，債務不履行に基づく損害賠償請求についても本件事故発生の翌日である昭和43年1月23日以降の遅延損害金の支払を求めている上告人らの請求中右遅滞の生じた日以前の分については理由がないというほかはないが，その後の分については，損害賠償請求の一部を認容する以上，その認容の限度で遅延損害金請求をも認容すべきは当然である。（中略）次に，上告人らは子である亡Aを失つたことによる精神的苦痛に対する慰藉料としてそれぞれ125万円の支払を求め，原審は上告人ら各自につき50万円の限度でこれを認容しているが，亡Aと被上告人らとの間の雇傭契約ないしこれに準ずる法律関係の当事者でない上告人らが雇傭契約ないしこれに準ずる法律関係上の債務不履行により固有の慰藉料請求権を取得するものとは解しがたいから，上告人らは慰藉料請求権を取得しなかつたものと

いうべく，したがつて，右50万円について前記期間の遅延損害金請求を棄却した原判決は結局正当である。」
[地裁]
＊甲府地判昭和46・10・18判時655号72頁……Y医師の過失により，妊娠中絶手術のための全身麻酔で患者A（31歳・女。主婦）が死亡した事故で，711条は債務不履行に基づく遺族固有の慰藉料は債務不履行による損害賠償に類推適用または準用されないと判示（不法行為ではAの夫Bに80万円，3人の子C・D・Eに各20万円の固有の慰藉料を容認）。
【判旨】
　「原告らはAの死亡による各人独自の慰藉料を，右契約による債務の履行不能と因果関係のある損害であると主張する。しかしながら契約上の債務不履行に基づく損害賠償請求権は，契約当事者たる債権者において成立するのを原則とし，第三者に生じた損害は，特別の事情に因り生じた旨の立証がない限り，右損害賠償の範囲には含まれないものというべく，この意味において，民法711条の規定は，債務不履行に基づく損害賠償について類推適用または準用されないと解するのを相当とする。」（中略）原告らは第2次請求として被告の不法行為による損害賠償を請求している。（中略）本件においては，被告は使用者としての責任を免れず，結局被告は原告らの精神的な損害についてこれを慰藉すべき義務があるといわなければならない。（中略）本件において認定した諸般の事情を考慮すると，Aを喪った原告らの精神的打撃は甚大なものと察するに余りあるが，反面，時永医師ほか病院従業員らが志希子の命をとりとめるべく必死の努力をしたことも明らかであり，結局，原告らの精神的苦痛を金銭をもって慰藉するには，原告Bにつき金80万円，他の3名の原告につき各金20万円が相当であると認める。」
＊東京地判昭和54・4・27交民集16巻4号936頁……自衛隊のジェット機が会場に墜落し，パイロットAが死亡した事故で，Aの妻子B・Cが固有の慰藉料を請求したことに対し，本件は国YとAとの間の安全配慮義務違反に関するもので，契約当事者でないB・Cは固有の慰藉料請求権を有することはないとして否定。
＊東京地判昭和55・5・14訟務月報26巻9号1513頁，判時971号75頁，判タ424号131頁……債務不履行を理由としては遺族固有の慰藉料は認められないとして否定。
＊東京地判平成18・6・23判時1983号97頁，判タ1246号274頁……E病院で医師Yの診察を受けたA（45歳・女。主婦兼パートタイマー）が，Yの誤診により癌であるとされて左乳房を摘出し，一定の後遺症も残った手術で，Yの過失と債務不履行・不法行為の請求権競合を認め，Eの使用者責任も認めた上で，A本

## 〈第7章〉債務不履行と遺族固有の慰謝料

人につき，乳房再建慰謝料60万円・入通院慰謝料115万円・後遺症慰謝料290万円計465万円を認めたが，Aの夫Bについては，Aへの慰謝料と別個に算定するほどの精神的被害はなかったとしてBの固有の慰謝料を否定。

＊京都地判平成20・2・28判時2025号33頁……K市営の高齢者向け優良賃貸住宅に入居しているAの急病で緊急時対応サービス契約に基づいて現場に急行した担当者が，市からAの部屋の合鍵と異なる鍵を預けられていたために，Aの息子Bが駆けつけるまで部屋に入れず，結果的にAが室内で死亡していた事例で，Aの精神的損害は認めたが，K市とBとの間には契約上の権利義務関係がないとしてBの固有の慰謝料請求を否定。

# 判例索引

**最高裁判所**

大判明治40・5・28刑録13輯500頁……………190
大判明治43・10・3民録16輯621頁……………165
大判明治44・4・13刑録17輯569頁……………13
大判大正3・6・5民録20輯453頁………………145
大判大正3・10・29民録20輯834頁………………8
大判大正4・10・6民録21輯1612頁………………7
大判大正5・9・16民録22輯1796頁………………9
大判大正8・6・5民録25輯962頁………………165
大判大正13・12・2民集3巻522頁………………13
大判大正15・2・16民集5巻150頁………………165
大判大正15・2・26民集5巻150頁………………137
大判昭和2・5・30新聞2702号5頁………………166
大判昭和3・3・10民集7巻152頁，新聞2838号
　6頁………………………………………………9,138
大判昭和4・5・2法律学説判例評論全集18巻
　民訴344頁………………………………………166
大判昭和7・10・6民集11巻2023頁……9,135,190
大判昭和8・5・17新聞3561号13頁………………166
大判昭和11・5・13民集15巻861頁………………189
大判昭和12・8・6判決全集4巻15号10頁……166
大判昭和16・12・27民集20巻1479頁……………163
大判昭和17・7・31新聞4795号10頁……………167
最二小判昭和31・7・20民集10巻8号1079頁
　………………………………………………………160
最三小判昭和33・8・5民集12巻12号1901頁
　………………………………………………………241
最一小判昭和37・4・26民集16巻4号975頁
　……………………………………………………143,163
最二小判昭和39・1・24民集18巻1号121頁…241
最三小判昭和39・6・24民集18巻5号854頁…138
最三小判昭和39・6・24民集18巻5号874頁…19
最二小判昭和39・9・25民集18巻7号1528頁
　………………………………………………………143
最一小判昭和41・12・1民集20巻10号2017頁
　……………………………………………………143,163
最三小判昭和42・6・13民集21巻6号1447頁
　……………………………………………………242,243
最大判昭42・11・1民集21巻9号2249頁………170
最一小判昭和42・11・30判時501号70頁………176
最一小判昭和43・4・11民集22巻4号862頁
　……………………………………………………189,242
最三小判昭和43・5・28裁判集民91号125頁…176
最二小判昭和43・8・2民集22巻8号1525頁
　………………………………………………………19,177
最一小判昭和43・9・19民集22巻9号1923頁
　………………………………………………………243

最一小判昭和43・10・3判時540号38頁……13,158
最二小判昭和43・12・20裁判集民93号739頁…20
最二小判昭和44・2・28民集23巻2号525頁，
　判時547号3頁，判タ232号108頁……………13
最一小判昭和44・4・22判時558号57頁………244
最二小判昭和44・10・31交民集2巻5号1238頁
　………………………………………………………158
最二小判昭和44・10・31交民集2巻5号1238頁，
　裁判集民97号143頁……………………………177
最一小判昭和45年2月26日裁判集民98号255頁
　………………………………………………………17
最三小判昭和45・4・21交民集3巻2号343頁
　………………………………………………………178
最一小判昭和45・7・16交民集3巻4号1003頁
　………………………………………………………148
最二小判昭和45・7・24民集24巻7号1177頁
　………………………………………………………143
最一小判昭和46・3・18交民集4巻2号379頁
　………………………………………………………148
最三小判昭和46・11・9民集25巻8号1160頁
　………………………………………………………148
最三小判昭和46・11・16民集25巻8号1209頁
　………………………………………………………148
最一小判昭和47・5・25民集26巻4号780頁
　……………………………………………………134,156
最三小判昭和49・12・17民集28巻10号2040頁
　………………………………………………………237
最三小判昭和49・12・17民集28巻10号2040頁
　………………………………………………………232
最三小判昭和50・1・31民集29巻1号68頁……143
最二小判昭和53・10・20民集32巻7号1500頁
　………………………………………………………143
最一小判昭和55・11・27民集34巻6号815頁
　………………………………………………………143
最一小判昭和55・12・18民集34巻7号888頁
　……………………………………………………275,279
最一小判昭和56・10・8裁判集民134号39頁，
　交民集14巻5号993頁，判時1023号47頁，
　判タ454号80頁………………………………20,141
最二小判昭和58・4・15交民集16巻2号284頁
　……………………………………………………178,190,232
最三小判昭和59・10・9判時1140号78頁，
　判タ542号196頁…………………………………138
最二小判平成1・12・22交民集22巻6号1259頁
　……………………………………………………143,163
最三小判平成3・11・19交民集24巻6号1352頁
　………………………………………………………149

## 判例索引

最大判平成 5・3・24 民集 47 巻 4 号 3039 頁 …… 142
最三小判平成 5・9・21 判時 1476 号 120 頁,
　判タ 832 号 70 頁, 裁判集民 169 号 793 頁 ……… 20
最二小判平成 7・1・30 民集 49 巻 1 号 211 頁 …… 143
最三小判平成 7・5・30 裁判集民 175 号 319 頁,
　判時 1553 号 78 頁, 判タ 897 号 64 頁 ………… 244
最二小判平成 11・10・22 民集 53 巻 7 号 1211 頁
　………………………………………………………… 142
最三小判平成 14・9・24 裁判集民 207 号 175 頁,
　判時 1803 号 28 頁, 判タ 1106 号 87 頁 ……… 151
最二小判平成 16・12・20 交民集 37 巻 6 号 1489 頁,
　判時 1886 号 46 頁 ………………………………… 142
最三小判平成 17・6・14 民集 59 巻 5 号 1054 頁
　………………………………………………………… 140
最三小判平成 21・4・28 民集 63 巻 4 号 853 頁 … 162
最一小判平成 22・9・13 民集 64 巻 6 号 1626 頁
　………………………………………………………… 142
最二小判平成 22・10・15 裁判集民 235 号 65 頁,
　裁判所時報 1517 号 4 頁 ………………………… 143

### 高等裁判所

東京控判大正 5・2・17 新聞 1110 号 24 頁 ……… 190
東京控判大正 5・6・15 新聞 1154 号 21 頁 ………… 8
大阪控判大正 7・3・6 新聞 1386 号 19 頁 ………… 11
東京控判大正 8・6・20 評論 6 巻民法 751 頁
　…………………………………………………… 158, 190
東京控判大正 9・3・13 新聞 1692 号 15 頁 ……… 11
東京控判大正 9・11・29 新聞 1802 号 17 頁,
　評論 9 巻民法 1134 頁 …………………………… 190
東京控判大正 14・6・5 新聞 2444 号 9 頁,
　評論 14 巻民法 559 頁 ……………………… 14, 158
東京控判昭和 8・5・26 新聞 3568 号 5 頁 …… 17, 167
朝鮮高等法院昭和 14・2・14 評論 28 巻民法 919 頁
　………………………………………………………… 190
東京高判昭和 30・11・26 下民集 6 巻 11 号 2470 頁
　………………………………………………………… 245
高松高判昭和 32・6・26 下民集 8 巻 6 号 1182 頁
　…………………………………………………………… 14
大阪高判昭和 35・1・20 高民集 13 巻 1 号 10 頁
　………………………………………………………… 167
東京高判昭和 36・7・5 高民集 14 巻 5 号 309 頁,
　家裁月報 14 巻 2 号 123 頁 ……………………… 231
東京高判昭和 38・9・17 民集 21 巻 9 号 2274 頁
　………………………………………………………… 169
東京高判昭和 39・7・3 下民集 15 巻 7 号 1716 頁
　…………………………………………………… 22, 247
東京高判昭和 40・6・10 判タ 180 号 129 頁 ………… 8
東京高判昭和 43・2・22 判タ 223 号 170 頁 …… 247
大阪高判昭和 43・3・27 判タ 222 号 187 頁 …… 247
東京高判昭和 44・3・28 交民集 7 巻 4 号 97 頁 … 22
東京高判昭和 44・10・8 交民集 2 巻 5 号 1434 頁,
　判タ 244 号 264 頁 ………………………………… 17
東京高判昭和 44・10・8 交民集 2 巻 5 号 1434 頁
　…………………………………………………………… 23
東京高判昭和 45・6・12 判タ 254 号 262 頁 …… 247
東京高判昭和 45・8・1 下民集 21 巻 7 = 8 号
　1099 頁, 訟務月報 16 巻 8 号 851 頁, 判時
　600 号 32 頁, 判タ 252 号 73 頁 ……………… 156
東京高判昭和 46・1・29 交民集 4 巻 1 号 47 頁 … 169
東京高判昭和 46・3・30 判時 629 号 64 頁 ……… 23
名古屋高判昭和 46・7・15 交民集 4 巻 4 号 1017 頁
　…………………………………………………… 159, 178
東京高判昭和 47・3・31 判時 663 号 65 頁 …… 179
大阪高判昭和 47・11・29 判時 697 号 55 頁 …… 151
東京高判昭和 47・11・30 交民集 5 巻 6 号 1513 頁
　………………………………………………………… 247
仙台高判昭和 48・11・8 交民集 7 巻 6 号 1630 頁
　………………………………………………………… 232
東京高判昭和 49・2・27 交民集 7 巻 1 号 60 頁 … 263
大阪高判昭和 49・6・17 判タ 311 号 159 頁 …… 228
高松高判昭和 49・11・27 判時 764 号 49 頁,
　判タ 318 号 255 頁 …………………………… 24, 247
大阪高判昭和 49・11・27 下民集 25 巻 9 = 12 号
　954 頁 ………………………………………………… 263
東京高判昭和 55・11・25 下級民集 31 巻 9 = 12 号
　953 頁, 判時 990 号 191 頁, 判タ 428 号 183 頁
　………………………………………………………… 159
大阪高判昭和 56・5・29 交民集 18 巻 2 号 304 頁
　…………………………………………………… 25, 134
名古屋高判昭和 56・10・14 交民集 14 巻 5 号
　1023 頁 ………………………………………………… 25
福岡高判昭和 57・6・14 交民集 15 巻 3 号 603 頁
　…………………………………………………………… 26
高松高判昭和 57・6・16 判タ 474 号 221 頁 …… 191
東京高判昭和 58・6・15 判時 1082 号 56 頁,
　判タ 509 号 217 頁 ……………………………… 195
大阪高判昭和 58・9・20 判時 1101 号 48 頁,
　判タ 516 号 156 頁 ……………………………… 247
東京高判昭和 58・10・27 判時 1093 号 83 頁,
　判タ 516 号 143 頁 ……………………………… 191
東京高判昭和 59・2・28 判時 1112 号 54 頁 …… 247
東京高判昭和 59・3・28 東京高裁（民事）判決
　時報 35 巻 1 = 3 号 51 頁 ……………………… 233
札幌高判昭和 60・2・27 判タ 555 号 279 頁 …… 245
福岡高判昭和 60・8・16 判時 1163 号 11 頁,
　判タ 565 号 75 頁 ………………………………… 247
東京高判昭和 61・3・26 判タ 612 号 118 頁 … 26, 233
大阪高判昭和 61・3・27 判時 1220 号 80 頁 …… 275
名古屋高判昭和 61・12・26 判時 1234 号 45 頁,
　判タ 629 号 254 頁 ……………………………… 263

東京高判昭和 62・9・3 判時 1256 号 32 頁，
　判タ 663 号 172 頁················245
東京高判昭和 63・3・11 訟務月報 34 巻 12 号
　2561 頁，判時 1271 号 3 頁，判タ 666 号 91 頁
　·····························247
大阪高判昭和 63・3・28 判時 1287 号 80 頁········245
高松高判平成 1・1・23 交民集 24 巻 6 号 1348 頁
　······························27
仙台高判平成 1・1・27 交民集 22 巻 1 号 7 頁·····149
名古屋高判平成 1・2・21 判タ 702 号 259 頁
　·······················145,159,179
東京高判平成 1・3・29 交民集 22 巻 2 号 308 頁····26
広島高判平成 1・5・30 交民集 22 巻 6 号 1272 頁
　·····························139
名古屋高判平成 1・10・31 交民集 22 巻 5 号 1242 頁
　······························14
高松高判平成 1・12・25 交民集 24 巻 6 号 1363 頁
　······························28
高松高判平成 2・12・27 判タ 754 号 204 頁
　··························152,191
福岡高判平成 3・3・5 判時 1387 号 72 頁·····151,232
東京高判平成 4・12・18 高民集 45 巻 3 号 212 頁，
　判時 1445 号 3 頁，判タ 807 号 78 頁··········28
東京高判平成 4・12・18 訟務月報 40 巻 1 号 1 頁，
　判時 1445 号 3 頁，判タ 807 号 78 頁·········156
東京高判平成 5・9・19 交民集 26 巻 4 号 840 頁
　·····························247
東京高判平成 5・11・29 交民集 26 巻 6 号 1376 頁
　·····························233
札幌高判平成 6・1・27 判時 1522 号 78 頁········246
広島高判平成 6・3・16 判時 1503 号 74 頁，
　判タ 857 号 235 頁···················28,246
大阪高判平成 6・4・28 判タ 878 号 172 頁，
　労働判例 655 号 22 頁·················246
東京高判平成 7・7・18 交民集 28 巻 4 号 974 頁
　···························28,191
東京高判平成 7・8・31 判時 1571 号 74 頁········191
高松高判平成 8・2・27 判時 1591 号 44 頁，
　判タ 908 号 232 頁····················191
東京高判平成 8・6・25 交民集 29 巻 3 号 668 頁
　·····························191
福岡高判平成 8・9・12 判時 1597 号 90 頁·····28,246
大阪高判平成 8・12・12 判時 1603 号 76 頁····29,246
東京高判平成 9・6・26 交民集 30 巻 3 号 673 頁
　·····························191
大阪高判平成 9・9・19 判時 1630 号 66 頁········192
福岡高判平成 9・9・19 判タ 974 号 174 頁········192
名古屋高判平成 9・9・30 判時 1635 号 76 頁，
　判タ 960 号 244 頁····················192
大阪高判平成 9・12・4 判時 1637 号 34 頁，判タ
　977 号 204 頁·····················152,277
東京高判平成 9・12・26 判時 1637 号 27 頁·······192
東京高判平成 10・6・24 交民集 31 巻 3 号 642 頁
　···························29,192
仙台高判平成 10・8・5 判時 1678 号 91 頁·····29,246
東京高判平成 10・9・30 判タ 1004 号 214 頁······195
大阪高判平成 10・10・22 判時 1695 号 87 頁···29,195
東京高判平成 11・9・16 判時 1038 号 238 頁······278
東京高判平成 12・3・22 交民集 33 巻 2 号 445 頁，
　判時 1712 号 142 頁···················194
東京高判平成 12・11・8 判時 1758 号 31 頁，
　判タ 1106 号 176 頁，交民集 33 巻 6 号 1767 頁
　·····························233
東京高判平成 13・1・25 判時 1059 号 298 頁······159
東京高判平成 13・1・31 交民集 34 巻 1 号 1 頁
　···························30,192
東京高判平成 13・1・31 判タ 1071 号 221 頁
　··························153,246
東京高判平成 13・2・6 判時 1742 号 102 頁，
　判タ 1109 号 198 頁···················193
東京高判平成 13・5・30 判時 1794 号 57 頁，
　判タ 1095 号 225 頁···················247
東京高判平成 13・6・13 交民集 34 巻 3 号 562 頁
　······························30
東京高判平成 13・6・27 交民集 34 巻 3 号 572 頁
　···························31,192
大阪高判平成 13・7・26 判時 1797 号 51 頁，
　判タ 1095 号 206 頁···················195
福岡高判平成 13・8・30 判タ 1131 号 202 頁
　··························153,192
東京高判平成 13・9・12 判時 1771 号 91 頁····31,192
東京高判平成 13・9・26 判時 1779 号 29 頁·······247
東京高判平成 13・10・31 交民集 34 巻 5 号 1212 頁
　·····························194
大阪高判平成 14・4・17 交民集 35 巻 2 号 323 頁，
　判時 1808 号 78 頁····················194
高松高判平成 14・8・29 判時 1816 号 69 頁
　··························153,192
名古屋高判平成 14・10・31 判タ 1153 号 231 頁
　·······················32,153,193
東京高判平成 14・11・27 判時 1807 号 84 頁······147
大阪高判平成 15・1・31 交民集 36 巻 1 号 1 頁···179
東京高判平成 15・2・13 交民集 36 巻 1 号 6 頁
　···························32,194
東京高判平成 15・7・29 判時 1838 号 69 頁····32,246
大阪高判平成 15・10・24 判時 1850 号 65 頁，
　判タ 1150 号 231 頁···················154
東京高判平成 16・2・26 交民集 37 巻 1 号 1 頁
　···························33,193
福岡高判平成 16・3・23 判時 1867 号 63 頁，

判タ 1163 号 266 頁……………………33,149
仙台高判平成 16・5・28 判時 1864 号 3 頁
　……………………………………33,147,193
大阪高判平成 17・4・12 交民集 38 巻 2 号 315 頁
　……………………………………………229
大阪高判平成 17・9・13 判時 1917 号 51 頁……34,246
高松高判平成 18・1・19 判時 1945 号 33 頁,
　判タ 1226 号 179 頁……………………………154
高松高判平成 18・7・11 判タ 1280 号 313 頁……193
東京高判平成 19・3・27 判タ 1250 号 266 頁
　……………………………………34,154,193
大阪高判平成 19・4・26 判時 1988 号 16 頁……34,247
東京高判平成 19・9・20 判タ 1271 号 175 頁……194
東京高判平成 20・1・31 判時 2013 号 68 頁,
　判タ 1268 号 208 頁……………………………162
名古屋高判平成 20・2・28 判時 2009 号 96 頁……193
大阪高判平成 20・3・26 判時 2023 号 37 頁……34,247
福岡高判平成 20・4・22 判時 2028 号 41 頁……263
福岡高判平成 20・6・10 判時 2023 号 62 頁……233
福岡高判平成 20・8・25 判時 2032 号 52 頁……193
名古屋高判平成 20・9・17 労働判例 970 号 5 頁
　…………………………………………………193
東京高判平成 22・8・25 裁判所ウェブサイト……138

**地方裁判所**

大阪地判大正 6・3・8 新聞 1258 号 20 頁………11
大阪地判大正 6・4・28 新聞 1276 号 23 頁………136
名古屋地判大正 6・5・14 新聞 1304 号 29 頁……163
水戸地判大正 6・6・16 新聞 1311 号 28 頁,
　評論 6 巻民法 751 頁……………………………224
東京地判昭和 5・2・20 新聞 3094 号 14 頁,
　評論 19 巻民法 555 頁…………………………195
横浜地判昭和 6・8・10 新聞 3315 号 7 頁………163
大阪地判昭和 9・6・18 新聞 3717 号 5 頁………167
広島地呉支判昭和 12・2・9 新聞 4176 号 7 頁……195
東京地判昭和 12・3・29 新聞 4129 号 5 頁………195
東京地判昭和 16・3・5 評論 30 巻民法 546 頁……195
東京地判昭和 25・7・7 下民集 1 巻 7 号 1042 頁……14
札幌地判昭和 28・3・23 下民集 4 巻 3 号 415 頁……7
東京地判昭和 29・6・28 下民集 5 巻 6 号 965 頁……35
盛岡地判昭和 31・5・31 下民集 7 巻 5 号 1438 頁,
　判時 83 号 18 頁………………………………230
大阪地判昭和 31・10・22 不法行為下級民集 1 号
　246 頁……………………………………………8
東京地判昭和 32・1・24 不法行為下級民集
　昭和 32 年度（上）19 頁………………………195
神戸地洲本支判昭和 32・8・19 不法行為下級民集
　昭和 32 年度（上）197 頁……………………195
和歌山地御坊支判昭和 32・10・16 不法行為下級民集
　昭和 32 年度（上）247 頁………………………7

東京地判昭和 32・10・22 訟務月報 3 巻 12 号 47 頁
　…………………………………………………7
千葉地一宮支判昭和 32・11・15 不法行為下級民集
　昭和 32 年度（下）762 頁……………………248
東京地判昭和 32・12・23 下民集 8 巻 12 号 2395 頁
　…………………………………………………169
東京地判昭和 32・12・23 下級民集 8 巻 12 号
　2395 頁, 判時 136 号 10 頁……………………195
横浜地判昭和 33・5・20 下民集 9 巻 5 号 864 頁,
　判タ 80 号 85 頁……………………………248,260
東京地判昭和 34・5・27 下民集 10 巻 5 号 1064 頁,
　判時 189 号 10 頁………………………………14
仙台地判昭和 35・9・6 下民集 11 巻 9 号 1837 頁,
　判時 240 号 27 頁………………………………14
神戸地姫路支判昭和 35・12・27 判時 260 号 22 頁
　…………………………………………………248
横浜地判昭和 36・2・23 下民集 12 巻 2 号 335 頁
　………………………………………………224,232
福井地武生支判昭和 36・3・9 交通事故不法行為
　下民集昭和 36 年度 117 頁……………………248
東京地判昭和 36・3・11 判時 257 号 21 頁………248
神戸地尼崎支判昭和 36・3・28 交通事故不法行為
　下民集昭和 36 年度 164 頁……………………163
東京地判昭和 36・4・25 下民集 12 巻 4 号 866 頁,
　家裁月報 13 巻 8 号 96 頁, 判時 261 号 24 頁
　……………………………………11,136,229
千葉地佐倉支判昭和 36・6・30 交通事故不法行為
　下民集昭和 36 年度 295 頁……………………249
東京地判昭和 36・7・19 判時 269 号 23 頁………249
岐阜地高山支判昭和 36・9・5 交通事故不法行為
　下級民集昭和 36 年度 404 頁……………………14
広島高岡山支判昭和 37・1・22 下民集 13 巻 1 号
　53 頁……………………………………21,168
東京地判昭和 37・12・12 判タ 144 号 126 頁……14
大阪地判昭和 38・1・28 交通事故不法行為下民集
　昭和 38 年度 5 頁………………………………249
東京地判昭和 38・5・22 交通事故不法行為下民集
　昭和 38 年度 236 頁……………………………249
東京地判昭和 38・6・28 判時 345 号 44 頁………260
東京地判昭和 38・12・23 判時 364 号 35 頁,
　判タ 156 号 214 頁……………………………17
横浜地判昭和 39・2・17 下民集 15 巻 2 号 284 頁,
　判タ 159 号 193 頁……………………………233
名古屋地半田支判昭和 39・3・2 判タ 159 号 196 頁
　…………………………………………………196
神戸地判昭和 39・11・20 下民集 15 巻 11 号 2790 頁
　…………………………………………………11
大阪地判昭和 40・3・9 判タ 183 号 123 頁………249
東京地判昭和 40・5・10 下民集 16 巻 5 号 829 頁,
　判時 415 号 33 頁, 判タ 176 号 136 頁…………17

# 判 例 索 引

旭川地判昭和 40・5・19 下民集 16 巻 5 号 869 頁
　……………………………………………………35
東京地判昭和 40・5・24 下民集 16 巻 5 号 893 頁，
　判タ 178 号 160 頁…………………………7,229
東京地判昭和 40・12・20 判タ 187 号 189 頁……196
東京地判昭和 41・4・2 判タ 191 号 192 頁………250
大阪地判昭和 41・5・31 判時 465 号 52 頁，
　判タ 196 号 137 頁………………………36,237
大阪地判昭和 41・8・20 下民集 17 巻 7＝8 合併号
　709 頁，判タ 195 号 150 頁……………………12
東京地判昭和 41・10・6 下民集 17 巻 9・10 合併号
　922 頁，判時 459 号 3 頁，判タ 196 号 197 頁
　……………………………………………………235
東京地八王子支判昭和 41・11・16 判時 476 号 40 頁，
　判タ 200 号 113 頁……………………………145
東京地判昭和 42・1・19 判タ 205 号 159 頁………260
大阪地判昭和 42・4・19 下民集 18 巻 3・4 号 400 頁
　……………………………………………………36
東京地判昭和 42・4・24 判時 505 号 42 頁，
　判タ 206 号 159 頁……………………180,237
大阪地判昭和 42・5・26 判時 486 号 64 頁，
　判タ 208 号 197 頁……………………231,237
東京地判昭和 42・8・14 判タ 214 号 230 頁………261
東京地判昭和 42・9・27 判タ 211 号 170 頁………181
東京地判昭和 42・11・20 判時 499 号 27 頁，
　判タ 208 号 197 頁……………………234,238
東京地判昭和 42・12・25 判時 504 号 70 頁，
　判タ 216 号 175 頁……………………………181
東京地判昭和 43・1・25 交民集 1 巻 1 号 50 頁
　…………………………………………………37,182
仙台地判昭和 43・2・7 判時 521 号 74 頁…………11
東京地判昭和 43・2・13 民集 25 巻 8 号 1312 頁
　……………………………………………………180
東京地判昭和 43・6・20 交民集 1 巻 2 号 684 頁
　……………………………………………………139
東京地判昭和 43・7・20 判時 529 号 63 頁，
　判タ 225 号 133 頁，交民集 1 巻 3 号 811 頁
　………………………………………182,234,238
横浜地判昭和 43・8・8 交民集 1 巻 3 号 920 頁……37
仙台地判昭和 43・9・25 交民集 1 巻 3 号 1078 頁
　…………………………………………………37,182
東京地判昭和 43・10・3 交民集 1 巻 4 号 1137 頁
　……………………………………………………137
東京地判昭和 43・12・10 判時 544 号 3 頁，
　判タ 229 号 102 頁，家裁月報 21 巻 6 号 88 頁
　………………………………………11,136,229
福岡地小倉支判昭和 43・12・18 判時 552 号 74 頁
　…………………………………………………196,229
東京地判昭和 44・1・16 交民集 2 巻 1 号 30 頁…250
前橋地高崎支判昭和 44・2・10 交民集 2 巻 1 号
　220 頁……………………………………………149
神戸地判昭和 44・3・27 交民集 2 巻 2 号 399 頁
　…………………………………………………38,261
東京地判昭和 44・4・21 交民集 2 巻 2 号 558 頁
　……………………………………………………182
山口地下関支判昭和 44・4・22 判タ 234 号 160 頁
　…………………………………………………17,133
東京地判昭和 44・4・23 判時 568 号 62 頁，
　判タ 236 号 175 頁……………………………14
東京地判昭和 44・5・19 判タ 235 号 159 頁………235
東京地判昭和 44・5・28 交民集 2 巻 3 号 709 頁
　……………………………………………………261
神戸地判昭和 44・7・7 判時 572 号 61 頁………261
東京地判昭和 44・7・16 交民集 2 巻 4 号 960 頁
　……………………………………………………224
東京地判昭和 44・7・16 判時 561 号 26 頁，
　判タ 238 号 167 頁……………………………14
東京地判昭和 44・7・16 判時 574 号 46 頁，
　判タ 239 号 255 頁……………………………8,224
東京地判昭和 44・7・16 交民集 2 巻 4 号 953 頁
　……………………………………………………137
東京地判昭和 44・7・16 高民集 24 巻 1 号 26 頁
　……………………………………………………150
東京地判昭和 44・8・13 判タ 239 号 184 頁…………7
高松地判昭和 44・8・27 判タ 239 号 201 頁…………14
東京地判昭和 44・8・29 判タ 240 号 256 頁………196
東京地判昭和 44・9・17 判時 574 号 53 頁，判タ 240
　号 171 頁…………………………………………14
東京地判昭和 44・9・29 判タ 241 号 213 頁………182
東京地判昭和 44・10・1 交民集 2 巻 5 号 1423 頁
　……………………………………………………182
京都地判昭和 44・10・27 判タ 242 号 215 頁……8,183
東京地判昭和 44・11・8 訟務月報 16 巻 1 号 3 頁，
　判時 573 号 26 頁，判タ 241 号 287 頁…………156
東京地判昭和 44・11・12 交民集 2 巻 6 号 1638 頁
　…………………………………………………38,141
東京地判昭和 44・11・27 判タ 242 号 212 頁
　…………………………………………38,141,183
東京地判昭和 44・12・5 判時 595 号 82 頁，
　判タ 243 号 225 頁……………………………224
山形地判昭和 44・12・16 判タ 243 号 284 頁………146
京都地判昭和 45・1・27 交民集 3 巻 1 号 125 頁
　……………………………………………………261
長野地判昭和 45・1・30 下民集 21 巻 1・2 号 138 頁
　……………………………………………………180
徳島地判昭和 45・2・12 判時 594 号 86 頁……12,238
名古屋地判昭和 45・2・25 交民集 3 巻 1 号 294 頁
　……………………………………………………238
高松地丸亀支判昭和 45・2・27 交民集 3 巻 1 号
　333 頁……………………………………………229

京都地判昭和 45・3・3 判タ 248 号 178 頁·········196
宇都宮地判昭和 45・3・3 下民集 21 巻 3・4 号
　374 頁·········250
長野地判昭和 45・3・24 判時 607 号 62 頁·········14
長野地松本支判昭和 45・4・23 交民集 4 巻 1 号
　50 頁·········39, 224
横浜地判昭和 45・4・25 判時 612 号 68 頁,
　判タ 251 号 239 頁·········250
大阪地判昭和 45・4・30 判タ 252 号 258 頁·········14
東京地判昭和 45・5・7 判時 612 号 66 頁·········261
東京地判昭和 45・6・22 判タ 253 号 306 頁·········196
大阪地判昭和 45・7・17 交民集 3 巻 4 号 1114 頁,
　判タ 260 号 241 頁·········231
横浜地判昭和 45・7・30 判タ 256 号 245 頁·········14
名古屋地判昭和 45・8・12 判タ 256 号 251 頁·········236
東京地判昭和 45・8・17 判タ 254 号 190 頁·········234
福岡地判昭和 45・8・26 判タ 257 号 262 頁·········261
東京地判昭和 45・9・9 判時 614 号 69 頁,
　判タ 255 号 175 頁·········14
大阪地判昭和 45・9・29 交民集 3 巻 5 号 1440 頁
　·········142
東京地判昭和 45・10・5 交民集 3 巻 5 号 1496 頁
　·········139
大阪地判昭和 45・10・8 交民集 3 巻 5 号 1502 頁
　·········39
大阪地判昭和 45・11・28 交民集 3 巻 6 号 1822 頁
　·········251
大分地中津支判昭和 45・12・18 交民集 3 巻 6 号
　1913 頁·········232
大阪地判昭和 45・12・24 交民集 3 巻 6 号 1925 頁
　·········150, 196
大阪地判昭和 46・2・8 交民集 4 巻 1 号 194 頁·········273
大阪地判昭和 46・2・17 交民集 4 巻 1 号 285 頁
　·········225
岡山地判昭和 46・3・31 交民集 4 巻 2 号 555 頁
　·········39, 196
神戸地伊丹支判昭和 46・4・12 交民集 7 巻 2 号
　306 頁·········235
仙台地古川支判昭和 46・4・15 交民集 4 巻 2 号
　634 頁·········251
大阪地判昭和 46・4・30 判タ 265 号 264 頁
　·········183, 225
福岡地行橋支判昭和 46・5・6 交民集 4 巻 3 号
　794 頁·········139
福岡地田川支判昭和 46・5・18 判タ 266 号 261 頁
　·········183
静岡地判昭和 46・5・28 交民集 4 巻 3 号 851 頁
　·········231
東京地判昭和 46・5・29 判時 635 号 128 頁,
　判タ 266 号 206 頁·········17, 39

東京地判昭和 46・5・29 交民集 4 巻 3 号 868 頁
　·········142, 183
東京地判昭和 46・6・3 交民集 4 巻 3 号 885 頁
　·········251
大阪地判昭和 46・7・30 判タ 270 号 341 頁·········239
新潟地判昭和 46・8・18 交民集 4 巻 4 号 1199 頁
　·········142
静岡地判昭和 46・10・13 交民集 4 巻 5 号 1482 頁
　·········251
甲府地判昭和 46・10・18 判時 655 号 72 頁·········279
東京地判昭和 46・10・26 判時 661 号 66 頁,
　判タ 271 号 231 頁·········8
東京地判昭和 46・11・30 判タ 274 号 287 頁,
　交民集 4 巻 6 号 1728 頁·········146, 261
東京地判昭和 47・1・19 判タ 276 号 325 頁·········14
東京地判昭和 47・1・19 判時 664 号 57 頁,
　判タ 275 号 233 頁·········234
広島地尾道支判昭和 47・1・28 交民集 5 巻 1 号
　102 頁·········251
大阪地判昭和 47・2・15 判タ 276 号 206 頁·········14
名古屋地判昭和 47・3・30 判時 680 号 65 頁,
　判タ 278 号 331 頁·········261
名古屋地判昭和 47・5・10 交民集 5 巻 3 号 663 頁
　·········39, 180
札幌地判昭和 47・7・28 判時 691 号 60 頁,
　判タ 285 号 276 頁·········261
福岡地判昭和 47・7・31 交民集 5 巻 4 号 1050 頁
　·········183
金沢地判昭和 47・8・28 交民集 5 巻 4 号 1143 頁
　·········232
京都地判昭和 47・10・4 判時 697 号 70 頁,
　判タ 286 号 280 頁·········236
横浜地判昭和 47・11・9 判タ 298 号 407 頁
　·········12, 136, 229
富山地魚津支判昭和 48・1・17 判時 711 号 125 頁
　·········239
京都地判昭和 48・1・26 判時 711 号 120 頁,
　判タ 302 号 249 頁·········261
大阪地判昭和 48・1・31 交民集 6 巻 1 号 247 頁
　·········232, 239
高松地丸亀支判昭和 48・2・26 交民集 6 巻 1 号
　329 頁·········251
名古屋地判昭和 48・3・12 判タ 306 号 228 頁·········14
東京地判昭和 48・3・15 判時 715 号 82 頁·········14
神戸地判昭和 48・4・17 判時 715 号 94 頁·········236
旭川地判昭和 48・5・18 判時 740 号 88 頁·········236
東京地判昭和 48・5・29 交民集 6 巻 3 号 936 頁
　·········234
東京地判昭和 48・8・23 交民集 6 巻 4 号 1336 頁
　·········139, 238

## 判例索引

東京地判昭和 48・11・22 交民集 6 巻 6 号 1839 頁
　………………………………………………………12
千葉地佐倉支判昭和 49・7・15 交民集 7 巻 4 号
　1026 頁……………………………………………139
東京地判昭和 49・7・16 判時 769 号 65 頁……13, 231
岡山地判昭和 49・7・19 交民集 7 巻 4 号 1076 頁
　……………………………………………………238
東京地判昭和 49・11・26 交民集 7 巻 6 号 1801 頁
　……………………………………………………184
東京地判昭和 50・2・4 判時 793 号 68 頁…………15
熊本地判昭和 50・7・14 判タ 332 号 331 頁……264
名古屋地判昭和 51・8・6 判時 847 号 77 頁………236
東京地判昭和 51・12・23 判時 857 号 90 頁……196
神戸地判昭和 52・3・30 交民集 10 巻 2 号 485 頁
　……………………………………………………231
大阪地判昭和 52・4・28 交民集 10 巻 2 号 627 頁
　……………………………………………………251
東京地判昭和 52・6・27 交民集 10 巻 3 号 881 頁
　……………………………………………………251
東京地判昭和 52・8・9 交民集 10 巻 4 号 1090 頁
　……………………………………………………251
甲府地判昭和 52・10・17 交民集 11 巻 6 号 1590 頁
　………………………………………………………40
東京地判昭和 53・2・27 交民集 11 巻 1 号 276 頁
　………………………………………………40, 196
高松地判昭和 53・7・10 交民集 11 巻 4 号 994 頁
　……………………………………………………251
東京地判昭和 53・8・22 判時 920 号 146 頁,
　判タ 381 号 139 頁………………………………278
東京地判昭和 53・8・29 労働判例 305 号 12 頁……278
東京地判昭和 53・9・5 判時 920 号 156 頁………278
東京地判昭和 53・9・7 判時 901 号 43 頁,
　判タ 368 号 101 頁………………………………251
東京地判昭和 53・11・30 交民集 11 巻 6 号 1753 頁
　……………………………………………………278
東京地判昭和 54・2・8 交民集 12 巻 1 号 171 頁
　……………………………………………………139
東京地判昭和 54・4・27 交民集 16 巻 4 号 936 頁
　……………………………………………………279
札幌地判昭和 54・7・20 交民集 12 巻 4 号 1057 頁
　……………………………………………………229
千葉地佐倉支判昭和 54・9・3 交民集 12 巻 5 号
　1264 頁………………………………………………40
高松地判昭和 54・11・21 交民集 12 巻 6 号 1510 頁
　……………………………………………………251
横浜地判昭和 54・12・24 交民集 12 巻 6 号 1657 頁
　……………………………………………………230
福井地判昭和 55・1・31 判時 983 号 110 頁……196
山口地判昭和 55・2・28 交民集 13 巻 1 号 274 頁
　……………………………………………………140

東京地判昭和 55・4・8 判時 971 号 81 頁……40, 261
東京地判昭和 55・5・14 訟務月報 26 巻 9 号 1513 頁,
　判時 971 号 75 頁, 判タ 424 号 131 頁…………279
横浜地判昭和 55・12・25 交民集 13 巻 6 号 1678 頁
　………………………………………………197, 238
東京地判昭和 56・2・19 交民集 14 巻 1 号 238 頁
　……………………………………………………234
秋田地判昭和 56・3・30 交民集 14 巻 2 号 461 頁
　……………………………………………………239
仙台地判昭和 56・4・13 交民集 14 巻 2 号 512 頁
　……………………………………………………252
鹿児島地判昭和 56・6・30 交民集 14 巻 3 号 754 頁
　………………………………………………………40
浦和地判昭和 56・8・19 判時 1023 号 92 頁,
　判タ 455 号 131 頁………………………………252
大阪地判昭和 56・8・27 判時 1022 号 93 頁,
　判タ 451 号 121 頁………………………………252
福岡地判昭和 56・8・28 判時 1032 号 113 頁,
　判タ 449 号 284 頁…………………………41, 261
東京地判昭和 56・9・21 判時 1044 号 398 頁,
　判タ 459 号 127 頁………………………………197
東京地判昭和 56・9・30 交民集 15 巻 5 号 1296 頁
　……………………………………………………139
新潟地判昭和 56・10・27 判時 1053 号 150 頁,
　判タ 457 号 153 頁…………………………41, 197
東京地判昭和 56・10・27 判時 1043 号 81 頁,
　判タ 462 号 143 頁…………………………41, 197
東京地判昭和 56・11・26 交民集 14 巻 6 号 1366 頁
　………………………………………………………41
東京地判昭和 57・2・1 訟務月報 28 巻 9 号 1697 頁,
　判時 1044 号 19 頁, 判タ 458 号 187 頁……146, 252
東京地判昭和 57・2・22 判時 1049 号 68 頁,
　判タ 466 号 156 頁………………………………197
宇都宮地判昭和 57・2・25 判タ 468 号 124 頁……197
仙台高秋田支判昭和 57・3・24 交民集 15 巻 2 号
　352 頁………………………………………………179
京都地判昭和 57・5・6 判タ 469 号 208 頁………252
佐賀地判昭和 57・5・14 判時 1067 号 95 頁,
　判タ 477 号 186 頁…………………………41, 252
横浜地判昭和 57・7・16 判時 1057 号 107 頁,
　判タ 471 号 88 頁…………………………………236
福岡地小倉支判昭和 57・9・14 判時 1066 号 126 頁,
　判タ 490 号 126 頁………………………………238
福岡地久留米支判昭和 57・9・22 交民集 15 巻 5 号
　1244 頁……………………………………………197
東京地判昭和 57・9・30 交民集 15 巻 5 号 1296 頁
　………………………………………………42, 197
神戸地判昭和 57・9・30 交民集 15 巻 5 号 1313 頁
　………………………………………………………42
名古屋地判昭和 57・10・20 交民集 15 巻 5 号

| 1346頁‥‥‥‥‥‥‥‥‥‥‥‥‥‥‥‥‥‥236
大阪地判昭和57・10・21判時1070号71頁,
　判タ485号162頁‥‥‥‥‥‥‥‥‥‥‥261
東京地判昭和58・1・24判時1082号79頁,
　判タ497号154頁‥‥‥‥‥‥‥‥154,225
東京地判昭和58・2・17判時1070号56頁,
　判タ492号120頁‥‥‥‥‥‥‥‥‥‥‥225
大阪地判昭和58・2・25交民集16巻1号253頁
　‥‥‥‥‥‥‥‥‥‥‥‥‥‥‥‥‥42,139
神戸地判昭和58・2・28交民集16巻1号274頁
　‥‥‥‥‥‥‥‥‥‥‥‥‥‥‥‥‥43,139
福岡地判昭和58・5・24判タ502号182頁‥‥‥252
東京地判昭和58・8・22判タ511号199頁‥‥‥197
東京地判昭和58・8・29交民集16巻4号1172頁
　‥‥‥‥‥‥‥‥‥‥‥‥‥‥‥‥‥‥‥261
横浜地判昭和58・9・30判時1097号91頁,
　判タ516号168頁‥‥‥‥‥‥‥‥‥42,252
東京地判昭和58・11・10判時1100号96頁,
　判タ525号202頁‥‥‥‥‥‥‥‥‥‥‥198
東京地判昭和58・12・21判時1128号77頁,
　判タ526号221頁‥‥‥‥‥‥‥‥‥‥‥264
横浜地判昭和59・2・20交民集17巻1号172頁
　‥‥‥‥‥‥‥‥‥‥‥‥‥‥‥‥‥‥‥42
横浜地判昭和59・2・20判時1115号112頁,
　判タ531号215頁‥‥‥‥‥‥‥‥‥‥‥236
横浜地判昭和59・2・23判時1133号127頁,
　判タ530号251頁‥‥‥‥‥‥‥‥‥‥‥261
鹿児島地判昭和59・4・2交民集17巻2号526頁
　‥‥‥‥‥‥‥‥‥‥‥‥‥‥‥‥‥‥‥236
前橋地判昭和59・5・7交民集17巻3号644頁
　‥‥‥‥‥‥‥‥‥‥‥‥‥‥‥‥‥15,43
東京地判昭和59・6・29交民集17巻3号883頁
　‥‥‥‥‥‥‥‥‥‥‥‥‥‥‥‥‥‥‥43
盛岡地判昭和59・8・10判時1135号98頁,
　判タ532号253頁‥‥‥‥‥‥‥‥‥‥‥198
東京地判昭和59・8・27判時1146号86頁‥‥‥252
岡山地笠岡支判昭和59・9・5交民集17巻5号
　1234頁‥‥‥‥‥‥‥‥‥‥‥‥‥‥‥43
浦和地判昭和59・9・12判時1141号122頁,
　判タ545号247頁‥‥‥‥‥‥‥‥‥‥‥236
京都地判昭和59・9・27交民集17巻5号1364頁
　‥‥‥‥‥‥‥‥‥‥‥‥‥‥‥‥‥‥‥43
東京地判昭和59・10・26交民集17巻5号1447頁
　‥‥‥‥‥‥‥‥‥‥‥‥‥‥‥‥‥15,198
名古屋地判昭和59・11・28交民集17巻6号
　1638頁‥‥‥‥‥‥‥‥‥‥‥‥‥‥‥143
大阪地判昭和59・12・13交民集17巻6号1708頁
　‥‥‥‥‥‥‥‥‥‥‥‥‥‥‥‥‥‥‥136
大阪地判昭和59・12・25判タ550号190頁‥44,261
長野地判昭和60・2・25判タ554号262頁‥‥‥272

東京地判昭和60・3・27訟務月報31巻12号
　2919頁,判時1148号3頁,判タ555号121頁
　‥‥‥‥‥‥‥‥‥‥‥‥‥‥‥‥‥‥‥252
東京地判昭和60・5・10交民集18巻3号691頁
　‥‥‥‥‥‥‥‥‥‥‥‥‥‥‥44,139,252
横浜地判昭和60・5・14判時1168号99頁,
　判タ562号173頁‥‥‥‥‥‥‥‥15,44,198
横浜地判昭和60・5・20判タ562号154頁‥‥‥252
名古屋地判昭和60・5・28訟務月報32巻2号
　213頁,判時1155号33頁,判タ563号202頁
　‥‥‥‥‥‥‥‥‥‥‥‥‥‥‥‥‥‥‥261
東京地判昭和60・5・31判時1174号90頁,
　判タ559号88頁‥‥‥‥‥‥‥‥‥‥‥252
東京地判昭和60・5・31判タ577号60頁‥‥‥261
佐賀地判昭和60・7・16交民集18巻4号993頁
　‥‥‥‥‥‥‥‥‥‥‥‥‥‥‥‥‥‥‥44
神戸地判昭和60・9・17判タ588号84頁‥‥‥44
神戸地伊丹支判昭和60・9・17判タ588号84頁
　‥‥‥‥‥‥‥‥‥‥‥‥‥‥‥‥‥‥‥252
福岡高宮崎支判昭和60・10・31判タ597号70頁
　‥‥‥‥‥‥‥‥‥‥‥‥‥‥‥‥‥‥‥245
名古屋地判昭和60・11・15交民集18巻6号
　1498頁‥‥‥‥‥‥‥‥‥‥‥‥‥45,139
福島地判昭和60・12・2判時1189号85頁,
　判タ580号34頁‥‥‥‥‥‥‥‥‥45,264
京都地判昭和60・12・11判時1180号110頁‥‥‥230
東京地判昭和61・2・24判時1214号97頁
　‥‥‥‥‥‥‥‥‥‥‥‥‥‥‥‥‥146,198
長野地上田支判昭和61・3・7労働判例476号51頁
　‥‥‥‥‥‥‥‥‥‥‥‥‥‥‥‥‥45,198
東京地判昭和61・5・22交民集19巻3号640頁
　‥‥‥‥‥‥‥‥‥‥‥‥‥‥‥‥‥45,142
東京地判昭和61・5・27交民集19巻3号696頁
　‥‥‥‥‥‥‥‥‥‥‥‥‥‥‥‥‥‥‥230
東京地判昭和61・5・27判時1206号56頁,
　判タ608号44頁,訟務月報33巻5号1155頁
　‥‥‥‥‥‥‥‥‥‥‥‥‥‥‥‥‥‥‥236
東京地判昭和61・6・10判時1242号67頁,
　判タ618号127頁‥‥‥‥‥‥‥‥‥‥‥262
東京地判昭和61・7・15判タ616号138頁‥‥‥239
千葉地判昭和61・7・25判時1220号118頁,
　判タ634号196頁‥‥‥‥‥‥‥‥45,154,198
福岡地小倉支判昭和61・9・1交民集19巻5号
　1215頁‥‥‥‥‥‥‥‥‥‥‥‥‥‥‥46
長野地判昭和61・9・9判時1208号112頁,
　判タ622号173頁‥‥‥‥‥‥‥‥‥46,184
福岡地判昭和61・11・14判時1221号97頁,
　判タ626号174頁‥‥‥‥‥‥‥‥‥‥‥262
岡山地判昭和61・11・20交民集19巻6号1586頁
　‥‥‥‥‥‥‥‥‥‥‥‥‥‥‥‥‥‥‥225

## 判例索引

福岡地久留米支判昭和 61・12・3 判時 1250 号 90 頁,
　判タ 639 号 202 頁··················252
津地判昭和 61・12・25 判時 1233 号 127 頁,
　判タ 627 号 232 頁··················46
大阪地判昭和 61・12・25 判時 1247 号 111 頁,
　判タ 642 号 217 頁··················46,198
津地判昭和 61・12・25 判時 1233 号 127 頁,
　判タ 627 号 232 頁··················264
大津地判昭和 62・2・23 判時 1242 号 98 頁,
　判タ 651 号 147 頁··················264
広島地判昭和 62・4・3 判時 1264 号 93 頁,
　判タ 657 号 179 頁··················180
浦和地判昭和 62・5・8 交民集 20 巻 3 号 632 頁
　··································139
名古屋地判昭和 62・5・8 判タ 654 号 210 頁
　······························225,231
京都地判昭和 62・5・15 判時 1250 号 104 頁,
　判タ 655 号 188 頁··················264
東京地判昭和 62・5・18 訟務月報 34 巻 2 号 327 頁,
　判時 1231 号 3 頁, 判タ 642 号 100 頁······253,262
金沢地判昭和 62・6・26 判時 1253 号 120 頁···46,198
大阪地判昭和 62・7・17 判時 1284 号 111 頁
　······························156,198
京都地判昭和 62・7・17 判時 1268 号 117 頁,
　判タ 655 号 217 頁··················198
新潟地長岡支判昭和 62・9・2 判タ 646 号 235 頁
　··································253
神戸地判昭和 62・10・7 判時 1285 号 112 頁,
　判タ 667 号 194 頁··················253
静岡地沼津支判昭和 62・10・28 判時 1272 号 117 頁,
　判タ 671 号 187 頁··················46,156
名古屋地判昭和 62・11・13 判時 1267 号 111 頁,
　判タ 675 号 190 頁··················198
京都地判昭和 62・12・11 訟務月報 34 巻 8 号
　1575 頁, 判時 1279 号 55 頁, 判タ 664 号 134 頁
　··································253
東京地判昭和 62・12・21 判時 1287 号 95 頁
　································47,199
千葉地判昭和 63・1・26 判時 1289 号 123 頁······253
富山地魚津支判昭和 63・5・18 判時 1293 号 135 頁,
　判タ 674 号 182 頁··················139
宮崎地判昭和 63・5・30 判時 1296 号 116 頁,
　判タ 678 号 129 頁··················253
大阪地判昭和 63・6・27 判時 1294 号 72 頁,
　判タ 681 号 142 頁················47,199
仙台地判昭和 63・6・28 交民集 21 巻 3 号 637 頁
　··································154
東京地判昭和 63・9・16 判タ 686 号 226 頁····47,199
京都地判昭和 63・10・28 判時 687 号 211 頁······253
和歌山地判昭和 63・11・4 交民集 21 巻 6 号 1153 頁
　··································137
長崎地福江支判昭和 63・12・14 判タ 696 号 173 頁
　··································262
東京地判昭和 63・12・19 判時 1301 号 102 頁,
　判タ 686 号 169 頁··················253
福岡地判昭和 63・12・27 判時 1310 号 124 頁······253
名古屋地判平成 1・2・17 判タ 703 号 204 頁······253
東京地判平成 1・3・9 交民集 22 巻 2 号 345 頁······150
大阪地判平成 1・3・10 交民集 22 巻 2 号 353 頁
　································47,199
東京地判平成 1・3・13 判タ 702 号 212 頁········253
京都地判平成 1・3・17 交民集 22 巻 2 号 398 頁····47
浦和地判平成 1・3・24 判時 1343 号 97 頁, 判タ
　714 号 91 頁······················47,199
東京地判平成 1・4・7 交民集 22 巻 2 号 467 頁
　······························139,161
神戸地判平成 1・6・27 交民集 22 巻 3 号 750 頁······7
横浜地川崎支判平成 1・6・30 判時 1348 号 112 頁
　··································253
静岡地判平成 1・8・29 交民集 22 巻 4 号 969 頁
　··································139
名古屋地判平成 1・8・30 交民集 22 巻 4 号 994 頁
　··································140
千葉地判平成 1・9・29 判時 1330 号 80 頁, 判タ
　718 号 100 頁······················157
静岡地判平成 1・10・16 交民集 22 巻 5 号 1138 頁
　···································48
東京地判平成 1・10・16 判時 1333 号 123 頁,
　判タ 711 号 238 頁··················157
大阪地判平成 1・10・20 交民集 22 巻 5 号 1159 頁
　······························150,273
大阪地判平成 1・10・30 判時 1354 号 126 頁,
　判タ 718 号 165 頁················48,253
名古屋地判平成 1・10・31 交民集 22 館 5 号 1242 頁
　·······························48,230
神戸地判平成 1・11・15 交民集 22 巻 6 号 1306 頁
　···································48
広島地判平成 1・11・15 判時 1352 号 95 頁,
　判タ 721 号 212 頁··················253
東京地判平成 1・11・21 交民集 22 巻 6 号 1322 頁
　···································48
東京地八王子支判平成 1・11・29 判時 1346 号 103 頁,
　判タ 717 号 195 頁··················253
仙台地判平成 1・11・30 交民集 22 巻 6 号 1363 頁
　···································48
大阪地判平成 1・11・30 判タ 725 号 65 頁········231
大阪地判平成 1・12・14 交民集 22 巻 6 号 1404 頁
　···································15
横浜地判平成 1・12・21 交民集 22 巻 6 号 1438 頁
　···································48

## 判例索引

東京地判平成 1・12・25 交民集 22 巻 6 号 1466 頁
　………………………………………………… 49
静岡地判平成 2・2・26 交民集 23 巻 1 号 172 頁
　………………………………………………… 49,236
浦和地判平成 2・2・27 交民集 23 巻 1 号 185 頁
　………………………………………………… 49,163
東京地平成 2・3・8 交民集 23 巻 2 号 273 頁 ……… 50
東京地判平成 2・3・12 判時 1355 号 95 頁, 判タ
　734 号 210 頁 ………………………………… 199
千葉地判平成 2・3・28 判時 1357 号 107 頁,
　判タ 734 号 202 頁 …………………………… 253
東京地判平成 2・4・10 交民集 23 巻 2 号 436 頁 …… 50
横浜地判平成 2・4・25 判時 1385 号 93 頁,
　判タ 739 号 156 頁 …………………………… 253
大阪地判平成 2・4・26 交民集 23 巻 2 号 539 頁
　………………………………………………… 15,50
東京地判平成 2・4・26 交民集 23 巻 2 号 513 頁
　………………………………………………… 15,50
横浜地判平成 2・4・26 交民集 23 巻 2 号 526 頁 …… 50
大阪地判平成 2・5・17 判タ 739 号 144 頁,
　交民集 23 巻 3 号 634 頁 …………… 137,231,238
神戸地判平成 2・6・21 交民集 23 巻 3 号 732 頁
　………………………………………………… 15,50,140
那覇地沖縄支判平成 2・6・26 交民集 23 巻 3 号
　758 頁 ………………………………………… 150
広島地判平成 2・10・9 判時 1388 号 96 頁,
　判タ 750 号 221 頁 …………………………… 199
横浜地判平成 2・10・25 交民集 23 巻 5 号 1310 頁
　………………………………………………… 15,51,231
大分地判平成 2・11・13 判時 757 号 223 頁 ……… 158
大阪地判平成 2・12・17 交民集 23 巻 6 号 1491 頁
　………………………………………………… 51
東京地判平成 2・12・21 判時 1387 号 78 頁,
　判タ 751 号 182 頁 …………………………… 254
静岡地判平成 2・12・21 判時 1377 号 98 頁,
　判タ 751 号 197 頁 …………………………… 254
福島地いわき支判平成 2・12・26 判時 1372 号 27 頁,
　判タ 746 号 116 頁 ………………… 51,140,199,238
大阪地判平成 3・1・17 交民集 24 巻 1 号 38 頁 … 161
東京地判平成 3・1・25 交民集 24 巻 1 号 89 頁 … 140
大阪地判平成 3・1・29 交民集 24 巻 1 号 109 頁
　………………………………………………… 137
浦和地判平成 3・2・22 判時 1396 号 112 頁,
　判タ 767 号 207 頁 …………………………… 254
名古屋地判平成 3・3・26 交民集 24 巻 2 号 432 頁
　………………………………………………… 15,51
名古屋地判平成 3・3・26 交民集 24 巻 2 号 440 頁
　………………………………………………… 51
東京地判平成 3・3・27 判時 1378 号 26 頁, 判タ
　757 号 98 頁 …………………………………… 239

名古屋地判平成 3・4・8 判タ 768 号 199 頁 ……… 150
長野地判平成 3・4・16 交民集 24 巻 2 号 473 頁
　………………………………………………… 140
浦和地熊谷支判平成 3・5・28 判時 1407 号 90 頁,
　判タ 767 号 201 頁 …………………………… 254
千葉地判平成 3・6・26 判時 1432 号 118 頁,
　判タ 771 号 201 頁 …………………………… 135,262
岡山地津山支判平成 3・7・10 交民集 24 巻 4 号
　809 頁 ………………………………………… 199
東京地判平成 3・7・23 判時 1427 号 84 頁, 判タ
　778 号 235 頁 ………………………………… 199
名古屋地判平成 3・8・30 交民集 24 巻 4 号 1001 頁
　………………………………………………… 15,51
東京地判平成 3・9・19 交民集 24 巻 5 号 1063 頁
　………………………………………………… 15,51
東京地判平成 3・9・27 判時 1424 号 75 頁,
　判タ 774 号 247 頁 …………………………… 7,154
静岡地判平成 3・10・4 判時 1405 号 86 頁,
　判タ 773 号 227 頁 …………………………… 254
東京地判平成 3・10・16 判タ 792 号 195 頁
　………………………………………………… 15,148,199,236
東京地判平成 3・10・18 交民集 24 巻 5 号 1238 頁
　………………………………………………… 137
浦和地判平成 3・10・18 判タ 779 号 243 頁 ……… 254
浦和地判平成 3・10・25 判時 1406 号 88 頁,
　判タ 780 号 236 頁 …………………………… 52,157
神戸地判平成 3・10・30 交民集 24 巻 5 号 1286 頁
　………………………………………………… 161
浦和地判平成 3・11・8 判時 1410 号 92 頁
　………………………………………………… 52,135,157
横浜地判平成 3・11・21 交民集 24 巻 6 号 1447 頁
　………………………………………………… 254
神戸地判平成 3・12・20 交民集 24 巻 6 号 1572 頁
　………………………………………………… 140
東京地判平成 4・1・21 交民集 25 巻 1 号 42 頁 … 140
名古屋地判平成 4・2・7 交民集 25 巻 1 号 158 頁
　………………………………………………… 140,199
岐阜地判平成 4・2・12 判時 1450 号 116 頁,
　判タ 783 号 167 頁 …………………………… 52,264
横浜地判平成 4・3・5 判時 1451 号 147 頁,
　判タ 789 号 213 頁 …………………………… 52,157
東京地判平成 4・3・10 判時 1423 号 101 頁,
　判タ 789 号 200 頁, 交民集 25 巻 2 号 323 頁
　………………………………………………… 133,140
静岡地判平成 4・4・22 交民集 25 巻 2 号 512 頁
　………………………………………………… 15,52
札幌地判平成 4・5・14 労働判例 612 号 51 頁
　………………………………………………… 52,200
東京地判平成 4・5・26 判時 1460 号 85 頁, 判タ
　798 号 230 頁 ………………………………… 53

## 判 例 索 引

東京地判平成 4・5・26 判タ 798 号 230 頁‥‥‥‥200
横浜地判平成 4・6・18 判時 1444 号 107 頁,
　判タ 799 号 161 頁‥‥‥‥‥‥‥‥‥‥‥‥238
金沢地判平成 4・6・19 判時 1472 号 105 頁‥‥‥254
名古屋地判平成 4・7・10 交民集 25 巻 4 号 809 頁
　‥‥‥‥‥‥‥‥‥‥‥‥‥‥‥‥‥‥15,53,140
浦和地判平成 4・8・10 交民集 25 巻 4 号 927 頁‥‥53
大阪地判平成 4・8・26 交民集 25 巻 4 号 973 頁
　‥‥‥‥‥‥‥‥‥‥‥‥‥‥‥‥‥‥‥137,138
松山地判平成 4・9・25 判時 1490 号 125 頁,
　判タ 815 号 205 頁‥‥‥‥‥‥‥‥‥‥‥53,200
浦和地判平成 4・9・29 交民集 25 巻 5 号 1167 頁
　‥‥‥‥‥‥‥‥‥‥‥‥‥‥‥‥‥‥‥‥53,161
東京地判平成 4・10・16 判時 1470 号 96 頁‥‥53,200
浦和地判平成 4・10・28 判タ 811 号 119 頁‥‥‥‥54
岡山地判平成 4・10・28 交民集 25 巻 5 号 1284 頁
　‥‥‥‥‥‥‥‥‥‥‥‥‥‥‥‥‥‥‥‥‥‥161
浦和地判平成 4・10・28 判タ 811 号 119 頁‥‥‥‥200
京都地判平成 4・10・30 判時 1475 号 125 頁
　‥‥‥‥‥‥‥‥‥‥‥‥‥‥‥‥‥‥‥15,54,200
大阪地判平成 4・11・26 交民集 25 巻 6 号 1379 頁
　‥‥‥‥‥‥‥‥‥‥‥‥‥‥‥‥‥‥‥‥‥‥262
前橋地判平成 4・12・15 判時 1474 号 134 頁,
　判タ 809 号 189 頁‥‥‥‥‥‥‥‥‥‥‥‥‥264
神戸地判平成 4・12・18 交民集 25 巻 6 号 1463 頁
　‥‥‥‥‥‥‥‥‥‥‥‥‥‥‥‥‥‥‥‥‥‥140
広島地判平成 4・12・21 判タ 814 号 202 頁‥‥‥‥200
神戸地判平成 4・12・24 交民集 25 巻 6 号 1505 頁
　‥‥‥‥‥‥‥‥‥‥‥‥‥‥‥‥‥‥‥‥161,200
新潟地判平成 5・1・26 判タ 813 号 252 頁‥‥140,200
大阪地判平成 5・2・18 交民集 26 巻 1 号 203 頁
　‥‥‥‥‥‥‥‥‥‥‥‥‥‥‥‥‥‥‥15,54,200
大阪地判平成 5・2・22 交民集 26 巻 1 号 233 頁
　‥‥‥‥‥‥‥‥‥‥‥‥‥‥‥‥‥‥54,200,254
東京地判平成 5・3・22 判時 1479 号 47 頁,
　判タ 857 号 228 頁‥‥‥‥‥‥‥‥‥‥‥‥‥254
名古屋地判平成 5・3・24 判タ 846 号 237 頁‥‥‥264
仙台地判平成 5・3・25 交民集 26 巻 2 号 406 頁,
　判タ 846 号 233 頁‥‥‥‥‥‥‥‥‥15,54,236
静岡地判平成 5・3・26 判時 1504 号 111 頁,
　判タ 825 号 189 頁‥‥‥‥‥‥‥‥‥‥‥‥‥200
福岡地判平成 5・3・26 判タ 822 号 145 頁,
　労働判例 638 号 65 頁‥‥‥‥‥‥‥‥‥‥‥262
山口地判平成 5・3・31 判タ 824 号 197 頁‥‥‥‥200
宇都宮地判平成 5・4・12 判タ 848 号 282 頁,
　交民集 26 巻 2 号 470 頁‥‥‥‥‥‥‥‥140,150
宇都宮地判平成 5・4・12 交民集 26 巻 2 号 470 頁,
　判タ 848 号 282 頁‥‥‥‥‥‥‥‥‥‥‥‥‥225
福岡地判平成 5・5・11 判時 1461 号 121 頁,
　判タ 822 号 251 頁‥‥‥‥‥‥‥‥‥‥‥‥‥254

神戸地判平成 5・5・19 交民集 26 巻 3 号 640 頁
　‥‥‥‥‥‥‥‥‥‥‥‥‥‥‥‥‥‥‥‥‥‥254
東京地判平成 5・5・28 判タ 835 号 219 頁‥‥‥‥200
東京地判平成 5・6・14 判時 1498 号 89 頁‥‥55,200
徳島地判平成 5・6・25 判時 1492 号 128 頁‥‥‥239
奈良地判平成 5・6・30 判時 1498 号 111 頁,
　判タ 851 号 268 頁‥‥‥‥‥‥‥‥‥‥‥55,154
大阪地判平成 5・7・13 交民集 26 巻 4 号 894 頁
　‥‥‥‥‥‥‥‥‥‥‥‥‥‥‥‥‥‥‥‥‥‥201
東京地判平成 5・7・27 交民集 26 巻 6 号 1378 頁
　‥‥‥‥‥‥‥‥‥‥‥‥‥‥‥‥‥‥‥‥55,236
神戸地判平成 5・8・10 交民集 26 巻 4 号 983 頁
　‥‥‥‥‥‥‥‥‥‥‥‥‥‥‥‥‥‥‥‥‥‥262
東京地判平成 5・8・31 判時 1479 号 149 頁‥‥‥‥262
大阪地判平成 5・9・6 交民集 26 巻 5 号 1169 頁
　‥‥‥‥‥‥‥‥‥‥‥‥‥‥‥‥‥‥‥‥‥‥201
大阪地判平成 5・9・17 交民集 26 巻 5 号 1209 頁
　‥‥‥‥‥‥‥‥‥‥‥‥‥‥‥‥‥‥‥‥55,201
大阪地判平成 5・9・27 交民集 26 巻 5 号 1215 頁
　‥‥‥‥‥‥‥‥‥‥‥‥‥‥‥‥‥‥‥‥‥‥201
青森地判平成 5・9・28 判時 1505 号 127 頁,
　判タ 857 号 139 頁‥‥‥‥‥‥‥‥‥‥‥55,201
大分地判平成 5・10・20 交民集 26 巻 5 号 1299 頁
　‥‥‥‥‥‥‥‥‥‥‥‥‥‥‥‥‥‥‥‥‥‥201
福岡地判平成 5・11・25 判タ 857 号 214 頁‥‥55,201
静岡地沼津支判平成 5・12・1 判時 1510 号 144 頁
　‥‥‥‥‥‥‥‥‥‥‥‥‥‥‥‥‥‥‥‥56,201
神戸地判平成 5・12・24 判時 1521 号 104 頁,
　判タ 868 号 231 頁‥‥‥‥‥‥‥‥‥‥‥‥‥154
大阪地判平成 6・1・14 交民集 27 巻 1 号 17 頁‥‥201
東京地判平成 6・1・18 交民集 27 巻 1 号 21 頁‥‥254
静岡地浜松支判平成 6・2・7 判時 1502 号 129 頁,
　判タ 855 号 232 頁‥‥‥‥‥‥‥‥‥‥‥15,56,201
東京地判平成 6・2・28 判タ 849 号 225 頁‥‥‥‥262
大阪地判平成 6・3・14 交民集 27 巻 2 号 343 頁
　‥‥‥‥‥‥‥‥‥‥‥‥‥‥‥‥‥‥‥‥‥‥254
京都地判平成 6・3・29 交民集 27 巻 2 号 457 頁
　‥‥‥‥‥‥‥‥‥‥‥‥‥‥‥‥‥‥‥15,56,201
水戸地判平成 6・3・30 判時 1525 号 106 頁‥‥‥‥201
大阪地判平成 6・4・13 判タ 862 号 281 頁‥‥154,201
大阪地判平成 6・5・23 交民集 27 巻 3 号 616 頁
　‥‥‥‥‥‥‥‥‥‥‥‥‥‥‥‥‥‥‥‥‥‥262
大阪地判平成 6・5・26 交民集 27 巻 3 号 701 頁
　‥‥‥‥‥‥‥‥‥‥‥‥‥‥‥‥‥‥‥‥56,201
横浜地判平成 6・6・6 交民集 27 巻 3 号 744 頁
　‥‥‥‥‥‥‥‥‥‥‥‥‥‥‥‥‥‥‥‥56,254
東京地判平成 6・7・28 交民集 27 巻 4 号 1038 頁
　‥‥‥‥‥‥‥‥‥‥‥‥‥‥‥‥‥‥‥‥‥‥264
東京地判平成 6・8・23 交民集 27 巻 4 号 1057 頁
　‥‥‥‥‥‥‥‥‥‥‥‥‥‥‥‥‥‥‥‥‥‥201

神戸地判平成 6・8・25 交民集 27 巻 4 号 1095 頁
……………………………………………………57
大阪地判平成 6・8・25 交民集 27 巻 4 号 1089 頁
…………………………………………………230
福岡地判平成 6・8・25 判時 1550 号 101 頁………255
東京地判平成 6・8・30 交民集 27 巻 6 号 1913 頁
……………………………………………………57
京都地判平成 6・8・30 交民集 27 巻 4 号 1162 頁
…………………………………………………262
東京地判平成 6・9・20 交民集 27 巻 5 号 1254 頁
…………………………………………………255
横浜地小田原支判平成 6・9・27 判タ 895 号 125 頁
…………………………………………………255
宇都宮地判平成 6・9・28 判時 1536 号 93 頁……202
東京地判平成 6・10・6 交民集 27 巻 5 号 1378 頁
…………………………………………………238
大阪地判平成 6・10・20 判時 1540 号 82 頁,
　判タ 890 号 220 頁…………………………………202
神戸地判平成 6・10・25 交民集 27 巻 5 号 1471 頁
……………………………………………15,57
仙台地判平成 6・10・25 判タ 881 号 218 頁,
　労働判例 670 号 46 頁……………………………202
神戸地判平成 6・10・25 交民集 27 巻 5 号 1471 頁
…………………………………………………202
東京地判平成 6・11・11 判タ 881 号 244 頁…57,264
青森地八戸支判平成 6・11・30 判時 1549 号 99 頁
…………………………………………………255
東京地判平成 6・12・6 交民集 27 巻 6 号 1782 頁
…………………………………………………231
東京地判平成 6・12・8 交民集 27 巻 6 号 1786 頁
……………………………………………15,202
水戸地土浦支判平成 6・12・27 判時 1550 号 92 頁,
　判タ 885 号 235 頁…………………………57,202
松山地判平成 7・1・18 判タ 881 号 238 頁
……………………………………………202,231
福岡地判平成 7・1・20 判時 1558 号 111 頁……202
東京地判平成 7・1・31 判タ 903 号 202 頁……58,202
横浜地判平成 7・3・14 判時 1559 号 101 頁,
　判タ 893 号 220 頁…………………………58,264
大阪地判平成 7・3・22 交民集 28 巻 2 号 437 頁
……………………………………………58,262
大阪地判平成 7・3・24 判時 1558 号 67 頁,
　判タ 881 号 222 頁………………………15,58,202
東京地判平成 7・3・24 判時 1546 号 42 頁,
　判タ 897 号 173 頁…………………………………225
高知地判平成 7・3・28 判タ 881 号 183 頁……202
東京地判平成 7・4・11 判時 1548 号 79 頁……58,230
静岡地沼津支判平成 7・4・19 判時 1553 号 114 頁,
　判タ 893 号 238 頁…………………………………237
前橋地判平成 7・4・25 判時 1568 号 107 頁,
　判タ 890 号 206 頁………………………………59,264
東京地判平成 7・5・16 交民集 28 巻 3 号 765 頁
…………………………………………………264
東京地判平成 7・6・20 交民集 28 巻 3 号 902 頁
……………………………………………………15
前橋地判平成 7・6・20 判タ 884 号 215 頁……15,59
東京地判平成 7・6・20 交民集 28 巻 3 号 902 頁
……………………………………………59,202
前橋地判平成 7・6・20 判タ 884 号 215 頁………202
大阪地判平成 7・6・22 交民集 28 巻 3 号 926 頁
……………………………………………59,264
大阪地判平成 7・8・15 交民集 28 巻 4 号 1137 頁
…………………………………………………239
大阪地判平成 7・8・31 交民集 28 巻 4 号 1241 頁
……………………………………………59,202
秋田地判平成 7・9・22 判時 1579 号 124 頁,
　判タ 903 号 192 頁…………………………………265
東京地判平成 7・9・27 交民集 28 巻 5 号 1425 頁
……………………………………………15,59,203
東京地判平成 7・10・18 判時 1572 号 82 頁,
　判タ 909 号 224 頁………………………16,59,203
那覇地判平成 7・10・31 判タ 893 号 198 頁…60,203
東京地判平成 7・11・4 交民集 28 巻 6 号 1573 頁
……………………………………………………60
東京地判平成 7・11・14 交民集 28 巻 6 号 1573 頁
…………………………………………………265
大阪地判平成 7・11・15 交民集 28 巻 6 号 1592 頁
……………………………………………61,203
東京地判平成 7・12・7 交民集 28 巻 6 号 1704 頁
…………………………………………………255
大阪地判平成 7・12・11 交民集 28 巻 6 号 1728 頁
……………………………………………61,265
東京地判平成 7・12・26 交民集 28 巻 6 号 1847 頁
…………………………………………………203
横浜地判平成 8・1・22 交民集 29 巻 1 号 73 頁
……………………………………………61,203
大阪地判平成 8・1・25 交民集 29 巻 1 号 125 頁
……………………………………………62,203
東京地判平成 8・1・31 交民集 29 巻 1 号 190 頁
……………………………………………16,62,203
東京地判平成 8・2・13 交民集 29 巻 1 号 213 頁
……………………………………………62,203
横浜地判平成 8・2・15 交民集 29 巻 1 号 230 頁
……………………………………………63,255
岡山地判平成 8・2・19 交民集 29 巻 1 号 241 頁
……………………………………………………63
名古屋地判平成 8・2・19 判時 1566 号 89 頁,
　判タ 905 号 70 頁…………………………………203
岡山地判平成 8・2・19 交民集 29 巻 1 号 241 頁
…………………………………………………265

東京地判平成 8・2・20 交民集 29 巻 1 号 245 頁
……………………………………………………… 255
徳島地判平成 8・2・27 判時 1615 号 116 頁,
　判タ 937 号 230 頁……………………… 63, 265
浦和地判平成 8・2・28 判時 1615 号 124 頁,
　判タ 927 号 218 頁……………………… 63, 255
神戸地判平成 8・2・29 交民集 29 巻 1 号 282 頁
……………………………………………………… 203
神戸地姫路支判平成 8・3・11 判タ 915 号 232 頁
……………………………………………………… 203
宮崎地判平成 8・3・18 判タ 927 号 202 頁……… 203
大阪地判平成 8・3・21 交民集 29 巻 2 号 443 頁
………………………………………………… 63, 203
高知地判平成 8・3・26 交民集 29 巻 2 号 488 頁…… 63
松山地判平成 8・3・26 交民集 29 巻 2 号 505 頁
……………………………………………………… 204
高知地判平成 8・3・26 交民集 29 巻 2 号 488 頁
……………………………………………………… 265
東京地判平成 8・3・27 交民集 29 巻 2 号 510 頁
………………………………………………… 64, 265
東京地判平成 8・3・28 交民集 29 巻 2 号 538 頁
………………………………………………… 64, 255
東京地判平成 8・4・15 判時 1588 号 117 頁
………………………………………………… 154, 204
高松地判平成 8・4・22 判タ 939 号 217 頁
………………………………………………… 64, 255
千葉地判平成 8・4・24 交民集 29 巻 2 号 606 頁
………………………………………………… 64, 204
横浜地判平成 8・4・25 交民集 29 巻 2 号 620 頁
………………………………………………… 64, 204
神戸地判平成 8・5・14 交民集 29 巻 3 号 719 頁
………………………………………………… 65, 204
神戸地判平成 8・5・23 交民集 29 巻 3 号 765 頁
………………………………………………… 65, 204
高知地判平成 8・5・28 交民集 29 巻 3 号 801 頁
……………………………………………………… 161
神戸地判平成 8・5・30 交民集 29 巻 3 号 815 頁
……………………………………………………… 255
大阪地判平成 8・5・31 交民集 29 巻 3 号 830 頁
……………………………………………………… 265
神戸地判平成 8・7・8 判時 1626 号 106 頁,
　判タ 935 号 197 頁……………………… 65, 255
静岡地沼津支判平成 8・7・31 判時 1611 号 106 頁
……………………………………………………… 204
京都地判平成 8・8・22 判タ 929 号 113 頁……… 204
東京地判平成 8・9・11 交民集 29 巻 5 号 1353 頁
………………………………………………… 66, 205
神戸地姫路支判平成 8・9・30 判時 1630 号 97 頁,
　判タ 942 号 205 頁…………………… 154, 205
東京地判平成 8・10・21 判時 1601 号 118 頁,

判タ 939 号 210 頁……………………………… 205
大阪地判平成 8・10・22 交民集 29 巻 5 号 1522 頁
………………………………………………… 66, 265
東京地判平成 8・10・29 交民集 29 巻 5 号 1544 頁
………………………………………………… 66, 205
東京地判平成 8・11・19 交民集 29 巻 6 号 1673 頁
……………………………………………………… 262
大阪地判平成 8・11・28 交民集 29 巻 6 号 1755 頁
………………………………………………… 67, 205
広島地判平成 8・11・29 判時 1630 号 111 頁,
　判タ 938 号 209 頁……………………………… 255
東京地判平成 8・12・4 交民集 29 巻 6 号 1767 頁
………………………………………………… 67, 205
東京地判平成 8・12・10 判時 1589 号 81 頁,
　判タ 925 号 281 頁……………………… 67, 265
東京地判平成 8・12・24 交民集 29 巻 6 号 1839 頁
………………………………………………… 67, 205
大阪地判平成 9・1・23 交民集 30 巻 1 号 92 頁
………………………………………………… 67, 205
大阪地判平成 9・1・31 判時 1620 号 104 頁
…………………………………………… 16, 67, 205
東京地判平成 9・2・18 交民集 30 巻 1 号 231 頁
…………………………………………… 16, 67, 205
千葉地判平成 9・2・26 判タ 941 号 246 頁……… 205
大阪地判平成 9・3・10 交民集 30 巻 2 号 403 頁
…………………………………………… 68, 137, 230
名古屋地判平成 9・3・12 交民集 30 巻 2 号 427 頁
………………………………………………… 68, 256
福島地いわき支判平成 9・3・12 判時 1636 号 127 頁,
　判タ 961 号 245 頁…………………… 68, 154, 206
広島地判平成 9・3・31 判時 1632 号 100 頁,
　判タ 958 号 130 頁……………………………… 256
大阪地判平成 9・4・22 交民集 30 巻 2 号 568 頁
……………………………………………………… 230
大阪地判平成 9・4・23 判時 1630 号 84 頁,
　判タ 968 号 224 頁……………………… 16, 206
大阪地判平成 9・4・25 交民集 30 巻 2 号 601 頁
………………………………………………… 68, 262
大阪地判平成 9・5・23 交民集 30 巻 3 号 745 頁
………………………………………………… 68, 206
大阪地判平成 9・5・29 交民集 30 巻 3 号 788 頁
………………………………………………… 69, 272
東京地判平成 9・6・25 交民集 30 巻 3 号 861 頁
………………………………………………… 69, 265
岡山地判平成 9・7・10 交民集 30 巻 4 号 969 頁
………………………………………………… 69, 256
大阪地判平成 9・7・14 交民集 30 巻 4 号 978 頁
……………………………………………………… 265
東京地判平成 9・7・16 判時 1619 号 17 頁,
　判タ 949 号 255 頁……………………………… 206

浦和地判平成 9・8・12 交民集 30 巻 4 号 1146 頁
　……………………………………………16,69,206
東京地判平成 9・8・27 判時 1639 号 62 頁,
　判タ 979 号 191 頁……………………………265
東京地判平成 9・8・29 交民集 30 巻 4 号 1232 頁
　………………………………………………69,206
大分地判平成 9・10・17 交民集 30 巻 5 号 1495 頁
　………………………………………………70,206
神戸地判平成 9・11・5 判時 1656 号 117 頁………206
大分地判平成 9・11・28 交民集 30 巻 6 号 1710 頁
　……………………………………………………265
神戸地判平成 9・12・16 交民集 30 巻 6 号 1743 頁
　……………………………………………16,70,206
東京地判平成 10・1・28 交民集 31 巻 1 号 111 頁
　………………………………………………70,206
横浜地判平成 10・2・17 交民集 31 巻 1 号 209 頁
　………………………………………………70,206
前橋地判平成 10・2・18 交民集 31 巻 1 号 222 頁
　……………………………………………16,70,206
大阪地判平成 10・2・23 判タ 974 号 186 頁………206
東京地判平成 10・2・25 判時 1662 号 98 頁,
　判タ 984 号 135 頁……………………………71,206
大阪地判平成 10・3・5 交民集 31 巻 2 号 310 頁
　……………………………………………16,71,206
松山地判平成 10・3・25 判タ 1008 号 204 頁……225
東京地八王子支判平成 10・3・30 交民集 31 巻
　6 号 2011 頁……………………………………256
大津地判平成 10・3・31 交民集 31 巻 2 号 536 頁
　………………………………………………71,206
大阪地判平成 10・4・17 交民集 31 巻 2 号 575 頁
　……………………………………………………256
神戸地判平成 10・4・24 交民集 31 巻 2 号 607 頁
　………………………………………………71,206
大阪地判平成 10・5・18 交民集 31 巻 3 号 666 頁
　………………………………………………71,256
前橋地判平成 10・5・21 交民集 31 巻 3 号 691 頁
　………………………………………………72,207
大阪地判平成 10・6・29 交民集 31 巻 3 号 929 頁
　………………………………………………72,256
大阪地判平成 10・6・30 交民集 31 巻 3 号 979 頁
　……………………………………………16,72,207
神戸地判平成 10・8・28 交民集 31 巻 4 号 1268 頁
　………………………………………………………72
神戸地判平成 10・8・28 交民集 31 巻 4 号 1257 頁
　……………………………………………………207
神戸地判平成 10・8・28 交民集 31 巻 4 号 1268 頁
　……………………………………………………207
東京地判平成 10・8・31 交民集 31 巻 4 号 1293 頁
　……………………………………………16,72,207
大阪地判平成 10・9・3 交民集 31 巻 5 号 1338 頁
　……………………………………………………207
大阪地判平成 10・10・19 交民集 31 巻 5 号 1543 頁
　………………………………………………73,207
大阪地判平成 10・10・21 判時 1702 号 125 頁,
　判タ 1023 号 231 頁……………………………256
東京地判平成 10・10・29 交民集 31 巻 5 号 1582 頁
　………………………………………………………73
東京地八王子支判平成 10・10・29 交民集 31 巻
　5 号 1582 頁……………………………………207
仙台地判平成 10・11・30 判時 1674 号 106 頁,
　判タ 998 号 211 頁……………………………73,207
大阪地判平成 10・11・30 交民集 31 巻 6 号 1789 頁
　………………………………………………73,256
千葉地判平成 10・12・25 交民集 31 巻 6 号 1981 頁
　…………………………………………………16,74
千葉地判平成 10・12・25 交民集 31 巻 6 号 1981 頁,
　判時 1726 号 142 頁……………………………207
大阪地判平成 11・1・22 交民集 32 巻 1 号 149 頁
　………………………………………………74,207
奈良地葛城支判平成 11・2・1 判時 1730 号 77 頁
　………………………………………………74,265
大阪地判平成 11・2・25 判タ 1038 号 242 頁……230
東京地判平成 11・2・26 交民集 32 巻 1 号 347 頁
　………………………………………………74,256
大阪地判平成 11・3・8 判タ 1034 号 222 頁………208
名古屋地判平成 11・3・26 交民集 32 巻 2 号 556 頁
　……………………………………………16,74,208
名古屋地判平成 11・4・8 判時 1734 号 90 頁,
　判タ 1008 号 192 頁……………………………75,208
大阪地判平成 11・5・11 交民集 32 巻 3 号 754 頁
　……………………………………………16,75,208
大阪地判平成 11・5・11 交民集 32 巻 3 号 760 頁
　………………………………………………75,208
東京地判平成 11・5・13 交民集 32 巻 3 号 764 頁
　………………………………………………75,208
東京地判平成 11・5・17 交民集 32 巻 3 号 780 頁
　………………………………………………75,208
大阪地判平成 11・5・25 交民集 32 巻 3 号 807 頁
　……………………………………………………208
東京地判平成 11・6・1 交民集 32 巻 3 号 856 頁
　……………………………………………………266
神戸地判平成 11・6・16 交民集 32 巻 3 号 908 頁
　………………………………………………75,208
東京地判平成 11・6・24 交民集 32 巻 3 号 925 頁
　………………………………………………76,266
大阪地判平成 11・6・28 交民集 32 巻 3 号 940 頁
　………………………………………………76,208
東京地判平成 11・6・29 判タ 1032 号 155 頁
　……………………………………………………158,272
名古屋地判平成 11・7・19 交民集 32 巻 4 号 1145 頁

......................................................76
神戸地判平成 11・7・19 交民集 32 巻 4 号 1137 頁
　.........................................................76,208
名古屋地判平成 11・7・19 交民集 32 巻 4 号 1145 頁
　.................................................................266
福岡地判平成 11・7・29 判時 1728 号 84 頁，
　判タ 1053 号 199 頁 ...............................256
横浜地判平成 11・7・30 判時 1714 号 112 頁，
　判タ 1051 号 293 頁 ..........................76,208
神戸地判平成 11・8・4 交民集 32 巻 4 号 1270 頁
　.........................................................76,208
奈良地葛城支判平成 11・8・20 判時 1729 号 62 頁
　.........................................................77,257
松山地判平成 11・8・27 判時 1729 号 75 頁，
　判タ 1040 号 135 頁 ..........................77,266
大阪地堺支判平成 11・9・10 判タ 1025 号 85 頁
　.........................................................77,208
福岡地久留米支判平成 11・9・10 判タ 1055 号
　233 頁 ...........................................................209
神戸地判平成 11・9・22 交民集 32 巻 5 号 1446 頁
　.................................................16,77,209
名古屋地判平成 11・10・22 交民集 32 巻 5 号
　1612 頁 ..............................................77,225
大阪地判平成 11・11・8 交民集 32 巻 6 号 1762 頁
　.........................................................78,266
千葉地判平成 11・12・6 判時 1724 号 99 頁
　.........................................................78,209
東京地判平成 11・12・20 交民集 32 巻 6 号 1958 頁
　.........................................................78,209
横浜地判平成 12・1・27 判タ 1087 号 228 頁 ........266
神戸地姫路支判平成 12・1・31 判時 1713 号 84 頁，
　判タ 1024 号 140 頁 ...................................209
福岡高宮崎支判平成 12・2・1 判タ 1045 号 240 頁
　...................................................................153
岡山地判平成 12・2・3 交民集 33 巻 1 号 219 頁
　.........................................................78,209
大阪地判平成 12・2・28 交民集 33 巻 1 号 329 頁
　.........................................................79,257
東京地判平成 12・2・28 判時 1732 号 87 頁，
　判タ 1108 号 230 頁 ........................155,209
東京地判平成 12・2・29 交民集 33 巻 1 号 384 頁
　.........................................................79,209
大阪地判平成 12・3・2 交民集 33 巻 2 号 466 頁
　...................................................................209
浦和地判平成 12・3・15 判時 1732 号 100 頁，
　判タ 1098 号 134 頁 ............16,79,157,209
東京地判平成 12・3・27 判タ 1058 号 204 頁
　...................................................................225
福岡地判平成 12・3・29 交民集 34 巻 5 号 1181 頁，
　判時 1756 号 104 頁 ...................................209

東京地判平成 12・3・31 交民集 33 巻 2 号 681 頁
　.........................................................79,210
横浜地判平成 12・5・11 判時 1757 号 115 頁，
　判タ 1094 号 199 頁，交民集 33 巻 3 号 799 頁
　...................................................................234
名古屋地判平成 12・5・29 交民集 33 巻 3 号 890 頁
　...................................................................262
東京地判平成 12・5・31 交民集 33 巻 3 号 907 頁
　.........................................................79,257
東京地判平成 12・5・31 交民集 33 巻 3 号 920 頁
　.........................................................80,262
名古屋地判平成 12・6・1 判時 1734 号 102 頁，
　判タ 1105 号 187 頁 ..........................80,210
東京地判平成 12・6・27 交民集 33 巻 3 号 1039 頁
　...................................................16,80,210
東京地判平成 12・6・27 交民集 33 巻 3 号 1029 頁
　...................................................................210
名古屋地判平成 12・7・3 判時 1738 号 88 頁，
　判タ 1109 号 209 頁 ...................................210
東京地判平成 12・7・4 判タ 1056 号 218 頁 ........237
奈良地葛城支判平成 12・7・4 交民集 33 巻 4 号
　1141 頁，判時 1739 号 117 頁，判タ 1061 号 234 頁
　...................................................................210
大阪地判平成 12・7・24 交民集 33 巻 4 号 1213 頁
　.........................................................80,266
浦和地判平成 12・7・25 判時 1733 号 61 頁 ........210
前橋地桐生支判平成 12・7・26 交民集 33 巻 4 号
　1241 頁 ..............................................80,210
東京地判平成 12・7・28 交民集 33 巻 4 号 1278 頁
　.........................................................81,210
大阪地判平成 12・8・25 交民集 33 巻 4 号 1343 頁
　.........................................................81,210
大阪地判平成 12・8・30 交民集 33 巻 4 号 1400 頁
　.........................................................81,266
大阪地判平成 12・8・31 交民集 33 巻 4 号 1439 頁
　.........................................................81,210
東京地判平成 12・9・13 交民集 33 巻 5 号 1488 頁
　.........................................................82,230
大阪地判平成 12・9・21 交民集 33 巻 5 号 1550 頁
　...................................................16,82,210
東京地判平成 12・9・25 判時 1745 号 102 頁
　.........................................................82,210
岡山地判平成 12・10・5 交民集 33 巻 5 号 1618 頁
　.........................................................82,210
東京地判平成 12・10・17 交民集 33 巻 5 号 1663 頁
　.....................................................................82
東京地八王子支判平成 12・10・17 交民集 33 巻 5 号
　1663 頁 ........................................................210
長野地諏訪支判平成 12・11・14 交民集 33 巻 6 号
　1855 頁 ..............................................83,257

神戸地判平成 12・11・16 交民集 33 巻 6 号 1878 頁
  ··················································· 83, 210
大阪地判平成 12・11・21 交民集 33 巻 6 号 1933 頁,
  判タ 1059 号 165 頁··················· 210
大阪地判平成 12・11・21 判タ 1059 号 165 頁,
  交民集 33 巻 6 号 1933 頁··············· 234
大阪地判平成 12・12・22 判タ 1073 号 177 頁
  ············································· 83, 155, 211
東京地判平成 12・12・27 判タ 1080 号 192 頁
  ············································· 84, 155, 211
静岡地沼津支判平成 13・1・10 判時 1772 号 108 頁
  ······················································ 155
名古屋地判平成 13・1・12 判時 1759 号 105 頁···· 155
千葉地判平成 13・1・26 交民集 34 巻 1 号 75 頁
  ··················································· 84, 211
千葉地判平成 13・1・26 判時 1761 号 91 頁,
  判タ 1058 号 220 頁, 交民集 34 巻 1 号 75 頁··· 237
奈良地判平成 13・1・31 交民集 34 巻 1 号 165 頁
  ··················································· 84, 211
東京地判平成 13・2・22 交民集 34 巻 1 号 253 頁
  ············································· 16, 84, 211
東京地判平成 13・3・8 交民集 34 巻 2 号 355 頁,
  判時 1739 号 21 頁, 判タ 1054 号 94 頁·········· 211
静岡地沼津支判平成 13・4・18 判時 1770 号 118 頁
  ······················································ 211
横浜地判平成 13・4・26 判時 1781 号 125 頁,
  判タ 1123 号 221 頁··················· 257
大阪地判平成 13・5・16 交民集 34 巻 3 号 605 頁
  ··················································· 85, 211
東京地判平成 13・5・24 判タ 1127 号 224 頁······· 257
東京地判平成 13・5・30 判時 1780 号 109 頁,
  判タ 1086 号 253 頁················ 155, 211
岡山地判平成 13・6・8 交民集 34 巻 3 号 742 頁
  ··················································· 85, 211
東京地判平成 13・6・27 交民集 34 巻 3 号 791 頁
  ······················································· 16
神戸地判平成 13・6・27 交民集 34 巻 3 号 806 頁
  ··················································· 16, 86
東京地判平成 13・6・27 交民集 34 巻 3 号 791 頁
  ··················································· 86, 211
大阪地判平成 13・6・27 交民集 34 巻 3 号 794 頁
  ··················································· 86, 211
東京地判平成 13・6・28 交民集 34 巻 3 号 813 頁
  ··················································· 86, 212
大阪地判平成 13・7・10 交民集 34 巻 4 号 881 頁
  ············································· 16, 87, 212
大阪地判平成 13・7・13 交民集 34 巻 4 号 906 頁
  ··················································· 87, 212
神戸地判平成 13・7・18 交民集 34 巻 4 号 937 頁
  ··················································· 87, 266

東京地判平成 13・7・31 交民集 34 巻 4 号 990 頁
  ··················································· 87, 267
東京地八王子支判平成 13・8・2 交民集 34 巻 4 号
  998 頁······························ 87, 212
神戸地判平成 13・8・8 交民集 34 巻 4 号 1019 頁
  ······················································ 267
神戸地判平成 13・8・10 交民集 34 巻 4 号 1038 頁
  ············································· 16, 88, 212
神戸地判平成 13・8・10 交民集 34 巻 4 号 1024 頁,
  判時 1767 号 97 頁················ 212
大阪地判平成 13・9・10 判時 1800 号 68 頁······· 262
岡山地判平成 13・9・18 交民集 34 巻 5 号 1281 頁
  ··················································· 88, 212
大阪地判平成 13・10・11 交民集 34 巻 5 号 1372 頁
  ··················································· 88, 267
大阪地判平成 13・10・26 交民集 34 巻 5 号 1431 頁
  ············································· 88, 212, 226
横浜地判平成 13・10・31 判タ 1127 号 212 頁
  ············································· 88, 155, 212
大津地判平成 13・11・26 判タ 1092 号 246 頁
  ··················································· 88, 212
東京地判平成 13・11・26 判タ 1123 号 228 頁····· 273
東京地判平成 13・11・30 交民集 34 巻 6 号 1561 頁
  ······················································ 212
大阪地判平成 13・12・10 交民集 34 巻 6 号 1592 頁
  ··················································· 89, 212
大阪地判平成 13・12・26 交民集 34 巻 6 号 1709 頁
  ··················································· 89, 212
東京地判平成 13・12・26 交民集 34 巻 6 号 1693 頁
  ······················································ 212
さいたま地判平成 13・12・27 判時 1805 号 118 頁
  ················································ 212, 238
大阪地判平成 14・1・16 判時 1797 号 94 頁,
  判タ 1114 号 259 頁················ 155, 213
東京地判平成 14・1・17 交民集 35 巻 1 号 38 頁
  ··················································· 89, 213
東京地判平成 14・1・22 交民集 35 巻 1 号 68 頁
  ··················································· 89, 213
名古屋地判平成 14・1・28 交民集 35 巻 1 号 144 頁
  ··················································· 90, 267
東京地判平成 14・2・25 判タ 1138 号 229 頁······· 213
大阪地判平成 14・2・28 交民集 35 巻 1 号 313 頁
  ··················································· 90, 213
東京地判平成 14・3・13 判時 1812 号 116 頁······· 257
大阪地判平成 14・3・15 交民集 35 巻 2 号 366 頁
  ············································· 16, 90, 213
名古屋地判平成 14・3・25 交民集 35 巻 2 号 408 頁
  ··················································· 91, 267
高松地判平成 14・3・26 裁判所ウェブサイト ······ 147
大阪地判平成 14・3・28 判タ 1131 号 188 頁··· 91, 213

青森地判平成 14・4・12 判タ 1187 号 301 頁……213
大阪地堺支判平成 14・4・17 交民集 35 巻 6 号
　1738 頁……………………………………91,213
東京地判平成 14・4・18 交民集 35 巻 2 号 536 頁,
　判時 1784 号 100 頁,判タ 1102 号 221 頁……213
福岡地判平成 14・5・16 判時 1810 号 92 頁
　……………………………………………150,213
札幌地判平成 14・6・14 判タ 1126 号 211 頁,
　同 1206 号 240 頁………………………………257
東京地八王子支判平成 14・6・14 交民集 35 巻 3 号
　809 頁……………………………………91,267
大阪地判平成 14・7・26 交民集 35 巻 4 号 1028 頁
　……………………………………………92,267
大阪地岸和田支判平成 14・7・30 判時 1807 号 108 頁
　……………………………………………………263
青森地判平成 14・7・31 交民集 35 巻 4 号 1052 頁
　……………………………………………92,213
名古屋地判平成 14・8・19 交民集 35 巻 4 号 1077 頁
　…………………………………………………93
神戸地判平成 14・8・19 交民集 35 巻 4 号 1099 頁
　……………………………………………93,213
名古屋地判平成 14・8・19 交民集 35 巻 4 号 1077 頁
　…………………………………………………267
東京地判平成 14・8・22 交民集 35 巻 4 号 1137 頁
　……………………………………………93,213
大阪地判平成 14・8・29 交民集 35 巻 4 号 1178 頁
　……………………………………………93,257
神戸地判平成 14・8・29 交民集 35 巻 4 号 1189 頁
　……………………………………………94,213
松江地判平成 14・9・4 判時 1815 号 116 頁,
　判タ 1129 号 239 頁………………………155,214
東京地八王子支判平成 14・9・5 交民集 35 巻 5 号
　1207 頁……………………………………94,214
名古屋地判平成 14・9・13 判時 1814 号 111 頁,
　判タ 1153 号 178 頁……………………………214
名古屋地判平成 14・9・27 交民集 35 巻 5 号 1290 頁
　……………………………………………94,263
大阪地判平成 14・10・4 交民集 35 巻 5 号 1342 頁
　……………………………………………94,267
大阪地判平成 14・10・21 交民集 35 巻 5 号 1379 頁
　……………………………………………95,267
大阪地判平成 14・10・30 交民集 35 巻 5 号 1446 頁
　……………………………………………95,214
名古屋地判平成 14・11・11 交民集 35 巻 6 号
　1519 頁……………………………………96,267
東京地判平成 14・11・21 判タ 1160 号 185 頁……267
大阪地判平成 14・11・26 交民集 35 巻 6 号 1578 頁
　……………………………………………96,267
大阪地判平成 14・11・26 交民集 35 巻 6 号 1587 頁
　……………………………………………………226

富山地判平成 14・11・27 判時 1814 号 125 頁……214
名古屋地判平成 14・12・3 交民集 35 巻 6 号 1604 頁
　……………………………………………96,214
東京地判平成 14・12・4 判時 1838 号 80 頁………147
東京地判平成 14・12・18 判タ 1182 号 295 頁……214
広島地判平成 15・1・16 判タ 1131 号 131 頁……257
東京地判平成 15・1・22 交民集 36 巻 1 号 60 頁
　……………………………………………97,268
東京地判平成 15・1・27 判時 1166 号 190 頁……214
福岡地判平成 15・1・30 判時 1830 号 118 頁……214
大阪地判平成 15・2・21 交民集 36 巻 1 号 233 頁
　……………………………………………97,268
東京地判平成 15・2・27 交民集 36 巻 1 号 262 頁
　……………………………………………………257
大阪地判平成 15・3・13 判時 1834 号 62 頁,
　判タ 1152 号 164 頁……………………………257
東京地判平成 15・3・20 判時 1846 号 62 頁,
　判タ 1133 号 97 頁………………………………97
東京地判平成 15・3・20 判時 1846 号 62 頁,
　判タ 1133 号 97 頁……………………………214
鹿児島地判平成 15・3・26 裁判所ウェブサイト…230
神戸地判平成 15・3・28 交民集 36 巻 2 号 459 頁
　……………………………………………………214
富山地高岡支判平成 15・3・31 交民集 38 巻 3 号
　660 頁……………………………………………268
山口地岩国支判平成 15・3・31 判タ 1157 号 242 頁
　……………………………………………………257
大阪地判平成 15・4・18 交民集 36 巻 2 号 526 頁
　……………………………………………97,268
名古屋地判平成 15・4・28 交民集 36 巻 2 号 574 頁
　……………………………………………98,214
東京地八王子支判平成 15・5・8 交民集 36 巻 3 号
　671 頁……………………………………98,214
福岡高那覇支判平成 15・5・22 判時 1828 号 40 頁,
　判タ 1164 号 172 頁……………………………135
東京地判平成 15・5・26 判タ 1162 号 220 頁……258
横浜地判平成 15・6・20 判時 1829 号 97 頁……268
東京地判平成 15・6・24 判タ 1156 号 206 頁……214
富山地判平成 15・7・9 判時 1850 号 103 頁……258
東京地判平成 15・8・28 交民集 36 巻 4 号 1091 頁
　……………………………………………………258
横浜地判平成 15・8・28 判時 1850 号 91 頁
　……………………………………………………268
大阪地判平成 15・8・29 交民集 36 巻 4 号 1149 頁
　……………………………………………98,214
大阪地判平成 15・9・24 交民集 36 巻 5 号 1333 頁
　……………………………………………99,214
福井地判平成 15・9・24 判時 1850 号 113 頁,
　判タ 1188 号 290 頁……………………………268
東京地判平成 15・10・7 判時 1844 号 80 頁,

判タ 1172 号 253 頁 …………………………… 99,268
京都地判平成 15・10・21 判時 1856 号 132 頁 …… 214
東京地判平成 15・11・26 交民集 36 巻 6 号 1483 頁
　………………………………………………… 99,214
札幌地小樽支判平成 15・11・28 判時 1852 号 130 頁
　……………………………………………………… 215
大阪地判平成 15・12・4 交民集 36 巻 6 号 1552 頁
　………………………………………………… 99,258
東京地判平成 15・12・16 交民集 36 巻 6 号 1601 頁
　……………………………………………… 100,215
東京地判平成 15・12・18 交民集 36 巻 6 号 1623 頁
　……………………………………………… 100,215
東京地判平成 16・1・20 交民集 37 巻 1 号 88 頁
　……………………………………………… 100,215
大阪地判平成 16・1・21 判時 1907 号 85 頁,
　判タ 1174 号 264 頁 …………………………… 258
東京地判平成 16・1・30 判時 1861 号 3 頁,
　判タ 1194 号 243 頁 ……………… 146,155,237
千葉地判平成 16・2・16 判時 1861 号 84 頁
　……………………………………………… 100,268
高松地観音寺支判平成 16・2・26 判時 1869 号 71 頁
　……………………………………………………… 215
さいたま地判平成 16・3・11 交民集 37 巻 2 号
　321 頁 …………………………………………… 101
東京地判平成 16・3・12 判タ 1212 号 245 頁
　……………………………………………………… 258
東京地判平成 16・3・22 交民集 37 巻 2 号 390 頁
　……………………………………………… 101,268
さいたま地判平成 16・3・24 判時 1879 号 96 頁
　……………………………………………………… 237
大阪地判平成 16・3・29 交民集 37 巻 2 号 453 頁
　……………………………………………… 101,215
さいたま地判平成 16・3・31 交民集 37 巻 2 号
　321 頁 …………………………………………… 268
さいたま地判平成 16・4・23 交民集 37 巻 2 号
　540 頁 …………………………………………… 268
岡山地判平成 16・5・7 交民集 37 巻 3 号 600 頁
　……………………………………………… 102,269
前橋地判平成 16・5・14 判時 1860 号 108 頁 …… 215
福島地判平成 16・5・18 判時 1863 号 91 頁
　……………………………………………………… 215
東京地判平成 16・5・31 交民集 37 巻 3 号 675 頁
　……………………………………………… 102,258
神戸地判平成 16・6・7 交民集 38 巻 2 号 339 頁
　……………………………………………………… 231
大阪地判平成 16・6・10 判時 1884 号 94 頁,
　判タ 1169 号 265 頁 ………………… 102,147,215
東京地判平成 16・6・29 交民集 37 巻 3 号 838 頁
　……………………………………………… 102,258
名古屋地判平成 16・7・7 交民集 37 巻 4 号 917 頁
　……………………………………………………… 215
東京地判平成 16・7・12 交民集 37 巻 4 号 943 頁
　………………………………………… 16,103,215
東京地判平成 16・7・13 交民集 37 巻 4 号 955 頁
　……………………………………………… 103,258
大分地判平成 16・7・29 判タ 1200 号 165 頁 …… 215
東京地判平成 16・7・30 判タ 1198 号 193 頁 …… 215
東京地八王子支判平成 16・8・27 交民集 37 巻 4 号
　1118 頁 …………………………………… 103,215
名古屋地判平成 16・9・8 交民集 37 巻 5 号 1225 頁
　……………………………………………………… 216
宇都宮地判平成 16・9・15 判時 1879 号 136 頁 …… 226
名古屋地判平成 16・9・29 交民集 37 巻 5 号 1341 頁
　……………………………………………………… 216
東京地判平成 16・10・27 判時 1887 号 61 頁,
　判タ 1196 号 168 頁 ………………………… 155,227
山口地下関支判平成 16・11・1 判時 1892 号 74 頁
　……………………………………………… 147,216
東京地判平成 16・12・21 交民集 37 巻 6 号 1721 頁
　……………………………………………… 103,269
東京地判平成 17・1・26 交民集 38 巻 1 号 145 頁
　……………………………………………… 103,216
大阪地判平成 17・2・14 交民集 38 巻 1 号 202 頁
　……………………………………………… 104,216
東京地判平成 17・2・24 交民集 38 巻 1 号 275 頁
　……………………………………………… 104,269
さいたま地判平成 17・2・28 交民集 38 巻 1 号
　299 頁 …………………………………………… 269
東京地判平成 17・3・17 判時 1917 号 76 頁 …… 269
盛岡地二戸支判平成 17・3・22 判時 1920 号 111 頁,
　判タ 1216 号 236 頁 ………………… 104,216,234
大阪地判平成 17・3・25 交民集 38 巻 2 号 433 頁
　……………………………………………………… 269
名古屋地判平成 17・3・29 交民集 38 巻 2 号 509 頁,
　判時 1898 号 87 頁 ……………………………… 216
和歌山地判平成 17・4・12 労働判例 896 号 28 頁
　……………………………………………………… 216
名古屋地判平成 17・5・17 交民集 38 巻 3 号 694 頁
　……………………………………………………… 269
東京地判平成 17・5・26 判タ 1200 号 207 頁 …… 216
大阪地判平成 17・6・27 交民集 38 巻 3 号 855 頁,
　判タ 1188 号 282 頁 …………………………… 217,234
神戸地判平成 17・6・28 判時 1906 号 73 頁,
　判タ 1206 号 97 頁 ……………………………… 217
東京地判平成 17・7・12 交民集 38 巻 4 号 938 頁
　………………………………………… 16,104,217
大阪地判平成 17・7・25 交民集 38 巻 4 号 1032 頁
　……………………………………………… 105,269
大阪地判平成 17・7・27 交民集 38 巻 4 号 1060 頁
　……………………………………………… 105,258

## 判例索引

名古屋地判平成 17・8・24 交民集 38 巻 4 号 1130 頁
　……………………………………………… 105, 217
東京地判平成 17・8・30 交民集 38 巻 4 号 1159 頁
　……………………………………………… 105, 216
広島地判平成 17・9・20 判時 1926 号 117 頁
　……………………………………………… 105, 269
大阪地判平成 17・9・21 交民集 38 巻 5 号 1263 頁
　……………………………………………… 106, 269
横浜地判平成 17・9・22 交民集 38 巻 5 号 1306 頁
　………………………………………… 16, 107, 217
札幌地判平成 17・9・30 裁判所ウェブサイト …… 237
東京地判平成 17・10・27 交民集 38 巻 5 号 1455 頁
　……………………………………………… 107, 258
岡山地判平成 17・11・4 交民集 38 巻 6 号 1517 頁
　……………………………………………… 107, 217
東京地八王子支判平成 17・11・16 交民集 38 巻
　6 号 1551 頁 …………………………… 107, 269
名古屋地判平成 17・11・30 交民集 38 巻 6 号
　1634 頁 …………………………… 16, 107, 217
東京地判平成 17・11・30 判時 1929 号 69 頁 …… 269
東京地判平成 18・1・30 交民集 39 巻 1 号 110 頁
　……………………………………………… 108, 217
大阪地判平成 18・2・16 交民集 39 巻 1 号 205 頁
　……………………………………………… 108, 217
東京地判平成 18・2・23 判タ 1242 号 245 頁 …… 230
名古屋地判平成 18・3・24 交民集 39 巻 2 号 359 頁
　………………………………………………… 217
神戸地判平成 18・3・28 交民集 39 巻 2 号 396 頁
　………………………………………………… 217
東京地判平成 18・3・29 交民集 39 巻 2 号 439 頁
　………………………………………………… 258
大阪地判平成 18・4・7 交民集 39 巻 2 号 520 頁
　……………………………………………… 108, 217
東京地判平成 18・4・7 判時 1931 号 83 頁,
　判タ 1214 号 175 頁 …………………………… 270
横浜地判平成 18・4・18 判時 1937 号 123 頁,
　判タ 1243 号 164 頁 ………………… 146, 158, 227
横浜地判平成 18・4・25 判時 1935 号 113 頁,
　判タ 1258 号 148 頁 …………………………… 228
東京地判平成 18・5・10 交民集 39 巻 3 号 631 頁
　……………………………………………… 108, 218
神戸地判平成 18・6・16 交民集 39 巻 3 号 798 頁
　………………………………………………… 270
東京地判平成 18・6・23 判時 1983 号 97 頁,
　判タ 1246 号 274 頁 …………………………… 279
大阪地判平成 18・6・26 交民集 39 巻 3 号 859 頁
　………………………………………………… 258
和歌山地判平成 18・7・18 労働判例 922 号 21 頁
　……………………………………………… 147, 218
東京地判平成 18・7・26 判時 1947 号 66 頁 …… 155

大阪地判平成 18・7・26 交民集 39 巻 4 号 1057 頁
　………………………………………………… 218
東京地判平成 18・7・26 判時 1947 号 66 頁 …… 218
東京地判平成 18・7・28 交民集 39 巻 4 号 1099 頁
　……………………………………………… 109, 218
大阪地判平成 18・8・31 交民集 39 巻 4 号 1215 頁
　……………………………………………… 109, 218
東京地判平成 18・9・1 判時 1985 号 94 頁,
　判タ 1257 号 196 頁 ……………………… 155, 218
東京地判平成 18・9・26 判時 1945 号 61 頁,
　判タ 1222 号 90 頁 ……………………… 163, 235
千葉地佐倉支判平成 18・9・27 判時 1967 号 108 頁
　……………………………………………… 109, 259
福岡地判平成 18・9・28 判時 1964 号 127 頁
　……………………………………………… 109, 270
横浜地判平成 18・10・25 判タ 1232 号 191 頁
　………………………………………… 135, 147, 228
東京地判平成 18・10・26 交民集 39 巻 5 号 1492 頁
　……………………………………………… 109, 218
東京地判平成 18・11・15 交民集 39 巻 6 号 1565 頁
　……………………………………………… 110, 218
大阪地判平成 18・11・16 交民集 39 巻 6 号 1598 頁
　………………………………………………… 270
大阪地判平成 18・11・22 交民集 39 巻 6 号 1637 頁
　……………………………………………… 110, 160
山形地米沢支判平成 18・11・24 交民集 39 巻 6 号
　1665 頁判時 1977 号 136 頁, 判タ 1241 号 152 頁
　………………………………………… 110, 218, 228
東京地判平成 18・12・8 判タ 1255 号 276 頁
　……………………………………………… 155, 219
大阪地判平成 18・12・13 交民集 39 巻 6 号 1703 頁
　……………………………………………… 111, 270
東京地判平成 19・1・25 判タ 1267 号 258 頁 …… 270
大阪地判平成 19・1・31 交民集 40 巻 1 号 143 頁
　……………………………………………… 111, 270
福岡地判平成 19・2・1 判時 1993 号 63 頁,
　判タ 1258 号 272 頁 …………………………… 259
東京地判平成 19・2・14 交民集 40 巻 1 号 213 頁
　……………………………………………… 111, 270
大阪地判平成 19・2・21 交民集 40 巻 1 号 243 頁
　……………………………………………… 111, 270
名古屋地判平成 19・2・28 交民集 40 巻 1 号 301 頁
　………………………………………… 16, 112, 219
名古屋地判平成 19・3・27 交民集 40 巻 2 号 428 頁
　……………………………………………… 112, 270
大阪地判平成 19・3・28 交民集 40 巻 2 号 453 頁
　……………………………………………… 112, 219
大阪地判平成 19・3・29 交民集 40 巻 2 号 479 頁
　………………………………………………… 231
東京地判平成 19・3・30 交民集 40 巻 2 号 502 頁

| | |
|---|---|
| ……………………………………… 113, 219 | ……………………………………………… 220 |
| 名古屋地判平成 19・5・8 交民集 40 巻 3 号 589 頁 | 大阪地判平成 19・10・31 交民集 40 巻 5 号 1436 頁 |
| ……………………………………… 113, 271 | ……………………………………………… 271 |
| 宇都宮地判平成 19・5・24 判時 1973 号 109 頁, | 東京地判平成 19・11・27 判時 1996 号 16 頁, |
| 判タ 1255 号 209 頁 …………… 135, 157 | 判タ 1277 号 124 頁 ……………………… 271 |
| 水戸地判平成 19・5・24 交民集 40 巻 3 号 666 頁 | 東京地判平成 19・12・17 交民集 40 巻 6 号 1619 頁 |
| ……………………………………… 219, 235 | ……………………………………………… 116, 220 |
| 東京地判平成 19・5・30 交民集 40 巻 3 号 720 頁 | 千葉地松戸支判平成 19・12・26 交民集 40 巻 6 号 |
| ……………………………………… 113, 271 | 1723 頁 ……………………………… 116, 220 |
| 横浜地川崎支判平成 19・6・19 交民集 40 巻 3 号 | 東京地判平成 20・1・24 交民集 41 巻 1 号 58 頁 |
| 749 頁 …………………………… 113, 219 | ……………………………………………… 116, 271 |
| 福岡地判平成 19・6・26 判時 1988 号 56 頁, | 名古屋地判平成 20・1・29 交民集 41 巻 1 号 114 頁 |
| 判タ 1277 号 306 頁 …………… 155, 219 | ……………………………………………… 116, 271 |
| 東京地判平成 19・6・27 交民集 40 巻 3 号 805 頁 | 甲府地判平成 20・2・5 判時 2023 号 134 頁 |
| ………………………………… 17, 113, 219 | ………………………………… 117, 137, 147, 220 |
| 東京地判平成 19・6・27 交民集 40 巻 3 号 816 頁 | 松山地判平成 20・2・18 判タ 1275 号 219 頁 …… 220 |
| ……………………………………… 114, 219 | 東京地判平成 20・2・18 判タ 1273 号 270 頁 …… 259 |
| 神戸地判平成 19・6・28 交民集 40 巻 3 号 835 頁 | 仙台地判平成 20・2・27 裁判所ウェブサイト …… 118 |
| ……………………………………………… 271 | 京都地判平成 20・2・28 判時 2025 号 33 頁 |
| 名古屋地判平成 19・7・4 判時 1998 号 46 頁, | ……………………………………………… 228, 280 |
| 判タ 1299 号 247 頁 …………… 156, 219 | 大阪地判平成 20・3・13 交民集 41 巻 2 号 310 頁 |
| 秋田地判平成 19・7・5 判時 1982 号 136 頁 | ……………………………………………… 118, 220 |
| ……………………………………… 219, 235 | 大阪地判平成 20・3・19 交民集 41 巻 2 号 407 頁 |
| 東京地判平成 19・7・5 交民集 40 巻 4 号 849 頁 | ……………………………………………… 118, 220 |
| ……………………………………………… 219 | 神戸地判平成 20・3・21 交民集 41 巻 2 号 418 頁 |
| 大阪地判平成 19・7・26 交民集 40 巻 4 号 976 頁 | ……………………………………………… 118, 220 |
| ……………………………………… 114, 259 | 千葉地判平成 20・3・27 判時 2009 号 116 頁, |
| 東京地判平成 19・9・19 交民集 40 巻 5 号 1186 頁 | 判タ 1274 号 180 頁 ……………………… 118, 220 |
| ……………………………………………… 219 | 大分地判平成 20・3・31 判時 2025 号 110 頁 …… 263 |
| 東京地八王子支判平成 19・9・19 交民集 40 巻 5 号 | 神戸地判平成 20・4・10 労働判例 974 号 68 頁 … 263 |
| 1186 頁 ……………………………… 17, 114 | 神戸地判平成 20・4・11 判時 2019 号 59 頁 …… 259 |
| 東京地判平成 19・9・20 判時 2000 号 54 頁, | 大阪地判平成 20・4・28 交民集 41 巻 2 号 534 頁 |
| 判タ 1286 号 194 頁 …………………… 160 | ……………………………………………… 119, 263 |
| 東京地判平成 19・9・25 交民集 40 巻 5 号 1228 頁 | 東京地判平成 20・5・8 交民集 41 巻 3 号 561 頁 |
| ……………………………………… 114, 271 | ……………………………………………… 119, 271 |
| 大阪地判平成 19・9・26 交民集 40 巻 5 号 1245 頁 | 福島地判平成 20・5・20 判時 2019 号 69 頁, |
| ……………………………………… 114, 271 | 判タ 1289 号 211 頁 ……………………… 119, 220 |
| 名古屋地一宮支判平成 19・9・26 判時 1997 号 98 頁 | 東京地八王子支判平成 20・5・29 判時 2026 号 53 頁, |
| ……………………………………………… 235 | 判タ 1286 号 244 頁 ……………………… 263 |
| 広島地尾道支判平成 19・10・9 判時 2036 号 102 頁 | 福岡地判平成 20・6・5 交民集 41 巻 3 号 698 頁 |
| ……………………………………… 114, 219 | ……………………………………………… 220 |
| 京都地判平成 19・10・9 判タ 1266 号 262 頁 …… 146 | 松山地判平成 20・7・1 判時 2027 号 113 頁 |
| 名古屋地判平成 19・10・16 交民集 40 巻 5 号 | ……………………………………………… 119, 220 |
| 1338 頁 …………………………… 115, 271 | 大阪地判平成 20・7・4 交民集 41 巻 4 号 890 頁 |
| 千葉地判平成 19・10・31 交民集 40 巻 5 号 1423 頁 | ……………………………………………… 119, 221 |
| ………………………………………… 17, 115 | 東京地判平成 20・7・7 交民集 41 巻 4 号 908 頁 |
| 大阪地判平成 19・10・31 交民集 40 巻 5 号 1436 頁 | ……………………………………………… 120, 221 |
| ……………………………………………… 116 | 名古屋地判平成 20・7・18 判時 2033 号 45 頁, |
| 仙台地判平成 19・10・31 判タ 1258 号 267 頁 …… 150 | 判タ 1292 号 262 頁 ……………………… 120, 259 |
| 千葉地判平成 19・10・31 交民集 40 巻 5 号 1423 頁 | 大阪地判平成 20・7・25 交民集 41 巻 4 号 959 頁 |

判 例 索 引

······················································ 120,221
東京地判平成 20・7・31 判時 2026 号 25 頁,
　判タ 1295 号 271 頁 ························· 120
大阪地判平成 20・7・31 交民集 41 巻 4 号 981 頁
································································ 120
東京地判平成 20・7・31 判時 2026 号 25 頁,
　判タ 1295 号 271 頁 ························· 221
大阪地判平成 20・7・31 交民集 41 巻 4 号 981 頁
································································ 259
東京地判平成 20・8・26 交民集 41 巻 4 号 1015 頁
································································ 221
山形地判平成 20・9・10 交民集 41 巻 5 号 1235 頁
································································ 237
名古屋地判平成 20・9・24 判時 2035 号 104 頁,
　判タ 1322 号 218 頁 ··················· 133,221
名古屋地判平成 20・10・10 交民集 41 巻 5 号
　1332 頁 ········································ 120,221
仙台地判平成 20・10・22 裁判所ウェブサイト ····· 121
仙台地判平成 20・10・29 交民集 41 巻 5 号 1382 頁
·········································································· 121,221
東京地判平成 20・10・29 判タ 1298 号 227 頁
·········································································· 121,221
神戸地判平成 20・11・4 交民集 41 巻 6 号 1405 頁
·········································································· 121,221
名古屋地判平成 20・11・26 交民集 41 巻 6 号
　1495 頁 ··················································· 235
名古屋地判平成 20・12・10 交民集 41 巻 6 号
　1601 頁 ············································· 121,272
大阪地判平成 20・12・10 判タ 1298 号 125 頁
·········································································· 228,232
大阪地判平成 20・12・15 交民集 41 巻 6 号 1624 頁
·········································································· 122,272
東京地判平成 20・12・17 交民集 41 巻 6 号 1643 頁
·········································································· 122,221
福岡地判平成 21・1・9 判時 2047 号 145 頁
·········································································· 123,221
大阪地判平成 21・1・28 交民集 42 巻 1 号 69 頁
·········································································· 123,259
大阪地判平成 21・1・30 判時 2035 号 91 頁,
　判タ 1321 号 158 頁 ················· 123,221
大阪地判平成 21・2・18 判時 2041 号 89 頁,
　判タ 1296 号 161 頁 ················· 135,157
神戸地判平成 21・2・23 交民集 42 巻 1 号 196 頁
·········································································· 123,259
さいたま地判平成 21・2・25 交民集 42 巻 1 号
　218 頁 ············································· 123,272
大阪地判平成 21・2・26 交民集 42 巻 1 号 283 頁
································································ 163
名古屋地判平成 21・3・6 交民集 42 巻 2 号 356 頁
·········································································· 124,221

名古屋地判平成 21・3・10 交民集 42 巻 2 号 371 頁
·········································································· 124,272
神戸地判平成 21・3・30 交民集 42 巻 2 号 496 頁
································································ 222
名古屋地判平成 21・4・15 交民集 42 巻 2 号 541 頁
·········································································· 124,222
大阪地判平成 21・4・24 交民集 42 巻 2 号 576 頁
·········································································· 124,222
大阪地判平成 21・5・14 交民集 42 巻 3 号 618 頁
·········································································· 124,222
大阪地判平成 21・5・19 交民集 42 巻 3 号 640 頁
································································ 272
東京地判平成 21・6・24 交民集 42 巻 3 号 849 頁
·········································································· 125,222
大阪地判平成 21・6・30 交民集 42 巻 3 号 856 頁
·········································································· 125,272
東京地判平成 21・7・8 交民集 42 巻 4 号 871 頁
································································ 222
東京地判平成 21・7・23 交民集 42 巻 4 号 915 頁
·········································································· 125,272
名古屋地判平成 21・7・29 交民集 42 巻 4 号 945 頁
·········································································· 125,230
神戸地判平成 21・8・3 交民集 42 巻 4 号 964 頁
·········································································· 126,272
京都地判平成 21・8・6 交民集 42 巻 4 号 987 頁
·········································································· 126,222
京都地判平成 21・8・10 交民集 42 巻 4 号 1026 頁
·········································································· 126,222
京都地判平成 21・8・10 交民集 42 巻 4 号 1037 頁
·········································································· 127,160
岡山地判平成 21・8・26 交民集 42 巻 4 号 1096 頁
·········································································· 127,222
東京地立川支判平成 21・8・27 交民集 42 巻 4 号
　1100 頁 ··················································· 127
東京地判平成 21・8・27 交民集 42 巻 4 号 1100 頁
································································ 222
名古屋地判平成 21・9・30 交民集 42 巻 5 号 1269 頁
·········································································· 127,222
神戸地判平成 21・10・14 交民集 42 巻 5 号 1307 頁
·········································································· 128,222
名古屋地判平成 21・10・16 交民集 42 巻 5 号
　1321 頁 ············································· 128,222
東京地判平成 21・10・19 交民集 42 巻 5 号 1331 頁
································································ 222
仙台地判平成 21・11・17 交民集 42 巻 6 号 1498 頁
·········································································· 128,272
東京地判平成 21・11・18 交民集 42 巻 6 号 1535 頁
································································ 223
名古屋地判平成 21・12・2 交民集 42 巻 6 号 1571 頁
·········································································· 128,223

大阪地判平成 21・12・11 交民集 42 巻 6 号 1620 頁 …………………………………… 17,129,230
大阪地判平成 21・12・14 交民集 42 巻 6 号 1630 頁 …………………………………… 17,129,223
さいたま地判平成 21・12・16 判時 2081 号 60 頁,判タ 1324 号 107 頁 …………… 135,157
東京地判平成 21・12・25 交民集 42 巻 6 号 1703 頁 ……………………………… 129,223
名古屋地判平成 22・2・5 交民集 43 巻 1 号 106 頁 ……………………………… 130,223
東京地判平成 22・2・9 交民集 43 巻 1 号 123 頁 ……………………………… 130,263
大阪地判平成 22・2・9 交民集 43 巻 1 号 140 頁 ……………………………… 130,223
大阪地判平成 22・2・23 交民集 43 巻 1 号 224 頁 ……………………………… 130,223
岡山地判平成 22・2・25 交民集 43 巻 1 号 250 頁 ……………………………… 131,223
秋田地判平成 22・7・16 交民集 43 巻 4 号 879 頁 ……………………………… 223,228
名古屋地判平成 22・12・7 交民集 43 巻 6 号 1608 頁 …………………………………… 259
さいたま地判平成 23・1・21 判時 2105 号 75 頁,判タ 1362 号 131 頁 …………………… 228
宇都宮地判平成 23・3・30 判時 2115 号 83 頁 …………………………………… 223,235,238
大阪地判平成 23・7・25 判タ 1354 号 192 頁 …… 156
東京地判平成 24・1・17 ＴＫＣ法律情報データベース 25491273 ……………………… 17,131,223
東京地判平成 24・1・17 交民集 45 巻 1 号 40 頁 ……………………………… 131,223
東京地判平成 24・3・14 ＴＫＣ法律情報データベース 25492950 ……………………… 17,132,224
東京地判平成 24・3・27 交民集 45 巻 2 号 422 頁 ……………………………… 17,132,224
東京地判平成 24・4・17ＴＫＣ法律情報データベース文献番号 25493802 ……………… 132,259
横浜地判平成 24・4・26 交民集 45 巻 2 号 521 頁 ……………………………… 17,132,224
東京地判平成 24・5・23ＴＫＣ法律情報データベース文献番号 25494321 ……………… 132,260
東京地判平成 24・7・18 交民集 45 巻 4 号 830 頁 ……………………………… 133,224
広島高岡山支判平成 24・9・28 自保ジャーナル 1885 号 1 頁 …………………………… 263
大分地判平成 25・3・21 判時 2197 号 89 頁 ……………………………… 17,133,224
宇都宮地判平成 25・4・24 判時 2193 号 67 頁,判タ 1391 号 224 頁 ……………… 133,224

〔著者紹介〕

田井 義信（たい よしのぶ）

略　歴　1946年　和歌山県串本町潮岬に生まれる。
　　　　1969年　立命館大学法学部卒業。
　　　　1972年　同志社大学大学院法学研究科私法学専攻修士課程修了。
　　　　　　　　その後，同志社大学法学部助手，専任講師，助教授，教授，同大学院教授等を経て，法科大学院制度発足（2004年4月）にともない法科大学院に移籍。
　　　現　在　同志社大学法科大学院教授。博士（法学）

主な著書
『イギリス損害賠償法の理論』（単著。有信堂，1995年）
『新 物権・担保物権法【第2版】』（共著。法律文化社，2005年）
『民法学の現在と近未来』（編著。法律文化社，2012年）

**判例総合解説**

### 生命侵害の損害賠償

2015（平成27）年12月25日　第1版第1刷発行

5669:P320　¥3200E-015:013-002

著　者　田　井　義　信
発行者　今井　貴・稲葉文子
発行所　株式会社 信 山 社
〒113-0033 東京都文京区本郷6-2-9-102
Tel 03-3818-1019　Fax 03-3818-0344
info@shinzansha.co.jp
東北支店 〒981-0944 宮城県仙台市青葉区子平町11番1号
笠間才木支店 〒309-1611 茨城県笠間市笠間515-3
Tel 0296-71-9081　Fax 0296-71-9082
笠間来栖支店 〒309-1625 茨城県笠間市来栖2345-1
Tel 0296-71-0215　Fax 0296-72-5410
出版契約 2015-5699-7-01011　Printed in Japan

©田井義信, 2015　印刷・製本／亜細亜印刷・渋谷文泉閣
ISBN978-4-7972-5669-7 C3332 分類324.550-d003 民法

JCOPY〈(社)出版者著作権管理機構 委託出版物〉
本書の無断複写は著作権法上での例外を除き禁じられています。複写される場合は，そのつど事前に，(社)出版者著作権管理機構（電話 03-3513-6969, FAX 03-3513-6979, e-mail:info@jcopy.or.jp）の許諾を得てください。

日本弁護士連合会両性の平等に関する委員会 編
編集代表 角田由紀子

# 性暴力被害の実態と刑事裁判

A5変・上製・212頁　定価：本体2,000円（税別）　ISBN978-4-7972-8692-2 C3332

**性犯罪を直視し被害者の人権を守る**

司法はいかにして性犯罪被害者の人権を守れるのか。性暴力の実態と捜査・対策の問題点や性犯罪判例について、法学研究者や検察官、精神科医などの立場から検討。性犯罪が適切な重さをもって扱われないわが国の現実を見つめ、国際的にも著しく低い日本女性の地位向上を目指す。真実の重みを直視し、性刑法の改革・改正への道を拓くべく、司法関係者に問いかける一冊。

執筆者　角田由紀子・吉田容子・宮地尚子・田中嘉寿子
　　　　神山千之・齊藤豊治・南野佳代・宮村啓太

【目　次】
はじめに〔角田由紀子〕
◇第1編　性暴力被害の実態◇
　第1章　データからみる性暴力被害の実態
　　　　　―判決で描かれる性暴力被害と実態との乖離〔吉田容子〕
　第2章　精神科医から見た性暴力被害の実態〔宮地尚子〕
◇第2編　性暴力被害と刑事裁判◇
　第3章　性犯罪捜査の問題点―検察官の経験から〔田中嘉寿子〕
　第4章　事実認定における経験則とジェンダー・バイアス
　　　　　― 2つの最高裁判決の事例を中心に〔神山千之〕
　第5章　アメリカにおける性刑法の改革〔齊藤豊治〕
◇第3編　まとめ◇
　第6章　日本の法曹に対するジェンダーに関する継続教育の必要性〔南野佳代〕
　第7章　性犯罪事件の刑事弁護活動〔宮村啓太〕
あとがき〔角田由紀子〕

---

**2015年9月新刊**　読売新聞政治部 編著

# 安全保障関連法
―変わる安保体制―

A5変・並製・296頁　定価：本体2,500円（税別）　ISBN978-4-7972-3402-2 C3332

【安保関連法案の成立関係の読売新聞記事を本格的、かつ分かりやすく編集、解説】

安保関連法案の成立関係の読売新聞記事を本格的に編集。積極的平和主義への歴史的な転換期にあって、客観的に「正確な情報」を読む。自衛隊の果たす平和への新たな役割と課題とは。新安保法制の条文解説やシミュレーション、議論の流れなどを解説するほか、学識経験者が語る安全保障法制や、関連法の要旨や閣議決定、記者会見の全文等、資料も充実。

【目　次】

◆第1章◆　安全保障の現実
　1　中国の脅威
　2　北朝鮮の脅威
　3　日米同盟
　4　拡充する自衛隊活動

◆第2章◆　こうなる　新たな安保法制
　1　条文解説
　2　ポイント解説
　3　シミュレーション
　4　任務拡大に備える自衛隊

◆第3章◆　安全法制　こう議論された
　1　憲法解釈見直しへ
　2　首相の決意―限定行使閣議決定
　3　法制合意―与党協議
　4　混乱続きの不毛の国会審議

◆第4章◆　試練の安保審議　残した課題
　1　国連平和維持活動(PKO)協力法（1992年）
　2　周辺事態法（1999年）
　3　テロ対策特別措置法（2001年）
　4　イラク復興支援特別措置法（2003年）
　5　有事法制（2003年）
　6　新テロ対策特別措置法（2008年）

◆第5章◆　語る　安全保障法制
・細谷雄一〈従来の解釈　国民守れない〉
・火箱芳文〈冷戦時より環境厳しい〉
・阪田雅裕〈法案に苦心の跡見える〉
・神保　謙〈空と海　将来は中国優位〉
・五百旗頭真〈集団的自衛権　日本守る〉
・三浦瑠麗〈「中国と衝突」想定し議論を〉
・柳井俊二〈憲法　集団的自衛権禁じず〉
・森　　聡〈抑止力　国民理解へ説明を〉
・柳原正治〈国際機関に現実的対応〉
・大石　眞〈憲法解釈　変更あり得る〉
・市川雄一〈安保法制　自衛に不可欠〉
・北岡伸一〈自衛最小限度　時代で変化〉
・佐瀬昌盛〈リスクと向き合う覚悟を〉
・高村正彦〈北の暴発　現実の脅威〉
・細野豪志〈安保政策　野党と協議を〉
・浅野善治〈主権と自由　力で守る〉

◆巻末資料
・安全保障関連法要旨
・平和安全法制整備法
　　自衛隊法　PKO協力法　重要影響事態法　武力攻撃・存立危機事態法
・国際平和支援法
・安全保障関連法の付帯決議の要旨
・安保関連法案の閣議決定時の安倍晋三首相記者会見（2015年5月14日）
・集団的自衛権に関する憲法解釈変更時の閣議決定の全文（2014年7月1日）
・「存立を全うし、国民を守るための切れ目のない安全保障法制の整備」について
・集団的自衛権の限定行使容認の閣議決定時の安倍首相記者会見（2014年7月1日）
・安全保障法制整備に関する与党協議会の概要（2014年5月20日〜7月1日）
・「安全保障の法的基盤の再構築に関する懇談会」報告書（2014年5月15日）の要旨
◆安全保障関連年表

---

信山社

2015.10 刊行★最新刊

医事法講座　第6巻　　甲斐克則　編

# 臓器移植と医事法
## Organ Transplant and Medical Law

A5変・上製・320頁　定価：本体9,000円（税別）　ISBN978-4-7972-1206-8 C3332

**日本と海外の状況を広く検討**

第一線で活躍する法律家等が結集し、日本のみならずワールドワイドな視座から、今後の日本社会の進むべき道を提示する好評シリーズ。第6巻は日本と世界各国の臓器移植に関する法制度と運用面の実情と課題、またその将来展望を検討。実務から研究まで有用の書。

【目　次】
- ◆『医事法講座』発刊にあたって〔甲斐克則〕◆
- 〈巻頭言〉『医事法講座 第6巻 臓器移植と医事法』の企画趣旨〔甲斐克則〕
  1. 臓器移植と医事法の関わり〔甲斐克則〕
  2. 臓器移植をめぐる法と倫理の基礎〔旗手俊彦〕
  3. 脳死・臓器移植と刑法〔秋葉悦子〕
  4. 生体移植と刑法〔城下裕二〕
  5. 生体臓器移植と民法〔岩志和一郎〕
  6. アメリカにおける臓器移植〔丸山英二〕
  7. イギリスにおける臓器移植〔佐藤雄一郎〕
  8. ドイツ・オーストリア・スイスにおける臓器移植〔神馬幸一〕
  9. フランスにおける臓器移植〔磯部　哲〕
  10. 小児の臓器移植の法理論〔中山茂樹〕
  11. 臓器売買と移植ツーリズム〔粟屋　剛〕
  12. 臓器移植制度の運用と課題〔朝居朋子〕
  13. 臓器移植医療に見る課題と展望〔絵野沢　伸〕

## 好評シリーズ

医事法講座 第1巻
**ポストゲノム社会と医事法**

医事法講座 第2巻
**インフォームドコンセントと医事法**

医事法講座 第3巻
**医療事故と医事法**

医事法講座 第4巻
**終末期医療と医事法**

医事法講座 第5巻
**生殖医療と医事法**

信山社

岩村正彦 編　丸山絵美子・倉田聡・嵩さやか・中野妙子
# 福祉サービス契約の法的研究

碓井光明 著
# 社会保障財政法精義

新田秀樹 著
# 国民健康保険の保険者

石川恒夫・吉田克己・江口隆裕 編
# 高齢者介護と家族　民法と社会保障法の接点

松本勝明 著
# ドイツ社会保障論　Ⅰ（医療保険）・Ⅱ（年金保険）・Ⅲ（介護保険）

田村和之 編集代表　編集委員：浅井春夫・奥野隆一・倉田賀世・小泉広子・近藤正春・古畑淳・吉田恒雄
# 保育六法（第3版）

神吉知郁子 著
# 最低賃金と最低生活保障の法規制

永野仁美 著
# 障害者の雇用と所得保障

―――

**最新刊**

伊奈川秀和 著
# フランス社会保障法の権利構造

西村健一郎・朝生万里子 著
# 労災補償とメンタルヘルス

小島晴洋 著
# ナビゲート社会保障法

西村 淳 著
# 所得保障の法的構造

徐 婉寧 著
# ストレス性疾患と労災救済

――― 信山社 ―――

◆ 下森 定 著 ◆

**下森 定 著作集 I** 詐害行為取消権の研究

序　章　パウルスの責任説
第一章　債権者取消権制度の法的構造と機能
第二章　債権者取消権制度による法的保護の手段
　　　　──債権者取消権の法的性質とその内容
第三章　債権者取消権の成立要件
第四章　債権者取消権の行使と効果
第五章　債権者取消権制度をめぐる近時の動向
第六章　詐害行為取消権に関する近時の学説展開と債権法改正

補論 I　「民法（債権関係）の改正に関する中間的な論点整理」における詐害行為取消権に関する意見書
補論 II　詐害行為取消権改正の基本方針から見た債権法改正作業の問題点
補論 III　「民法（債権関係）の改正に関する中間試案」における詐害行為取消権に関する意見書（下森定・神尾明彦共同執筆）

**下森 定 著作集 II** 履行障害法再構築の研究

2015.12 最新刊

第一章　瑕疵担保責任・不完全履行の諸問題
第二章　契約責任の拡張と再構成
第三章　履行障害法の再構築と債権法改正

◆ ヨーロッパ人権裁判所の判例
　戸波江二・北村泰三・建石真公子・小畑郁・江島晶子 編集代表

◆ ヨーロッパ人権裁判所の判例 II 〔近刊〕
　戸波江二・北村泰三・建石真公子・小畑郁・江島晶子 編集代表

◆ ドイツの憲法判例 〔第2版〕
　ドイツ憲法判例研究会 編　栗城壽夫・戸波江二・根森健 編集代表

◆ ドイツの憲法判例 II 〔第2版〕
　ドイツ憲法判例研究会 編　栗城壽夫・戸波江二・石村修 編集代表

◆ ドイツの憲法判例 III
　ドイツ憲法判例研究会 編　栗城壽夫・戸波江二・嶋崎健太郎 編集代表

◆ フランスの憲法判例
　フランス憲法判例研究会 編　辻村みよ子編集代表

◆ フランスの憲法判例 II
　フランス憲法判例研究会 編　辻村みよ子編集代表

── 信山社 ──

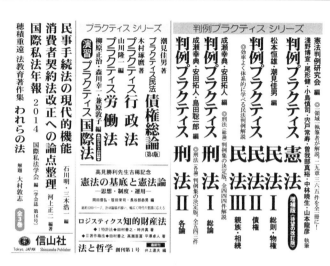

## 法律学の森シリーズ
変化の激しい時代に向けた独創的体系書

| | |
|---|---|
| 新　正幸 | 憲法訴訟論〔第2版〕 |
| 大村敦志 | フランス民法 |
| 潮見佳男 | 債権総論Ⅰ〔第2版〕 |
| 潮見佳男 | 債権総論Ⅱ〔第3版〕 |
| 小野秀誠 | 債権総論 |
| 潮見佳男 | 契約各論Ⅰ |
| 潮見佳男 | 契約各論Ⅱ |
| 潮見佳男 | 不法行為法Ⅰ〔第2版〕 |
| 潮見佳男 | 不法行為法Ⅱ〔第2版〕 |
| 潮見佳男 | 不法行為法Ⅲ（続刊） |
| 藤原正則 | 不当利得法 |
| 青竹正一 | 新会社法〔第4版〕 |
| 泉田栄一 | 会社法論 |
| 小宮文人 | イギリス労働法 |
| 高　翔龍 | 韓国法〔第2版〕 |
| 豊永晋輔 | 原子力損害賠償法 |

信山社

## 民法学と比較法学の諸相 1 〜 3
### 山畠正男先生・五十嵐清先生・藪重夫先生古稀記念

藤岡康宏 著

民法講義 I 　**民法総論**

民法講義 V 　**不法行為法**

## 法の国際化と民法

ヴェルンハルト・メーシェル 著／小川浩三 訳

## ドイツ株式法

ハンス=ユルゲン・ケルナー 著／小川浩三 訳

## ドイツにおける刑事訴追と制裁

◇ **破産法比較条文の研究** 　竹下守夫 監修
　　加藤哲夫・長谷部由起子・上原敏夫・西澤宗英　著

◇ 〔日本立法資料全集〕**行政手続法制定資料**　塩野宏・小早川光郎 編著

◇ 〔日本立法資料全集〕**刑事訴訟法制定資料**　井上正仁・渡辺咲子・田中開 編著

〔最新刊〕

## ある比較法学者の歩いた道
### ― 五十嵐清先生に聞く

五十嵐清 ／ 山田卓生・小川浩三・山田八千子・内田貴 編集

## 時効判例の研究

松久三四彦 著

## 法学六法 16

石川明・池田真朗・宮島司・安冨潔・三上威彦・
大森正仁・三木浩一・小山剛　編集代表

信山社

## 2015 刊行新刊

加藤雅信 著

# 迫りつつある債権法改正

A5変・並製・728頁 9,800円（税別） ISBN978-4-7972-7052-5 C3332

■民法債権法改正の緊急提言■ 民法債権法改正が迫りつつある中、紆余曲折をへた改正法案の経緯とその内容の適否を総合的に検討する。120年ぶりの民法改正が日本社会にもたらすプラスとマイナスを、いま緊急提言する。審議の素材として、また債権法改正の過程を遺す貴重な資料集としても、必備の書。

---

**2冊でより分かりやすい**　加賀山茂 著

# 民法改正案の評価
— 債権関係法案の問題点と解決策 —

A5変・並製・160頁 1,800円（税別） ISBN978-4-7972-7046-4 3332

民法（債権関係）改正案の内容について、改正作業に関与しなかった第三者の立場から検討。改正法案の全体像とその体系性を理解し、かつ、今後の更なる改正・立法議論のためにも有用の書。

---

加賀山茂 編著

# 民法(債権関係)改正法案の〔現・新〕条文対照表
〔条文番号整理案付〕

A5変・並製・324頁 2,000円（税別） ISBN978-4-7972-7045-7 C3332

◆ どの条文がどのように変わったのか ◆

◆◇ 単純に条文数でなく、内容で比較し、従来の条文との関連を分かり易く提示した新旧条文対照表 ◆◇

【目 次】
◆序　文／加賀山茂
◆第Ⅰ部◆ 現・新条文番号対照表
◆第Ⅱ部◆ 現行民法（現）と改正法案（新）との対照表〔条文番号整理案付〕／加賀山茂
◆第Ⅲ部◆ 法務省版新旧対照条文と編者による内容対照・コメント／加賀山茂

■現行民法をベースに、民法全条文について、どこが変わって（また、どこが変わらないか）を分かりやすく明示。実務から学習まで必備の書

単純に条文数でなく、内容で比較し、従来の条文との関連を分かり易く提示した新旧対照表。メインとなる第Ⅱ部では、改正条文には、各条文一括でなく、各条文の単語ごとに下線をひいて、改正部分を精密に提示。また、第Ⅰ部では、分かりやすい一覧表として、現行（旧）から新改正法案となった条文に加え、改正されなかった部分も含め、民法全条文の条文数と見出しのみの比較表をまず掲げて、すでに刊行されている教科書等を読む際にも利便。第Ⅱ部、および第Ⅲ部では、比較一覧表とともに、加賀山教授による整理案、コメントも掲載し、今後の民法改正議論にも必読の、幅広く有用の書。

---

法曹親和会 民法改正プロジェクトチーム 編

# 民法(債権関係)改正法案のポイント解説
【新旧条文対照表付】

A5変・並製・204頁 1,600円（税別） ISBN978-4-7972-7050-1 C3332

◆短時間で、改正民法の全貌を知りたい方に最適◆

平成21年に設置された、東京弁護士会法曹親和会の〔民法改正プロジェクトチーム〕による待望の書。弁護士のみならず、司法書士、自治体の方等々、法律に関わる実務家全般のために、わかりやすく編集。新旧条文を比較対照し、条文ごとに太文字で、全面改正、新設、一部改正の区別をし、ただ、その区別は相対的なものであるため、詳細は【改正の方向性】、【改正の要点】として、解説を付す（一部改正のみ、改正部分にアンダーラインを付す）。短時間で、効率的に改正民法の全貌を知りたい、忙しい方々に最適。

---

信山社

労働法判例総合解説シリーズ

分野別判例解説書の決定版　　　　　　　　　　　実務家必携のシリーズ

## 実務に役立つ理論の創造
（太字は既刊）

| | | | |
|---|---|---|---|
| 労働者性・使用者性 5751-9 | 皆川宏之 | 年次有給休暇 5772-4 | 浜村　彰 |
| 労働基本権 5752-6 | 大内伸哉 | 労働条件変更 5773-1 | 毛塚勝利 |
| 労働者の人格権 5753-3 | 石田　眞 | 懲戒 5774-8 | 鈴木　隆 |
| 就業規則 5754-0 | 唐津　博 | 個人情報・プライバシー・内部告発 5775-5 | 竹地　潔 |
| 労使慣行 5755-7 | 野田　進 | 辞職・希望退職・早期優遇退職 5776-2 | 根本　到 |
| 雇用差別 5756-4 | 笹沼朋子 | 解雇権濫用の判断基準 5777-9 | 藤原稔弘 |
| 女性労働 5757-1 | 相澤美智子 | 整理解雇 5778-6 | 中村和夫 |
| 職場のハラスメント 5758-8 | 山田省三 | 有期労働契約 5779-3 | 奥田香子 |
| 【2015年最新刊】労働契約締結過程 5759-5 | 小宮文人 | 派遣・紹介・業務委託・アウトソーシング 5780-9 | 鎌田耕一 |
| 使用者の付随義務 5760-1 | 有田謙司 | 企業組織変動 5781-6 | 本久洋一 |
| 労働者の付随義務 5761-8 | 和田　肇 | 倒産労働法 5782-3 | 山川隆一・小西康之 |
| **競業避止義務・秘密保持義務** 5762-5 | 石橋　洋 | 労災認定 5783-0 | 小西啓文 |
| 職務発明・職務著作 5763-2 | 永野秀雄 | 過労死・過労自殺 5784-7 | 三柴丈典 |
| 配転・出向・転籍 5764-9 | 川口美貴 | 労災の民事責任 5785-4 | 小畑史子 |
| 昇進・昇格・降職・降格 5765-6 | 三井正信 | 組合活動 5786-1 | 米津孝司 |
| 賃金の発生要件 5766-3 | 石井保雄 | **団体交渉・労使協議制** 5787-8 | **野川　忍** |
| 賃金支払の方法と形態 5767-0 | 中窪裕也 | 労働協約 5788-5 | 諏訪康雄 |
| 賞与・退職金・企業年金 5768-7 | 古川陽二 | **不当労働行為の成立要件** 5789-2 | **道幸哲也** |
| 労働時間の概念・算定 5769-4 | 盛　誠吾 | 不当労働行為の救済 5790-8 | 盛　誠吾 |
| **休憩・休日・変形労働時間制** 5770-0 | **柳屋孝安** | 争議行為 5791-5 | 竹内　寿 |
| 時間外・休日労働・割増賃金 5771-7 | 青野　覚 | 公務労働 5792-2 | 清水　敏 |

各巻 2,200 円〜3,200 円（税別）　※予価

# 判例総合解説

緻密な判例の分析と理論根拠を探る　　　実務家必携のシリーズ

## 実務に役立つ理論の創造

**2015.12 最新刊**

### 生命侵害の損害賠償の判例総合解説　田井義信 著
ISBN978-4-7972-5669-7　　定価：3,456円

| 書名 | 著者 | 定価 |
|---|---|---|
| 権利能力なき社団・財団の判例総合解説 | 河内　宏 著 | 2,592円　ISBN978-4-7972-5655-0　C3332 |
| 錯誤の判例総合解説 | 小林一俊 著 | 2,592円　ISBN978-4-7972-5647-5　C3332 |
| 即時取得の判例総合解説 | 生熊長幸 著 | 2,376円　ISBN978-4-7972-5642-0　C3332 |
| 入会権の判例総合解説 | 中尾英俊 著 | 3,456円　ISBN978-4-7972-5660-4　C3332 |
| 不動産附合の判例総合解説 | 平田健治 著 | 2,376円　ISBN978-4-7972-5672-7　C3332 |
| 債権者取消権の判例総合解説 | 下森　定 著 | 2,808円　ISBN978-4-7972-5668-0　C3332 |
| 保証人保護の判例総合解説〔第2版〕 | 平野裕之 著 | 3,456円　ISBN978-4-7972-5662-8　C3332 |
| 間接被害者の判例総合解説 | 平野裕之 著 | 3,024円　ISBN978-4-7972-5658-1　C3332 |
| 危険負担の判例総合解説 | 小野秀誠 著 | 3,132円　ISBN978-4-7972-5657-4　C3332 |
| 同時履行の抗弁権の判例総合解説 | 清水　元 著 | 2,484円　ISBN978-4-7972-5656-7　C3332 |
| リース契約の判例総合解説 | 手塚宣夫 著 | 2,376円　ISBN978-4-7972-5661-1　C3332 |
| 権利金・更新料の判例総合解説 | 石外克喜 著 | 3,132円　ISBN978-4-7972-5641-3　C3332 |
| 借家法と正当事由の判例総合解説 | 本田純一 著 | 3,132円　ISBN978-4-7972-5648-2　C3332 |
| 不当利得の判例総合解説 | 土田哲也 著 | 2,592円　ISBN978-4-7972-5643-7　C3332 |
| 交通事故Ⅰ責任論 | 藤村和夫 著 | 3,456円　ISBN978-4-7972-5649-9　C3332 |
| 事実婚の判例総合解説 | 二宮周平 著 | 3,024円　ISBN978-4-7972-5653-6　C3332 |
| 婚姻無効の判例総合解説 | 右近健男 著 | 2,376円　ISBN978-4-7972-5645-1　C3332 |
| 親権の判例総合解説 | 佐藤隆夫 著 | 2,376円　ISBN978-4-7972-5654-3　C3332 |
| 相続・贈与と税〔第2版〕 | 三木義一・末崎　衛 著 | 2,376円　ISBN978-4-7972-5652-9　C3332 |

価格は税込価格(本体＋税)